B Paschel

Hans Fuchs / Gustav Harder

Alpin-Lehrplan 3

Eisgehen Eisklettern

Deutscher Alpenverein
in Zusammenarbeit mit dem
Oesterreichischen Alpenverein

BLV Verlagsgesellschaft
München Wien Zürich

Herausgeber:
Deutscher Alpenverein (DAV)
in Zusammenarbeit mit dem
Oesterreichischen Alpenverein (OeAV)

Kommission für Alpin-Lehrpläne des DAV

Mitarbeiter:
Prof. Dr. Paul Bernett
Arnold Hasenkopf
Pit Schubert
Alfred Siegert
Günter Sturm
Fritz Zintl

Bildnachweis

Archiv STUBAI: S. 13
Bernhard Andrelang: S. 156
Hans Fuchs: S. 11, 14, 15, 17, 18, 19, 20, 21, 22, 23, 24, 25, 28, 30, 31, 32, 33, 35, 36, 37, 41, 42, 43, 45, 47, 49, 50, 51, 52, 53, 54, 55, 57, 58, 59, 62, 63, 64, 65, 66, 68, 70, 72, 73, 74/75, 77, 80, 82, 83, 84, 85, 86, 90, 93, 98, 101, 111, 115, 116, 117, 120, 121, 122, 123, 124, 125, 130, 131, 132, 133, 135, 136, 137, 141, 143, 145, 146, 147, 149, 150, 155, 160, 161, 162, 163, 166, 171
Gustav Harder: S. 26, 27, 46, 60, 61, 65, 66, 67, 69, 75, 76, 78/79, 81, 83, 87, 89, 91, 92, 93, 98, 99, 100, 101, 102, 103, 104, 105, 106, 107, 108, 109, 110, 111, 116, 117, 133, 134, 139, 142, 150, 158, 165, 169
Sepp Schnürer: S. 56
Karl Schrag: S. 159
Jürgen Winkler: S. 2, 9, 29, 39, 48, 129, 148, 164

Titelbild: Jürgen Winkler
Zeichnungen: Barbara von Damnitz
Layout: Hans Fuchs

Gesamtherstellung: Ludwig Auer GmbH, Donauwörth

Printed in Germany · ISBN 3-405-11944-8

CIP-Kurztitelaufnahme der Deutschen Bibliothek

Alpin-Lehrplan / Dt. Alpenverein in Zusammenarbeit mit d. Oesterr. Alpenverein. [Komm. für Alpin-Lehrpl. d. DAV]. – München; Wien; Zürich: BLV Verlagsgesellschaft
Teilw. mit d. Erscheinungsorten München, Bern, Wien. – Teilw. mit d. Gesamtred.: Jürgen Kemmler
NE: Kemmler, Jürgen [Red.]; Deutscher Alpenverein / Kommission für Alpin-Lehrpläne
3. Eisgehen, Eisklettern. – 1986

Fuchs Hans:
Eisgehen, Eisklettern / Hans Fuchs, Gustav Harder
Dt. Alpenverein in Zusammenarbeit mit d. Oesterr. Alpenverein. [Komm. für Alpin-Lehrpläne d. DAV. Mitarb.: Paul Bernett . . .]. –
München: BLV Verlagsgesellschaft, 1986.
(Alpin-Lehrplan; 3)
ISBN 3-405-11944-8
NE: Harder, Gustav:

Inhaltsverzeichnis

Geleitwort zum Alpin-Lehrplan

Das Erfassen des Phänomens Bergsteigen in seinen vielfältigen Erscheinungsformen mit dem Ziel einer geistigen, auch wissenschaftlichen Durchdringung, stellt seit jeher ein wesentliches Arbeitsgebiet des Alpenvereins dar. Dies zeigt sich auch in der bisherigen Lehrschriftenreihe, die jetzt ihre Fortführung im Alpin-Lehrplan findet.

Hier kommt deutlicher zum Ausdruck, daß ein neues Konzept als Grundlage für eine einheitliche Ausbildung und umfassende Information für alle am Bergsteigen Interessierten vorliegt. Zu berücksichtigen war dabei die sportliche Seite des Bergsteigens und die erkannte Tendenz der Interessenten zur systematischen Erfassung der Sportart. Bergsteigen unterliegt aus der Sicht der Bewegungsabläufe den gleichen Gesetzmäßigkeiten wie alle sportlichen Bewegungen. Deswegen ist es sinnvoll, Begriffe aus der allgemeinen Sporttheorie beim Lehren der alpinen Technik anzuwenden. Eine ethische Wertung des Bergsteigens als Sport ist damit nicht verbunden. Das Gestalten der neuen Schriftenreihe wurde auch wesentlich durch pädagogische Überlegungen beeinflußt. Der Sportunterricht weicht in seiner Neuentwicklung immer mehr von der reinen Stoffvermittlung ab und verfolgt das Ziel, durch Fertigkeiten, Fähigkeiten und Kenntnisse die theoretischen und praktischen Voraussetzungen zur Situationsbewältigung zu schaffen. So sollte z. B. die Tritt-Technik am weglosen Hang nicht nur für sich gesehen und behandelt werden. Es ist vielmehr Gehen, Wegführung und Verhalten als komplexe Voraussetzung zur ökonomischen und sicheren Bewältigung des Geländes zu vermitteln. An das Inhaltsniveau der Lehrplanreihe mußten gewisse Ansprüche gestellt werden, ohne jedoch die Allgemeinverständlichkeit verlorengehen zu lassen. Um den Ansprüchen der Sporttheorie an einen Lehrplan zu entsprechen, wurden Fremdwörter als Fachbegriffe verwendet. Der nur an einer praxisbezogenen Tatsachenvermittlung interessierte Leser sollte sich von diesen sporttheoretischen Ausdrücken nicht stören lassen. Die einschlägigen Abschnitte sind für diejenigen verfaßt, die als Lehrpersonen mit dem Alpin-Lehrplan zu arbeiten haben. Die Ausübung des Bergsteigens selbst ist auch ohne sportpädagogische Überlegungen sehr wohl möglich, kaum jedoch eine Lehrtätigkeit moderner Prägung. Gleichzeitig waren die Inhalte der einzelnen Bände nach möglichst gemeinsamen und übersichtlichen Gesichtspunkten zu ordnen. Um all diesem gerecht zu werden, wurde der Redaktionsausschuß des DAV gebildet, dem Bergsteiger mit den notwendigen theoretischen und praktischen Erfahrungen angehören. Nichts war naheliegender, als solchen sachkompetenten Ausschußmitgliedern Autorenaufgaben zu übertragen. Das enorm ansteigende Interesse am Gebirge hat zu einer Gefährdung des Alpenraumes und zu einem bedrückenden Anstieg der Touristenunfälle geführt. Mit dem weitgespannten Themenbereich soll der Alpin-Lehrplan zum Erkennen der sportlichen, biologischen, volkswirtschaftlichen und riskanten Zusammenhänge des Alpinismus beitragen. Durch eine vertiefte geistige Auseinandersetzung mit dem Bergsteigen wird auch so ein Beitrag zum Grundsatzprogramm des DAV zum Schutz des Alpenraumes geleistet werden.

Prof. Dr. Bernett
Wissenschaftsreferent im Verwaltungsausschuß des DAV
Vorsitzender des Redaktionsausschusses des DAV

Einführung

Die faszinierende Welt der Hochgebirge lockt immer mehr Bergsteiger in diese meist vergletscherten Regionen unserer Erde. Für denjenigen, der sich in dieser Welt des ewigen Schnees und Eises bewegen will, stellen sich ganz besondere Anforderungen in bezug auf die Ausrüstung und Technik. Diesen besonderen Anforderungen möchte der hier vorliegende Lehrplan gerecht werden.

Der Lehrplan gliedert sich in die Hauptblöcke:

- Grundstufe Eis – Eisgehen,
- Oberstufe Eis – Eisklettern,
- Eis extrem – Steileisklettern.

Jeder dieser Hauptblöcke ist thematisch in sich geschlossen. Die jede Zielgruppe betreffenden Themenbereiche Gletscherkunde und Rettungstechniken werden in separaten Kapiteln am Ende des Buches behandelt.
Der erste Block »Grundstufe Eis – Eisgehen« ist in zehn Ausbildungsabschnitte unterteilt, die methodisch aufeinander aufbauen, so wie dies auch bei einem gut durchdachten Kursprogramm sein soll.
Der zweite Ausbildungsblock »Oberstufe Eis – Eisklettern« umfaßt fünf Ausbildungsabschnitte, in die erfahrene Eisgeher auch direkt einsteigen können. Die hier gegebenen Informationen bis hin zum Steileisklettern bauen auf die vom Eisgehen her bekannten Grundlagen auf.
»Eis extrem« zeigt die extremste Spielform des Eiskletterns, nämlich das Klettern an gefrorenen Wasserfällen, auf. Situative Besonderheiten der Technik sowie Trainings- und Sicherheitsformen bestimmen dieses Kapitel.
In der »Gletscherkunde« wird in die geophysikalischen Zusammenhänge eingeführt, die ein Eisgeher und Eiskletterer unbedingt kennen muß, um in der Gelände- und Situationsbeurteilung sicher zu sein.
Im Kapitel »Rettungstechniken« wird in erster Linie die Spaltenbergung behandelt. Jedes Verfahren wird in einzelnen Ablaufschritten beschrieben.
Die Abfolge der einzelnen Ausbildungsabschnitte ist das Ergebnis vieler praktischer Kursarbeit. Jeder Abschnitt ist in genaue methodische Schritte gegliedert. Die Übungsreihen sind so zusammengestellt und aufbereitet, daß ein Ausbilder ebenso etwas damit anfangen kann wie derjenige, der sich selbst aus- und weiterbilden will. Die speziell gekennzeichneten Methodikkapitel sind ganz auf die Lehrarbeit abgestimmt und geben zu den einzelnen Lernzielen die geeigneten Übungen und Lernhilfen.
Ein wichtiges Anliegen ist es, bei jedem Leser und Schüler eine klare Lernzielvorstellung zu erzeugen. Wenn man Bescheid weiß, »was« man »warum« lernen soll, führt dies zu einem schnellen und dauerhaften Lernerfolg. Auf Informationen darüber, wie man etwas nicht machen soll, wurde ganz bewußt verzichtet. Fehlerbilder in den Methodikabschnitten sind nur als Hilfen zum richtigen Erlernen von Fehlern und als Beobachtungshilfen für eine richtige Korrektur gedacht. Das Beherrschen der richtigen Technik, die Auswahl der geeigneten Ausrüstung und jeweils richtiges Verhalten in sich ständig wechselnden Situationen können mit Sicherheit dazu beitragen, die Zahl der alpinen Unfälle zu verringern.

Hans Fuchs
Gustav Harder

Grundstufe Eis

Grundstufe Eis

1. Ausbildungsabschnitt: Ausrüstung und Gehen in Schnee und Firn

- ☐ Allgemeine Ausrüstungskunde.
- ☐ Aufstiege, Querungen und Abstiege im Schnee und Firn ohne Steigeisen (Gehtechnik und Spuranlage).
- ☐ Hilfsgerät Skistöcke bei Aufstiegen, Querungen und Abstiegen.
- ☐ Hilfsgerät Eispickel bei Aufstiegen, Querungen und Abstiegen (Stützpickeltechnik).
- ☐ Der Eispickel als Hilfsgerät zum Stufenschlagen im Firn.
- ☐ Abfahren im Firn.
- ☐ Abfahren im Firn mit Pickelstütz.
- ☐ Verhalten bei Stürzen in Schnee und Firn.
- ☐ Sicherungsformen in Schnee und Firn.

Die Ausrüstung für den Eisgeher

Auch die beste Ausrüstung kann fehlendes technisches Können *nicht ersetzen.* Zweckmäßige Ausrüstung gepaart mit gutem persönlichen Können stellt erst die optimale Formel für Sicherheit und unbeschwertes, freudvolles Erleben am Berg dar. Die Ausrüstungspalette für den Eisgeher ist so umfangreich, daß in diesem Lehrplan nur stichpunktartig darauf eingegangen werden kann. Zur genaueren Information sei das Studium des Alpin-Lehrplans, Band 6, Ausrüstung – Sicherung – Sicherheit empfohlen. Außerdem geben die meisten Ausrüstungsfirmen umfangreiches Material zur Information über ihre Produkte heraus, meist sehr anschaulich und verständlich aufbereitet.
Die spezielle Ausrüstung für den Eisgeher, Eiskletterer und Eis-Extremisten wird in den einzelnen Kapiteln und Ausbildungsabschnitten genau beschrieben. Die Bekleidung kann nur in wesentlichen Punkten behandelt werden. Als Planungshilfe finden Sie Ausrüstungs-Checklisten wie nebenstehend auch bei den anderen Hauptkapiteln.

Richtlinien für die zweckmäßige Bekleidung

Unterwäsche
Vorzuziehen ist spezielle Sportunterwäsche, die den Schweiß von der Haut nach außen transportiert.

Strümpfe, Socken
Sie sollten aus Wolle oder Mischgewebe sein und faltenfrei sitzen.

Berghose
Günstig ist hierfür ein nicht zu dickes, aber winddichtes und wasserabweisendes Material. Notwendig sind verschließbare Taschen, empfehlenswert ist ein hochgezogener Bund.

Pullover, Jacke
Als Material kommt Wolle oder Kunstfaser (Faserpelz) in Frage. Ein teilbarer Reißverschluß erleichtert das Aus- und Anziehen.

Bergschuhe
Kunststoffschuhe sind formbeständig und wasserdicht. Gute Lederbergschuhe erfüllen diese Anforderungen ebenfalls. Zu achten ist auf gute Paßform und dichten Schaftabschluß.

Gamaschen
Sie sollten einen Reiß- oder Klettverschluß haben und möglichst kniehoch sein.

Handschuhe
Warme Finger- oder Fausthandschuhe werden in Verbindung mit wasserdichten Überhandschuhen getragen.

Mütze
Eine Wollmütze dient als Kälteschutz.

Sonnenhut
Er muß Gesicht und Nacken vor direkter Sonnenbestrahlung schützen.

Beachte:
Eine Ersatzgarnitur Wäsche, wassergeschützt z. B. in einer Plastiktüte verpackt, sollte bei ausgedehnten Eistouren immer griffbereit im Rucksack verstaut sein.

Ausrüstungs-Checkliste

Anseilen

- Sitzgurt und Brustgurt oder Gurtkombination (UIAA, DIN).
- Seilstück 9 mm ∅, ca. 1 m lang.
- HMS-Schraubkarabiner oder noch besser HMS-Karabiner mit Drehverschlußsicherung, Twistlock (UIAA, DIN).
- Einfachseil oder Halbseil (nach Tour) 45 m oder noch besser 50 m (UIAA, DIN).
- Zwei Prusikschlingen, 5 mm ∅, ca. 3,50 m–4 m Reepschnurlänge (je nach Körpergröße, halbe Länge = vom Boden bis unters Kinn).

Sichern

- Eispickel (UIAA, DIN), Kriterien siehe Ausrüstungsbesprechung Seite 12.
- Evtl. Eishammer.
- Ein weiterer HMS-Schraubkarabiner oder HMS-Twistlock-Karabiner.
- Ca. fünf Leichtmetallkarabiner (UIAA, DIN).
- Einfachseilstück 3,20–3,50 m.
- Zwei kurze Prusikschlingen, 5 mm ∅, 40–50 cm Reepschnurlänge.
- Lange Bandschlinge, ca. 2,50 m.
- Mehrere kurze Bandschlingen, 50 cm–1 m.
- Zwei Eissicherungsmittel, Rohreisschrauben, Snarg oder Eis-Pin 20 cm–30 cm lang (UIAA, DIN).
- Abseilachter.

Gehen

- Steigeisen, Zwölfzacker (plus Reservematerial: Schrauben, Riemen).
- Steinschlaghelm (nach Tour bzw. Schulungsprogramm, UIAA, DIN).
- Gamaschen.
- Gletscherbrille.
- Sonnenschutzmittel.
- Handschuhe.
- Mütze.
- Rucksack mit Reservekleidung, Verpflegung und Biwak-/Erste-Hilfe-Ausrüstung.

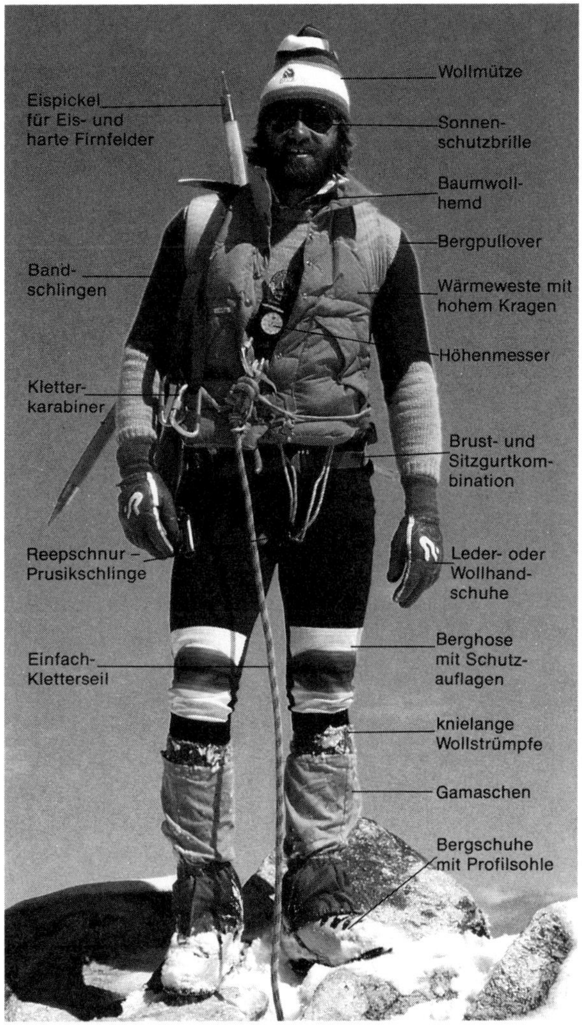

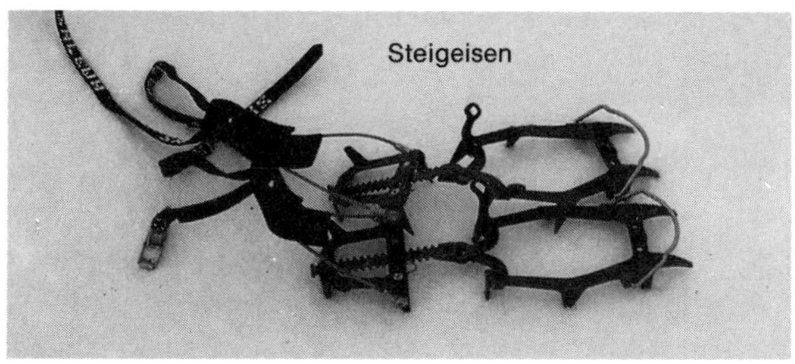

Die Handgeräte

Eispickel

Der Eispickel erfüllt verschiedene *Funktionen:*

- Der Wanderer auf Gletschern oder Begeher von Schnee- und Firnfeldern benützt den Eispickel als Stütz- und Gleichgewichtshilfe, sozusagen als drittes Bein.
- Dem Eiskletterer dient er als Instrument zur Höhengewinnung; ist Zughilfe. Ihm ersetzt das Gerät im steilen Eis die fehlenden Griffe.

So unterschiedlich wie seine Anwendungsmöglichkeiten sind auch die Konstruktionsmerkmale der verschiedenen Pickelmodelle. Diese unterschiedlichen Konstruktionen sind abgestimmt auf den Zweck des Gebrauches. Einheitlich für alle Geräte sind die Bezeichnungen der verschiedenen Pickelteile:

Allgemeine Beschreibung der verschiedenen Pickelteile

Pickelkopf Der Teil, an dem der Schaft, die Haue und die Schaufel zusammentreffen. Viele Pickelmodelle haben hier ein Pickelloch.

Pickelhaue Die Haue dient sowohl zum Schlagen von Stufen als auch zur Verankerung des Eispickels beim Eisklettern. Die Zahnung an der Unterseite verhilft der Haue zu einem besseren Halt in hartem Eis.

Pickelschaufel Mit ihr können in weniger hartem Eis oder im Firn Stufen geschlagen werden. Trotz verschiedenartigster Konstruktionen hat dieser Teil des Eispikkels die geringste Bedeutung für die Gebrauchsqualität eines Gerätes.

Pickelschaft Pickelschäfte werden aus den Materialien Holz, Metall und Kunststoff hergestellt.

Holzschaft: Dieser früher ausschließlich verwendete Schaft ist heute *grundsätzlich unbrauchbar.* Die beim Gebrauch des Pickels auf den Schaft einwirkenden Kräfte hält das Holz nur selten aus. Holz als Naturwerkstoff unterliegt sehr stark der Alterung, womit auch ein Festigkeitsverlust einhergeht.

Metallschaft: Besonders für Eisgeräte, die zum Eisklettern verwendet werden, ist dies heute das gebräuchlichste Material für Pickelschäfte. Das häufige Argument gegen den Metallschaft, daß nämlich die Handwärme zu schnell abgeführt wird, wird durch eine dicke Gummi- oder Kunststoffisolierung bei den meisten Modellen entkräftet. Auch die negative Eigenschaft, daß Metallschäfte beim Stufenschlagen prellen, wird durch die hohe Festigkeit bei relativ geringem Gewicht ausgeglichen.

Kunststoffschaft: Schäfte aus Kunststoff werden im Handel unter den Bezeichnungen GFK-, GPI-Schaft, Superglass u. a. angeboten. Die Bruchfestigkeit und Eignung entspricht der des Metallschaftes.

Pickelspitze = Dorn Die Pickelspitze verhindert bei der Verwendung des Eispickels als Spazierstock ein Ausgleiten des Pickels. Auch hier sind unterschiedlichste Ausführungen auf dem Markt.
Wichtig ist:

- Langsam zulaufende Spitze – wenig Verdrängung = wenig Sprengwirkung.
- Ungünstig ist ein dicker Dorn, der dann kurz angeschliffen ist = große Sprengwirkung.

Außerdem ist auf einen fast stufenlosen Übergang vom Dorn zum Schaft zu achten. Ein Absatz an dieser Stelle erschwert z. B. das Einrammen des Pickels in harten Schnee.

Handschlaufe Die Handschlaufe am Eispickel verhindert den Verlust des Gerätes bei einem Sturz oder anderen Vorfällen. Die Handschlaufe ist meist mit einem Gleitring am Pickelschaft befestigt. Eine Schraube oder Niete am Schaftende verhindert ein Herausrutschen des Gleitringes.

Geprüfte Eispickel sind mit dem Prüfzeichen der UIAA versehen. Die Prüfung bezieht sich aber nur auf den Pickelschaft!

Auswahl des Eispickels

Die Auswahl des Eispickels und damit die Entscheidung für ein bestimmtes Modell richtet sich primär danach, wofür der Eispickel verwendet werden soll.

Eispickel für Begehen von Firnfeldern und Gletscherwanderungen

Verwendung des Pickels:

1. Als Stützpickel (»Spazierstockpickel«).
2. Gelegentlich zum Stufenschlagen.

Länge des Eispickels: Der Pickel soll so lang sein, daß der Dorn bei gestrecktem Arm den Boden gerade nicht berührt.
Da der Pickel erst im geneigten Gelände bergseitig eingesetzt wird, ist diese Länge ausreichend.
Pickelhaue: Die Haue soll sich zum Stufenschlagen eignen, soll aber auch noch etwas Halt für eine Verankerung bieten.
Aus diesen Gründen darf die Haue des Eispickels nicht zu stark gekrümmt sein. Die Zahnung an der Hauenunterseite soll bis zur Spitze reichen.
Handschlaufe: Die Handschlaufe soll den Verlust des Pickels verhindern. Wenn eine Handschlaufe überhaupt verwendet wird, dann eignet sie sich bei Gletscherbegehungen oder leichten Firnanstiegen.
Wird in steileren Flanken der Anstieg in Serpentinen gelegt, dann muß nach jedem Richtungswechsel der Pickel in die bergseitige Hand wechseln. In dieser Situation ist eine Handschlaufe eher hinderlich. Der Eispikkel kann auch durch eine Reepschnur, die am Pickelloch und am Brustgeschirr befestigt ist, gesichert werden.
Beim Schlagen von Stufen muß diese Reepschnur dann bis zum Griff straff gezogen sein und mit der Haue umfaßt werden.

Eigenschaften/Benennung der Teile eines Eispickels.

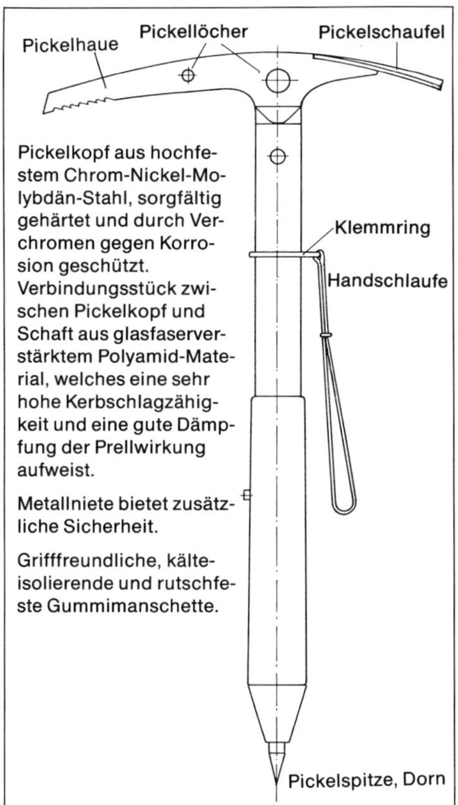

Eishammer und Eispickel mit auswechselbaren Systemelementen.

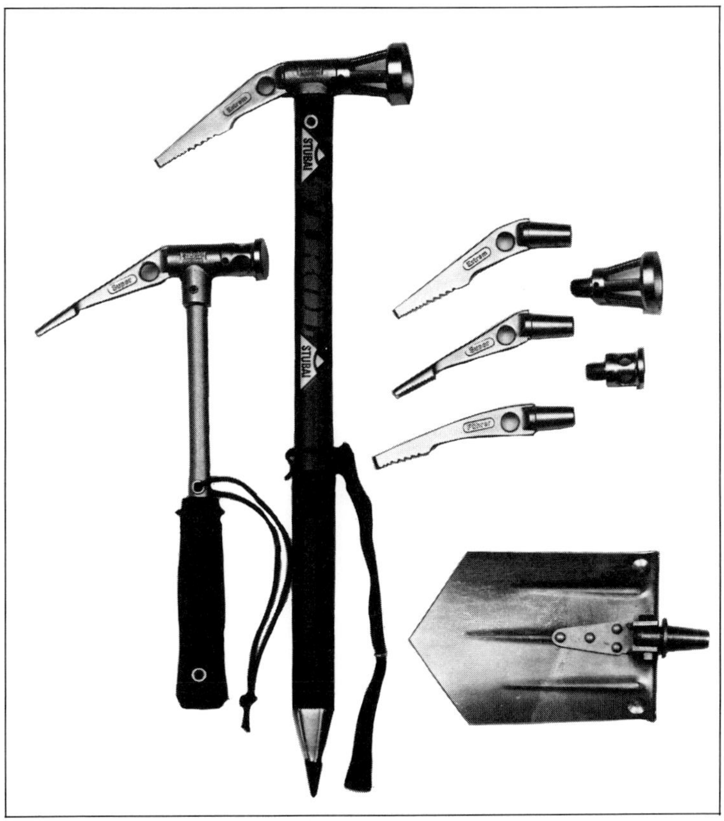

Gehen in Schnee und Firn ohne Steigeisen

Noch schneebedeckte Gletscher im Vorsommer zu Beginn der Eissaison, Neuschneefälle nach Wetterstürzen, hartgefrorene Firnrinnen am frühen Morgen und auf Schattenseiten, sulzweicher, knietiefer Firn am Nachmittag beim Abstieg – dies alles stellt an den Eisgeher und Eiskletterer immer hohe konditionelle und sicherungstechnische Anforderungen. Jeder weiß oder wird es sehr schnell merken, wie vorteilhaft es ist, eine gute Gehtechnik im Schnee zu haben, und wie angenehm es ist, in einer guten Spur nachzusteigen.
Kraftersparnis bedeutet hier in hohem Maße auch Sicherheit. Unfallstatistiken wie die der letzten Jahre (vgl. Tätigkeitsbericht des DAV-Sicherheitskreises 1980–1983) zeigen immer wieder die Probleme und Risiken auf, die mit dem Gehen im schnee- und firnbedeckten absturzgefährlichen Gelände verbunden sind.
Aus dieser Tatsachenkenntnis heraus kommt diesem Ausbildungsteilbereich *besondere Bedeutung* zu. Nachfolgende Kapitel sollen im praktischen Unterricht und in der Selbstschulung sehr intensiv durchgearbeitet werden, wo immer sich die Möglichkeit (Schnee/Gelände) dazu ergibt. Einige Ausbildungsinhalte wie »Sichern in Schnee und Firn« und »Verhalten bei Stürzen auf Schnee- und Firnhängen« sind in ihren Möglichkeiten situationsbedingt so vielfältig, daß die Übungen lange wiederholt werden müssen, um einen hohen *Automatisationsgrad* zu erreichen. Hier muß *reflexartig* gehandelt werden können, denn oft entscheiden Sekundenbruchteile.

Ausbildungsschwerpunkte
- Gehtechnik in tiefem, weichem Schnee, im Aufstieg, bei Querungen und im Abstieg. Das gleiche in tiefem, weichem Firn.
- Gehtechnik bei harten Schnee- oder Firnoberflächen im Aufstieg, bei Querungen und im Abstieg. Spuranlage.
- Abfahren, Abrutschen auf steilen Schnee- und Firnhängen.
- Pickeltechniken beim Gehen im Schnee und Firn (Spazierstockpickel, Rettungsgriff bei Stürzen mit Pickel).
- Seilschaften in Schnee und Firn (Einbinden, Gehabstände etc.).
- Sicherungsformen in Schnee und Firn.
- Verhalten bei Stürzen in Schnee und Firn.

Gehtechnik in tiefem Schnee und Firn im direkten Aufstieg (Fallinie)

Ausgangsstellung ist eine hüftbreite Beinstellung. Die Belastung wird zu Beginn der Schrittfolge auf ein Bein (Standbein) verlagert.
Das dann unbelastete Bein wird aus dem Schnee oder Firn gehoben, über der Schneeoberfläche nach vorne geführt, zunächst tastend unter leichtem Druck in den Schnee eingesetzt, um die Trittfläche zu formen und zu verfestigen, ehe als nächstes der *vollständige Belastungswechsel* auf das vordere Bein erfolgt. Das hintere, unbelastete Bein kommt dann wieder zum nächsten Schritt nach vorne usw.

Technikschwerpunkte beim Gehen in tiefem Schnee und Firn im Aufstieg.

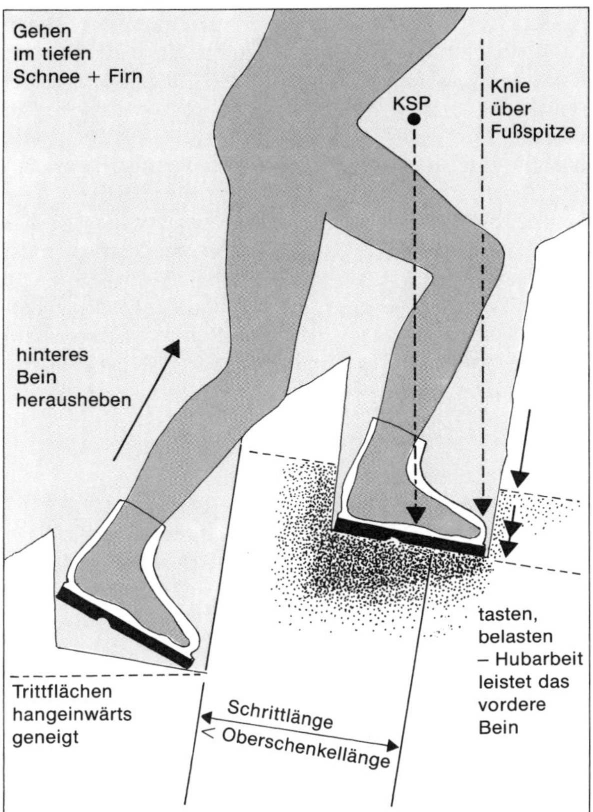

3

▲ Anschließend wieder vollständiger Belastungswechsel und nächster Tritt.

▼ Ausformen und Verfestigen des neuen Trittes.

2

▲ Einkerben der nächsten Trittstufe in günstiger Schrittlänge.

▼ Nach dem Einschlagen und Ausformen des Trittes vollständiger Belastungswechsel, hier zum linken Bein, und Herausheben des rechten Beines zum nächsten Schlagschwung.

1

Der hüftbreite seitliche Abstand der Trittflächen zueinander ermöglicht vollständige Belastungswechsel von Tritt zu Tritt (Pedalbewegung), vom einen zum anderen Bein. Durch die dadurch mögliche Gewichtsbelastung werden die Tritte außerdem fester, man kann sich beim nächsten Schritt besser abdrücken. Die durch diese Schrittweite erzielte größere Standfläche in den Positionen, wenn beide Füße gleichzeitig im Schnee sind, ergibt ein sicheres Gleichgewichtsgefühl, deutlich spürbar vor allem bei schwerer Rucksacklast. Man verschwendet keine Kraft mit seiltänzerischen Balanceakten.
Die Schrittlänge wird dabei im direkten Anstieg so gewählt, daß man das vorne befindliche Bein einsetzen und belasten kann, *ohne* sich vom hinteren, unteren Bein abdrücken zu müssen. Die Schrittlänge richtet sich sehr stark nach der Hangneigung und Schneehöhe. Der kürzere Schritt ist im tiefen Schnee und Firn einem längeren Schritt aus Kraftersparnisgründen vorzuziehen.
Die *Trittflächen* selbst sind leicht *hangeinwärts* nach unten geneigt, um einen guten Halt zu bieten (Startblock).
Der Gehrhythmus richtet sich nach der körperlichen Belastung, ein abgestimmtes, *bewußtes Atmen* ist vorteilhaft.

Technikkriterien:
Aufstiege direkt in tiefem Schnee und Firn

- Hüftbreite Beinstellung während der Trittfolge (Spurweite).
- Schrittlänge der Hangneigung und Schneeauflage angepaßt (Oberschenkellänge).
- Trittsetzen (erst tastend, verfestigend, dann volle Belastung).
- Stellung der Trittflächen zueinander je nach Hangneigung (flach/parallel – steiler/zunehmend/V-förmig – sehr steil/übersetzen).
- Deutlicher Belastungswechsel.
- Nachheben des hinteren Beines (Pedalbewegung).
- Bewegungskoordination, Gleichgewicht, Gehrhythmus, Atemrhythmus.
- Neigung der Trittflächen stabilisierend hangeinwärts.

Querungen in tiefem Schnee und Firn

Die Gehtechnik bei Querungen ist stark von der Geländeneigung und der Schnee- bzw. Firnbeschaffenheit (hart, weich) abhängig. Im flachen bis mittelsteilen Gelände kann man in normaler Gehbewegung queren. In steilen Passagen wird man seitliche Nachstellschritte verwenden, entweder Gesicht und Oberkörper talwärts gerichtet oder in einer Art Liegestütztechnik mit Gesicht und Oberkörper bergwärts.

Queren in flachen und mittelsteilen Hängen bei tiefem Schnee und Firn

Die Querung kann in den meisten Fällen in normaler Gehbewegung erfolgen. Läßt sich die Spur dabei leicht fallend anlegen, spart man Kraft beim Trittsetzen.
Jeder Tritt muß bei dieser Technik ruhig und überlegt gesetzt werden. Dabei ist die Schneeoberfläche genau zu beobachten – Rinnenverläufe unter dem Schnee, dunkelfarbige Zonen, härtere oder gesetztere Schneeschichten –, um eine evtl. Ausrutschgefahr erkennen zu können. Die *Trittflächen* sollen beim Queren berg- und talseitig besonders *fest eingetreten* werden, was nur möglich ist, wenn die Schrittlänge entsprechend kurz gehalten wird. Ein leichtes talseitiges Ausrichten der Schuhspitzen erhöht in schwierigeren Passagen die Standsicherheit ebenso wie leicht hangwärts geneigte Trittflächen. Der Körper soll während des Querens aufrecht bleiben. Ein leichtes Vor-Talwärts-Beugen des Oberkörpers sichert beim Vorführen des bergseitigen Beines das Gleichgewicht und die Belastung über dem Talbein.

Queren von steilen Hangpassagen bei tiefem Schnee und Firn

In steileren Hangpassagen, in denen die Schneeauflage meist auch schon etwas geringer ist, empfiehlt sich ein Queren in Stütztechnik, Gesicht und Oberkörper bergwärts gedreht, ähnlich wie bei einem Liegestütz. Der Hauptdruck bleibt dabei jedoch auf den Beinen. In seitlichen Nachstellschritten quert man so eine schwierige Passage relativ sicher. Die Druckverteilung auf Arme und Beine vermindert die Einsinktiefe. Der Bewegungsspielraum der Beine nach hinten oben zum Schwungholen für ein Einschlagen der Tritte oder zum Herausziehen der Beine aus den Trittstufen bei stabiler

Eine Gruppe quert einen schwierigen Hangabschnitt in Stütztechnik.

Dreipunktauflage sorgt für Sicherheit und gute Trittarbeit.
Ein weiterer Vorteil liegt im psychischen Bereich (vgl. Abstieg im Schnee und Firn, Seite 19). In dieser Technik ist die optische Bezugsebene nur eine Armlänge vor dem Geher, angstvolle Tiefblicke werden erspart.
Bei einem evtl. Ausrutscher befände sich der Stürzende außerdem sofort in der idealen Bremsposition.
Eine weitere Möglichkeit wäre ein Queren mit seitlichen Übersetzschritten. Die Fersen keilen hier die Trittflächen ein. Mit der bergseitigen Hand kann man sich zur Gleichgewichtshilfe leicht am Berg abstützen.

Bewegungsablauf bei der Querung in Stütztechnik – Einschlagen/Belastungswechsel/Nachstellschlag.

Abstieg in tiefem Schnee und Firn

Der Abstieg erfolgt in der Regel in der Fallinie, es sei denn, Geländesituationen zwingen zum Ausweichen. Die Abstiegstechnik in flachem und mittelsteilem Gelände ist im wesentlichen gleich. Im steilen Gelände empfiehlt sich oft wieder die Stütztechnik, die bei den Querungen im steilen Gelände schon beschrieben wurde.

Absteigen in flachem und mittelsteilem Gelände bei tiefem Schnee und Firn
Ausgangsstellung ist wieder die hüftbreite Beinstellung. Zu Beginn der Schrittbewegung abwärts wird zunächst das gesamte Gewicht auf ein Bein (Standbein) verlagert. Das unbelastete Bein kann dann aus dem Schnee gehoben und nach vorne abwärts gesetzt werden.

Damit verbunden ist gleichzeitig eine Schwerpunktsverlagerung zum vorderen Bein, die die Ferse *keilförmig* (Schuhspitzen an- bzw. hochziehen) in den tiefen Schnee eindringen läßt. Die Muskulatur des vorderen Beines wird etwas angespannt, wenn der Fuß in den Schnee dringt, damit eine Kraftübertragung (Druck) auf die Trittfläche optimal gewährleistet ist.
Mit dem Belastungswechsel auf das abwärts gesetzte Bein wird das hintere schwunghaft aus dem Schnee gehoben (Pedalbewegung), über der Schneeoberfläche nach vorne abwärts gebracht und belastet wieder beim nächsten Schritt in den Schnee eingedrückt usw.
Die Schrittlänge sollte dabei nicht zu groß sein. Sich vorzustellen, die eben gemachten Tritte auch im Aufstieg benützen zu können, schafft ein gutes Distanzmaß. Der Oberkörper ist in dieser Technik deutlich nach vorne talwärts gebeugt, um den Körperschwerpunkt über dem vorderen Bein zu halten. Frontal von vorne oder hinten betrachtet macht der Körper durch den deutlichen Belastungswechsel eine seitliche *Pendelbewegung* (»Seemannsgang«).
Bei tiefem Schnee ist eine kontrollierte Bewegungsführung (Oberkörper, Nachholbein) sehr wichtig, um gute Tritte zu schaffen.

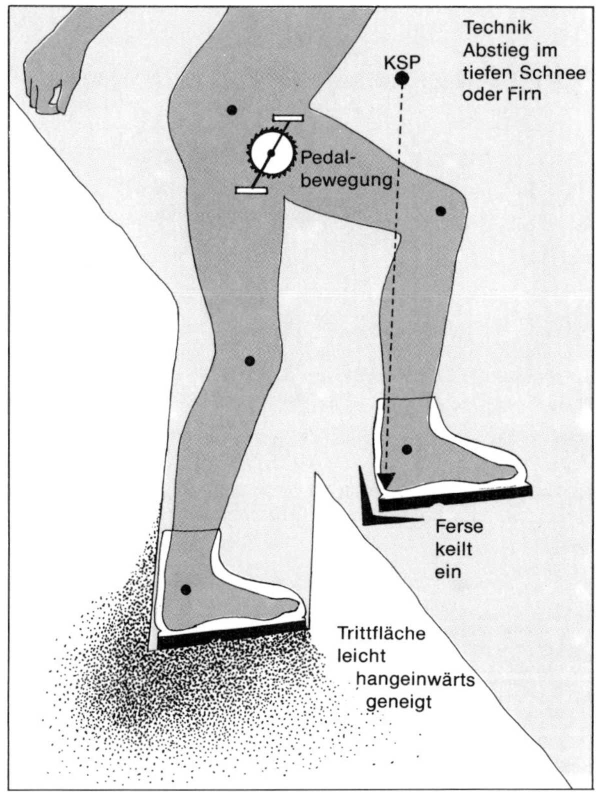

Links und unten: Technikschwerpunkte beim Gehen in tiefem Schnee und Firn im Abstieg: Deutliches Einkeilen des Schuhabsatzes (Ferse) mit vollständigem Belastungswechsel auf den neuen Tritt, gleichzeitig damit verbunden das Herausheben des hinteren Beines aus dem Trittkanal (Pedalbewegung).

Technikkriterien: Abstiege in Gehbewegung in flachem und mittelsteilem Gelände

- Hüftbreite oder noch etwas breitere Beinstellung (Spurweite).
- Deutlicher Belastungswechsel vom einen zum anderen Bein während der Schrittfolge.
- Keilendes Eintreten der Ferse zum Ausbilden einer hangeinwärts geneigten Trittfläche (hochgezogene Schuhspitzen).
- Deutlich nach vorne geneigter Oberkörper, Schwerpunkt über dem vorderen, tretenden Bein.
- Schrittlänge im tiefen Schnee, aufstiegsgerecht.
- Herausheben und Eintreten des hinteren Beines zum Schritt (Pedalbewegung).
- Anspannung der Muskulatur im vorderen Bein beim Tritt.
- Bewegungsführung, Koordination, ruhige Oberkörper- und Armführung.
- Kontrolliertes Bewegungstempo, Reaktionsbereitschaft.

Sprunghafter Abwärtslauf bei knöcheltiefem Firn – deutlich erkennbar das Einkeilen der Ferse und das Anheben des Nachziehbeines. Schattenbild hier als gute Möglichkeit der Eigenkontrolle (Belastungswechsel/Pendelbewegung seitlich).

Gehtechnik im Abstieg in steilem Schnee- und Firngelände

Die Bewegungsausführung entspricht der schon bei den Abstiegen in flachem und mittelsteilem Gelände beschriebenen. Diese Technik erfordert eine sehr gute Koordination und Kondition.

Absteigen in steilem Gelände bei tiefem Schnee und Firn

Hier bieten sich wieder zwei Möglichkeiten an, die sich situativ unterschiedlich eignen. Die sicherste Form des Abstiegs im tiefen Schnee und Firn ist die Stütztechnik, bei der man praktisch rückwärts absteigt. Die Vorteile liegen nicht nur in der sicheren effektiven Technikausführung, sondern auch in der psychischen Entlastung des Ausführenden, dem ein dauernder Tiefblick ins Tal oder auf schwierige Geländepassagen erspart bleibt. Die andere Form entspricht wieder der normalen Gehbewegung mit Gesicht und Oberkörper talwärts.

Abstiege mit dem Gesicht talwärts erfordern eine sehr große Trittsicherheit, die nur durch viel Übung zu erlangen ist.

Stütztechnik im Abstieg

Ausgangsposition ist eine Art Liegestütz.

Das Hauptgewicht lastet auf den Beinen und ein wenig auch auf den Händen (Handschuhe!). Diese Gewichtsverteilung reicht oft schon aus, um die Beine nicht mehr so tief in den Schnee sinken zu lassen, was die Spurarbeit sehr erleichtert. Zur Stufe abwärts wird abwechselnd jeweils ein Bein aus dem Schnee gezogen und in kurzem Abstand unten wieder eingeschlagen. Das obere Bein wird dann je nach Gelände in der Höhe des unteren Beines oder wiederum etwas tiefer eingeschlagen. Danach rücken die Arme nach unten, und die neue Trittfolge beginnt (Raupentakt). Vorteile sind der ständig gute *Stützkontakt,* eine geringere Last auf den Beinen und bei evtl. Rutschen die sofortige Bremsposition.

Wichtig ist allerdings die *ständige Geländebeobachtung* nach unten. Man macht am besten nach jeder zweiten oder dritten Trittfolge eine Pause und schaut sich in Ruhe das nachfolgende Gelände an. Bei besonders tiefem Schnee oder Firn kann man auch die Schienbeine zusätzlich auf die Schneeoberfläche legen, was wiederum die Einsinktiefe mindert.

Gehtechnik in hartem Schnee und Firn

Im flachen und mittelsteilen Gelände und in kurzen, steilen Passagen wird im Normalfall direkt (Fallinie) aufgestiegen. Im Vergleich zum Anstieg in tiefem Schnee oder Firn wird der Übergang zum Serpentinenanstieg (Schräganstieg) früher erfolgen, da sich die Schuhspitzen (auf geeignetes Schuhwerk achten!) oft nicht mehr weit genug einschlagen lassen. Die Seitenkanten der Schuhe bieten hier bei schrägen Anstiegstritten eher Halt, ungünstige Hebelwirkungen entfallen.

Einschlagen der Schuhspitze bei hartem Schnee und Firn – Trittfläche hangeinwärts geneigt, um ein Herausrutschen aus dem Tritt bei Belastung zu vermeiden.

Direkter Aufstieg in hartem Schnee und Firn

Die Ausgangsbeinstellung ist hüftbreit. Bei der normalen Gehbewegung mit deutlichem Belastungswechsel vom einen zum anderen Bein werden die Schuhspitzen mit kräftigem Schwung in die harte Schneeoberfläche eingeschlagen und der so geschaffene Tritt mit dem gesamten Gewicht belastet.

Die Trittfläche soll hangeinwärts geneigt sein, um dem vorderen, oberen Bein einen guten Abdruckpunkt zu bieten. Nach der Belastung der neu geschaffenen Trittstufe streckt man das vordere Bein durch, das die alleinige Hubarbeit leistet. Beim Durchstrecken hebt man das hintere Bein aus seinem Tritt und holt damit Schwung für den nächsten Schlag eines Trittes. Der Schwung erfolgt locker und entspannt. Erst kurz vor dem Auftreffen auf die harte Schneedecke spannt man die Muskeln etwas, um die Gelenke zu schonen und um die beste Schlagwirkung zu erzielen. Der nächste Tritt wird wieder erst geprüft und dann voll belastet; der nächste Schritt kann folgen usw.

Aufsteigen in steilen, harten Schnee- und Firnflanken

Um Kraft zu sparen, werden längere steile Schnee- und Firnflanken in Serpentinen-Schräganstiegen bewältigt. Nur kürzere Steilstufen werden direkt angestiegen, wenn die Schuhspitzen für die Tritte noch weit genug eingeschlagen werden können.

Schräganstiege in steilen, harten Schnee- und Firnpassagen

Schräg steigt man mit Übersetzschritten an. In besonders schwierigen Abschnitten empfehlen sich oft auch

Gruppe im Serpentinen-Schräganstieg in der Spur des Ausbilders.

Nachstellschritte, wenn ein Überkreuzen der Beine zu große Gleichgewichtsprobleme bringen würde. Beide Techniken haben gemeinsam, daß die Trittstufen mit den bergseitigen Schuhsohlenkanten geschlagen werden. *Zu Beginn* eines Anstiegs sollte man sich das Gelände und die Schneeoberfläche genau anschauen, um einen *Spurplan* entwerfen zu können, der das Gelände und die Schneesituation optimal berücksichtigt. Dabei sollte man daran denken, die Spur weder zu flach (zuviele Tritte) noch zu steil anzulegen (zu hoher Kraftaufwand).

Technikbeschreibung

Mit seitlich in Anstiegsrichtung gedrehtem Körper beginnt die Schrittfolge in der gewählten Anstiegslinie. Zum ersten Schritt verlagert man zunächst das gesamte Gewicht auf das bergseitige Bein.

Mit Schwung wird das talseitige, entlastete Bein vor dem Standbein in die Schneeoberfläche eingeschlagen. Mit *sichelförmigem* Schlagschwung kerbt dabei die bergseitige Schuhsohlenkante die Trittfläche ein. Ihre Basislinie sollte *horizontal* und die Standfläche *leicht hangeinwärts* geneigt sein, um ein Herausrutschen zu verhindern. Der frischgeschaffene Tritt wird *erst prü-*

Technikkriterien: Schräganstieg in hartem Firn

- Seitlich gedrehter Körper, mit Vor-Seit-Beuge in Anstiegsrichtung.
- Saubere, schwunghafte Schlagtechnik mit dem unbelasteten Bein.
- Sichelförmiges Einkerben der Trittflächen in den harten Firn. Der Schnee (Beobachtungshilfe) soll dabei vorwärts talwärts aus dem Tritt spritzen.
- Tastendes Belasten und dann mit dem Belastungswechsel volles Belasten der Trittfläche.
- Durchstrecken des vorderen Beines (leistet die Hubarbeit).
- Entlastetes Bein schwunghaft am Standbein vorbeiführen und kerbend zum neuen Tritt einschlagen.
- Ausgleichs- und Gleichgewichtshilfe im Oberkörper durch leichte Vor-Seit-Beuge.
- Nächste Hubarbeit und erneuter Stufenschlag, im Zweierrhythmus.
- Schrittlänge und Stufenhöhe nicht zu groß wählen, etwa in Höhe der Schuhspitze des Standbeines, je nach Geländesituation.

Beinschlagtechnik beim Schräganstieg – sichelförmige Schlagschwungbahn beim Einkerben des Bergbeines und nach Belastungswechsel Übersetzschritt, Schuhspitze zeigt deutlich talwärts.

fend und dann, mit dem Belastungswechsel vom hinteren zum vorderen Bein, voll belastet. Die Hubarbeit leistet dabei das vordere, obere Bein. Mit dem Heben des Körperschwerpunkts wird das hintere Bein vom Tritt abgehoben und schwunghaft bergseitig nach vorne gebracht, wo es den nächsten Tritt genauso einkerbt wie vorher das talseitige Bein. Dann erfolgt Belastungswechsel zum bergseitigen Bein und auf den neuen Tritt. Das talseitige Bein holt zum nächsten Stufenschlagen aus.
Schrittlänge und Stufenabstände sollen so gewählt werden, daß man noch eine *stabile Gleichgewichtslage* hat und eine Schlagbewegung kraftvoll auf die Unterlage gebracht werden kann. Entscheidend ist außerdem, daß berg- und talseitige Tritte gleichermaßen *sorgfältig* eingeschlagen werden.
Zur Vorbereitung der Richtungsänderung im Schräganstieg wird die letzte Stufe, sofern möglich, besonders breit und tief ausgeschlagen, um den Füßen bei der Wende eine gute Standfläche zu bieten.

Queren auf harten, steilen Schnee- und Firnhängen

Querungen werden meist in schwierigem Gelände ausgeführt, um ein Weiterkommen zu ermöglichen. Deshalb muß jedem Queren eine *genaue Situationsanalyse* vorausgehen. Härte der Schneeoberfläche, Steilheit des Geländes, Länge der Querung, objektive Sicherheit (Lawinen, Steinschlag), evtl. Sicherungstechnik sind Faktoren, die sowohl über die Wahl der Technik als auch über die Spuranlage entscheiden.

Bei den Techniken hat man die Wahl zwischen:

- *Liegestütztechnik* mit seitlichen Nachstellschritten (vgl. Seite 17).
- *Übersetzschritt,* Kerben der Tritte mit den Sohlenkanten.
- *Seitliche Nachstellschritte,* Gesicht talwärts, Keilen mit den Fersen.
- *Mischtechnik,* Bergbein kerbt mit der Sohlenkante und Talbein keilt die Ferse ein bei seitlichen Nachstellschritten.

Queren in Liegestütztechnik
Diese Technik ist bereits vom Queren und Absteigen im Tiefschnee her bekannt. Was bei dieser Technik auf harter Unterlage geändert werden muß, ist die Technik der Beinarbeit. Vorher wurden die Stufen getreten, jetzt werden *Tritte geschlagen.*

Querung in hartem, knöcheltiefem Firn – Trittflächen deutlich hangeinwärts geneigt. Deutlich erkennbar der sichere 3-Punkt-Stütz während der Bewegungsphase.

Dabei werden die Fußspitzen mit kräftigem Schwung so in die Unterlage eingeschlagen, daß leicht hangeinwärts geneigte Trittflächen entstehen. Ein Anspannen der Beinmuskulatur des Schwungbeines kurz vor dem Einschlagen ergibt eine bessere Schlagwirkung. Der seitliche Abstand der Trittflächen sollte etwas über Hüftbreite sein (breite Standfläche), aber noch einen deutlichen Belastungswechsel von einem zum anderen Bein erlauben. Die Arme sind aus gleichen Gründen ebenfalls gespreizt, wobei sich die Finger (Handschuhe!) an der Unterlage abstützen. Hilfsgeräte wie Pickel, Eisstichel, Eisschrauben in den Händen schaffen oft zusätzlichen Halt.
Diese Technik hat sich in der Praxis sehr bewährt, insbesondere weil *Sicherheit* und *Schnelligkeit* gleichermaßen gewährleistet sind und vor allem unsichere Geher meist problemlos über schwierige Passagen kommen.

Queren mit Übersetzschritten vorwärts auf harten, steilen Schnee- und Firnflächen
Die Bein-Schlagtechnik zur Herausbildung von Trittstufen entspricht der des Schräganstiegs. Wenn man die Querung genau horizontal anlegt, kann es durch die Übersetzschritte Gleichgewichtsprobleme geben. Ein Stütz mit der bergseitigen Hand oder ein Pickelstütz (vgl. Seite 20) helfen hier. Das gesamte Gewicht bleibt trotz eines leichten Abstützens immer auf den Tritten, um ein Herausrutschen zu vermeiden. Die Schrittlänge muß wieder so gewählt werden, daß eine saubere Schlagtechnik ausgeführt werden kann. Die Trittflächen sollten durch die Sohlenkanten leicht hangeinwärts geschlagen werden und wenn möglich auch mit dem vorderen Teil leicht in Richtung Tal zeigen (vgl. Grafik).

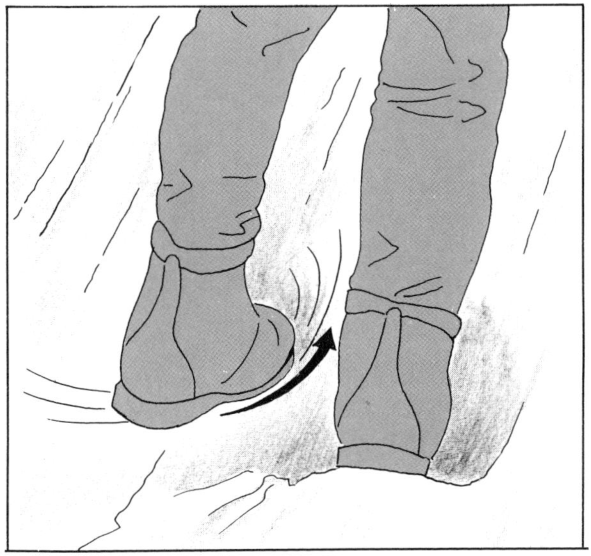

Sichelförmiger Schlagschwung zum Einkerben des Trittes bei hartem Firn, Trittflächen hangeinwärts geneigt.

Queren mit Nachstellschritten, Gesicht talwärts, auf harten, steilen Schnee- und Firnflächen
Wenn Übersetzschritte zu große Gleichgewichtsprobleme ergeben sollten, kann man mit Nachstellschritten queren. *Zwei Formen* bieten sich hier an:

3 Nachstellschritt – Einschlagen der nächsten Trittstufe.

2 Übersetzschritt (-schlag) sichelförmig, Schuhspitze zeigt nach dem Schlag talwärts.

1 Einkerben des Trittes in günstiger Schrittlänge.

3

2

1

Bei der ersten Form ist der *Körper in Gehrichtung* gedreht. Eine Vor-Seit-Beuge des Oberkörpers erhöht den Druck auf das Talbein und schafft ein besseres Gleichgewicht. Das bergseitige Bein schlägt sich eine gute Trittstufe (Sohlenkante), das talseitige Bein rückt bis in Linie des Bergbeines nach und schlägt sich dort seinen Tritt, dann folgt wieder das Bergbein, Nachstellschritt (-schlag) usw.

Die zweite Form bedient sich seitlicher Nachstellschritte. Oberkörpervorderseite und *Gesicht* sind *talwärts* gerichtet, ein Arm oder beide Arme können den Körper nach hinten abstützen. Die Tritte werden jetzt mit den Fersen eingeschlagen bzw., je nach Schneehärte, eingetreten. Vorteile bringt die stabile Spreizstellung der Beine, die durch kurze Nachstellschritte seitlich immer erhalten werden kann.

Queren mit Beinschlag-Mischtechnik in harten, steilen Schnee- und Firnflächen

Bei dieser Technik kerbt man bergseitig mit der Sohlenkante, während man mit dem talseitigen Bein die Ferse keilend eintritt. Eine Form, die sich bei nicht allzu harter Schnee- oder Firnauflage *sehr gut* eignet. Die Schritte können dabei als Übersetzschritte, meistens jedoch als Nachstellschritte ausgeführt werden.

Technikkriterien:
Queren in hartem Schnee und Firn

- Wahl der günstigsten Technik nach Schneehärte, Hangsteilheit, körperlichen Faktoren, psychischen Faktoren (Angst, Stress), objektiven Gefahrensituationen.
- Überlegtes, ruhiges Tritteschlagen.
- Gleichgewichtslage, Oberkörper- und Beinpositionen.
- Sinnvoller Einsatz von Stützhilfen (Arme, Pickel, Skistöcke etc.).
- Rhythmischer Ablauf der Bewegungsfolge, Bewegungskoordination.
- Gehtempo.

Trittstellung bei Mischtechnik – bergseitig Kerbtritt, talseitig Stütztritt, der dem Sprung- und Kniegelenk volle reaktionsbereite Bewegungsfreiheit läßt.

Kerbschlag sichelförmig ausgeführt und Stütztritt mit stark eingekeilter Ferse.

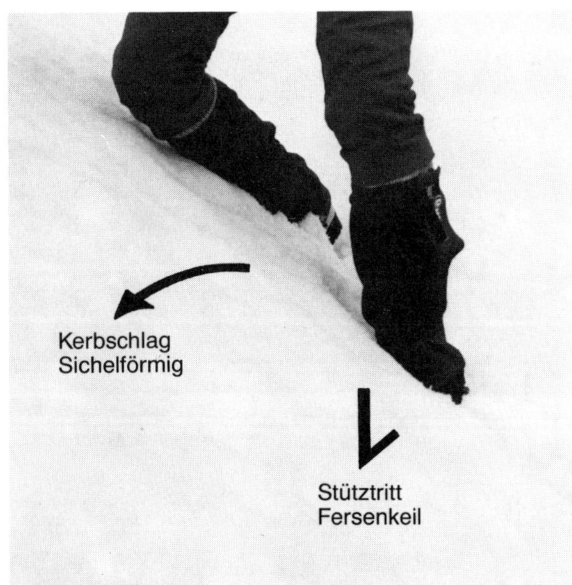

Absteigen auf harten Schnee- und Firnflächen

Wenn es die Geländesteilheit und andere objektive Faktoren (keine Abbruchkanten, Spalten etc.) zulassen, wird auch auf harter Schneeunterlage direkt in Fallinie abgestiegen, wenn die Härte der Schneeoberfläche das Ausbilden von Trittstufen noch ermöglicht. Bei günstiger Schneeoberfläche und Geländesteilheit kann man Firnhänge auch abrutschen oder abfahren, was oft kraftsparend ist. An steilen, sehr harten Firnhängen wird man sich abseilen, ablassen oder an Fixseilen nach unten steigen. In solchen Fällen ist auch das Anlegen von Steigeisen wieder *dringend* zu empfehlen.

Sicherheit vor Schnelligkeit!

Abstiege auf hartem Schnee oder Firn in flachem bis mittelsteilem Gelände
Der Abstieg erfolgt in Fallinie.
In hüftbreiter Beinstellung (Schrittweite, Spurbreite) werden die Tritte nach unten gesetzt. Die Trittflächen werden durch ein *Einkeilen* der Fersen ausgeformt. Die beste Keilwirkung erzielt man, wenn man die Schuhspitzen zum Tritt in Richtung Knie etwas anzieht und die Ferse dann mit dem Belastungswechsel vom hinteren zum vorderen Bein kräftig eindrückt. Den Belastungswechsel schräg vorwärts nützt man gleich aus, um das hintere Bein *schwunghaft* und *ohne* Schneeberührung zum nächsten Schritt nach vorne zu bringen. Die Schrittlänge nicht zu groß wählen, um den *ganzen* Druck auf das vordere Bein bringen zu können.
Im mittelsteilen Gelände wird man beim direkten Absteigen die Hangabtriebs- und Gewichtskraft mit ausnützen und den Belastungswechsel in schnellerer Schrittfolge und noch schwunghafter ausführen. Dieser »sprunghafte« Belastungswechsel bringt mehr Gewicht auf die Trittflächen.
Entscheidend außerdem für die günstigste Kraftwirkung ist eine gute Körperschwerpunktslage über dem vorderen Bein beim Tritt. Dazu ist der Oberkörper *deutlich* nach vorne zu beugen. Trotz der schnelleren Bewegungsausführung sollte man immer noch voll reaktionsbereit sein, um vor Hindernissen oder auf Zuruf jederzeit anhalten zu können.

Gruppe im Anstieg – Wechsel vom Schräganstieg in mittelsteilem Gelände zum direkten Anstieg im steilen Gelände. Eispickel und Skistöcke dienen als Stütz- und Gleichgewichtshilfen.

Beachte:
In hartem Firn oder Schnee lieber *früh genug* die Steigeisen anziehen, auch wenn dies Zeit kostet. Sind keine vorhanden, sollte man sich nicht scheuen, Tritte und Stufen mit dem Pickel zu schlagen und geeignete Sicherungsformen anzuwenden (vgl. Seite 40). Wenn es gar nicht anders geht, muß man auch einmal die Erwärmung und Erweichung der Schneeoberfläche abwarten können oder den Routenverlauf anders wählen.

Abstiege auf hartem Schnee und Firn in steilem Gelände
In steilem und sehr steilem, hartem Schnee- und Firngelände wird man nicht mehr frontal, mit dem Gesicht talwärts, absteigen; es sei denn, man befindet sich gesichert an einem Fixseil oder wird abgelassen. Hier empfiehlt sich wieder die Liegestütztechnik mit dem Gesicht bergwärts. Die vier Haltepunkte – Arme, Beine und durch den Stütz bedingt eine gute Schwerpunktslage über der hier sehr großen Stützfläche – bieten meist die nötige Stabilität, um rückwärts abwärts tretend nach unten zu kommen. Das Einschlagen der Schuhspitzen muß sehr kräftig erfolgen. Die Trittflächen sollten auch hier wieder leicht nach innen geneigt sein. Ein Umschauen bzw. Nach-unten-Schauen ist nach einigen Tritten *immer nötig,* um die richtige Abstiegslinie zu finden. Falls erforderlich, kann man dann in der gleichen Technik mit seitlichen Nachstellschritten nach links oder rechts ausqueren.
Handgeräte wie Eishammer, Eisbeil, Pickel, Stichel oder auch Eisschrauben, die man mit der Faust kräftig umschlossen in den Schnee schlägt, sind oft wertvolle Griffhilfen.

Abfahren im Firn

Bei idealer Geländeneigung und Schneebeschaffenheit bietet sich eine sehr schnelle Abstiegsmöglichkeit an: das *Abrutschen* oder *Abfahren.*
Diese Technik kann man sich am besten als ein Skifahren auf den Schuhsohlen vorstellen, was natürlich hohe Ansprüche an das Gleichgewichtsgefühl stellt. Nach kurzem Schwungholen rutscht man mit beiden Beinen, die hüftbreit offen parallel nebeneinander gehalten werden. Die *offene* Beinstellung ergibt eine gute Standfläche. Die Schuhsohlen liegen hangparallel auf und werden auf ihrer ganzen Sohlenfläche möglichst *gleichmäßig* belastet. Dies erreicht man durch ein Beugen der Sprung- und Kniegelenke sowie ein deutliches Vorbeugen des Oberkörpers im Hüftgelenk. Die tiefe Körperschwerpunktslage hat eine bessere Stabilität zur Folge, was sich vor allem bei kleinen Bodenunebenheiten positiv auswirkt.
Richtungsänderungen während des Rutschens werden ähnlich wie beim Skifahren mit einem Gegendrehen ausgelöst, d. h. man dreht die Knie und Schuhspitzen in die gewünschte Richtung, und der Hüft- Oberkörperbereich macht gleichzeitig eine Bewegung in Gegenrich-

Abfahren (Abrutschen) im Firn auf den gleichmäßig belasteten Schuhsohlenflächen in leichter stabilisierender Schrittstellung.

tung (Knie drehen vor-einwärts, Hüfte/Oberkörper/ Schulter zurück auswärts). Bei den Kurven kann man zur Tempokontrolle auch etwas mit den Schuhsohlen aufkanten, indem man die Knie während des Rutschens leicht bergwärts drückt. Verlagert man das Gewicht mehr zu den Fersen, entsteht eine Art Bremskeil unter der Sohle, und das Tempo verlangsamt sich. Schnell und kräftig durchgeführt, kann man mit diesem »Einfersen« sofort zum Stand kommen.

Abfahren mit Seitstützpickel oder Skistockseitstütz

Bei harten Schneeauflagen, in denen die Kerbwirkung der Schuhsohlen zur Tempokontrolle und zum Bremsen nicht mehr ausreicht, kann man die Skistöcke oder den Eispickel als zusätzliches Bremsmittel einsetzen.

Zum Abfahren hat man die Beine parallel offen, etwa hüftbreit. Der Eispickel wird mit einer Hand am Pickelkopf (Stützgriff) gefaßt. Die Pickelhaue zeigt zum Körper (Rettungsgriff, harte Unterlage). Die zweite Hand faßt den Pickel am Schaft kurz oberhalb der Pickelspitze. Bei den Skistöcken umschließt man beide Rohre mit einer Hand kurz oberhalb der Teller, mit der anderen im Untergriff etwa 50 cm höher.

Zum Rutschen bzw. Abfahren geht man in die Hocke und stützt sich auf die Pickel- oder Skistockspitze. Dann schiebt man die Knie und den Oberkörper so weit vor, bis die Schuhsohlen *parallel* zur Schneeoberfläche und gleichmäßig belastet sind. Verlagert man das Gewicht mehr von der Pickel- oder Skistockspitze nach vorne auf die Sohlenflächen, beginnt das Rutschen. In Fahrt gekommen, kann man das Tempo durch Gewichtsverlagerung nach hinten auf den Pickeldorn oder die Skistockspitzen wieder abbremsen. Dazu schiebt man die Unterschenkel vor und zieht die Schuhspitzen etwas hoch, wodurch die Fersen mehr einkeilen und bremsen helfen.

Diese Stütztechniken lassen auch bei einigem Geschick Richtungsänderungen während des Rutschens zu. Ein dosierter Stützdruck, leichte Körperdrehung und Einsatz der Schuhsohlen- wie Skikanten ergeben leichte Kurvenbögen. Drehpunkt sind dabei die Pickel- oder Skistockspitzen. Während der Fahrt kann man das Bremsgerät auch von der einen zur anderen Hand wechseln und so wie früher bei der Einstock-Skitechnik seine Kurven nach unten ziehen, was viel Spaß macht. Der Regelfall wird aber die *direkte* Abfahrt sein.

Abfahren mit Stütz auf den Skistöcken, die zusätzlich auch als Bremshilfe verwendet werden können.

Abfahren mit Stütz auf dem Eispickel.

Beachte:
Nur in einem Gelände abrutschen oder abfahren, das keine Spalten oder andere gefährliche Passagen aufweist. Grundsätzlich muß schon einige Meter vor dem Ende eines Schneefeldes abgebremst und Schritt für Schritt weitergegangen werden.

Handgeräte als Stütz- und Griffhilfen und zum Schaffen von Trittstufen beim Gehen in Schnee und Firn

Handgeräte wie Skistöcke, Eispickel, Eishammer, Eisstichel können bei manchem An- und Abstieg eine wesentliche Hilfe sein. Dies trifft vor allem auf die beiden zuerst genannten Hilfsgeräte zu. Wenigstens einen Pickel sollte man immer dabei haben.

Eispickel – Stützpickeltechnik

Bei dieser Technik erfüllt der Pickel eine ähnliche Funktion wie ein Spazierstock, daher auch der Name »Spazierstockpickeltechnik«; er ist Tast- und Stützhilfe. Diese Technik findet beim Gehen im Schnee und Firn ohne Steigeisen genauso seine Anwendung wie später beim Gehen mit Steigeisen auf blanken Gletschern (vgl. Seite 52). Da sich der Gletscherwanderer überwiegend im flachen bis mittelsteilen Gelände bewegt, sollte der Pickel eine Länge haben, die bei hängendem, ausgestrecktem Arm, den Pickel am Kopf gefaßt, bis *etwa 5 cm* über den Boden reicht. Hauen und Schaufelform sollten sich auch gut zum Stufenschlagen eignen (vgl. Ausrüstung, Seite 13).

Ausbildungsschwerpunkte

- Richtige Griffhaltung am Pickelkopf.
- Ausrichten der Pickelhaue, nach vorne oder hinten zeigend, je nach Geländeneigung und Oberflächenhärte.
- Erfühlen der Spazierstockfunktion bei An- und Abstiegen auf flachen Schnee- oder Firnfeldern und auf Gletschern (Steigeisen?).
- Erspüren der Stützfunktion bei An- und Abstiegen in stärker geneigtem Gelände.
- Griffhandwechsel bei Schräganstiegen (Serpentinen). Koordination Pickeleinsatz zur Schrittfolge bei unterschiedlichen Geländesituationen (flach, steil).
- Dreiertakt bei An- und Abstiegen in geneigtem Gelände und bei erhöhter körperlicher Belastung.

In der Spazierstockpickeltechnik greift man von oben her auf den Pickelkopf und umschließt ihn fest mit Fingern und Daumen einer Hand im *Klammergriff,* etwa in Verlängerung der Schaftachse nach oben.
Dabei sind immer Handschuhe zu tragen, um Auskühlung und Verletzungen zu vermeiden.
Welche Hand den Pickel hält, ist bei An- und Abstiegen auf flachen Schneefeldern und Gletschern egal. Die Griffhand sollte jedoch aus Kraftersparnisgründen auf längeren Touren immer gewechselt werden. Bei Schräganstiegen in stärker geneigtem Gelände wird der Pickel immer bergseitig geführt.
In flachem Gelände ist es egal (keine Abrutschgefahr nach Stürzen), ob die Pickelhaue vom Körper weg in Gehrichtung zeigt oder zum Körper hin gerichtet ist. Ungeübte sollten die Haue nach vorne ausrichten, um Verletzungen aus Unachtsamkeit zu vermeiden. Die Hauenausrichtung ist insbesondere im steileren Gelände zu beachten, wo nach Stürzen eine Abrutschgefahr besteht, da je nach Härte der Oberfläche beim Pickel-Rettungsbremsgriff einmal über die Haue und einmal über die Schaufel gebremst werden muß (vgl. Stürzen, Seite 30). Solange keine Gefahr des Pickelverlustes besteht, braucht man den Pickel nicht durch die

Der Eispickel als Stütz- und Entlastungshilfe beim steilen Gratanstieg.

Gerade bei widrigen äußeren Umständen sind Skistöcke und Eispickel Sicherheitsgewinn und Kraftersparnis.

Handschlaufe zu fassen oder sonstwie (Reepschnur mit Karabiner) am Körper zu sichern. Besteht diese Gefahr jedoch, sollte man den Pickel sichern.

Stützpickeltechnik – Technikbeschreibung

Der stützende Einsatz des Pickels geschieht zur Schrittfolge *koordiniert diagonal* im Armschwung, wie es dem natürlichen Bewegungsmuster entspricht. Bei Ermüdung und anstrengenden Passagen (tiefer Schnee, Spurarbeit, steileres Gelände) ist ein Dreier-Takt empfehlenswert:

1 In der Ausgangsstellung wird zunächst der Pickel bergseitig vorne *kräftig* eingesetzt und je nach Notwendigkeit stützend belastet.
2 Danach setzt man das *talseitige* (pickelferne) Bein nach vorne und belastet es.
3 Als nächstes wird das *bergseitige* Bein nach vorne gesetzt und ebenfalls belastet. Würde man jetzt die Fußpunkte und den Pickeleinsteckpunkt mit Linien verbinden, hätte man ein großflächiges Dreieck.

Nach einer evtl. Verschnaufpause folgt der gleiche Ablauf.

Der Pickel als Bremshilfe bei Stürzen in Schnee und Firn

Bei Anwendung der Stützpickeltechnik zu Schnee- oder Firnanstiegen in geneigtem Gelände kann man im Falle eines Sturzes den Pickel auch als wirkungsvollen Bremsanker einsetzen, um die Rutschstrecke entscheidend zu verkürzen. Beim Gehen ohne Steigeisen werden dabei die Beine ebenso eingespreizt, wie bei den Sturzverhalten vorher schon beschrieben. Hat man allerdings Steigeisen an, muß man sofort versuchen, die Eisen vom Schnee hochzuziehen, um ein unkontrolliertes Verhaken und Überschlagen zu vermeiden. Ein spezielles Merkmal in beiden Fällen ist der sog. *Pickel-Rettungs-*

griff. Er muß im Ernstfall unbewußt, reflexartig angewendet werden. Aus dieser Notwendigkeit heraus sollte man diese Rettungsgrifftechnik immer wieder üben bzw. in den Unterricht einbauen, Stürze simulieren bei unterschiedlichen Schneehärten und Geländesteilheiten.

Grifftechnik Rettungsgriff

Erste wichtige Voraussetzung ist das Ausrichten der Pickelhaue *je nach Härte* der Schneeoberfläche. Der Griff am Pickelkopf selbst wurde bei der Stützpickeltechnik (vgl. Seite 28) schon beschrieben. Bei harter Schneeoberfläche und auch bei Eis zeigt die Haue zum Körper. Die beste Bremswirkung erzielt man in diesem Fall durch *Einankern* der Hauenzacken. In weichem Schnee und Firn ist es umgekehrt. Hier zeigt die Pickelhaue in Gehrichtung nach vorne und die Pickelschaufel zum Körper. Nach dem Sturz ankert man die Schaufel ein, unter der sich während des Rutschens der Schnee bremsend staut.

Die Stabilisierung und der Bremszug werden durch den zweiten, freien Arm erreicht bzw. unterstützt. Schon während des Fallens versucht man mit der freien Hand, den Pickel möglichst weit unten am Schaft zu fassen (Stützhebel). Bei Schneekontakt bringt die Hand am Pickelkopf sofort die Haue oder Schaufel in den Schnee. Mit kräftigem Zug beider Arme versucht man dann, den Pickel möglichst an oder unter den Oberkörper zu bringen, um mehr Gewichtsdruck zu haben. Die Beine werden sofort gespreizt, der Körper wird gespannt, um zu stabilisieren. Ohne Steigeisen bohrt man die Fußspitzen als zusätzliche Bremshilfe in den Schnee, mit Steigeisen zieht man die Fersen an und bremst allein über den Pickel.

Pickelrettungsgriff bei harter Schneeauflage – Haue wird als Bremsanker eingedrückt.

Pickelrettungsgriff bei weichem Firn – Pickelschaufel wird als Bremshilfe eingeankert.

Skistöcke als Stützhilfen beim Gehen in Schnee und Firn

Für Anstiege, bei denen noch mit hohen Schneeauflagen zu rechnen ist (Höhenlage, Jahreszeit, Exposition z. B. Lee-/Schattenhänge), ist immer die Mitnahme von Skistöcken im Tourengepäck zu empfehlen. Tourenskistöcke für Bergsteiger sind so konstruiert, daß sie auf eine Länge von etwa 60 cm zusammengeschoben werden können, um sie am Rucksack zu verstauen, wenn man sie nicht braucht. Ihr Gewicht ist außerdem so gering, daß man sie auch noch zusätzlich zum Pickel mit auf Tour nehmen kann. Je nach Situation kommen dann Pickel oder Skistöcke zum Einsatz.

Gehen mit Skistöcken
Skistöcke dienen wie der Spazierstockpickel als Stütz- bzw. Gleichgewichtshilfe beim Gehen. Untersuchungen haben außerdem bestätigt, daß der Stützdruck auf die Stöcke die Beinmuskulatur und Fußgelenke *wesentlich* entlastet. Dies ist für viele Bergsteiger ein Grund, Stöcke auch in schneefreiem Gehgelände einzusetzen.
Bei flachen An- und Abstiegen faßt man die Stöcke am besten durch die Griffschlaufen. Bei verstellbaren Stökken kann man sich die Länge je nach Anstiegs- (kürzer als normal) oder Abstiegsneigung (länger) einstellen. Zum Gehen mit Stöcken sollte man wieder Handschuhe tragen, der Griff ist dann meist besser. Der Stockeinsatz erfolgt auf flachen Zu- und Abstiegen abwechselnd links und rechts. Die günstigsten Einsteckpunkte sind etwas über Schulterbreite auseinander in Höhe des vorderen Beines.
Wenn bei direkten Anstiegen das Gelände steiler wird, nimmt man die Hände aus den Schlaufen und greift die Stöcke etwas weiter unten am Rohr. Das erspart ein ständiges zu hohes Heben der Arme, was sich auch für die Gleichgewichtslage positiv auswirkt. Der Stockeinsatz kann diagonal zur Trittbewegung erfolgen oder, was in manchen Fällen besser ist, in einer Art *»Raupentakt«*. Dabei gehen zuerst die Arme vor, Stockeinsatz links, rechts, und dann rücken die Beine nach, links rechts usw. Eine Technik, die auch bei direkten Abstiegen sinnvoll ist, wenn man mit dem Gesicht talwärts geht.
Bei Schräganstiegen faßt man nur den bergseitigen Stock tiefer am Rohr, den talseitigen kann man in der Schlaufe ergreifen. Bei Serpentinenkurven wird entsprechend gewechselt.
Bei Abstiegen in sehr tiefem Schnee, mit dem Gesicht bergwärts, kann man die Stöcke bei der Stütztechnik als *»Ausleger«* benützen. In dieser Technik faßt man die Stöcke in der Mitte und stützt bzw. legt sie hangparallel auf oder in den Schnee. So verteilt sich das Körpergewicht auch auf die gesamte Stocklänge, und man sinkt mit den Füßen nicht mehr so weit ein.

▲ Skistöcke als Stütz- und Entlastungshilfe beim Tritt-
▼ schlagen.

▼ Skistockstützhilfe bei Querungspassagen – bergseitiger Stock aus Gleichgewichtsgründen tiefer am Schaft gefaßt.

Verhalten beim Ausgleiten und Stürzen auf Schnee- und Firnfeldern ohne Steigeisen

Trotz genauester Beachtung aller Verhaltensregeln kommen Stürze auf Firnfeldern und in Schneeflanken immer wieder vor. Wer nicht sofort automatisch richtig reagiert, weil er solche Sturzverhaltensweisen nicht *intensiv geübt* hat, geht hohe Verletzungsrisiken ein. Sekundenbruchteile entscheiden hier (vgl. Tätigkeitsbericht des DAV-Sicherheitskreises 1980–1983).

Ausgleiten in der Aufstiegsbewegung, Folge meist Sturz in Bauch- oder Seitenlage

- Beim ersten Schneekontakt sofort Arme und Beine in Liegestützstellung spreizen.
- Oberkörper und Bauch vom Schnee hochdrücken.
- Finger und Schuhspitzen kräftig in den Schnee oder Firn eindrücken, Fersen dazu fest nach unten außen pressen.
- Körper in Spannung halten (gedachte gerade Linie vom Kopf hinunter bis zu den Fersen) und bremsen bis zum Stillstand.

Nebenstehend und unten: Verhalten bei Stürzen auf den Rücken – Stabilisieren/Drehen in Bauchlage/Liegestütz-Bremsposition.

Ausgleiten im Abstieg, Folge meist Sturz auf den Rücken

- Sofort den Körper »lang« machen und in gestreckter Rückenlage anspannen, Arme seitlich stabilisierend abspreizen, um Rollbewegungen zu vermeiden.
- Danach schnelle Drehbewegung um die Körperlängsachse mit schwunghaftem Einsatz eines Armes, der vor dem Körper zur Drehseite schwingt, um den Stürzenden in Bauchlage zu bringen, während man den anderen Arm an den Körper anlegt, um keinen Drehwiderstand zu haben.
- Dann wie erläutert Liegestütz-Bremsposition bis zum Stillstand.

Stolperstürze beim Abstieg, Folge meist Stürze kopfüber

- Sturz mit den Händen bremsend abfangen.
- Körper dann sofort in Bauchlage rutschend spannen.
- Den linken oder rechten Ellbogen als Bremsanker/Drehpunkt unter den Körper ziehen und mit dem ganzen Gewicht belasten. Bei der dadurch eintretenden Verzögerung Körper zur Gegenseite leicht aufdrehen, beide Beine anziehen und seitlich am Körper vorbei talwärts schwingen wie bei einer Schwungkehre.
- Wenn die Füße wieder talwärts gerichtet sind, in Bauchlage drehen.
- Liegestütz-Bremsposition bis zum Stillstand.

Sturz auf den Rücken, Kopf talwärts

- Im günstigsten Fall Rolle rückwärts mit sofortigem Beinespreizen in die Liegestützposition.
- Ist dies nicht möglich, Drehung zuerst in Bauchlage und weiteres Verhalten wie beim Sturz vorwärts, kopfüber (s. o.).

Links: Verhalten bei Stürzen kopfüber.
Unten: Rückwärtsrolle bei Stürzen auf den Rücken/Kopf talwärts.

Methodische Vorüberlegungen zum Wert der richtigen Gehtechnik in Schnee und Firn und der Einübung des richtigen Verhaltens bei Stürzen bis zum Automatisationsgrad

Wie im Hauptteil schon beschrieben (vgl. Seite 14) kommt der Gehtechnik in Schnee und Firn *elementare Bedeutung* zu, da sich auch nachfolgend die Steigeisentechniken auf diese Bewegungsmuster stützen. Doch nicht nur dieser Aspekt macht diesen Schulungsteil so besonders wichtig. *Bedauerlicherweise* muß man hier wieder einmal die *Unfallstatistiken* mit einbeziehen, die deutlich zum Ausdruck bringen, daß es gerade hier an der nötigen Erfahrung und Sicherheit mangelt. *Übermüdung* durch kraftraubende Technik, *schlampiges Trittsetzen, falsches Einschätzen* von Geländesituationen, *Unfähigkeit* bei Stürzen, ohne »Schrecksekunde« sofort *automatisch richtig* zu reagieren, verketten sich hier in diesem *scheinbar* so simplen Technikteil oft fatal. Zieht man nachfolgend noch dazu in Betracht, daß sehr viele An- und Abstiege, bei denen Müdigkeit oft noch als kritischer Faktor hinzukommt, häufig steigeisenfrei in Schnee und Firn ablaufen, ist es einem schnell klar, daß man diesem Gebiet in der Schulung und Eigenschulung entsprechenden Raum geben muß.

Übungsgelände

Für die elementaren Gehübungen sollten vom Ausbilder Schnee- und Firnhänge bzw. -passagen gewählt werden, die es dem Schüler erlauben, sich ganz auf den Bewegungsablauf zu konzentrieren. Außerdem hat der Ausbilder das Gelände auf *mögliche Gefahrenquellen* (Spaltengefahr, Steinschlaggefahr, Lawinengefahr) hin genau zu prüfen.
Ideal eignen sich aus dem Flachen zunehmend *aufsteilende Geländepassagen* mit etwa knöcheltiefer Schnee- oder Firnauflage, die den Tritten noch genügend Halt bietet und eine gute Spurbildkontrolle zuläßt. Eine Verflachung des Geländes (Wendeplateau) nach einem steileren Abschnitt erlaubt gutes, *gefahrloses Wenden* oben und ermöglicht die fließende Verbindung von Auf- und Abstiegen (Umlaufbetrieb), der eine *hohe Übungsfrequenz* zuläßt.
Der Hang sollte auch genügend breit sein, um ein gleichzeitiges Üben der Teilnehmer in Linie nebeneinander zuzulassen.

Sicherungsformen

Spezielle Sicherungsformen sind bei den Gehübungen in der Regel nicht notwendig. Eine *richtige Geländewahl,* die keine Gefahrenmomente aufweist, ist dazu zwingende Voraussetzung.
Bei den meisten Übungen kommt es darauf an, den Gruppenbetrieb so zu organisieren, daß keiner, auch im Falle eines Ausrutschers, den anderen gefährden kann.
Lernziel: Finden der richtigen Grundhaltung und der richtigen Tritt- und Schlagtechnik zum Gehen in Schnee und Firn, im direkten Auf- und Abstieg.

Methodischer Grundraster

Wegen der Koppelung zur *Alltagsmotorik* empfiehlt sich ein *ganzheitliches Vorgehen,* d. h. Neuzulernendes baut auf vorhandene Bewegungsmuster auf (Gehbewegung, Sturzreflexe) und wird als zusammenhängender Bewegungsablauf eingeübt.
Nach der individuellen Bewegungsausführung der Schüler wird auch die Korrektur gewichtet. **Einzelkorrekturen** werden mit zunehmendem Könnensgrad in den Vordergrund rücken. **Gruppenkorrekturen** werden nur zu Beginn des neuen Lehrstoffes zufriedenstellen.
Ganz-Teil-Ganz-methodisch können gezielt Teilbewegungen eingeübt werden, die ganz bestimmte Schwerpunkte ansprechen (z. B. Schlagschwung zum Einkerben der Schuhsohlenkante bei Schräganstiegen im harten Firn oder Einüben der beidbeinig synchron ausgeführten Kreiskehre bei Frontalstürzen im Schnee und Firn). Rückgeführt in den ganzheitlichen Bewegungsablauf soll dadurch eine Verbesserung des Ganzen erreicht werden, was logischerweise dann auch zu *überprüfen* ist (Wiederholungsversuche).

- Jedem Übungsschritt sollte eine gute **Demonstration** vorausgehen, die zeigt, *wo* man das neue Lernziel *in der Praxis* anwendet. Ergänzende, schülergerechte weitere Demonstrationen, bei denen man *wichtige Bewegungselemente phasenbetont* auffälliger demonstriert (z. B. Belastungswechsel, Schlagtiefe oder die Bremsreaktion bei Stürzen), sollen dem Schüler helfen, Wesentliches zu erkennen.
- Begleitende **Bewegungsbeschreibungen** und bei bekannten Bewegungsmustern vor allem **Bewegungserklärungen** (Warum ist das oder das besonders wichtig?) verstärken den Wert der guten Demonstration und erzeugen bei den Beobachtern den gewünschten *»Aha-Effekt«.*
- **Rhythmusunterstützende Hilfen** optischer oder akustischer Art (Spurbilder, taktierende Zurufe) lassen sich bei den meisten Übungen verbessernd einsetzen.
- Gut gewählte **Spielformen** lockern den Unterricht auf.

■ **Wichtig: Wettkampfformen (z. B. »Wer kommt nach einem Sturz am schnellsten zum Halt?«) immer erst dann einsetzen, wenn der zu erlernende Bewegungsablauf wenigstens in grober Form gekonnt wird. In allen anderen Fällen führt die hohe Wettkampfmotivation zu einer Störung der sauberen Bewegungsausführung.**

Methodisches Vorgehen

■ *Beschreiben und Erklären* der wichtigsten Kriterien, die ein gutes Gehen in Schnee und Firn kennzeichnen (Beinweite, Schrittlänge, Tritt-Technik, Schlagtechnik, Belastungswechsel, Gleichgewicht, Bewegungsfluß).

■ *Demonstration der Spurarbeit* in Schnee und Firn (Gruppe in Linie, Ausbilder demonstriert vor der Gruppe von unten kommend vorbei nach oben. Bewegungsablauf und Spurtechnik ist von allen Seiten beobachtbar.

Demonstration des Aufstieges im Firn – Gruppe in Linie, günstiger Beobachtungsabstand, Sonne im Rücken.

■ *Gruppen-Nachvollzug* in der Spur des Lehrers (Aufnehmen des richtigen Trittabstandes und des Bewegungsrhythmus vom Demonstrator.

Die Wendeecken der Serpentinenanstiege als Punkt für neue Wortinformationen.

■ *Legen einer eigenen Aufstiegsspur.* Jeder Schüler signiert zu Beginn rechts neben seiner Anstiegslinie seine Spur mit dem Anfangsbuchstaben seines Vornamens. Eine Hilfe, die dem Ausbilder eine genaue Spurbildanalyse ermöglicht.

■ *Gruppen-Trendkorrektur* auf Grund der allgemeinen Beobachtungen. Setzen eines Wiederholungsschwerpunktes für den nächsten Aufstieg (z. B. Beinweite usw.).

■ Im Umlaufbetrieb jetzt auch gleich *Lehrerdemonstration des Abstieges* bis hinunter zum Beginn der Aufstiegsspuren von vorhin. Dazu oben schon Setzen bestimmter Beobachtungsschwerpunkte (Einkerben, Belastungswechsel, Körpervorlage).

■ *Nachvollzug des Abstiegsverhaltens* durch die Schüler. Jeder Schüler legt sofort eine eigene Spur. Festlegen des »Ehrenkodex«: Eine Aufstiegsspur wird bei geringer Schneeauflage niemals als Abstiegsspur benützt.

■ Lehrer beobachtet Abstiegsverhalten und bildet sich eine *Gruppenkorrektur.*

■ *Spurbildanalyse* der Aufstiegsspuren und Wiederholungsversuche mit weiteren Einzelkorrekturen.

■ *Wiederholung* auch der Abstiegstechnik. Jetzt mit *Gruppen- und Einzelkorrekturen.*

Kombination Aufsteigen und Absteigen im Firn im Umlaufbetrieb – Ausbilder kontrolliert Spurbilder.

■ Wenn das *Spuren als stabiles Muster* beim Schüler vorhanden ist, kann man mit Hilfe des *»Kontrastlernens«* das richtige Verhalten noch *weiter festigen.* Bei dieser methodischen Maßnahme variiert man absichtlich zu negativen Grenzbereichen des Spuranlegens. In einem Fall viel zu enge Trittweite, man geht praktisch auf einer Linie nach oben (»Seiltänzertritt«) und spürt, daß man dabei große Gleichgewichtsprobleme hat. Unmittelbar daran anschließend der nächste extreme Kontrast: Gehen in überbreitem Trittabstand. Dabei spürt man dann, daß man ständig mit angespannter Beinmuskulatur arbeitet und durch den schlechten Belastungswechsel die Tritte nicht sauber genug ausgeformt werden können. Als letztes kehrt man dann zum richtigen Trittverhalten zurück. Man spürt nun an sich die ganzen *Vorzüge des Richtigen* (Bekräftigung).
Diese Methode läßt sich im Prinzip immer anwenden, nachdem Grobformmuster erlernt wurden.

Lernziele: Schräganstiege mit Übersetzschritten und Querungen in Schnee und Firn.

Nachvollzug in Reihe am Ausbilder vorbei.

■ Hier kann *im Prinzip ähnlich* vorgegangen werden wie vorher schon beschrieben, was den methodischen Weg anbelangt.

■ Wo möglich, sollte *auf bekannte Verhaltensmuster und Grundregeln zurückgegriffen* werden. Neues wird aufgeschaltet, um der entsprechenden Geländesituation gerecht zu werden, z. B. die Änderung der Schlagtechnik der Beine und das Einkerben der Tritte (vgl. Seiten 15 und 23).

Organisationsformen

Organisations- und Betriebsformen bei der Demonstration und den Übungen zum Gehen in Schnee und Firn sowie bei den Sturzversuchen müssen verschiedenen Punkten genügen:

■ *Einsehbarkeit des gesamten Bewegungsablaufes.* Der Übungsraum sollte voll überblickt werden können.

■ Die Teilnehmer sollten das Demonstrationsbild *von vorne, von hinten* und auch einmal *von der Seite* sehen können. Geschickt der Lehrer, der zu seinem Demonstrationsschwerpunkt seine Gruppe entsprechend günstig aufstellt. Z. B. lassen sich Belastungswechsel besser von hinten oder gegenüber beobachten, Beuge- und Schwerpunktspositionen besser von der Seite.

■ *Störende äußere Einflüsse* (Wetter/Wind/Nachbargruppen) sind bei der Wahl des Übungsplatzes, bei der Demonstration und beim Sprechen bzw. Korrigieren der Gruppe mit zu *berücksichtigen.*

■ *Häufige Wiederholungsmöglichkeiten* (hohe Übungsfrequenz) zeichnen den geschickten Organisator ebenfalls aus. Da dem praktischen Einüben zentrale Bedeutung zukommt, sind hier geeignete Betriebsformen besonders wichtig ebenso wie die entsprechend *günstige Geländewahl.*

Möglichkeiten der Organisation des Unterrichtsbetriebes

■ **Aufstellung in Linie**
Die Teilnehmer stehen in günstigen Abständen nebeneinander (Rücken gegen den Wind oder gegen die blendende Sonne). Bei wichtigen Beschreibungen, Erklärungen, Demonstrationen, Gruppenkorrekturen. Zu Übungen, bei denen die Teilnehmer in Linie nebeneinander arbeiten können (vgl. Abb.).

■ **Aufstellung im Halbkreis** (Beschwörungsform)
Bei widrigen Wetterverhältnissen oder wenn man ganz bestimmten Informationen besonderes Gewicht verleihen will.

■ **Übung in Reihe**
Die Teilnehmer stehen hintereinander. Beim Übungsbetrieb ist darauf zu achten, daß der Abstand zum Vordermann genügend sicher ist, bzw. man wartet unten so lange, bis die Übungslinie wieder frei ist.

Gruppe in Gassenaufstellung – Ausbilder demonstriert Sturzverhalten.

■ **Gassenaufstellung**
Zwei möglichst gleichzählige Teilnehmergruppen je nach Übungsabsicht in günstigem Abstand zueinander in Reihe oder Linie aufgestellt (vgl. Abb.). Die Gasse bietet zu eini-

gen Übungen den Vorteil, daß zwei Teilnehmer gleichzeitig eine Übung wiederholen können und daß in ständigem Wechsel auch die Übungsseiten geändert werden können.

■ **Umlaufbetrieb**
Aufstieg und Abstieg werden gleich miteinander kombiniert. Der Ausbilder kann wichtige Informationen am Start oder am Ende des Übungskurses geben. Jeder Übende kann sich zum Korrekturversuch gleich wieder hinten einreihen.

■ **Staffelformen, schräg oder keilförmig**
Die Teilnehmer befinden sich dabei in direkter An- oder Abstiegslinie, starten aber leicht versetzt. Sie haben so die Möglichkeit, den mitübenden Demonstrator ständig im Auge zu haben. Zugleich stellt der Ausbilder einen guten Tempomaßstab dar.

■ **Kleingruppen/Arbeitsgruppen**
Leute mit ähnlichen Fehlerbildern kann man gut in mehreren Kleingruppen zusammenfassen. Jede dieser Gruppen bekommt dann ganz bestimmte Aufgaben zugeteilt, die sie gemeinsam lösen sollen. Die Teilnehmer beobachten und korrigieren sich dabei untereinander. Der Ausbilder wandert von Gruppe zu Gruppe, gibt Tips und Hilfen.

Ein guter *Standort des Ausbilders ist die erste Voraussetzung für eine gute Korrektur.*

Fehlerbilder – Korrekturhilfen

Zu große Schrittlänge.

Zu groß gewählte Schrittlänge, die Gleichgewichtsprobleme und schlechte Trittbelastungen mit sich bringt, da der Körperschwerpunkt in der Regel zwischen den Beinen liegt wie auf dem Bild gut erkennbar. Von hinten gesehen ist oft eine unruhige Oberkörperhaltung mit unkontrollierten Armbewegungen zur Seite erkennbar, die meist zum Erhalten des Gleichgewichts notwendig ist (»Seiltänzertritt«).

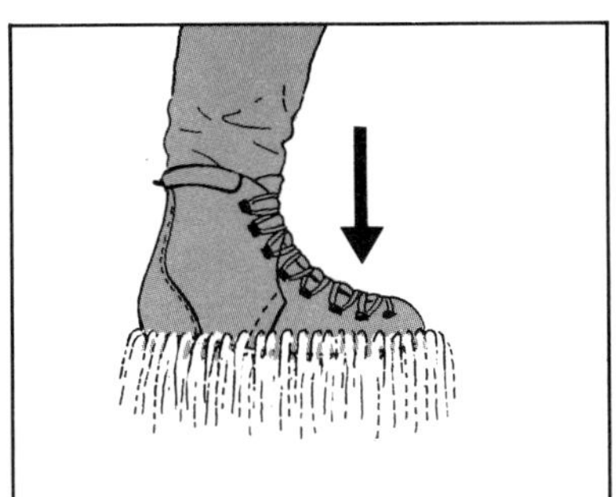

Falsches Trittsetzen ohne Kerbwirkung – Schnee »fließt« seitlich aus dem Tritt.

Korrekturhilfen: Gehen im Spurbild des Ausbilders. Bewegungsstop in der Schrittfolge, dabei Erspüren einer sicheren Standpostition (evtl. auf Zuruf). Kontrolle des Spurbildes mit dem Schüler zusammen. Schaffen objektiver Eigenkorrekturhilfen.

Gleichgewichtsprobleme durch zu große Schrittlängen und zu enge Beinstellung.

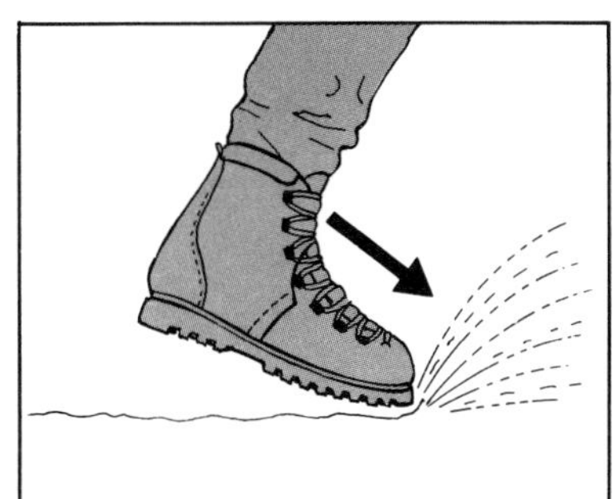

Schuhspitzenschlag (»Kicker«) – Schneeauswurf nur nach vorne. Schlechte Trittflächenneigung.

Spuranlage, Führungs- und Sicherungstechnik beim Gehen in Schnee und Firn

Gehordnung bei seilfreiem Aufstieg in Gruppen

Ist ein Führer gezwungen, schnee- oder firnbedeckte Hänge aufzusteigen oder zu queren, wird er das mit einer Gruppe so lange seilfrei tun, wie keine Absturzgefahr besteht und sich die Teilnehmer sicher fühlen. Leichte Anstiege und auch kurze Steilstufen werden direkt in Fallinie bewältigt. Längere mittelsteile Passagen erfordern eine Spuranlage in Serpentinenform, um Kraft zu sparen. Die Längen der Serpentinen-Schräganstiege sollten gleich sein, um das jeweilige bergseitige Bein nicht zu stark zu belasten. Gut ausgetretene Wendestufen erleichtern vor allem beim Tragen schwerer Lasten die Drehung in die neue Gehrichtung.

Bei Anstiegen in tiefem Schnee oder Firn wird der Führer die Gruppe so organisieren, daß die *konditionsstärksten* Teilnehmer hinter ihm gehen und die Trittstufen verbessern, indem sie die hohen Stege zwischen den Tritten etwas niedertreten und kappen. Die Schwächeren, die sich in dieser Situation am Ende der Gruppe befinden, ersparen sich dadurch viel Kraft, weil sie die Beine nicht mehr so hoch in die Tritte heben müssen. In extremen Fällen, bei besonders tiefem Schnee, werden die Personen hinter dem Führer sogar versuchen, etwas Schnee in die Trittstufen einzutreten, um sie aufzufüllen.

Bei geringerer, härterer Schneeauflage wird der Führer die *schwächeren* Teilnehmer zu sich nach vorne holen. So können sie seine Trittschlagtechnik unmittelbar verfolgen, und der Führer seinerseits kann sich im Gehtempo genau den Teilnehmern anpassen und wenn nötig sofort Hilfestellungen und Tips geben.

Gehtempo bei seilfreiem Gehen in Gruppen

Das Gehtempo richtet sich immer nach dem *schwächsten* Mitglied einer Gruppe und natürlich auch nach den situativen Gegebenheiten. Gleichmäßiger Spur- bzw. Gehrhythmus ist einem häufigen Tempowechsel vorzuziehen. Bei anstrengenden Passagen sollte besonders auf einen guten Atemrhythmus geachtet werden. An günstigen Geländepunkten werden Pausen eingeschaltet, um Luft zu tanken. Jeder, vor allem der Führer, muß sich darüber im klaren sein, daß ein zu hohes Gehtempo die Schüler *unaufmerksamer* werden lassen kann. Dieser »Gehstreß« führt häufig zu Ausrutschern durch flüchtiges, ungenaues Trittsetzen, weil man ja nachkommen will.

Seilfreies Absteigen mit Gruppen

Die Abstiegsspuren folgen in ihrer Richtung meist den Aufstiegsspuren. Spuren in *flachen* Geländepassagen können auch im Abstieg verwendet werden. Serpentinenanstiegsspuren benützt man in der Regel im Abstieg nicht, sondern steigt direkt in Fallinie ab, wenn es das Gelände zuläßt.

Bei direkten Abstiegen in tiefem Schnee gehen die Gruppenmitglieder in der Spur des Führers. Der Gehabstand dabei wird so gewählt, daß jedes Mitglied noch *genügend* Bodensicht hat, um seine Tritte sauber setzen und seinen individuellen Gehrhythmus halten zu können. Schwächere Teilnehmer gehen unmittelbar hinter dem Führer, der ihnen so jederzeit Hilfe leisten kann.

Bei nicht zu hoher Schneeauflage, wenn es das Gelände zuläßt, kann jeder Teilnehmer im direkten Abstieg seine *eigene Spur* legen. Dies erleichtert das Trittsetzen wesentlich, und außerdem findet jeder durch das Einkeilen der Ferse in ungespurten Schnee einen guten Tritthalt, den er oft in ausgetretenen Abstiegsstufen nicht erreichen würde. Bei solcher Abstiegsordnung muß der Führer die Außengrenzen nach Gelände sehr genau angeben und selbst in diesem Formationskeil der Vorderste sein, um rechtzeitig Entscheidungen zur neuen Spuranlage und zum Gehtempo treffen zu können.

Beachte:
Aufstiegsspuren werden in der Regel nicht auch als Abstiegsspuren verwendet, es sei denn, hohe Schneeauflage und schlechte Sichtverhältnisse zwingen dazu.

Meistens werden Aufstiegsspuren durch Absteiger so zerstört, daß nachfolgende Aufsteiger neu spuren müssen, und das kann man wirklich vermeiden.

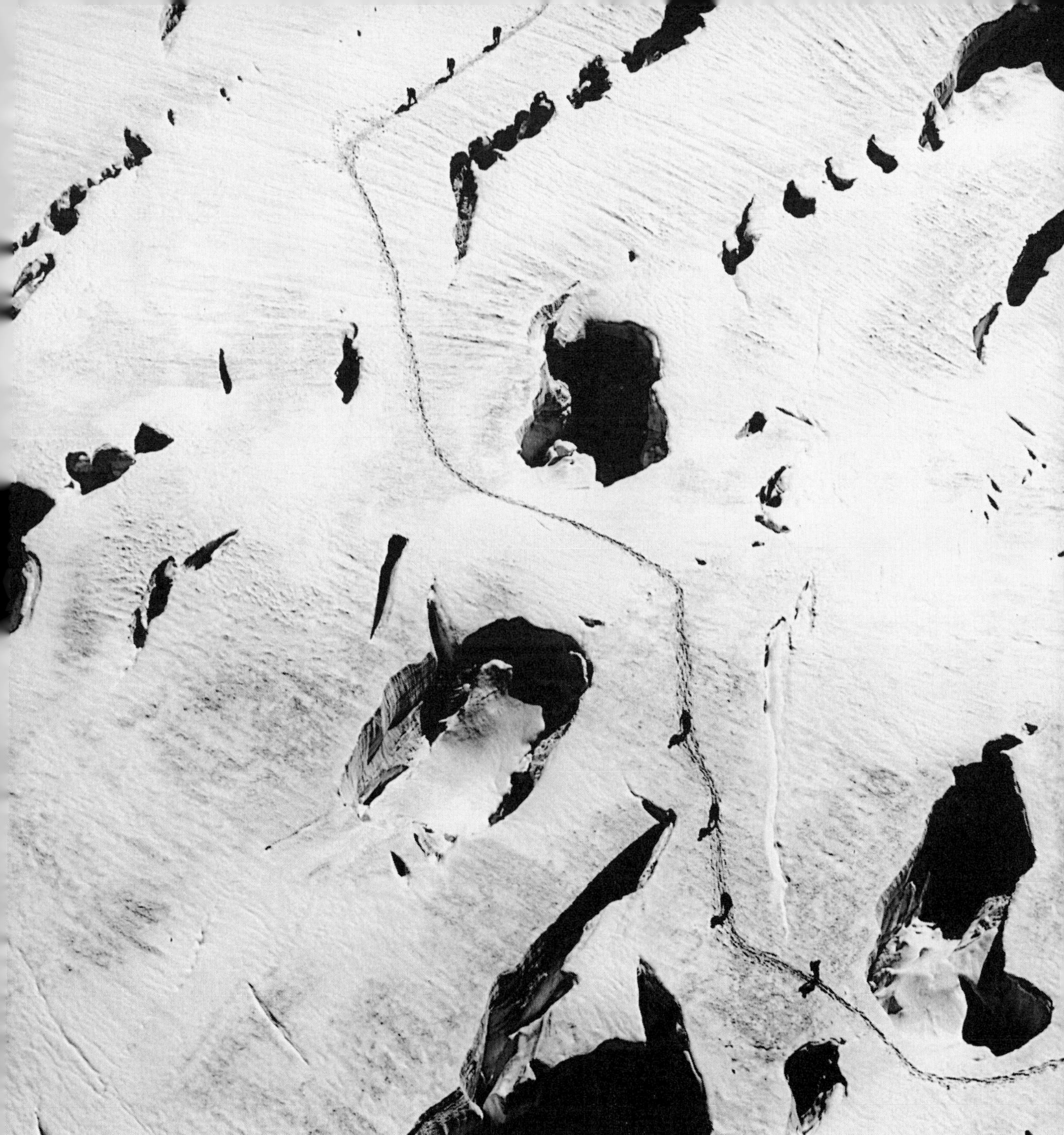

Abfahren im Firn

Abfahren im Firn nur in nichtvergletschertem Gelände (Spaltengefahr)!

Neben hohem technischen Geschick erfordert das Abfahren im Firn eine sehr gute *vorausschauende* Geländebeobachtung. Der Führer hat die Gruppe so zu organisieren, daß die Außenleute praktisch den sicheren Abfahrtsraum markieren. Der Führer ordnet die Gruppe in Linie wieder leicht keilförmig, wobei kein Teilnehmer in der Fallinie des anderen ist. Der Führer selbst rutscht wieder als Erster, bildet die Keilspitze. Stellt er während des Rutschens problematische Geländezonen fest, kann er rechtzeitig darauf hinweisen. Rechtzeitig *vor dem Ende* eines Schneefeldes ist zu stoppen und *Schritt für Schritt* weiterzuspuren, bis man wieder in schneefreies Gelände kommt.

Beachte:
Am Ende von Schneefeldern ist die Schneeunterschicht meist sehr hart. Sind im Firn Steine oder Latschen sichtbar eingeschlossen, muß man in deren Nähe mit Hohlräumen unter der Schneedecke rechnen. Die Rutschspur muß deshalb in genügend großem Abstand daran vorbeiführen. Häufig sieht man auch am Ende von Schneefeldern kleine Bächlein herausrinnen, die ebenfalls auf Hohlräume schließen lassen. Auch dieser Fall ist in der Spuranlage zu bedenken.

Sicherungsformen im Firn

Bei Firnhängen mit drohender Absturzgefahr muß im Auf- und Abstieg gesichert werden. Im Rahmen einer Führung von Gruppen ist dies unerläßlich.
Zur Sicherung der Gefährten kommen in Frage:

- Das *gleichzeitige* Gehen am kurzen Seil.
- *Sichern des Nachstiegs* durch Einrichten eines Fixseiles unter Anwendung geeigneter Aufstiegssicherungsmittel.
- *Gesichertes Vorsteigen* und *Nachsteigen* über den T-Anker als Fixpunkt im Firn.

T-Anker als Fixpunkt im Firn

Das Nachsichern und Sichern von Gefährten im Vorstieg erfordert im Firn *zuverlässige* Fixpunkte.
Wer weiß (vgl. nachfolgende Tabelle aus Tätigkeitsbericht des DAV-Sicherheitskreises), daß man bei Stürzen auf blanken Firnflächen bei einer Steilheit von 20° schon 95% der Sturzgeschwindigkeit des Freien Falls erreichen kann, die über geeignete Sicherungsformen und Fixpunkte abgebremst werden muß, wird diese sehr sorgfältig wählen und anbringen.

Steilheit	20°	30°	40°	45°	50°	60°	70°	80°	90°
Theoretische Fallgeschwindigkeit in % der Geschwindigkeit des Freien Falls	95	97	98	98	98	99	99	99	100%

Ab einer Steilheit von 40° unterscheiden sich die Prozentwerte nur noch in der ersten oder zweiten Stelle hinter dem Komma.

Belastungsversuche haben gezeigt, daß *keine andere* Sicherungsform außer dem T-Anker für den Vorsteigenden in Frage kommt. Zum Sichern im Nachstieg werden in der Führungspraxis gelegentlich auch Rammpickel, über die man volldynamisch mit Karabiner-Knicksicherung oder halbdynamisch mit HMS-Sicherung sichert, angewandt. Diese Formen erfordern aber ein hohes Maß an praktischer Erfahrung, vor allem, was ihre Bedienung anbelangt, und sind dann aber meist doch so unzuverlässig, daß sie hier *nicht* als Lehrmethode vertreten werden können.

Schema Anlage T-Anker im Firn.

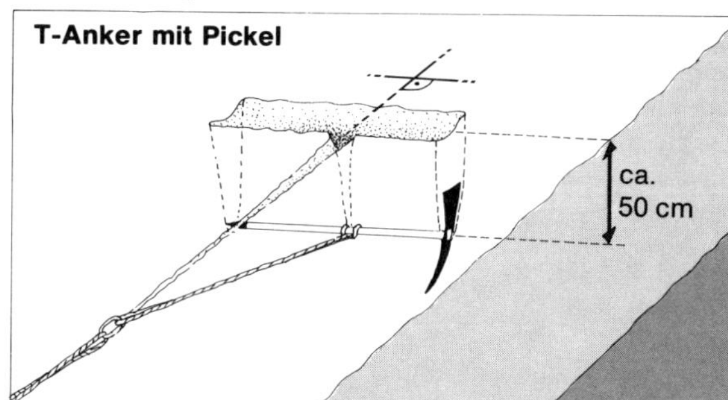

Walkfäustling mit eingelegter Eisschraube als T-Anker. Daran befestigt Bandschlinge und HMS-Karabiner.

Für den T-Anker (Namensgebung aufgrund des Formbildes der offenen Gräben) müssen *zwei* unterschiedliche Gräben ausgehoben werden. Ein Graben wird senkrecht zur erwartenden Zugrichtung angelegt und nimmt das Ankergerät auf, im Normalfall den Eispickel.

Der zweite, engere und längere Graben verläuft in Zugrichtung (Fallinie) und dient der Auslenkung einer Bandschlinge oder Reepschnur, die am Ankergerät befestigt wird, um den Sicherungskarabiner darin einzuhängen. Tiefe und Länge des Ankergrabens richten sich nach der *Festigkeit* der Schneedecke. Bei einem Pickel als Anker wird man bei festem Firn einen Graben von ca. 50 cm Tiefe ausheben, so lang wie der Pickel ist. Schwächere und kürzere Sicherungsmittel (Eisbeil, Eishammer, zusammengerollte Anoraks, Pullover, Handschuhe) müssen tiefer vergraben werden. Bei schlecht verfestigtem Schnee ist es außerdem zweckmäßig, die Schneedecke, in die man den Anker eingräbt, *vorher* festzutreten.

Aufbauschritte für einen T-Anker

1 Zuerst empfiehlt es sich, mit der Spitze des Eispickels eine *Lageskizze* der Gräben in den Schnee zu ritzen, um diese richtig zur Zugrichtung auszuheben, die man am besten immer zuerst markiert.

2 Je nach Härte der Schneedecke (vorher evtl. festtreten) wird dann entlang der markierten Linie, senkrecht zur Zugrichtung, ein etwa 50 cm tiefer Graben ausgehoben, der sich in Länge und Breite dem Sicherungsmittel anpaßt. Bei einem Pickel wird der Ankergraben etwa 70–100 cm lang und etwa 10 cm breit sein.

3 Von der Mitte des Ankergrabens ausgehend, wird der Graben für die Bandschlinge oder die Reepschnur ausgekratzt, die T-Form entsteht. Die Länge

Ausheben des T-Ankergrabens senkrecht zur Belastungsrichtung.

Auskratzen des Grabens für die Bandschlinge in Zugrichtung.

dieses Auslaufgrabens richtet sich nach der Reepschnur oder Bandschlinge und beträgt im Normalfall etwa 150 cm. Der hintere, obere Punkt wird genauso tief angelegt wie der Ankergraben. Den Graben selbst führt man dann möglichst *knickfrei* bis an die Schneeoberfläche nach vorne. Es ist wichtig, diesen Graben möglichst *eng* anzulegen, um die Festigkeit der Schneedecke in Belastungsrichtung zu erhalten.

4 Hat man die Gräben in ihrer Geometrie *kontrolliert,* befestigt man die Reepschnur oder Bandschlinge mittels Ankerstich im Flächenschwerpunkt des Sicherungsmittels. Beim Pickel ist das in etwa Schaftmitte. Pickel oder ein anderes Sicherungsmittel werden dann in den Graben gelegt, so daß die Reepschnur

Einlegen des Pickels mit daran befestigter Bandschlinge in den vorbereiteten Ankergraben.

Feststampfen des Pickels und danach Auffüllen des Grabens mit Schnee, mit mehrfachem Festtreten des Schnees über dem Pickel.

Belastungsversuch des T-Ankers mit Sturzsimulation, T-Anker dabei nochmals hintersichert, Übende tragen Helme und Handschuhe.

oder Bandschlinge mit ihrem Befestigungs-Ankerstich genau vor ihrem Auslaufgraben liegt. Beim Pikkel zeigt dabei die Haue zum Boden. Zunächst drückt man dann die Haue durch Fußtritte auf die Schaufel noch kräftiger ein, so daß der Pickelschaft horizontal zu liegen kommt. Zum Abschluß dieses Arbeitsvorgangs wird noch die Reepschnur oder Bandschlinge sauber in ihren Graben gelegt.

5 Nach Kontrolle der Lage der Sicherungsmittel müssen die Gräben wieder mit Schnee aufgefüllt und verfestigt werden. Den Schnee holt man sich dazu am besten *von oberhalb* des T-Striches, um die Stützflächen in Zugrichtung nicht zu schwächen. Man füllt ihn in die Gräben und tritt ihn stufenweise fest, bis die Gräben in Höhe der Schneeoberfläche wieder gedeckt sind. Das einzige, was jetzt noch aus dem Schnee schaut, ist das freie Ende der Bandschlinge oder der Reepschnur, in das man den Sicherungskarabiner einhängt.

Anbringen von Fixseilen im Firn

Fixseile für den Aufstieg lassen sich sehr *schnell* einrichten und stellen oft einen wesentlichen Sicherheitsfaktor dar. Das gleiche gilt für Fixseile, die im Abstieg verwendet werden sollen. Der Führer einer Gruppe steigt das abzusichernde Gelände eine Seillänge nach oben und setzt am besten einen T-Anker. Wenn keine freien Stürze auftreten können und gute Firnverhältnisse herrschen, läßt sich auch ein bis zur Haue senkrecht eingerammter Pickel als Fixpunkt verwenden.
In die Bandschlinge oder Reepschnur des Fixpunkts wird ein Schraubkarabiner eingeklinkt.
An einem weiteren Karabiner sichert sich der Führer selbst. Das Fixseil wird am oberen Ende mit einer Sackstich- oder Achterschlinge versehen, die man in den Schraubkarabiner einhängt.
Zum Spannen des Fixseiles, was das Schieben der Prusikknoten beim Aufsteigen wesentlich erleichtert, wird ein Gruppenmitglied am unteren Ende fixiert. So am Seilstrang fixiert lehnt sich der Helfer leicht zurück, streckt seine Beine etwas durch und kann so relativ kraftlos das Seil unter Spannung halten, bis alle Gruppenmitglieder am fixierten und gespannten Seil aufgestiegen sind. Er selbst steigt dann als letzter über den Halbmastwurf gesichert nach oben.
Fixseile für den Abstieg werden zuerst am Sicherungspunkt fixiert und dann in Abstiegsrichtung nach unten geworfen. Um ein Durchschieben des Prusikknotens am *Seilende* zu verhindern, ist dies mit einem *Sackstich-* oder *Achterknoten* zu versehen (!). Ein Spannen zum Absteigen ist nicht notwendig, da dies durch die Gewichtsbelastung des Absteigenden geschieht. Der Führer einer Seilschaft steigt als letzter ungesichert ab und entfernt den Fixpunkt.

Aufstieg am Fixseil – Selbstsicherung über kurze Prusikschlinge, Partner am Seilende lehnt sich zurück, um das Seil zu spannen.

Aufstieg an Fixseilen mit geeigneter Form der Selbstsicherung

Die Teilnehmer haben zum Aufstieg am Fixseil eine etwa 1 m lange und 5 mm starke Prusikschlinge hergerichtet bzw. entsprechend abgebunden. Zuerst legt man damit über das Fixseil einen *Prusikknoten.* Handbreit darunter macht man über das Seil einen *Kreuzschlag*. Das offene Ende der Prusikschlinge wird etwa in Armlänge zur gerade eingeknöpften Griffschlinge im Schraubkarabiner des Brustrings eingeklinkt. Nach Zuschrauben des Karabiners greift man in die Schlinge unter dem Prusikknoten (Degengriff). Zeigefinger und Daumen schieben den Prusikknoten dann während des Aufstieges nach oben.

»Degengriffschlinge« (Prusikknoten und dahinter in handbreitem Abstand Kreuzschlag) zur Selbstsicherung mittels Kurzprusik am Hauptseilstrang.

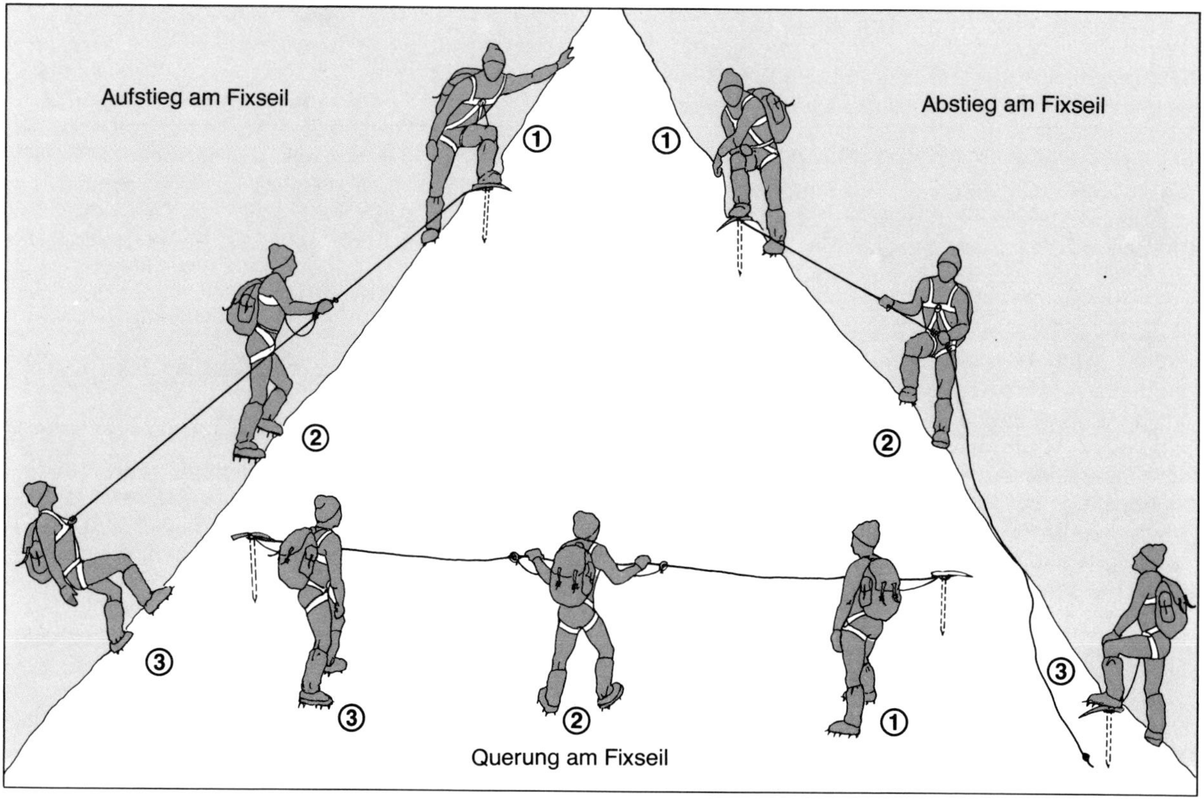

Aufstieg am Fixseil: 1 fixiert das Seil über Rammpickel oder T-Anker; 2 steigt über Kurzprusik gesichert auf; 3 spannt das Seil durch sein Körpergewicht.
Querung am Fixseil: 1 und 3 fixieren Seilstrang; 2 quert, gesichert mit Klettersteigeinbindung (kurzes Hauptseilstück mit zwei Klettersteigkarabinern).
Abstieg am Fixseil: 1 fixiert Hauptseilstrang; 3 und dann 2 steigen über Kurzprusik in den Sitzgurtschlaufen gesichert ab und sichern sich unten selbst. (Wichtig: Knoten am Seilende!)

Im Falle eines Sturzes wird so verhindert, daß man auf den Prusikknoten greift und ihn unbeabsichtigt nachzieht. Ein zu wenig gestrafftes Seil erschwert das Nachschieben des Prusikknotens nach oben. Zum Spannen muß man die zweite Hand zu Hilfe nehmen, die dazu unterhalb der Degengriffschlinge auf das Seil greift.

Oben angekommen haben sich die Teilnehmer nach Verlassen des Fixseiles selbst zu sichern. Entweder über den eigenen Pickel, der eingerammt wird, oder über einen durch den Führer schon vorbereiteten anderen Fixpunkt.

Abstieg an Fixseilen mit geeigneter Form der Selbstsicherung

Zum Abstieg am Fixseil benötigen die Teilnehmer eine etwa 15 cm lange Prusikschlinge zur Selbstsicherung. Zuerst klinkt man einen Schraubkarabiner in beide Sitzgurtschlaufen. Dann wird mit der kurzen Prusikschlinge ein *Prusikknoten* auf das Fixseil gelegt. Das offene Ende hängt man in den Schraubkarabiner der Sitzgurtschlaufen und schraubt ihn zu. Jetzt ist man am Fixseil für den Abstieg selbst gesichert.

Diese Länge der Prusikschlinge und vor allem die ungünstige Griffposition so nah am Körper und tief unten vermeiden den Greifreflex beim Sturz. Eine Gefahr des Durchschiebens vom Sicherungsprusik wird somit vermieden.
In dieser Technik kann man im Firn sehr gut mit dem Gesicht talwärts absteigen. Die talseitige Hand schiebt die Kurzprusikschlinge vor den Beinen nach unten. Mit der bergseitigen Hand hält man sich am Fixseil und stabilisiert seine Gleichgewichtsposition beim Abstieg. Unten angekommen gibt man das Seil für den nächsten frei, wenn man sich über den Rammpickel oder an einem anderen Fixpunkt selbst gesichert hat.

Unterarmlange Kurzprusikschlinge zur Selbstsicherung bei Aufstiegen am Fixseil. Degengriffschlinge zum Höherschieben am Fixseil, offenes Ende der Schlinge im Schraubkarabiner des Brustgeschirrs eingeklinkt.

Aufstieg mit Halbmastwurfsicherung (HMS)

In schwierigen, absturzgefährlichen Firnpassagen wird jeder Seilgefährte über die HMS gesichert.
Der Seilschaftsführer steigt zunächst eine Seillänge auf, schafft oben einen Fixpunkt (T-Anker) und für sich eine gute Standstufe darunter. An der Schlinge des T-Ankers sichert er sich zuerst selbst und klinkt dann den HMS-Karabiner und die Gefährtensicherung ein. Dann bereitet man das Einholen vor und gibt das Kommando: *»Nachkommen!«*. Der unten stehende Partner kann dann seine Selbstsicherung aufgeben, die Sicherungsmittel abräumen, das Kommando: *»Komme!«* nach oben rufen und nachsteigen. Der Sichernde holt das Seil möglichst *gespannt* nach.
Oben angekommen sichert sich der Nachsteiger sofort selbst. Folgt eine weitere kritische Passage, wird der Führer nach oben über den bereits bestehenden Fixpunkt gesichert. Für den weiteren Vorstieg werden nur die Pickel getauscht, da der des Führers noch vergraben ist. Bei gleichstarken Partnern kann auch der Nachsteiger die nächste Seillänge gleich vorsteigen. Diese schnellste Möglichkeit bezeichnet man als *Überschlagen-Gehen*. Bei Sicherung über T-Anker können auch zwei Gefährten, allerdings nur im Nachstieg, gleichzeitig nachgesichert werden. Die beiden Nachsteiger werden dazu in etwa 3–5 cm Abstand am Seilende eingebunden, am besten über eine *Seilweiche* (vgl. Seite 134), die den Sturzzug nur auf den Betroffenen lenkt.

Abstieg mit Halbmastwurfsicherung (HMS)

Beim Abstieg mit Seilsicherung richtet der Seilschaftsführer zunächst den Standplatz und Fixpunkt ein.
Nach erfolgter Selbstsicherung und Einhängen der HMS-Sicherung für den oder die Gefährten kann er ihn oder sie nach unten sichern. Am Ende der Seillänge wird der nächste Stand eingerichtet und die Sicherung des Führers eingehängt. Auf das Kommando: »Nachkommen!« löst dieser seine Selbstsicherung und steigt ebenfalls gesichert ab.
Bei den Gefährten angekommen wird der Standplatz gewechselt, der nachgestiegene Führer übernimmt wieder die Sicherung und übergibt seinen Pickel dem, der als nächster nach unten steigt.

Gleichzeitiges Gehen in Seilschaften auf Firnhängen

Das gleichzeitige Gehen am kurzen Seil birgt in mittelsteilen und steilen Firnhängen *enorme* Risiken in sich (vgl. Tätigkeitsbericht des DAV-Sicherheitskreises 1980–1983). Dabei besteht in harten Firnpassagen, z. B. am frühen Morgen, ein höheres Risiko des Mitgerissenwerdens als im weichen Firn, wo die Sturzenergie durch Reibung etwas gebremst wird. Bei gleichzeitigem Gehen sind nur *geringe* Kräfte nötig (5–40 kp), um jemand aus dem Stand zu reißen, je nachdem, ob er gerade zwei Füße auf dem Boden hat oder sich in der Schrittbewegung befindet. Das trifft für den Aufstieg zu, vor allem aber für Querungen und Abstiege.

Gerade bei Abstiegen glaubt man zwar als Führer immer, alles im Griff zu haben, weil man ja als letzter absteigt und die Seilschaftspartner vor sich genau beobachten kann. Doch das täuscht, wie Statistiken beweisen: 59% der Unfälle ereignen sich im Abstieg.

Im Falle eines Sturzes des Hintermannes besteht beim gleichzeitigen Gehen am kurzen Seil die große Gefahr, aus dem Stand gerissen zu werden.

Tips für die Praxis

- Gleichstarke, erfahrene Bergsteiger und Eisgeher sollten solche mittelsteilen Firnflanken im Auf- und Abstieg seilfrei gehen. Bei evtl. Stürzen reißen sie keinen anderen mit und können ihrerseits kontrollierte Bremsreaktionen ausführen (vgl. Sturzverhalten).
- Schwierigere Passagen sollten einzeln gesichert durchstiegen werden (Fixseile, Nachsichern über HMS).
- Geführte Gruppen muß man auch in diesem kritischen Fall an das Seil nehmen. Das Seil darf hier aber nicht als Sturzbremse verstanden werden, es ist vielmehr für die unsicheren Gruppenmitglieder eine moralische, psychische Hilfe. Straff geführt hat man ein besseres Gefühl zu den Nachgehenden, und man kann auch leichte Stützzüge geben.
- Entscheidender Faktor, ob seilfrei oder angeseilt, wird die sorgfältige Spurarbeit im Aufstieg wie im Abstieg sein. Auf das richtige Gehtempo, das eine Konzentration auf jeden Tritt noch zuläßt, ist zu achten. Wo nötig Firnstufen schlagen oder sofort die Steigeisen anziehen.

Bei guter Spur und bei guter Gehtechnik der Teilnehmer ist es vielfach sicherer, seilfrei aufzusteigen. Gleichzeitiges Gehen birgt so weniger Gefahrenmomente in sich. Schwierige Passagen müssen dann einzeln und entsprechend gesichert bewältigt werden.

Schlagen von Firnstufen mit dem Eispickel

Häufig bei Aufstiegen am frühen Morgen und gelegentlich auch bei Abstiegen in Schattenzonen trifft man auf Firnpassagen, die so hart gefroren sind, daß ein Einkerben von Tritten mit den Schuhsohlen nicht mehr möglich ist. Kann man sich nicht mit Steigeisen behelfen, sollten sichere Trittstufen mit Hilfe des Pickels in den harten Schnee oder Firn geschlagen werden. Mit einiger Übung geht das Anlegen solcher Stufen sehr schnell und verzögert den Auf- oder Abstieg nur unwesentlich im Vergleich zur gewonnenen Sicherheit. Schon aus diesem Grund sollte der *Führer* einer Gruppe *immer* einen *Eispickel* griffbereit haben.

Schlagtechnik

Der Pickel wird mit beiden Händen am Schaftende, knapp oberhalb des Dornes, fest umschlossen. Die Pikkelschaufel (vgl. Abb.) zeigt dabei nach vorne bzw. zum Boden. Die Schlagbewegung ähnelt der beim Fällen eines Baumes. Nahezu horizontal, so daß die Trittfläche später leicht hangwärts geneigt ist, schwingt der Pickel am Körper vorbei. Und die Schaufel schlägt in günstigem Trittabstand ein Loch in die Schneeoberfläche, das man mit mehreren Kerbzügen der Schaufel ausräumt und so vergrößert bzw. ausformt, daß der ganze Fuß in der Stufe Platz hat. Mit einem Bein steigt man in diese Stufe und kerbt schon die nächste usw.

Das Schlagen bzw. Herauskratzen von Firnstufen mit der Pickelschaufel ist beim Gehen ohne Steigeisen oft eine wesentliche Hilfe über hartgefrorene Firnpassagen.

Grundstufe Eis

2. Ausbildungsabschnitt:
Gehen auf aperen Gletschern ohne Steigeisen:

- ☐ Gehtechnik.
- ☐ Pickeltechnik.
- ☐ Stufenschlagen im Eis mit dem Eispickel.

Schlagen von Tritten und Griffen ins Eis – Stufenschlagen

Durch die technische Weiterentwicklung des Schuhwerkes und der Eisgeräte kommt dem Stufenschlagen heute nicht mehr die Bedeutung zu wie in früheren Jahren, wo Erstbegeher noch ganze Nordwände mit Tausenden von Stufen für ihren Anstieg präparierten. Dennoch ist es auch heute unerläßlich, sich mit den Schlagtechniken zum Ausbilden von Trittstufen und Griffen im Eis vertraut zu machen, um Problemsituationen (z. B. Steigeisenverlust im Steileis, Führungsaufgaben) bzw. Schaffen von Trittstufen für schwächere Geher oder Griffhilfen im Steileis sicher, gut und zeitsparend lösen zu können.

Ausbildungsschwerpunkte

- Handhabung des Eispickels als Schlagwerkzeug.
- Verbessern des Schlagschwunges, der Schlagwirkung.
- Stufenschlagen zum Begehen von Eispassagen im schrägen An- und Abstieg und im direkten An- und Abstieg.
- Schaffen sicherer Trittflächen zum Gehen ohne Steigeisen oder ermüdungsfreieren Gehen mit Steigeisen.
- Schaffen sicherer Standflächen zur Richtungsänderung bei Schräganstiegen und zum Bedienen der Gefährtensicherung im Steileis.
- Ausbilden von Griff- und Tritthilfen für den Kletterer im Steileis.

Aufgrund dieser Zielsetzungen unterscheidet man nach ihrer *äußeren Form* und ihrem *Zweck:*

- Stufen für Schräganstiege – Horizontalstufen.
- Stufen für direkte An- und Abstiege in Fallinie – Vertikalstufen.
- Wende- oder Standstufen.
- Tritt- und Griffleisten als Kletter- und Entlastungshilfe im steilen Eis.

In schwierigen Eiszonen sind Griff- und Trittleisten, die mit dem Pickel aus dem Eis geschlagen werden, von großem Vorteil.

Beidhändiges Schlagen mit dem Pickel

Beide Hände umfassen den Schaft *möglichst knapp* oberhalb der Pickelspitze. Ein tiefes Fassen verbessert den Schlagschwung (Schwunghebel). Das Tragen von Handschuhen schafft einen besseren Schaftgriff, vor allem, wenn der Pickel durch ausspritzendes Eis oder Schnee etwas feucht und rutschig geworden ist.
Der *beidhändig* geführte Schlagschwung ist kräftiger und genauer, was sich bei der schnellen, sauberen Ausformung von Trittstufen im mittelsteilen Gelände besonders ökonomisch erweist. Allerdings ist ein beidhändiges Arbeiten nicht mehr an exponierten Eiskletterpassagen möglich; hier schlägt man einhändig.

Einhändiges Schlagen mit dem Pickel

Mit einer Hand umfaßt man den Pickel kurz oberhalb der Pickelspitze. An ungünstigen Stellen, die einen großen Schlagschwung nicht zulassen, kann man den Pickel auch etwas höher, kürzer fassen. In der Regel wird die kräftigere Hand den Pickel führen. Das gilt für direkte An- und Abstiege. Bei Schräganstiegen wird der Pickel mit der talseitigen Hand eingeschlagen (Handwechsel). Die Ausführung des Schlages einhändig ist kraftraubender, treffungenauer, aber im steilen Gelände oft nicht anders möglich.
Vorteile der einhändigen Schlagausführung liegen in der diagonalen Schlagreichweite, man kann weiter oben außen und weiter unten Stufen bzw. Griffe schlagen. Eine Drehung des Oberkörpers, Schlagarmschulter in Schlagrichtung, verbessert die Reichweite noch mehr.
Das Greifen in die Handschlaufen des Pickels, vor allem, wenn sie nicht richtig angepaßt sind, *hemmt* meist den Schlagschwung und ist nicht nötig.

Schlagschwung

Beidhändig wird der Pickel über Kopf bzw. über die rechte oder linke Schulter nach hinten geschwungen (Ausholbewegung, ähnlich wie beim Holzhacken). Bei der Ausholbewegung sind die Arme angewinkelt. Zum Schwung nach vorne unten macht man die Arme lang, was die Schwungwirkung *wesentlich* verbessert. Im Augenblick des Auftreffens auf die Eisoberfläche ist auf festen Griff zu achten, damit die Keilwirkung der Haue zielrichtig bleibt.

Richtig angelegte Stufen für Schräganstiege. Die tetraederförmige Anlage der Stufen, die dem ganzen Fuß Platz bieten, ist gut erkennbar.

Für den einhändigen Schlag gilt im Prinzip das gleiche. Der Kraftschluß der Hand um den Pickelschaft muß hier besonders stark sein, um ein Ausweichen des Pikkelkopfes beim Einschlag nach links oder rechts zu vermeiden.

Stufenschlagen für schräge Aufstiege – Horizontalstufen

Horizontalstufen werden immer dann geschlagen, wenn auf steileren Eispassagen Abrutschgefahr besteht, weil man keine Steigeisen an den Schuhen hat. In manchen Fällen dienen sie aber auch dem Steigeisengeher zur Entlastung der Fußgelenke und zur Verbesserung der Standsicherheit bei Schräganstiegen.

Form und Größe der Stufen

- Stufen für schräge Anstiege sollten so beschaffen sein, daß der ganze Fuß darauf Platz findet. Die *horizontal* gelegte *Stufenbasis* (Namensgebung) sollte daher etwa 30 cm betragen.
- Um guten Tritthalt zu bieten, ist die seitliche Achse der *Trittflächen hangeinwärts* geneigt; man sollte nicht talwärts aus dem Tritt rutschen können.
- Zur Schuhspitze soll sich die Standfläche noch etwas verbreitern und nach vorne neigen, der Fuß muß beim Setzen richtig nach vorne *»einrasten«*.

Anritzen der Stufenbasis bei Horizontalstufen.

Schlagfolge bei Horizontalstufen – im Aufstieg

- *Basis anritzen und einkerben, einschlagen.*
  Zuerst schlägt oder kerbt man je nach Eishärte die etwa 30 cm lange Basislinie horizontal an. Der Pickel schwingt dazu seitlich in horizontaler Ebene an und wird nach dem Einschlag mit kräftigem Hauenzug beider Arme zum Körper hin durchgezogen (Basis einritzen). Wenn man die Schlaglinie vorher ein wenig anreißt, ist man beim Schlagen sehr viel treffgenauer.
- *V-förmige Grabenschläge zur Ausformung der Trittseiten abwechselnd links und rechts in Dreiecksform von der Basis nach vorne oben bis zur Dreiecksspitze.*
  Am hinteren Ende, also körpernäher, setzt man V-förmig nach vorne oben mit vertikalen Hauenschlägen an. Dreieckförmig, nach vorne verbreiternd, wird so das Eis ausgesprengt und die grobe Form der Stufe ausgebildet.
- *Ausräumen und Planmachen der Trittfläche mit Haue und Schaufel des Pickels.*
  Pickelschaufel und -haue werden dann zur Feinformung der Stufe verwendet, man kratzt die Stufe aus, macht die Standfläche plan.

Ausschlagen der Stufe mit gezielten Hauenschlägen.

Schlagfolge im Abstieg

- Es empfiehlt sich, beginnend von der Dreiecksspitze der Trittstufe zuerst mit den Grabenschlägen die Stufe auszuformen, abwechselnd ein Schlag links/rechts.
- Nach entsprechender Trittgröße Aussprengen der Trittfläche (Basis) durch Schläge mit der Pickelschaufel.
- Zum Schluß wieder Ausräumen der Stufe.

Stufenfolge, Stufenabstände

- Die Abstände der Stufen sollten nicht zu groß sein und dem normalen Schrittabstand entsprechen. Das erhöht die Standsicherheit und erweist sich auch für den Stand während des Schlagens als günstig.
- Die Höhe der Stufen zueinander sollte etwa 30 cm betragen. Um einige Stufen, gerechnet auf längere Strecken, zu sparen, kann die Tritthöhe für das bergseitige Bein etwa um 10 cm höher gewählt werden.
- Eine gute optische Merklinie für die Anstiegslinie und Stufenhilfe ist die Dreieckslinie der Stufenoberkante (vgl. Abb.).

Stufenschlagen für direkte Aufstiege – Vertikalstufen

Vertikale Stufenfolgen in Fallinie werden zur Überwindung kurzer, steiler Passagen im Auf- und Abstieg angelegt. Wegen der größeren Reichweite wird hier sehr oft auch mit nur einer Hand am Pickel geschlagen. Vor allem Stufen zum direkten Absteigen sind sehr gut auszuformen, um eine stabile Gleichgewichtslage beim Absteigen halten zu können. Beim Schlagen der Abstiegsstufen kommt durch das starke In-die-Knie-Gehen auch eine hohe muskuläre Belastung und Ermüdung hinzu. In solchen Fällen ist es ratsam, den Stufenschlagenden mit einem Seil zu *sichern*.

Vertikalstufen

Stufenschlagen bei Abstiegen.

Form und Größe der Stufen

Die Stufen haben Dreiecksform. Ihre Basislinie ist horizontal und wird zunächst als erstes wieder angeritzt oder geschlagen. Bei Stufen in Leitertrittfolge ist die Basislänge etwa 15 cm. Bei Stufen, in die man später mit beiden Beinen tritt, entsprechend breiter.

Die Trittfläche ist im Aufstieg *deutlich hangeinwärts* geneigt und sollte so tief nach innen gehen, daß der ganze Vorderfuß ohne zu große Wadenspannung darin stehen kann (Tiefe ca. 15 cm). Die Geometrie der Abstiegsstufen ähnelt jener der Aufstiegsstufen. Nur kerbt man hier den lotrechten Teil der Trittstufe leicht schräg abwärts (von oben betrachtet), um der Ferse beim Abwärtstreten eine Art Führungsrinne zu geben.

Grundstufe Eis

3. Ausbildungsabschnitt: Steigeisen- und Pickeltechnik zum Begehen flacher Gletscher

- □ Anlegen der Steigeisen.
- □ Vertikalzackentechnik bei direkten Aufstiegen.
- □ Vertikalzackentechnik bei direkten Abstiegen.
- □ Stützpickeltechnik zum Auf- und Absteigen in Vertikalzackentechnik.

Anlegen der Steigeisen

Vor dem Anlegen muß zunächst jeder Steigeisentyp genau der Schuhform angepaßt werden. Verstellbare Gelenke, verschraubbare Stege und neuerdings auch Scherengelenksysteme, gekoppelt mit längenverstellbaren Stegen, lassen dies mühelos zu. Die Ringbügel, bei den meisten Steigeisentypen sechs, können durch Biegen genau an die Schuhseiten angeformt werden. Dazu spannt man die Eisen am besten in einen Schraubstock ein. Ein Steigeisen ist dann gut angepaßt, wenn es nach dem Einsetzen des Schuhs an diesem haften bleibt, noch bevor man die Beriemung oder die Bindung geschlossen hat.
Die Fixierung des Steigeisens am Schuh kann durch zwei Systeme erreicht werden:

- Die *Steigeisenbindung,* ein Kipphebel- oder Kabelzugsystem.
- Die *Steigeisenberiemung,* ein Gurtsystem.

Die Steigeisenbindung

Steigeisenbindungen basieren auf Kipphebel- oder Kabelzugsystemen. Da hier keine Gurte über den Schuh geführt und angezogen werden, wird die Blutzirkulation des Fußes nicht eingeschränkt. Weiter haben sie den *Vorteil des schnellen Anlegens und Abnehmens.* Bindungen neueren Typs verzichten auch auf seitlich geführte Kabel. Sie haben über dem vordersten Vertikalzackenpaar einen beweglichen, kappenrandförmig gebogenen Metallbügel, unter den man den oberen Sohlenrand der Schuhspitze einschiebt, ähnlich wie bei einer Skibindung. Am Fersenteil ist ein Kipphebel angebracht, der auf den Absatzsteg des Schuhs aufgesetzt und angeklappt wird. Richtig angepaßt, wird der Schuh durch diese Hebelwirkung fest auf dem Steigeisen verspannt. Gegen Verlust des Eisens sichert man sich mit einem Fangriemen, der am Eisen befestigt ist.

Anlegen einer Steigeisenbindung

- Eisen möglichst unverrückbar auf den Boden legen (Vertikalzacken etwas in die Unterlage eindrücken).
- Vorderen Metallbügel nach vorne kippen.
- Fersenhebel nach hinten klappen.
- Schuhspitze mit dem Sohlenrand vorne unter den Metallbügel schieben, dann Profilsohle auf das Eisen setzen.
- Kipphebel auf den Absatzsteg ansetzen und hochklappen.
- Schließen des Fangriemens um den Schuhschaft.
- Sitz des Steigeisens überprüfen.

Scherengelenk-Steigeisen mit Kipphebel-Bindung.

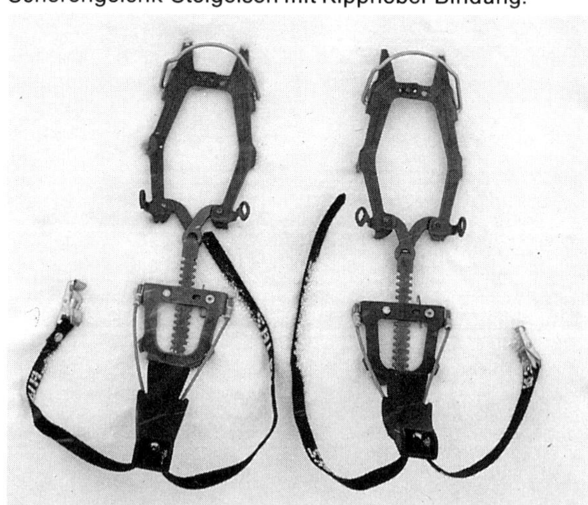

Die Steigeisenberiemung

Riemen sind eine andere – die älteste – Möglichkeit, um die Steigeisen am Schuh zu befestigen. *Der Vorteil hierbei ist ein sehr guter Halt des Steigeisens am Schuh.* Der Nachteil, bei zu fest angezogener Beriemung, ist eine mögliche Beeinträchtigung der Blutzirkulation des Fußes. Bei hartem Schuhleder und bei Kunststoffschalen ist diese Gefahr geringer.
Die Steigeisengurte sind meist neoprenbeschichtete Nylonbänder. Als Gurtverschluß werden Dorn- oder Klemmschnallen verwendet. Dornschnallen garantieren besseren Sitz.
In jedem Fall müssen nach einiger Gehzeit die Gurte am Schuh nachgezogen werden, da sie sich durch das Gehen und die Durchnässung meist etwas lockern.

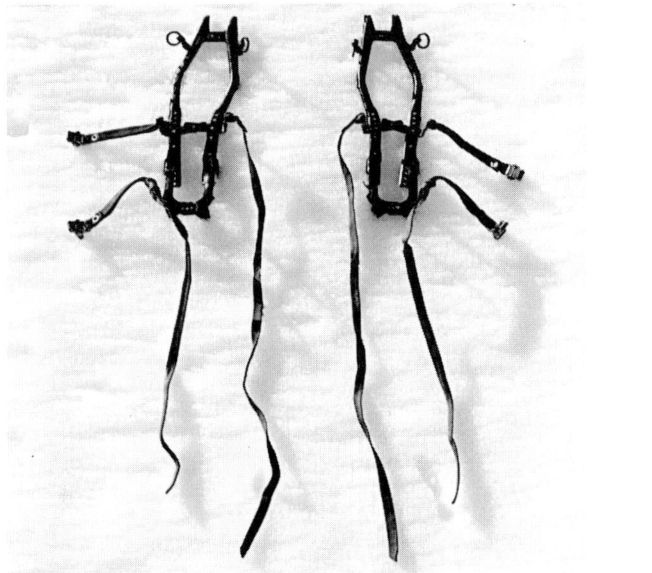

Starre, gelenklose Steigeisen mit Beriemung.

Anlegen von Steigeisen mit Beriemung

- Das Anlegen der Beriemung und auch die Beriemungssysteme können verschieden sein (vgl. Abb.).
- Manche Hersteller haben z. B. Riemensysteme, die schon am Steigeisen vernietet sind und in die man einschlüpft, um sie dann am Schuh fest zu schließen.
- Einzelriemen werden nach einem ganz bestimmten System (vgl. Abb.), an der Ferse beginnend, kreuzend nach vorne geführt und an den Schuhaußenseiten mit einer Schnalle fixiert.
- Sind Fersen- und Vorderfußriemen getrennt, schließt man den hinteren, kürzeren Riemen um Ferse und Schaft, den vorderen Gurt kreuzt man über dem Vorderfuß. Die Verschlußschnallen beider Gurte liegen an den Schuhaußenseiten.
- Drahtbügel oder ein durch den Riemen gebildeter Fersensteg können den Schuhabsatz noch zusätzlich fixieren.

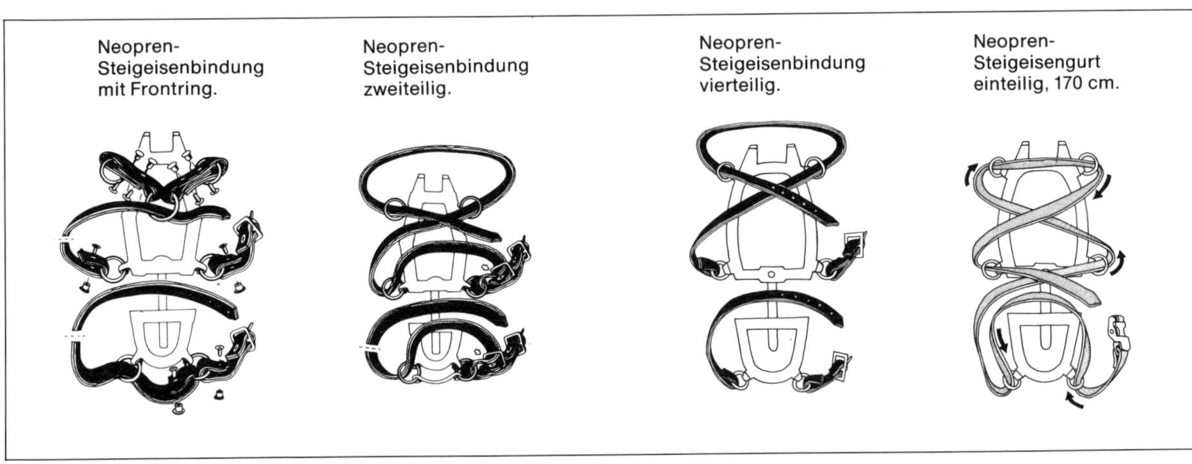

Einführung in das richtige Anlegen von Steigeisen

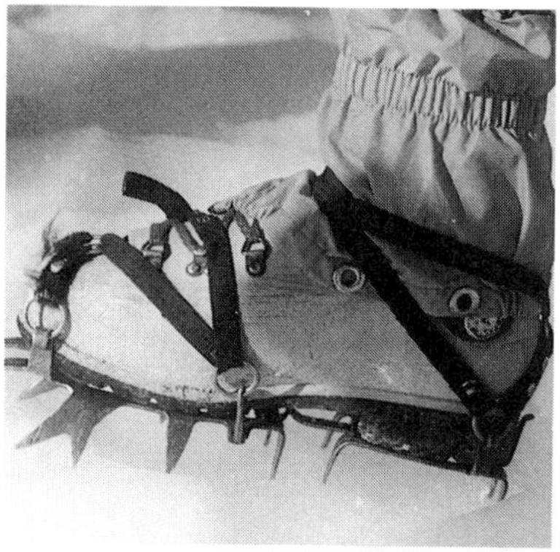

Richtig angepaßtes Steigeisen mit Beriemung.

Ausbilder demonstriert und beschreibt die unterschiedlichen Steigeisentypen und erklärt die Fachbegriffe (Vertikalzacken etc.).

Anpassen der Steigeisen

■ Steigeisen müssen schon vor dem Tourantritt an den Bergschuh angepaßt sein. Vielfach übernehmen dies bei Neuanschaffungen servicefreundliche Bergsportfachgeschäfte, wenn man die Schuhe zum Kauf der Steigeisen mitbringt. Wo das nicht möglich oder gewünscht ist, muß man die Steigeisen selbst anpassen, was bei den meisten Eisen sehr leicht und schnell geht.
■ In den Packungsschachteln beiliegende Informationsschriften geben hierzu helfende Tips.
■ Ebenso angepaßt sein muß die Steigeisenbindung bzw. müssen bei Beriemungen die notwendigen Gurte richtig am Steigeisen befestigt sein.
■ Eine Kontrolle des Steigeisensitzes, ein Nachschauen, ob alle Schrauben fest angezogen sind, empfiehlt sich in jedem Fall.
■ Auch sollte man zu Hause das An- und Ablegen der Steigeisen mehrfach üben, um später auf dem Gletscher damit keinesfalls wertvolle Zeit zu verlieren.

Tips für Führungskräfte

Methodisches Vorgehen – Lernziele:

Lernziel: Kennenlernen der unterschiedlichen Steigeisentypen mit ihren funktionellen Merkmalen.

Ort/Gelände

Abends auf der Hütte (Kontrollmöglichkeit) oder am Beginn eines Gletschers, wenn es sich um einen Ausbildungskurs handelt.

Demonstrationsmaterial

Die unterschiedlichen Steigeisentypen, die in Gruppen meist vorhanden sind.

Vorgehen

■ Beschreiben und Erklären der unterschiedlichen Steigeisentypen und ihrer zweckmäßigen Anwendungsbereiche.
■ Die Steigeisen den Teilnehmern entsprechend »demonstrieren« (vgl. Fotos).
■ Die Konstruktionsmerkmale beschreiben und erklären. Einführen in die Fachbegriffe (Vertikalzacken, Frontalzacken usw.).

Beachte:
Rechtzeitig die Teilnehmer auf das Anpassen der Steigeisen hinweisen (Touren- und Kursausschreibung). Kontrolle der Steigeisen und deren Sitz am Schuh früh genug vor der Tour. Reservematerial immer mit auf Tour nehmen (Schrauben, Imbus-Schlüssel, Ersatzriemen, Draht).

Lernziel: Richtiges Anlegen von Steigeisen

Ort/Gelände

Ideal auf horizontal-ebener, spaltenfreier Gletscherfläche mit blankem Eis oder mit nur geringer, harter Schneeauflage. In Notfällen auch auf einer Wiese vor der Hütte übbar.

Ausbilder demonstriert das Einsteigen in das Steigeisen, die Steigeisen der Schüler liegen einstiegsbereit vor ihnen.

Angepaßtes Steigeisen mit Kipphebelbindung.

Organisationsform

Teilnehmer im Halbkreis um den Ausbilder, genügend großer seitlicher Abstand (zwei Armlängen) zum Nachbarn.
Teilnehmer sollten nicht in die Sonne schauen müssen oder geblendet werden. Jeder soll die Demonstration genau sehen und die Worte des Lehrers gut verstehen können.
Jeder Teilnehmer hat seine beiden Steigeisen griffbereit.
Nicht benötigte Ausrüstungsgegenstände (Rucksäcke, Pickel etc.) *gesammelt und geschützt abseits* deponieren.

Vorgehen

■ Steigeisen einstiegsbereit auf den Boden legen.
■ Wie unterscheidet man linkes und rechtes Steigeisen?
Demonstration erst durch den Ausbilder, dann sofortiger Nachvollzug bei den Teilnehmern, kontrolliert durch den Lehrer.
■ Demonstration des Einsteigens in das Steigeisen durch den Ausbilder.
■ Durch Abheben des Steigeisens vom Boden, bei geöffneter Beriemung bzw. Bindung, zeigt der Ausbilder, wie ein richtig angepaßtes Eisen am Schuh haftet.
■ Demonstration des Schließens der Beriemung oder der Bindung. Erst kompletter Arbeitsvorgang, dann gemeinsam schrittweise Wiederholung.
■ Kontrollcheck (Einzelkorrektur) bei jedem angelegten Steigeisen. Diese Kontrollchecks sollten auch unbemerkt durch den Ausbilder wiederholt werden, wenn der Schüler seine Steigeisen in den nächsten Tagen oder bei den nächsten Bergfahrten wieder anlegt, so lange, bis man sicher ist, daß keine Fehler mehr gemacht werden.

Eisgeher unterwegs auf dem Übeltalferner/Stubai im Anstieg zur Müller-Hütte (3145 m).

Vertikalzackentechnik

Unter Vertikalzackentechnik versteht man die Steigeisentechnik, bei der alle vertikal zum Boden gerichteten Zacken eines Steigeisens möglichst gleichzeitig ins Eis gesetzt und belastet werden.

Das überwiegende Anwendungsgebiet dieser Steigeisentechnik sind flache bis mittelsteile Gletscher. Steilere Eispassagen, bis etwa 55°, sind in dieser Technik durchaus noch möglich, wenn es Gleichgewichtsgefühl, Gelenkigkeit und vor allem das Schuhwerk zulassen.
Besonders im mittelsteilen Gelände und als Mischform zur Frontalzackentechnik im steilen Gelände zeigen sich die Vorteile der Vertikalzackentechnik in Kraftersparnis für die Beinmuskulatur, verbunden mit optimalem Halt auf der Unterlage durch das Eindringen aller Vertikalzacken.
Zweckmäßige Einsatzformen des Eispickels (vgl. Tabelle) als Stütz- und Zughilfe ergänzen die reine Steigeisentechnik. Die Pickelhilfen werden zu den einzelnen Technikformen beschrieben.

Ausbildungsschwerpunkte

- Hüftbreites Gehen.
- Finden der richtigen Schrittlänge, bezogen auf die jeweilige Geländeneigung.
- Einsatz möglichst aller vertikalen Steigeisenzacken gleichzeitig.
- Deutlicher Belastungswechsel vom einen zum anderen Bein, um das Eindringen der Vertikalzacken zu verbessern.
- Angemessene Oberkörpervorbeuge zur Sicherung der idealen Körperschwerpunktslage (Gleichgewicht).
- Richtiges Gehtempo.
- Gehrhythmus, Bewegungskoordination.
- Atemrhythmus.

Anwendungsformen der Vertikalzackentechnik (VZT)	Pickelhilfe	Geländesteilheit*)
○ VZT im direkten Auf- und Abstieg	Stützpickel Geländerpickel	flach bis mittelsteil
○ VZT mit Übersetzschritten, in Schräganstiegen ○ VZT mit Nachstellschritten bei Schräganstiegen und Querungen ○ Wenden bergwärts, zum Richtungswechsel in VZT ○ Wenden talwärts, zum Richtungswechsel in VZT	Stützpickel Seitstützpickel Schaftzugpickel	mittelsteil bis steil
○ VZT im Rückwärtsanstieg	Seitstützpickel	steil

*) flach = 0–20° Steilheit; mittelsteil = 20–50°; steil = 50–70°; extrem steil = steiler als 70°

Hüftbreite Beinstellung bei leicht V-förmig geöffneter Fußstellung vergrößert die Standfläche, verbessert die Gleichgewichtslage, ermöglicht einen besseren Belastungswechsel. Ein Verhaken der Beine in der Schrittbewegung wird dadurch vermieden.

Durch einen deutlichen Belastungswechsel wird das gesamte Körpergewicht auf das Standbein verlagert. Die Vertikalzacken der Steigeisen dringen dadurch spürbar besser und tiefer in das Eis ein. Das unbelastete Bein kann entspannt nach vorne gesetzt werden.

Die richtige Schrittlänge trägt wesentlich zur Kraftersparnis im Gehen bei. Es ergeben sich günstige Sprunggelenks-, Knie- und Hüftgelenkswinkel, durch die die Hubarbeit der Beine im Aufstieg, die Stoßdämpferfunktion der Beine im Abstieg, das Gleichgewicht und der Druck auf die Steigeisen verbessert werden.

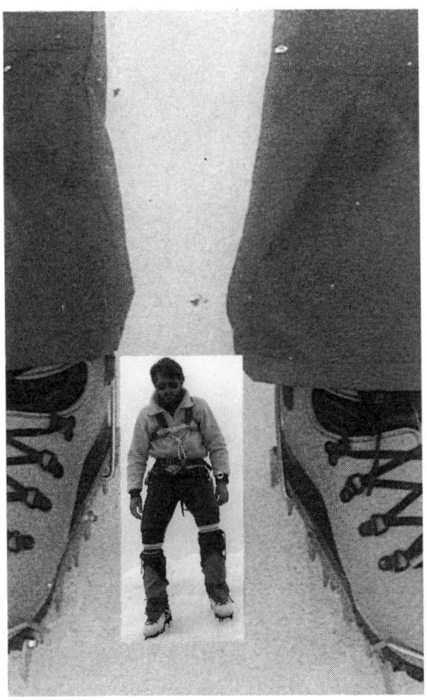

Vertikalzackentechnik im direkten Aufstieg

Verlaufsbeschreibung

Aus hüftbreiter Beinstellung wird in natürlicher Schrittfolge abwechselnd das linke oder rechte Bein nach vorne gesetzt.
Der unbelastete Fuß wird dabei mit dem Steigeisen soweit von der Unterlage abgehoben, daß beim Vorschwingen des Beines ein Verhaken der Vertikalzacken nicht möglich ist. Bodenunebenheiten sind dabei zu berücksichtigen.
Schrittlänge und Beinweite werden immer so gewählt, daß durch einen Belastungswechsel das gesamte Körpergewicht auf dem nach vorne gesetzten Bein ruht. Eine angemessene Rumpfvorbeuge um die Hüftachse verbessert die Körperschwerpunktslage über dem vorderen Bein ebenso wie eine seitliche Pendelbewegung zur Schrittfolge.
Ein flaches, bodenparalleles Aufsetzen der Schuhsohle bzw. Steigeisen ermöglicht das fast gleichzeitige Eindringen aller Vertikalzacken unter Belastung und gibt sofort besseren Halt.
Eine natürliche Abrollbewegung der Fußflächen über die Ferse zum Vorderfuß beim Aufsetzen und Belasten kann auch in der Vertikalzackentechnik beibehalten bleiben, wenn es Geländesteilheit, Eisbeschaffenheit, Steigeisen und Schuhmaterial zulassen.
Bei zunehmend konditioneller Belastung kann sich ein Zweiertakt entwickeln, der nach jeder Schrittfolge eine kurze Entspannungs- und Ruhephase hat. In diesen Fällen wird auch die Atmung bewußter zur Schrittbewegung ablaufen. Beim Abheben des Beines einatmen, beim Aufsetzen ausatmen.

Bildfolge – Vertikalzackentechnik im Aufstieg von oben (gegenüber) gesehen:
1 Hüftbreite Ausgangsstellung, Belastungswechsel, Abheben des entlasteten Beines zum Schritt.
2 Schritt, Aufsetzen, Belasten durch deutliches seitliches Verschieben des Körperschwerpunkts (Pendelbewegung). Abheben des entlasteten Beines.
3 Nächster Schritt, Pendelbewegung, Beinabheben usw.

Tip:
Der gute Eisgeher vermeidet Tempowechsel im An- und Abstieg. Ein gleichmäßig durchgehaltenes Tempo ist auf Dauer ökonomischer, weil sich der Organismus besser anpassen kann.

Beim Abgehen sind alle vertikalen Zacken des Standbein-Steigeisens voll ins Eis eingedrückt. Die Körperlängsachse ist entsprechend der Hangneigung nach vorne gekippt. Das unbelastete Bein wird hoch genug vom Eis abgehoben.

Bodenparalleles Aufsetzen aller Vertikalzacken des nach vorne gesetzten Steigeisens. Seitlicher Belastungswechsel und Abheben des entlasteten Beines zum nächsten Schritt.

Erneutes Aufsetzen in günstiger Schrittlänge (Schienbeinachse lotrecht). Hier deutlich sichtbar auch die gute Rumpfvorbeuge während der seitlichen Pendelbewegung zum Belastungswechsel.

Hochsetzen des unbelasteten Beines. Das Standbein, das die Hubarbeit leistete, ist jetzt fast völlig durchgestreckt.

Aufsetzen des vorderen Fußes. Bei einer Verflachung des Geländes kann die Schrittlänge etwas größer gewählt werden.

Wieder völliger Belastungswechsel, um die Vertikalzacken maximal zu belasten. Durchstrecken und Hubarbeit im vorderen Bein. Entspanntes Vorschwingen des hinteren Beines usw.

Tip:
Mit einer Versteilung des Anstiegs die Schrittlänge verkürzen. Es gilt, den Körperschwerpunkt immer über dem vorderen, belasteten Bein zu haben, das bei Anstiegen die Hubarbeit leisten soll. Dem entlasteten hinteren Bein ist so in der Schrittbewegung die Möglichkeit gegeben, sich zu entspannen, was sich auf die Dauer kraftsparend auswirkt.

Vertikalzackentechnik im direkten Abstieg

Tip:
Den seitlichen Belastungswechsel im Abstieg stärker und dynamischer ausführen, um den optimalen Vertikalzackenhalt zu erreichen. Eine etwas mehr als hüftbreite Beinstellung ist dazu günstiger.

Ausgangsstellung hüftbreit, Belastungswechsel, Abheben des entlasteten Beines.

Schrittsetzen nach unten, Aufsetzen der Vertikalzacken mit gleichzeitigem Belastungswechsel zum vorderen Bein, deutliche Rumpfvorbeuge. Abheben zum nächsten Schritt.

Wenn es das Gelände und die Ausrüstung zulassen, kann das Steigeisen auch über die Ferse aufgesetzt werden, ähnlich der normalen Abrollbewegung beim Gehen.

Ein Nachgeben in Sprung- und Kniegelenk beim Aufsetzen schont die Gelenke und verbessert den Halt der Steigeisen.

Ein genauer vorausschauender Blick auf die Geländebeschaffenheit sichert einen guten Bewegungsablauf und vermeidet Sturzrisiken.

Verlaufsbeschreibung

Beim Absteigen in leicht geneigtem Gelände werden Beinweite, Schrittfolge, Abheben und Aufsetzen der Fußflächen (Steigeisen) und der damit verbundene vollständige Belastungswechsel vom einen auf das andere Bein, wie vom Aufstieg her bekannt, beibehalten.

Der Abstieg erfolgt normalerweise in Fallinie, es sei denn, bestimmte Geländesituationen zwingen zum Ausweichen. Die Schrittlänge richtet sich dabei nach der Neigung des Geländes. Je steiler, desto kürzer. Eine leicht V-förmige Fußstellung vergrößert die Standfläche und gibt den Fußgelenken mehr Bewegungsfreiheit.

Ein federndes Beugen im Sprung- und Kniegelenk schont diese beim Aufsetzen und Belasten, verbessert den Einsatz der Vertikalzacken und erhält die optimale Bewegungsbereitschaft. Die Muskulatur der Beine übt hier eine Art Stoßdämpferfunktion aus.

Eine tiefe Körperschwerpunktslage durch Vorbeugen des Oberkörpers und In-die-Knie-Gehen verbessert das Gleichgewicht.

Rumpfvorbeuge und seitliche Pendelbewegung des Körpers sind im Abstieg stärker ausgeprägt als im Aufstieg. Das nach vorne abwärts gesetzte Bein erhält so immer den vollen Belastungsdruck. Das Gehtempo im Abstieg sollte jederzeit einen situationsbedingten sofortigen Stopp zulassen.

1 Aus hüftbreiter Beinstellung erfolgt zunächst der vollständige Belastungswechsel zu einem Bein (Standbein). Anschließend wird das jetzt unbelastete Bein genügend hoch vom Eis abgehoben und nach vorne unten gesetzt. Die Schuhspitzen bzw. Frontalzacken zeigen dabei leicht V-förmig nach außen.

2 In günstiger Schrittlänge werden die Vertikalzacken aufgesetzt und sofort voll belastet. Von vorne oder hinten gesehen ist eine seitliche Pendelbewegung deutlich erkennbar. Das entlastete Bein wird nach vollzogenem Belastungswechsel wieder vom Eis abgehoben.

3 Erneutes Schrittsetzen, Belastungswechsel und Abheben des entlasteten Beines. Wenn sich das Gelände versteilt, gleicht man dies durch stärkeres Vorbeugen des Oberkörpers und eine größere Beinweite aus.

4 Während der Schrittfolge soll das Tempo immer so gewählt werden, daß ein sofortiger Stopp möglich ist. Ruhige Armführung verbessert den kontrollierten Bewegungsablauf.

Methodische Überlegungen zum Lehren und Erlernen der Vertikalzackentechnik

Das Gehen in Vertikalzackentechnik ist für jeden Bergsteiger eine *elementare Fertigkeit,* die zu ersten Tourenerlebnissen im Gletscherbereich befähigt. Eine intensive Schulung soll dieser Bedeutung gerecht werden. Die Variationsbreite dieser Technik, wie sie auch noch in den nächsten Kapiteln beschrieben wird, fordert gewissenhafte Grundausbildung.

Der methodische Grundraster für das Unterrichten der Vertikalzackentechnik stellt sich folgendermaßen dar:

- Ganzheitliches Vorgehen (Ganz-Teil-Ganz-Methode) mit Beschreibung, Erklärung, Demonstration, Nachvollzug und sachgerechten, durchschaubaren Korrekturen.
- Verbesserungsübungen zu Teilbereichen.
- Positives Verstärken von Richtigem durch den Ausbilder.

Dabei sollte mit einem *»Wie«* des Tuns immer ein erklärendes *»Warum«* verbunden sein.

Übungsgelände

Als Übungsgelände eignen sich apere, flach ansteigende Gletscher bzw. Gletscherzungen mit großflächigen spaltenfreien Zonen. Wasserrinnen und Risse in der Eisdecke sind zu beachten.
Eine terrassenförmige, großräumige Gliederung des Übungsgeländes mit sanften Übergängen zwischen flach und steiler ist besonders günstig, weil dann die Technik der Situation entsprechend variiert werden kann.

Beachte:
Durch die Übungsaufgaben ist die Aufmerksamkeit des Schülers meist ganz auf Technikausführung und Selbstkontrolle gerichtet; das geländemäßige Umfeld wird nicht oder nur wenig beachtet. Bei der Geländewahl muß dieses Verhalten berücksichtigt werden.

Im Gruppenunterricht ist ein vorheriges Abgehen des Geländes und Absuchen nach möglichen Gefahrenquellen durch den Ausbilder unerläßlich.
Der Zugang zur Gletscherfläche über die Seitenmoräne und den Randwulst gestaltet sich oft schwierig. Man sollte sich bemühen, hier eine gute Spurwahl zu treffen bzw. den Zugang entsprechend abzusichern (Geländerseil etc.).
Wenn die Gletscherfläche selbst keine Gefahren bietet, kann seilfrei geübt werden. Das erleichtert den Übungsablauf wesentlich.
Nicht benötigte Ausrüstung ist an einem sicheren Ort außerhalb des Übungsgeländes abzulegen.

Organisationsformen

In *sicherem Gelände* (keine Absturz- oder Ausrutschgefahr) sollte das Üben seilfrei erfolgen, da das Seil die Bewegungsfreiheit des einzelnen einschränken würde. Ein Stolpern über das Seil wird damit ebenso vermieden wie eine Beschädigung des Seiles durch die Steigeisenzacken.
Üben ohne zusätzliche Gewichtsbelastung (Rucksack) ist anfangs ideal. Wenn die Grundtechnik beherrscht wird, sollte auch mit Rucksack und angeseilt geübt werden.
Demonstrationen durch den Ausbilder sollten von allen Übungsteilnehmern gut gesehen werden können. Der Demonstrator sollte je nach Demonstrationsschwerpunkt mal *von vorne, von hinten* und auch *von der Seite beobachtet werden können, um eine sehr gute Bewegungsvorstellung zu schaffen.*

Für die ersten Versuche in der Vertikalzackentechnik eignet sich am besten ein Gelände, das horizontal beginnt und flach ansteigt. Nicht benötigte Ausrüstung sollte an einem sicheren Ort deponiert werden.

Genaue Anweisungen zur Organisation schaffen für Lehrende und Lernende erleichternde Klarheit und Sicherheit:
- Startpunkt.
- Gehabstände bei Gruppenübungen.
- Gehtempo.
- Hinweis auf kritische Geländepunkte.
- Zielpunkt, Übungsende.
- Was kommt dann?

Der Ausbilder seinerseits sollte die Gruppen immer so organisieren und aufstellen lassen, daß er alle *Teilnehmer im Sichtfeld* hat. Das ist vor allem bei den ersten Gehversuchen mit Steigeisen wichtig, wo jeder zunächst für sich üben und ausprobieren darf. Zu Einzelkorrekturen empfiehlt sich der Umlaufbetrieb. Der Ausbilder kann dabei jedem vor ihm vorbeigehenden Schüler helfende Tips und Korrekturen geben, die, vom Angesprochenen sofort ausgeführt, verbessernd wirken. In geneigtem Gelände kann mit dieser Organisationsform auch gleich das Absteigen mitgeübt werden.
Bei den Übungen müssen die Gehabstände der Teilnehmer untereinander immer so groß sein, daß gegenseitige Behinderungen oder gar Verletzungen vermieden werden. Jeder Teilnehmer sollte sich während der ersten Schritte ganz auf sich selbst konzentrieren können, von einigen gruppenrhythmischen Übungen abgesehen. Spiel- und Wettkampfformen sind diesbezüglich zu überdenken.

Demonstration des direkten Anstiegs mit Steigeisen, auf die Gruppe zu.

Methodisches Vorgehen – Lernziele

Lernziel: Hüftbreite Beinstellung

Hüftbreite Beinstellung mit V-förmig geöffneter Fußposition.

- Beschreiben des gesamten Bewegungsablaufes.
- Setzen des ersten Schwerpunkts: Beinweite.
- Begründung der hüftbreiten Beinstellung: besserer Belastungswechsel, größere Standfläche, besseres Gleichgewicht, kein Verhaken der Beine.
- Demonstration der Beinstellung (im Stand gegenüber der Gruppe).
- Demonstration des Bewegungsablaufes: Gehen mit Steigeisen; von der Gruppe weg, dabei deutlicher Belastungswechsel vom einen zum anderen Bein.
- Erstversuche der Teilnehmer mit unterstützenden, verstärkenden Zurufen durch den Ausbilder.
- Gruppenkorrektur, Herausstellen zentraler Probleme.
- Wiederholende Ausbilderdemonstration, gewichtet nach Korrekturschwerpunkt.
- Verbesserungsversuche mit Einzelkorrekturen im Umlaufbetrieb.

Lernziel: Steigeiseneinsatz, Belastung der Vertikalzacken

Deutlich abgehobene Vertikalzacken, die mit dem nächsten Belastungswechsel möglichst gleichzeitig in das Eis eingedrückt werden.

- Demonstration des Aufsetzens der Steigeisen. Die Schüler sollten den Lehrer dabei von der Seite beobachten können (ideal an Geländestufe, in Augenhöhe der Schüler).
- Vor- oder nachgeschaltet dazu eine genaue Verlaufsbeschreibung des Abhebens, Vorschwingens und Aufsetzens der Füße bzw. der Steigeisen.
- Erklären der Vorteile des gleichzeitigen Einsetzens aller Vertikalzacken: besserer Halt, dadurch Vermeidung der Abrutschgefahr.

Gehen in der Aufstiegslinie des Ausbilders in Reihe. Abstände untereinander beachten.

■ Gehversuche der Schüler mit diesem Schwerpunkt. Dabei beachten: Beim Aufsetzen sollen alle Vertikalzacken gleichzeitig in das Eis eindringen – Flachfußtechnik. Bei gutem Belastungswechsel wird das gesamte Körpergewicht auf das Standbein verlagert. Die Vertikalzacken dringen dadurch spürbar besser und tiefer in das Eis ein.

■ Gruppenkorrektur mit Aufzeigen beobachteter Probleme.

■ Verbesserungsversuche mit Einzelkorrekturen.

■ Zwischenschalten erneuter Lehrerdemonstrationen.

■ Variationen einbauen (Kontrastlernen), um die richtige Technik zu festigen: Was passiert bei zu großer Beinweite? – Innenkantenstand, schlechte Belastung, Körperschwerpunkt zwischen den Beinen! Was passiert bei O-Bein-Stellung? – Außenkantenstand, ebenfalls mit schlechterem Halt und kleinerer Standfläche. Wechsel zwischen federnder Belastung beim Aufsetzen der Steigeisen und hartem, unelastischem Aufsetzen? – Vertikalzacken dringen im einen Fall gut ein, im anderen rutschen sie evtl. bei Belastung.

■ Aufsetzen der Steigeisen abrollend – Grenzen?

■ Verbinden der beiden ersten Schwerpunkte: Beinweite und Vertikalzackeneinsatz.

Im Umlaufbetrieb werden Auf- und Abstieg verbunden.

Lernziel: Ideale Schrittlänge bei direkten Auf- und Abstiegen

■ Vorbesprechung der Notwendigkeit richtiger Schrittlänge zur Verbesserung des Vertikalzackeneinsatzes (Körperschwerpunktslage, Zackeneinsatz, Belastungswechsel, Gleichgewicht, Kraftersparnis).

■ Setzen von Beobachtungsschwerpunkten zur nachfolgenden Ausbilderdemonstration (Sprunggelenkswinkel, Kniewinkel, Kniescheibenposition bezogen auf Schuhspitze, Hubarbeit vorderer Fuß).

■ Ausbilderdemonstration (Schüler beobachten von der Seite, Gelände zunächst horizontal eben, dann übergehend in leicht ansteigend).

■ Erster Schwerpunkt Aufstieg, dann zweiter Schwerpunkt Abstieg mit ähnlichen Beobachtungsaufgaben.

■ Nachbesprechung des Beobachteten, Fragen an die Beobachter.

Ideale Schrittlänge, Hubarbeit leistet das vordere Bein, alle Vertikalzacken haben Eiskontakt.

Ideale Körperposition im Abstieg. Oberkörper deutlich nach vorne geneigt. Das hintere Bein wird mit den Vertikalzacken voll vom Eis abgehoben, um ein Verhaken mit der Unterlage beim Vorschwingen zu vermeiden.

Der »Tausendfüßler«. Eine gruppenrhythmische Übung zur Schulung des Belastungswechsels.

- Teilnehmerversuche, Ausbilder macht mit, parallele Anstiegsrichtungen.
- Grobkorrekturen, Gruppenkorrekturen.
- Rhythmische Hilfen, auch zur Eigenkontrolle.
- Einzelkorrekturen (Umlaufbetrieb) mit Verbesserungshilfen.
- Variationsübungen (Kontrastlernen) zum Festigen der idealen Bewegungseinstellung (lange Schritte – kurze Schritte, langsame Schrittfolge – schnelle Schrittfolge, dabei Bewegungsgefühl ansprechen).

Lernziele: Beweglichkeit, Bewegungsbereitschaft, Sicherheit – Komplexübungen zum Gehen in Vertikalzackentechnik

Übungen, die vorher angesprochene und schon behandelte Lernziele miteinander verbinden:

- Gehen von Serpentinenbögen bzw. Schlangenlinien (Beinweite, Schrittlänge, Belastungswechsel).

Beidbeinige Hock-Streck-Sprünge im Gruppenrhythmus. Mit dem Handfassen hat der Ausbilder die Möglichkeit zur berührenden (taktilen) Bewegungskorrektur.

■ Rückwärtsaufsteigen in Schlangenlinien (Körperschwerpunktslage, Belastungswechsel).
■ Gehen an dachfirstähnlichen Graten (Beinweite, Belastungswechsel, V-förmiges Aufsetzen der Steigeisen an den Gratflanken, Beweglichkeit und seitliche Ausgleichsarbeit in den Fußgelenken).
■ *»Gratwandeln«* – Balancierübungen an schmalen Graten. Ohne Absturzgefahr! (Verbesserung des Gleichgewichts und der Standsicherheit).

»Gratwandeln«, zur Schulung der hüftbreiten Beinstellung, des V-förmigen Trittsetzens und des Belastungswechsels.

Balancieren, zur Schulung des Standgefühls und der Standsicherheit.

Pendeltritte im Abstieg. Eine gruppenrhythmische Übung zur Schulung des Belastungswechsels.

■ Laufen mit Steigeisen im flachen Gelände (Abheben der Füße und Steigeisen, belastendes Ausfedern in den Gelenken, Belastungswechsel).
■ Laufschritte bergauf (Abheben und Aufsetzen der Steigeisen, V-förmige Fußstellung, Belastungswechsel, Geländebeobachtung, abgestimmte Schrittlängen, Reaktionsfähigkeit). Laufschritte bergab (Abheben und Aufsetzen der Steigeisen, Belastungswechsel, Oberkörpervorbeuge, Bewegungselastizität).
■ Gehen und Laufen in Mulden und Gräben zur Verbesserung des Belastungswechsels (pendelnd links und rechts gegen die Muldenwände treten), der Beinweite (z. B. über wasserführenden Gräben gehen, die Füße am linken und rechten Ufer).
■ Umsteigespringen in flachem und leicht geneigtem Gelände (Transfer zum Skilauf möglich, Belastungswechsel, Bewegungselastizität, Oberkörpereinstellung). Auch als Gruppenübung möglich (Teilnehmer handfassend nebeneinander – Gruppenrhythmus).

Bergauflaufen mit Steigeisen in Vertikalzackentechnik. Man beachte die gute Beugearbeit in Sprung- und Kniegelenken.

Bergablaufen, eine sehr gute Möglichkeit zur Schulung des Belastungswechsels und der Körpereinstellung.

■ *»Hampelmannspringen«* – Springen in Grätschstellung und wieder zurück in hüftbreite Beinstellung (Belastung Vertikalzacken, Ausgleichsbewegung in den Gelenken).
■ Hock-Streck-Sprünge mit Landung zum sofortigen Stand (Körperschwerpunktslage, Bewegungselastizität).

Spielformen

■ Riesenschritte – »Steifer Gang, geht nicht lang!«
■ Minischritte – »Kurzer Schritt, hält länger fit!«
■ Sight-seeing-Tempo – »Langsam sieht am meisten!«
■ Sprintschritte – »Schneller Tritt, nimmt Dich sehr mit!«
■ Wiegeschritte – »Kein Rutschen mehr, durch hin und her!«
Zur Verbesserung der Beugestellung in den Gelenken:
■ Rückwärts aufsteigen.
■ Beidbeinige Sprünge mit weicher, gebremster Landung.
■ »Plattfußindianer« – Flachfußgang, gebeugte Schleichstellung.

Wettkampfformen

■ Stoppen auf Zuruf beim Abwärtsgehen, Abwärtsspringen (Bewegungskontrolle, Reaktionsbereitschaft).
■ Schrittzahl pro Distanz.
■ Gehzeit pro Distanz.

Beachte:
Sprünge mit Körperrotation (Drehsprünge) sind unbedingt zu vermeiden. Der abrupt bremsende Einsatz der Vertikalzacken nach der Landung könnte Bänder, Sehnen und Muskulatur überbelasten.

Gletschermulde als ideales Gelände zum Erfühlen der richtigen Körpereinstellung und des Steigeiseneinsatzes beim Abstieg in Vertikalzackentechnik.

Fehlerbilder – Korrekturhilfen

Fehler in der Bein- und Fußstellung wirken sich stark auf die Standsicherheit aus und haben meist eine ungleiche Belastung der Vertikalzacken zur Folge.

X-Bein-Stellung, Fersen nach außen gedreht: Folge Innenkantenstand und Gefahr des Verhakens mit den Frontalzacken in der Gehbewegung. *Korrekturhilfe:* Knie öffnen, ein gegenüberstehender Beobachter sollte zwischen den Beinen durchsehen (der Wind durchblasen) können.

X-Bein-Stellung, Schuhspitzen nach innen.

O-Bein-Stellung, Schuhspitzen nach außen.

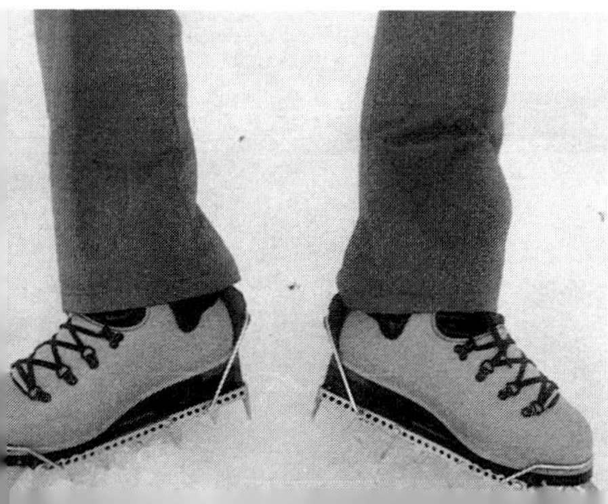

O-Bein-Stellung, Fersen zu nah beieinander: Folge sehr schlechte, wacklige Gleichgewichtsposition, kleine Standfläche, geringerer Raumgewinn beim Gehen, Außenkantenstand, »Ententritt«.
Korrekturhilfe: Knie etwas mehr beugen, Schuhspitzen einwärts (V) drehen. Schräglaufende Gesamtbeinachse von der Hüfte abwärts (»Rennfahrwerk« mit »negativem Sturz«). Ausbilder kann Trittmuster (Spurbild) vorgeben. Gruppenrhythmische Übungen (»Tausendfüßler«).

Beinstellung zu eng, zu geringe Beinweite: kleinere Standfläche, geringe Stabilität, schlechte Gleichgewichtslage. Gefahr des Verhakens der Steigeisen, z. B. an den Gamaschen oder an der Hose in der Schrittbewegung. Durch die enge Beinstellung schlechterer Belastungswechsel, Körpergewicht nicht voll über den Vertikalzacken des Standbein-Steigeisens, schlechterer Halt.

Zu enge Beinstellung im Stand.

Zu enge Beinstellung in der Gehbewegung.

Korrekturhilfe: Hüftbreites Gehen, leiterbreite Trittspur.
Grabengehen, Gehen an einer Wasserrinne im Gletschereis, dabei die Füße links und rechts des Wassergrabens aufsetzen lassen.
Gleisgehen, Gehen wie auf einer Eisenbahnschiene. »Tausendfüßler« als gruppenrhythmische Übung auch hier empfehlenswert. Zur Schulung des Belastungswechsels ebenfalls sehr gut, wenn die Teilnehmer in einer Linie nebeneinanderstehen, sich an den Händen fassen und mit seitlichen Pendelbewegungen während der Schrittfolge auf- oder absteigen.

Fehler in der Körperschwerpunktslage während des Auf- und Absteigens wirken sich stark auf die Standsicherheit aus.

Körperschwerpunkt zu hoch, Hohlkreuz, zu aufrechte Körpereinstellung, überstreckte Gelenke: schlechte, labile Gleichgewichtslage. Geringe Federbereitschaft in den Gelenken (Hohlkreuz). Dadurch ungünstige Bewegungsübertragung auf die Steigeisen, was wiederum Rutschen und schlechteren Halt bewirken kann. Auf die Dauer auch sehr ermüdend, da die Muskulatur nur wenig entspannt werden kann.

Zu aufrechte Körperposition, Hohlkreuz, keine federbereiten Gelenke.

Rücklageposition, kann zu einem Abheben der Fersenzacken führen.

Korrigierte Position mit deutlich abgesenktem Körperschwerpunkt und breiterer Beinstellung.

Korrekturhilfe: Sprunggelenk, Kniegelenk mehr beugen. Oberkörper mehr nach vorne, runder Rücken, kein Hohlkreuz. Dadurch wird der Körperschwerpunkt gesenkt und auf alle Vertikalzacken ein gleichmäßiger Druck verteilt. Der Körper ist elastisch, federbereit, An- und Entspannung der Muskulatur wechseln ab.

Rücklage im Oberkörper, Hüfte vorgeschoben, Sprunggelenke nicht gebeugt: eine Körperhaltung, die man häufig im Abstieg sieht (Angst?). Der Körperschwerpunkt ist nicht über der Standfläche bzw. über den Steigeisen. Schlechter, labiler Halt. Die notwendige Ausgleichsbewegung wird meist nur im Kniegelenk ausgeführt, ein nachträgliches Beugen der Sprunggelenke ist nicht mehr möglich. Es kommt zu einem »Aufkippen« der Steigeisen (Rollbewegung). Die Fersenzacken heben ab (vgl. Abb.). Eine reaktionsbereite Bewegungsführung ist nicht möglich (Zuruf: »Stopp!«).
Korrekturhilfe: Sprunggelenk mehr beugen, Oberkörper nach vorne (Bauch einziehen). Gefühl ansprechen. Man sollte den Belastungsdruck auf der ganzen Fußsohle spüren.

Fehler in der Schrittlänge wirken sich auf die Gleichgewichtslage aus und haben unökonomische Krafteinsätze zur Folge.

Zu lange Schritte: Der Körperschwerpunkt kommt nicht über das vordere Bein. Am Vortrieb sind immer beide Beine beteiligt. Das vordere Bein leistet die Hub- und das hintere die Schubarbeit. Deutliche Belastungswechsel und damit verbunden Entspannungsphasen sind nicht möglich, wodurch man schneller ermüdet.

Zu kurze Schritte: Kleine Standfläche wirkt sich ungünstig auf die Standstabilität aus. Kurze Entspannungsphasen in der Schrittfolge bedeuten ebenfalls wieder schnellere Ermüdung. Kein guter Raumgewinn.
Korrekturhilfen: Finden der individuell richtigen Schrittlänge. Variieren in der Schrittlänge (Kontrastlernen), bis man gefühlsmäßig den idealen Wert für jedes Gelände gefunden hat. Flaches Gelände – längerer Schritt, ansteigendes Gelände – kürzerer Schritt. Gehtempo so wählen, daß die Atemfrequenz angepaßt werden kann (Atem-/Gehrhythmus). Gruppenrhythmische Übungen sind hier gut angebracht. Gehen hinter dem Lehrer und Aufnehmen seines Gehrhythmus.

Vgl. hierzu auch: Gehen in Schnee und Firn, Seite 14 ff.

Links: Zu große Schrittlänge.
Mitte: Ideale Schrittlänge.
Rechts: Zu kurze Schrittlänge.

Pickelgebrauchsformen zur Vertikalzackentechnik

Die Anwendungs- und Funktionsformen des Eispickels richten sich im wesentlichen nach Gehtechnik, Geländesteilheit und Eisbeschaffenheit.

- Stützpickel (Spazierstockpickel).
- Seitstützpickel.
- Schaftzugpickel.
- Schaftzug- und Kopfzug-Kombinationen.
- Vorhand- und Rückhand-Schaftzugtechnik.
- Geländerpickel, eine Schaftgrifftechnik für Abstiege.
- Pickel als Bremshilfe bei Stürzen (Pickelrettungsgriff).

Die Formen des Pickelgebrauchs werden bei den einzelnen Steigeisentechniken beschrieben.

Stützpickeltechnik zum Auf- und Absteigen in Vertikalzackentechnik auf flachen Gletschern

Auf flachen Gletschern dient der Pickel dem Eisgeher als Stützhilfe zur Erhaltung des Gleichgewichts während der Schrittwechsel und in Ruhepositionen. Nur in wenigen Ausnahmefällen außerdem als Zughilfe für den Aufstieg.
Die grundlegende Technik des Stützpickels oder Spazierstockpickels, wie er bisher immer bezeichnet wurde, ist auf den Seiten 28 und 29 schon zum Gehen im Schnee und Firn bzw. Gehen auf aperen Gletschern beschrieben worden. Seine Anwendung bleibt auch beim Gehen mit Steigeisen die gleiche.
Stützpickeltechnik auf flachen Gletschern: Der Pickel ist immer einsatzbereit zur Hand, wenn bestimmte Geländesituationen Stütz- oder Gleichgewichtshilfen erfordern. Desgleichen ist er auch eine wertvolle Hilfe, wenn es beim Gehen auf schneebedeckten Gletschern zur Stollenbildung unter den Steigeisen kommt. Durch kurze, kräftige Schläge gegen die Schuhseiten mit dem Pickelschaft können die Schneeklumpen abgeklopft werden.

Pickelgebrauchsformen **Systematik der Begriffe**

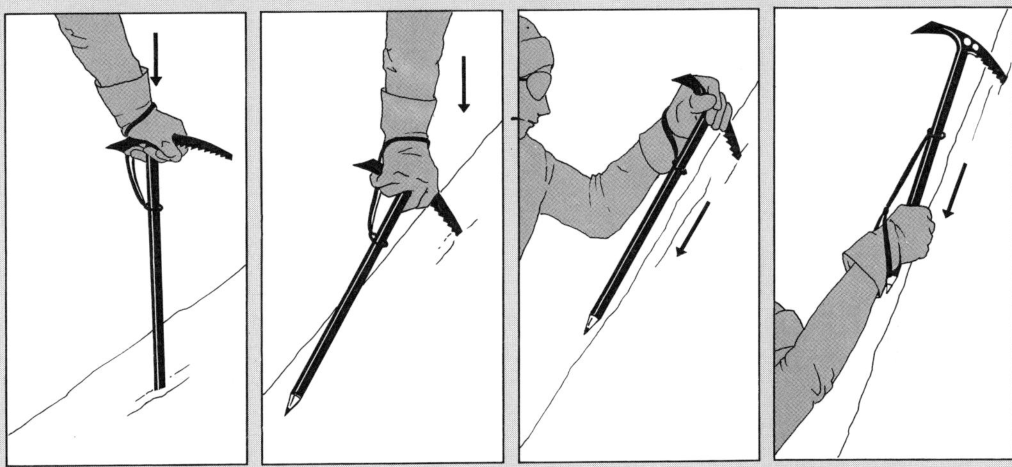

Griff-Bezeichnung	Stütz-pickel	Kopfstütz-pickel	Kopfzug-pickel	Schaftzug-pickel
Was tue ich?	stützen	stützen	ziehen	ziehen
Wo greife ich mit welchem Griff?	Pickelkopf Stützgriff	Pickelkopf Stützgriff	Pickelkopf Zuggriff	Pickelschaft Zuggriff
Wie wird der Pickel eingesetzt?	einstechen des Pickeldornes	einankern der Pickelhaue	einankern der Pickelhaue	einschlagen der Pickelhaue
Funktion des Pickels	Stützfunktion über Pickelschaft	Stützfunktion über Pickelkopf	Zughilfe über Pickelkopf	Schaftzughilfe über Pickelkopf
Alte Bezeichnung	Spazierstockpickel	Stützpickel	Ankerpickel	Anker- bzw. Zugpickel

Situationsbedingt stützt oder zieht auch die zweite Hand noch mit am Pickelkopf oder -schaft (s. Seitstützpickel u. Kombination Kopfzug/Schaftzug).

Grundstufe Eis

4. Ausbildungsabschnitt: Steigeisen- und Pickeltechniken zum Begehen mittelsteiler und steiler Gletscher- bzw. Eispassagen im Aufstieg

- □ Vertikalzackentechnik mit Übersetzschritten bei Schräganstiegen.
- □ Vertikalzackentechnik mit Nachstellschritten bei Schräganstiegen.
- □ Richtungsänderung bei Schräganstiegen (Serpentinenanstiege) in Vertikalzackentechnik, mit Wende bergwärts.
- □ Richtungsänderung bei Schräganstiegen (Serpentinenanstiege) in Vertikalzackentechnik, mit Wende talwärts.
- □ Stützpickeltechnik bei Schräg- und Serpentinenanstiegen.
- □ Seitstützpickeltechnik bei Schräg- und Serpentinenanstiegen.
- □ Schaftzugpickeltechniken (Vorhand und Rückhand) bei Schräg- und Serpentinenanstiegen.

Vertikalzackentechnik mit Übersetzschritten

Diese ursprünglich von Otto Eckenstein (Eckensteintechnik) entwickelte Steigeisentechnik ist durch den *möglichst gleichzeitigen Einsatz* aller Vertikalzacken bei jedem Schritt und in den Ruhepausen gekennzeichnet. Durch den damit verbundenen *optimalen Halt* bei gleichzeitigem ökonomischen Einsatz der Muskelkräfte bekommt diese Technik besondere Bedeutung bei längeren Schräg- und Serpentinenanstiegen in mittelsteilen Passagen (bis ca. 40°). In noch steileren Passagen bietet sich diese Technik auch oft als Ausgleich zur anstrengenderen Frontalzackentechnik an (vgl. Seite 102).
Die verschiedenen Geländeneigungen fordern als Stütz-, Gleichgewichts- oder Zughilfe unterschiedliche Formen des Pickeleinsatzes. Diese *Eispickeltechniken* zur Vertikalzackentechnik werden nachstehend ebenfalls behandelt.

Seitstützpunkttechnik im Schräganstieg.

Ausbildungsschwerpunkte

- ■ V-förmige Fußstellung und Vertikalzackeneinsatz in unterschiedlich geneigtem Gelände.
- ■ Ausgleichsarbeit im Fußgelenk.
- ■ Beugung im Knie- und Sprunggelenk, Oberkörpereinstellung zur Erhaltung einer stabilen Gleichgewichtslage.
- ■ Übersetztechnik.
- ■ Übersetz-Schrittfolge in Abhängigkeit von der jeweiligen Geländeneigung, angemessener Höhengewinn.
- ■ Bewegungsfluß, Bewegungskoordination, Bewegungsrhythmus.
- ■ Atemrhythmus.
- ■ Zum Ablauf der Bewegung richtig koordinierter, positionell und funktionell abgestimmter Einsatz des Eispickels.

Bildfolge – Vertikalzackentechnik mit Übersetzschritten im Schräganstieg. Hier Übungsform ohne Pickelhilfe.

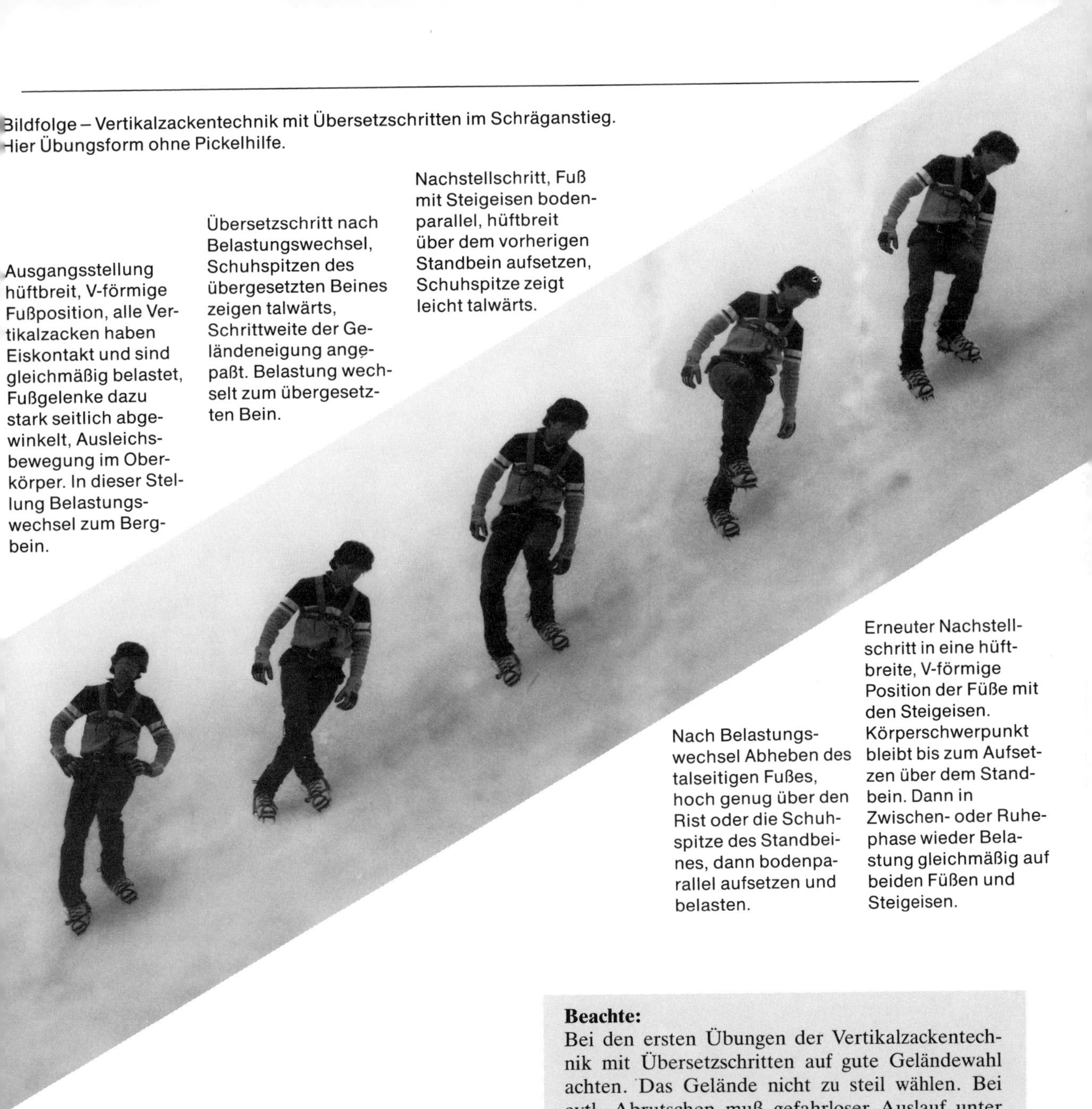

Ausgangsstellung hüftbreit, V-förmige Fußposition, alle Vertikalzacken haben Eiskontakt und sind gleichmäßig belastet, Fußgelenke dazu stark seitlich abgewinkelt, Ausleichsbewegung im Oberkörper. In dieser Stellung Belastungswechsel zum Bergbein.

Übersetzschritt nach Belastungswechsel, Schuhspitzen des übergesetzten Beines zeigen talwärts, Schrittweite der Geländeneigung angepaßt. Belastung wechselt zum übergesetzten Bein.

Nachstellschritt, Fuß mit Steigeisen bodenparallel, hüftbreit über dem vorherigen Standbein aufsetzen, Schuhspitze zeigt leicht talwärts.

Nach Belastungswechsel Abheben des talseitigen Fußes, hoch genug über den Rist oder die Schuhspitze des Standbeines, dann bodenparallel aufsetzen und belasten.

Erneuter Nachstellschritt in eine hüftbreite, V-förmige Position der Füße mit den Steigeisen. Körperschwerpunkt bleibt bis zum Aufsetzen über dem Standbein. Dann in Zwischen- oder Ruhephase wieder Belastung gleichmäßig auf beiden Füßen und Steigeisen.

Beachte:
Bei den ersten Übungen der Vertikalzackentechnik mit Übersetzschritten auf gute Geländewahl achten. Das Gelände nicht zu steil wählen. Bei evtl. Abrutschen muß gefahrloser Auslauf unter dem Übungsgelände gegeben sein. Zum Üben Handschuhe tragen.

Ausgangsstellung
V-förmige Fußstellung.

Belastungswechsel
zum Bergbein.

Abheben
des entlasteten Beines.

Übersetzen
über das Standbein.

Vertikalzackentechnik mit Übersetzschritten im Schräganstieg.

Vertikalzackentechnik mit Übersetzschritten und Stützpickeltechnik in Schräganstiegen

Verlaufsbeschreibung

In Ausgangsstellung sind die Beine zueinander hüftbreit aufgesetzt. Die Fußstellung ist V-förmig, wobei sich die Fuß- bzw. Schuhspitzen mit zunehmender Geländesteilheit immer mehr talwärts ausrichten. Nur so ergibt sich die zur Aufrechterhaltung des Gleichgewichts notwendige Bewegungsfreiheit in Sprung- und Kniegelenken. Außerdem können auf diese Weise alle Vertikalzacken mit dem gesamten Körpergewicht belastet werden, was wiederum einen besseren Halt auf dem Eis zur Folge hat. Ein Hangauswärtsführen beider Knie, das talseitige etwas mehr (*O-Bein-Stellung*), verbessert den Belastungsdruck und entlastet außerdem die Sprunggelenke. Der Oberkörper soll dabei eine Ausgleichs-, Vor-Seit-Bewegung (ähnlich wie im Skilauf) ausführen, um den Körperschwerpunkt über der Standfläche zu halten. Die Gleichgewichtslage wird so wesentlich verbessert. Der Einsatz des Eispickels erfolgt als Stützhilfe zur Schrittbewegung koordiniert. Je nach Steilheit des Geländes wendet man die Stützpickel- oder Seitstützpickeltechnik an (vgl. Seite 82).

Übersetzschritt

Aus dem Dreipunktstütz (*Pickel-Fuß-Fuß*) der Ausgangsstellung wird als erstes zunächst der Pickel bergwärts vorne stützend eingesetzt bzw. eingerammt. Nun entlastet man das talseitige Bein durch den Belastungswechsel zum bergseitigen Bein. Dabei stützt man sich auf dem Pickel ab (*»zweites Bein«*). Das nun unbelastete Talbein wird abgehoben, bis die Vertikalzacken der Steigeisen deutlich über der Eisoberfläche sind, um ein Verhaken mit der Unterlage beim Übersetzen zu vermeiden. Entspannt schwingt das Bein hangaufwärts über den Rist des Standfußes. Mit talwärts zeigender Schuhspitze werden Schuhsohle und Steigeisen bodenparallel aufgesetzt und belastet. Die Sprunggelenke leisten die seitliche Ausgleichsarbeit, um den Druck auf alle Vertikalzacken gleichmäßig verteilen zu können.
Nach dem Übersetzen bilden vorderer Fuß, hinterer Fuß und Pickeleinstichpunkt ein großflächiges Dreieck, eine sichere Standfläche.

Nachstellschritt

Nach der Zwischenphase im Übersetzschritt folgt ein Belastungswechsel vom vorherigen Standbein zum überkreuzten Bein. Dabei ist im unteren Bein starke

Aufsetzen
der Vertikalzacken.
Belasten
der Vertikalzacken.

Nachstellschritt

Belastungswechsel
und Abheben.

Übersetzen, Aufsetzen,
Belasten.

Ausgleichsarbeit im Fußgelenk notwendig, um ein Aufkanten des Steigeisens zu verhindern. Nach dem Belastungswechsel wird das untere, hintere Bein zwischen Pickel und Standbein nach vorne oben nachgestellt und wiederum V-förmig eingesetzt und belastet.

Je nach Kondition und körperlicher Belastung kann sich einem solchen Dreiertakt eine kurze Verschnaufpause anschließen, ehe der nächste Übersetzschritt folgt. Die nächste Schrittfolge beginnt wieder mit dem Pickeleinsatz, dem Übersetzschritt und Nachstellschritt folgen.

Übersetzschritte und Stützpickeltechnik in mittelsteilem Gelände.

Vertikalzackentechnik mit Nachstellschritten und Stützpickeltechnik in Schräganstiegen

In besonders steilen Anstiegspassagen verzichtet man auf Übersetzschritte, um labile Gleichgewichtslagen zu vermeiden. Man verwendet hier Nachstellschritte, bei denen das hintere bzw. untere Bein dem vorderen, oberen nur mehr nachgestellt wird. Ein Überkreuzen der Beine wird dadurch vermieden. Die Form des Pickeleinsatzes wird in den meisten Fällen vom Stützpickel zum Seitstützpickel (vgl. Seite 82) wechseln.
Ein Dreiertakt in der Bewegungsfolge ist auch hier sehr zweckmäßig.

In manchen Fällen, bei unerfahrenen Eisgehern z. B., ist es auch sinnvoll, für schräge Anstiege zunächst mit dieser Technik zu beginnen. So vermeidet man schon im flacheren Gelände Unsicherheiten und Risiken, die mit dem Überkreuzen der Beine beim Übersetzen verbunden sein können. Die Form des Übersetzschrittes kann dann mit zunehmender Gewöhnung und Eiserfahrung nachgeschaltet werden.

Technikbeschreibung
Ausgangsposition ist eine hüftbreite Beinstellung. Schuhspitzen bzw. Frontalzacken sind V-förmig geöffnet und zeigen talwärts. Oberkörper, Knie- und Sprunggelenke sind so gebeugt, daß je nach Geländeneigung immer eine stabile Gleichgewichtslage gegeben ist. Die gesamte Gewichtsbelastung sollte auf allen Vertikalzacken gleichmäßig ruhen.
Zum Schräganstieg wird zunächst der Pickel in Anstiegsrichtung vorne oben eingesetzt und anschließend stützend belastet, um das pickelnähere, bergseitige Bein entlasten zu können. Danach folgen ein Höhersetzen des Bergbeines, bodenparalleles Aufsetzen des Steigeisens und der Belastungswechsel auf dieses Bein, indem man sich etwas bergseitig lehnt und am Pickel abstützt. Das jetzt unbelastete talseitige, hintere Bein wird zum vorderen Bein nachgesetzt, die Ferse des nachgestellten Schuhs bis etwa in Schuhmitte des bergseitigen. So erreicht man wieder eine stabile V-förmige Fußstellung, die als Ruheposition dienen kann und ein Herausnehmen des Eispickels ermöglicht. Der Ablauf beginnt dann für die nächste Schrittfolge von vorne: Pickeleinsatz, Bergbein, Talbein, Ruheposition, Pickeleinstecken, Höhersetzen, Nachsetzen, Pause usw.

Nachstellschritte bei Querungen und leichten Schräganstiegen, im steilen Gelände eine sehr sichere Technik, die die Risiken des Übersetzens vermeidet.

Gruppe im Serpentinenanstieg in steiler Gipfelflanke.

Richtungsänderungen bei Schräganstiegen in Vertikalzackentechnik – Serpentinenanstieg

Serpentinenanstiege sind für längere mittelsteile Geländepassagen sinnvoll. Das schräge Ansteigen in Vertikalzackentechnik, wie in den vorigen Kapiteln beschrieben, spart hier Kraft und bietet durch den Einsatz aller Vertikalzacken sichernden Halt. Um die Belastung beider Beine gleich zu halten und um bestimmte Zielpunkte trotzdem erreichen zu können, verwendet man Serpentinenanstiege, die nach bestimmten Gehstrecken Richtungsänderungen (Zickzackanstieg) aufweisen.
Der Einsatz des Eispickels erfolgt als Stützpickel in mittelsteilen Passagen und als Seitstützpickel in steileren Abschnitten. Neu hinzu kommen jetzt die Wendeformen zur Richtungsänderung am Ende der Schräganstiegsabschnitte.

Ausbildungsschwerpunkte

- Wende bergwärts (Schrittfolge, Pickeleinsatz).
- Wende talwärts (Schrittfolge, Pickeleinsatz).
- Anlegen der Serpentinen (Anstiegswinkel, Länge).
- Suchen geeigneter Wendepunkte.

Anstiege in Gruppen (Seilschaften) und Seilführung an den Wendepunkten und während des Aufstiegs werden gesondert behandelt.

Wende bergwärts

Stützpickel
und Übersetzschritt.

Aufdrehen
des Fußes
in die neue Richtung,
Pickel als Stützhilfe.

Handwechsel
am Pickel.

Nachsetzen des Fußes
in die neue Richtung,
Pickel herausziehen.

Unter einer *Wende bergwärts* versteht man das Gehen einer Kurve hangaufwärts unter Beibehaltung von hüftbreiter und V-förmiger Bein- bzw. Fußstellung. Die kurzzeitig größeren Anstiegswinkel im Bereich der Kurven müssen durch stärkere Ausgleichsarbeit in den Knie- und Fußgelenken aufgefangen werden. In Steilheiten, wo dies nicht mehr leicht möglich ist, wird mit einer Wende talwärts die Anstiegsrichtung geändert.

Bildfolge: Wende bergwärts.

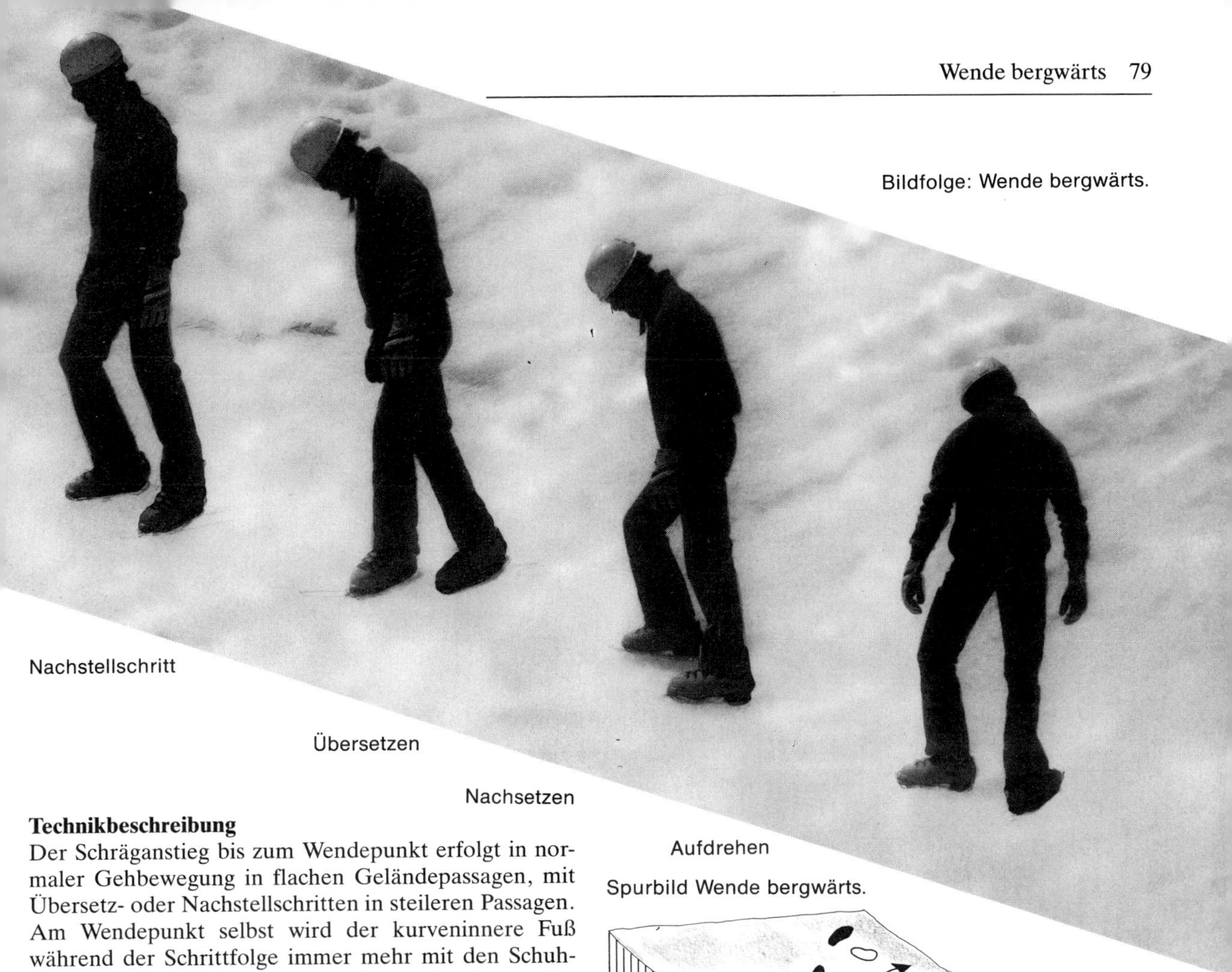

Technikbeschreibung

Der Schräganstieg bis zum Wendepunkt erfolgt in normaler Gehbewegung in flachen Geländepassagen, mit Übersetz- oder Nachstellschritten in steileren Passagen. Am Wendepunkt selbst wird der kurveninnere Fuß während der Schrittfolge immer mehr mit den Schuhspitzen in die neue Richtung gedreht. Der kurvenäußere Fuß folgt schrittversetzt diesen Drehungen. Im flacheren Anstiegsbereich ergibt sich so ein größerer Kurvenbogen. In steilerem Gelände und Anstiegen mit Übersetz- oder Nachstellschritten belastet man am Wendepunkt deutlich das kurvenäußere Bein, man lehnt sich etwas aus der Kurve und setzt das unbelastete, kurveninnere Bein in die neue Anstiegsrichtung. Ist dies erfolgt, wechselt die Belastung zum kurveninneren Bein, und das äußere wird bergaufwärts in eine stabile V-Position nachgesetzt.

Der Gebrauch von Skistöcken oder eines Eispickels als Stütze während des Belastungswechsels am Kurvenpunkt ist sehr hilfreich.

Spurbild Wende bergwärts.

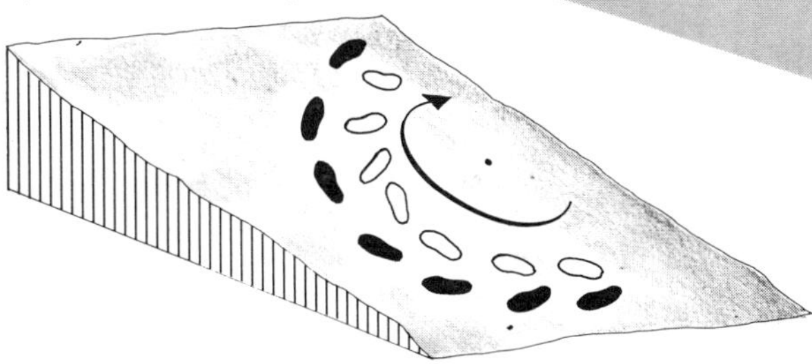

Beachte:
Im Bereich der Wende auf deutlich hüftbreite Beinstellung und V-Position der Füße achten. Dadurch soll ein Verhängen der Steigeisen an den Gamaschen vermieden und gleichzeitig eine gute Standfläche erreicht werden.

Wende talwärts

Die *Wende talwärts* ist die geeignete Form der Richtungsänderung für steilere Geländepassagen. Beim Wenden hat man die Drehachse praktisch im Rücken, der Blick wandert beim Drehen über das Tal.
Diese Technik des Drehens vom Berg weg wird durch die Geländesteilheit nicht eingeschränkt.
Oberkörper, Hüfte, Knie- und Fußgelenke haben die nötige Bewegungsfreiheit, um stabile Gleichgewichtspositionen herstellen zu können. Geeignete Pickeltechniken erleichtern und stabilisieren zusätzlich.

Technikbeschreibung

Bis einen Schritt vor dem gewünschten Wendepunkt geht man in Vertikalzackentechnik mit Übersetz- oder Nachstellschritten in bekannter Ablauffolge. Beim letzten Übersetz- oder Nachstellschritt achtet man schon darauf, daß die Fußspitzen deutlich talwärts zeigen. In dieser Stellung erfolgt ein vollständiger Belastungswechsel zum vorderen, bergseitigen Bein.
Jetzt Aufdrehen der Körpervorderseite (Drehachse im Rücken, Blick talwärts) gegen die bisherige Anstiegsrichtung, verbunden mit einem Rück-Hochsetzen des unbelasteten Beines (Ferse zieht unter dem Körper vorbei nach hinten oben). Aufsetzen und Belasten des Fußes und aller Vertikalzacken des Steigeisens *in deutlicher V-Position.* Gleichzeitig drückt man die Knie etwas nach außen *(»Charly-Chaplin-Stand«)* und beugt den Oberkörper nach vorne, um sicher im Gleichgewicht zu stehen. Jetzt erfolgt Belastungswechsel zum eben gedrehten Bein und Nachsetzen des anderen Beines in die neue Anstiegsrichtung. Anschließend wieder Übersetz- oder Nachstellschritte in neuer Gehrichtung bis zur nächsten Richtungsänderung.

Der Stütz- oder Seitstützpickel wird zur Gehbewegung im Dreiertakt koordiniert. Erst immer Pickeleinsatz, dann talseitiges und bergseitiges Bein. Der Pickelwechsel zur bergseitigen Hand nach der Wende erfolgt in der stabilen V-Position *(»Charly-Chaplin-Stand«)* der Wende.

Die stabile V-Position beim Drehen mit Wende talwärts wird zum Wechsel des Pickels in die andere Hand ausgenützt.

Der Pickel wird dann in der neuen Anstiegsrichtung eingesetzt. Ein Belastungswechsel kann folgen.

Belastungswechsel

Rück-Hochsetzen
des Talbeines
in stabile V-Position.

Nachstellschritt

Spurbild

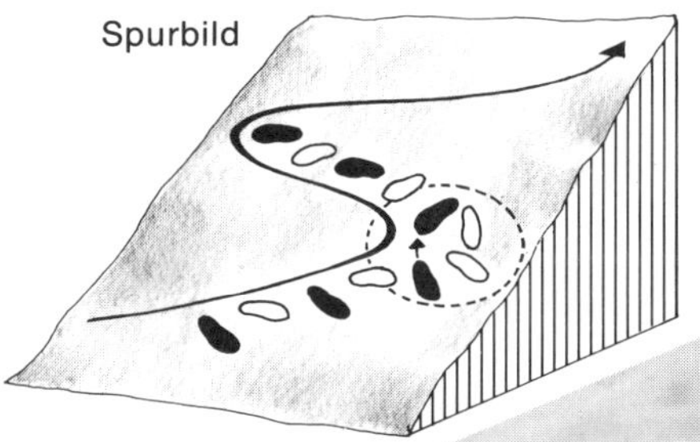

Übersetz-
schritt

Übersetzschritt,
Bergfuß und im Nach-
stellschritt auch der andere
Fuß werden stark talwärts gedreht.

Belastungswechsel.

Ausgangsstellung

Bildfolge:
Wende talwärts.

Seitstützpickel

In steilerem Gelände, in dem man die Stützpickeltechnik nicht mehr ausführen kann, verwendet man die Seitstützpickeltechnik. Kombiniert mit der Vertikalzackentechnik läßt sie sich sehr gut bei Schräganstiegen und Querungen anwenden.

Pickelhaltung

Der Pickel wird quer vor dem Körper gehalten (vgl. Abb.). Die Pickelspitze (Dorn) zeigt zur Eisfläche. Die bergseitige Hand hält den Pickelschaft kurz oberhalb des Dornes fest umschlossen. Die andere Hand umgreift den Pickelkopf. Die Haue des Pickels zeigt in Anstiegsrichtung nach vorne. Bei hartem Eis und Absturzgefahr kann man die Haue zur Vorbereitung des Rettungsgriffes auch zum Körper richten.

Technikbeschreibung
Das grundsätzliche Ablaufmuster entspricht wieder dem Dreiertakt: Pickeleinsatz-Fuß-Fuß-Pickel usw. In schwierigen Situationen kann die Folge auch Pickel-Fuß-Pickel-Fuß usw. sein. Zuerst wird der Pickel etwas unterhalb Hüfthöhe seitlich fest in das Eis gerammt. Pickelschaft und Eisoberfläche sollen etwa einen Winkel von 90° bilden. Die bergseitige Hand stützt man möglichst nahe am Eis auf den Pickelschaft. Die Hand am Pickelkopf stabilisiert die Lage des Pickels. Trotz dieser Stützposition soll der Hauptdruck weiter auf den Vertikalzacken der Steigeisen ruhen. Der zum Übersetzen des Fußes notwendige Belastungswechsel wird durch ein Verschieben des Körperschwerpunkts bergwärts entlang der Pickelachse erreicht. Das so entlastete Talbein wird mit einem Übersetzschritt nach vorne oben gesetzt. Die Schuhspitze bzw. die Frontalzacken zeigen deutlich talwärts. Mit dem Belastungswechsel zum vorderen Bein, der alle Vertikalzacken eindrückt, bereitet man den Nachstellschritt vor, der die Schrittfolge abschließt. Anschließend, evtl. auch nach einer kurzen Pause, beginnt der Ablauf von vorne.

Ausbildungsschwerpunkte
- Pickelhaltung.
- Einrammen des Pickels.
- Stützposition der Arme.
- Bewegungskoordination Vertikalzackentechnik und Pickeleinsatz bei Aufstiegen, Querungen und Abstiegen.

Seitstützpickeltechnik,
Ablauffolge in der Draufsicht. ▶

Vertikalzackentechnik mit Übersetzschritten und Seitstützpickeltechnik im schrägen Anstieg. Ablauffolge von vorne gesehen.
▼

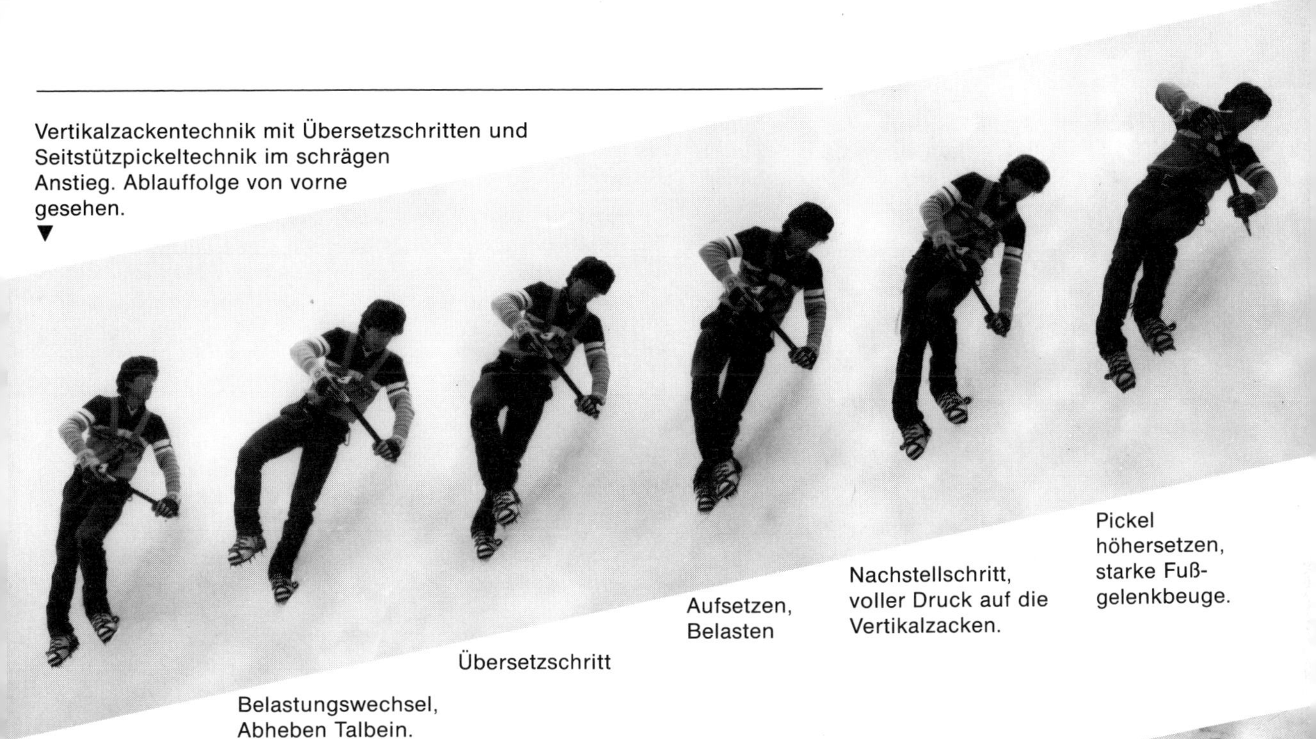

Ausgangsstellung Seitstützpickeltechnik.

Belastungswechsel, Abheben Talbein.

Übersetzschritt

Aufsetzen, Belasten

Nachstellschritt, voller Druck auf die Vertikalzacken.

Pickel höhersetzen, starke Fußgelenkbeuge.

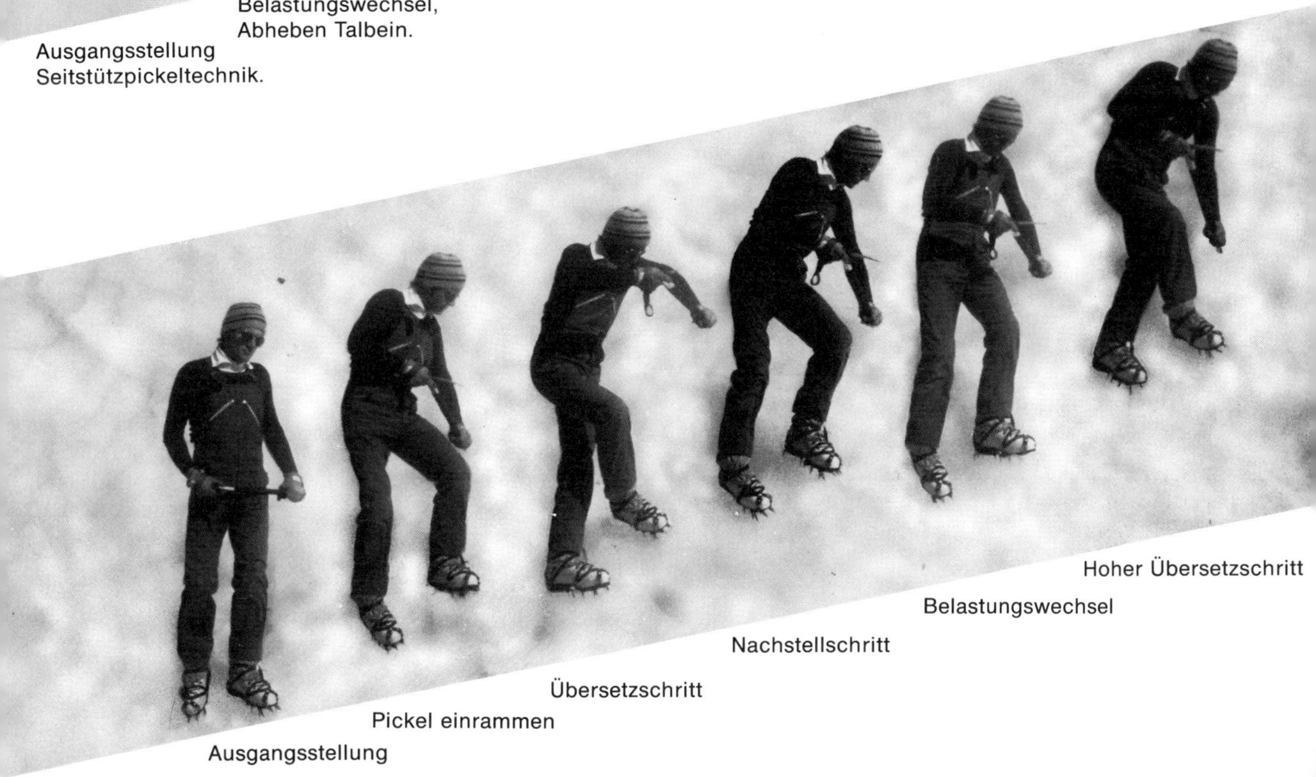

Ausgangsstellung

Pickel einrammen

Übersetzschritt

Nachstellschritt

Belastungswechsel

Hoher Übersetzschritt

Rückhand-Schaftzugpickeltechnik kombinieren zur Vertikalzackentechnik mit Übersetzschritten.

Ausbildungsschwerpunkte

- Griffhaltung.
- Kraftvolle Ausführung des Schlagschwunges.
- Bewegungskoordination Pickeleinsatz und Vertikalzacken-Schrittfolge bei Schräganstiegen und Querungen.
- Einbau einer zusätzlichen Kopfzughilfe mit der bergseitigen Hand in der Vorhand-Schlagtechnik zum besseren Halt beim Übersetz- und Nachstellschritt.

Schaftzugpickeltechniken zur Vertikalzackentechnik

Steilere, kurze Eispassagen lassen sich gut und kraftsparend aufsteigend oder querend bewältigen, wenn man die Vertikalzackentechnik mit *Schaftzugpickeltechniken* kombiniert.

Bei nachstehend beschriebenen *zwei Techniken* dient der Pickel als Gleichgewichts- und Zughilfe. Je nach schlagführendem Arm werden diese beiden Techniken unterschieden. Schlägt man mit dem talseitigen Arm, bezeichnet man dies als Vorhand-Schlagtechnik. Führt man den Schlag mit dem bergseitigen Arm aus, spricht man von einer Rückhand-Schlagtechnik. Beide Techniken erfordern eine gute, sichere Vertikalzackentechnik und ein ausgeprägtes Gleichgewichtsgefühl.

Vorhand-Schlagtechnik

Pickelhaltung

Der Pickel wird mit der talseitigen Hand am Schaftende, kurz oberhalb des Dornes, fest umklammert. Damit der Pickel nicht verloren werden kann, schlüpft man mit der Hand vorher durch die an ihm befestigte Schlaufe, die so angepaßt sein muß, daß sie den Schlagschwung nicht hemmt, trotzdem aber eng und fest sitzt. Die Haue des Pickels ist nach vorne gerichtet. Das Tragen von Handschuhen ist zu dieser Schlagtechnik unbedingt empfehlenswert, um die Fingerknöchel zu schützen.

Technikbeschreibung

Ausgangsstellung ist eine V-Position der Füße, die den Einsatz möglichst aller Vertikalzacken, je nach Steilheit des Geländes, erlaubt. Auf den Vertikalzacken der Steigeisen lastet das gesamte Körpergewicht, der Eisenhalt ist dadurch optimal. Die bergseitige Hand kann den Körper gegen die Eisflanke abstützen, um ihn beim Schlagschwung im Gleichgewicht zu halten. In dieser Ausgangsposition führt man den Pickelkopf über die talseitige Schulter zur Ausholbewegung ruhig nach hinten. Die Ellbogenspitze wird dabei bis in Schulterhöhe angehoben. Mit kräftigem Schwung schlägt man den Pickel diagonal vorne oberhalb der Bergschulter, etwa in Kopfhöhe mit der Haue ins Eis ein.

Der Pickel wird nach dem Einschlagen am Schaft auf Zug belastet. Unterstützt durch den Schaftzug wechselt das Körpergewicht auf das bergseitige Bein, um das talseitige Bein für den Übersetzschritt zu entlasten. Um eine bessere Stütz- und Zughilfe zu bekommen, greift man dann mit der bergseitigen Hand zum Pickelkopf. Das talseitige, entlastete Bein führt nun den Übersetzschritt aus. Das übergesetzte Bein wird sofort mit dem gesamten Körpergewicht belastet, um das bergseitige Bein zu entlasten. In dieser Position spürt man den Wert des Pickels als Zug- und Stabilisierungshilfe sehr deutlich. Das bergseitige Bein wird hinter dem talseitigen nachgestellt (Nachstellschritt). Die Ausgangsposition ist wieder erreicht. Das Körpergewicht lastet erneut auf den Vertikalzacken beider Steigeisen. Eine stabile Standposition nützt man zum Lösen des Pickels aus dem Eis. Mit der Ausholbewegung zum nächsten Schlag beginnt der Ablauf von vorne.

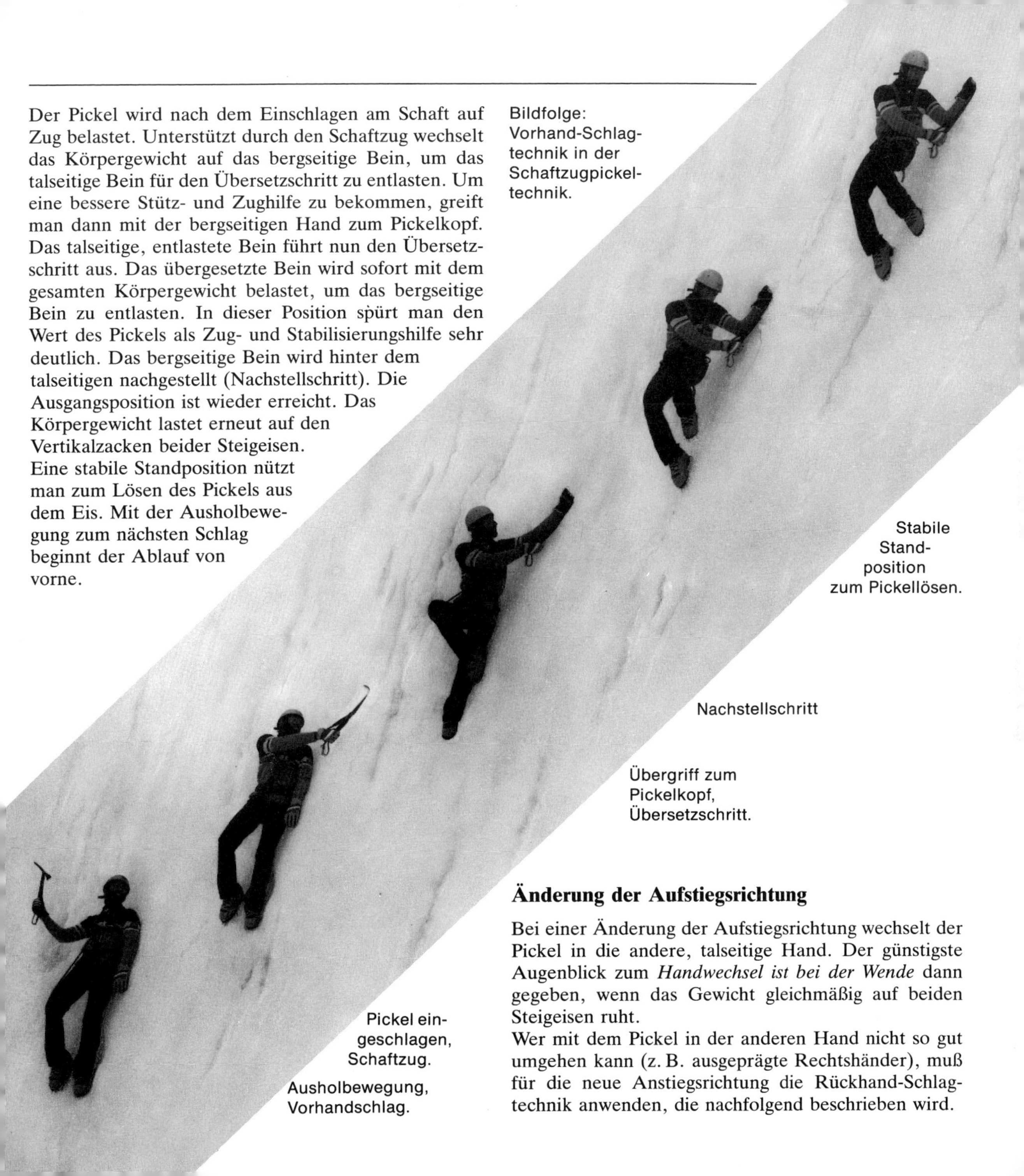

Bildfolge: Vorhand-Schlagtechnik in der Schaftzugpickeltechnik.

Ausholbewegung, Vorhandschlag.

Pickel eingeschlagen, Schaftzug.

Übergriff zum Pickelkopf, Übersetzschritt.

Nachstellschritt

Stabile Standposition zum Pickellösen.

Änderung der Aufstiegsrichtung

Bei einer Änderung der Aufstiegsrichtung wechselt der Pickel in die andere, talseitige Hand. Der günstigste Augenblick zum *Handwechsel ist bei der Wende* dann gegeben, wenn das Gewicht gleichmäßig auf beiden Steigeisen ruht.
Wer mit dem Pickel in der anderen Hand nicht so gut umgehen kann (z. B. ausgeprägte Rechtshänder), muß für die neue Anstiegsrichtung die Rückhand-Schlagtechnik anwenden, die nachfolgend beschrieben wird.

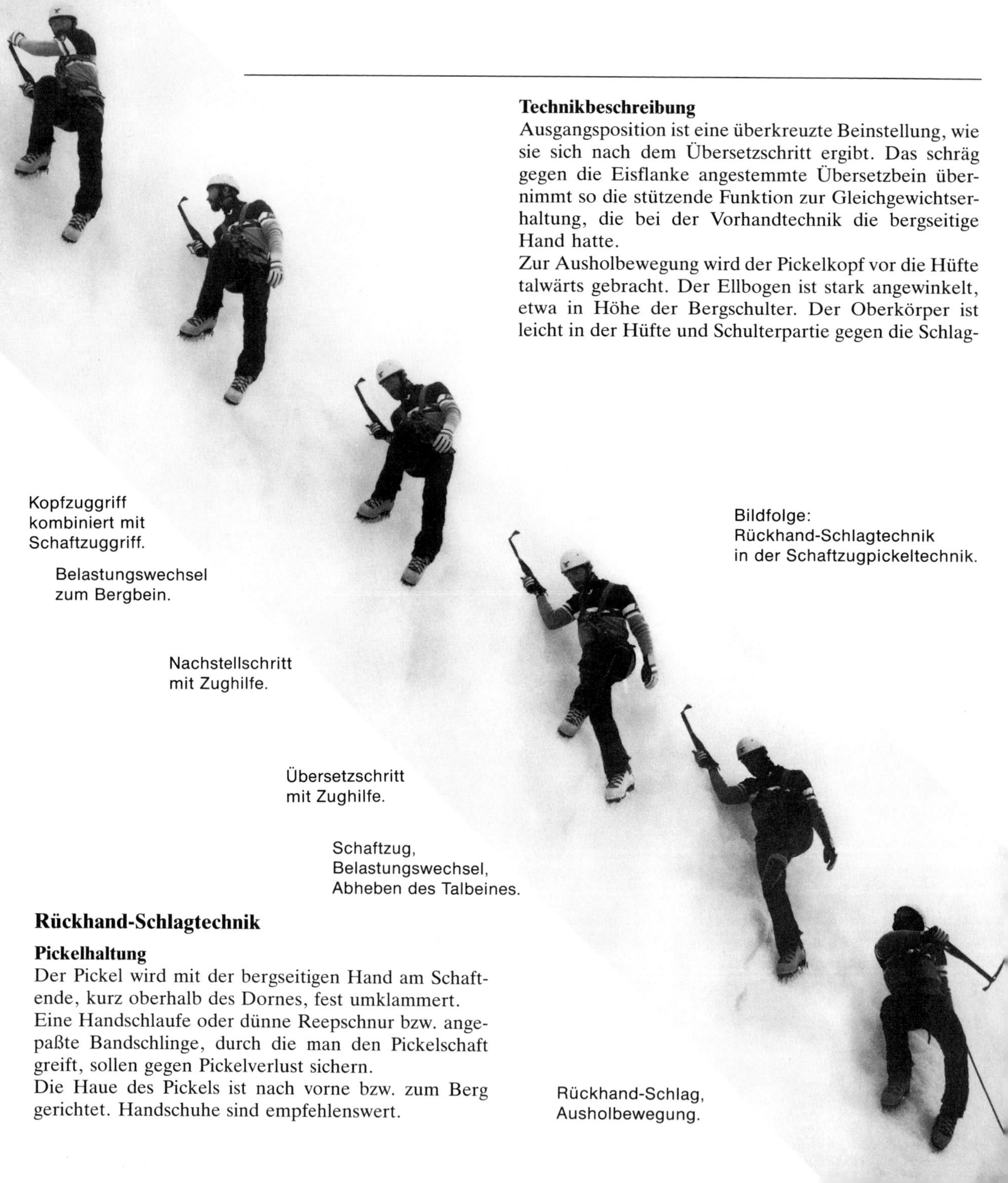

Bildfolge:
Rückhand-Schlagtechnik
in der Schaftzugpickeltechnik.

Kopfzuggriff
kombiniert mit
Schaftzuggriff.

Belastungswechsel
zum Bergbein.

Nachstellschritt
mit Zughilfe.

Übersetzschritt
mit Zughilfe.

Schaftzug,
Belastungswechsel,
Abheben des Talbeines.

Rückhand-Schlag,
Ausholbewegung.

Rückhand-Schlagtechnik

Pickelhaltung

Der Pickel wird mit der bergseitigen Hand am Schaftende, kurz oberhalb des Dornes, fest umklammert. Eine Handschlaufe oder dünne Reepschnur bzw. angepaßte Bandschlinge, durch die man den Pickelschaft greift, sollen gegen Pickelverlust sichern.
Die Haue des Pickels ist nach vorne bzw. zum Berg gerichtet. Handschuhe sind empfehlenswert.

Technikbeschreibung

Ausgangsposition ist eine überkreuzte Beinstellung, wie sie sich nach dem Übersetzschritt ergibt. Das schräg gegen die Eisflanke angestemmte Übersetzbein übernimmt so die stützende Funktion zur Gleichgewichtserhaltung, die bei der Vorhandtechnik die bergseitige Hand hatte.
Zur Ausholbewegung wird der Pickelkopf vor die Hüfte talwärts gebracht. Der Ellbogen ist stark angewinkelt, etwa in Höhe der Bergschulter. Der Oberkörper ist leicht in der Hüfte und Schulterpartie gegen die Schlag-

Rückhand-Schaftzugpickeltechnik, die sich auch für Querungen gut eignet.

richtung gedreht. So werden der Schlagweg verlängert und die Schlagwucht durch den Oberkörpereinsatz vergrößert.
Nach der Ausholbewegung schlägt man die Pickelhaue mit kräftigem kreisbogenförmigen Armschwung hoch vorne oben ein. *Die Schlagbewegung ähnelt der eines Rückhand-Überkopfballes beim Tennis.*
Der Einschlagpunkt für die Haue sollte in schräger Verlängerung der Schulterachse sein, um eine günstige Zugrichtung zu haben. Zur Schlagbewegung des Bergarmes führt der Talarm einen leichten Gegenschwung aus, um das Gleichgewicht über den Vertikalzacken zu halten.
Der eingeschlagene Pickel wird dann mit der bergseitigen Hand auf Zug belastet, gleichzeitig wechselt die Belastung auf die Vertikalzacken des überkreuzten Beines.
Das talseitige, hintere Bein wird völlig entlastet. Unterstützt durch ein Ziehen am Pickelschaft streckt man das überkreuzte Standbein jetzt durch.
Das entlastete Talbein wird bergseitig nach vorne oben in die bekannte V-Position nachgestellt, bei der beide Frontalzackenpaare talwärts zeigen. Beide Beine werden wieder kurzzeitig gleichmäßig belastet. Die Hand am Pickelschaft bietet unter leichtem Zug als dritter Punkt einen sicheren Stand.
Zur Vorbereitung des nächsten Schlages erfolgt wieder ein Belastungswechsel unter Zughilfe am Pickel sowie der Übersetzschritt. Unter gleichmäßiger Belastung aller Vertikalzacken ruht jetzt das Körpergewicht nur auf den Steigeisen; man kann den Pickel aus dem Eis lösen und zum nächsten Schlag ausholen.

Beachte:
Beim Üben der Schaftzugtechniken zur Vertikalzackentechnik geeignete Sicherungsformen einsetzen (Seil) bzw. das Gelände so optimal wählen, daß Ausrutscher nicht gefährlich werden können.

Grundstufe Eis

5. Ausbildungsabschnitt: Steigeisen- und Pickeltechniken zur Querung mittelsteiler und steiler Gletscher- bzw. Eispassagen

- □ Querung in Vertikalzackentechnik mit Seit-Nachstellschritten und Stützpickeltechnik.
- □ Querung in Vertikalzackentechnik und Seit-Nachstellschritten sowie Seitstützpickeltechnik.

Querungen sind bei An- und Abstiegen im Gletschergelände immer wieder nötig. Manchmal können nur so bessere Eiszonen erreicht, ein besserer Weg gefunden oder unvermutete Hindernisse umgangen werden. In vielen Fällen gilt es auch, durch eine schnelle Querung gefährdete Stein- oder Eisschlagzonen zu verlassen.
Im flachen bis mittelsteilen Gelände können die bereits bekannten Vertikalzackentechnik und die entsprechenden Pickelhilfen gut eingesetzt werden. Übersetz- und Nachstellschritte, kombiniert zur Stützpickeltechnik, eignen sich hier in der Regel gut.
Im steileren Gelände verzichtet man aus Stabilitäts- und Gleichgewichtsgründen meist auf Übersetzschritte und quert mit Nachstellschritten. Die Seitstützpickeltechnik ist in diesem Fall zweckmäßig.

Ausbildungsschwerpunkte

- Trittfolge, Beinabstand und Fußposition beim Queren mit Nachstellschritten, zunächst ohne Pickelhilfe.
- Ausbilden des richtigen Körperlageempfindens durch Übungsaufgaben zur Körperschwerpunkts- und Gleichgewichtslage.
- Erarbeiten und Schulen der zweckmäßigen Pickelgebrauchsformen zum Queren in mittelsteilem und steilem Gelände.
- Schulung der Bewegungskoordination, Dreiertakt.

Querung in Vertikalzackentechnik mit Seit-Nachstellschritten und Stützpickeltechnik

Diese Technik eignet sich für mittelsteiles und steileres Gelände. Dabei wird ein Überkreuzen der Beine vermieden, was zu Unsicherheiten führen könnte.

Technikbeschreibung
Ausgangsstellung ist eine mehr als hüftbreite Beinstellung. Der Rücken ist der Eisfläche zugewandt. Die Fußflächen sind in V-förmiger Position aufgesetzt, um die größtmögliche Standfläche zu erreichen. Sprung-, Kniegelenk und Oberkörper sind so nach vorne gebeugt, daß der gesamte Gewichtsdruck gleichmäßig auf die Vertikalzacken der Steigeisen trifft. Die in Quergangsrichtung weisende Hand hält den Pickel zum Stütz. Die *Haue des Pickels* ist je nach Oberflächenhärte (Rettungsgriff, vgl. Seite 30) *bei hartem Eis bergwärts* und *bei weicher Oberfläche talwärts* gerichtet.
Der Ablauf von Pickel-/Arm- und Steigeisen-/Bein-Bewegungen entspricht dem bekannten Dreiertakt:

- Zunächst setzt man den Pickel so weit in Querungsrichtung zur Seite, daß man sich noch gut darauf stützen kann.
- Mit einem Belastungswechsel seitlich zum Pickel und pickelnahen Bein wird das pickelferne Bein entlastet.
- Das entlastete Bein stellt man auf Handbreite zum pickelnahen Bein und belastet es wieder so, daß die Vertikalzacken spürbar eindringen.
- Jetzt kann das pickelnähere Bein entlastet und zum Pickel nachgesetzt werden.
  Eine stabile V-Position in der Fußstellung ist wieder erreicht.
- Der Pickel wird herausgenommen, versetzt, die nächste Trittfolge kann beginnen.

Querung in Stützpickeltechnik mit Seit-Nachstellschritten.

Querung in Vertikalzackentechnik mit Seit-Nachstellschritten und Seitstützpickeltechnik

Das Queren mit *Seitstützpickeltechnik und Nachstellschritten* ermöglicht durch die tiefere Körperschwerpunktslage ein Queren in steilem Gelände. Für das Gleichgewicht und die Stabilität riskante Momente werden durch das Queren mit Nachstellschritten weitgehend ausgeschaltet.
Der Vorteil dieser Technik liegt darin, daß sie für die Muskulatur sehr kraftsparend ist, im Vergleich zu einer Querung in Frontalzackentechnik (vgl. Seite 105). Ihr Nachteil liegt im psychischen Bereich. Diese Problematik beobachtet man vor allem bei unerfahrenen Eisgehern, denen der ständige Tiefblick in dieser Steilheit ungewohnt ist.

Technikbeschreibung
Die Ausgangsstellung, bezüglich der Beinweite, ist wie beim Queren in Stützpickeltechnik. Es ändert sich die Form des Pickeleinsatzes als Seitstützpickel, der in günstiger Weite neben dem Körper, etwas über Hüfthöhe, in Querungsrichtung seitlich fest eingerammt wird (vgl. Abb. Seitstützpickeltechnik, Seite 83).
Die Beugung in Sprung-, Knie- und Hüftgelenken ist wesentlich stärker als bei der Stützpickeltechnik. Grund dafür ist eine angestrebte möglichst tiefe Körperschwerpunktslage. Die Bewegungsfolge geschieht wiederum im bekannten Dreiertakt: *erst Pickeleinsatz, dann Nachsetzen Fuß, Fuß.*

Querung in Seitstützpickeltechnik mit Seit-Nachstellschritten. Nachsetzen des pickelfernen Beines in Handbreite zum anderen Bein.

Grundstufe Eis

6. Ausbildungsabschnitt: Steigeisen- und Pickeltechniken zum Abstieg in mittelsteilen und steilen Gletscher- bzw. Eispassagen

- ☐ Direkter Abstieg in Vertikalzackentechnik.
- ☐ Direkter Abstieg in Vertikalzackentechnik und Stützpickeltechnik.
- ☐ Direkter Abstieg in Vertikalzackentechnik und Seitstützpickeltechnik.
- ☐ Direkter Abstieg in Vertikalzackentechnik und Geländerpickeltechnik.

Das Absteigen im mittelsteilen und steilen Eis in Vertikalzackentechnik stellt hohe physische und psychische Anforderungen. Auf Tour – Unfallstatistiken beweisen das – entstehen oft kritische Situationen durch Übermüdung und Nachlassen der Konzentration im Abstieg. Im Bereich der Ausbildung und der Eigenschulung gilt es daher, nachfolgende Techniken *intensiv* zu schulen bzw. zu üben.

Direkter Abstieg in Vertikalzackentechnik mit Stützpickel

In mittelsteilen und steilen Eisflanken steigt man in Vertikalzackentechnik direkt in Fallinie ab. Der Eispikkel wird dabei stützend eingesetzt.

Technikbeschreibung
Ausgangsstellung ist mit dem Rücken zur Eisfläche, der Blick in Fallinie talwärts.
Die Beine sind etwas mehr als hüftbreit in V-förmiger Fußstellung aufgesetzt.
Der Pickel wird beliebig entweder rechts oder links mit einer Hand im Stützgriff am Pickelkopf gefaßt.
Im bekannten Dreiertakt setzt man zuerst den Pickel seitlich vor dem Körper nach unten, stützt sich darauf und vollzieht dabei einen Belastungswechsel, um das pickelferne Bein zu entlasten.
Das entlastete Bein setzt man im zweiten Takt in kurzer Schrittlänge, möglichst alle Vertikalzacken des Steigeisens gleichzeitig belastend, auf.
Nach einem erneuten Belastungswechsel, der das pikkelnahe Bein entlastet, folgt das Nachstellen dieses Beines in Takt drei. In dieser stabilen V-Position kann der Pickel wieder vom Eis gehoben und zum nächsten Stütz nach unten gesetzt werden. Ein ausgeprägtes Beugen in den Sprung- und Kniegelenken sowie ein elastisches Aufsetzen und Belasten der Vertikalzacken mit guter Vorbeuge im Oberkörper garantieren einen optimalen Eisenhalt.

Gruppe im direkten Abstieg in Vertikalzackentechnik mit Stützpickel. Keiner bewegt sich in der Fallinie des anderen, jeder geht seine eigene Spur. Zwischendurch die Steigeisen durch Abklopfen immer wieder von Schneestollen befreien.

Direkter Abstieg in Vertikalzackentechnik mit Seitstützpickel

Diese Technik eignet sich *sehr gut für steile Abstiege* in Fallinie. Ihre Vorteile liegen in der tiefen Körperschwerpunktslage und dem guten Stütz auf den Pickel. Allerdings setzt diese Technik eine gute Belastbarkeit der Knie- und Fußgelenke voraus.

Ausbildungsschwerpunkte

- Kraftvolles Einsetzen bzw. Einrammen des Eispickels zum Seitstütz während des direkten Abstiegs.
- Taloffene Oberkörpereinstellung in der Bewegungsfolge.
- Stabilisierende Bein- und Fußstellungen zu Beginn, in der Trittfolge und in Zwischen- bzw. Erholungsphasen.
- Körpereinstellung zum Lösen des Pickels aus dem Stütz zum nächsten Einrammen.
- Dreiertakt in der Bewegungsfolge: Seitstützpickel einrammen – Tritt – Tritt – Pickel herausnehmen – Pickel einrammen usw.

Technikbeschreibung

Ausgangsstellung ist mit dem Rücken bergwärts, in der gewählten direkten Abstiegslinie. Die Beine sind dabei etwas mehr als hüftbreit auseinander. Die Fuß- bzw. Steigeisenstellung ist V-förmig geöffnet. Fuß-, Knie- und Hüftgelenke sind stark gebeugt. Pickeleinsätze und Trittfolgen laufen normalerweise im bekannten Dreiertakt ab, in günstigen Fällen kann man auch noch zwei

Direkter Abstieg in Vertikalzackentechnik mit Seitstützpickel (von oben nach unten):

1 Ausgangsstellung mehr als hüftbreit, Fußstellung V-förmig

2 Seitstützpickel eingerammt, tiefe Körperschwerpunktslage.

3 Belastungswechsel, Abheben und Nach-unten-Setzen des Beines.

4 Belastungswechsel zum anderen Bein und nächster Schritt.

Tritte mehr nach unten machen, ehe man den Pickel wieder herauszieht und neu einrammt. Hier nun die Beschreibung passend zur Bildfolge: Ausgangsstellung mit oben erwähnten Kriterien. Seitliches, körpernahes Einrammen des Pickels etwa in Gesäßhöhe. Pickelnahes Bein entlasten durch Stütz auf den Pickel, der hier die Stützfunktion des zweiten Beines übernimmt. Das jetzt unbelastete Bein von der Unterlage abheben und in kurzer Schrittlänge (etwa Schuhlänge) nach unten setzen und belasten. Jetzt liegt das gesamte Körpergewicht auf Pickel und pickelnäherem Bein, und das pikkelferne Bein kann ebenfalls abgehoben und nach unten gesetzt werden. Belastungswechsel auf dieses Bein und erneutes Abheben des pickelnahen Beines. Nachstellen dieses Beines in Höhe des anderen in eine stabile, V-förmige Standposition.
Verlagern des Körperschwerpunkts durch ein seitliches Verschieben, so, daß das gesamte Körpergewicht wieder auf den Vertikalzacken der Steigeisen ruht. Jetzt ist der Pickel entlastet, man nimmt ihn heraus und rammt ihn für die nächste Trittfolge ins Eis.

Seitstützpickeltechnik im direkten Abstieg. Nach-unten-Setzen des entlasteten Beines.

Direkter Abstieg in Vertikalzackentechnik mit Geländerpickel

Die Anwendung des Geländerpickels ist immer angebracht, wenn kurze steilere Passage im direkten Abstieg überwunden werden müssen. Da sehr viel bei dieser Technik in Hockposition gearbeitet wird, sind gute Beweglichkeit in Sprung- und Kniegelenken sowie große Beinkraft notwendig.

Ausbildungsschwerpunkte
- Pickelgriffhaltung.
- Schlagtechnik.
- Körperposition beim Schlagen.
- Geländergriffolge beim Abwärtsgehen.
- Körperposition und Vertikalzackentechnik beim Abstieg.
- Lösen der Pickelhaue.
- Vorbereitung des nächsten Schlages.

Pickelhaltung

Mit einer Hand wird der Pickelschaft kurz oberhalb des Dornes fest umklammert. Die Pickelhaue ist zum Boden gerichtet. Der Griff durch Sicherungsschlaufen bewahrt vor Pickelverlust, darf aber den Pickelschwung nicht hemmen. *Handschuhe sind empfehlenswert.*

Technikbeschreibung
In direkter Abstiegsrichtung ist die Ausgangsstellung eine hüftbreite, V-förmige Beinposition. Alle Vertikalzacken sind dabei gleichmäßig belastet. Um die Reichweite zu vergrößern, geht man zum Schlagen tief in die Hocke. Außerdem ist in dieser tiefen Stellung das Gleichgewicht beim Schlag besser zu halten.
Zum Schlag holt man in bekannter Weise aus, schwingt dann den Pickel über dem Kopf nach vorne und schlägt die Haue möglichst weit unten in Abstiegsrichtung ein. Vor dem Auftreffen der Haue im Eis ist darauf zu achten, daß der Pickel fest in der Hand liegt, um die Schlagwirkung zu erhöhen. Auch einseitiges Abdrehen oder gar ein Pickelverlust wird dadurch vermieden.
Sitzt die Haue gut im Eis fest, steht man etwas aus der tiefen Hocke auf und zieht bei langem Arm den Schaft

des Pickels vertikal nach oben. So spürt man sofort eine stützende Zughilfe, die außerdem die Haue noch besser verkeilt.
Unter Beibehaltung der Zugspannung setzt man die Schritte in Vertikalzackentechnik nach unten, die Hand am »Pickelgeländer« wandert nach vorne zum Pickelkopf. Der Pickelkopf wird noch passiert, bis die Armlänge gerade noch ausreicht, um den Pickel herauszuheben. Dazu geht man wieder tiefer in die Hocke.
Der Pickel wird dann aus dem Eis gelöst und für die nächste Passage eingeschlagen.

Die Hand benützt den Pickelschaft als Geländer.

Pickel einschlagen, Schaftgriff.

Leichtes Anheben des Pickelschaftes. Haue hält besser zum Abwärtsgehen.

Pickel als Geländer. Hand wandert mit der Schrittfolge am Schaft nach unten.

Man nützt die Geländerhilfe aus so lange es geht, hebelt den Pickel wieder heraus und schlägt ihn erneut ein.

Bildfolge: Geländerpickeltechnik im direkten Abstieg.

Methodische Überlegungen zum Lehren und Lernen der Vertikalzackentechnik für Aufstiege, Querungen, Abstiege in mittelsteilem und steilem Gelände

Die elementaren Schulungsinhalte zum Gehen in Vertikalzackentechnik (vgl. Methodik, Seite 62) müssen auch für den Eisgeher um einige Techniken erweitert werden. Nur so ist er in der Lage, auch mittelsteiles und steiles Gelände sicher zu bewältigen. Für den Eiskletterer bildet eine ausgefeilte Vertikalzackentechnik wesentliche Erleichterung in vielen Situationen. Die beim Eisklettern meist überstrapazierte Wadenmuskulatur kann über den Vertikalzackeneinsatz kraftsparend entspannt werden. Wie in den Technikkapiteln beschrieben, werden steilere Passagen im Schräganstieg begangen, wo notwendig auch mit Richtungsänderungen, um beide Beine gleichmäßig zu belasten (Serpentinen). Den flüssigsten Bewegungsablauf erreicht man dabei mit Übersetzschritten, die allerdings eine kontrollierte Bewegungsführung verlangen und deshalb auch in der Ausbildung intensiv geschult werden müssen. Ergänzend dazu sollte auch die Nachstellschritt-Technik erlernt und geübt werden, weil sie oft in schwierigen Passagen die einzige Möglichkeit ist, unsichere Gleichgewichtslagen zu vermeiden.

Der methodische Grundraster für Vertikalzackentechnik in mittelsteilem und steilem Gelände

- Ganzheitliches Vorgehen, Bewegungsabläufe sollen zusammenhängend erhalten bleiben.
- Erster Schwerpunkt: Übersetztechnik in leichtem, mittelsteilem Gelände ohne Hilfsgerät.
- Richtungsänderungen in Übersetzschrittanstiegen ohne Hilfsgerät.
- Verbesserungsübungen zu diesen Bereichen.
- Zweiter Schwerpunkt: Übersetztechnik kombiniert zu Eispickelhilfen mit Anwendungsformen auch im steileren Gelände.
- Schulung des Gehrhythmus.
- Verbesserungsübungen zu diesen Bereichen.
- Dritter Schwerpunkt: Nachstellschritte in steilem Gelände, ohne und mit Eispickelhilfe üben.

Übungsgelände

Zu den ersten Schulungsschwerpunkten ist *ebenes, mittelsteiles* Gelände zu suchen. Aufstiege sollten mit Richtungsänderung gut möglich sein. Ein Absteigen im gleichen Gelände (Umlaufbetrieb) ebenfalls. Schulungsinhalte dieser Vertikalzackentechnik lassen sich auch sehr gut an entsprechend geeigneten Stellen auf Tour einbauen, wenn die Zeitplanung dies erlaubt (Einschalten von Lehrblöcken ins Tourenprogramm). Die Steilheit des Geländes muß der technischen Entwicklung des Eisgehers bzw. Eiskletterers *angepaßt* werden. Das gleiche gilt für den Einsatz des Eispickels als Hilfsgerät zur Erhaltung des Gleichgewichts. Entscheidend bei der Wahl eines steileren Übungsgeländes ist eine *sichere »Auslaufzone«,* um Absturzrisiken zu vermeiden. Für den Ausbilder sollte das Übungsgelände voll einsehbar sein, schon um richtige Anweisungen und Korrekturmaßnahmen treffen zu können. Selbstverständlich ist das Gelände *vor* Übungsbeginn auf

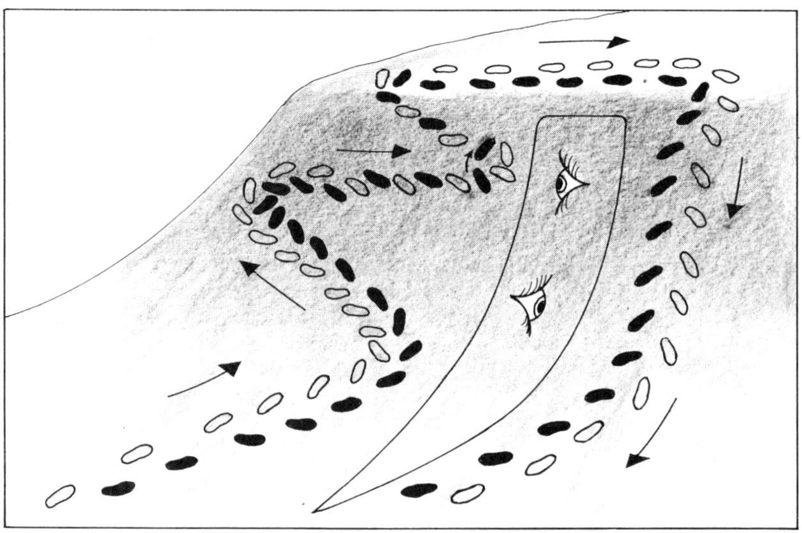

Skizze eines idealen Übungsgeländes: Weiträumiges Gelände, z. B. in einem Eisbruch, das zunehmend aufsteilt. Auf- und Abstiege lassen sich in einem Umlauf verbinden. Standpunkt des Beobachters ideal zwischen Auf- und Abstiegslinie.

Sicherheit bzw. Spaltenfreiheit zu prüfen. Wichtig ist es auch, auf die Oberflächenbeschaffenheit des Eises im Übungsgelände zu achten. Bei morschem, sprödem Eis sollte nicht ständig in der gleichen Anstiegslinie gegangen werden, um immer gutes, noch festes Eis für die Tritte zu haben.

Organisation

Die Organisationsformen müssen bei der Vertikalzackentechnik in steilem Gelände immer auf das Können der Teilnehmer bzw. die Geländeschwierigkeit *abgestimmt* werden. Zu Beginn ist die Form des Umlaufbetriebs sehr günstig. Man kann Aufstieg mit Übersetzschritten gleich mit einem Abstieg in Fallinie verbinden. Der Ausbilder hat die Möglichkeit, jeden einzelnen im Vorbeigehen genau zu beobachten und zu korrigieren, wenn die Gehabstände entsprechend groß gestaltet werden. Ein Gehen in Reihe hinter dem Lehrer empfiehlt sich, wenn es um Spuranlage, Trittfolge und Rhythmisierung geht. Die Demonstration verliert aber an Wert, wenn, so wie hier, alle gleichzeitig gehen und mit sich selbst beschäftigt sind. Kommt es auf eine genaue Demonstration an, stellt man die Gruppe an einem sicheren Ort auf, zeigt ihr die neue Technik und läßt dann jeden wiederholen. Die Gruppenmitglieder beobachten mit dem Lehrer und achten auf bestimmte Kriterien. Im steilen Gelände, vor allem auch dann, wenn mit Pickelhilfen gearbeitet wird, muß man so organisieren (Abstand, Startfolge), *daß kein Teilnehmer den anderen behindern oder gefährden kann.* Vor allem in Fallinie unter einem Übenden sollte sich *nie* eine Person befinden. Vielfach kann man auch bei großflächigem Gelände jedem Teilnehmer einen Abschnitt zuweisen, wo er ungestört üben kann. Der Ausbilder geht in diesem Fall von Gruppe zu Gruppe und gibt Tips.

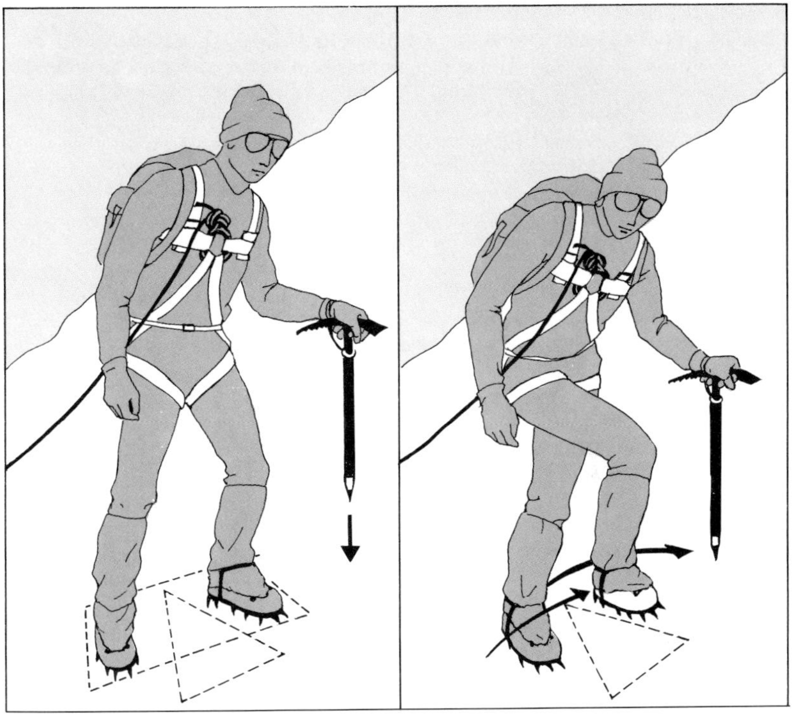

Ausbildungs- und Beobachtungsschwerpunkte zum Gehen mit Übersetzschritten in Vertikalzackentechnik.
Links: Beinweite und V-förmige Fußstellung.
Rechts: Übersetztechnik unter Beibehaltung der idealen Fußstellung.

Sicherungsformen

Im Normallfall wird das Gelände so gewählt, daß *seilfrei* geübt werden kann. Für den Ausbilder ist es dabei wichtig, vor allem wenn es ins steilere Gelände geht, die Schüler genau zu beobachten. Stellt er kleine Unsicherheiten fest, hilft oft schon ein kurz zugerufener Tip.
Beim Üben der Technik im persönlichen Grenzbereich sollten durchaus Seilsicherungsformen angewandt werden (Paare: einer sichert, der andere übt; das Ganze im ständigen Aufgabenwechsel). Sichern von oben oder von unten über eine Umlenkung oben (toprope) bringt die besten Ergebnisse. Auch ein Seilgeländer ermöglicht in vielen Fällen angstfreies Üben.

Lernziel: Vertikalzackeneinsatz und Fußstellung bei Nachstell- und Übersetzschritten

- Schräganstiege mit Nachstellschritten, dabei Schwerpunkt auf bodenparalleles Aufsetzen der Vertikalzacken und Einnehmen einer günstigen Fuß- bzw. Steigeisenstellung (Standfläche, Beweglichkeit in den Fußgelenken).
- Nach jeder Schrittfolge erfolgt ein Stopp und die *Eigenkontrolle* der Fußstellung.

■ Schräganstiege mit Übersetzschritten, Schwerpunkt Übersetzen mit hohem Übertritt über den Rist des Standfußes. Nächster Schwerpunkt bodenparalleles Aufsetzen der Vertikalzacken bei Übersetzschritten unter deutlichem Belastungswechsel. Ein Nachstellschritt in die stabile Standposition bildet den letzten Hauptpunkt.
■ Auch hier nach jeder Schrittfolge Zwischenstopp zur Eigenkontrolle.

Lernziel: Finden der richtigen Körpereinstellungen zur Erhaltung des Gleichgewichts bei Anstiegen, Querungen und Abstiegen in Vertikalzackentechnik
Begründung der Wichtigkeit dieses Lernziels: Körperstellung und Gleichgewichtserhalt stehen in einem unmittelbaren Zusammenhang. Eine Position des stabilen Gleichgewichts ist nur gegeben, wenn das Lot des Körperschwerpunkts auf die Standfläche trifft. Die Standfläche ist dabei die von den Trittflächen begrenzte Fläche. Wenn der Eispickel als Stützhilfe verwendet wird, kann der Körperschwerpunkt auch außerhalb der Standfläche liegen und so ebenfalls ein stabiles Gleichgewicht erzielt werden.

Übungsformen in mittelsteilem Gelände

■ Ausgangsstellung V-Position, hüftbreit, Blick talwärts. Dann Vorbeugen des Oberkörpers, bis das Gleichgewicht nicht mehr gehalten werden kann. Durch kurze, schnelle Schritte oder einen Sprung wird versucht, wieder ins Gleichgewicht zu kommen (vgl. Grafik).
■ Den Oberkörper so weit nach hinten beugen, bis das Gleichgewicht nicht mehr gehalten werden kann. Durch einen schnellen Schritt rückwärts aufwärts wieder korrigieren (vgl. Grafik).

■ Finden der persönlichen Grenzsteilheit durch die Auswahl immer steilerer Passagen, ohne Zuhilfenahme des Eispickels (sichere Geländewahl!).
■ In Ausgangsstellung für den Schräganstieg: den Rumpf so weit talwärts vor-seitbeugen, bis das Gleichgewicht nicht mehr gehalten werden kann. Das gleiche auch mit Körperlage bergwärts versuchen und jeweils mit einem korrigierenden Schritt ausgleichen (vgl. Grafik).

Lernziel: Höhengewinn durch Beinarbeit
Begründung der Wichtigkeit dieses Lernziels: Ein Höhengewinn wird fast nur durch die Beinarbeit erreicht; der Eispickel dient in der Vertikalzackentechnik hauptsächlich der Erhaltung des Gleichgewichts.
■ Richtige Schrittlänge bei Nachstell- und Übersetzschritten als wesentliche Voraussetzung für gezielte Krafteinsätze.
■ Ausbilderdemonstration richtige Schrittlänge (Setzen von Beobachtungskriterien – Sprunggelenkswinkel, Kniebeuge und Oberkörpervorseitbeuge, Körperschwerpunkt über dem Standbein bzw. der Standfläche).
■ Teilnehmerversuche.
■ Einzelkorrekturen und Wiederholungsversuche (Erspüren, daß die Hubarbeit von einem Bein geleistet wird, ohne Abstoßhilfe vom anderen, durch Heben/Strecken und wieder Absenken in die Ausgangsposition, wie bei einem Film, der rückwärts läuft).
■ Wenn ein stabiles Grundmuster vorhanden ist, Variation in der Schrittlänge, um Unterschiede zum richtigen Verhalten zu spüren (Kontrastlernen).
■ Verändern der Schrittlänge aufgrund der zunehmenden Geländesteilheit *(je steiler, desto kürzer).*
■ Technikwechsel vom Übersetzschritt zum Nachstellschritt mit zunehmender Geländesteilheit (Erspüren, wo man sich sicherer fühlt, in welcher Technik das Höherkommen leichter fällt).

Spurbild zur Eigenkontrolle in leichter Schneeauflage auf dem Gletscher.

Beachte:
Die ideale Schrittlänge richtet sich auch nach der Körpergröße, nach der Beinkraft, der Beweglichkeit in den Fußgelenken und nach dem Schuhmaterial.

Lernziel: Trittfolge und Belastungswechsel bei Schräganstiegen mit Nachstellschritten

Begründung der Vorteile dieses Lernziels: *Auch in sehr steilem Gelände anwendbar; keine Risiken, vor allem für Unerfahrene, bezüglich eines Verhakens, wie es bei Übersetzschritten der Fall sein könnte; keine labilen Gleichgewichtsphasen.*
■ Technikbeschreibung zum Bewegungsablauf.
■ Demonstration und Nachbereitung evtl. unter Zuhilfenahme eines Spurbildes (vgl. Abb.) als Möglichkeit der Eigenkontrolle.
■ Eigenversuche in mittelsteilem Gelände (es geht zunächst nur um

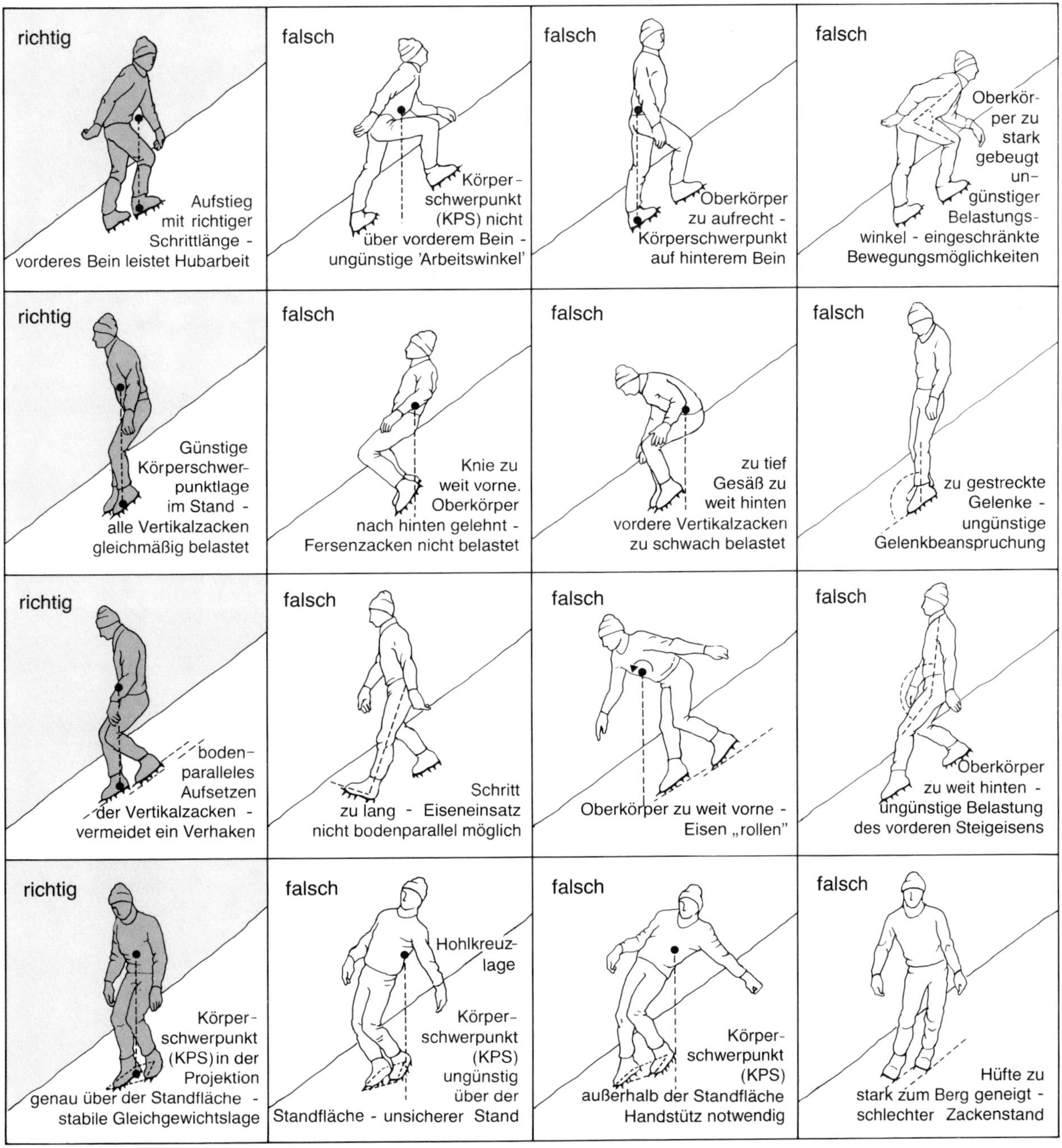
richtig
Aufstieg mit richtiger Schrittlänge - vorderes Bein leistet Hubarbeit
falsch
Körper-schwerpunkt (KPS) nicht über vorderem Bein - ungünstige 'Arbeitswinkel'
falsch
Oberkörper zu aufrecht - Körperschwerpunkt auf hinterem Bein
falsch
Oberkörper zu stark gebeugt un-günstiger Belastungs-winkel - eingeschränkte Bewegungsmöglichkeiten
richtig
Günstige Körperschwer-punktlage im Stand - alle Vertikalzacken gleichmäßig belastet
falsch
Knie zu weit vorne. Oberkörper nach hinten gelehnt - Fersenzacken nicht belastet
falsch
zu tief Gesäß zu weit hinten vordere Vertikalzacken zu schwach belastet
falsch
zu gestreckte Gelenke - ungünstige Gelenkbeanspruchung
richtig
boden-paralleles Aufsetzen der Vertikalzacken - vermeidet ein Verhaken
falsch
Schritt zu lang - Eiseneinsatz nicht bodenparallel möglich
falsch
Oberkörper zu weit vorne - Eisen „rollen"
falsch
Oberkörper zu weit hinten - ungünstige Belastung des vorderen Steigeisens
richtig
Körper-schwerpunkt (KPS) in der Projektion genau über der Standfläche - stabile Gleichgewichtslage
falsch
Hohlkreuz-lage
Körper-schwerpunkt (KPS) ungünstig über der Standfläche - unsicherer Stand
falsch
Körper-schwerpunkt (KPS) außerhalb der Standfläche Handstütz notwendig
falsch
Hüfte zu stark zum Berg geneigt - schlechter Zackenstand

Trittfolge, eine große Standfläche und möglichst tiefe Körperschwerpunktslage).

- Korrekturhilfen.
- Wiederholte Ausbilderdemonstration mit Gewichtung bestimmter Phasen (Fußstellung, Belastungswechsel, Körperschwerpunktslage etc.).
- Verbesserungsversuche bis zum sicheren Gefühl im Bewegungsablauf.
- Anwenden der nun in Grobform erlernten Technik auch in steilerem Gelände, mit entsprechenden Variationen in Schrittlänge, Fußstellung.
- Aufschalten der Stützpickelhilfe zur Gleichgewichtserhaltung in sehr steilem Gelände.
- Rhythmisierung des Bewegungsablaufes (Zurufe, Trittmuster etc.).

Ausbilder demonstriert den Abstieg mit Seitstützpickeltechnik im steilen Gelände. Gruppe in Gassenaufstellung über ihren Abstiegslinien.

Mustergültige Stützposition beim Queren mit Seitstützpickeltechnik im Augenblick des Nachsetzens.

Lernziel: Trittfolge und Belastungswechsel bei Schräganstiegen mit Übersetzschritten

Begründung der Vor- und Nachteile dieses Lernziels: Flüssiger Bewegungsablauf, guter Raumgewinn, Risiko des Verhakens beim Übersetzen.

- Bewegungsbeschreibung.
- Demonstration im zweckmäßigen Anwendungsbereich (bester Beobachtungspunkt – von schräg vorne).
- Nachbereitung der Demonstration.
- Wechsel in leichteres Gelände.
- Erneute Ausbilderdemonstration in diesem Gelände mit Schwerpunkt Übersetztritt.
- Eigenversuche der Teilnehmer in leichten Schräganstiegen.
- Korrekturhilfen (Gruppenkorrektur, Einzelkorrektur).
- Verbesserungsversuche bis zur Grobform.
- Wechsel in steileres Gelände.
- Im steileren Gelände Variation in Schrittlänge und Fußpositionen, um die optimale Standsicherheit zu erspüren. Das gleiche gilt für die Aus-

Spurbild als Eigenkontrolle und Kontrollhilfe für den Lehrer. Deutlich erkennbar hüftbreite Beinstellung und V-förmiges Aufsetzen der Steigeisen.

»Torkeltritte«, ausgeführt im Gruppenrhythmus. Gemeinsames Üben des Übersetzschrittes abwechselnd links und rechts.

gleichsbewegung im Oberkörper (Vor-Seit-Beuge).

■ Aufschalten der Stützpickelhilfe bzw. Seitstützpickelhilfe, wenn zusätzliche Gleichgewichtshilfen notwendig werden.

■ Rhythmisierung des Bewegungsablaufes (Ablauf Pickeleinsatz und Trittfolgen).

Beachte:
Beim Üben in sehr steilem Gelände Seilsicherung anwenden. Sturzräume freihalten.

Lernziel: Seit-Nachstellschritte bei Querungen in Vertikalzackentechnik im steilen Gelände

Beschreibung der besonderen Vorteile dieses Lernziels: *Optimale Standfläche durch ständige V-Position der Steigeisen, dadurch auch optimale Beweglichkeit in den Gelenken, ideale Vertikalzackenbelastung durch tiefe Körperschwerpunktsposition und deutliche Belastungswechsel.*

■ Demonstration dieser Technik in günstiger, anwendungsgerechter Steilheit.

■ Nachvollzug durch die Teilnehmer in flacherem Gelände mit Schwerpunkten Trittfolge seitlich (hüftbreit/V-Position, Grätschtritt/V-Position).

■ Deutliche Belastungswechsel (Pendelbewegung seitlich).

■ Tiefe Körperhaltung, Fuß-, Knie- und Hüftgelenke stark gebeugt (Pikkel evtl. dabei in Vorhebehaltung).

■ Einzelkorrekturen und Verbesserungsübungen.

■ Anwendung des so erarbeiteten Grundmusters nun in steilerem Gelände mit Pickelhilfen (Stützpickel; in noch steilerem Gelände Seitstützpickel).

Lernziel: Fußstellung, Beinweite und Oberkörpereinstellung bei direkten Abstiegen in Vertikalzackentechnik

Begründung dieses Lernziels: *Kürzerer Weg, optimale Gewichtsbelastung der Vertikalzacken, stabile Gleichgewichtslagen, hohe Standsicherheit.*

■ Beschreibung der Körpereinstellung und des Bewegungsablaufes.

■ Demonstration der Abstiegstechnik im steilen Gelände.

■ Erstversuche der Teilnehmer in etwas flacherem Gelände (im Umlaufbetrieb gut zur Aufstiegstechnik kombinierbar). Wiederholend aufbauend auf die ersten Versuche in Vertikalzackentechnik (vgl. Seite 62).

■ Dann sofort Wechsel in steileres Gelände und Erstversuche hier, nachdem klar angesprochen wurde, wie sich Körperhaltung und Beinstellung im Vergleich zum Abstieg in flacherem Gelände ändern.

■ Einzelkorrekturen und Verbesserungsübungen (vgl. Grafiken und Abb.).

■ Direkte Abstiege mit Seitstützpickelhilfe (Schwerpunkte Pickeleinrammen, Pickelstütz, Beinweite, Fußstellung, tiefe Beugestellung).

■ Direkte Abstiege mit Geländerpickelhilfe (Schwerpunkte Pickel einschlagen, Geländergrifftechnik und Schrittfolge im Abstieg).

Skizze des Spurbildes zur Spielform »Kreisgehen« im mittelsteilen Gelände.

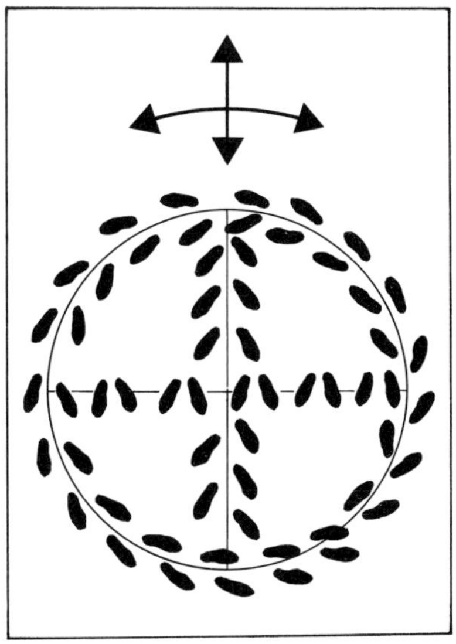

Lernziel: Situationsgerechte Anwendungsformen des Eispickels zur Vertikalzackentechnik in mittelsteilem und steilem Gelände

■ Stützpickeltechnik zur Vertikalzackentechnik mit Nachstellschritten im mittelsteilen Gelände (Dreiertakt: Stützpickeleinsatz vorne oben, Stütztritt talseitiges Bein, Nachstelltritt bergseitiges Bein, Pickel herausnehmen, nächste Folge).
■ Seitstützpickeleinsatz zur Vertikalzackentechnik mit Nachstellschritten im steilen Gelände (Dreiertakt s. o.). *Besonderer Schwerpunkt dabei auf Pickelstütz und Körpereinstellung.*
■ Schaftzugpickeltechniken Vorhand- und Rückhandschlag. Zunächst in Ausgangsstellung Üben der Schlagtechnik und des Schlagschwunges (Demonstration und Tips durch den Ausbilder). Wichtig dabei ist ein genügender Abstand zu den Nebenleuten, wenn mehrere gleichzeitig üben. Belastungsversuche des Pickels, Erfühlen der besten Belastungsrichtung mit der geeignetsten Körperstellung dazu.
■ Kombination der Schaftzugpickelhilfe zum Anstieg mit Nachstellschritten im steilen Gelände (Sichern?).
■ Diese vier Pickeltechniken kombiniert mit Übersetzschritt-Technik. Ebenfalls variiert mit zunehmender Geländesteilheit. Methodischer Ablauf wie oben.
■ Koordination der Pickeleinsätze, der Handwechsel am Pickelkopf bei Wenden in Serpentinenanstiegen (Beibehaltung des Dreiertaktes auch in der Wende, Ausnützen der stabilsten Standposition zum Handwechsel).
■ Flüssiger Bewegungsablauf in der Gesamtbewegung.
■ Stützpickeleinsätze. Seitstützpikkel- und Geländerpickelhilfen bei Abstiegen direkt in Fallinie im steilen Gelände.

Der »Tausendfüßler« unterwegs im Eisbruch. Eine gruppenrhythmische Übung zur Schulung des Belastungswechsels und der Schrittlänge.

Spiel-, Wettkampf- und Übungsformen zur Verbesserung der Vertikalzackentechnik in steilerem Gelände, mit und ohne Eispickelhilfen

■ *»Spaziergang durch den Eisbruch«.* Absicht: Anwenden der richtigen Vertikalzackentechnik situationsgerecht. Lehrer geht voraus.
■ *»Pfadfinder«.* Absicht: Rollenspiel. Einer wird beauftragt, den Weg so anzulegen, daß nur die Vertikalzackentechnik in all ihren Formen angewandt werden kann. Abschnittweise »Kriegsrat«, ob die gewählte Technik sinnvoll gewesen ist oder besser eine andere anzuwenden gewesen wäre.
■ *»Zick-Zack-Aufstiege«.* Absicht: Schulung der Übersetzschritte in Schräganstiegen mit geeigneten Wendeformen, mit und ohne Eispickelstützhilfe.
■ *»Reportertrip«.* Absicht: Durch Kommentierung des Bewegungsablaufes eines anderen Teilnehmers sich den Bewegungsablauf genau ins Bewußtsein rufen (». . . und jetzt drückt Leo die Vertikalzacken seines vorderen Steigeisens kraftvoll ein!«).
■ *»Kreisläufer«.* Absicht: Durch das Treten eines Kreises in mittelsteilem Gelände Übersetzschritte mit dosierter Richtungsänderung im Auf- und Abstieg.
■ *»Kreuztreten«.* Absicht: Direkte Abstiege, Aufstiege rückwärts, Querungen nach links und rechts in einem Spurbild vereinigt. Gut integrierbar auch in den Kreis vom »Kreistreten« (vgl. Grafik).
■ *»Känguruh-Abstieg«.* Absicht: Beidbeinige (Känguruh) Schlußsprünge nach unten. Verbesserung der Körperschwerpunktslage und Beinstellung.
■ *»Torkeltritte«.* Absicht: Schulung des Übersetzens der Steigeisen einmal nach links, einmal nach rechts in wechselnder Folge (vgl. Abb.).

Fehlerbilder – Korrekturhilfen

Zu geringe Beinweite (»Seiltänzertritt«) und zu enge Fußstellung beim Übersetzen. *Korrekturhilfe:* Deutlicheres Übersetzen bergwärts, große Standfläche anstreben, Schuhspitzen dabei talwärts ausrichten.

Mangelhafte Bekleidung beim Eisgehen kann schon bei kleinsten Ausrutschern zu Verletzungen führen.

Rechts nebenstehend: Schlechte Standposition und Körperhaltung bei beiden Übenden. Abstand untereinander viel zu gering.
Korrekturhilfe linke Person: Deutliche V-Position nach dem Übersetzschritt anstreben. Außerdem tiefere Beugung in Sprung- und Kniegelenk einnehmen, um einen besseren Stand zu haben. Pickel nicht so hoch, sondern in Hüfthöhe einrammen.
Korrekturhilfe rechte Person: Oberkörper mehr talwärts aufdrehen und Steigeisen gut hüftbreit in V-Position aufsetzen. Nur so hat man einen optimalen Stand zum Pickelschlag.

Oben: Schlechte Fuß- bzw. Steigeisenstellung nach dem Übersetzschritt. Schlechte seitliche Ausgleichsarbeit im Fußgelenk, dadurch greifen nicht alle Vertikalzacken. Außerdem wird durch den beidhändigen Stütz auf den Pickelkopf die Oberkörper-Ausgleichsarbeit blockiert.
Korrekturhilfe: Füße mit den Frontalzacken talwärts zeigend aufsetzen, durch Beugen in Knie- und Sprunggelenken alle Vertikalzacken gleichmäßig belasten. Bergseitigen Pickelstütz nur mit einer Hand ausführen und den Oberkörper ausgleichend vor-seitbeugen.

Unten: Durch Sitz auf dem Eis kein günstiger Steigeiseneinsatz bzw. keine gute Steigeisenbelastung möglich. Dadurch bedingt auch eingeschränkte Schlagreichweite mit dem Eispickel. Diese unsichere Körperstellung ist oft ein Zeichen von Angst.
Korrekturhilfe: Aufrichten, nicht hinsetzen, um den gesamten Gewichtsdruck auf die Steigeisen zu bekommen. Zum Pickelschlag tiefe Bückhaltung einnehmen. Zur Verbesserung des Schlagschwunges Pickel knapp oberhalb vom Dorn fassen.

Eisgehen

7. Ausbildungsabschnitt:
Steigeisen- und Pickeltechniken zum Begehen mittelsteiler und steiler Gletscher- bzw. Eispassagen im direkten Auf- und Abstieg

- ☐ Einführung in die Frontalzackentechnik.
- ☐ Frontalzackentechnik kombiniert mit geeigneten Pickelhilfen.

Frontalzackentechnik

Unter Frontalzackentechnik versteht man die Steigeisentechnik, bei der die frontal nach vorne gerichteten Zacken eines Steigeisens ins Eis gesetzt und belastet werden.

Die Anwendung der Frontalzackentechnik reicht vom mittelsteilen bis zum extrem steilen Gelände. In der Grundstufe des Eisgehens führt man in diese Technik elementar ein. Der Eiskletterer baut später auf dieser Grundlage auf (vgl. Seite 143). Während der Eisgeher ein Handgerät (Pickel) helfend benützt, verwendet der Eiskletterer meist zwei Handgeräte.
Zweckmäßige Einsatzformen der Eis-Handgeräte für den Eisgeher als Stütz- und Zughilfe sind:

Frontalzackentechnik mit Stützpickel.
Frontalzackentechnik mit Kopfstützpickel.
Frontalzackentechnik mit Kopfzugpickel.
Frontalzackentechnik mit Schaftzugpickel.

Grundlegendes zur Frontalzackentechnik

Am Anfang der Technikschulung steht die Beinarbeit, das optimale Einsetzen bzw. Einschlagen der Frontalzacken ins Eis. Untrennbare Voraussetzung dafür ist die richtige Körperhaltung zum Schlag, die richtige Körperschwerpunktslage, um jederzeit im Gleichgewicht zu sein.

Ausbildungsschwerpunkte
- Richtige Beinweite und Fußstellung zur Frontalzackentechnik.
- Richtiger Frontalzackeneinsatz.
- Richtige Körpereinstellungen zum Gleichgewichtserhalt, optimale Lastverteilung auf Steigeisen und Eispickel bzw. Stützhand.
- Vorrang der Beinarbeit zum Höhengewinn.

Beinweite und Fußstellung

Die Beinweite in der Frontalzackentechnik ist wenigstens *hüftbreit,* besser noch etwas breiter. Belastungs-

Vorbildliche Ausgangsstellung zur Frontalzackentechnik. Die Beine sind mehr als hüftbreit offen, die Fußflächen dabei parallel zueinander.

wechsel und Entlastung eines Beines zum Schlagschwung sind so besser möglich, auch hat das schlagende Bein genügend Spielraum, ein Verhaken im Schlag wird vermieden. Die Längsachsen der Fußflächen sind *parallel* zueinander ausgerichtet, um die Frontalzacken der Steigeisen gleichmäßig zu belasten. Von der Seite betrachtet sollte der gesamte Vorderfuß bzw. das Steigeisen etwa horizontal angestellt sein. Konstruktive Merkmale der Steigeisen (starr, Gelenk) ebenso wie das Schuhwerk (hart, weich) bedingen hier jedoch individuelle Unterschiede, die zu berücksichtigen sind.

Beachte:
Die mindestens hüftbreite Beinstellung sollte immer beibehalten werden, sei es im direkten Aufstieg oder im direkten Abstieg in Frontalzackentechnik.

Einsatz der Frontalzacken

Das frontal gerichtete Zackenpaar eines Steigeisens wird abwechselnd entweder mit dem linken oder rechten Bein ins Eis gesetzt bzw. geschlagen. In mindestens hüftbreiter Beinstellung verlagert man den Körperschwerpunkt durch *horizontales Verschieben der Hüfte,* links/rechts, auf ein Bein. Das entlastete Bein holt zum Schlag aus, schwingt locker nach vorne, wird kurz vor dem Auftreffen der Frontalzacken in der Muskulatur stabilisiert, um so die Schlagwirkung und das Eindringen der Frontalzacken zu erhöhen. Nach dem Einschlagen wechselt die Belastung auf dieses Bein, die Muskulatur wird dabei angespannt, um ein Absinken der Ferse und ein Herausrutschen der Frontalzacken zu vermeiden. Das andere Bein wird anschließend in gleicher Weise zum Einschlagen bewegt.

Beachte:
Mehrmaliges Schlagen bringt keinen besseren Halt, im Gegenteil; das Eis wird an diesen Stellen nur zersplittert und spröder.

Körpereinstellung zum Gleichgewichtserhalt

Die größte Stabilität wird erreicht, wenn der Körperschwerpunkt über einer großen Standfläche bewegt wird bzw. ruht. Für den Eisgeher bedeutet das, daß er immer versuchen sollte, durch eine mindestens hüftbreite Beinstellung eine große Standfläche zu haben. Ist nur ein Bein belastet, muß man versuchen, durch Verschieben der Hüfte das Gewicht ganz auf dieses Bein zu verlagern.

Beachte:
Ruhige Bewegungen und ausgeprägte Belastungswechsel verbessern die Standsicherheit.

Vorrang der Beinarbeit zum Höhengewinn

Beim direkten Anstieg in Frontalzackentechnik wird die Hubarbeit ausschließlich bzw. vorrangig durch die Beine geleistet. Pickelhilfen dienen mit wenigen Ausnahmen (Schaft- und Kopfzugpickel) nur der Erhaltung des Gleichgewichts durch Stütz. Die Tritthöhe richtet sich nach der Körpergröße des Eisgehers und nach der Steilheit des Geländes. Sie wird aber normalerweise nie über Kniehöhe gehen, um der Muskulatur einen *guten Arbeitswinkel* zu erhalten.

Beachte:
Ideal kurze Tritthöhen sparen Kraft.

Deutlicher Belastungswechsel ermöglicht ein ideales Setzen des entlasteten Beines in günstige Tritthöhe.

Frontalzackentechnik mit Stützpickel im direkten Aufstieg

Diese Technik eignet sich sehr gut, um *kürzere, steile* Eispassagen während eines Eisanstiegs schnell zu überwinden. Für alle Eisgeher, die sich in dieser Steilheit nicht in Vertikalzackentechnik aufsteigen trauen, empfiehlt sich diese Technik ebenfalls.

Verlaufsbeschreibung
Ausgangsstellung ist eine hüftbreite Beinstellung. Die Frontalzacken der Steigeisen sind fest ins Eis gesetzt und gleichmäßig belastet. Der Eispickel wird im Kopfgriff fest umschlossen. Die Haue zeigt *zum* Körper (Rettungsgriff). Im ersten Bewegungstakt wird der Stützpickel lotrecht eingerammt, so daß man sich noch gut mit der Hand auf den Pickel stützen kann. Im zweiten Takt stützt man sich auf den Pickel, wechselt die Belastung zum pickelnäheren Bein. Ein Bein ist nun entlastet und wird in günstiger Tritthöhe mit den Frontalzacken ins Eis geschlagen. Im dritten Takt verschiebt man die Hüfte über das eben eingesetzte Steigeisen. Der Pickel dient auch hierbei als Stützhilfe. Das Bein auf der Pickelseite wird abgehoben und weiter oben mit den Frontalzacken ins Eis geschlagen. Eine Schrittfolge ist abgeschlossen. Pickeleinrammen, Belastungswechsel usw.

Erneuter Belastungswechsel und nächster Schritt.

Belastungswechsel unter Pickelstützhilfe, nächster Schlag in günstiger Tritthöhe.

Einschlagen der Frontalzacken, Pickel- und Handstütz.

Bildfolge: Frontalzackentechnik mit Stützpickel im direkten Aufstieg.

Bildfolge: Querung in Frontalzackentechnik mit Seit-Nachstellschritten ohne Handgeräte, nur mit Handstütz.

Ausgangsstellung hüftbreit, Handstütz, Frontalzackenstand.

Seitliches Versetzen, Grätschtritt.

Nachstellschritt seitlich in hüftbreite Standposition.

Belastungswechsel und nächster Grätschtritt.

Queren in Frontalzackentechnik mit Seit-Nachstellschritten

Mit dieser Quergangstechnik lassen sich auch steilste Eisflanken sicher bewältigen. Ihr breites Anwendungsspektrum macht sie für den Eisgeher wie auch für den Eiskletterer sehr wertvoll. Besondere Vorteile liegen in einem *Dreipunktstütz* während der Bewegung und in einem stabilisierenden Vierpunktstütz in Ruhe- bzw. Zwischenphasen. Dadurch, daß der Blick bergwärts gerichtet ist, wird auch in vielen Fällen Angst vermieden (Tiefblick ins Tal). Aus diesen Überlegungen heraus erkennt man den hohen Brauchwert dieser Technik. Sie sollte in der Ausbildung entsprechend berücksichtigt werden, um *automatisiert* in das Handlungsrepertoire des Eisgehers einzugehen. Das Einüben dieser Technik wird zunächst ohne Hilfsgeräte aufgeführt. Später kann in der Ausbildung die gleiche Technik unter Einbeziehung zweckmäßiger Gerätehilfen gelehrt und in der Anwendung automatisiert werden.

Verlaufsbeschreibung

Die Beinstellung zu Beginn ist etwas mehr als hüftbreit. Der Oberkörper ist bergwärts gerichtet. Das gesamte Körpergewicht wird auf die Frontalzacken beider Steigeisen gleichmäßig verteilt. Die Hände stützen etwas über Hüfthöhe den Körper vom Eis in eine stabile Gleichgewichtslage ab. Zur ersten Schrittfolge entlastet man zunächst das in Querungsrichtung stehende Bein. Dazu wird der Körperschwerpunkt durch ein Verschieben der Hüfte über das andere Bein verlagert (Belastungswechsel). Das entlastete Steigeisen wird aus dem Eis genommen. Nach einem seitlichen Abspreizen des Beines in die gewünschte Richtung werden die Frontalzacken eingeschlagen und belastet. Jetzt liegen wieder vier Punkte fest am Eis auf. Die Hüfte wird zum Belastungswechsel in Querungsrichtung verschoben und das entlastete Bein auf Hüftbreite nachgestellt. Eine Seit-Nachstellschrittfolge ist abgeschlossen, die nächste kann beginnen. Bei Einsatz von Handgeräten übernehmen diese die Stützfunktion der Hände.

Frontalzackentechnik mit Kopfstützpickel in direktem Aufstieg

Bei Steilheiten, in denen man den Pickel nicht mehr stützend über den Dorn einsetzen kann, verwendet man die *Haue* des Pickels, die zum Stütz eingeankert wird. Die Bewegungsfolge ansonsten entspricht der Stützpickeltechnik zur Frontalzackentechnik. Diese eignet sich auch sehr gut im Abstieg. Die Bewegungsrichtung wird entsprechend geändert.

In guter Standposition Herausnehmen des Pickels und höher einsetzen.

Belastungswechsel, Pickelstütz, Höhersetzen des Beines.

Ausgangsposition hüftbreit, Kopfstützpickel kombiniert mit Handstütz.

Bildfolge: Frontalzackentechnik mit Kopfstütz-Ankerpickel im Aufstieg, von der Seite und von hinten gesehen.

Frontalzackentechnik mit Schaftzugpickel in direktem Aufstieg

Bei noch steilerem Gelände kann man den Pickel auch als Zughilfe einschlagen. Auch diese Technik eignet sich für den Abstieg.

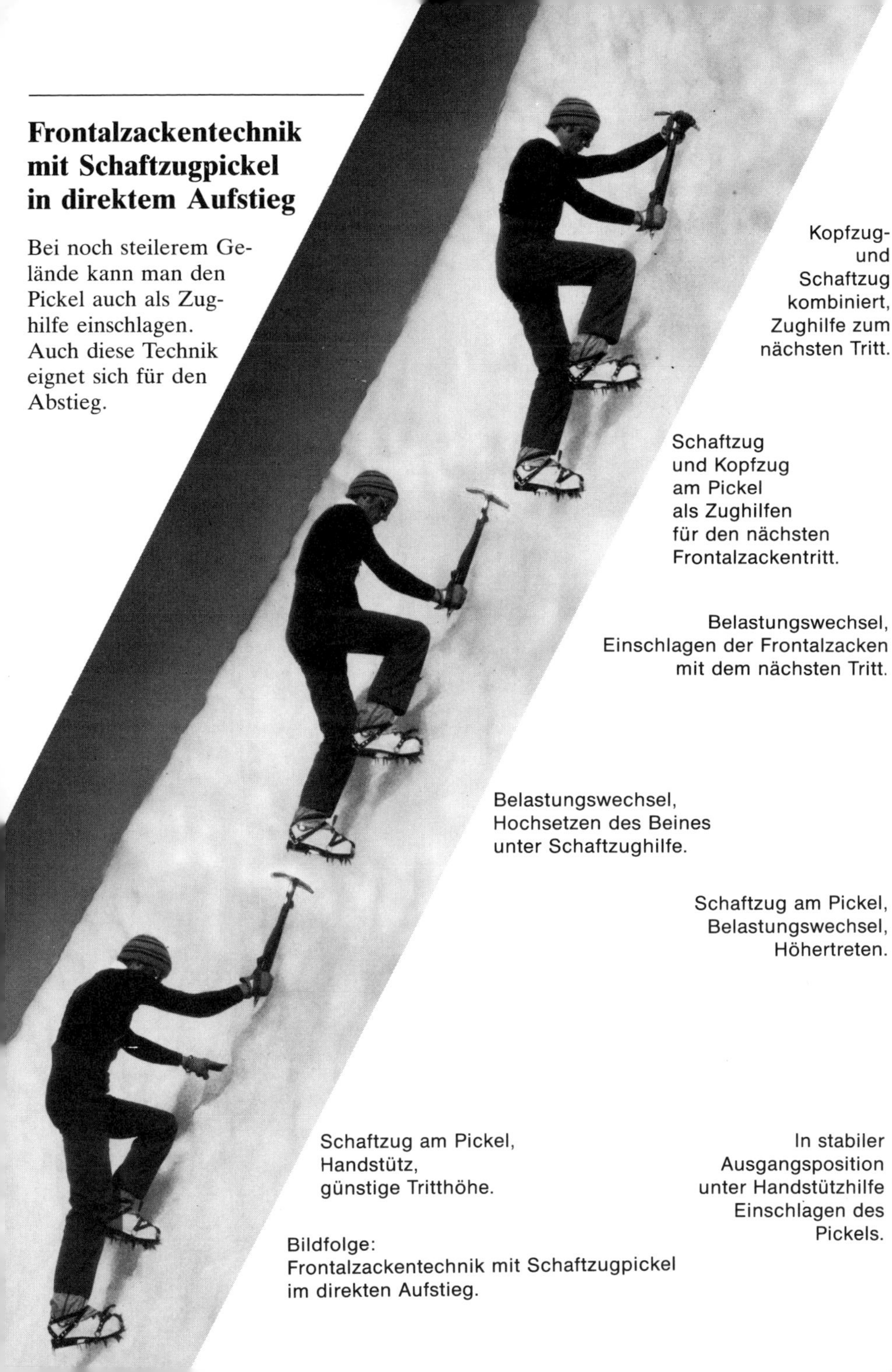

Belastungswechsel,
Hochsetzen des Beines
unter Schaftzughilfe.

Schaftzug am Pickel,
Handstütz,
günstige Tritthöhe.

Bildfolge:
Frontalzackentechnik mit Schaftzugpickel
im direkten Aufstieg.

Kopfzug- und Schaftzug kombiniert, Zughilfe zum nächsten Tritt.

Schaftzug und Kopfzug am Pickel als Zughilfen für den nächsten Frontalzackentritt.

Belastungswechsel, Einschlagen der Frontalzacken mit dem nächsten Tritt.

Schaftzug am Pickel, Belastungswechsel, Höhertreten.

In stabiler Ausgangsposition unter Handstützhilfe Einschlagen des Pickels.

Methodische Überlegungen zum Lehren und Lernen der Frontalzackentechnik

Neben der Vertikalzackentechnik gehört auch die Frontalzackentechnik in die *Grundlagenausbildung* des Eisgehers. Im zeitlichen Schulungsumfang wird sie allerdings nicht so ausgiebig behandelt, doch kommt es gleichfalls darauf an, eine *elementar* richtige Technik zu entwickeln, auf die man später als Eiskletterer aufbauen kann. Methodisch lassen sich die Übungen sehr gut in das Ausbildungsprogramm integrieren. Sie bieten interessante und zugleich anspruchsvolle Abwechslung.

Übungsgelände

Ideales Übungsgelände findet man in den meisten Gletscherbrüchen. Schneefreie Eisaufschwünge von 40° bis zur Senkrechten sollten engräumig beieinander liegen. Das Terrain unter den Steilstufen sollte *plan, hindernis-* und *spaltenfrei* sein. Das Eis selbst darf nicht zu spröde oder zu stark durchwärmt sein.

Organisation

Die Übungen erfordern *äußerste Disziplin,* um gegenseitige Gefährdung zu vermeiden. Jede Organisationsform sollte zeitliche und räumliche Abstandskriterien so setzen, daß ein intensiver Übungsbetrieb möglich ist. Staffelformen und Linienaufstellungen zum gleichzeitigen oder kurz zeitversetzten Üben haben sich gut bewährt (vgl. Abb.). Es ist wieder darauf zu achten, daß kein Beobachter oder Teilnehmer in der Fall- oder Absturzlinie eines Übenden steht oder ansteigt. Zur Beobachtung der Lehrerdemonstration sollte die Gruppe so aufgestellt werden, daß der Bewegungsablauf mit den jeweiligen Schwerpunkten genau verfolgt werden kann und Wortinformationen gut verstanden werden.

Sicherungsformen

Sie spielen eine große Rolle, wenn im senkrechten Gelände mit evtl. Absturzgefahr geübt wird. Seilsicherung von oben oder toprope erlaubt *angstfreieres Üben* zu Beginn.

Demonstration Aufstieg in Frontalzackentechnik.

Kontrolle Belastungswechsel und Beinweite.

Frontalzackentechnik mit Handstützhilfe. Günstiger Abstand der Übenden untereinander. Ausbilder beobachtet jeden.

Aufstieg in Frontalzackentechnik mit Kopfstützpickel. Schulung des Bewegungsablaufes im Dreiertakt.

Methodisches Vorgehen – Lernziele

Die Übungen zum Erlernen der Frontalzackentechnik lassen sich nicht exakt nach einzelnen Lernzielen trennen, da bei jeder Übung alle anderen Bewegungsfertigkeiten mitgeschult werden. Deshalb kommt es darauf an, den Schülern durch Stellen von Bewegungs- und Übungsaufgaben ein *Vertrauen* in den Frontalzackenhalt zu vermitteln. Erst nach einer größeren Anzahl von Versuchen und Übungen können durch gezieltere Aufgabenstellungen die jeweiligen Lernziele präzisiert werden.

Einführendes Übungsangebot

■ Aus dem flacheren ins steilere Gelände ansteigen. Zunächst alle Vertikalzacken, dann die Frontalzacken kombiniert mit Vertikalzacken des Vorderfußes und schließlich nur noch die Frontalzacken einsetzen.

■ Auf- und Absteigen auf den Frontalzacken in steilerem Gelände, soweit möglich ohne Handstützhilfen.

■ In noch steilerem Gelände Auf- und Abstieg in Frontalzackentechnik mit beidhändigem Stütz.

Spezielle Übungsangebote

Lernziel: Richtiger Steigeiseneinsatz

■ Erklärung und Demonstration des richtigen Steigeiseneinsatzes. Schüler beobachten von der Seite.

■ Bewußtes Erfühlen des richtigen Steigeiseneinsatzes durch:
- übertrieben hartes, heftiges Einschlagen der Frontalzacken;
- weiches, sanftes Einschlagen der Frontalzacken durch leichte Ausholbewegung mit dem Unterschenkel;
- nur Einsetzen der Frontalzacken ohne Schlag.

Üben des Schlagschwunges bei Frontalzackentechnik. ▶
Günstiges Gelände im Bruch – Handstützleiste.

Lernziel: Verbesserung der Fußstellung

■ Erklärung und Demonstration der richtigen Fußstellung. Schüler beobachten von der Seite und von hinten, sowohl im Auf- und Abstieg als auch in der Querung.

■ Auf- und Abstieg ohne Eis-Handgerät unter Beachtung der richtigen Fußstellung.

■ Querung unter Beachtung der richtigen Fußstellung, speziell hier den Schwerpunkt auf den Zwischenraum zwischen beiden Füßen nach dem Nachstellschritt legen.

Lernziel: Körperstellung und Gleichgewichtserhaltung

■ Beschreibung, Erklärung und Demonstration der richtigen Körperstellung. Schüler beobachten!

■ In mittelsteilem Eis aus dem Stand auf den Vertikalzacken Heben der Fersen bis zum Stand auf den Frontalzacken.

■ Stand auf den Frontalzacken: Beugen und Strecken in Fuß-, Knie- und Hüftgelenk (Kniebeugen). Dabei Erhalten des Gleichgewichts ohne Abstützen mit den Händen.

■ Mit kurzen, mittleren und großen Schritten Auf- und Abstieg ohne Benützung der Hände zur Gleichgewichtserhaltung.

■ Auf- und Absteigen ohne Handgerät mit bewußter, fast übertriebener Schwerpunktsverlagerung über das jeweilige Standbein.

■ Auf- und Absteigen: Auf Zuruf des Lehrers in der momentanen Stellung stehenbleiben. Dies erfordert vom Schüler, daß er ständig in einer Position des Gleichgewichts (zumindest annähernd) ist.

Lernziel: Richtiges Anwenden von Pickelhilfen zur Frontalzackentechnik, abgestimmt auf die Geländeneigung

■ Beschreibung und Begründung der Pickelanwendungsformen (Stütz- und Kopfstützpickel als Gleichgewichtshilfe, Kopfzugpickel und Schaftzugpickel als Zughilfe).

■ Demonstration der unterschiedlichen Pickeltechniken zur Frontalzackentechnik in entsprechender Geländesteilheit.

■ Teilnehmerversuche mit Korrekturen zur Stützpickeltechnik bei Frontalzackentechnik.

■ Teilnehmerversuche mit Korrekturen zur Kopfstütztechnik.

■ Teilnehmerversuche mit Korrekturen zur Kopfzugtechnik.

■ Teilnehmerversuche mit Korrekturen zur Schaftzugpickeltechnik.

Zu jeder neuen Technik Ausbilderdemonstration.

Für Frontalzackenabstiege geeignete Pickeltechniken auch gleich im Abstieg mitüben.

Spielformen, Wettkampfformen zum Erlernen der Frontalzackentechnik

■ *»Kreisgeher«.* Auf Frontalzacken einen gedachten Kreis mit ca. 2-3 m ∅ abgehen.

■ *»Achtergehen«.* Auf den Frontalzacken eine Achterform abgehen.

■ *»Frontalzackenlauf«.* Laufschritte in gegliedertem, sicherem Gelände nur auf den Frontalzacken (anstrengend).

■ *»Spechtlauf«.* In kurzen Steilstücken die Frontalzacken in das Eis hacken, ähnlich wie ein Specht den Schnabel ins Holz. Mit und ohne Handstütz.

■ *»Leisetreter«.* Gefühlvolles, dosiertes Einsetzen der Frontalzacken. Entwickeln einer »Schlagsensibilität«.

■ *»Rangieren«.* Auf Frontalzakken nach oben, zur Seite, nach unten, zur Seite, wieder nach oben usw. . . .

■ *»Wippen«.* Schrittfolge auf Frontalzacken. Tritt nach oben, zweiten Fuß in gleiche Höhe hüftbreit nachstellen, Wippen auf den Zehenspitzen bzw. Frontalzacken und nächste Trittfolge.

■ *»Bäuche treten«.* Hüftbreiter Frontalzackeneinsatz zu Beginn, in kurzer Trittfolge Beinweite vergrößern (so weit wie man noch ein sicheres Gefühl hat) und mit den nächsten Tritten wieder auf Hüftbreite verengen usw. . . .

■ *»Einweiser«.* Der »Einweiser« steht am oberen Rand eines Aufschwunges und gibt den Übenden durch Armzeichen die Bewegungsrichtung vor (wie ein Polizist oder Einweiser auf einem Flughafen).

»Einweiser«

»Leisetreter«

»Frontalzackenlauf«

»Wippen«

»Quergänger« an Stützleiste.

Fehlerbilder – Korrekturhilfen

Durchgedrücke Hüfte zum Eis hin bringt eine ungünstige Druckverteilung. Auf den Händen lastet zuviel Druck, die Frontalzacken der Eisen sind nicht maximal belastet.

In einer *Bückstellung* – der Oberkörper ist nach vorne gebeugt, das Gesäß drängt nach außen – sind die Lastverteilung und vor allem das Gleichgewichtsgefühl nicht optimal. Man hat ständig das Gefühl, nach hinten wegzukippen.

Korrekturhilfe: Geraden, aufrechten Stand einnehmen, Körper spannen und versuchen, sich nur mit den Fingerspitzen am Eis abzustützen.
Bei *zu großer Tritthöhe* wird die Beinmuskulatur sehr stark belastet. Außerdem leidet der Schlagschwung darunter. Häufig mit zu beobachten ist beim Beinheben, daß Hüfte/Gesäß stark nachgedrückt werden, was wiederum eine ungünstige Druckverteilung auf die Frontalzacken der Eisen bewirkt.
Korrekturhilfe: Tritthöhe nicht über Kniehöhe wählen. Man stelle sich vor, man würde Treppenstufen im gewohnten Abstand hochsteigen. Deutliche Belastungswechsel durch Verschieben der Hüfte erleichtern die überlegte Trittfolge.
Schlechte Griffhöhe am Pickelschaft durch ungünstige Länge der Bandschlinge, die den Schlagschwung beeinträchtigt.
Korrekturhilfe: Bandschlinge so in ihrer Länge abstimmen, daß auch bei Belastungszug der Pickelschaft ganz unten gefaßt werden kann.

Körperschwerpunkt zu nah am Eis.

Bückhaltung. Schlechter Zackenstand.

Zu große Tritthöhe.

Schlechte Griffposition am Pickel.

Grundstufe Eis

8. Ausbildungsabschnitt: Verhalten bei Stürzen beim Gehen mit Steigeisen und Eispickel

- ☐ Grundsätzliches Sturzverhalten.
- ☐ Pickelrettungsgriff.
- ☐ Verhalten bei Stürzen im direkten Aufstieg.
- ☐ Verhalten bei Stürzen in schrägen Anstiegen.
- ☐ Verhalten bei Stürzen im direkten Abstieg.

Stürze mit Steigeisen an den Füßen erfordern im abrutschgefährlichen Gelände ein *automatisiertes, reflektorisches* Handeln, um Verletzungen zu vermeiden. Aus diesem Grund sollte in der Ausbildung das Stürzen *immer wieder geübt* werden. Richtiges methodisches Vorgehen ist dabei besonders entscheidend (vgl. Stürzen im Firn, Seite 32).

Grundsätzliches Sturzverhalten

Kommt man durch Seilzug, Stolpern oder Verhängen in einem Gelände mit Abrutschgefahr zum Sturz, sollte man noch während des Fallens oder Umgerissenwerdens versuchen, den Pickel im *Rettungsgriff* zu fassen (Reflex). Beim ersten Kontakt des Körpers mit der Eisfläche wird man sofort bestrebt sein, sich in Bauchlage zu drehen und dabei die Füße talwärts zu bringen (vgl. Sturzverhalten, Seite 32). Mit der Hand am Pickelkopf wird man anschließend versuchen, die Haue in die harte Unterlage einzudrücken. Die zweite Hand am Pickelschaft stabilisiert den Pickel in seiner Lage.

Beachte:
Um ein Verhaken der Steigeisen mit der Eisoberfläche zu vermeiden, was den Sturz unkontrollierbar und verletzungsgefährlich machen könnte, zieht man die Unterschenkel sofort hoch (Fersen ans Gesäß).

Während des Rutsches in Bauchlage halten die Hände den Pickel an Kopf und Schaft fest. Mit dem Zug beider Arme versucht man, im Bremsen den Pickel immer mehr zum Oberkörper zu bekommen, um noch mehr Druck auf die Haue geben zu können. Eine gute muskuläre Spannung im gesamten Körper verbessert die Bewegungskontrolle und mindert die Verletzungsgefahr.

Pickelrettungsgriff bei harter Unterlage (Firn, Eis)

Eine *wesentliche Bremshilfe* stellt auf harten Unterlagen der richtige Gebrauch des Pickels dar, wie er für weiche Unterlagen schon auf Seite 30 behandelt wurde. Im Gegensatz zum Bremsen auf weicher Unterlage kommt auf einer harten die Haue des Pickels als Bremsanker zum Einsatz. Um den Pickel bei einem Sturz auf harter Unterlage sofort mit der Haue einsetzen zu können, zeigt diese in solchen Fällen während des Gehens zum

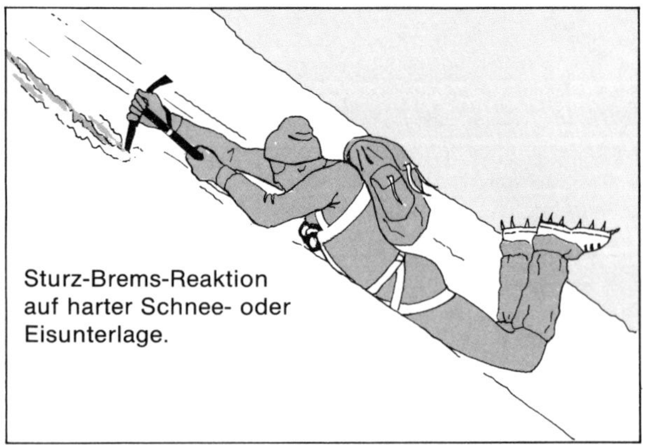

Sturz-Brems-Reaktion auf harter Schnee- oder Eisunterlage.

Körper. Es ist mit ein *Kennzeichen des guten Eisgehers,* daß er solche Pickelhaltungen während des Gehens situativ ändert. Das *Anziehen von Handschuhen* wird dringen angeraten, auch bei warmen Temperaturen. Wie man sich leicht vorstellen kann, besteht sonst die Gefahr, sich beim ersten Eiskontakt die Finger aufzureißen und aus diesem Grund den rettenden Griff zu lösen.

Verhalten bei Stürzen im direkten Aufstieg

Unangeseilt ist man in diesem Sturzfall sehr schnell in der Lage, das richtige Bremsverhalten einzuleiten. Wenn möglich versucht man schon im Vorwärtsfallen, den Pickel im Rettungsgriff zu fassen, um bei der ersten Eisberührung sofort die Haue ins Eis zu drücken. Gleichzeitig wird man die Fersen zum Gesäß hochreißen, um ein Verhaken der Steigeisenzacken mit der Unterlage zu vermeiden. Leicht gespreizte Oberschenkel stabilisieren den Körper gegen Rollbewegungen um die Körperlängsachse. Mit beiden Armen wird man sich bemühen, den Pickelkopf zum Körper herzuziehen, um möglichst viel Bremsdruck auf die Haue zu bringen.

Verhalten bei Stürzen in schrägen Aufstiegen

Dieser Sturz resultiert häufig aus einem Verhaken der Steigeisen mit den Gamaschen während des Übersetzschrittes. Vor allem bei Unkonzentriertheit und Übermüdung ist dieses Risiko gegeben. Mit ein Grund auch, sich in solchen Fällen statt für Übersetz- für Nachstellschritte zu entscheiden.
Unangeseilt fällt man dabei meist zur Seite und kommt mit der talseitig gerichteten Körperhälfte am Boden auf. Reflexartig ist man kaum in der Lage, den Pickel sofort im Rettungsgriff zu fassen. Vielmehr stützt sich meist die talseitige Hand zuerst auf, um den Landedruck zu mindern. Nach der Bodenberührung versucht man aber sofort, mit der freien Hand den Pickelschaft zu fassen, um ihn so zu stabilisieren. Gleichzeitig bringt man die Füße talwärts. Die Fersen werden wieder zum Gesäß angezogen, um die Zacken der Steigeisen vom Eis wegzubringen. Der gesamte weitere Bremsvorgang beschränkt sich dann auf den Einsatz der Pickelhaue sowie den Reibungswiderstand der Kleidung und Ausrüstung, die mit dem Eis Kontakt haben.

Verhalten bei Stürzen im direkten Abstieg

Unangeseilt ereignet sich dieser Sturz meist durch Stolpern oder Verhaken. Ersteres ist in der Regel in einem nachlässigen Abheben der Steigeisen beim Setzen der Tritte abwärts begründet. Letzteres meist in einer zu geringen Beinweite, wodurch man mit den Steigeisen an den Gamaschen oder Strümpfen hängenbleibt.
Fällt man so nach vorne, mit dem Gesicht talwärts, passiert es meist, daß man den Pickel losläßt, weil beide Arme und Hände zum Boden greifen, um den Sturz abzufangen. In vielen Fällen ist es ganz günstig, den Pickel aus der Hand zu verlieren, da so Verletzungen durch ein Stürzen auf diesen vermieden werden können. Die weitere Sturzreaktion, die automatisiert ablaufen sollte, besteht in einer Drehung um die Körperquerachse, um die Füße talwärts zu bringen (vgl. Seite 33). Mit der Drehung in Bauchlage werden auch sofort wieder die Fersen ans Gesäß gezogen, um die Zacken der Steigeisen vom Eis zu bekommen.
Alles, mit dem noch gebremst werden kann, wird dann helfend eingesetzt. Aber auf sehr harter Unterlage hat man nur selten eine Chance, aus eigener Kraft zum Stillstand zu kommen.
Für den Fall, daß man den Pickel noch in der Hand hat, greift man im Drehen mit der freien Hand zum Pickelschaft, um dann mit dem Pickelrettungsgriff zu bremsen.

Beachte:
Wie Untersuchungen des DAV-Sicherheitskreises ergeben haben (vgl. Tätigkeitsbericht 1980–1983), besteht angeseilt nur eine geringe Chance, durch gezielte Reaktionen das Sturzgeschehen wesentlich zu beeinflussen; zu groß sind die aufeinander wirkenden Störfaktoren. In vielen Fällen wird man, nach vorheriger genauer Abwägung, führungstechnische Konsequenzen daraus ziehen müssen.

Grundstufe Eis

9. Ausbildungsabschnitt: Sicherungstechnik

- Zusammenstellen von Seilschaften.
- Anseilen auf Gletschern.
- Seilschaftsformen.
- Gehabstände.
- Seilknoten – Einbindeknoten – Einbinden.
- Sicherungsmöglichkeiten im Eis.
- Setzen von Eisschrauben, Schlagen von Eishaken.
- Standplatz-, Selbst- und Gefährtensicherung.

Sicherungstechnik zum Begehen von Gletschern

Auf Gletschern wird wegen der möglichen Spaltensturzgefahr *grundsätzlich angeseilt.* Das gilt nicht nur für firnbedecktes Eis, bei dem Spalten oft nur schwer zu erkennen sind, sondern auch für apere Gletscher. Aus Zeitgründen wird gleichzeitig gegangen. Gefährten- und Selbstsicherung werden nur situativ angewandt (an Spalten, Steilaufschwüngen, Abbrüchen etc.). Um die Gefahr des Mitgerissenwerdens zu mindern, werden bestimmte Seilschaftsformen und Gehabstände empfohlen.

Bei 45-50 m-Seilen sollte die Zahl der Personen an einem Seilstrang drei nicht unter- und fünf nicht überschreiten. *Zweierseilschaften sind auf spaltengefährlichen Gletschern ungünstig.* Vor allem beim gleichzeitigen Gehen im Abstieg kann der Zweite leicht mit in die Spalte gerissen werden.

Höherzählige Seilschaften mindern diese Gefahr (Bremsweg, Bremskraft). Lassen sich aber Zweierseilschaften nicht vermeiden, hat das Einbinden unter ganz bestimmten Sicherheitskriterien zu erfolgen (vgl. Einbinden, Gehabstände, Seite 119). Seilschaften mit mehr als fünf Personen haben sehr kurze Gehabstände zur Folge. Dadurch kann auf Spaltendecken die doppelte Gewichtsbelastung treffen, der sie oft nicht mehr standhalten. Es kommt zu einem Spaltensturz zweier oder mehrerer Personen.

Vergleichen Sie bitte zu diesen und nachstehenden Ausführungen die Ergebnisse des DAV-Sicherheitskreis-Tätigkeitsberichts 1980-1983, Seiten 59 ff., 135 ff., 147 ff., 167 ff., und 188 ff.

Zusammenstellen von Seilschaften

Folgende Punkte sind zu berücksichtigen, wenn leistungsfähige und sichere Seilschaften für Gletscherbegehungen zusammengestellt werden sollen:

- Wieviele Personen an ein Seil?
- Wer geht in welcher Seilschaft?
- In welchen Abständen bindet man sich ein?
- In welcher Reihenfolge geht man?

Handelt es sich um nicht gleichstarke Partner, die an der Tour teilnehmen wollen, sind noch weitere Überlegungen zu treffen:

- Erfahrung jedes einzelnen?
- Körperliche Verfassung?
- Psychische Verfassung?
- Alter (Erwachsener, Jugendlicher, Kind)?
- Geschlecht?
- Ausrüstung?

Partner mit unterschiedlicher Erfahrung im Begehen von Gletschern werden ihre Seilschaften immer so zusammenstellen, daß *der Erfahrenste führt.* Schwächere Seilschaftsmitglieder werden normalerweise hinter dem Führenden eingeseilt. Am Ende bindet sich der nächst Erfahrenere ein. Er sollte z. B. in der Lage sein, nach einem Spaltensturz des Führenden notwendige Bergemaßnahmen zu organisieren bzw. zu koordinieren.

Dreierseilschaft beim Überqueren einer Gletscherbrücke. Erster sondiert, Zweiter und Dritter in sichernder Warteposition.

Personen mit etwas schwächerer Kondition sollten hinter dem Führer am Seil gehen, der sich so besser auf ihr Tempo einstellen kann. Das gleiche gilt auch für ängstliche Seilschaftsmitglieder. Hinter einem erfahrenen Vordermann fühlt man sich sicherer. Es macht Schwachen keinen Spaß, am Ende rumzuhängen (»Bremser«). Ältere Personen sollte man ebenfalls mehr in der Mitte einbinden, was aber nicht heißt, daß Ältere immer die Schwächeren sind. Das gleiche gilt in gemischten Gruppen für Mädchen und Frauen. Sind Kinder oder Jugendliche mit dabei, wird man ähnlich verfahren. Wichtig ist auch noch, daß sich hinten immer einer befindet, der vollständig ausgerüstet ist.

Anseilen auf Gletschern

Das Anseilen erfolgt, wie auch im Fels und zum Begehen von Klettersteigen, *ausschließlich mit Brust- und Sitzgurt* oder einem Komplettgurt, der beide Eigenschaften kombiniert (vgl. Ausrüstung, Seite 130). Die Längen der verstellbaren Gurte sind individuell so abzustimmen, daß bei einem freien Hängen die Hauptlast auf die Sitzgurtschlaufen kommt und der Anseilpunkt in Brustbeinhöhe liegt. Hängeversuche zu Hause ermöglichen eine rechtzeitige Feinabstimmung des »Geschirrs«.

Das Einbinden zum Begehen flacher Gletscher erfolgt *indirekt* zum Hauptseil, d. h. die Anseilgurte werden zunächst mit einem Seilring verbunden, in den oben ein Schraubkarabiner eingeklinkt wird, der den Knoten des Hauptseilstranges aufnimmt und dann zugeschraubt wird. Diese Technik ermöglicht ein schnelles Lösen vom Hauptseilstrang, wenn notwendige Bergungsmaßnahmen dies erfordern (vgl. Spaltenbergung, Seite 172).

Brustring

Mit einem eigens dafür vorbereiteten *Halbseilstück* (9 mm∅, 1 m lang) werden die Sitz- und Brustgurtschlaufen bzw. Komplettgurtschlaufen von unten her durchsteckt und zu einem Brustring verknotet. Der Knoten, ein Sackstich in Ringform oder ein Spierenstich mit Sicherungsschlag, kommt zwischen den vom Sitzgurt kommenden Schlaufen zu liegen. Der oben in den Seilring einzuklinkende Schraubkarabiner wird so in seiner seitlichen Beweglichkeit nicht eingeschränkt. Das Seilstück sollte zweimal durch die Schlaufen geführt werden, den Seilring eng schließen, aber die Atmung nicht beeinträchtigen.

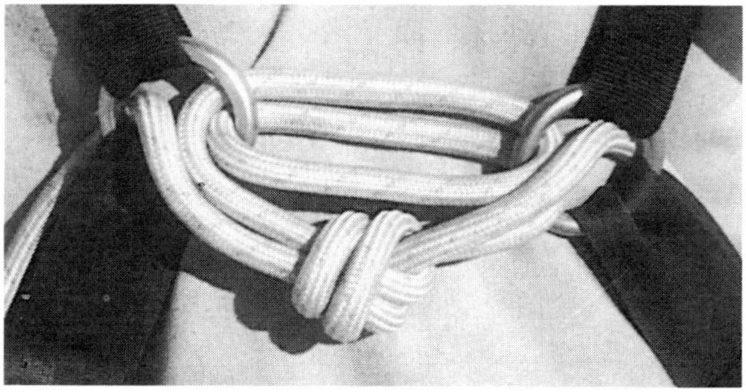

Seilring in Brusthöhe doppelt gelegt mit 9-mm-Halbseilstück.

Mittelmann über Schraubkarabiner in Sackstichschlaufe und Seilring mit dem Hauptseil verbunden. Zwei Prusikschlingen fest eingeknüpft.

Verbindungskarabiner
Die Verbindung zwischen Seilring und Hauptseil erfolgt durch einen Schraubkarabiner oder einen Karabiner mit Drehverschlußsicherung (Twistlock). Der Karabiner wird normalerweise im Seilring oben eingehängt. Nach dem Einklinken des Verbindungs- oder Einbindungsknotens des Hauptseiles wird der Karabiner verschlossen.

Einbinde- bzw. Verbindungsknoten zum Hauptseil
Alle Seilschaftsmitglieder werden *indirekt* eingebunden. Je nach Seilschaftsstärke werden dazu in bestimmten Gehabständen gelegte Sackstichschlaufen eingeknotet. Die Schlaufenöffnung sollte gerade so groß sein, daß sie gut in den Karabiner eingeklinkt und auch ausgehängt werden kann. Das *Knotenbild* ist auf saubere Legart zu *kontrollieren.*

Seilpuppe = Restseilmenge, die vom Ende her aufgeschossen wird, um bei Bergungsaktionen eingesetzt werden zu können (z. B. Bergeverfahren »Lose Rolle«).

Seilpuppe, wie sie unter dem Rucksackdeckel verstaut wird.

Aufschießen der Restseilmenge – Seilpuppe

Bei Dreier- und Viererseilschaften bleiben nach dem Einbinden aller Partner Restseilmengen an beiden Enden übrig. Diese Seilstücke werden für das Bergeverfahren Lose Rolle (vgl. Spaltenbergung, Seite 172) benötigt. Auch beim Bergeverfahren Flaschenzug Modell Schweiz leistet diese Restseilmenge wertvolle Dienste. Um bei Bergungen schnell reagieren zu können, wird dieses Restseil sorgfältig zu einer sog. Seilpuppe aufgeschossen. Mit dem Aufschießen beginnt man am besten *vom Ende* her. Bei etwa 2,5 m Rest umwickelt man den eng gehaltenen Seilbund mit querlaufenden Seilstegen. So bildet sich der Puppenkopf, der zur Zugseite hin gewickelt werden soll. Bei einer Seillänge von etwa 1 m durchsteckt man die jetzt gebildete Öse im Puppenkopf mit einer Seilschlaufe, die man außen um die Querstege herumführt und abstreifsicher festzieht. Das Seilstück zur Puppe sollte dann gerade Armlänge haben. Diese Puppe wird unter den Deckel des Rucksacks gelegt und der Seilstrang zum Abziehen griffbereit nach vorne geführt.

Vorbereitete Prusikschlingen zur Selbstrettung nach Spaltenstürzen

Am Seil werden vorbereitete Prusikschlingen befestigt, die im Falle eines Spaltensturzes ein sofortiges Entlasten oder Nach-oben-Arbeiten des Gestürzten ermöglichen (vgl. Spaltenbergung, Seite 172).
Jeder Seilschaftspartner sollte zwei Prusikschlingen, abgestimmt auf seine Körpergröße, besitzen. Erster und Letzter einer Seilschaft binden eine Prusikschlinge fest ein und haben eine zweite griffbereit. Wenn diese

Einbindeplatz des Seilersten. Vorbereitete Sackstichschlaufe, zur Puppe aufgewickeltes Restseil, das unter dem Rucksackdeckel verstaut wird; eine fest eingebundene Prusikschlinge und eine griffbereite zweite, endoffene Prusikschlinge.

Einbindeplatz zwischen Seilerstem und Seilletztem. Sackstichschlaufe und zwei fest eingebundene Prusikschlingen.

zweite Schlinge noch an den Enden unverknotet ist, kann man sie bei Bergeverfahren schneller einsetzen. Alle Partner zwischen Erstem und Letztem binden bereits zwei Prusikschlingen, eine auf dem Strang zum Vordermann und eine auf dem Strang zum Hintermann, fest ein. Dies ist nötig, weil die mögliche Sturzzugrichtung noch unbekannt ist.
Die Prusikschlingen werden hinter Brust- und Sitzgurtschlaufen nach unten geführt und getrennt in den Taschen griffbereit verstaut.

Beachte:
Der komplette Einbindevorgang ist durch den Führer oder die Seilschaftspartner gegenseitig immer genau nachzukontrollieren. Eine gute Wahl des Ortes zum Einbinden (rechtzeitig, wettergeschützt) vermeidet Streß, der zu Fehlern führt.

Seilschaftsformen und Gehabstände

Zum Begehen von flachen Gletschern eignen sich bei einer Seillänge von 45-50 m folgende Seilschaften:

Dreierseilschaft

Der Mittelmann wird in Seilmitte eingebunden. Er hat *zwei* Prusikschlingen fest eingebunden, eine am Strang zum Vordermann, eine am Strang zum Hintermann. In einem Abstand von 9–10 m zum Mittelmann binden sich die anderen Seilschaftspartner ein.
Beide befestigen *eine* Prusikschlinge auf dem Seilstrang, in sehr spaltenreichen Gebieten kann auch schon die zweite auf den gleichen Strang mit eingebunden werden. Das zur Puppe gewickelte Restseil stecken sich Erster und Letzter *abziehbereit* unter den Rucksackdekkel. Verbindungsknoten am Hauptseil ist ein gelegter Sackstich mit kleiner Schlaufenöffnung zum Einklinken in den Schraubkarabiner am Brustgeschirr.

Viererseilschaft

Ausgehend von der Seilmitte werden 2 x 4,5 m abgemessen und dann im so ermittelten Abstand von 9 m die beiden Sackstichknotenschlingen für den Zweiten und Dritten der Seilschaft eingeknotet. Von diesen beiden Knoten ausgehend nimmt man den Doppelstrang und mißt wiederum 9 m ab. Hier knotet man die Sackstichschlingen für den Ersten und Vierten der Seilschaft. Die Restseilmenge schießen Erster und Vierter zur Puppe auf und stecken sie unter den Rucksackdeckel. Nach dem Einklinken aller vier Seilschaftspartner werden in bekannter Weise noch die Prusikschlingen (s. o.) eingebunden und in den Taschen verstaut. Die Seilschaft ist abmarschbereit.

Fünferseilschaft

Der Knoten für den Mittelmann wird in Seilmitte eingebunden. Die Sackstichschlingen für den Ersten und Letzten sind am Seilende eingeknüpft. *Ein Restseil wird nicht mehr benötigt.* Die Knoten für Zweiten und Vierten der Seilschaft werden auf Mitte zwischen die Endleute und dem Mittleren eingeknüpft. So ergibt sich bei einem 45 m-Seil ein Gehabstand von ca. 8–8,50 m. Nach dem Einklinken der Seilschaftspartner befestigen sich Zweiter, Dritter und Vierter jeweils zwei Prusikschlingen auf ihre Seilstränge, Erster und Letzter der Seilschaft jeweils eine. Nach dem griffbereiten Verstauen der Prusikschlingen ist die Seilschaft gehfertig.

Zweierseilschaft

»Die Zweierseilschaft ist am schlechtesten dran . . .« (Schubert, in DAV-Sicherheitskreis-Tätigkeitsbericht 1980–1983, Seite 150). Erfahrungen haben gezeigt, daß die Form der Zweierseilschaft auf spaltengefährlichen Gletschern, vor allem beim Absteigen, äußerst ungünstig ist, weil der durch den Sturzzug niedergerissene Zweite fast keine Chancen hat, den Sturz zu bremsen. Ist man gezwungen, in Zweierseilschaften zu gehen, muß man beim Einbinden größere Vorsichtsmaßnahmen treffen. Der Gehabstand zwischen Erstem und Zweitem wird verlängert, Minimum 10 m. Bei besonders gefährlichen Bedingungen spricht alles dafür, den Gehabstand noch weiter zu vergrößern, evtl. sogar die ganze Seillänge auszunützen, um sich als Zweiter Reaktionszeit zu schaffen.

Prusikschlingen sind einzubinden. Ein ausreichender Seilrest, vorne und hinten, ist für Bergungen notwendig (Steigbügelverfahren, Flaschenzug). Er sollte wenigstens die Länge des Gehabstands plus Seildehnung haben. Bei einem Gehabstand von z. B. 12 m wäre die Restseilmenge, die wieder zur Puppe aufgeschossen und von jedem Seilschaftpartner unter den Rucksackdeckel gesteckt wird, ca. 15 m. Bremsknoten, Sackstichschlingen zwischen den Seilgefährten, sind berücksichtigt. Diese Bremsknoten haben die Aufgabe, durch Reibung am Spaltenrand und in der Schneeoberfläche den Belastungszug auf den Zweiten herabzusetzen (vgl. dazu DAV-Sicherheitskreis-Tätigkeitsbericht 1980–1983).

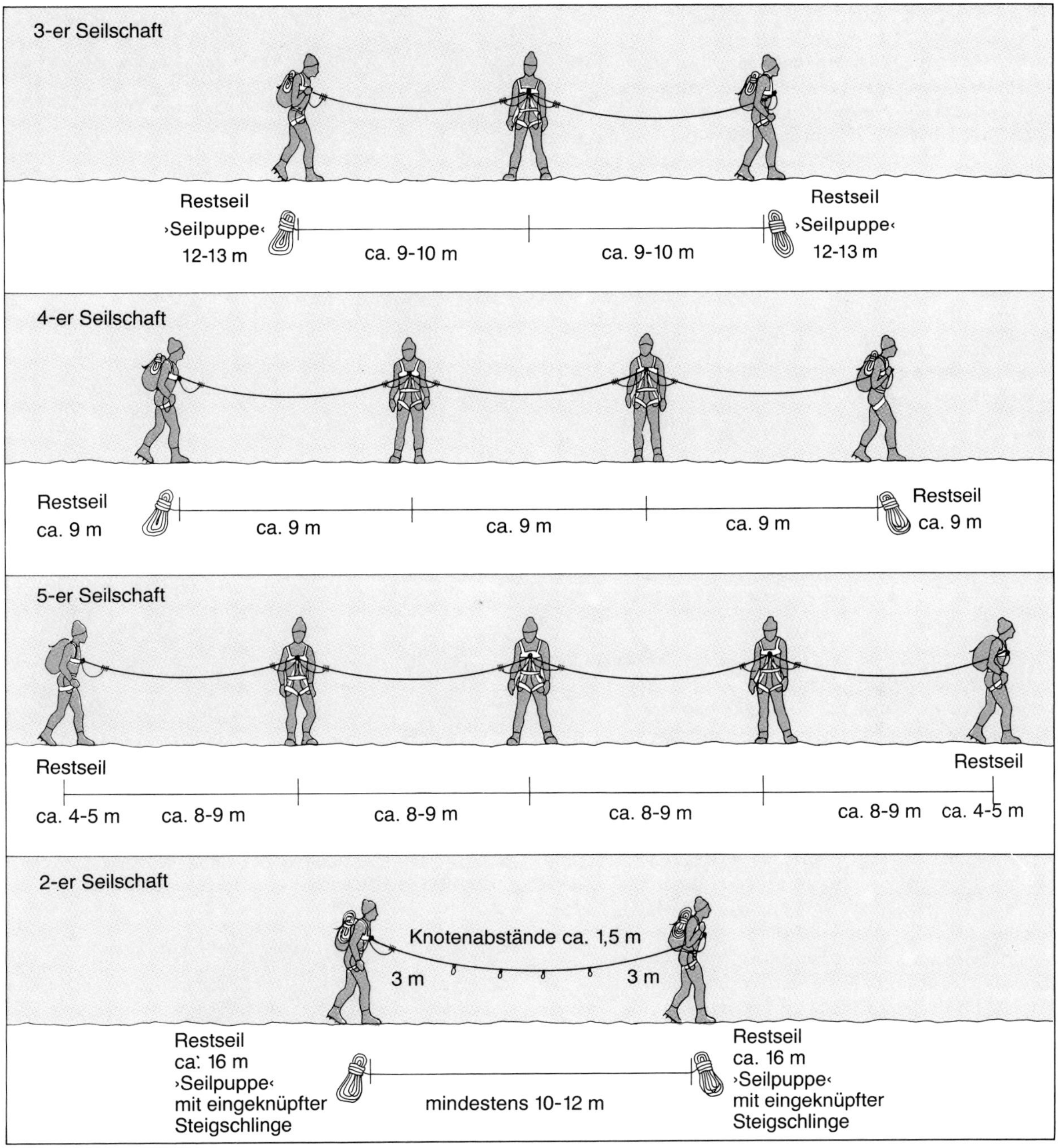
3-er Seilschaft
Restseil
›Seilpuppe‹
12-13 m
ca. 9-10 m
ca. 9-10 m
Restseil
›Seilpuppe‹
12-13 m
4-er Seilschaft
Restseil
ca. 9 m
ca. 9 m
ca. 9 m
ca. 9 m
Restseil
ca. 9 m
5-er Seilschaft
Restseil
ca. 4-5 m
ca. 8-9 m
ca. 8-9 m
ca. 8-9 m
ca. 8-9 m
Restseil
ca. 4-5 m
2-er Seilschaft
Knotenabstände ca. 1,5 m
3 m
3 m
Restseil
ca. 16 m
›Seilpuppe‹
mit eingeknüpfter
Steigschlinge
mindestens 10-12 m
Restseil
ca. 16 m
›Seilpuppe‹
mit eingeknüpfter
Steigschlinge

Sicherungsmöglichkeiten im Eis

Bei *gleichzeitigem* Gehen auf Gletschern haben Seilschaftsmitglieder *keine direkte Möglichkeit,* um sich vor unerwarteten Spaltenstürzen zu sichern. Bei einem Spaltensturz eines Gefährten sind meist alle Partner betroffen. Sie werden häufig mitgerissen bzw. zu Boden geschleudert (vgl. Spaltenbergung, Seite 172). Ähnliches gilt für den gleichzeitigen Anstieg in Eisflanken oder beim Abstieg über Steilstufen. Hier besteht das Risiko, bei einem Sturz die Seilgefährten mit aus dem Stand zu reißen.

Beachte:

- Schnee- und firnbedeckte Gletscheroberflächen während des Gehens immer auf mögliche Spaltensturzgefahr hin absuchen und Wegverlauf entsprechend sicher anlegen.
- Seilgefährten in kritischen Passagen immer genau beobachten, um sofort reagieren zu können.
- Seil beim Gehen möglichst straff halten, um ungebremste Sturzmeter zu vermeiden.

Vor Passagen, die klare Absturzrisiken erkennen lassen, ist es notwendig, Fixpunkte im Eis zu schaffen, über die man sich und seine Gefährten sichern kann. Auf schneebedeckten Gletschern und auch in morschem Eis hat man mit dem T-Anker (vgl. Seite 40) eine sehr gute Möglichkeit dazu.
Auf blankem, hartem Eis besteht diese Möglichkeit nicht. Hier verwendet man meist *Eisschrauben in Rohrform;* ein technisches Sicherungsmittel, das man mit Hilfe des Eispickels gut setzen bzw. eindrehen kann. *Eishaken in Rohrform* sind ein gleichwertiges Sicherungsmittel. Allerdings wird dazu ein Eishammer oder ein Eisbeil zum Einschlagen benötigt, welche man selten mit auf Tour hat. Dieses Sicherungsmittel ist im Kapitel Eisklettern näher beschrieben.
Weitere Möglichkeiten, Fixpunkte im Eis zu schaffen, sind die *Eisbirne,* die vor allem oft beim Abseilen im Eis Anwendung findet (vgl. Seite 150). Ebenso die *Abalakow-Eissanduhr,* die ebenfalls zum Abseilen und auch beim Eisklettern eingesetzt wird (vgl. Seite 149).

Dreierseilschaft gleichzeitig gehend in spaltengefährlichem Gelände (Schattenkonturen auf Eisfläche!).

Dreierseilschaft im Abstieg. Der Führer geht am Ende der Partie, um bei Stürzen sofort reagieren zu können.

Setzen von Eisschrauben und Eishaken

Richtiges Setzen, d. h. Eindrehen oder Einschlagen der Eissicherungsmittel, ist eine wesentliche Voraussetzung für deren Belastbarkeit und Sicherungsfunktion. Umfangreiche Untersuchungen des DAV-Sicherheitskreises (vgl. Tätigkeitsbericht 1980–1983, Seite 201 ff.) und des ÖAV-Sicherheitskreisreferates haben dazu neue Erkenntnisse gebracht.

Setzwinkel

Der optimale Setzwinkel beträgt 90° (Winkel gebildet durch Eisoberfläche und Rohrkörper des Eissicherungsmittels). Damit der Setzwinkel nicht unterschritten wird, d. h. um Schätzfehler mit dem freien Auge zu vermeiden, wird ein *Setzwinkel von 100°* empfohlen. Die Haltekraft nach oben (bei Umlenkung) liegt dann zwar etwa um 10–20% niedriger, was aber durch die bei Zugrichtung nach oben niedrigere Bremskraft der HMS wieder ausgeglichen wird.

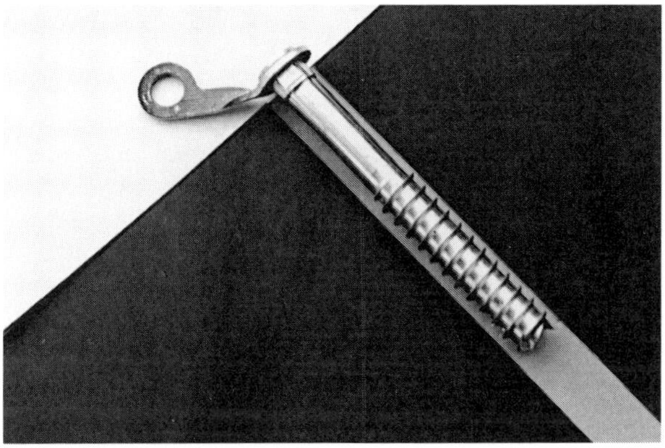

Eishaken und Eisschrauben in Rohrform, die als Sicherungsmittel im Eis empfohlen werden, müssen unter einem Setzwinkel von ca. 100° ins Eis gedreht bzw. geschlagen werden.

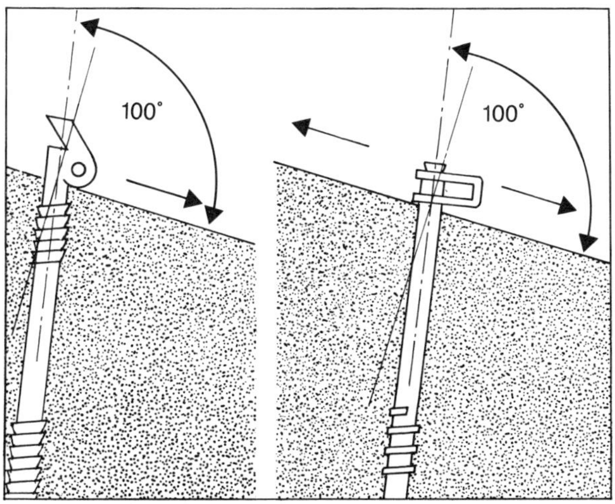

Technikbeschreibung

- Die Eisoberfläche wird am gewünschten Setzpunkt zuerst von Schnee bzw. von sprödem Eis gesäubert. Eine Fläche von 30–40 cm Durchmesser reicht dazu aus. So kann man ein Verhaken des Pickelkopfes beim Eindrehen vermeiden.
- Die Schraube wird dann im 100°-Winkel aufs Eis gesetzt und mit kurzen Schlägen (Pickelkopf) hineingetrieben, bis das Gewinde faßt und sich die Schraube unter den Schlägen zu drehen beginnt.
- Für das weitere Eindrehen steckt man die Pickelhaue in die Karabineröse der Eisschraube.
- Eine Hand fixiert anfangs Schraube und Pickelhaue, während die andere Hand den Pickelschaft kreisförmig, im Uhrzeigersinn, herumführt, um die Schraube weiter einzudrehen.
- Der Vorgang wird beendet, wenn die Öse der Schraube fest am Eis aufsitzt.
- Beim Herausdrehen der Schraube kann man sich ebenfalls wieder mit der Pickelhaue helfen.
- Die herausgedrehte Schraube von Schnee- und Eisresten befreien.

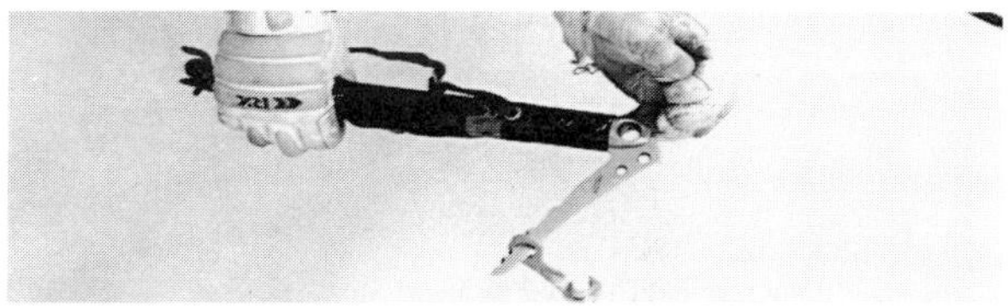

Eindrehen einer Eisschraube.

Beachte:

- Bei starker Sonneneinstrahlung den Kopf der fest eingedrehten Eisschraube mit Schnee oder Firn abdecken, um ein Ausschmelzen zu verhindern.
- Bei Verwendung von Cascade-Rohreisschrauben auch auf die Stellung der Lasche im Hinblick auf die zu erwartende Zugrichtung achten.
- Sitz der Eisschrauben *immer wieder* kontrollieren, wenn man sich länger daran sichert (Übungsbetrieb).
- Eisschrauben untereinander nicht auf Zug verspannen (Druckschmelzung).

Standplatz im Eis

Unter Standplatz versteht man einen sicheren Standort, an dem man verweilt, um selbstgesichert einen Gefährten in schwierigen Passagen zu sichern.

Bei der Wahl eines guten Standplatzes sollte man folgende Kriterien berücksichtigen:

- *Sicherer Punkt,* geschützt vor äußeren Gefahren wie Eisschlag, Steinschlag und Lawinen.
- Möglichkeiten, *gute Fixpunkte* (Eisschrauben, Eishaken, T-Anker) anzubringen.
- Eine *Größe,* die mindestens zwei, manchmal auch drei Personen Platz bieten sollte (Standstufe).

Vorbildliches Sichern über Ausgleichsverankerung in einer Steilstufe.

- Gute Stand- und Bedienposition der Gefährtensicherung.
- *Standposition* etwas außerhalb der direkten Absturzrichtung.
- Im Vorausgehen den Standplatz in einer Entfernung zum Abgehpunkt anlegen, die deutlich kürzer ist als die ausgehbare Seillänge, um *Sicherungsreserven* zu haben.
- Idealer *Seilverlauf* zum Gehenden oder Kletternden.
- Guter *Einblick* in das Gelände und gute Sprechverbindung zum Seilgefährten.

Selbstsicherung

Die Selbstsicherung erfolgt in der Regel über einen Fixpunkt des Standplatzes. Mit dem Selbstsichern will man sich vor Abstürzen bzw. vor dem Aus-dem-Stand-gerissen-Werden schützen. In vielen Fällen stellt der richtig bemessene Selbstsicherungsstrang auch eine wertvolle Gleichgewichtshilfe dar.
Eine weitere Absicht der Selbstsicherung kann es sein, sich auch von direkten Seilzügen zu entlasten (vgl. Spaltenbergung, Seite 172).

Einrichten der Selbstsicherung im Gletschergelände

- Setzen eines Fixpunktes (Eisschraube, Eishaken, T-Anker).
- Einklinken eines Karabiners in den Fixpunkt.
- Legen eines Mastwurfknotens im Hauptseilstrang, der von der Brust zum Gefährten geht.
- Einklinken des Mastwurfknotens in den Karabiner.
- Anpassen der Abstandslänge (ca. Armreichweite).
- Festziehen des Knotenbildes.

Beachte:
Selbstsicherung am Standplatz möglichst nicht zu stark auf Zug belasten, um Druckschmelzung (Eisschrauben, Eishaken) zu vermeiden. Zugrichtungen parallel zur Rohrachse des Sicherungsmittels vermeiden (tiefer stehen).

Selbstgesichert am Standplatz wird der zweite Fixpunkt der Ausgleichsverankerung eingedreht.

Gefährtensicherung

Der Gefährte wird mit der Halbmastwurfsicherung gesichert.
In gutem, festem Eis reicht ein Fixpunkt, in den die Gefährtensicherung eingeklinkt wird, aus. Es ist in der Regel der Fixpunkt, in den auch die Selbstsicherung schon eingehängt ist.
Bei morschem, sprödem Eis genügt ein Fixpunkt nicht. Es müssen zwei gesetzt werden. Mit einer Bandschlinge oder dicken Reepschnur werden diese Punkte so verbunden, daß sich eine bewegliche Ausgleichsverankerung ergibt. Ein in die Bandschlinge oder Reepschnur zentral befestigter HMS-Karabiner, in den die HMS-Sicherung eingehängt ist, wird die Sturzbelastung für jeden Fixpunkt nahezu halbieren.
Jüngste Untersuchungen des DAV-Sicherheitskreises haben folgende Empfehlungen ergeben, die man im Eis in der Regel sehr gut verwirklichen kann:

- Es werden zwei Fixpunkte ins Eis eingebracht.
- Die Fixpunkte werden annähernd übereinander gesetzt, der seitliche Abstand zueinander beträgt etwa 10 cm.
- In der Höhe befinden sich die beiden Fixpunkte etwa ¾ m auseinander.

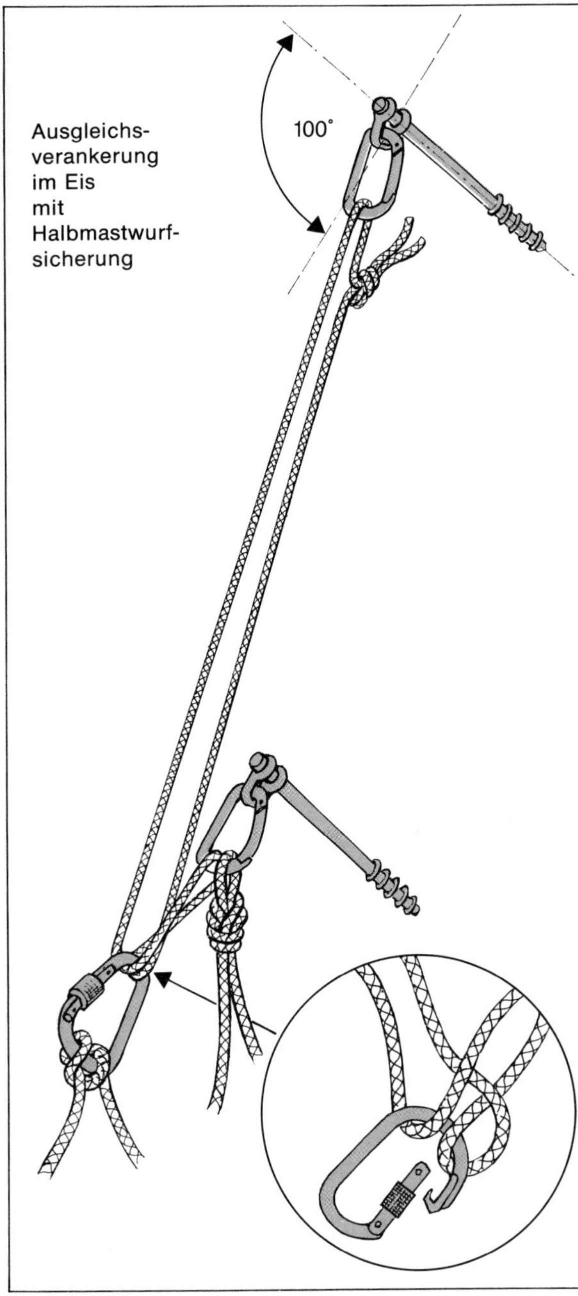

Einrichten des Kräftedreiecks

- Setzen des ersten Fixpunktes, in den man zugleich die Selbstsicherung (Karabiner und Mastwurfknoten) einklinkt.
- Setzen des zweiten Fixpunktes (Höhenabstand ¾ m, seitlicher Abstand ca. 10 cm).
- Einklinken von geeigneten Karabinern in die beiden Fixpunkte.
- Einhängen einer Bandschlinge oder dicken Reepschnur, die zu einem Ring verknüpft ist (Verknotung prüfen!). Halbierte Länge 1,20–1,50 m (unverknüpft ca. 2,5–3 m).
- Drehen des hinteren der beiden Stränge zu einer Schlinge.
- Einhängen eines HMS-Karabiners über beide Stränge und durch die eingedrehte Schlinge, die bei dem möglichen Ausbruch eines Fixpunktes als Abstreifsicherung für den Karabiner wirken würde.
- Ausrichten des Verbindungsknotens der Bandschlinge oder der Reepschnur in unmittelbare Nähe eines Fixpunktes, um den HMS-Karabiner in seiner Beweglichkeit nicht zu blockieren.
- Einklinken der HMS-Sicherung in den HMS-Karabiner des Kräftedreiecks.

Ausgleichsverankerung, gebildet aus der Restseilmenge des Hauptseiles.

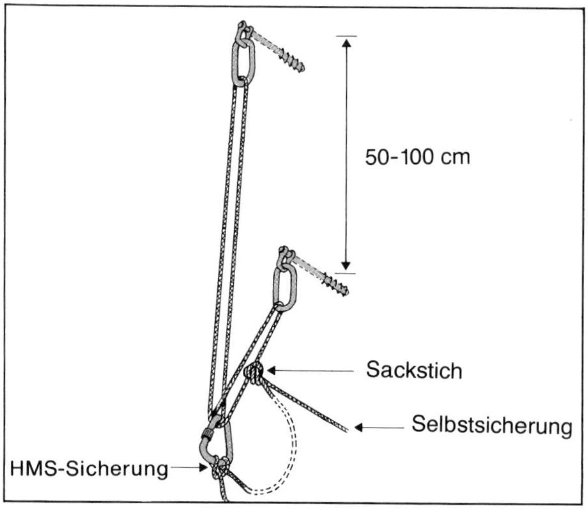

Richtig bediente Halbmastwurfsicherung (HMS-Sicherung).

Bedienen der HMS-Sicherung

- Die HMS-Sicherung wird mit Handschuhen bedient.
- Mit beiden Händen umklammert man jeweils einen der aus dem Knotenbild auslaufenden Seilstränge.
- Die Daumen zeigen in diesem Bediengriff *zum* HMS-Karabiner.
- Die Hand auf dem Seilstrang, der vom Karabiner aus zum Partner geht, bezeichnet man als Führhand. Mit ihr gibt man Seil aus oder holt es ein.
- Die andere Hand wird Bremshand genannt. *Sie verläßt den Seilstrang nie.* Man schließt und öffnet den Griff nur zum Einholen oder Ausgeben, die Hand wird auf dem Seil nach unten oder oben geschoben. Nur so ist ein sofortiger bremsender Faustschluß zum Bremsen des Sturzes gesichert.

Grundstufe Eis

10. Ausbildungsabschnitt: Führungstechnik

- ☐ Gehtempo.
- ☐ Seilführung.
- ☐ Spuranlage und Routenwahl.
- ☐ Verhalten auf aperen Gletschern.
- ☐ Verhalten in steinschlag- oder eisschlaggefährdeten Zonen.
- ☐ Verhalten auf schneebedeckten Gletschern mit Spaltensturzgefahr.
- ☐ Verhalten bei An- und Abstiegen auf Graten.
- ☐ Verhalten bei Nebel, Dunkelheit, schlechter Sicht.

Der guten *Führungstechnik* kommt beim Begehen flacher Gletscher und auf leichteren Eistouren besondere Bedeutung zu. Ruhiges Planen, überlegte Entscheidungen und ein *vorbildhaftes, sicherheitsbewußtes Verhalten des Führers* sind wesentliche Kriterien, die ein Gast bzw. Geführter sehen und erleben sollte, um Freude am Eisgehen zu haben.

Gehtempo

Das richtige Gehtempo ist immer abgestimmt auf die *Leistungsfähigkeit* der Geführten. Sauberes Trittsetzen in ruhiger Gehbewegung sollte gerade beim Anfänger, der seine ersten Erfahrungen im Eis sammelt, gut möglich sein. Ein gutes Tempo läßt auch ruhiges Atmen zu, eine Voraussetzung zur Ausdauerleistung. Der Führer sollte diesbezüglich Informationen und Tips geben, wie sich Gehbewegung und Atemrhythmus am besten verbinden lassen.
Langsames, gleichmäßiges Gehen läßt dem Schüler auch genügend Zeit, sich auf sein Umfeld zu konzentrieren. So kann er die Gletscheroberfläche auf mögliche Spaltengefahr untersuchen, das Verhalten des Vordermannes genau beobachten, bei einem Spaltensturz schnell reagieren und was ganz besonders wichtig ist, er kann seine Tour *»genießen«*.

Seilführung

Beim Gehen in Seilschaften auf Gletschern muß darauf geachtet werden, daß die Seilführung die Gehbewegung des Einzelnen nicht *behindert* und ihn *ablenkt*. Ein *leicht gespanntes Seil* zum Vordermann vermeidet solche Risiken. Der bildhafte Vergleich »Wäscheleine« hat sich in der Praxis oft gut bewährt (Wer schleift schon gerne seine frischgewaschenen Kleidungsstücke über den Boden?). Bei einem *schlappen Seil* besteht außerdem immer das Risiko, daß man bei Unachtsamkeit mit den Steigeisen auf das Seil tritt. Hier wirken sich vor allem Tempowechsel im Gehen (vgl. Gehtempo) ungünstig aus. Bei starken Richtungsänderungen, Serpentinenanstiegen, in spaltengefährlichem Gelände ist in der Seilschaft darauf zu achten, ungünstige Seilverläufe zu vermeiden, den Vordermann nicht aus dem Stand zu reißen oder ihm beim Übertreten einer Spaltenzone nicht genügend Seilreserve zu geben. Besteht Absturz- bzw. Spaltensturzgefahr, ist die zu erwartende *Sturzzugrichtung* mit zu bedenken. Die Hintermänner der Seilschaft ändern entsprechend ihre Anstiegslinie, um direkten Seilzug zu erreichen und um einen Pendelsturz zu vermeiden. Eine leichte Seilspannung ist einem »Telefondraht« vergleichbar, der Informationen über den Partner liefern kann (keine Rucke, fließende Gehbewegung).

Spuranlage und Routenwahl

Auf Grund der heute verbreiteten guten Führer- und Kartenwerke hat man hier meist schon genaue Routen und Anstiegslinien vorgegeben. Der gute Führer wird aber immer gemäß der momentanen Gletscher- bzw. Geländeverhältnisse seine Routen- und Spurwahl anpassen. Auch der Leistungsfähigkeit der Schüler ist die Spur anzupassen.

Verhalten auf aperen (schneefreien) Gletschern

Die Eisoberfläche mit all ihren Schönheiten und typischen Besonderheiten liegt hier klar vor einem. Aus

Kriterien einer guten Spuranlage und Routenwahl:

- Meidung von gefährdeten Zonen soweit wie möglich (Steinschlag, Eisschlag, Spalten, Lawinen). Wo dies nicht immer möglich ist, sollte die Spur so gelegt werden, daß man sich nicht zu lange in der gefährdeten Zone aufhalten muß.
- Gleichmäßige Anstiegssteilheiten, um starke Tempowechsel zu vermeiden. Leichte Serpentinenanstiege sind kraftraubenden Direktanstiegen vorzuziehen.
- Folgen der idealen Geländelinie, vor allem in spaltengefährdeten Bereichen. Versuchen die Spur möglichst in gleichmäßig geneigte Geländezonen zu legen, in denen Spaltenrisse nicht zu erwarten sind.
- Auch daran denken, daß die gut gelegte Spur Orientierungshilfsmittel bei schlechter Sicht und Nebel sein kann. Sie sollte deshalb Gefahrenzonen großräumig umgehen.

diesem Grund, weil man sich sicher fühlt, neigt man oft dazu, zu unvorsichtig apere Passagen anzugehen. Das fängt beim steigeisenlosen Gehen an und hört beim seilfreien Gehen auf. Die Führungspraxis zeigt aber immer wieder, daß das Können und ein richtiges Einschätzen der Situation oft nicht vorhanden sind. Schon deshalb sollte man hier als Führer Sicherheitsbewußtsein anerziehen und jedes Risiko meiden. *Steigeisen und Seil* sind eine *beruhigende Hilfe* für viele Gefährten. Der höhere Zeitbedarf kann durch gute Zeitplanung wieder aufgefangen werden und muß dem Sicherheits- und Erlebnisgewinn untergeordnet werden.

Da apere Gletscher meist stark oberflächenverschmutzt sind, sollte man auch darauf achten, daß das Seil nicht am Boden schleift. Vor allem bei Stops sollte man das Seil beim Aufschließen zum Vordermann in Schlingen aufnehmen.
Wegen der meist sehr rauhen Oberfläche von ausgeaperten Gletschern sollte der Führer auch immer die *Bekleidung* (Handschuhe, keine freien Unterarme) *kontrollieren.* Bei Stürzen können dadurch Aufschürfungen vermieden werden.

Wichtig:
Mit Unerfahrenen Gletscherflächen nie unangeseilt betreten.

Verhalten in stein- und eisschlaggefährdeten Zonen

Solche Routenabschnitte sind möglichst schnell zu queren. In manchen Fällen empfiehlt es sich, in einer sicheren Zone so hoch aufzusteigen, daß die kritische Zone dann *leicht absteigend* gequert werden kann, was meist schneller geht als ein Aufstieg in solchen Zonen. Vorbereitend ist darauf zu achten, daß evtl. Steinschlaghelme aufgesetzt werden (Tourenvorbereitung, Routenbeschreibung, dann entsprechend die Helme mit auf die Ausrüstungsliste).

Wichtig:
Steinschlaggefährdete Zonen mit großem Sicherheitsabstand oder nur einzeln queren. Ständige Geländebeobachtung und rechtzeitiges Warnen schafft Reaktionszeit. Ausnützen der »kalten« Tageszeiten, in denen die Eisbindung noch stark ist und Steine so evtl. noch durch das Angeeistsein halten.

Verhalten auf schneebedeckten Gletschern mit Spaltensturzgefahr

Das Begehen solcher Gletscher erfordert eine sehr *genaue Kenntnis der Route* und der Zusammenhänge, die zur Spaltenbildung geführt haben können (Gletscherfluß, Untergrundform).
Diesbezüglich ist das vor einem liegende Gelände ständig auszuwerten. Bei der geringsten Unsicherheit sollte man seine Seilgefährten entsprechend informieren, damit sie auf einen möglichen Sturz schon vorbereitet sind. In besonders kritischen Fällen *muß* gesichert werden (T-Anker, Eisschraube). Der Führer sollte kritische Zonen Schritt für Schritt bedächtig setzend, mit dem Pickel *sondierend passieren* und selbst jederzeit auf einen Sturz gefaßt sein.

In vielen Fällen hat es sich bewährt, kritische kleine, schneeüberdeckte Risse mit dem Pickel sichtbar freizuschlagen oder sie mit einem Strickkreuz zu *markieren.*

Wichtig:
Genaues Beobachten der schneebedeckten Gletscheroberfläche nach Eindellungen, solchen Linien nach links und rechts mit dem Auge folgen. Meist lassen sich dann kritische Rißzonen, die irgendwo schon weiter aufgerissen sind, besser ausmachen. Ständig auch auf Farbunterschiede in der Schneeoberfläche achten. Hier zeigen meist dunklere Zonen mögliche, darunterliegende Spalten an.

Verhalten bei An- und Abstiegen auf Graten

Besondere Gefahr besteht an Graten durch ein mögliches Ausgleiten, durch Stolpern (Steigeisen) oder durch den Abbruch von Wächten. Sicheres Trittsetzen im weichen Schnee, *rechtzeitiges* Anlegen von Steigeisen bei vereisten Graten sind erste wichtige Maßnahmen. In kurzen eisigen Gratpassagen verhilft auch ein Schlagen von Stufen (vgl. Seite 48) zu mehr Sicherheit. Besteht die Gefahr des Ausgleitens, ist unbedingt Einzelsicherung an Standplätzen mit Selbstsicherung vorzunehmen.

Vor allem an Graten mit flacherem Kammverlauf mit eventuellen Felsunterbrechungen wird beim Abstieg mit etwas längerem Abstand angeseilt, und der Seiloberste trägt zwei bis drei lose Schlingen in der Hand. Im Falle eines Sturzes seines Partners kann er eventuell dadurch noch so viel Zeit gewinnen, durch einen Sprung auf die gegenüberliegende Gratseite ein entsprechendes Gegengewicht zu schaffen.

Auch auf überwächteten Graten werden beim Gehen mit dem kurzen Seil außerhalb des Gletscherbereiches von den Bergsteigern hinter dem Seilersten *lose Seilschlingen* getragen. Sowohl beim Ausgleiten als auch beim Abbruch einer Wächte bleibt so mehr Zeit zur richtigen Reaktion. Meist hilft wiederum nur ein Sprung in die entgegengesetzte Flanke.

Besondere Vorsicht ist an Schnee- und Eisgraten mit steilen Flanken bei *starkem Wind* geboten, da dieser den Bergsteiger leicht aus dem Stand reißen kann bzw. dessen Trittsicherheit stark verringert.

Beim Begehen von Graten, Gipfeln oder Abbruchkanten muß stets auf mögliche **Wächten** geachtet werden. Vergleichen Sie zu diesen Punkten auch die Ausführungen im Alpin Lehrplan 10 (Seite 142 ff.).

Verhalten bei Nebel, Dunkelheit, schlechter Sicht

Neben der wesentlich *erhöhten Absturzgefahr* schafft die *schlechte Orientierungsmöglichkeit* bei eingeschränkter Sicht ein besonders hohes Risiko. Kenntnisse im Umgang mit Karte und Kompaß und einschlägigen Orientierungsmaßnahmen sind unbedingt erforderlich. Das Einschätzen und Erkennen drohender Gefahren, wie *Steinschlag* oder *Gletscherspalten,* ist oft nicht mehr möglich.

- Solange die Sicht noch ausreichend ist, sofort den *eigenen Standort* auf der Karte bestimmen.
- Markante Punkte und weiteren Routenverlauf rechtzeitig einprägen.
- Eine bereits *vorhandene Spur* im Gefahrenbereich ist in keiner Weise eine Gewähr für Sicherheit. Eine solche Spur darf nicht verfolgt werden, da durch verschiedene Einflüsse die Festigkeit seit dem Begehen der letzten Seilschaft abgenommen haben könnte.
- *Schlechte Sicht* bei Nebel oder Schneetreiben erfordert an Wächtengraten besondere Vorsicht. Man wird dann auf Einzelsicherung zurückgreifen, wenn die Gefahrenlinie nicht mehr genau erkannt und leicht überschritten werden kann.
- Bei diffusem Licht treten besonders *Täuschungen* und *Schätzfehler* auf. Nur die Landkarte hilft, das Gelände richtig zu interpretieren.
- Auch in leichtem Gelände ist bisweilen *Anseilen* angebracht.
- Eine *Gruppe* sollte unbedingt *beieinander bleiben.*
- Möglichst nicht abseilen, ansonsten nur unter *zusätzlicher Sicherung.*
- Oft ist es besser, auf bekanntem Weg den *Rückzug* anzutreten.
- Häufig wird ein *Biwak* die einzig sichere Entscheidung sein.

Oberstufe Eis

Oberstufe Eis

1. Ausbildungsabschnitt: Ausrüstung, Anseilen und Seilschaften beim Eisklettern

- □ Spezielle Ausrüstung zum Eisklettern.
- □ Anseilen zum Eisklettern.
- □ Seilschaftsformen zum Eisklettern.

Spezielle Ausrüstung zum Eisklettern

Bekleidung

Die Grundkriterien für die richtige Bekleidung zum Eisklettern entsprechen denen des Eisgehens (siehe Seite 10). Was man jedoch beachten sollte, ist die Tatsache, daß sicherungstechnisch bedingt die Knie-, Hüft- und Gesäßpartie der Kleidung häufig mit der Eis- oder Schneeoberfläche in Berührung sind. Eine geeignete, möglichst wasserabweisende Isolierung dieser Partien ist vorteilhaft.

Zum Eisklettern sind besonders geeignete *Fingerhandschuhe* auf dem Markt, deren Handinnenflächen meist aus geschmeidigem imprägnierten Leder gearbeitet sind, während die Außenseiten und Stulpen aus strapazierfähigem Nylonmaterial bestehen.

Günstig ist außerdem ein Schaft- bzw. Bundabschluß durch Gummizug oder Klettmaterial, der ein Eindringen von Schnee oder Wasser in den Handschuh verhindert und ihn zusätzlich im Sitz fixiert.

Ein gutes Futter hält die Hände warm. Bei extremer Kälte kann man zusätzlich noch dünne Seidenhandschuhe unterziehen. Bei Touren oder beim Training im Eisbruch, wo man im senkrechten Eis sehr schlagintensiv mit den Handgeräten arbeiten muß, haben sich auch Handschuhe mit einer Schutzauflage über den Fingern (Slalomhandschuhe) als sehr zweckmäßig erwiesen.

Da beim Eisklettern natürlich ein Steinschlaghelm getragen wird, ist es meist notwendig, eine warme dünne Mütze unter dem Helm aufzusetzen. Man wähle eine, die sich der Kopfform gut anpaßt.

Tip:
Die beiden Handschuhe mit einer dünnen Reepschnurkordel (ca. 160–180 m lang) zusammenhängen, in die Handschuhe schlüpfen und dann erst den Pullover oder Anorak drüberziehen. Mit dieser einfachen Vorsichtsmaßnahme kann man sich vor dem Verlust der Handschuhe schützen, die man unterwegs doch hin und wieder ausziehen muß.

Brust- und Sitzgurt, Gurtkombination

Die Gurtsysteme müssen den Normen (UIAA oder DIN) entsprechen. Besonderer Wert ist auf eine genaue Abstimmung der Gurtlängen zu legen, da Selbstsiche-

Eine richtig abgestimmte Brust-Sitzgurt-Kombination läßt ein entspanntes Arbeiten auch im Steileis zu.

rungen und Entlastungszüge durch die Gurte übertragen werden. Blutzirkulation und Atmung dürfen nicht beeinträchtigt werden. Materialschlingen zum Anhängen der Eisschrauben und Karabiner sollten die Gurte ebenfalls in ausreichender Zahl, möglichst seitlich hinten am Körper, aufweisen.

Seil

Zum Eisklettern werden 45–50 m lange Seile verwendet, bei speziellen Unternehmungen auch noch längere. Ob es sich dabei um ein Einfachseil, Doppel- oder Zwillingsseile handelt, richtet sich nach den speziellen Anforderungen der Routenführung. In jedem Fall müssen auch die Seile den Sicherheitsnormen entsprechen.

Schlingenmaterial

Für Standplätze, zur Verbesserung des Seilverlaufes an Zwischensicherungen und unter Umständen auch zur Verbesserung der Schraubenbelastung empfiehlt sich ein umfangreiches Sortiment an Expreßschlingen oder geknüpften Schlingen.

Karabiner

Je nach Schwierigkeit der Tour ist ein ausgewogenes Karabinersortiment mitzunehmen. Eine Optimierung, was die Zahl anbetrifft, ist sinnvoll zur Kraftersparnis. Die Aufhängepunkte sollten sich möglichst nahe dem Körperschwerpunkt (Hüftgegend) befinden.

Steigeisen

Überwiegend wird im Steileis in Frontalzackentechnik geklettert. Steigeisen mit Frontalzacken sind daher unerläßlich. In der Regel weisen solche Steigeisen zwölf Zacken auf, zehn Vertikalzacken und zwei Frontalzacken. Die Krümmung und Länge der Frontalzacken können unterschiedlich sein. Für Unternehmungen im Blankeis feilt man sich die Frontalzacken oft auch kürzer, um die Hebelkräfte und Wadenbelastung zu mindern. Einige Steigeisen haben das erste Vertikalzackenpaar hinter den Frontalzacken etwas nach vorne ausgerichtet (Diagonalzacken).
Normalerweise werden im Steileis starre Eisen verwendet, die einen guten Stützhebel ergeben. Die neuzeitlichen Schuhkonstruktionen (Kunststoffschalen) erlauben jedoch wegen ihrer Sohlensteifigkeit auch die Benützung von Gelenkeisen im Steileis. Die Befestigung der Eisen geschieht über Beriemungen oder noch besser über Steigeisenbindungen (Kipphebelverschluß). In ihrem Sitz sind die Steigeisen genau an das jeweilige Schuhmodell anzupassen, wie es auf Seite 52 beschrieben wurde.

Gelenksteigeisen mit Kipphebelbindung und Fangkarabiner, die sich in Kombination mit festen Schuhen auch zum Steileisklettern eignen.

Pflege der Steigeisen

Die Zacken der Steigeisen werden bei Touren, vor allem in kombiniertem Gelände, arg mitgenommen. Es ist daher ratsam, vor neuen Eisfahrten die Eisen zu schärfen. *Besonderes Augenmerk* ist dabei auf die Frontalzacken und die ersten Vertikalzackenpaare zu richten, die dann besser in das Eis eindringen. Trockene Lagerung der Eisen vermeidet Korrosionsschäden.

Eissicherungsmittel

In der Praxis sind nur Rohreisspiralen oder Eishaken in Rohrform verwendbar, die einer Belastung von mindestens 1000 kp standhalten. Dieser Belastungswert kann an Zwischensicherungen auftreten. Die Stückzahl und die Zusammenstellung des Sortiments richten sich nach der Tour und den zu erwartenden Eisverhältnissen.

Empfehlenswerte Längen:
Rohreisspiralen ab 17 cm.
Rohreishaken (Snarg) ab 23 cm.

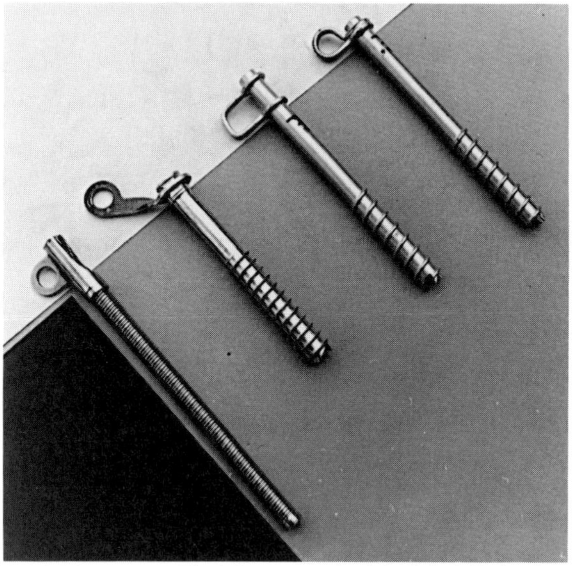

Empfehlenswerte Eissicherungsmittel (v. links): Rohreishaken »Salewa-Ice-Pin«; Cassin-Cascade-Rohreisschraube mit beweglicher Karabiner-Lasche; Salewa-Rohreisschraube; Rohreisschraube »Salewa-Ultra-Grip«.

Beachte:
Eishaken, die oft mit großer Wucht eingeschlagen werden müssen, ständig überprüfen. Sicherheitstechnisch bedenkliche Verformungen und Risse im Bereich des Eishakenkopfes sind möglich. Auch aus diesen Gründen ist es oft vorteilhaft, mehr Schrauben zu setzen, die mit gutem Schneidegewinde schnell eingedreht werden können.

Zu diesem Kapitel sei insbesondere auch das Studium des Tätigkeitsberichts des DAV-Sicherheitskreises 1980-1983 empfohlen, der sich mit der Sicherheit in Firn und Eis befaßt.

Eispickel

Hier gelten die gleichen Materialkriterien wie auf Seite 12 beschrieben. Für Steileisfahrten geeignete Pickel sollten jedoch andere Konstruktionsmerkmale aufweisen, die sie deutlich von Eispickeln für Gletscherwanderungen unterscheidbar machen:

Eisbeil (links) und Eispickel für Steileisklettereien.

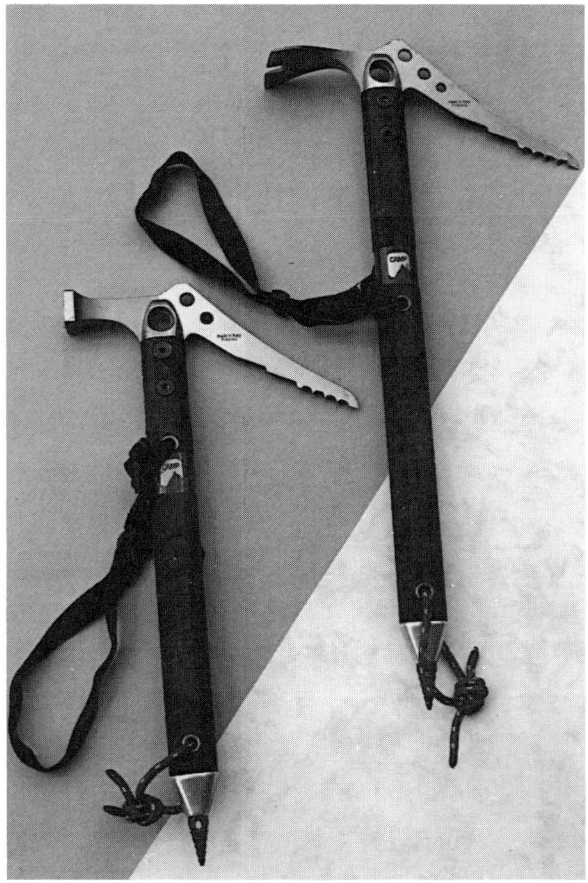

- Kürzere Schaftlänge (50–70 cm).
- Andere Hauenkrümmung (steiler).
- Schmäleres Hauenblatt.
- Stärkere Hauenzahnung ab Hauenspitze.
- Guter Schlagschwerpunkt.
- Schaftgriffzonen aus Kunststoff oder Gummi zur Verbesserung des Griffes.
- Angepaßte Schlingen bzw. verstellbare Schlaufen als Griffschlingen und zum Anhängen der Selbstsicherung.

Eisbeile

Sie sind noch kürzer als Eispickel (ca. 40–60 cm) und eignen sich sehr gut als Zweitgerät beim Steileisgehen. Als weiteres Unterscheidungsmerkmal haben sie statt einer Schaufel einen Hammer-Schlagkopf.

Eishämmer

Sie sind 30–40 cm lang und stellen ein Universalgerät dar. Sie können, wenn ihre Hauenkrümmungen ideal ausgelegt sind, sehr gut als zweites Handgerät verwendet werden. Außerdem eignen sie sich bestens zum Setzen von Eisschrauben und Eishaken, für das sich am Hammer ein Schlagkopf befindet.

Stubai-Eishammer mit eingeknüpften Griffschlingen.

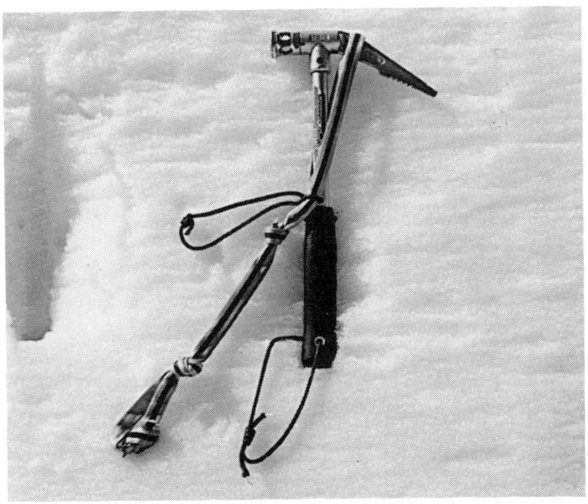

Anseilen zum Eisklettern

Die Verbindung zwischen Brust- und Sitzgurt bzw. Komplettgurt mit dem Hauptseilstrang (Doppelseilsträngen/Zwillingsseilsträngen) erfolgt ähnlich *wie beim Felsklettern direkt.* Der Knoten, mit dem der Einbindering geschlossen wird, ist der *Sackstich in Tropfenform.* Eine gegenseitige Überprüfung des Einbundes vor dem Einsteigen ist ratsam. Sinnvoll ist es auch, schon zu Hause die Gurtlängen genau auf die Körperproportionen abzustimmen. Hängeversuche unterstützen die genaue Abstimmung.

Seilschaftsformen zum Eisklettern

Zweierseilschaft

Die Zweierseilschaft ist für das Klettern im Eis die optimale Seilschaftsform. Sie kann schnell sein, ist sehr beweglich, und vor allem treten an den Standplätzen keine Schwierigkeiten auf. Bei überschlagendem Gehen, d. h. die Seilschaftspartner wechseln sich in der Führung der jeweils folgenden Seillänge ab, entfallen zeitraubende Standplatzwechsel.

Sichern des Nachsteigers in einer Zweierseilschaft im Steileis.

Dreierseilschaft

Zum Anseilen der Gefährten bestehen hier grundsätzlich zwei Möglichkeiten, die sich nach der Schwierigkeit des Geländes und dem Können der Partner richten:

Paralleles Anseilen
Diese Seilschaftsform gestattet ein gleichzeitiges, aber auch getrenntes Nachsteigen bzw. Nachsichern der Seilpartner. Der Seilschaftserste, in der Regel der erfahrenste Eiskletterer, ist mit jedem seiner zwei Seilpartner durch einen eigenen Seilstrang verbunden, die er sich mit Sackstich in Tropfenform getrennt voneinander in sein Geschirr einbindet. Der direkt sichernde

Seilkontakt ist so zu jedem Partner immer gegeben. Steigen beide Partner gleichzeitig nach, was beim Führer großes Geschick im Bedienen der Halbmastwurfsicherung verlangt, soll ein *Sicherheitsabstand der Nachsteiger* untereinander von ca. 4–5 m immer gegeben sein.

Anseilen der Dreierseilschaft an einem Seilstrang
Ist das Gelände nicht allzu schwierig und sind die beiden Nachsteiger annähernd gleich gut, kann unter Umständen auch an einem Seilstrang angeseilt werden. Bei den zwei Einbindemöglichkeiten für den Zweiten besteht die Gemeinsamkeit in der sog. *Weiche,* die im Falle des Sturzes eines Partners verhindert, daß der zweite Nachsteiger mit aus dem Stand gerissen wird. Zum einen kann die Weiche durch eine *Sackstichschlinge,* die ca. 3–4 m vor dem Seilende eingeknüpft wird, geschaffen werden. Diese Weichenlänge sollte etwa 150 cm lang sein. Nachdem sich dann der Zweite daran direkt ebenfalls mit Sackstich oder Spierenstich eingebunden hat, ergibt sich ein Abstand von etwa Armreichweite zum Hauptseilstrang. Der Dritte der Seilschaft bindet sich am Ende direkt mit Sackstich ein. Zum anderen gibt es auch noch die Möglichkeit der *Spierenstichweiche.* Mit einem separaten, ca. 3 m langen Seilstück bindet man sich wie oben an den Hauptseilstrang. Durch den Spierenstich läßt sich der Abstand situativ regeln.

Höherzählige Seilschaften im Steileis

Seilschaften, die aus mehr als drei Personen bestehen, sollten im Steileis die Ausnahme bilden, denn:
- Vier Personen können normalerweise auch zwei Zweierseilschaften bilden.
- Fünf Personen können normalerweise eine Zweier- und eine Dreierseilschaft bilden.

Doch gibt es auch Gründe für einen Zusammenschluß mehrerer kleiner Seilschaften zu einer großen:
- Ausfall eines Seilschaftsführers, z. B. Verletzung.
- Extrem schwieriges und/oder gefährliches Gelände, so daß nur ein Kletterer das erhöhte Risiko des Seilschaftsersten eingehen muß (z. B. Schlechtwetter mit Vereisung in kombiniertem Gelände).

Dreierseilschaft angeseilt an einem Seilstrang.
Einbindung des zweiten Mannes mittels »Weiche«.

Oberstufe Eis

2. Ausbildungsabschnitt: Sicherungstechnik beim Eisklettern

- □ Fixpunkte im Eis.
- □ Setzen der Eissicherungsmittel.
- □ Entfernen der Eissicherungsmittel.
- □ Standplatzbereitung im Steileis.
- □ Selbstsicherung.
- □ Gefährtensicherung.
- □ Zwischensicherung.
- □ Verhalten beim Sichern.
- □ Seilkommandos.
- □ Standplatzwechsel.

Fixpunkte im Eis

Im Eis haben Fixpunkte folgende Aufgaben zu erfüllen:
- Anhängepunkt für die Selbstsicherung.
- Aufhängepunkt für die Gefährtensicherung (HMS).
- Umlenkungspunkt bei Zwischensicherungen zur Minderung der Sturzhöhe des Seilersten.

Da Eis unterschiedliche Festigkeit bzw. Härte (Homogenität) haben kann, kommt der Beurteilung dieses Faktors und der davon abhängigen Wahl des Sicherungsmittels größte Bedeutung zu. Wegen der zu erwartenden Belastungen, die auf einen Sicherungspunkt treffen können, dürfen *nur Eissicherungsmittel in Rohrform* verwendet werden.

Setzen der Eissicherungsmittel

Wie im Kapitel Eisgehen (siehe Seite 121) beschrieben, werden Eisschrauben oder Eishaken nahezu rechtwinklig zur Eisoberfläche eingedreht bzw. eingeschlagen. Nach den Testuntersuchungen ist dieser Winkel der geeignetste, er hält Zugrichtungen nach oben wie nach unten gleichermaßen stand. Beim Setzen der Eissicherungsmittel im Steileis kommt erschwerend hinzu, daß die Arbeitsposition (Gleichgewicht/Frontalzackenstand) zum Eindrehen oder Schlagen oft ungünstig ist. In vielen Fällen ist deshalb eine kurzzeitige Selbstsicherung über eines der Hilfsgeräte (Eishammer/Eisbeil oder auch Eispickel) nötig. Ein *intensives Training* dieses Setzens von Sicherungsmitteln unter ungünstigen Bedingungen zahlt sich später kraftsparend und zeitgewinnend bei schwierigen Eisfahrten aus.

Technikbeschreibung
- An dem nach sicherungstechnischen und führungstaktischen Kriterien gewählten Setzpunkt die Eisoberfläche auf ihre Festigkeit prüfen.
- Bei sprödem Eis schlägt man eine etwa tellergroße Fläche mit der Haue aus und kratzt die darunterliegende kompakte Eisfläche frei.
- Dann wird mit einer Hand die Eisschraube oder der Eishaken rechtwinklig zur Eisoberfläche aufgesetzt.

Bestimmen des Setzpunktes und -winkels des Eissicherungsmittels (hier Rohreishaken).

- Mit dem Hammerkopf des Gerätes in der Schlaghand (Eishammer/Eisbeil) die Eisschraube oder den Eishaken leicht einschlagen.
- Bei Eisschrauben erkennt man das Fassen des Gewindes daran, daß sich die Schraube unter den Schlägen zu drehen beginnt. Ist das der Fall, steckt man die Haue durch die Karabineröse und dreht die Schraube so lange ins Eis, bis die Karabineröse aufsitzt. Neu entwickelte Schrauben haben auf dem Schraubengewinde bewegliche Ösen, die auch dann bis an die Eisoberfläche herangedreht werden können, wenn das Rohr z. B. schon auf Fels aufsitzt. Eine raffinierte Technik, durch die unter Umständen auch auf die Mitnahme unterschiedlich langer Eisschrauben verzichtet werden kann.
- Eisschrauben mit messerscharfem Gewinde ersparen ein Einschlagen, was wiederum den Ösenkopf schützt. Man kann sie leicht von Hand eindrehen.
- Beim Einschlagen der Eishaken folgen ersten leichten Schlägen kräftige Schläge, die den Haken eintreiben, bis die Öse aufsitzt. Dabei ist auf genaue Schlagführung zu achten, um Stauchungsschäden am Ösenkopf zu vermeiden.
- In den so richtig gesetzten Fixpunkt im Eis kann dann ein Karabiner eingeklinkt werden, der die jeweilige Sicherung aufnimmt.

Einschlagen des Rohreishakens ins Eis.

Entfernen der Eissicherungsmittel aus dem Eis

Eisschrauben und Eishaken können auf gleiche Art und Weise, meist sogar von Hand, aus dem Eis gedreht werden (Lockerung nach einiger Zeit durch Druckschmelzung). Geht es von Hand noch nicht, kann man die Haue der Eisgeräte zu Hilfe nehmen. Am Ende des Ausdrehvorgangs *aufpassen,* daß die Schraube nicht verloren geht. Eisreste im Rohrschaft ausklopfen oder ausblasen, um ein Verstopfen des Rohres zu vermeiden.

Standplatzbereitung im Steileis

Die Standplatzbereitung im steilen Eis läuft in der Regel unter erschwerten Bedingungen ab. Das Gelände bietet keine so guten Standmöglichkeiten, die körperliche Anstrengung im Zustieg ist meist höher. Die Gefahren und Risiken eines Absturzes bzw. von Stein- und Eisschlag kommen hinzu.

Eine rasche, automatisierte Ablauffolge in der Einrichtung des Standplatzes kann viel Kraft sparen:

- Der erste Standplatz am Ausgangspunkt läßt sich meist noch unter guten Standbedingungen anlegen. Doch sollte man schon hier, wie an allen folgenden Ständen auch, auf Sicherheit vor Stein- und Eisschlag achten. Die Vorstiegsrichtung des Partners muß ebenfalls bedacht werden. Sein evtl. Sturz darf die Personen am Standplatz nicht gefährden.
- Welchen Fixpunkt man am Stand setzt, richtet sich nach der Beschaffenheit des Eises und in manchen Fällen auch nach Zeitkriterien. Vielfach ist es leichter, einen Eishaken zu schlagen, als eine Eisschraube einzudrehen. Nur muß man sich immer klar darüber sein, welche Belastungen auf den Punkt kommen können. Manchmal wird es sicherer sein, eine bewegliche Ausgleichsverankerung (vgl. S. 123) einzurichten, z. B. bei schlechtem Eis, während ein anderes Mal in kompaktem Eis eine gut gesetzte Schraube genügt. Hier spielen *Erfahrung und Routine* eine große Rolle. *Am Anfang lieber zuviel als zuwenig Fixpunkte setzen.*

Technikbeschreibung

- Rechtzeitig, noch bevor die volle Seillänge ausgegangen ist (Seilkommandos beachten!), ist ein stabiler Zackenstand einzunehmen (leichte Spreizstellung; Knie durchgedrückt, Körperschwerpunkt zum Eis, Bogenspannung).
- Das Schlagen einer kleinen Standleiste, in die man dann treten kann, während man den Stand anlegt, spart Kraft und entlastet die Wadenmuskulatur.
- In günstiger Reichweite (Armlänge) Eis säubern und ersten Fixpunkt einschlagen bzw. eindrehen.
- In die Öse der Schraube oder des Hakens wird ein Karabiner eingeklinkt und so gedreht, daß der Schnapper unten außen ist.
- Dann nimmt man ¾ m zum Brustring entfernt das Hauptseil auf, legt einen Mastwurf und hängt sich damit in den Karabiner ein. Bei Bedarf kann man jetzt gesichert auch noch seinen Abstand zum Fixpunkt verändern.
- Ist dieser Vorgang abgeschlossen, ist man selbstgesichert und kann dem Partner »Stand!« zurufen.

Eindrehen des zweiten Sicherungspunktes zum Anbringen einer Ausgleichsverankerung; Kletterer dabei bereits selbstgesichert.

- Für den bis dahin sichernden Partner ist dies das akustische Zeichen, daß er die Gefährtensicherung aufgeben kann.
- Derjenige am Stand wird, wenn er sichert bzw. die Gefährtensicherung anlegt, darauf achten, daß er seinen Fixpunkt möglichst nicht zu sehr auf Zug und wenn doch, nur möglichst auf Zug parallel zur Eisoberfläche belastet (Druckschmelzung).

Gefährtensicherung beim Eisklettern

Durch die Gefährtensicherung soll ein freier Absturz des Kletternden durch den Sichernden verhindert bzw. gebremst werden.

Die am besten dafür geeignete Sicherungsform ist die *Halbmastwurfsicherung (HMS)*. Nur diese erfüllt alle an eine Sicherungsart gestellten Kriterien:

- Dynamische Bremswirkung mit Belastungswerten von ca. 2500 N (ca. 250 kp) bis ca. 4000 N (ca. 400 kp).
- Volle Funktionsfähigkeit unabhängig von der Belastungsrichtung.
- Außer dem speziell geeigneten Sicherungskarabiner, dem HMS-Karabiner, ist kein weiteres Sicherungshilfsmittel erforderlich. Dieser Karabiner weist eine große lichte Öffnung auf, um einen problemlosen Wechsel der HMS zwischen Seileinholen und -ausgeben zu ermöglichen. Ein Schraub- oder Twistlockverschluß verhindert ein ungewolltes Öffnen des Karabinerschnappers.
- Unkomplizierte Bedienung, die leicht und schnell erlernbar ist.
- Eignung für die Verwendung an Einfach- oder Doppelseilsträngen.

Anbringen der HMS-Sicherung

Der HMS-Karabiner wird entweder in ein bewegliches Kräftedreieck (vgl. Seite 123) oder in die Öse des Fixpunktes direkt ein- bzw. an einen zweiten Karabiner im Fixpunkt untergehängt. In diesen Fällen befindet sich im oberen Karabiner am Fixpunkt die Selbstsicherung mit Mastwurf und in dem darin eingeklinkten HMS-Karabiner die Gefährtensicherung über den Halbmastwurf.

Seilkommandos

Seilkommandos (SK) dienen der Verständigung der Seilpartner untereinander. Sie geben sich diese Kommandos immer in der gleichen Reihenfolge, womit sie ganz bestimmte Aktionen wie z. B. Standplatzsuchen verbinden können. Wichtig dabei ist, daß die *Kommandos klar und deutlich* ausgesprochen werden. Sind mehrere Seilschaften unterwegs, ruft man den Vornamen des Kletternden mit. Bei mehreren Personen am Standplatz sollte unnötige Unterhaltung eingeschränkt werden, um die Konzentration des Sichernden nicht zu stören.

SK 1

A: Klettert.

B: Steht selbstgesichert am Standplatz, sichert den Kletternden. A hat noch ca. 5 m Seil zur Verfügung. B: *»(Noch) 5 Meter!«*

Das Kommando *»Noch 5 Meter«* sagt dem Kletternden, daß es höchste Zeit ist, den Standplatz zu bereiten. Der Standplatz sollte nicht erst geschaffen werden, wenn das Seil zu Ende ist, da sonst keine Reserve für die dynamische Sicherung zur Verfügung steht.

SK 2

A: Errichtet seinen Standplatz und sichert sich selbst. Erst dann: *»Stand!«*

B: Hängt Gefährtensicherung aus, die Selbstsicherung bleibt eingehängt: *»Seil ein!«*

A ruft erst dann Stand, wenn er sich selbst gesichert hat. Das Kommando *»Stand!«* sagt B somit, daß er A jetzt nicht mehr sichern braucht. Er kann also die Gefährtensicherung aushängen. B weiß aber auch, daß er von A noch nicht gesichert wird. Also muß er sich weiterhin selbst sichern. Das restliche Seil kann von A nach der Aufforderung *»Seil ein!«* eingezogen werden.

SK 3

A: Zieht das übrige Seil ein und hängt die Gefährtensicherung (HMS-Sicherung) an der Ausgleichsverankerung ein: *»Nachkommen!«*

B: Löst seine Selbstsicherung. Entfernt die Ausgleichsverankerung und Fixpunkte. Dann: *»Ich komme!«*

Durch das Kommando *»Nachkommen!«* weiß B, daß er von A jetzt gesichert ist. Von oben gesichert, kann er nun den Stand abbauen, das Material verstauen und nach *»Ich komme!«* zu klettern beginnen.

SK 4

A: Sichert B.

B: Klettert, gesichert von A.

B klettert, gesichert von A, die Seillänge bis zum Standplatz. Er wird von A eingewiesen, auf welcher Seite er den Stand erreichen soll. Dort ist (im steilen Gelände) von A bereits eine Standstufe vorbereitet.
Je nach Konditions- und Könnensstand klettert B dann als Führender die nächste Seillänge, oder A führt weiterhin. Im zweiten Fall erfolgt ein Standplatzwechsel.

Beachte:
Gut gesichert zu sein, beruhigt ungemein; den guten Kletterer genauso wie den weniger guten.

Kletterer im steilen Eis oberhalb Zwischensicherung.

Standplatzwechsel

Werden mehrere Seillängen hintereinander vom selben Kletterer geführt, muß an jedem Standplatz ein Wechsel vorgenommen werden. Oberstes Prinzip: *Jedes Seilschaftsmitglied ist stets gesichert!*

Ablauffolge

1. A: Sichert.
   B: Erreicht den Standplatz und hängt seine Selbstsicherung an einem Fixpunkt ein.
2. A: Löst die Gefährtensicherung von B.
   B: Nimmt A in die Gefährtensicherung.
3. A: Löst seine Selbstsicherung und beginnt, jetzt von
   B: gesichert, mit dem Klettern.

Beachte:
Nie zwei Karabiner zur Selbst- und Gefährtensicherung in gleicher Höhe nebeneinanderhängen, um ein evtl. Blockieren der HMS zu vermeiden.

Zwischensicherungen

Zwischensicherungen sind Fixpunkte, die im Verlauf einer Seillänge eingebracht werden, um Absturzrisiken zu mindern. Die Bedeutung von Zwischensicherungen, die Belastungskräfte, die auf sie wirken, wurden lange unterschätzt. Die größere Aufmerksamkeit galt immer den Standplatzsicherungen, was sich schon im verwendeten Sicherungsmaterial und im Sicherungsaufwand ausdrückte, verglichen mit dem der Zwischensicherungen. Kräftedreiecke und Bruchlastwerte der Karabiner sind hier nur als Beispiel genannt. Die Erkenntnis – sicher keine neue –, daß *auf die Zwischensicherungspunkte weitaus höhere Kräfte* einwirken können, machten die Untersuchungen des DAV-Sicherheitskreises im Zusammenhang mit den Eisschraubentests deutlich. Nicht zuletzt deshalb muß man sich über die Funktionen der Zwischensicherungen im klaren sein, um sie rechtzeitig und richtig einzusetzen.
– Zwischensicherungen:

- Vermindern die Sturzhöhe des Voraussteigenden im Falle eines Sturzes.
- Vermeiden lange Pendelstürze.
- Verhindern, daß im Falle eines Sturzes die gesamte Fallenergie auf die Standplatzsicherung wirkt.
- Können in Ausnahmefällen auch künstliche Hilfen zur Fortbewegung sein.

Abstände der Zwischensicherungen

- Die erste Zwischensicherung setzt der gute Eiskletterer schon wenige Meter über dem Standplatz (ca. 3–8 m). Der Sturzfaktor und damit die Belastungsrisiken für die Sicherungskette werden dadurch entscheidend gemindert.
- Diese erste Zwischensicherung hat als Fixpunkt das Eissicherungsmittel mit der höchsten Haltekraft (Eisschraube).
- Sie wird auch nicht direkt über dem Sichernden angebracht, sondern in versetzter Linie zu ihm, um bei einem möglichen Absturz nicht zu gefährden.
- Des weiteren werden Zwischensicherungen in regelmäßigen Abständen gesetzt.
- Grundsätzlich sind Zwischensicherungen aber vor schwierigen Kletterpassagen notwendig.
- Die Anzahl der Zwischensicherungen richtet sich auch ein wenig nach dem technischen Können, der körperlichen sowie der psychischen Verfassung (Angst, Gefahren, Wetter) der Kletterer.

Beachte:
Lieber eine Zwischensicherung mehr, als eine zu wenig! Sehr wenige oder gar keine Zwischensicherungen sind nicht gleichbedeutend mit »Klasse« des Eiskletterers.

Verhalten beim Sichern des Gefährten

Richtiges Sichern des Gefährten setzt gutes Einfühlungsvermögen und genaues Beobachten des Kletternden voraus.

Folgende Kriterien zeichnen gutes Sichern aus:

- Bedienung der HMS-Sicherung mit Handschuhen.
- Die Daumen der sichernden Hände zeigen zum HMS-Karabiner.
- Die Position des Sichernden belastet das System nach unten, Belastungs- bzw. Bedienungszüge an den Seilsträngen werden möglichst parallel zur Eisoberfläche in das Sicherungssystem eingelenkt.
- Der Sichernde gibt dem kletternden Gefährten immer gerade genug Seil. Das Gleichgewicht störende Züge sollen dadurch vermieden werden.
- Beim Sichern des Nachsteigenden wird das Seil möglichst straff eingeholt.

Oberstufe Eis

3. Ausbildungsabschnitt Klettertechniken im Steileis

- ☐ Einsatz der Steigeisen im Aufstieg.
- ☐ Frontalzackentechnik im Steileis.
- ☐ Mischtechnik, Frontalzackentechnik und Vertikalzackentechnik im Steileis.
- ☐ Einsatz der Handgeräte im Steileis.
- ☐ Schlagtechnik mit den Handgeräten.
- ☐ Lösen der Handgeräte aus dem Eis.
- ☐ Anstiegstechnik mit zwei Handgeräten.
- ☐ Ruheposition im Steileis.
- ☐ Arbeitsposition im Steileis.
- ☐ Querungen im Steileis.
- ☐ Abstiege im Steileis.

Klettertechniken im Steileis

Der Bewegungsablauf beim Eisklettern zeichnet sich durch ein kraftsparendes Zusammenwirken von Steigeisen und Handgeräteeinsätzen aus.

Wenn es die Eispassagen erlauben, wird der Höhengewinn durch die Beinarbeit erzielt. Der Einsatz der Handgeräte (Eispickel, Eisbeil, Eishammer) dient in diesen Fällen der Stabilisierung der Körperlage, verhindert ein Abkippen nach hinten. Dagegen werden die Handgeräte in schwierigen senkrechten Kletterstellen auch als Zug- und Entlastungshilfe angewendet. Die Armarbeit unterstützt die Hubarbeit der Beine.
Der Einsatz der Steigeisen in Frontalzacken- oder Mischtechnik baut auf die elementaren Grundlagen auf, die im Zusammenhang mit den Techniken für das Eisgehen (siehe Seite 102) schon beschrieben worden sind. Die Grundkriterien, die dort aufgeführt sind, gelten auch hier. Somit wird klar ersichtlich, wie notwendig es ist, *schon beim Beginn des Unterrichtens auf eine saubere, fehlerfreie Bewegungsausführung zu achten,* um in der Oberstufe des Eiskletterns nicht mehr mit Grundfehlern belastet zu sein.
Wesentlich größere Wertigkeit bekommt in diesem Ausbildungsabschnitt der Einsatz der Handgeräte zum Fortbewegen und Sichern. Erst wenn hier durch gezielte Ausbildung mit intensivster praktischer Übung ein Vertrauen in den Halt der Geräte gewonnen wurde, kann man auch eine andere wesentliche, oft auch leistungshemmende Belastung des Eiskletterns mindern – die psychische.

Kletterer in Frontalzackentechnik und einem Handgerät in steiler Eisflanke.

Einsatz der Steigeisen im Aufstieg

Hier dominiert klar die *Frontalzackentechnik,* die in ihren Hauptkriterien schon behandelt wurde (siehe Seite 102). In Eispassagen von 50-60° lassen sich auch *Mischtechniken* gut einsetzen. Im wesentlichen versucht man, die Wadenmuskulatur eines Beines dadurch zu entlasten, daß man das Eisen wieder mit den Vertikalzacken einsetzt, während das andere Bein über die Frontalzacken der Steigeisen Halt findet.
Im senkrechten Eis kommt diese Technik nicht mehr in Frage, da bei einem Vertikalzackeneinsatz die Fußknöchel die nötige Ausgleichsarbeit im Schuh nicht mehr leisten könnten.

Mischtechnik: Kombination von Frontalzacken- und Vertikalzackentechnik im Steileis

Das alleinige Klettern mit Frontalzacken ermüdet auch bei bester Technik auf die Dauer sehr. Die große Belastung vor allem der Wadenmuskulatur läßt sich durch die Anwendung einer Mischtechnik wechselweise wenigstens für ein Bein mindern. Geeignet ist diese Technik für Eisflanken bis zu 60°.

Technikbeschreibung

Ausgangsstellung ist eine mindestens hüftbreite Beinstellung. Je nach Härte des Eises sind die Frontalzacken ins Eis gesetzt oder geschlagen worden. Die Füße stehen parallel zueinander.
Durch Verschieben des Körperschwerpunkts in der Hüfte zu einer Seite hin wechselt die Belastung von zwei Beinen auf eines, das jetzt Standbein wird. Das so entlastete Bein wird vom Eis abgehoben und die Fußspitze/Steigeisen werden nach außen gedreht. Durch Anheben in Knie und Oberschenkel bringt man das Steigeisen in eine günstige hohe Trittposition etwas unter Kniehöhe. Indem man dabei die Knie hangauswärts führt, stellt man die Vertikalzacken des Steigeisens parallel zur Eisoberfläche an und setzt es zunächst noch unbelastet auf.
Durch den folgenden Belastungswechsel zu dem mit den Vertikalzacken eingesetzten Bein greifen diese Zacken im Eis, man kann das abgewinkelte Knie durchstrecken, um Höhe zu gewinnen. In dieser Phase kommt auf die Fußgelenke die gesamte Ausgleichsarbeit, um alle Vertikalzacken im Eis zu halten. Nach der Streckung kann das eine Bein wieder mit den Frontalzacken eingeschlagen und belastet werden, der Bewegungsablauf beginnt von neuem.
Nach einiger Zeit, je nach Ermüdungszustand, wechselt man mit dem Technikprogramm. Das Bein, das bisher in Frontalzackentechnik gearbeitet hat, führt jetzt die Vertikalzackentechnik aus, für das andere Bein gilt das umgekehrt.

Mischtechnik im steilen Eis: linker Fuß mit Vertikalzackeneinsatz, rechter Fuß in Frontalzackentechnik.

Frontalzackentechnik im Steileis

Nachstehend seien zur Erinnerung noch einmal die wesentlichsten Ausführungskriterien der Frontalzackentechnik beschrieben, die zugleich auch Schwerpunkte in der Ausbildung sein müssen:

Ausbildungsschwerpunkte
- Richtige Beinweite und Fußstellung zur Frontalzackentechnik.
- Richtigen Einsatz der Frontalzacken, Setzen oder Schlagen je nach Eishärte.
- Gleichgewichtspositionen (Körperlage) in Bewegungs- und Ruhephasen.
- Vorrangige Beinarbeit zum Höhengewinn.
- Bewegungsfluß, Bewegungsfolge, Bewegungsrhythmus.
- Bewegungsharmonie, Bewegungskoordination.

Einsatz der Handgeräte im Aufstieg

Den Handgeräteeinsätzen im Steileis kommt sehr große Bedeutung zu. Sie bieten dem Kletterer oft die einzige Möglichkeit, sich im Gleichgewicht zu halten. Doch nicht nur als Zug- oder Griffhilfe werden Eispickel, Eisbeil und Eishammer angewandt, sondern häufig auch als künstlich geschaffener, kurzzeitiger Fixpunkt, um sich selbst z. B. bei Bewegungspausen zwischenzusichern.
In Kenntnis all dieser Funktionen und deren Wichtigkeit wird man der Schulung seiner Schlagtechnik in der Ausbildung besondere Aufmerksamkeit widmen. Es dauert schon seine Zeit und braucht anfangs auch oft eine gehörige Portion Mut, bis man sich dem Halt seiner Handgeräte voll anvertraut.

Greifen der Handgeräte

Die Griffvarianten, die im Zusammenhang mit den Griffen zum Eispickelgebrauch schon beschrieben wurden (siehe Seite 71), können auch am Eisbeil oder Eishammer verwendet werden. Von den drei Möglichkeiten *Kopfstütz-, Kopfzug- und Schaftzuggriff* kommt vor allem die letztgenannte Grifftechnik im Steileis überwiegend zur Anwendung.

Eiskletterer in extremer Position unter voller Schaftzugbelastung der beiden Handgeräte.

Bandschlinge als Entlastungshilfe

Das Anbringen einer Handschlaufe aus Bandschlingenmaterial entlastet die Hand- und Armmuskulatur bei Schaftzuggriffen am Eisbeil oder Eishammer. Die Schlinge wird durch die Karabineröse am Kopf des Handgerätes gezogen, in ihrer Länge auf den Schaft des Gerätes abgestimmt und endverknotet. Je nach Handgerät ist es auch manchmal sinnvoll, die Schlinge an den Schaft zu führen, um die beste Zugwirkung auf die Haue zu erreichen.
Zum Greifen des Gerätes fährt man mit der Hand erst durch die Bandschlingenschlaufe. Bei festem Griff am Schaftende soll die Bandschlinge leicht gespannt sein und das Handgelenk stützen. Bei vorbereitenden Übungen im Eisbruch läßt sich die Schlinge ideal in ihrer Länge abstimmen. Manche Eisgeher helfen sich mit dem Trick, die Schlinge etwa 20 cm länger zu wählen und durch Aufwringen des Bandes (mehrfaches Umkreisen der Schlinge mit der Griffhand, die sich schon in der Schlaufe befindet) die genaue Länge zu bekommen. Diese Technik hat auch den Vorteil, daß man die Hand durch Zurückwickeln leichter unter Belastung wieder vom Gerät lösen kann.

Schlagtechnik mit Handgeräten

Die Schlagbewegung läßt sich in drei Phasen beschreiben:

- Die Ausholbewegung.
- Die Schlagbewegung.
- Das Einkerben.

Zum Ausholen führt man das fest am Schaftende gegriffene Gerät über der Schulter des Schlagarmes nach hinten. Hammerkopf oder Schaufel des Gerätes berühren am Ende der Ausholbewegung fast den Rücken. Die Ellbogenspitze ist etwa in Kopfhöhe und zeigt zum Eis.
Der Schlagschwung selbst erfolgt kräftig, vor-aufwärts. Die Reichweite des Armes wird voll ausgenützt. Die Kurve des Schlagschwunges richtet sich auch nach der Konstruktion (Geometrie) der Gerätehaue. Der letzte Teil der Kurvenbahn sollte im Schwungradius etwa dem Krümmungsradius der Haue angepaßt sein, das sichert die größte Eindringtiefe. Bei manchen Geräten, die einen sehr engen Winkel zwischen Haue und Schaft haben, ist es günstig, die Schlagkurve in eine Gerade überzuführen, den Schwung »abzureißen«.
Das Einkerben der Haue wird durch einen kräftigen Faustschluß um den Geräteschaft kurz vor dem Auftreffen verbessert. Die Haue soll möglichst gerade in das Eis eindringen. Die Härte des Schlages hat sich wieder nach der Eisbeschaffenheit zu richten, ein unnötiges Aussprengen des Eises sollte vermieden werden.

Lösen der Handgeräte aus dem Eis

Das Lösen der Haue erfolgt durch ein Heraushebeln. Mit der Griffhand zieht man das Schaftende erst zum Körper, drückt es dann wieder gegen das Eis und schiebt gleichzeitig den Schaft nach oben, die Haue kommt aus dem Eis. Bei hartnäckigen Fällen können auch seitliche Hin-und-Her-Bewegungen den Hauenkopf mehr lockern, um ihn aus dem Eis zu hebeln. Abwechselnd dazu kann auch noch eine Auf- und Abbewegung der Pickelhaue das Lösen erleichtern.
Beim Heraushebeln des Eisgerätes ist *auf einen sicheren Stand zu achten* (Dreipunktauflage). Ruckhafte Bewegungen sollten vermieden werden, um das Gleichgewicht nicht zu verlieren.

Beachte:
Die Standposition am Eis sollte bei den Schlägen möglichst stabil sein. Die Schläge müssen ruhig und kontrolliert ausgeführt werden. Drehungen um die Körperlängsachse sind zu vermeiden.

Anstiegstechnik mit zwei Handgeräten

Den guten Eiskletterer kennzeichnet das koordinierte Zusammenspiel von Steigeiseneinsätzen, Frontalzacken- oder Mischtechnik mit dem Einsatz der Handgeräte. Um den Gerätehalt zu sichern, ist es wesentlich, ein ausgeprägtes Gleichgewichtsgefühl und ein gutes Körperlageempfinden zu haben. Gezieltes Training im Eisbruch, vergleichbar mit dem Training im Klettergarten, schafft die entsprechenden Bewegungserfahrungen.
Zwei Körpereinstellungen unterscheiden sich grundsätzlich:

- Die Ruheposition oder Standphase.
- Die Arbeitsposition oder Bewegungsphase.

Technikbeschreibung
Ruheposition
In der Ruheposition sind die Beine etwas über Hüftbreite gespreizt. Die Frontalzacken der Steigeisen sind fest eingeschlagen. Beide Handgeräte hat man in maximal günstiger Reichweite eingeschlagen und auf Zug belastet. Die Weite bzw. der Abstand der beiden Handgeräte entspricht etwa dem der Füße bzw. Frontalzackenpaare. Von hinten betrachtet hat der Kletterer eine leichte X-Position. Von der Seite sieht man, daß der Körperschwerpunkt (Hüfte/Bauch) ganz nahe an das Eis gedrückt wurde, um die optimale Belastung zum Stand auf den Frontalzacken zu haben (Bogenspannung).
Aus dieser Position heraus kann durch Verschieben des Körperschwerpunkts zur Seite (Hüfte) ein Fuß oder ein Handgerät zum Höhersteigen oder Höherschlagen entlastet werden.

Arbeitsposition
Zum Höhersteigen wird der Körperschwerpunkt vom Eis nach außen genommen, um den Beinen die nötige

Ruheposition/Zwischenphase mit ausgeprägter Körper-Bogenspannung.

Arbeitsposition/Bewegungsphase (»Sichelposition«); maximaler Zug auf Hauenspitzen und maximaler Druck auf die Frontalzackenpaare.

Bewegungsfreiheit zu geben und den Druck auf die Frontalzacken zu erhöhen. Die Handgeräte werden am Schaftende etwas nach außen gehebelt, wodurch sich die Hauen besser im Eis verklemmen.
Betrachtet man diese Kletterposition von der Seite, kann man sie auch als sichelförmig bzw. als *»Sichelposition«* bezeichnen. In dieser entstehen über die Körperkrümmung (Sichelbogen) die maximalen Belastungspunkte oben an den Hauen und unten an den Frontalzacken.

Steileisklettern mit zwei Handgeräten

Bewegungsablauf

Zum Abklettern vom Standplatz werden zunächst beide Handgeräte in maximaler Reichhöhe eingeschlagen und auf Zug belastet. In dieser X-förmigen Ausgangsstellung folgt durch ein Verschieben der Hüfte der Belastungswechsel auf ein Bein. Zum Höhersetzen der Beine wird dann die Hüfte vom Eis genommen, ange-

1 Bogenspannung Handgerät höher einschlagen
2 Höhersteigen in Frontalzackentechnik
3 Vorbereiten Standposition Grätschtritt
4 Ruheposition

bückt. Das jetzt unbelastete Bein wird vom Eis abgehoben und etwas unter Kniehöhe mit den Frontalzacken ins Eis geschlagen oder auf die Vertikalzacken gesetzt, je nachdem, ob man die Frontalzacken- oder Mischtechnik anwenden will. Nach einem Belastungswechsel auf das eben höhergesetzte Bein erfolgt unter Zughilfe der Arme das Nachstellen des zweiten Fußes in Höhe des ersten. Weitere Belastungswechsel und Tritte schließen sich an, bis sich der Kopf des Kletterers nach dem Durchdrücken der Knie etwa in Höhe der Gerätehauen befindet. Jetzt wird die Hüfte wieder zum Eis gedrückt, um die stabile Standposition einzunehmen, in der man einen Arm entlastet, um das Eisbeil oder den Eishammer aus dem Eis nehmen und wieder höher einschlagen zu können. Ist das geschehen, entlastet man den anderen Arm und schlägt auch das zweite Gerät so hoch oben wie möglich ein. Die Abgangsposition ist wieder erreicht, und eine nächste Bewegungsfolge in diesem so bezeichneten *Raupentakt* (Fuß-Fuß, Arm-Arm) kann sich anschließen.

Dem Raupentakt wird man in schwierigen Passagen immer den Vorzug geben (optimales Einnehmen von Ruhe- und Arbeitsstellung). Eine andere Möglichkeit, der diagonale Bewegungsablauf (z. B. rechtes Bein – linker Arm, linkes Bein – rechter Arm), ist vom Tempo her zwar etwas schneller, aber doch nur im leichteren Gelände sinnvoll, da hier Standsicherheit und Gleichgewichtslage nicht so optimal sind.

Beachte:
Auch bei den Spreiztritten auf sauberen Frontalzackenstand achten und die Füße mit ihrer Sohlenachse senkrecht zur Eisoberfläche anstellen.

Abstiege im Steileis

Verschiedene Ursachen können dazu führen, daß man auch in steilerem Eis einmal absteigen muß. Der Handgeräteeinsatz ist dabei etwas erschwert, weil die Schlagschwünge nicht mehr so gut ausgeführt werden können. Wenn es die Geländesteilheit noch zuläßt, kann man sich durch Kopfstütz- oder Kopfzugtechnik den Handgeräteeinsatz im Abstieg etwas erleichtern.
Bei Abstiegen in Schaftzugtechnik mit Frontalzackeneinsätzen gilt das Muster des Aufstiegs etwa in umgekehrter Richtung. Die Phasen sind allerdings etwas anders gewichtet. Arbeitstakt ist wieder zweckmäßigerweise der Raupentakt, erst werden die Schlagbewegungen mit den Geräten Hand–Hand, dann die Frontalzacken Fuß–Fuß ausgeführt.

Technikbeschreibung
Aus der Ruheposition wird nach entsprechenden Belastungswechseln, die jeweils eines der beiden Handgeräte entlasten, ein Handgerät nach dem anderen so tief wie möglich weiter unter eingeschlagen. Der Schlagschwung kann nur etwas kürzer ausgeführt werden, muß daher *exakt und kräftig* sein. Nachdem beide Geräte tiefer unten eingeschlagen wurden – die Arme sind in dieser Position stark im Ellbogen gebeugt –, senkt man die Hüfte in Arbeitsposition und steigt in Frontalzackentechnik mit den Füßen so weit nach unten, bis die Arme fast gestreckt sind. Die Ruheposition wird wieder eingenommen, die Hüfte zum sicheren Stand ans Eis gedrückt. In Bogenspannung löst man wieder die Handgeräte und schlägt sie tiefer unten erneut ein, die nächste Trittfolge nach unten schließt sich an usw.

Oben: Handgerät in günstiger Reichweite eingeschlagen.
Unten: Ausholen zum Schlagschwung in Arbeitsposition.

Oberstufe Eis

4. Ausbildungsabschnitt: Rückzug im Steileis

- □ Abseilen im Steileis.
- □ Fixpunkte zum Abseilen im Eis.
- □ Fixpunkte zum Abseilen in kombiniertem Gelände.
- □ Abseiltechniken.
- □ Allgemeine Verhaltensregeln zum Abseilen.
- □ Ablassen kombiniert mit Absteigen.
- □ Als Rückzugstechnik.
- □ Überqueren von Bergschründen im Rückzug.

Rückzug im Steileis

Abseilen oder Ablassen stellen oft die einzige Möglichkeit des Rückzugs dar, wenn in einer steilen Eiswand oder im kombinierten Gelände Probleme auftreten (Verhauer, Wetter, Verletzungen), die einen weiteren Anstieg nicht ratsam erscheinen lassen.
Die Wahl des Rückzugsverfahrens richtet sich nach *technischen* und *situativen* Gegebenheiten. Wenn zwei lange Seile (45–50 m) zur Verfügung stehen, ist das Abseilen die schnellste Rückzugsmöglichkeit. Ist nur ein Seil vorhanden, bietet sich eher eine Kombination aus Ablassen und Abklettern an. Beide Verfahren werden nachstehend beschrieben.
Der technische Ablauf der Rückzugstechniken muß im Rahmen der Eisausbildung immer und immer wieder geübt werden, damit auch unter Streßbedingungen richtig gehandelt wird.

Beachte:
Beim Rückzug muß mit der gleichen Konzentration und Sorgfalt vorgegangen werden wie beim Aufstieg.

Abseilen im Steileis

Verlaufsbeschreibung

- Gute Standposition schaffen (Stufe auspickeln) oder naturgegebene Möglichkeiten ideal ausnützen.
- Abseilstelle einrichten, Fixpunkt wählen.
- Selbstsichern an der Abseilstelle.
- Seile verbinden (Spierenstich oder Sackstich).
- Seil aufnehmen.
- Endknoten (Sackstich oder Achter) einknüpfen.
- Im uneinsehbaren Gelände und bei mehreren Seilschaften »Achtung Seil!« nach unten rufen.
- Kurze Zeit danach Seil auswerfen.
- Abziehen prüfen, Abzugsstrang merken.
- Abseilverfahren wählen.
- Geeignete Form der Selbstsicherung am Abseilstrang befestigen (z. B. Kurzprusik) und am Körper einklinken.
- Vorherige Selbstsicherung lösen, da man jetzt am Abseilstrang selbstgesichert ist.
- Abseilen.
- Rechtzeitig vor dem Seilendknoten schon nach geeignetem Stand ausschauen.
- Am Ende der Abseilstrecke, noch gesichert über den Hauptseilstrang, den nächsten Stand bzw. die nächste Abseilstelle seitlich versetzt einrichten.
- Am neuen Stand selbstsichern und erst dann die Selbstsicherung vom Hauptseilstrang lösen.
- Kommando »Seil frei!« nach oben rufen, damit sich der nächste abseilen kann, für den der gleiche Ablauf gilt.

Fixpunkte zum Anseilen im Eis

Im Eis bieten sich verschiedene Möglichkeiten an, um Abseilpunkte zu schaffen. Die Wahl richtet sich nach den *situativen Gegebenheiten* (Gelände, Zeit, Ausrüstung) genauso wie nach den *technischen Fertigkeiten* und dem *körperlichen Zustand* des Eisgehers oder Eiskletterers. Nachstehend sind die gängigsten Möglichkeiten zur Schaffung von Fixpunkten im Eis beschrieben.

Eisschraube, Eishaken

Sie ermöglichen die einfachste, schnellste, aber auch »teuerste« Art, sich einen Abseilpunkt im Eis zu schaffen. Schraube oder Haken verbleiben nach dem Abseilvorgang und dem Abziehen des Seiles normalerweise im Eis. Oft läßt sich aber aus Zeit- und Sicherheitsgründen diese Lösung nicht umgehen.
Das Setzen von Eisschrauben und Eishaken wurde schon auf den Seiten 121 ff. beschrieben. Eine in die Schrauben- oder Hakenöse eingefädelte Reepschnur oder Bandschlinge, als Ring verknüpft, spart einen Karabiner und läßt ein leichteres Abziehen trotzdem zu.

Eissanduhr (Abalakow-Eislöcher)

Diese Technik, im Ergebnis vergleichbar mit sog. Sanduhren im Fels, hat *Vorteile gegenüber Eisschrauben und Eishaken;* in bestimmten Fällen ist sie diesen sogar überlegen (vgl. Tätigkeitsbericht des DAV Sicherheitskreises 1980–1983). Um die Eissanduhren schnell anbringen zu können, empfiehlt sich die Mitnahme eines kurzen Widerhakendrahtes.

Reepschnur und Abseilstrang fixiert in »Abalakow-Eisloch«.

Technikbeschreibung

- Zunächst Achse für die Bohrlöcher senkrecht zur späteren Zugrichtung am Eis anritzen und markieren.
- In einem Setzwinkel von ca. 60° zur Eisoberfläche wird mittels Eisschraube oder Eishaken ein Loch ins Eis gebohrt oder geschlagen.
- Ca. 15–20 cm gegenüber (gedachte Verbindungslinie senkrecht zur Zugrichtung, vgl. Abb.) wird ebenfalls mittels Eisschraube oder Eishaken unter gleichem Setzwinkel ein zweites Loch eingebracht.

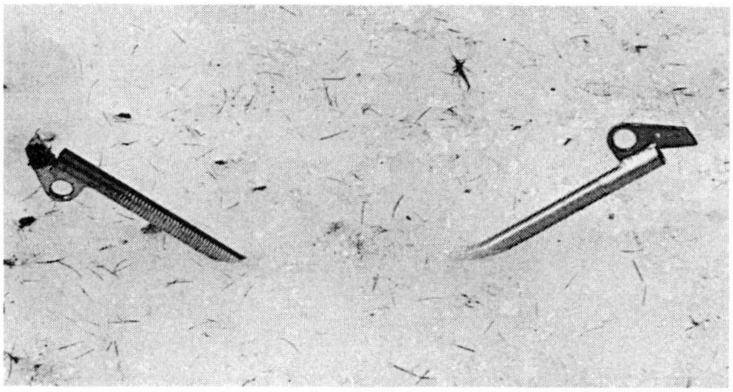

Schlagen der Abalakow-Eislochkanäle mit zwei Eishaken.

- Der zweite Lochkanal soll sich mit dem ersten nur treffen, nicht kreuzen. Man spürt das Zusammentreffen sehr deutlich durch Nachlassen des Dreh- oder Schlagwiderstandes.
- Wenn die Schraube oder der Haken auch aus dem zweiten Loch wieder herausgedreht ist, werden die Lochkanäle ausgeblasen.
- Anschließend möglichst dicke, etwas steife Reepschnur in die Löcher einfädeln und als große Schlinge (spitzer Zugwinkel) mit Sackstich oder Spierenstich zu einem Ring verknüpfen. Eine eigens vorbereitete Drahtschlinge kann das Einfädeln sehr erleichtern, vor allem bei der Anwendung von Bandschlingen.

Vorteile: Das Ausschmelzen des Sicherungspunktes (Reepschnur/Bandschlinge) aus Perlon-Material erfolgt bei weitem nicht so schnell wie bei Metallen (Schraube/Haken). Dadurch eignen sich diese Abalakow-Fixpunkte auch gut zum Anbringen von Fixseilen.

Eisbirne

In mittelsteilen Eispassagen, noch besser aber an Geländeübergängen vom Flachen ins Steile, läßt sich mit der in die Eisoberfläche geschlagenen Eisbirne ein Abseilpunkt schaffen, der sehr zuverlässig ist, wenn die Birne groß genug angelegt wird (Birnenbauch ca. 50–60 cm breit, je nach Eishärte).
Einzelne Abseilstellen lassen sich so gut einrichten, wenn genügend Zeit und Platz vorhanden sind, um sorgfältig arbeiten zu können.

Abseilbirne aus dem Eis geschlagen.

Technikbeschreibung

- Birnenform mit der Pickelhaue anreißen. Die Birnenspitze sollte dabei in Fallinie bzw. in Abseilzugrichtung zeigen.
- Mit gezielten V-Grabenschlägen einen etwa 10 cm tiefen Seilkanal ausschlagen. Günstigerweise die Standposition zum Schlagen so verändern, daß ein gleichmäßiges Schlagprofil erzielt werden kann. Am besten ist es, wenn man über der Birne stehend schlagen kann.
- Den grob ausgeschlagenen Birnengraben von Eisresten säubern.

- Mit zum Birnenzentrum gerichteten Schaufelschlägen führt man den Seilkanal einwärts unter die Wülste der Birne. Eine gute Kontrolle für einen abstreifsicheren Seilgraben ist es, wenn man das um die Birne gelegte Seil, senkrecht über der Birne stehend, nicht mehr sieht.
- Ein Auspolieren des Grabens mit der Hand (Handschuhe!) verbessert den Seilabzug nach dem Abseilen.
- Zum Schluß auch die Auslaufgräben seitlich so weit öffnend ausschlagen, daß unnötige Seilreibung und Hebelpunkte vermieden werden.
- Anschließend kann das Seil um die Birne gelegt werden. Der Seilverbindungsknoten sollte möglichst schon an der Birnenspitze liegen, um ein Verklemmen beim Abziehen zu verhindern.
- Eine geeignete Standstufe erleichtert den Zugang.

Felsköpfe, Felszacken, Felsblöcke

Das Seil kann evtl. direkt um solche Vorsprünge gelegt werden. es muß aber sichergestellt sein, daß die Blöcke fest halten und das Seil nicht abgestreift werden kann. Um ein Abziehen zu erleichtern, empfiehlt es sich, solche Vorsprünge mit Band- oder Reepschnurschlingen zu umlegen. Auch wird dadurch die Gefahr des Abstreifens weiter gemindert.

Felshaken

Felshaken richtig angebracht stellen immer eine optimale Form eines Fixpunktes dar. In die Hakenöse eingezogene Band- oder Reepschnurschlingen erleichtern das Abziehen des Seiles nach dem Abseilen. In schlechtem Fels bietet sich eine Ausgleichsverankerung an, in der mehrere Haken über Schlingen miteinander verbunden sind, um die Belastung auf einen Punkt zu mindern. Im Falle des Ausbrechens eines Hakens kann immer noch ein zweiter oder auch dritter Haken die Last des Abseilenden aufnehmen.

Tip:
Besonders einladend aussehenden Blöcken und Zapfen ist zu mißtrauen: Sehr genau prüfen!

Abseiltechniken

Abseilen bedeutet, daß sich ein Kletterer *kontrolliert* an einem Seil herunterläßt. Je nach gewähltem Abseilverfahren können die steuerbaren Bremskräfte durch verschiedene Techniken bzw. technische Hilfsmittel erzielt werden, die auf Seilreibung am Körper oder Seilreibung auf Metall beruhen. Im Eis gibt man dem Einsatz technischer Abseilhilfen den Vorzug. Nasse Seile lassen sich dadurch besser handhaben, und es wird ein Durchnässen der Kleidung vermieden. Das Tragen von Handschuhen ist für alle Abseilverfahren im Eis dringend anzuraten.
Das Abseilen ist immer auch mit Absturzrisiken verbunden, wenn der Abseilende durch unvorhersehbare Gefahrenmomente die Seilbedienung nicht mehr kontrollieren kann (Steinschlag, Verletzung). Um diesen Problemen auszuweichen, wird zu jedem Abseilen eine geeignete Form der Selbstsicherung empfohlen, die den Abseilvorgang nicht wesentlich behindert.
Aus dem großen Spektrum der Abseiltechniken seien hier drei vorgestellt. Zwei davon basieren auf dem Einsatz technischer Hilfsmittel, eine dritte bedient sich nur der Seilreibung am Körper und kommt als Notlösung immer dann in Frage, wenn technische Hilfsmittel fehlen.

Abseilen mit Abseilachter

Als Abseilbremse wird hier der *Abseilachter* verwendet, ein achterförmig gegossenes Metallstück mit einem großen und einem kleinen Achterauge.

Technikbeschreibung

- Mit den Abseilsträngen wird eine Schlinge geformt, die durch das große Achterauge geschoben wird. Den durchgeschobenen Schlingenbogen stülpt man über den kleineren Öffnungsring.
- In das kleine Achterauge wird ein Schraub- oder Twistlock-Karabiner eingeklinkt, der seinerseits wieder in den Seilring an der Brust des Eiskletterers eingehängt wird.
- Als Selbstsicherung knüpft man sich eine Kurzprusikschlinge auf die Bremsseilstränge und verbindet diese ebenfalls über einen Schraubkarabiner mit den Sitzgurtschlaufen.

Allgemeine Verhaltensregeln: Abseilen

- Verankerung überprüfen (Abstreifgefahr, Abziehmöglichkeit).
- Abseilverfahren nachprüfen (Seilführung, Karabinerschluß, Selbstsicherung).
- Gewissenhaftes, ruckfreies Einsteigen an der Abseilstelle, vor allem bei Eisbirnen, Felszapfen oder auch an der lösbaren Schraube.
- Während des Abseilens unnötige ruckartige Belastungen vermeiden. Bremsen nur mit der Bremshand; die Führungshand hat die Aufgabe, zu stabilisieren und die Selbstsicherung nachzuschieben.
- Ständiges Umschauen nach unten erspart unnötige Überraschungen, läßt die beste Wegführung und die günstigsten Standplätze rechtzeitig erkennen.
- Keinen Augenblick ungesichert ist oberstes Gebot während des gesamten Abseilvorganges.
- Bei der Verwendung zweier verschiedenfarbiger Seile läßt sich das Seil, an dem zum Abziehen gezogen werden muß, leicht merken.
- Seilt man jedoch an einem doppelt genommenen Seil ab, können die Seile verwechselt werden. Aus diesem Grunde läßt man den Seilstrang, an dem nach dem Abseilen gezogen wird, am Brustgeschirr zusätzlich durch einen Karabiner laufen. Dies hat außerdem den Vorteil, daß so nach dem Abseilen die beiden Seilstränge parallel liegen und nicht verdreht sind.
- Dieses System wird dann so bedient, daß eine Hand den Seileinlauf regelt (Handschuhe), während die andere die Kurzprusikschlinge, die Selbstsicherung, nachschiebt.
- Je spitzer man den Einlaufwinkel der Bremsseilstränge gestaltet (Bremshand bergwärts/aufwärts führen), desto schneller wird die Abseilfahrt. Führt man die Bremshand mehr zum Körper bzw. talwärts, wird die Fahrt gebremst.
- Für das Verhalten bzw. Sichern vor und nach dem Abseilen gelten wieder die allgemeinen Sicherheitskriterien.

Abseilen mit Halbmastwurfbremse

Ein Verfahren, das auf dem vom Gefährtensichern her bekannten Knotenbild basiert. Wegen der damit verbundenen höheren Seilbelastung, starke Umlenkungsknicke und -reibung auch von Seil auf Seil, wird diese Technik aber nicht so gerne verwendet.

Technikbeschreibung

- Die Abseilstränge werden zu einem Halbmastwurf gelegt, der in den Schraub- oder Twistlock-Karabiner eingehängt wird, der sich schon im Brustring befindet.
- Als Selbstsicherung wird eine Kurzprusikschlinge mit Prusikknoten auf die Bremsseilstränge geknüpft, die man mit einem Schraubkarabiner in die Sitzgurtschlaufen einhängt.
- Das Eingeben des Abseilseiles in die Halbmastwurfbremse geschieht mit einer Hand. Die andere schiebt gleichmäßig die Sicherungsprusik nach unten.
- Die Sicherheitskriterien gelten wie vorher auch hier.

Abseilen im Dülfersitz

Der Dülfersitz bedient sich ausschließlich der Körperreibung, welche die speziell um den Körper geführten Abseilstränge erzeugen. Eine Technik, die als *Notlösung* immer gut ist, wenn keine technischen Hilfsmittel vorhanden sind oder wenn man sich nur ein kurzes Stück abseilen muß.

Technikbeschreibung

- Die beiden Abseilstränge zwischen den gespreizten Beinen aufnehmen.
- Seile um den rechten oder linken Oberschenkel außen von hinten her herumlegen.
- Diagonal, die ganze Brustseite kreuzend, zur gegenüberliegenden Schulter führen (Achtung: starke Reibung am Hals – Kragen hochschlagen!).
- Von der Schulter laufen dann die Seilstränge diagonal über den Rücken zur Bremshand (Hand auf der Seite des umschlungenen Oberschenkels).
- Als Selbstsicherungsform verwendet man den Karabinerklemmknoten, der in Armreichweite am einlaufenden Seilstrang befestigt und über einen Schraubkarabiner mit dem Brustring verbunden wird.

- Die obere Hand dient als Führhand, sie stabilisiert die Körperlage während des Abseilens und schiebt das Sicherungssystem nach.
- Die hintere Bremshand regelt den Seilverlauf um den Körper. Wird sie mehr nach vorne bergwärts geführt, erhöht sich die Seilreibung, und die Abseilfahrt wird langsamer.

Ablassen kombiniert mit Absteigen als Rückzugstechnik

Wenn das Gelände noch nicht senkrecht ober überhängend ist und nur ein Seil zur Verfügung steht, bietet sich diese Rückzugstechnik an. Ein eingespieltes, gleichwertiges Team kann hierdurch sehr schnell sein; zudem braucht man wenig Material. Wenn man dabei noch die Standstufen des Aufstiegs ausnutzen kann, spart man wertvolle Zeit und viel Kraft.

Beachte:
Auch im Abstieg nie die volle Seillänge ausgehen, um ausreichende Bremsreserven zum Sichern zu haben.

Verlaufsbeschreibung

- Über einen Fixpunkt am Umkehrplatz läßt ein Seilpartner seinen Kameraden mit der Halbmastwurfsicherung ab.
- Bei schwierigen Eis- und Geländeverhältnissen werden dabei vom Abgelassenen gleich neue Zwischensicherungen gesetzt und eingehängt, die den Abstieg des Nachkommenden absichern helfen.
- Wenn der Abgelassene seinen Stand erreicht oder geschaffen hat, ruft er das Kommando »Stand!« nach oben, und der Obere kann die HMS-Gefährtensicherung aufgeben und sich für den Nachstieg vorbereiten.
- Auf das Kommando »Nachkommen!« des Unteren, das dem Oberen zu erkennen gibt, daß er gefährtengesichert ist, löst der Obere seine Selbstsicherung, baut seinen Stand ab und beginnt mit dem Abstieg.
- Als Abstiegstechnik empfiehlt sich die Frontalzacken- oder Mischtechnik.
- Die angebrachten Zwischensicherungen werden vom Nachsteiger abgeräumt.
- Bei gleichstarken Partnern wird der Nachsteiger auch sofort die nächste Seillänge abgelassen. Man bezeichnet dies als überschlagendes Gehen. Diese Technik erspart zeitraubende Material- und Standplatzwechsel: Der jetzt Vorausgehende hat ja das eben abgeräumte Material dabei und kann es für die nächsten Zwischensicherungen verwenden.
- Dieser Ablauf wiederholt sich bis zum Wandfuß.

Überqueren von Bergschründen im Rückzug

Bergschründe, die Rißspalte zwischen stehendem und fließendem Gletschereis, wie man sie immer wieder am Fuße steiler Eiswände findet, stellen im Rückzug oft ein großes Problem dar.
Bei blankem Eis und sehr breiten Rissen hat man nur die Möglichkeit, sich auf der einen Seite abzuseilen und auf der anderen wieder in Frontalzackentechnik auszusteigen.
Bei dämpfender Schneeauflage und nicht zu breiten Spaltenrissen kann man den Bergschrund auch überspringen. *Klare Überlegungen und gute Situationsbeurteilung sind dazu allerdings Voraussetzung.* Schlechte Sichtverhältnisse, die ein genaues Abschätzen von Entfernungen oder einen freien Blick auf die Aufsprungstelle verhindern, verbieten solche kühnen Akte.

Verlaufsbeschreibung

- Schaffen eines geeigneten Sicherungspunktes (Eisschraube, T-Anker) durch den Seilzweiten.
- Selbstsicherung und Gefährtensicherung über diesen Fixpunkt.
- Der Seilerste, der den Sprung ausführt, tritt sich eine geeignete Absprungstelle, läßt sich genügend Seilreserve für den Sprungweg geben und springt dann kontrolliert ab.
- Weite Sprünge werden grundsätzlich ohne Pickel ausgeführt. Dieser kann nach dem Sprung am Seil zum Partner abgelassen werden.
- Der Seilerste sichert nun den Sprung des Seilzweiten nach, der ebenfalls zuvor schon seinen Pickel an der Seilbahn abgelassen hat.

Oberstufe Eis

5. Ausbildungsabschnitt: Führungstechnik

- □ Klettertempo.
- □ Seilführung.
- □ Routenwahl.
- □ Verhalten in stein- oder eisschlaggefährdeten Zonen.
- □ Verhalten bei Nebel, Dunkelheit, schlechter Sicht.
- □ Tourenplanung.
- □ Zeitplanung.
- □ Praktische Tips zum Führerverhalten.

Führungstechnik im Steileis

Das Zusammenwirken verschiedenster Leistungs- und Sicherheitsfaktoren beim Klettern im Steileis stellt an die Führungsqualitäten der Seilschaftsersten sehr hohe Anforderungen. Im Rahmen der Ausbildung zum Eiskletterer darf dieser Abschnitt deshalb nicht zu kurz kommen. Jeder Ausbilder sollte die Möglichkeiten nutzen, die es ihm erlauben, seine Erfahrungen und sein Führerwissen an die Schüler weiterzugeben, sie unter seiner Aufsicht mit ersten Führungsaufgaben zu betrauen.

Klettertempo

Die optimale Geschwindigkeit, mit der eine Seillänge oder eine Wand durchklettert wird, ergibt sich aus dem Zusammenspiel mehrerer Umstände. *Angemessene Bewegungsgeschwindigkeit kombiniert mit entsprechenden Bewegungspausen, rasche Standplatzbereitung, vorbereitete Standplatzwechsel, schnelles Setzen von Zwischensicherungen und eine überlegte Routenwahl bringen Zeitgewinn.* Dieser ist bei langen Touren kraftsparend und schafft zudem noch Sicherheitsreserven, unter anderem deshalb, weil man sich in gefährdeten Zonen weniger lange aufhält.

Aus diesen Forderungen an ein *optimales Klettertempo* kann man für die Ausbildung einige wichtige *Lernziele* ableiten:

- Lernen, bestimmte Streckenabschnitte fließend und ohne größere Pausen zu durchklettern. Intensive Schulung der Bewegungskoordination bei Eisklettern.
- Ausbildung taktischer Fähigkeiten. Tempowahl zu Beginn einer Tour z. B. nicht zu hoch ansetzen, bis die Muskulatur entsprechend warm ist. Vorbereitende Rastphasen vor dem Durchklettern schwieriger Passagen können ebenfalls helfen, kraftsparender und schneller zu steigen.
- Schnelles, richtiges Anbringen von Sicherungen und Fixpunkten im Eis muß intensiv geschult und geübt werden. Hiermit kann man sehr viel Zeit gewinnen.
- Schulung des vorausschauenden Erfassens eines Kletterabschnitts, in dem Geländeformation, Eisbeschaffenheit, vorhandene Tritt- und Griffpunkte direkten Einfluß auf rationelle Bewegungstechnik haben.

Seilführung

Eisklettern stellt hohe Anforderungen an das Balance- bzw. Gleichgewichtsgefühl. Störende Züge durch schlechte Seilführung, bremsende Umlenkungen, die den Seilverlauf hemmen, müssen deswegen vermieden werden. In diesem Zusammenhang ist auch die Gewichtslast des Seiles zu sehen. Ein lang durchhängendes Seil im senkrechten Gelände, bei labilem Frontalzackenstand stellt eine zusätzliche Belastung dar. *Kürzere Seillängen* zu klettern, wäre hier vielleicht taktisch günstiger.

Die Seilführung bzw. Anstiegsrichtung des Vorsteigers in bezug auf den Sichernden spielt ebenfalls eine wichtige Rolle. *Zwei Gründe* sprechen dafür, im Vorstieg nicht direkt in Fallinie über dem Sichernden zu klettern:

- Durch einen leicht schrägen Anstieg vom Standplatz weg wird der Sichernde im Falle eines Sturzes des Vorsteigers nicht so stark gefährdet. Eine Verletzung durch die Steigeisenzacken oder durch die Eisgeräte des Stürzenden kann so weitgehend vermieden werden.

Zwei Dreierseilschaften und eine Zweierseilschaft im Anstieg auf flachem Gletscher. Vorbildlich die straffe Seilführung zwischen den Seilschaftsmitgliedern und das Einhalten der Sicherheitsabstände zwischen den Seilschaften.

- Der Vorausgeher wird immer wieder Brocken aus dem Eis schlagen, wenn er seine Handgeräte als Schlaggeräte einsetzt. Befindet sich der Sichernde nicht unmittelbar in Fallinie unter dem Eiskletterer, können ihn diese Eisstücke weniger gefährden, und er kann seine volle Aufmerksamkeit der Sicherungsarbeit widmen.

Routenwahl

Bei der Routenwahl soll durch geschickte Wegführung die Sicherheit des Kletternden erhöht werden. Folgendes gilt es dabei zu beachten:

- In stein- oder eisschlaggefährdetem Gelände den Flankenschutz natürlicher Geländepunkte (Felsinseln, Geländestufen usw.) ausnützen.
- Für Anstiege möglichst solche Geländeformen wählen, die aufgrund ihrer Krümmung nicht so gefährdet scheinen (Rippen, Rücken im Gegensatz zu Mulden und Rinnen).
- Auch die Wahl der Standplätze ist unter den oben genannten Kriterien zu sehen. Sichere Standplätze haben Priorität gegenüber langen Seillängen.
- Die Länge der Gehabschnitte einer Route sollte sich auch nach sicht- und verständigungsbedingten Faktoren richten.

Verhalten in stein- oder eisschlaggefährdeten Zonen

Trotz sorgfältiger Routenwahl müssen in Eiswänden manchmal stein- und eisschlaggefährdete Zonen durchstiegen werden. Die Beachtung einiger wichtiger Punkte hilft hier, das bewußt eingegangene Risiko etwas zu mindern:

- Tageszeitlich richtige Planung der Tour. Ausnützung der »kalten« Tageszeit am frühen Morgen, in der mancher Stein noch durch die Eisbindung gehalten wird. Es ist immer wieder zu beobachten, wie nach der ersten Sonneneinstrahlung in einer Eiswand oder kombinierten Tour die Stein- und Eisschlaghäufigkeit zunehmen.
- Standplätze geschützt auswählen. Diesem besseren Flankenschutz ist häufig eine Seillänge im Vorstieg zu opfern. Doch ist es günstiger, kurze Seillängen zu klettern, wenn das Gelände dann eher guten Schutz bietet.
- Die Strecke zwischen zwei sicheren Punkten ist immer so schnell wie möglich zu durchsteigen, um sich nur so kurz wie möglich im gefährdeten Bereich aufzuhalten.
- Der sichernde Seilpartner sollte das Gelände über dem Vorsteigenden immer mit im Auge behalten, um im Gefahrenfall rechtzeitig warnen zu können.

Verhalten bei Nebel, Dunkelheit und schlechter Sicht

Schlechte Sichtverhältnisse durch Nebel oder starkes Schneetreiben beeinträchtigen den Eiskletterer sehr stark. Während bei Morgen- oder beginnender Abenddämmerung Dunkelheit kalkulierbar ist, sind in erstgenannten Situationen Sicherheit und Wahrnehmungsvermögen des Kletterers weitaus stärker eingeschränkt. Geländestrukturen und Gefahrenpunkte werden nicht mehr rechtzeitig erkannt, die Routenfindung wird erschwert. Die Sicherungsaufgaben für Vor- und Nachsteiger werden aufgrund der schlechteren Sichtverbindung gleichermaßen schwieriger.

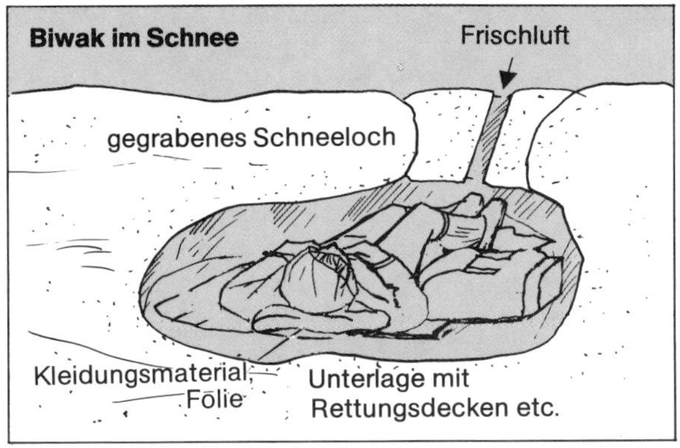

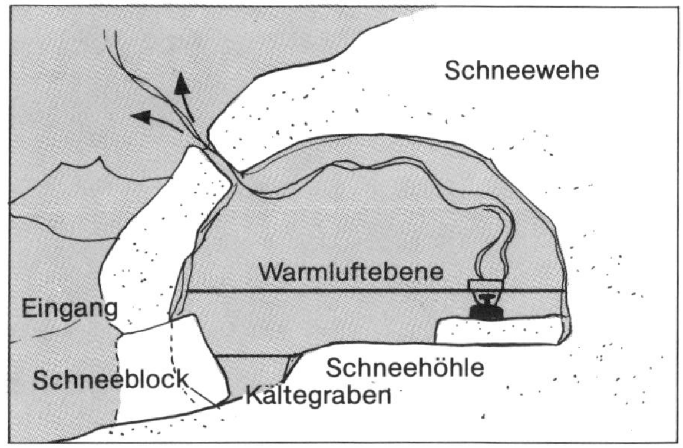

Das Biwak im Schnee ist oft die letzte und meist auch sicherste Möglichkeit, kritische Situationen zu überstehen.

Wird man in einer Tour von Nebel oder anderweitig bedingten Schlechtsichtverhältnissen überrascht, sind viele Argumente gegeneinander abzuwägen, um über das weitere Vorgehen zu entscheiden:

- *Weiterklettern?* – Sieht man noch so viel um die Route genau zu finden? Ist ein weiterer Vorstieg sinnvoll, oder ist es besser, den bekannten Weg zurückzusteigen bzw. sich abzuseilen?
- *Umkehren?* – Ist man zum Entschluß gekommen umzukehren, sollte man dennoch prüfen, ob es sinnvoll ist, sofort mit dem Abstieg oder dem Abseilen zu beginnen, oder ob es besser ist, eine Wetter-/Sichtbesserung abzuwarten.
- *Biwakieren?* – In all den Fällen, wo ein Rückzug nicht mehr unproblematisch vollzogen werden kann oder in denen noch die Hoffnung auf Besserung besteht, sollte man biwakieren; vorausgesetzt, man hat sich mit seiner Ausrüstung entsprechend darauf vorbereitet. Gerade dieser Entschluß ist immer überlegt und vor allem rechtzeitig zu treffen, um sich einen sicheren Biwakplatz herrichten zu können.

Tourenplanung

Das richtige Planen einer Tour im Eis stellt einen wesentlichen Sicherheitsfaktor dar. Sicher in doppeltem Sinn: Zum einen schafft man sich die nötigen Voraussetzungen, um eine bestimmte Tour überhaupt angehen zu können; zum anderen sichert man sich aber auch das positive Erleben am Berg. Bergsteigen wird zur Freude. Bei der Tourenplanung sind folgende Punkte zu berücksichtigen:

- *Tourenziel, Wunschziel.* – Abgestimmt auf das Leistungsvermögen der Tourenteilnehmer.
- *Ausrüstung.* – Ist die notwendige technische Ausrüstung vorhanden, um die gewünschte Tour klettern zu können? Wird der Umgang mit dieser Ausrüstung beherrscht?
- *Besondere Geländesituation.* – Hangneigung und -richtung, Eisbeschaffenheit, mögliche Gefahrensituationen. Bei diesen Überlegungen sollte man immer auch den Abstieg mit einbeziehen.
- *Körperliche Leistungsfaktoren.* – Kondition, Koordinationsvermögen, Alter der Teilnehmer.
- *Zeitlicher Rahmen.* – Wieviel Zeit steht mir für die Tour zur Verfügung?
- *Wie sind die augenblicklichen Verhältnisse in der Tour?* Auskünfte, die man von Tourenkennern oder Ortskundigen (z. B. Hüttenwarten) abfragen kann.
- *Wie sieht die langfristige Wettervorhersage aus? Wie waren die Wetterverhältnisse in letzter Zeit?* – Gerade bei Eistouren spielen Wetterfaktoren eine entscheidende Rolle, da die Eisbeschaffenheit bzw. die Eisverhältnisse sehr stark davon abhängen (z. B. Schneeauflage oder Blankeis).
- *Planung für den Notfall.* – Rückzugsmöglichkeiten aus der Wand, Abstiegswege, Unfallhilfe, Meldestellen.

Zeitplanung

Eine möglichst genaue Zeitplanung, die genügend Zeitreserven beinhaltet, ist wesentlicher Bestandteil der Tourenplanung. Folgende Überlegungen sollen dabei mit eingebracht werden:

- Anfahrtszeit.
- Anstiegszeit zur Hütte.
- Gehzeit von der Hütte bis zum Einstieg.
- Dauer der Kletterei vom Einstieg bis zum Gipfel (Durchschnittswert).
- Abstiegszeit.
- Pufferzeiten, die unbedingt mit berücksichtigt werden müssen: Zeiten für das An- und Ablegen der Ausrüstung, für Pausen, Zeitaufschläge, die entstehen, wenn man mit größeren Gruppen in solchen Eiswänden ist, Zeit für Orientierung und Wegplanung.

Die Erfahrung hat gezeigt, daß gerade in der Zeitplanung sehr nachlässig gearbeitet wird. Viele Probleme resultieren daraus. *Rechnet man auf normale Zeiten ein Drittel mehr, reicht das in der Regel aus.* Mancher Nachtmarsch oder unangenehmes Biwak kann dadurch verhindert werden.

Beachte:
Möglichst früher Aufbruch zu Eisfahrten bringt Zeitreserven.

Ideal geschützter Standplatz zum Sichern des Vorsteigenden.

Tips zum Führerverhalten

Zum richtigen Verhalten des Führers gehört, daß er die bisher zur Führungstechnik angesprochenen Punkte konsequent in sein Verhalten während der Tour einbringt. Trotzdem müssen darüber hinaus noch einige weitere Aufgaben berücksichtigt werden:

- *Ausgegangene Seillänge.* – Darunter versteht man die ausgegangene Seillänge zwischen den Standplätzen, die sich nach mehreren Gegebenheiten richtet. So bestimmt einmal die Gliederung des Geländes die Wahl der Standplätze. Ebenso ist es wichtig, immer gute Sprechverbindung zwischen Führer und Geführtem zu haben. Daraus ergibt sich, daß die Seillängen bei schlechten atmosphärischen Bedingungen kürzer sein werden.
- *Seilverlauf.* – Entsprechend dem Gelände sollte der Seilverlauf immer so sein, daß der Geführte ständig das Gefühl hat, von oben gesichert zu sein. Vor allem bei schrägen Anstiegen und Querungen kann dies eine wertvolle psychologische Hilfe darstellen.
- *Informationen an den Geführten über die bestehende Situation.* – Bei guter Sicht wird der Geführte den Voraussteigenden immer beobachten und damit gedanklich bereits die jeweilige Situation mitvollziehen. Er kann sich so schon einen Bewegungsentwurf zurechtlegen, der ihm später an dieser Stelle hilft. Bei schlechter Sicht aber entfällt diese Möglichkeit der Informationsaufnahme. Der Führer sollte nun versuchen, in regelmäßigen Abständen die momentane Situation mit Worten an den Geführten weiterzugeben. Wie oben beschrieben, sind hier kürzere Seillängen vorteilhaft.
- *Betreuung des Geführten, während dieser nachklettert.* – Während des Nachsteigens sollte der Seilpartner stets das Gefühl haben, gesichert und beobachtet zu sein. Bei guter Sprech- und Sichtverbindung kann der Führer an problematischen Stellen helfende Tips geben.
- *Vorbereitung des Standplatzes für den Nachsteiger.* – Wenn der Führer schon bei der Standplatzbereitung auch an seinen Nachsteiger denkt und für diesen bereits eine Standstufe mit vorbereitet, kann sich der Geführte viel Kraft sparen, wenn er am Stand ankommt. Zudem schaffen solche Maßnahmen immer Vertrauen zum Führer, machen ihn glaubwürdiger. Eine Tatsache, die immer dann positiv zum Tragen kommt, wenn schwierige Entscheidungen anstehen (z. B. Rückzug).
- *Vorbereiten eines Sicherungspunktes für den Nachsteiger.* – Neben einer Standstufe kann man auch schon am Fixpunkt einen weiteren Karabiner einklinken, in dem sich der Geführte bei Ankunft am Standplatz sofort selbst sichern kann. Ist der Seilpartner zu erschöpft, übernimmt auch diese Aufgabe der Führer.
- *Ausreichende Erholungspausen.* – Der Führer darf für seinen Gast nicht seinen eigenen Leistungsstandard zugrunde legen. Ausreichende Pausen, in denen sich der Geführte körperlich und geistig erholen kann, sind deshalb regelmäßig in der Tour mit einzuplanen. Das gleiche gilt auch für den Abstieg.

Eis extrem

Eis extrem – Steileisklettern, Wasserfallklettern

Das Eisklettern hat in den letzten Jahren einen ungeahnten Aufschwung erlebt. Durch die Entwicklung ausgefeilter Geräte wie Steigeisen, Eispickel, Eishämmer und Eissicherungsmittel wurde es in Verbindung mit einer speziellen Technik und planmäßigem, gezieltem Training möglich, immer steilere Passagen nur unter Einsatz von Steigeisen und Handgeräten frei zu erklettern.
Extremes Eisklettern eröffnet neue Dimensionen. *Kraft, Ausdauer, Mut und vor allem eine hohe Freiklettermoral sind notwendige Eigenschaften für das Steileis- und Wasserfallklettern.*

Steileiskletterer mit drei Handgeräten; Selbstsicherung bis zum Setzen der Standschraube über die anderen beiden Handgeräte.

Möglichkeiten zum Steileisklettern

Steilrinnen (Gullies, enge Couloirs)

Die bereits klassischen Extrem-Eistouren in Schottland und Nordamerika führen durch Steilrinnen, in denen mehr oder weniger mächtige Eisschichten gut mit dem Fels verbunden sind.
Solche Eisrinnen sind auch in den Alpen bei entsprechenden Temperaturen in jedem Gebiet und in jeder Höhenlage anzutreffen – man muß nur danach suchen.

Gefrorene Wasserfälle

Sie bilden die spektakulärste Kulisse des *»Eiskletterns extrem«*. Die schönsten und mächtigsten Eisgebilde entstehen nicht an den großen Wasserfällen, sondern an unscheinbaren, im Sommer und Herbst jedoch ständig leicht mit Wasser überronnenen Wandfluchten.
Aber auch freifallende Wasserfälle wachsen bei tiefen Temperaturen wie Tropfsteine von oben (Stalaktiten) und unten (Stalagmiten) zusammen. Am Sockel entstehen dadurch oft Platten, die wie Tannenzapfen ineinandergeschachtelt sind. Eiskletterer können hier manches Mal auf ihre Geräte verzichten; sie benutzen die Schuppen als Griffe.

Wasserüberronnene Felswände

Die schwierigsten Eisklettereien führen durch senkrechte Felswände, die von einer dünnen Schicht aus Wassereis bedeckt sind. In diesem Gelände finden sich oft nur spärliche Sicherungsmöglichkeiten. Hier sind vor allem Mut, Kletterkönnen und auch erhöhte Risikobereitschaft erforderlich.

Die Ausrüstung für das extreme Eisklettern

Prinzipiell eignet sich für das extreme Eisklettern die gleiche Ausrüstung wie für das herkömmliche Eisklettern beschrieben (siehe Seite 130).
Extreme Verhältnisse stellen aber auch extreme Anforderungen an die Ausrüstung. Daher gilt als oberster Grundsatz:

Das verwendete Ausrüstungsmaterial für das Steileis muß in einem einwandfreien Zustand sein!

Besondere Anforderungen an das Material sind bei folgenden Gegenständen zu stellen:

Steigeisen

Grundsätzlich eignet sich jedes Steigeisen, das auch zum Eisklettern eingesetzt werden kann. Wichtig für das Klettern im Steileis sind folgende Eigenschaften:

- Verstellbarkeit der Eisen. Dadurch lassen sie sich für verschiedene Schuhe verwenden.
- Unverrückbare Verbindung zwischen Steigeisen und Schuh. Sonst entstehen beim Einschlagen der Frontalzacken im steilen, harten Eis Vibrationen, die einem festen Halt der Frontalzacken im Eis entgegenwirken.
  Eine solche unverrückbare Verbindung zwischen Schuh und Steigeisen wird am besten durch eine Steigeisenbindung erreicht. Wichtig: Absichern der Bindung durch Fang- oder Spannriemen.

Foot-Fang-Steigeisen mit 20 Zacken für Extremeis.

Eispickel, Eishammer

Entscheidende Kriterien für die Auswahl der Handgeräte sind:

- Winkel zwischen Schaft und Haue – möglichst spitz.

Für Extremeiskletterein geeignetes Eisbeil.

- Form der Haue – messerförmig mit scharfer Zahnung oder rohrförmig.
  Kein Gerät eignet sich für alle Zwecke gleich gut. Das eine ist besser für Wassereis, das andere mehr für sprödes Eis. Eine gute Lösung sind Geräte mit auswechselbarer Haue.

Beachte:
Jeder extreme Eiskletterer muß sich an seine Geräte gewöhnen, um deren Eigenschaften optimal nutzen zu können.

Für das Klettern im extremen Eis empfiehlt es sich, immer *ein drittes Gerät* mitzuführen, entweder als Reservegerät oder nur zum Hakenschlagen.

Handschuhe

Handschuhe sind im Steileis unbedingt erforderlich. Sie müssen warm und wasserdicht sein sowie möglichst eine gutgriffige Innenseite und gepolsterte Knöchelpartien (Slalomhandschuhe!) haben.

Eisschrauben

- Grundsätzlich auch hier wie auf Seite 132 beschrieben nur Eisschrauben verwenden, die einer Belastung von mindestens 1000 kp standhalten.
- Am besten bewährt für die Verwendung im Wassereis haben sich Snarg (ab 16 cm Länge), da sie sich am schnellsten einschlagen lassen.

Die spezielle Technik des extremen Eiskletterns

Auch für das Steileisklettern ist eine ausgefeilte Fußtechnik unbedingt notwendig. Sie
- spart Kraft in den Armen und
- sorgt für gutes Gleichgewicht.

Zur optimalen Fußtechnik gehört auf jeden Fall das richtige Setzen der Steigeisen.

Beachte:
Die Steigeisen sollten nie unbedacht gesetzt werden.

Um ein unbedachtes Setzen zu verhindern, muß die Beschaffenheit der Eisoberfläche berücksichtigt werden:
- Besonders Wasserfalleis ist meist stark gegliedert und porös; es bieten sich also oft Tritte an.
- Die Frontalzacken werden am besten geradlinig ins Eis gestoßen, um möglichst wenig Eis zu zersplittern.

Im Steileis ist ein Stehen ohne Zuhilfenahme der Hände nicht möglich. Hände und Arme bilden hier also zusammen in Verbindung mit Eispickel/Eishammer den zweiten wichtigen Bewegungsmotor.
- Die Armarbeit (Arbeit mit den Handgeräten) verhindert in erster Linie ein Wegkippen vom Eis und ist erst in zweiter Linie Mittel zum Höhengewinn.
- Um sich nicht nur mit der Kraft der Hand- und Unterarmmuskulatur am Pickelschaft festhalten zu müssen, werden die Hände durch richtiges Anbringen der Handschlaufen entlastet (vgl. Abb.).
  Die Schlaufen werden nicht umfaßt, sondern sie drücken von unten her auf das Handgelenk. Dadurch werden die ohnehin stark beanspruchten Unterarme entlastet.

Einschlagen der Handgeräte

Der Pickel/Hammer wird aus Ellbogen und Handgelenk heraus in einer Schlagebene zum Einsatz gebracht. An der Vibration und dem Klang erfühlt man, ob und wie fest das Gerät im Eis *»sitzt«* (= Erfahrungssache!).

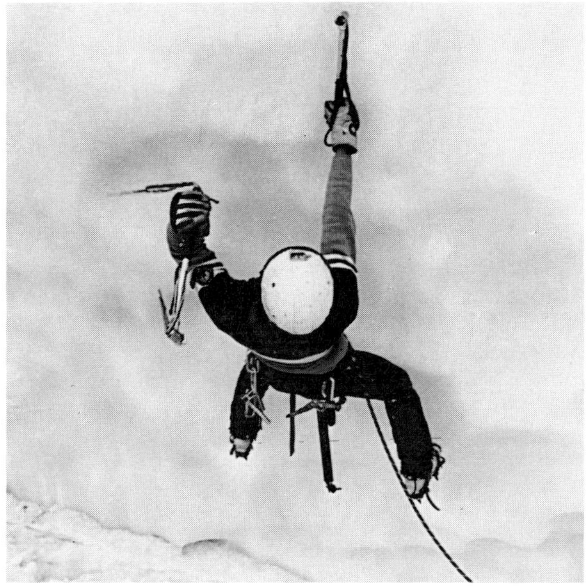

Handgeräteeinsatz in überhängendem Eis.

Die größte Eindringtiefe in das Eis erhält man, wenn der Radius der Schlagbewegung ungefähr dem Krümmungsradius des Eisgerätes entspricht. Bei solchen mit kleinem Winkel zwischen Spitze und Stiel und sehr geringem Krümmungsradius muß die Drehbewegung im Moment des Auftreffens der Spitze auf das Eis in eine geradlinige Zugbewegung nach schräg vorne unten umgelenkt werden. Prallt das Gerät ab, so wurde es nicht mehr in einer Schlagebene geführt und erfuhr beim Eindringen in das Eis eine leichte Abweichung.

Lösen der Handgeräte

Während das Körpergewicht vom möglichst gestreckten Arm gehalten wird, entfernt man das andere Gerät aus dem Eis. Dies sollte gefühlvoll nach oben geschehen, möglichst ohne ruckhafte Bewegung, um nicht das Gleichgewicht zu verlieren.

Die Körperstellung beim Steileisklettern

Man unterscheidet auch hier zwischen Arbeitsposition und Ruheposition, wie auf Seite 144 beschrieben.

Setzen von Fixpunkten im extremen Eis

Zur Schaffung von Fixpunkten gilt im Falle von Steileis das gleiche wie auf Seite 121 beschrieben. Das extreme Eisklettern spielt sich aber in einem Gelände ab, wo ein Stehen ohne Zuhilfenahme der Hände zur Erhaltung des Gleichgewichts nicht mehr möglich ist.
Um in solchem Gelände Eisschrauben setzen bzw. andere Fixpunkte schaffen zu können, muß sich der Kletterer selbst sichern. Dazu bestehen folgende Möglichkeiten:

- Die Handgeräte sind durch eine Reepschnur mit Anseilgurt verbunden. Soll nun eine Eisschraube gesetzt werden, so wird das Körpergewicht über die Reepschnur an das Eisgerät gehängt. Dann hat man beide Hände frei, um die Schraube setzen zu können.
- Der Körper wird durch eine am Anseilgurt befestigte Reepschnur fixiert: Beide Geräte sind im Eis verankert. Der Kletterer hält sich an dem Gerät mit dem Hammerkopf fest und löst am anderen Gerät die Hand aus der Handschlaufe, um die Reepschnur an diesem Gerät einzuhängen. Der Körper wird durch dieses Gerät fixiert, der Eishammer kann gelöst und der Eishaken (Snarg) eingeschlagen werden.

Setzen eines Fixpunktes im senkrechten Eis.

- Moderne Eisgeräte sind auch schon mit Selbstsicherungsschlingen kombinierbar, schnell verstellbare Gurtband-Verbindungen zwischen Pickel/Eisbeil und Sitzgurt für Rastpositionen beim Steileisklettern.
- Zum Schlagen von Eishaken (Snarg) kann auch eigens ein Hammer mitgeführt werden. Dies hat den Vorteil, daß sich der Kletterer für die Dauer des Anbringens des Eishakens an zwei Eisgeräten sichern kann.

Standplatzbereitung im Steileis

Ist das Gelände nur so steil, daß eine Standstufe aus dem Eis herausgeschlagen werden kann und somit ein Stehen auf den Füßen möglich ist, wird der Stand wie bereits auf Seite 123 erläutert eingerichtet (also mit zwei Eisschrauben und Ausgleichsverankerung).
Ist das Eis so steil, daß am Stand in einem Haken gehangen werden muß, ist folgende Anordnung vorzuziehen:
Benötigtes Material: zwei Eisschrauben/Haken.
An einer Eisschraube hängt der Sichernde. An der zweiten wird die Gefährtensicherung angebracht. Beide Schrauben können sicherheitshalber noch lose miteinander verbunden werden.
Die Gefährtensicherung muß an einer separaten Eisschraube fixiert werden. Die Eisschraube, an welcher der Sichernde hängt, lockert sich durch andauernde Druckbelastung und erreicht dadurch nur mehr verminderte Haltekräfte.

Allgemeine Hinweise zur Auswahl der Touren

Eis ist nicht gleich Eis. Gerade im winterlichen Steileis ist es von unterschiedlicher Qualität und Ausprägung. Je tiefer die Temperaturen sind, desto spröder und härter ist das Eis. Die besten Eigenschaften erreicht es bei wenigen Graden unter der 0°-Grenze.
Die *Farbe des Eises* sagt nur wenig über Qualität oder Steilheit aus. So kann blaues, klares Eis sowohl spröde als auch elastisch sein; geneigt, senkrecht oder auch überhängend.

Wasserfallklettern im Hochwinter.

Weißlich scheinendes Wassereis läßt aus der Entfernung flachere Passagen vermuten – in Wirklichkeit können auch senkrechte Passagen aus weißlichem Eis bestehen. Es entsteht dann, wenn ein plötzlicher Kaltlufteinbruch mit Schneefall verbunden ist.
Für alle Touren im Steileis gilt es, die Mächtigkeit der Eisschicht zu beachten. Zu dünne Eisschichten haften oft zu wenig auf dem Untergrund und brechen leicht ab. Auch lassen sich hier nur schwer Eissicherungsmittel anbringen.
Bei der *Auswahl der Touren* ist immer auch das Gelände oberhalb des Steileises mit einzukalkulieren. Kessel, Trichter, Schluchten oder steile Hänge prägen meist das Gelände, und man muß bei entsprechender Schneelage mit evtl. Lawinengefahr rechnen. Steilheit, Lage (Himmelsrichtung) sowie Schneesituation sind Faktoren, die über eine momentane Lawinentätigkeit entscheiden.
Die *Temperaturentwicklung* ist vor und während der Tour unbedingt zu beobachten. Bei strengem Frost bieten Eisrinnen, gefrorene Wasserfälle und eisüberzogene Wände relativ sichere Anstiege. Erwärmung bringt immer auch Gefahren mit sich, hier in erster Linie Eis- und Steinschlag.

Training des extremen Eiskletterns

Klettern an sehr steilen, senkrechten und manchmal auch überhängenden Passagen erfordert ein spezielles Training. Als Trainingsgelände eignen sich:

- Senkrechte und überhängende Eiswände im Gletscherbruch.
- Kurze gefrorene Wasserfälle.
- Wände von Gletscherspalten.

Bei der Auswahl des Trainingsgeländes muß vor allem die *Sicherheit der Übenden* gewährleistet sein. Insbesondere ist zu beachten:

- Das Übungsgelände muß objektiv sicher sein. Dies gilt besonders in bezug auf Stein- und Eisschlag sowie Lawinen.
- Beim Freien Üben (ohne Seil) ist darauf zu achten, daß das Gelände unterhalb der Eiswand plan und ohne größere Hindernisse ist.
- Beim Trainieren mit Sicherung von oben bzw. mit Umlenkung (toprope) muß auf sorgfältigste Anbringung und ständige Überprüfung der Umlenkungsverankerung Wert gelegt werden.

Training der Klettertechnik

- Am Fuß von gefrorenen Wasserfällen bzw. an sehr steilen bis senkrechten Eiswänden im Gletscherbruch wird die richtige Körperhaltung sowohl in der Ruhe- als auch in der Arbeitsposition in Form von kurzen Aufstiegen, Abstiegen und Querungen geübt. Dabei ist besonders darauf zu achten, daß nach jeder Schrittfolge wieder eine extreme Ruheposition eingenommen wird.
- Klettern längerer Passagen mit Sicherung von oben oder Umlenkung. Hierfür eignen sich auch die Wände von Gletscherspalten. Das Klettern längerer Passagen dient zur Verbesserung des Bewegungsflusses und damit zu einer ökonomischeren Technik.

Training der »Vorstiegsmoral«

Der Vorstieg stellt beim extremen Eisklettern eine besondere psychische Beanspruchung dar. Längeres Klettern ohne Zwischensicherung, sich voll und ganz auf das Halten der Handgeräte zu verlassen, sind die

Ursachen dafür. Voraussetzung, im extremen Steileis auch führen zu können, ist ein *perfektes Vertrautsein mit der Technik*. Beherrscht der Kletterer die Technik unter Sicherung von oben, kann er sich durch spezielles Training bis zu Vorstiegen steigern. Möglichkeiten dazu sind:

- Klettern von steilen, senkrechten oder leicht überhängenden Passagen mit Sicherung von oben, wobei das Seil aber nicht straff gehalten wird, sondern leicht durchhängt (Schlappseil).
- Klettern der gleichen Passage, wobei die Zwischensicherungen eingehängt werden müssen. Als Zwischensicherungen kann ein Seil, in das im Abstand von ca. 1 m Sackstiche eingeknotet sind, über das zu kletternde Wandstück fixiert werden. Der Kletternde hängt nun je nach Bedarf in jede oder auch nur jede zweite Schlinge Zwischensicherung ein.
- Klettern der gleichen Passage, wobei jetzt bereits die Eisschrauben als Zwischensicherungen angebracht sind. Bevor der Kletterer selbst die Zwischensicherungen setzt, muß dies speziell geübt werden.

Training: Setzen von Zwischensicherungen

- Üben des Ablaufes am Wandfuß.
- Üben des Anbringens von Zwischensicherungen unter gleichzeitiger Sicherung von oben.
- Setzen von Zwischensicherungen im Vorstieg.

Training: Standplatzbereitung im Steileis

- Üben des Ablaufes direkt über dem Boden.
- Einrichten eines Standplatzes wenige Meter über dem Boden unter gleichzeitiger Sicherung von oben.
- Einrichten eines Standplatzes in der Mitte einer kurzen Eiswand mit folgendem Nachkommen des Seilzweiten und Standplatzwechsel.

Training der Ausdauer

Durchklettern möglichst langer Passagen sowohl mit Sicherung von oben als auch im Vorstieg.
Gerade beim Steileisklettern ermüden die Arme sehr schnell. Die Bewegungsabläufe müssen so automatisiert sein, daß z. B. auch das Einschlagen der Geräte dann noch fehlerfrei abläuft, wenn Hände und Unterarme bereits durch die Anstrengung gefühllos sind.

Extremeisklettern fordert vom Kletterer ausgezeichnete körperliche Verfassung und ein hohes Maß an psychischer Stärke.

Gletscherkunde

Gletscher sind talwärts fließende Eisströme im Hochgebirge oder in Polargebieten. Während der Eiszeiten, deren letzte, die Würmeiszeit, vor ca. 10 000 Jahren zu Ende war, bedeckten Eismassen rund 45 Millionen qkm der Erde. Diese Fläche ist dreimal so groß wie die heutige Eisbedeckung von der Antarktis und Grönland zusammen. Die Gletscher der damaligen Zeit sind nicht einfach bis zum heutigen Stand abgeschmolzen, sondern das Gletschereis ist einem dauernden Verzehren und Neuentstehen unterworfen. Der Übergang vom Eiszeitalter in die heutige, fast gletscherfreie Periode ging nicht gleichmäßig vor sich. Es gab in der Nacheiszeit Wärmephasen, in denen die Gletscher eine geringere Fläche als heute bedeckt haben.

Die letzten großen Vorstöße der Gletscher – viele Gletscher erreichten die Nähe von Siedlungen – fanden von 1600–1850 statt; deshalb wird diese Zeit als Kleine Eiszeit bezeichnet. Die Zeichen dieses letzten Vorstoßes sind als weit vorgelagerte End- oder hoch über den heutigen Gletschern liegende Randmoränen gut zu erkennen.

Entstehung von Gletschern

Oberhalb der Schneegrenze fallen die Niederschläge größtenteils als Schnee. Er wird durch Temperatureinfluß und Druck über Firn und Firneis in Gletschereis umgeformt.

Stationen der Gletschereisbildung

Schneefall	Schneekristalle in hexagonaler Grundform
Firn	Schnee, der durch wiederholtes Schmelzen und Gefrieren sowie unter Druckeinwirkung der darüberliegenden Schneemassen in eine körnige Struktur umgewandelt ist. Aus 6–8 m Lockerschnee entsteht 1 m Firn.
Firneis	Es besteht aus ausgebildeten Eiskristallen, die durch nichtkristallinen Eiszement miteinander verbunden sind. Durch den hohen Luftgehalt erhält es sein weißliches Aussehen.
Gletschereis	Durch den weiteren Druck wird verstärkt Luft aus dem Firneis gepreßt, es verdichtet sich zu Gletschereis. Der Übergang vom Schnee zum Gletschereis dauert mindestens 3–5 Jahre. Gletschereis hat normalerweise ein bläuliches Aussehen. Durch eingeschlossene Algen kann es aber auch grünlich erscheinen.
Wassereis	Gefrorenes Wasser, das im Gegensatz zum Gletschereis nicht aus Eiskörnern verschiedener Größe und Form besteht, sondern eine kompakte Masse ist.

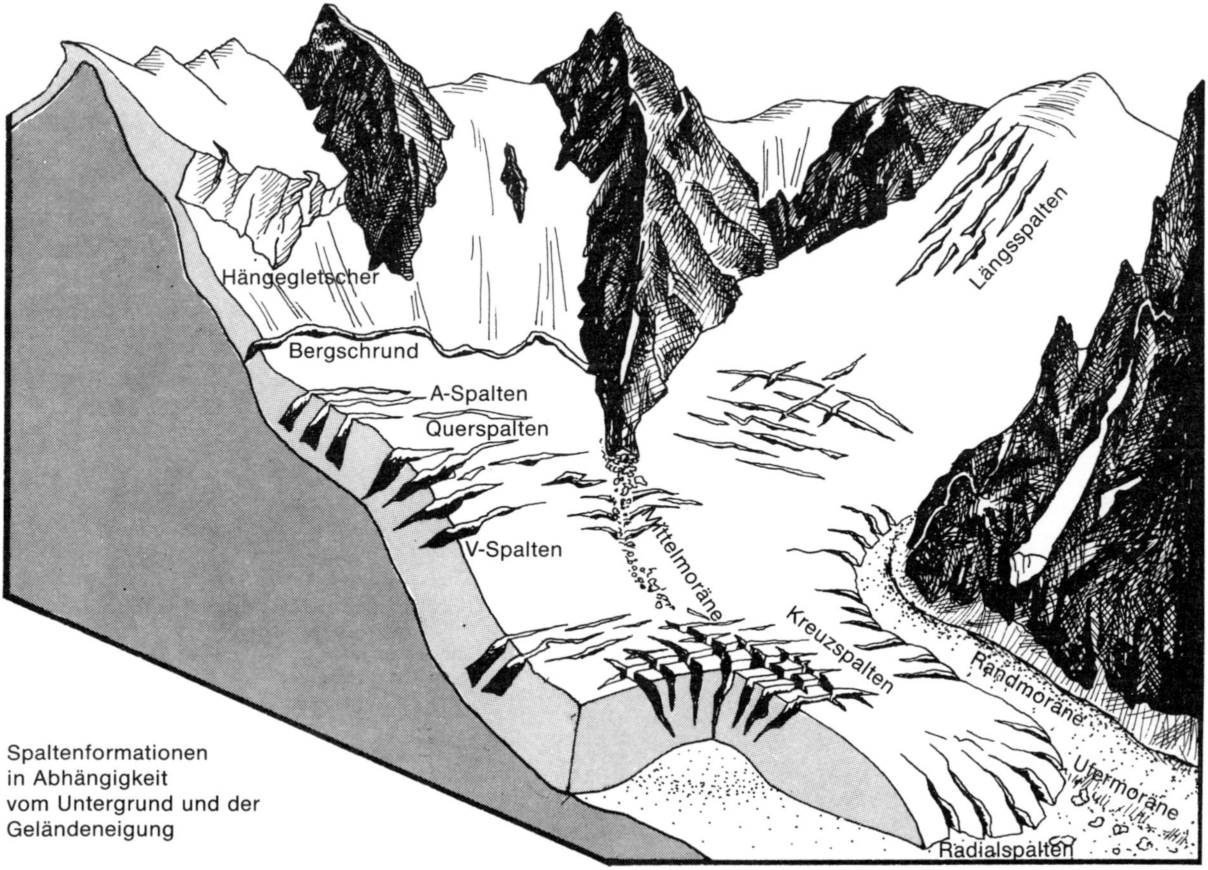

Spaltenformationen in Abhängigkeit vom Untergrund und der Geländeneigung

Gletscherbewegung

Aus dem Nährgebiet bewegen sich die Eisströme bis unterhalb der Schneegrenze in das Zehrgebiet, wo sie als Gletscherzunge enden.

Gründe für das Fließen der Gletscher

- Das Gletschereis verhält sich unter Druck elastisch.
- Die durch den Druck erzeugte sowie vom Erdinnern abstrahlende Wärme läßt durch Auftauen an der Gletschersohle eine für das Gleiten notwendige Schmierschicht entstehen.
- Hangabtrieb und Gewicht der nachdrückenden Masse verhelfen dazu, daß sich das Eis auf der Schmierschicht in Bewegung setzen.

Die Fließgeschwindigkeit eines Gletschers in sich ist nicht überall gleich groß. Sie ist abhängig vom Gefälle, dem Querschnitt der Eismasse und dem Druck der Firnmasse im Nährgebiet. Allgemein gilt:

- Schnelleres Fließen in der Gletschermitte.
- Langsameres Fließen an den Gletscherrändern.
- Oberfläche fließt schneller als der Untergrund

Gletscherspalten

Entstehung der Spalten

Das Gletschereis weist zwei wesentliche Eigenschaften auf:

- Unter Druckbelastung verhält Gletschereis plastisch.
- Unter Zugbelastung verhält Gletschereis spröde.

An allen Stellen, wo infolge Bewegungsänderungen Zugspannungen auftreten, können Spalten aufreißen. Zugspannungen entstehen in der Gletschermasse:

- Durch die unterschiedlichen Fließgeschwindigkeiten.
- Durch das Überfließen von Unebenheiten im Untergrund.

Arten der Gletscherspalten

Spalten auf unseren Gletschern erreichen eine Tiefe von 30–40 m. In größeren Tiefen wird das Eis nicht mehr spröde, da es der Druck der Masse von oben plastisch erhält.
Gletscherspalten sind in ihrem Querschnitt meist V-förmig. Hineingewehter, an den Spaltenwänden angelagerter Schnee läßt V-Spalten sehr leicht A-förmig erscheinen.
Durch die dynamischen Vorgänge in der Gletschereismasse können sich folgende Arten von Spalten bilden:

Querspalten
An Geländekanten entstehen an der Gletscheroberfläche verstärkte Zugspannungen. Diese können bereits bei einer Böschungszunahme von 2–3° so stark sein, daß das Eis quer zur Zugrichtung aufbricht und sich Spalten bilden. Die Spalten treten schon erheblich vor der Geländekante auf!! Am Muldenknick finden sich normalerweise keine Spalten. Durch die in der Tiefe erhöhte Plastizität des Eises entstehen keine Zugspannungen.

Längsspalten
Fließt das Eis über eine im Untergrund in Fließrichtung verlaufende Rippe, bilden sich an der Oberfläche Längsspalten. Diese können auch entstehen, wenn der Gletscher Engstellen passiert hat und sich danach wieder verbreitert.

Kreuzspalten
Fließt der Gletscher über einen Höcker, so reißt das Eis in und quer zur Fließrichtung auf. Es entstehen kreuzartig verlaufende Spalten.

Randspalten
Durch die unterschiedlichen Geschwindigkeiten zwischen schnell fließender Gletschermitte und langsam fließenden Gletscherrändern entstehen auch hier Spalten. Solche Randspalten treten auch auf flachen und ebenen Gletscherabschnitten auf.

Radialspalten
Sie sind nur an der Gletscherzunge zu finden.

Eisbruch
Sehr steile Abbrüche am Untergrund des Gletschers bewirken ein totales Zusammenbrechen des Gletscher-

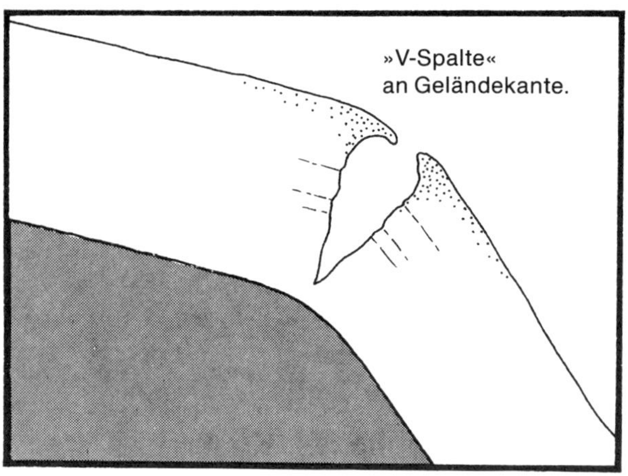

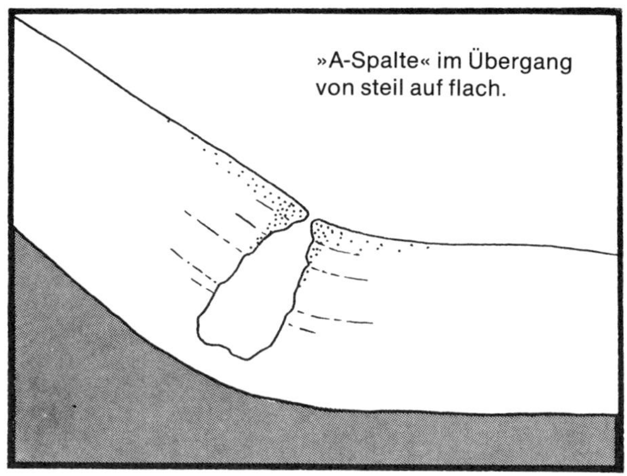

Richtige Spuranlage in spaltengefährdetem Gelände erfordert Ruhe, Umsicht und große Erfahrung (»Traue nie deinen Vorgängern!«).

stromes. Es entsteht ein wildes Durcheinander von Längs- und Querspalten, senkrechten Eisabbrüchen und Eistürmen (Séracs).

Bergschrund

Dies ist die oberste, ortsfeste Spalte zwischen dem an einer Wand festgefrorenen Eis und dem fließenden Gletscher. Der Bergschrund stellt zugleich das obere Ende des Gletschers dar.

Randkluft

Sie ist im eigentlichen Sinne keine Gletscherspalte, sondern eine Schmelzkluft zwischen Eis und Fels, die durch die Wärmeabstrahlung des Gesteins entsteht.

Die Gletscheroberfläche

Während des Winters sind die Gletscher im allgemeinen ganz mit Schnee bedeckt. In den wärmeren Jahreszeiten dagegen schmilzt die Schneeauflage vom unteren Ende des Gletschers her langsam weg, das Gletschereis tritt an die Oberfläche. Im Spätsommer wird die apere Gletscherzunge von der Firngrenze (-linie) vom schneebedeckten Gletscher getrennt. Die Höhenlage dieser Grenze kann auf einem Gletscher von Jahr zu Jahr um 100–200 Höhenmeter schwanken. In den Nordalpen liegt sie in einer Höhe von 2600–2900 m.

Auf der Fläche oberhalb der Firngrenze erhält der Gletscher seinen Zuwachs an Gletschereis. Darum wird dieser Teil als Nährgebiet bezeichnet. Im Bereich unterhalb der Firngrenze schmilzt der Gletscher während der warmen Jahreszeit ab, diese Zone nennt man Zehrgebiet.

Von der Firngrenze ist die Schneegrenze zu unterscheiden. Das ist jene Höhenlinie, oberhalb derer die Niederschläge während des ganzen Jahres größtenteils als Schnee fallen. (In den Ostalpen ca. 2800 m, in den Westalpen ca. 3500 m.) Die Firnlinie am Gletscher befindet sich immer unterhalb der Schneegrenze.

Der apere Gletscher mit seinen charakteristischen Erscheinungen

Unterhalb der Firngrenze apert der Gletscher in den Sommermonaten aus, das Gletschereis kommt zum Vorschein. Die Gletscheroberfläche ist meist rauh und von Schmelzwässern, die sich im Eis Abflußbahnen geschaffen haben, zerfressen. Solche Schmelzwasserrinnen entwickeln sich gelegentlich zu reißenden, unüberwindlichen Bächen, die früher oder später in Spalten stürzen. An diesen Stellen bilden sich durch die kreisenden Bewegungen des Wassers Strudellöcher. Zudem ist die Gletscheroberfläche in wechselndem Maße von Schutt bedeckt (s. Moränenablagerungen, Seite 167). Die randlichen, teilweise sehr glatten Gletscherbereiche sind oft nur schwer zu begehen, da das Gesteinsmaterial ins Rutschen kommt.

Geländeerscheinungen Gletscheroberfläche:

Gletscherbach
Oberflächlich abfließendes Schmelzwasser, das sich im Eis ein Bett geschaffen hat.

Gletschermilch
Aus Gletschertor ausfließendes, durch Abrieb der Moränen an Untergrund gelöste Gesteinsteilchen weißlich-grau gefärbtes Schmelzwasser.

Gletschermühle
Vertikale Vertiefung, die als Strudelloch durch die kreisenden Bewegungen des Wassers und den mitgeführten Steinen im Gletscherbach geschaffen wird.

Gletschersumpf
In Gletschermulden aufgestautes und mit Oberflächenschnee vermischtes Schmelzwasser.

Gletschertisch
Größere Gesteinsbrocken, deren Schatten ihren Eissockel vor dem Abschmelzen schützen.

Kryokonitlöcher
Kleinste Gesteinsteilchen und Staub (Kryokonit) sinken, da sie stärker als die Umgebung erwärmt werden, in die Eisoberfläche ein.

Gletschertor
Ausflußöffnung für das Schmelzwasser am Ende der Gletscherzunge.

Moränenablagerungen

Die fließenden Eismassen des Gletschers transportieren Gesteins- und Erdmaterial, das aus den Wänden, Hängen und Graten der den Gletscher umrahmenden Berge stammt. Auch durch die ausbrechende Wirkung des Eises am Untergrund und den Bettwandungen erhalten die Gletscher Gesteinsmaterial, das mittransportiert wird. Alles mitgeführte und später abgelagerte Material wird als Moräne bezeichnet. Man unterscheidet:

Untermoräne
Noch im Eis steckendes, vom Untergrund stammendes Gesteinsmaterial am Grunde des Gletschers.

Grundmoräne
Bereits abgelagertes Untermoränenmaterial.

Seitenmoräne
Im Zehrgebiet in den randlichen Partien austauendes Moränenmaterial, das auf dem Gletscher liegt und von ihm mittransportiert wird.

Ufermoräne
Neben dem Gletscher bereits abgelagerte Moräne.

Mittelmoräne
Auf und im Gletscher mitgeführtes Material, das durch den Zusammenfluß zweier Gletscher aus deren Seitenmoränen stammt.

Stirnmoräne
Direkt vor der Gletscherzunge liegender Moränenwall.

Endmoräne
Weit vor dem Gletscher bereits abgelagerte Moräne.

Innenmoräne
Im Gletscher mittransportiertes Material, das z. B. oberhalb der Schneegrenze auf den Gletscher gelangt und bald immer tiefer in Schnee, Firn oder Eis eingebettet wird.

Spaltenbergung

Spaltenbergung

Stürzt ein Seilschaftsmitglied in eine Spalte, so ist zuerst zu entscheiden, wie es geborgen werden kann. Hilfe dazu bietet das nebenstehende Schema.

Fixpunkte bei der Spaltenbergung
Allen Bergungsverfahren mit Ausnahme des Mannschaftszuges ist die Verankerung gemeinsam (siehe auch Fixpunkte im Firn, Seite 40):

- Verankerung in Schnee und Firn. – Verankerung mit vergrabenem Eispickel, Rucksack oder anderen Gegenständen als »Toter Mann«.
- Verankerung im Eis. – Eisschrauben mit Kräftedreieck.

Mannschaftszug

Stehen vier oder mehr Personen zur Bergung zur Verfügung, ziehen diese den in die Spalte Gestürzten gemeinsam heraus.

Ablauf der Bergung

- Der Verunfallte wird von der restlichen Seilschaft gehalten.
- Die Kameraden erkundigen sich nach dem Befinden des Gestürzten. Gibt dieser nicht sofort Antwort, muß sich der dem Spaltenrand am nächsten Befindende aus dem Seil ausbinden, vorgehen und versuchen, von dort aus Sprechverbindung aufzunehmen. Beim Vorgehen an den Spaltenrand sichert er sich selbst mit seiner Prusikschlinge, die mit Prusikknoten an dem zum Gestürzten führenden Seil befestigt ist. Das andere Ende der Prusikschlinge ist mit einem Karabiner am Seilring eingehängt.
- Ist der Verunfallte bei Bewußtsein, ziehen ihn alle übrigen Seilschaftsmitglieder gemeinsam am langen Seil heraus.
- Ist der Spaltenrand überwächtet, *muß besonders darauf geachtet werden,* daß der zu Bergende nicht unter die Wächte hineingezogen wird.

Lose Rolle

Dieses Verfahren wird dann angewendet, wenn der Gestürzte nicht mit dem Mannschaftszug geborgen werden kann. Im allgemeinen ist dies in einer Dreierseilschaft der Fall. Ein kräftiger Bergsteiger kann bei guten Bedingungen auch alleine einen Gestürzten mit dieser Technik aus der Spalte ziehen.

Ablauf der Bergung

A ① stürzt, ② und ③ halten.

B ③ hält alleine, ② geht durch Prusikschlinge gesichert nach vorne zum Spaltenrand und nimmt Kontakt mit dem Verunfallten auf.
Läßt seine Verfassung eine Bergung mit der Losen Rolle zu, wird von ② ca. 3–4 m vom Spaltenrand entfernt auf bekannte Art und Weise eine Verankerung gebaut.
② fixiert das zum Gestürzten führende Seil mit einer Prusikschlinge an der Verankerung. Dazu wird die Prusikschlinge aufgeknüpft und in der Mitte an der Verankerung befestigt. Ein Ende der aufgeknüpften Prusikschlinge wird mit einem gesteckten Prusikknoten an dem zum Verunfallten führenden Seil befestigt.
③ entlastet vorsichtig. ② beobachtet den Prusikknoten und die Verankerung. Nach der Entlastung wird das Hauptseil sofort mit einem Mastwurf an der Verankerung fixiert.

C ③ kommt mit der Prusikschlinge gesichert nach vorne.
Das Seil wird doppelt mit einem eingehängten Karabiner zum Gestürzten hinuntergelassen. Dieser hängt den Karabiner in seinen Seilring am Brustgeschirr ein.
Das Zugseil wird mit dem zweiten Ende der aufgeknöpften Prusikschlinge mit einem gesteckten Prusikknoten abgesichert (Rücklaufsperre).

D ② und ③ ziehen gemeinsam am Zugseil den Gestürzten heraus.
Erreicht dieser den Spaltenrand, ist besonders darauf zu achten, daß er nicht unter die Wächte hineingezogen wird.

Flaschenzug

Ein Flaschenzug verringert durch die Anordnung von losen und festen Rollen die Kraft, die angewendet werden muß, um ein Gewicht (den Gestürzten) heraufzuziehen.

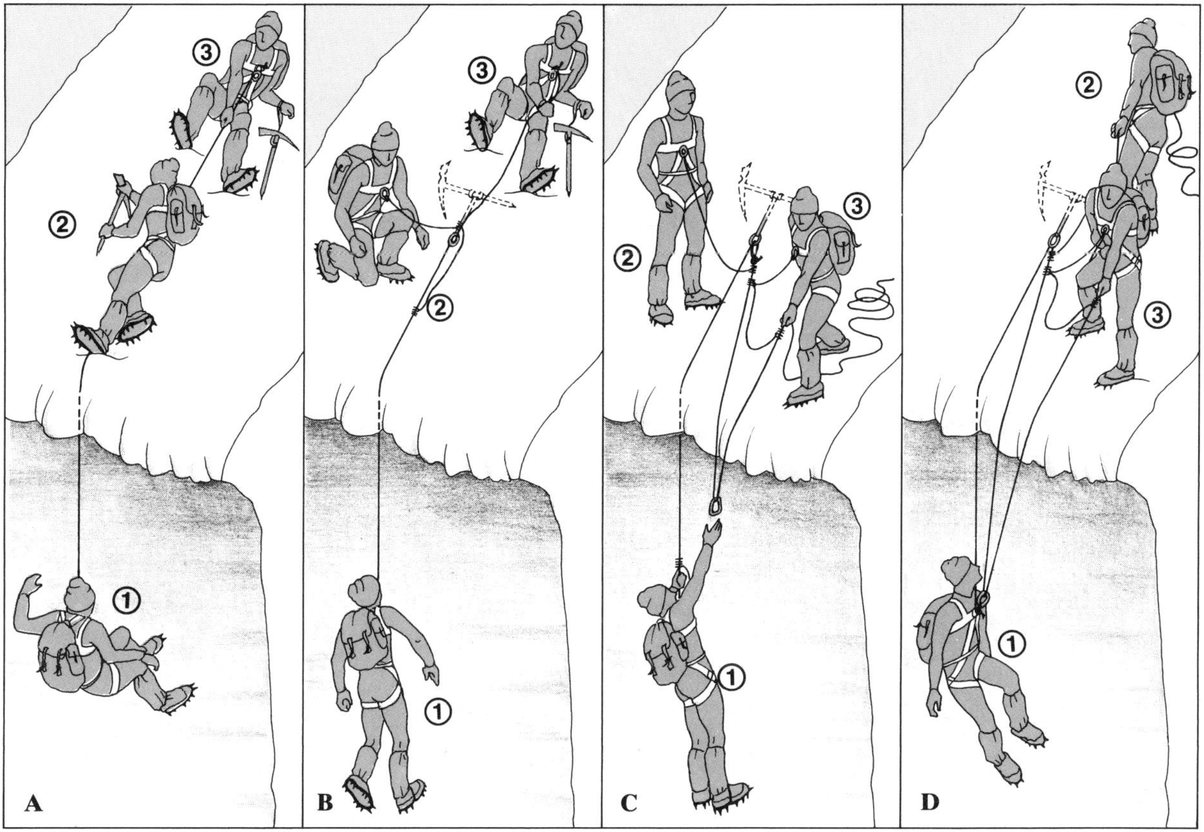

Spaltenbergeverfahren »Lose Rolle«.

Der Flaschenzug bei der Spaltenbergung wird angewendet:

- Wenn nicht genügend Seil für die Lose Rolle vorhanden ist.
- Wenn die zur Verfügung stehende Kraft nicht ausreicht, um einen Gestürzten mit der Losen Rolle aus der Spalte zu ziehen.

Ablauf der Bergung

A ① stürzt, ② und ③ halten.

B ③ hält alleine, ② geht, durch seine Prusikschlinge gesichert, nach vorne zum Spaltenrand und nimmt Kontakt mit dem Verunfallten auf.

Nach der Entscheidung für eine Bergung mit Loser Rolle oder Flaschenzug wird von ② ca. 3–4 m vom Spaltenrand eine Verankerung gebaut.

② fixiert das Sturzseil mit einer Prusikschlinge (wie bei Lose Rolle beschrieben).

③ entlastet vorsichtig, ② beobachtet Prusikknoten und Verankerung. Nach der Entlastung wird das Hauptseil sofort mit einem Mastwurf an der Verankerung fixiert.

③ kommt mit einer Prusikschlinge gesichert nach vorne.

Die Bergung mittels Loser Rolle wird eingeleitet (Beschreibung Seite 172).

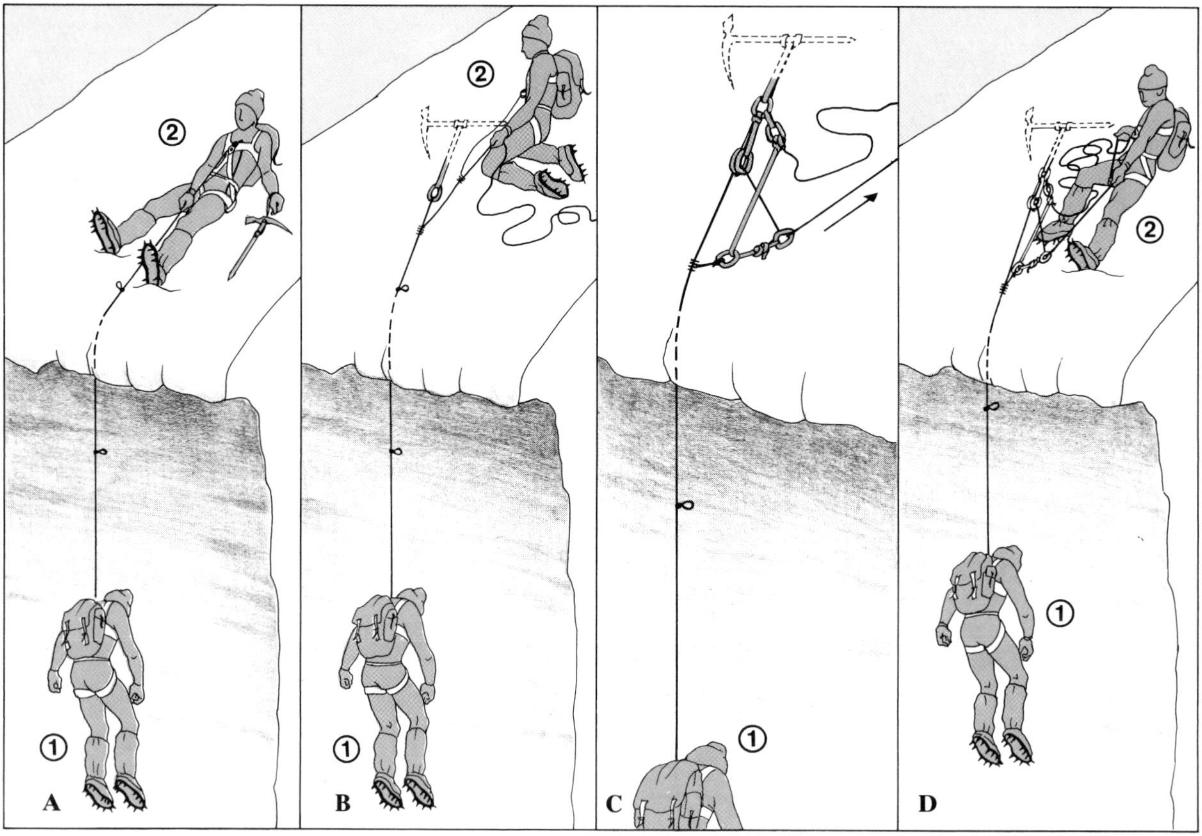

Spaltenbergung mit »Flaschenzug«.

Flaschenzug

A ① stürzt, ② hält.

B ② fixiert den Gestürzten.

C Da die Kraft nicht ausreicht, den Gestürzten mittels »Loser Rolle« herauszuziehen, muß der Flaschenzug aufgebaut werden: Eine separate Reepschnur oder das Seilende wird an der Verankerung fixiert und durch einen in die Prusikschlinge eingehängten Karabiner geführt. Am Ende dieser Schlinge (= Hilfsseil) wird ein Karabiner eingehängt.

Das Hauptseil wird von dem Mastwurf an der Verankerung durch den Karabiner am Ende des Hilfsseiles geführt und dadurch zum Zugseil. Am Zugseil wird das zweite Ende der Prusikschlinge, mit dem das Sturzseil fixiert ist, mittels gestecktem Prusikknoten angebracht.

D Nun kann am Zugseil mit dem Ziehen begonnen werden. Ist dies soweit geschehen, daß der das Hauptseil umlenkende Karabiner nicht mehr weiter gezogen werden kann, wird das Zugseil durch die Prusikschlinge fixiert.

Der zur Fixierung des Hauptseiles dienende Mastwurf kann nun durch eine Gardaschlinge ersetzt werden.

Ab jetzt übernimmt die Gardaschlinge automatisch die Rücklaufsicherung.

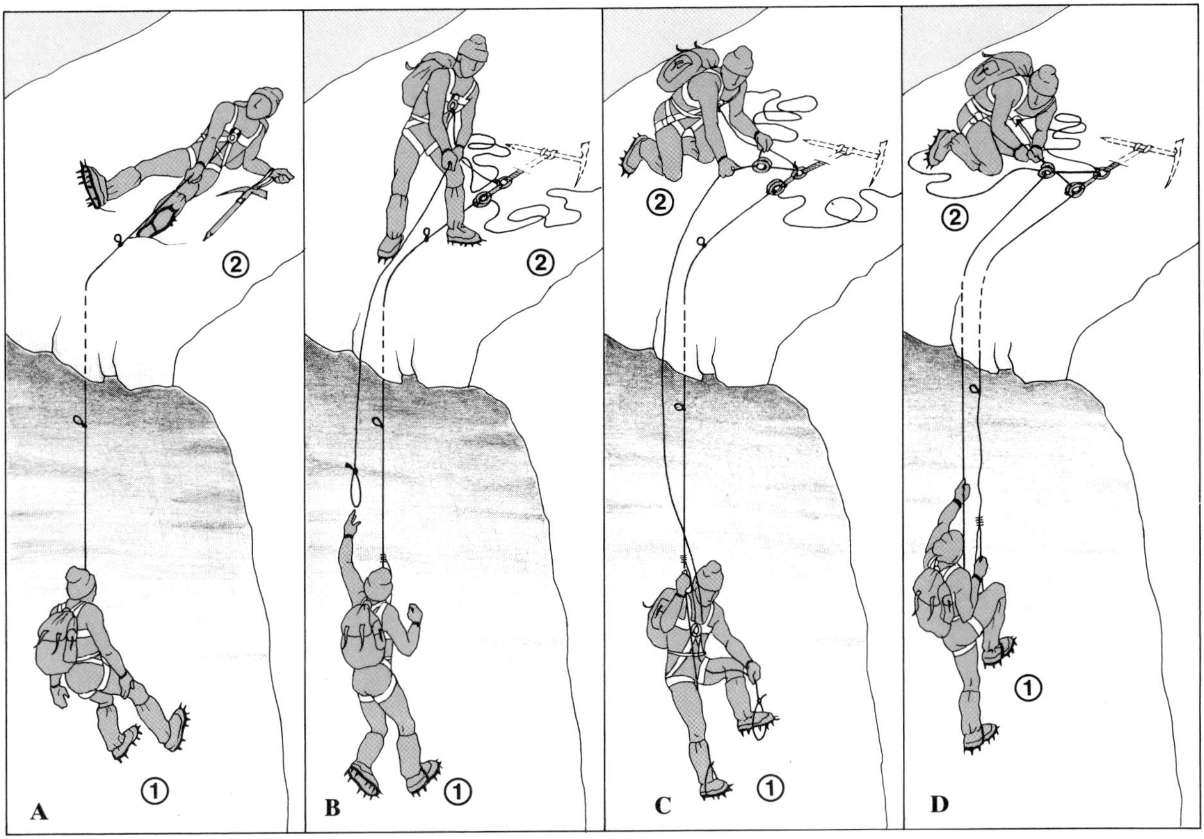

Spaltenbergung mittels »Steigbügelverfahren«.

Spaltenbergung bei einer Zweierseilschaft

In einer Zweierseilschaft ist es sehr schwierig, einen Verunfallten aus einer Gletscherspalte zu bergen. Als Verfahren kommen hier Bergungen mit »Loser Rolle«, Flaschenzug und Steigbügelverfahren in Frage. In Abweichung von den bei Dreierseilschaften üblichen Verfahren gilt hier folgendes:

A ① stürzt, ② hält. ② baut eine Verankerung, gleichzeitig hält er ①. – Nachdem die Kraftübertragung von der Verankerung durch die Prusikschlinge auf das Hauptseil erfolgt ist, muß sich der Retter für ein Verfahren entscheiden.

Steigbügelverfahren

B ① entlastet sich, indem er in seine Prusikschlinge steigt. ② läßt zu ① das freie Seilende hinunter.

C ① führt dieses Seil hinter seinem Brustgurt durch und steigt mit dem freien Fuß in die vorbereitete Schlinge. ② fixiert dieses Seil mit der Gardaschlinge an der Verankerung.
① belastet dieses Hilfsseil und entlastet das Hauptseil.

D ② fixiert das entlastete Hauptseil ebenfalls mit der Gardaschlinge. Durch wechselseitiges Belasten von ① und Einziehen des entlasteten Seiles durch ② steigt ① höher.

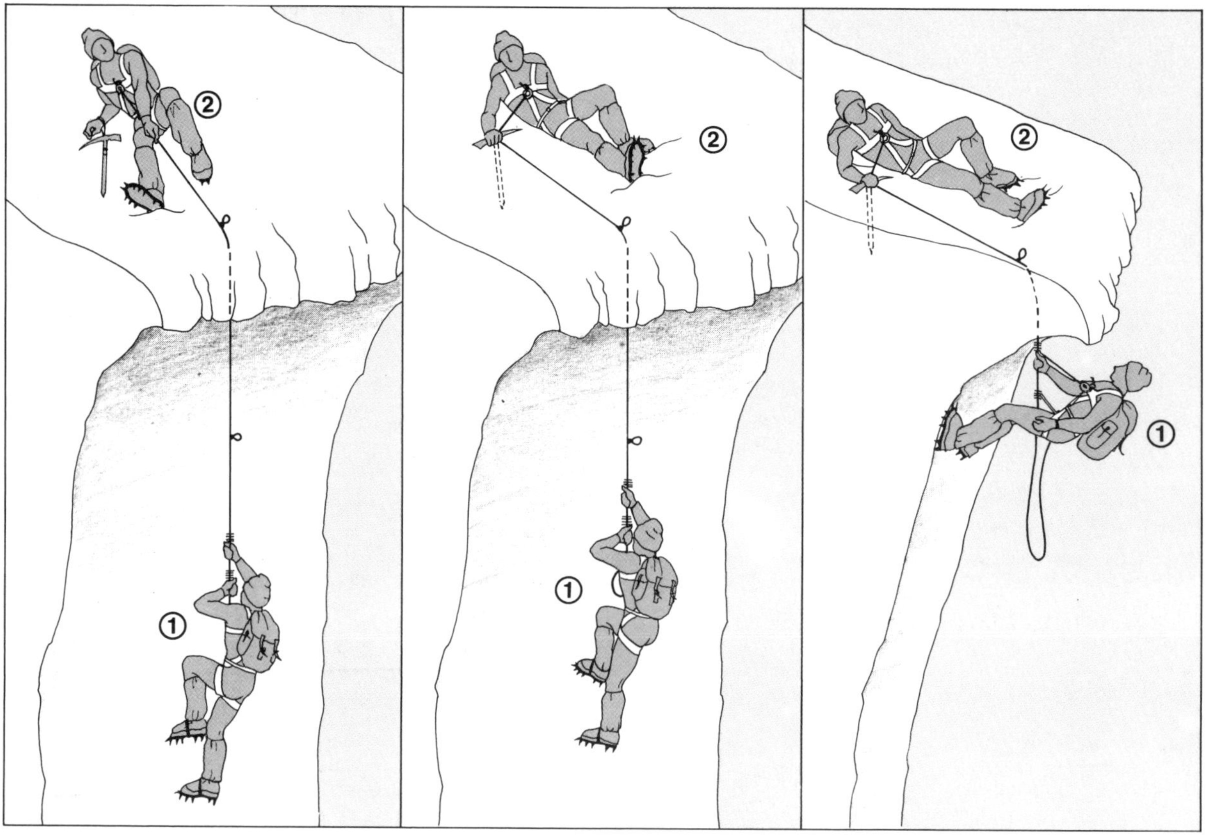

Selbstrettung aus Spalte durch »Prusikverfahren«.

Selbstrettung des Gestürzten

Ist der Gestürzte unverletzt, so kann er sich durch Prusiken selbst aus der Spalte befreien. Dies ist nur möglich, wenn auch die entsprechende Ausrüstung (Prusikschlingen!) mitgeführt wird.
Während ② den Gestürzten hält und nach Möglichkeit auch an einer Verankerung fixiert, steigt ① mit Hilfe seiner Prusikschlingen nach oben. Schwierigkeiten können hier die eingeknüpften Bremsknoten sowie der Spaltenrand bereiten, der durch das sogenannte Raupenverfahren mit Hilfe zweier Kurzprusikschlingen überwunden werden muß.

Erste Hilfe

Von der richtigen Ersten Hilfe hängt in vielen Fällen das Überleben eines Verunfallten ab. Jeder Helfer steht vor der Entscheidung, was er in dem speziellen Fall zu tun hat.
Nur das Ergreifen der richtigen Maßnahme in Verbindung mit einer zweckmäßigen Erste-Hilfe-Ausrüstung (Rucksackapotheke) kann hier zum Erfolg führen.
Eine gute Grundausbildung in Erster Hilfe sollte für jeden Bergsteiger selbstverständlich sein. Für die spezielle Erste Hilfe sei hier das Studium des Alpin-Lehrplans, Band 8, »Erste Hilfe – Bergrettung« empfohlen.

VORBEREITUNG AUF DEN BERUF

Grundlagen

Autoren

Dr. Michael Dieterich
Kurt A. Hildenbrand
Hanns Meister
Bernd Schmid
Annelie Wagner

5. überarbeitete Auflage

Gewinner des Preises der Bundesanstalt für Arbeit
Nürnberger Trichter 1982 – Lesen für den Beruf

HANDWERK UND TECHNIK · HAMBURG

HT 20111

Vorwort

Die **Vorbereitung auf den Beruf** als Grundthema eines wahlweise an Haupt- und Berufsschulen angebotenen 10. Vollzeitschuljahres gewinnt zunehmend an Bedeutung. So heterogen die Bildungsvoraussetzungen der hiervon angesprochenen Jugendlichen sind, so vielfältig sind die Ausbildungs- und Förderungsangebote.

Der vorliegende Band **Vorbereitung auf den Beruf / Grundlagen** ist von erfahrenen Lehrkräften entwickelt worden. Das Konzept basiert auf den Richtlinien / Lehrplänen der Länder zur Förderung Jugendlicher, die nicht den häufig als Mindestqualifikation für einen anerkannten Ausbildungsberuf angesehenen Hauptschulabschluß erreichen oder nicht in ein Ausbildungsverhältnis eintreten.

Damit ist die Zielsetzung dieses Bandes definiert:

- **Hilfe bei der Berufsfindung** durch Vermittlung einer praxisnahen Übersicht über 13 Berufsfelder.
  Die unterschiedlichen geistigen und körperlichen Anforderungen, Ausbildungsdauer und Ausbildungsinhalte werden exemplarisch an jeweils einem typischen Beruf gezeigt.
- **Berufsvorbereitung** durch Vermittlung von berufsfeldübergreifenden Grundkenntnissen. Ziel ist, die Jugendlichen zu einer Ausbildungsreife zu führen, die dem Hauptschulabschluß entspricht oder diesen ermöglicht. Die behandelten Themenkreise sind Rechnen, Technisches Zeichnen, Naturkunde und Wirtschaftskunde.

Das Konzept dieses Bandes reflektiert immer auf die Erfahrungswelt der Jugendlichen und trägt dabei gleichzeitig den Erfordernissen einer praxisnahen Berufsvorbereitung Rechnung. So werden theoretische Grundlagen als Praxiserfahrung abgeleitet.

Das Buch ist unterrichtsbegleitend aufgebaut, bietet jedoch durch eine große Zahl von Aufgaben und Fragen Anregungen zur Selbstarbeit.

Die Verfasser sind für alle Hinweise und Anregungen, die der weiteren Entwicklung dieses Bandes dienen, dankbar.

Die Verfasser

© ISBN 3.582.**20111**.2

Verlag Handwerk und Technik G.m.b.H., Lademannbogen 135, 22339 Hamburg; Postfach 630500, 22331 Hamburg 1995
Gesamtherstellung: F. Pustet, 93051 Regensburg

Inhalt

BERUFSKUNDE

RECHNEN

TECHNISCHES ZEICHNEN

NATURKUNDE / PHYSIK

NATURKUNDE / CHEMIE

NATURKUNDE / BIOLOGIE

WIRTSCHAFTSKUNDE

Einteilung der Berufe

Ein Blick auf die nächste Seite zeigt einen Ausschnitt aus den Stellenangeboten in der Wochenendausgabe einer Tageszeitung.
Ist Ihr Wunschberuf dabei?

In der Bundesrepublik Deutschland gibt es über 350 verschiedene Ausbildungsberufe.
Hinzu kommen noch viele berufliche Tätigkeiten, für die keine besondere Ausbildung notwendig ist.
Um Ihnen die Berufswahl zu erleichtern, haben wir nach Möglichkeiten gesucht, die Berufe einzuteilen.

Es gibt zum Beispiel die „Schreibtischberufe"...,

für manche Berufe ist eine zusätzliche Spezialausbildung erforderlich...,

oder man arbeitet überwiegend mit einem bestimmten Material, zum Beispiel mit Holz, Metall oder Farbe...

Die Berufe lassen sich auch danach einteilen, an welchem Ort sie ausgeübt werden: zum Beispiel in der Fabrikhalle, im Freien oder in einer kleineren Werkstatt.

Zum möglichst frühen Eintritt suche ich

Sanitärmonteure
Heizungsmonteure
Ölfeuerungsmonteure
Flaschner

für Baustellen und Kundendienst

die an selbständiges Arbeiten gewöhnt sind.

Bitte rufen Sie an unter 46 50 21 oder schreiber Sie kurz an

+°C RAMM **PAUL RAMM**

Anfangs-Kontoristin

mit Steno- und Schreibmaschinenkenntnissen für sofort oder baldmöglichst, auch halbtags, gesucht.

Otto Schenk KG,
Schloßstraße 60 A

Telefon 62 80 45 bis 47

Wir sind ein nettes Ladengeschäft in zentraler Lage in Stuttgart und suchen für unser schwungvolles Team noch eine

Verkäuferin

(4-6 Std. täglich)

Bitte rufen Sie an: Tel.

Fernmelde-Handwerker
Elektriker

für Produktion u. Montage

Anlernmitarbeiter

m. mech. Interesse f. Produktio u. Lager

Im Institut für Informatik der **Universität Stuttgart** ist in der Abteilung „Betriebssoftware" die Stelle eines

Wiss. Mitarbeiters (BAT IIa)

ab sofort wiederzubesetzen.

Der Bewerber sollte neben einem abgeschlossenen Hochschulstudium Spezialkenntnisse aus einem der Gebiete

- **Betriebssysteme**
- **Übersetzerbau**
- **Systemprogrammierung**

besitzen.

Jungkoch

als Alleinkoch ab sofort gesucht, mtl. 2000.- auf die Hand. Tel. 62 26 94, ab 18 Uhr.

Suche ab sofort zuverlässige

Gärtner

Gartengestaltung Bernd Kübler
7022 Leinfelden-Echterdingen 1

Wir suchen

Metallbauer

für Werkstatt- und Montagearbeiten in Stahlbau, Schlosserei und Blechbearbeitung. Wir bieten guten, ausbaufähigen Arbeitsplatz mit übertariflicher Bezahlung und Sozialleistung. Bei Bedarf kann Wohnraum gestellt werden.

M HÖHN **Martin Höhn, Metallbau**

Lkw-Reparaturwerk in Fellbach-Schmiden sucht zuverlässigen

Hilfsarbeiter

Tüchtige, junge

Friseuse

in angenehme Dauerstellung gesucht. Tel. 43 22 81, priv. 43 36 11

Su. zuverlässigen

Schreiner

für Werkinstandhaltung in Großbetrieb
Mittagstisch, gute Entlohnung.
Horst Ziegler, Schreinerei-Glaserei
Tel. 81 42 12 o. 45 24 94

Steuerberatungsbüro in **Stuttgart West,** sucht für sofort oder später erfahrene und zuverlässige **Buchhalterin** für Finanz-, Lohn- und Gehaltsbuchhaltung System DATEV. Zuschriften erbeten unter Z 1565449 an den Verlag.

Geschickte Frauenhände

für feinmechanische Montagearbeiten zum frühestmöglichen Zeitpunkt gesucht (auch halbtags).
Kurzbewerbungen erbeten unter Z 1556166 an den Verlag.

Drogistin

für Parfümerie Mußler, Königstr. gesucht.

Dienstleistungsunternehmen mit viel Abwechslung sucht

die Sekretärin

für völlig selbständige Tätigkeit mit hervorragender Aufstiegsmöglichkeit. Alter unwichtig, Spitzengehalt.
Bewerbungen bitte an TS,
Postfach 1182

Spitzenlohn auch für Sie!

Bitte sprechen Sie sofort mit uns.

Wir fertigen Präzisions-Einzelteile, Sonderwerkzeuge und Vorrichtungen für den gesamten industriellen Bereich.
Für diese interessante Tätigkeit suchen wir selbständig arbeitende und qualifizierte

Zerspanungsmechaniker Werkzeugfräser oder Industriemechaniker

Besonders geschätzt wird das Arbeitsklima bei uns, einem nicht zu großen Betrieb.
Bitte besprechen Sie weitere Einzelheiten mit uns.

ACKERMANN GmbH · Vorrichtungsbau

Legen Sie Ihren Bewerbungsunterlagen keine Originalzeugnisse bei

---

Als Hilfe im Haushalt

mit 2 Kindern wird freundliches Mädchen gesucht. Anfragen bitte an Ursula Wörwag, Eduard-Pfeiffer-Str.

Wir suchen

Bautechniker

für unsere Gerüstbauabteilung.
Selbständige Tätigkeit im Großraum Stuttgart. Gute Bezahlung.

Rienth Bauzentrum
Ausstellung – Handel – Handwerk

Kranken-schwester

bei besten Bedingungen für moderne kl. Klinik in Stuttgart gesucht. Zuschriften unter Z 1537315 an den Verlag.

Maschinenbaumechaniker

gesucht.

Wir bieten Spitzenlöhne, Mittagessen und Fahrgelderstattung sowie die üblichen sozialen Leistungen. Außerdem steht eine 2-Zimmer-Wohnung zur Verfügung.

Versuchen Sie jetzt, die Stellenangebote den vier folgenden Einteilungen zuzuordnen:

1. Ausbildung

Ohne Ausbildung	Für diese Tätigkeit ist keine vorgeschriebene Ausbildung erforderlich
Lehre	Abgeschlossene Lehre ist erforderlich
Spezialist	Langjährige Spezialausbildung ist erforderlich, zum Beispiel an der Fachschule für Technik

2. Arbeitsort

 Büro

 Kleinbetrieb

 Fabrik

 im Freien

3. Art der Arbeit

 körperliche Arbeit

 besonders saubere Arbeit

 Arbeit am Schreibtisch

 Umgang mit anderen Menschen

 Umgang mit Maschinen

 Umgang mit Material

4. Berufsfeld

Wirtschaft / Verwaltung	Drucktechnik
Metalltechnik	Farbtechnik / Raumgestaltung
Elektrotechnik	Körperpflege
Bautechnik	Gesundheit
Holztechnik	Ernährung / Hauswirtschaft
Textiltechnik	Agrarwirtschaft
Chemie / Physik / Biologie	

Zu jedem der Stellenangebote können Sie jetzt mindestens vier Angaben machen. Bei einigen Berufen sind allerdings mehrere richtige Lösungen möglich.
Haben Sie die Aufgabe schon gelöst?

Wir werden die Berufsausbildungsmöglichkeiten der 13 verschiedenen Berufsfelder in den folgenden Kapiteln genauer unter die Lupe nehmen.

Dabei finden auch Sie vielleicht einen geeigneten Beruf!

Übrigens ...

> ... heute haben auch Mädchen in ehemals typischen Männerberufen gute Ausbildungs- und Beschäftigungsmöglichkeiten ...

Allgemeines zur Berufsausbildung

Die Ausbildung beginnt für die meisten Berufe mit der einjährigen Grundstufe. Die daran anschließende Fachstufe dauert in der Regel auch ein Jahr – und damit hat man bei einigen Berufen bereits den ersten Abschluß erreicht. In der folgenden Fachstufe ist eine zusätzliche Spezialisierung möglich.
Die Ausbildung wird durch eine Prüfung abgeschlossen.
Für die meisten Berufe gibt es spezielle Fachklassen in den Berufsschulen. Dort wird die praktische Ausbildung theoretisch ergänzt.

Info:

Die 20 wichtigsten Ausbildungsberufe in der Bundesrepublik Deutschland:

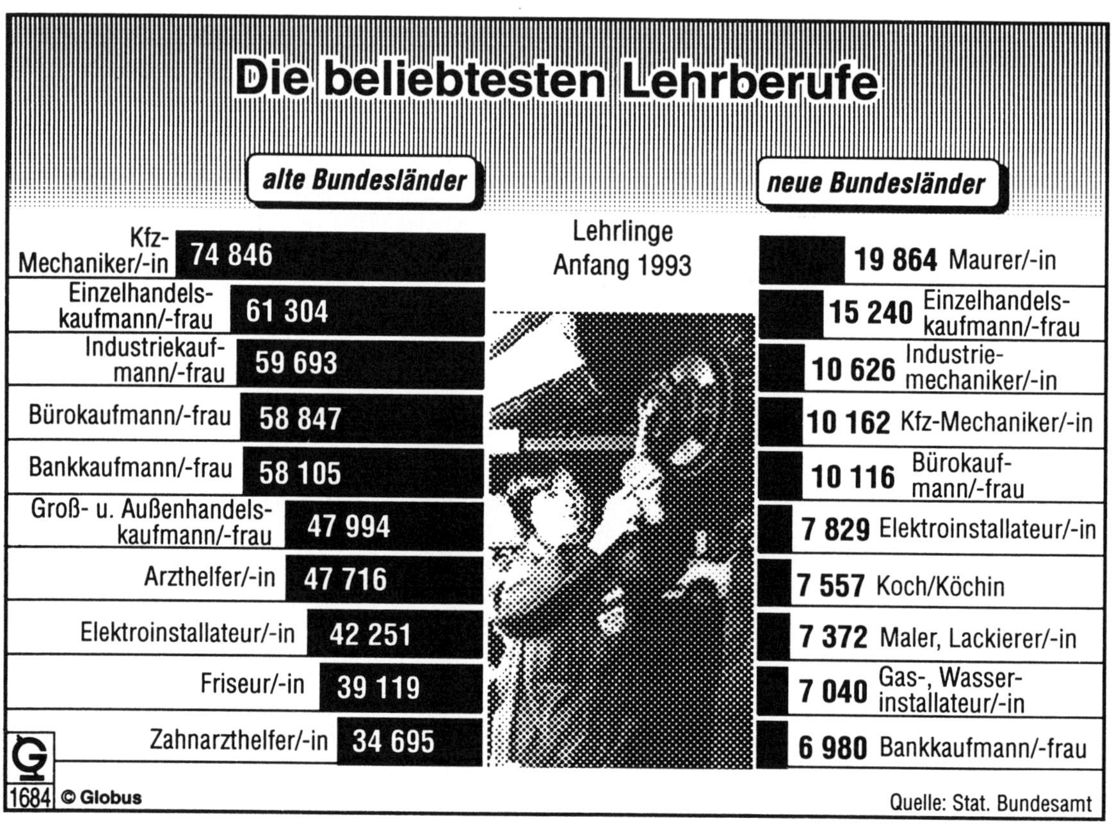

Berufsfeld Metalltechnik

In vielen Berufen, die zum Berufsfeld Metalltechnik gehören, wird mit Stahl und Gußeisen gearbeitet. Daneben sind in diesem Berufsfeld aber auch Aluminium und Messing wichtige Werkstoffe.

Man kann die Metallberufe in Industrie- oder Handwerksbetrieben erlernen.
Die 16 Metallberufe der Industrie lassen sich einem der fünf Schwerpunkte
Industriemechanik, Werkzeugmechanik, Zerspannungsmechanik,
Konstruktionsmechanik, Anlagenmechanik
zuordnen.
Die 17 Metallberufe des Handwerks lassen sich einem der drei Schwerpunkte
Feinwerktechnik, Installations- und Metallbautechnik, Fahrzeugtechnik
zuordnen.

METALLTECHNIK / INDUSTRIEMECHANIK

Zur Industriemechanik gehören die Fachrichtungen Betriebstechnik, Produktionstechnik, Maschinen- und Systemtechnik sowie Geräte- und Feinwerktechnik.

Was haben diese Berufe gemeinsam?

Es werden Werkstücke aus Metall angefertigt. Die Werkstücke werden häufig mit Hilfe genau arbeitender Maschinen hergestellt. Als Arbeitsvorlagen dienen technische Zeichnungen.

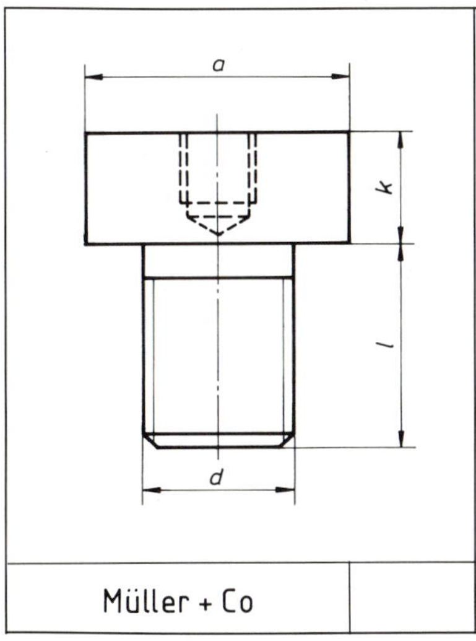

Zeichnung

Herstellung

fertiges Werkstück

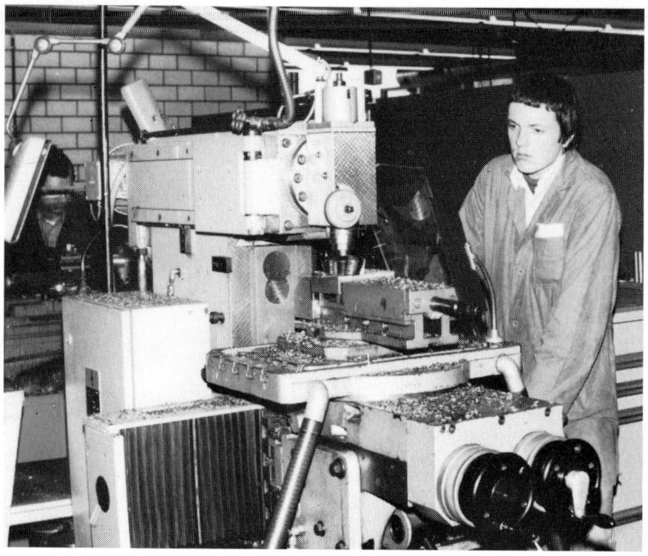

Industriemechaniker

Der Industriemechaniker übt einen vielseitigen Beruf aus. Seine Hauptaufgaben sind:

Maschinen herstellen,
Maschinen reparieren,
Maschinen betreuen.

Vorher muß er natürlich gelernt haben, wie der Werkstoff Metall bearbeitet wird – und dabei gibt es manche Schwielen... Es muß sehr genau gearbeitet werden. Genauigkeiten von $\frac{1}{100}$ mm sind keine Seltenheit!

Einzelteile

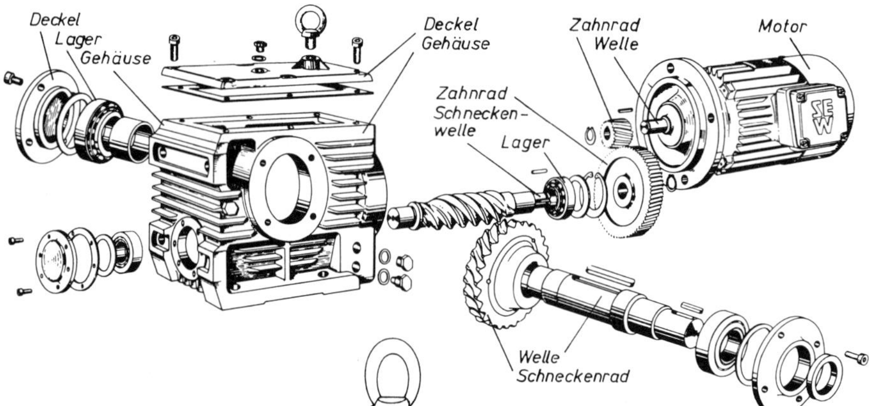

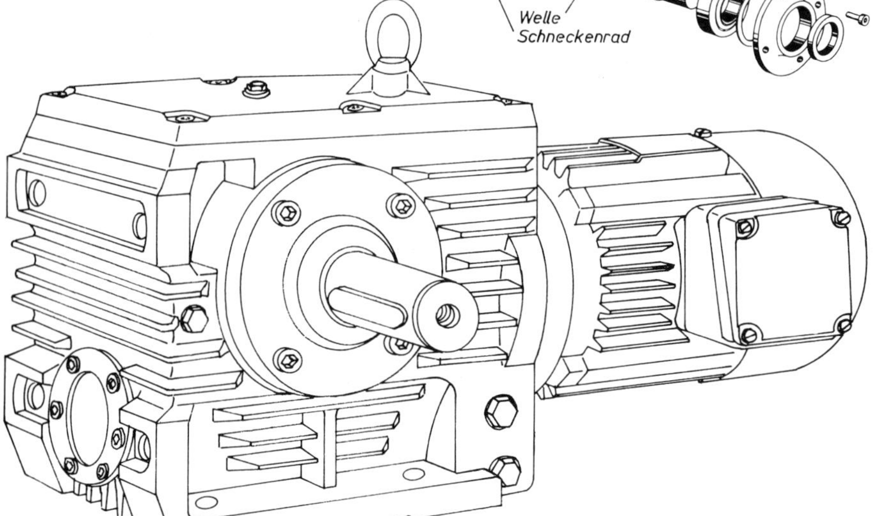

Zusammenbau

Die fertiggestellten Einzelteile – man nennt sie Maschinenteile – werden dann miteinander verbunden, also zusammengebaut. Die Verbindung von Maschinenteilen erfolgt durch Schrauben, Schweißen und Nieten. Neuerdings können Metallteile auch dauerhaft verklebt werden.

Die Arbeit ist vielseitig und verantwortungsvoll. Gearbeitet wird meist in kleinen Arbeitsgruppen oder allein.

Voraussetzungen:
Ein besonderer Schulabschluß zum Beginn der Ausbildung wird nicht verlangt. Der Hauptschulabschluß ist erwünscht. Der Industriemechaniker muß technische Zeichnungen lesen, verstehen und nach ihren Angaben Maschinenteile herstellen können.

Genaues Arbeiten, Geschicklichkeit und Verständnis für technische Zusammenhänge sind auch für diesen Beruf gute persönliche Voraussetzungen.

Dauer:
Die Ausbildungsdauer beträgt 3½ Jahre.

METALLTECHNIK / INSTALLATIONS- UND METALLBAUTECHNIK

Zur Installations- und Metallbautechnik im Handwerk gehören zum Beispiel die Berufe Gas- und Wasserinstallateur, Zentralheizungs- und Lüftungsbauer, Metallbauer.

Was haben diese Berufe gemeinsam?

Metall- und Kunststoffteile werden zusammengebaut.
Oft wird diese Tätigkeit außerhalb der Werkstatt durchgeführt und erfordert große körperliche Kräfte.

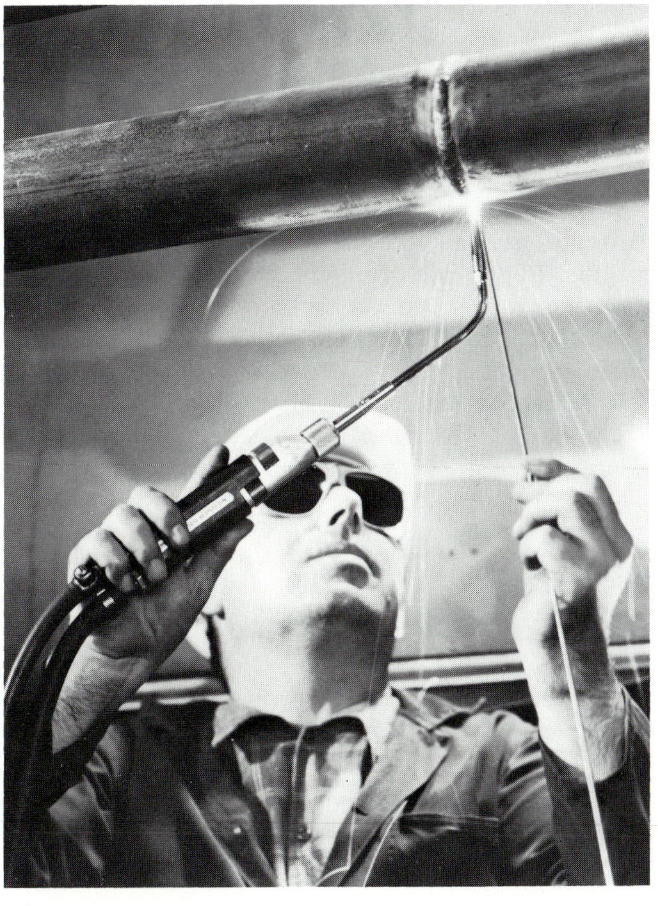

Gas- und Wasserinstallateur

Gas- und Wasserinstallateure sowie Zentralheizungs- und Lüftungsbauer sorgen dafür, daß unsere Häuser nicht ohne Wasser, sanitäre Einrichtungen, Heizung und Lüftung sind. Sie arbeiten mit Rohren aus verschiedenen Werkstoffen, vorwiegend aus Kunststoff. Diese Rohre müssen nach den Bau- und Sicherheitsvorschriften verlegt werden.
Alle Tätigkeiten sind abwechslungsreich und müssen mit Verantwortung erledigt werden. Bei großen Installationen und Reparaturen wird im Team mit anderen Handwerkern gearbeitet, zum Beispiel mit Maurern und Fliesenlegern.

Voraussetzungen:
Hauptschulabschluß ist wünschenswert. Robuste Gesundheit, schnelle Auffassungsgabe und Zuverlässigkeit.

Dauer:
Die Ausbildungsdauer beträgt $3\frac{1}{2}$ Jahre. Das erste Jahr der Ausbildung wird immer häufiger in überbetrieblichen Ausbildungsstätten oder im BGJ* durchgeführt.

* BGJ ist die Abkürzung für das Berufsgrundbildungsjahr. Es kann in der Berufsschule oder in Verbindung von Berufsschule und Betrieb durchgeführt werden.

METALLTECHNIK / KRAFTFAHRZEUGTECHNIK

Zur Fahrzeugtechnik gehören zum Beispiel die Berufe Kraftfahrzeugmechaniker und Kraftfahrzeugelektriker im Handwerk und Automobilmechaniker in der Industrie.

Was haben diese Berufe gemeinsam?

Von der Karosserie über die Autoelektrik bis hin zum Motor werden PKW, LKW und Motorräder gewartet und repariert. Bei allen Arbeiten wird größte Zuverlässigkeit erwartet.

Kraftfahrzeugmechaniker

Der Kfz-Mechaniker überprüft regelmäßig, ob Automobile technisch noch fahrtüchtig sind. Verschleißteile wie Bremsbeläge, Reifen, Zündkerzen und Verteilerkontakte werden von ihm ausgetauscht. Häufig ist er auf der Suche nach Fehlern und Mängeln. Hierzu stehen ihm modernste Geräte zur Verfügung. Der Kfz-Mechaniker muß sehr „beweglich" sein: Automodelle wechseln häufig auch in Einzelheiten. Die Vorschriften der Automobilhersteller sind genau einzuhalten.

Voraussetzungen:
Hauptschulabschluß ist erwünscht. Körperliche Beweglichkeit und Verantwortungsgefühl, keine Empfindlichkeit gegenüber Fetten und Ölen, Sicherheit im Unterscheiden von Farben.

Dauer:
Die Ausbildungsdauer beträgt 3½ Jahre. Das erste Jahr der Berufsausbildung wird immer häufiger in überbetrieblichen Ausbildungsstätten oder im BGJ durchgeführt.

Bitte überprüfen Sie für die Berufe Industriemechaniker, Gas- und Wasserinstallateur und Kraftfahrzeugmechaniker die Einteilungen von S. 7, also Ausbildung, Arbeitsort, Art der Arbeit und Berufsfeld.

Berufsfeld Elektrotechnik

Besonderheiten des Berufsfeldes Elektrotechnik: Elektromotoren, Kochplatten, Heizungen, Kühlschränke, Beleuchtung, Telefon, Radios, Fernseher...

Der Elektrotechniker ist für den ordnungsgemäßen Betrieb zuständig. Der elektrische Strom ist nicht sichtbar. Er ist aber an seinen Wirkungen zu erkennen. Deshalb muß bei allen Elektroberufen streng nach Vorschrift mit größter Umsicht und Verantwortung gearbeitet werden.

Man kann die Elektroberufe in Industrie- oder Handwerksbetrieben erlernen.
Die Elektroberufe der Industrie lassen sich einem der vier Schwerpunkte
– Elektromaschinen – Energieelektronik – Industrieelektronik – Kommunikationselektronik
zuordnen.
Im Handwerk kann man die Berufe
Elektromaschinenbauer, Elektroinstallateur, Elektromechaniker, Büroinformationselektroniker, Fernmeldeanlagenelektroniker und Radio- und Fernsehtechniker erlernen.

ELEKTROTECHNIK/ENERGIEELEKTRONIK

Hierzu gehören im Bereich der Industrie die zwei Berufe des Energieelektronikers der Fachrichtung Anlagetechnik und Betriebstechnik. Aus dem Bereich des Handwerks kann man den Elektroinstallateur hier zuordnen.
Die Elektroberufe haben eine $3^1/_2$jährige Ausbildungszeit.

Was haben die energietechnischen Elektro-Berufe gemeinsam?

In den Geräten und Anlagen werden meist große elektrische Leistungen umgesetzt. Bei der Installation von schweren Maschinen und Anlagen sind größere körperliche Kräfte erforderlich. Der Arbeitsplatz kann im Freien, in Fabrikhallen oder auch in Neubauten sein.

ELEKTROTECHNIK/KOMMUNIKATIONSTECHNIK

Hierzu gehören im Bereich der Industrie die drei Berufe des Kommunikationselektronikers der Fachrichtung Informationstechnik, Telekommunikationstechnik und Funktechnik. Aus dem Bereich des Handwerks sind der Fernmeldeanlagenelektroniker und der Radio- und Fernsehtechniker hier zuzuordnen.
Die Elektroberufe haben eine $3^1/_2$jährige Ausbildungszeit.

Was haben die nachrichtentechnischen Elektro-Berufe gemeinsam?

Es werden Geräte zur Übermittlung von Nachrichten hergestellt, gewartet und repariert. Der Arbeitsplatz ist meist in der Werkstatt, manchmal jedoch auch im Freien.

Der Elektroinstallateur

Der Elektroinstallateur ist ein sehr vielseitiger Handwerker. Einfamilienhäuser, Hochhäuser, öffentliche Gebäude und Fabriken werden über richtig bemessene Kabel mit elektrischem Strom versorgt. Hierfür entwirft, zeichnet und berechnet er Stromlaufpläne für elektrische Schaltungen und führt die Installationsarbeiten, später auch die Reparaturarbeiten aus. Aber auch zum Anschluß von Maschinen in Alt- und Neubauten und in landwirtschaftlichen Betrieben wird der Elektroinstallateur gebraucht. Die meiste Zeit arbeitet der Elektroinstallateur außerhalb seiner Werkstatt, oft auch zusammen mit anderen Bauhandwerkern.

Voraussetzungen:
Hauptschulabschluß ist erwünscht. Da häufig im Freien gearbeitet wird, ist eine robuste Gesundheit notwendig. Das Arbeiten auf Gerüsten und Dächern setzt Schwindelfreiheit voraus.
Erwartet werden Verantwortungsbewußtsein und Bereitschaft zur Zusammenarbeit.

Dauer:
Die Ausbildungsdauer beträgt zur Zeit 3½ Jahre.

Bitte überprüfen Sie für den Beruf des Elektroinstallateurs die Einteilungen auf S. 7, also Ausbildung, Arbeitsort, Art der Arbeit und Berufsfeld.

Berufsfeld Bautechnik

Zu den „Leuten vom Bau“ gehören zum Beispiel Maurer, Beton- und Stahlbetonbauer, Zimmerer, Fliesenleger, Bauzeichner, Dachdecker, Rohrleitungsbauer, Kanalbauer und Isoliermonteure.

Was haben diese Berufe gemeinsam?

Wohnhäuser, Fabriken und Straßen werden gebaut und repariert. Fertigbauteile, neue Werkstoffe und moderne Baumaschinen bestimmen heute das Gesicht einer Baustelle.
Für alle Bauberufe ist eine robuste Gesundheit notwendig, weil meist im Freien gearbeitet wird.

Maurer

Der Maurerberuf ist im Baubereich ein Hauptberuf. Gelernte Maurer sind gesuchte Handwerker!
Sie bauen Wände, Fußböden und Decken aus Steinen, Beton und Stahlbeton. Häufig werden dazu große Fertigelemente verwendet.
Durch eine fachgerechte Absperrung und Abdämmung gegen Feuchtigkeit und Kälte hilft der Maurer beim Energiesparen!

Voraussetzungen:
Hauptschulabschluß ist erwünscht. Der künftige Maurer muß körperlich robust, kräftig und handwerklich geschickt sein. Er muß im Freien arbeiten können.

Dauer:
Die Ausbildungszeit bis zur Prüfung als Maurer beträgt 3 Jahre. Bereits nach 2 Jahren kann die Ausbildung als Ausbau-, Hochbau- oder Tiefbaufacharbeiter abgeschlossen werden (Stufenausbildung).
Für die Grundausbildung stehen oft überbetriebliche Ausbildungsstätten zur Verfügung.

Vergleichen Sie den Beruf des Maurers und des Maschinenschlossers miteinander. Beachten Sie dabei die Ausbildungsdauer, den Arbeitsort und die Voraussetzungen.

Berufsfeld Holztechnik

Holz ist ein Werkstoff, den die Menschen schon seit Urzeiten bearbeiten.
Trotz der Zunahme der Kunststoffe wird Holz als Werkstoff in vielen Bereichen immer noch bevorzugt.
Zum Berufsfeld Holztechnik gehören zum Beispiel die Berufe Tischler (Schreiner), Modelltischler, Bootsbauer, Wagner und Holzmechaniker.

Was haben diese Berufe gemeinsam?

Der Werkstoff Holz mit seinen verschiedenartigen Eigenschaften wird bearbeitet, zusammengefügt und geschützt. Für die Holzbearbeitung werden schnellaufende Maschinen eingesetzt, die mit Umsicht und Verantwortung zu bedienen und zu warten sind.
Die Berufe des Berufsfeldes Holztechnik werden oft in der Werkstatt ausgeübt. Beim Kunden erfolgt dann häufig der Zusammenbau. Seltener ist man im Freien tätig.

Tischler (Schreiner)

Mit dem Werkstoff Holz kann der Tischler den Innenausbau von Wohnungen, Geschäften und öffentlichen Gebäuden entscheidend gestalten helfen. Er stellt Serien- und Einzelmöbel, Einbauschränke und Raumteiler her. Aber auch Fußböden, Deckenverkleidungen, Fenster, Haus- und Zimmertüren werden von ihm fachgerecht angepaßt und eingebaut.
Häufig wird er zu Reparaturarbeiten in die Wohnung des Kunden geholt.

Voraussetzungen:
Es ist keine bestimmte Schulbildung vorgeschrieben. Der Hauptschulabschluß ist erwünscht. Handwerkliches Geschick, räumliches Vorstellungsvermögen und große Vorsicht beim Umgang mit schnellaufenden Maschinen werden erwartet.

Dauer:
Die Ausbildungszeit bis zur Prüfung beträgt zur Zeit 3 Jahre. Das erste Ausbildungsjahr wird häufig als Berufsgrundbildungsjahr in der Berufsfachschule durchgeführt.

Bitte überprüfen Sie für den Beruf des Tischlers die Einteilungen von S. 7, also Ausbildung, Arbeitsort, Art der Arbeit und Berufsfeld.

Berufsfeld Textiltechnik und Bekleidung

Was man doch aus ein paar Metern Stoff machen kann...
Aber ehe die Kleider im Schaufenster gezeigt werden, haben viele Textilberufe daran gearbeitet. Zum Berufsfeld Textiltechnik und Bekleidung gehören zum Beispiel die Berufe Damenschneider, Herrenschneider, Bekleidungsschneider, Bekleidungsnäher, Bekleidungsfertiger, Modistin.

Was haben diese Berufe gemeinsam?

Im Berufsfeld Textiltechnik und Bekleidung arbeitet man mit Textilien verschiedenster Art. Von der Naturseide bis zur Chemiefaser werden alle Materialien verwendet, um die Menschen gegen Hitze, Kälte oder Nässe zu schützen. Aber auch modisch soll die Keidung sein, hübsch aussehen und die persönliche Note unterstreichen.

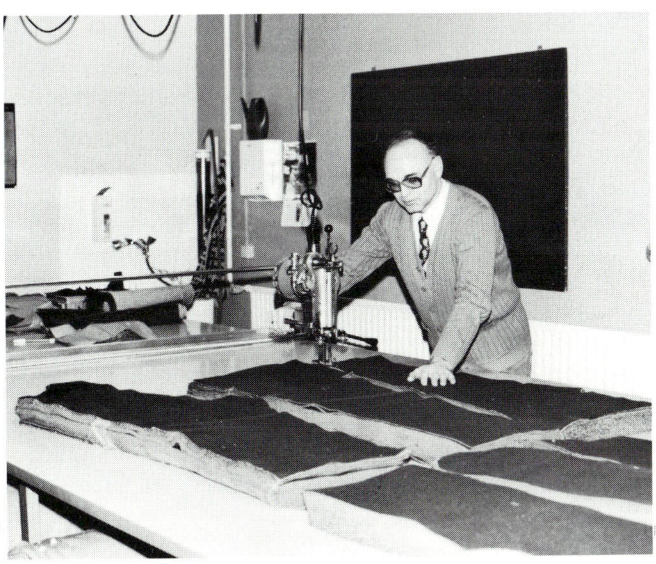

Bekleidungsnäher, Bekleidungsfertiger, Bekleidungsschneider

...drei neue Ausbildungsberufe. Aufgabe der drei Berufe ist es, bis zum letzten Knopf in großen Mengen modische Bekleidungsstücke herzustellen (Damen-, Herren-, Kinderoberbekleidung, Freizeit- und Berufskleidung, Wäsche usw.). Dazu werden modernste Maschinen verwendet.

Der **Bekleidungsnäher** setzt die vorgefertigten Teile zusammen.

Der **Bekleidungsfertiger** ist in der Teilefertigung tätig.

Der **Bekleidungsschneider** übernimmt Kontrollaufgaben beim Zuschnitt der Teile, am Band und im Musteratelier.

Voraussetzungen:
Es ist kein besonderer Schulabschluß vorgeschrieben. Der Hauptschulabschluß ist erwünscht. Freude an Stoff, Mode und Maschinen sowie Geschicklichkeit sind wichtige Voraussetzungen für die Textilberufe. Besondere Kraftanstrengungen werden nicht verlangt, dafür aber ein gutes Zusammenspiel von Augen, Fingern und Armen.

Dauer:
Ausbildungszeit zum Bekleidungsnäher 1 Jahr, zum Bekleidungsfertiger 2 Jahre, zum Bekleidungsschneider 3 Jahre (Stufenausbildung).

Vergleichen Sie einmal bei den bisher behandelten Berufsbildern die Anforderungen an die handwerkliche Geschicklichkeit, die Sehschärfe und an die Muskelkraft der Arme.

i

Berufsfeld Chemie, Physik, Biologie

Zum Berufsfeld Chemie, Physik, Biologie gehören die sogenannten naturwissenschaftlichen Berufe. Es gibt den Schwerpunkt **Laboratoriumstechnik**. Hierzu gehören die Berufe Chemielaborant, Physiklaborant, Biologielaborant und Werkstoffprüfer. Zum Schwerpunkt **Produktionstechnik** gehören der Chemiebetriebsjungwerker, der Chemikant und der Galvaniseur.

Was haben diese Berufe gemeinsam?

Analysieren, Messen, Prüfen, Wägen von verschiedenen Stoffen oder Geräten gehören zu den grundlegenden Arbeitstechniken. Meist wird im Labor gearbeitet, häufig als Assistent des Chemikers, Physikers oder Biologen. In den produktionstechnischen Berufen werden die Ergebnisse der Laborversuche in großen Mengen hergestellt.

Chemikant

Der Chemikant ist vorwiegend in größeren chemischen Betrieben tätig. Dort werden Chemikalien, Farben, Waschmittel, Arzneien, Textilien, aber auch Nahrungs- und Genußmittel hergestellt.
Mit seinen chemischen und technischen Kenntnissen kann der Chemikant Anlagen überwachen und steuern. Dazu muß er Meßinstrumente beobachten, Chemikalien zuführen, Proben entnehmen und diese mit modernsten Geräten analysieren.
Da chemische Betriebe „rund um die Uhr" laufen, kann Schichtarbeit erforderlich sein.

Voraussetzungen:
Hauptschulabschluß mit guten Leistungen in den mathematisch-naturwissenschaftlichen Fächern ist erwünscht. Volle Farbtüchtigkeit, da viele chemische Reaktionen nur an ihrer Farbänderung zu erkennen sind. Unempfindlichkeit der Haut.

Dauer:
Die Ausbildungsdauer zum Chemikant beträgt zur Zeit 3 Jahre.

Bei den beiden Berufen Chemiefacharbeiter und Maurer gibt es Gemeinsamkeiten – aber auch große Unterschiede. Haben Sie diese schon entdeckt?

Berufsfeld Drucktechnik

Die Berufe der „schwarzen Kunst“ haben eine alte Tradition. Der Einsatz elektronischer Maschinen in den letzten Jahren hat das Berufsfeld stark verändert.
Wichtige Berufe des Berufsfeldes Drucktechnik sind zum Beispiel Drucker, Schriftsetzer, Buchbinder, Druckvorlagenhersteller, Reprograf, Chemigraf.

Was haben diese Berufe gemeinsam?

Die meisten Berufe des Berufsfeldes Drucktechnik beschäftigen sich mit der Herstellung von Zeitungen, Werbeschriften, Büchern usw. Dazu sind Kenntnisse der verschiedenen Satz- bzw. Setztechniken, der Eigenschaften des Papiers, der verschiedenen Druckverfahren und der Weiterverarbeitung des bedruckten Materials erforderlich.

Drucker

Der Drucker kann alle Werkstoffe, zum Beispiel Papier, Karton, Kunststoffolien, Stoffe und Metalle, bedrucken. Immer benötigt er Druckformen, die zum Beispiel Schriftsetzer und Druckvorlagenhersteller für ihn angefertigt haben. Der Drucker muß die Druckmaschinen mit den Druckformen versorgen, die Druckfarbe richtig bemessen und die laufende Maschine überwachen.
Er spezialisiert sich während seiner Ausbildung auf die Arbeit an der Hochdruckmaschine, der Flachdruckmaschine (Offsetdruck) oder der Tiefdruckmaschine.

Voraussetzungen:
Hauptschulabschluß ist erwünscht. Die Leistungen in Deutsch, Mathematik und in den naturwissenschaftlichen Fächern sollten im Durchschnitt mindestens befriedigend sein. Gute Augen und Farbtüchtigkeit sind weitere wichtige Voraussetzungen.

Dauer:
Die Ausbildungsdauer zum Drucker beträgt zur Zeit 3 Jahre. In einigen Bundesländern stehen überbetriebliche Ausbildungsstätten zur Verfügung.

Überlegen Sie bitte, welche Berufe aus dem Berufsfeld Drucktechnik bei der Herstellung Ihres Fachbuches tätig gewesen sein können.

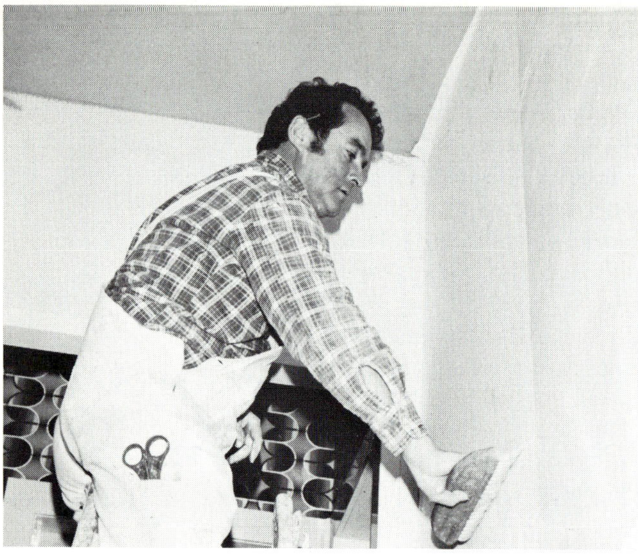

Berufsfeld Farbtechnik und Raumgestaltung

Die Facharbeiter des Berufsfeldes Farbtechnik und Raumgestaltung schützen und verschönern unsere Häuser, öffentlichen Gebäude, Autos, Maschinen usw.
Wichtige Berufe in diesem Berufsfeld sind zum Beispiel Maler und Lackierer, Parkettleger, Polsterer, Schaufenstergestalter und Raumausstatter.

Was haben diese Berufe gemeinsam?

Neben guten und vielfältigen Werkstoffkenntnissen braucht man bei allen Berufen des Berufsfeldes Farbtechnik und Raumgestaltung ein sicheres Gefühl für Farben und Formen, einen guten Geschmack und Anpassungsfähigkeit.

Maler und Lackierer

Ehe der Maler und Lackierer zur Farbe greift, sind einige Vorbereitungen zu treffen. Dazu gehört zum Beispiel das Bearbeiten der Oberfläche durch Spachteln und Schleifen. Erst danach wird die Farbe aufgetragen. Mit dem Pinsel oder, wenn sinnvoll, mit der Spritzpistole. Der Farbanstrich schützt und verschönt die Oberfläche von Holz, Metall, Beton usw.
Der Maler und Lackierer ist den größten Teil seiner Arbeitszeit außerhalb der Werkstatt beschäftigt. Zum Beispiel auf dem Bau, wo er neben Farbarbeiten auch Tapeten, Decken und Fußbodenbeläge bearbeitet. Daneben stellt er auch Schilder mit Schriften für verschiedene Verwendungszwecke her.

Voraussetzungen:
Ein besonderer Schulabschluß ist nicht erforderlich. Der Maler und Lackierer braucht ein sicheres Farbempfinden. Das Arbeiten im Freien, auf Leitern und Gerüsten erfordert körperliche Geschicklichkeit. Da viele Arbeiten allein ausgeführt werden müssen, sind Bereitschaft zum selbständigen Arbeiten und Verantwortungsbewußtsein notwendig.
Neigung zu Hautempfindlichkeiten, Farbenblindheit und Gleichgewichtsstörungen schließen eine Berufsausbildung zum Maler und Lackierer aus.

Dauer:
Die Ausbildungsdauer zum Maler und Lackierer beträgt zur Zeit 3 Jahre.

Vergleichen Sie bitte die Anforderungen an die bisher kennengelernten Berufe, die u. a. auf einem Neubau tätig sein können, nach den Einteilungen auf Seite 7, also Ausbildung, Arbeitsort, Art der Arbeit und Berufsfeld.

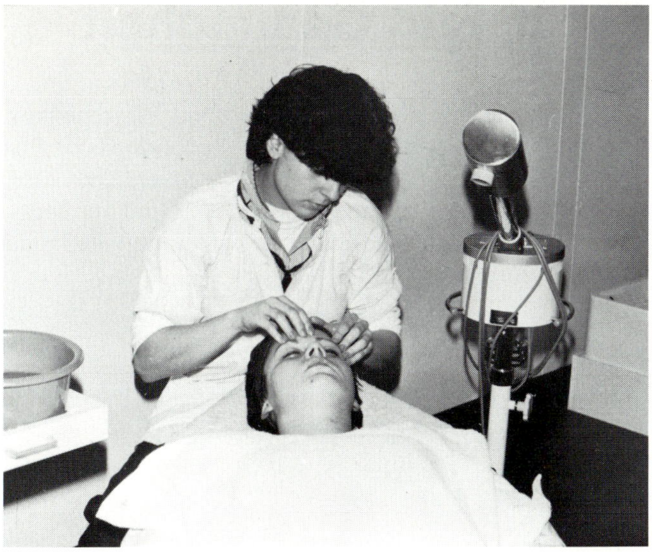

Berufsfeld Körperpflege

Gut auszusehen ist der Wunsch fast aller Menschen. Berufe, die sich mit der Körperpflege befassen, können dazu verhelfen. Zu diesen Berufen gehören zum Beispiel Friseur, Kosmetikerin, Hand- und Fußpfleger, Helfer in der Krankenpflege.

Was haben diese Berufe gemeinsam?

Im Berufsfeld Körperpflege arbeitet man „hautnah" am Menschen. Neben Werkzeugen werden oft chemische Präparate verwendet, die sorgfältig eingesetzt werden müssen, um unangenehme Folgen zu vermeiden.

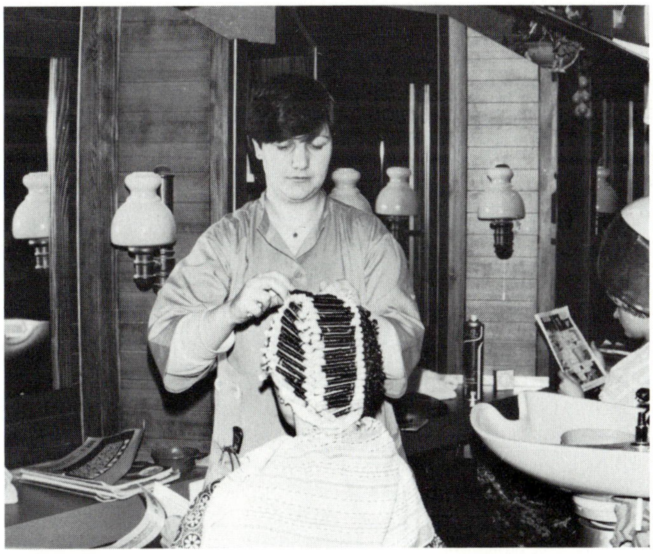

Friseur

Der Friseur verhilft durch handwerkliches Können und fachkundige Beratung seinen Kunden zu einem gepflegten Aussehen. Seine Hauptaufgabe ist es, durch geschickten Schnitt, besondere Formung und farbliche Veränderung der Haare die Persönlichkeitsmerkmale des Kunden zu unterstützen.
Zu seinem Arbeitsgebiet gehören auch die Beratung und der Verkauf von kosmetischen Artikeln verschiedenster Art.

Voraussetzungen:
Es ist kein besonderer Schulabschluß zu Beginn der Ausbildung erforderlich. Der Hauptschulabschluß ist erwünscht. Die Arbeit am Menschen muß Freude machen. Sie erfordert Kontaktfähigkeit und gute Umgangsformen. Ein besonderes Gefühl für Formen und Farben ist notwendig. Die meisten Arbeiten werden stehend ausgeführt. Hautunempfindlichkeit.

Dauer:
Die Ausbildungsdauer beträgt zur Zeit 3 Jahre.

Bitte überprüfen Sie für den Beruf des Friseurs die Einteilungen auf Seite 7, also Ausbildung, Arbeitsort, Art der Arbeit und Berufsfeld.

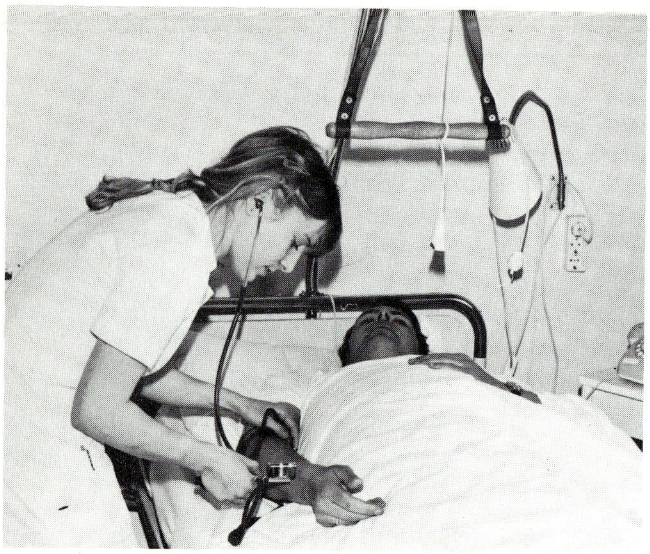

Berufsfeld Gesundheit

In den Krankenhäusern, Arztpraxen und Pflegeheimen sind die Berufe des Berufsfeldes Gesundheit zu finden. Dazu gehören zum Beispiel Krankenschwester, Apothekenhelferin, Krankenpfleger, Krankenpflegehelferin, Medizinisch-technischer Assistent, Hebamme und Masseur.

Was haben diese Berufe gemeinsam?

Kranken, alten und schwachen Menschen wird meist unter Anleitung eines Arztes geholfen.

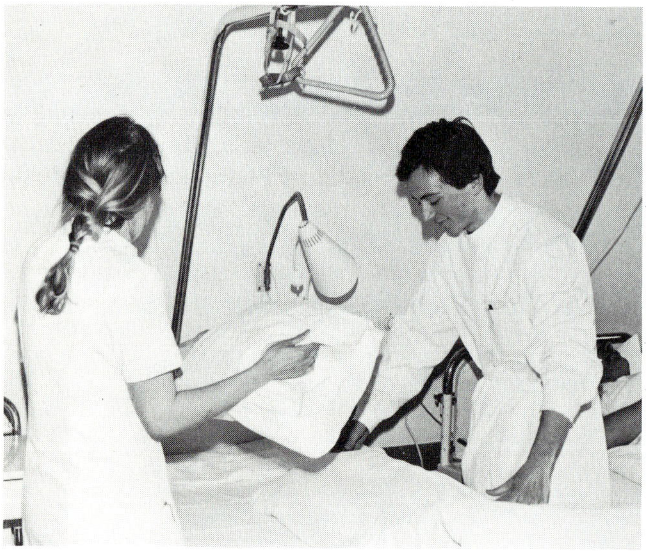

Krankenpflegehelferin

Die Krankenpflegehelferin arbeitet im Krankenhaus, Sanatorium oder Pflegeheim. Zu ihren Hauptaufgaben gehören das Betten, Lagern und die Nahrungsversorgung der Patienten. Sie führt unter Anleitung eines Arztes oder einer Krankenschwester Krankenbeobachtungen und einfache Pflegeverordnungen durch. Auch zur Nachtwache kann sie eingeteilt werden.
Ein wichtiges Arbeitsgebiet ist das Reinigen und Desinfizieren von Instrumenten, Gummihandschuhen, Verbandsstoffen usw. und die Sorge für die Stationswäsche.

Voraussetzungen:
Hauptschulabschluß oder eine gleichwertige Schulbildung. Halbjährige hauswirtschaftliche Tätigkeit. Vollendetes 17. Lebensjahr. Die körperliche Eignung muß durch ein ärztliches Zeugnis bescheinigt werden. Auch ein amtliches Führungszeugnis ist erforderlich.

Dauer:
Die Ausbildung dauert 1 Jahr und wird an einer Schule für Krankenpflegehilfe durchgeführt. Nach 3jähriger Berufstätigkeit kann die Ausbildung zur Krankenschwester fortgesetzt werden. Hierzu werden nochmals 2 Jahre Ausbildungszeit gebraucht.

Kennen Sie außer der Krankenpflegehelferin noch weitere Berufe, bei denen Hilfeleistungen für andere Menschen im Mittelpunkt stehen?

Berufsfeld Ernährung und Hauswirtschaft

i

„Essen und Trinken hält Leib und Seele zusammen“, so sagt ein altes Sprichwort. Darum geht es in den Berufen des Berufsfeldes Ernährung und Hauswirtschaft.

Es gibt hier drei Schwerpunkte:

1. **Gastgewerbe und Hauswirtschaft** mit den Berufen Koch, Restaurantfachmann, Hotelfachmann, Hotel-und Gaststättengehilfe.
2. **Back- und Süßwarenherstellung** mit den Berufen Bäcker, Konditor, Konfektmacher, Verkäuferin im Nahrungsmittelhandwerk.
3. **Fleischverarbeitung** mit den Berufen Fleischer und Verkäuferin im Nahrungsmittelhandwerk.

Was haben diese Berufe gemeinsam?

Alle Berufe des Berufsfeldes Ernährung und Hauswirtschaft sind mit der Herstellung und Weitergabe von Speisen und Getränken beschäftigt. Im Gastgewerbe und im Verkauf kommt es zum direkten Kontakt mit dem Kunden. Kontaktfähigkeit und Aufgeschlossenheit gegenüber fremden Menschen sind dann erforderlich.

Bäcker

In der Bundesrepublik Deutschland gibt es über 200 anerkannte Brotsorten! Aber nicht nur Brot, auch Brötchen, feine Backwaren, Torten, Dauergebäck und Speiseeis werden vom Bäcker fachgerecht hergestellt. Er bereitet dazu die Grundstoffe nach einem genauen Rezept vor. Von modernen Maschinen wird ihm viel der körperlichen Arbeit abgenommen. Auch der Backvorgang im Ofen ist heute elektronisch gesteuert. Überall gelten strenge Hygienevorschriften der Ordnungsämter.

Der Bäcker arbeitet meist im Team „von Hand zu Hand“. Der Arbeitstag beginnt in der Regel um 4.00 Uhr – ist aber dafür gegen 12.00 Uhr schon zu Ende.

Voraussetzungen:
Ein besonderer Schulabschluß ist nicht vorgeschrieben. Der Bäcker sollte über ein gutes Geruchs- und Geschmacksempfinden und über Sinn für Maße und Formen verfügen.

Dauer:
Die Ausbildungsdauer beträgt zur Zeit 3 Jahre.

Im Berufsfeld Ernährung und Hauswirtschaft gibt es einige „Dienstleistungsberufe“. Kennen Sie weitere solche Berufe?

i

Berufsfeld Agrarwirtschaft

Früher war meist nur der Landwirt im Bereich der Agrarwirtschaft tätig. Heute gibt es in diesem Berufsfeld eine große Zahl von Spezialberufen. Hierzu gehören zum Beispiel der Gärtner, Tierwirt, der Weinbauer (Winzer), der Florist, Fischwirt sowie der landwirtschaftliche und forstwirtschaftliche Helfer.

Was haben diese Berufe gemeinsam?

Es wird überwiegend mit Tieren und mit Pflanzen – meist im Freien – gearbeitet.

Gärtner

Gärtner arbeiten mit Pflanzen aller Art. Sie sind verantwortlich für die richtige Aussaat, Pflege, Ernte und oftmals auch für den Verkauf ihrer Produkte.
Auch das Veredeln und Aufziehen neuer Sorten gehört zu ihren Aufgaben.
Entsprechend der späteren Tätigkeit spezialisiert sich der Gärtner auf eines der folgenden Gebiete:

Obst- und Gemüsebau,
Blumen und Zierpflanzen,
Stauden und Gehölze,
Garten- und Landschaftsbau,
Friedhofsgärtnerei.

Durch den Einsatz moderner Maschinen (Fräsen, Motorspritzen, Pflanz- und Topfmaschinen) wird die körperliche Anstrengung wesentlich erleichtert.

Voraussetzungen:
Hauptschulabschluß wird empfohlen. Der Gärtner arbeitet vorwiegend im Freien. Ein gutes Gestaltungsvermögen für Formen und Farben sowie Interesse an den Lebensvorgängen in der Natur sind erwünscht.

Dauer:
Die Ausbildungsdauer beträgt zur Zeit 3 Jahre.

Welche Berufe haben Sie bisher kennengelernt, die überwiegend im Freien ausgeübt werden?

Berufsfeld Wirtschaft und Verwaltung

i

Das Berufsfeld Wirtschaft und Verwaltung umfaßt sehr viele Berufe, in denen verkauft, angekauft, organisiert und verwaltet wird.
Hierzu gehören z. B.: Bankkaufmann, Buchhändler, Einzelhandelskaufmann, Kaufmann im Groß- und Außenhandel, Reiseverkehrskaufmann, Tankwart, Verkäufer(in), Versicherungskaufmann, Bürogehilfin, Bürokaufmann, Lagerverwalter.

Was haben diese Berufe gemeinsam?

Es geht beim Berufsfeld Wirtschaft und Verwaltung um den Umgang mit Geld, Zahlen und Waren. Häufig ist das persönliche Gespräch mit dem Kunden erforderlich. Dazu braucht man Kontaktfähigkeit und Gesprächssicherheit.

Verkäufer(in)

Der Arbeitsplatz des Verkäufers ist das Fachgeschäft, das Selbstbedienungsgeschäft, der Supermarkt oder das Warenhaus. Der Verkäufer bietet Waren an, berät den Kunden und verkauft die Ware. Hinzu kommen Kassieren, Auszeichnen und Ordnen der Waren im Verkaufsraum und im Lager. Die Fülle des Warenangebotes erfordert vom Verkäufer große Kenntnisse über Herkunft, Beschaffenheit und Pflege der angebotenen Ware, da sonst eine echte Kundenberatung nicht möglich ist.

Voraussetzungen:
Es ist kein besonderer Schulabschluß vorgeschrieben. Der Hauptschulabschluß ist erwünscht. Gute Kenntnisse in Deutsch und Rechnen sind notwendig. Die Kundenberatung erfordert Redegewandtheit, Kontaktfähigkeit und gute Umgangsformen. Ein zuverlässiges Personen- und Zahlengedächtnis sind vorteilhaft.

Dauer:
Die Ausbildungszeit zur Verkäuferin dauert 2 Jahre (Stufenausbildung). Nach einer zusätzlichen einjährigen Fachstufe kann der Beruf des Einzelhandelskaufmannes erreicht werden. Die Ausbildungszeit zur Verkäuferin im Nahrungsmittelhandwerk dauert 3 Jahre.

Verkäuferin ist ein Beruf, bei dem man besonders kontaktfähig sein sollte. Und wenn Sie nun eben nicht so sind? Gibt es Berufe, bei denen diese Eigenschaft nicht so sehr im Mittelpunkt steht?

Sollten Sie noch nicht den gewünschten Beruf gefunden haben, empfehlen wir ein Gespräch mit dem Berufsberater. Dort gibt es auch die Zeitschriften STEP, die bei der Berufswahl weiterhelfen.

RECHNEN

Ohne Zahlen geht nichts

Rechnen ist ein Teil jeder Berufsausbildung, weil man ganz ohne Zahlen in keinem Beruf auskommt.

Frage: Was muß an folgenden Arbeitsplätzen gerechnet werden?

- Fachverkäuferin im Nahrungsmittelhandwerk
- Berufskraftfahrer(in)
- Koch, Köchin
- Hauswirtschafter(in)
- Hochbaufacharbeiter(in)
- Bankkauffrau, Bankkaufmann
- Energieelektroniker(in)
- Konstruktionsmechaniker(in)

In welchem Beruf kommt man ganz ohne Zahlen aus?

Wir sehen:

In allen Berufen wird mit Zahlen umgegangen, spätestens bei der Berechnung des Arbeitslohnes.

Zahlen erfüllen verschiedene Aufgaben:

1. Sie werden zum Vergleich benutzt.

   Zum Beispiel bei den Fragen: „Wie schnell fährt Dein Mofa?“
   „Wieviel Geld verdienst Du im Monat?“
   „Wie lange arbeitest Du täglich?“

   Hier ist der Umgang mit Zahlen sehr einfach, oft ist uns dabei nicht einmal bewußt, daß wir Zahlen verwenden!

2. Sie werden benutzt, um schwierige Fragen zu beantworten.

   Zum Beispiel: „Das Mofa braucht 3,5 Liter Treibstoff, um 100 km zu fahren.
   Wieviel Treibstoff verbraucht es auf einer 350 km langen Fahrt?“

Hier muß gerechnet werden, um die Frage zu beantworten.
Bei solchen Aufgaben muß man ganz bewußt und richtig mit den Zahlen umgehen. Sonst wird die Lösung falsch sein.
Damit das vermieden wird, muß man Rechnen lernen und üben!

Ohne Rechnen geht es nicht!

Die vier Grundrechenarten gehören in allen Berufen zum Handwerkszeug.
Mit diesem Handwerkszeug muß jeder sicher umgehen können!

Die Grundrechenarten

1. Addition

(Zusammenzählen)

Rechenbeispiel:

Summand	1530
plus	
Summand	+ 625
gleich	1
Summe	2155

Richtig wird's nur, wenn die Zahlen richtig untereinander stehen!
Einer unter Einer,
Zehner unter Zehner
und so weiter...

Den sicheren Umgang mit Zahlen lernt man nur durch Üben!

Dazu sind die folgenden Aufgaben ohne Hilfsmittel zu lösen.
Der Lösungsweg ist sauber aufzuschreiben.
Wer das kann, der kommt auch mal ohne Taschenrechner klar.

Aufgabe 1a

350 + 24 = ?
784 + 95 = ?
38 + 435 = ?
234 + 182 = ?
798 + 199 = ?

Aufgabe 1b

635 + 412 = ?
936 + 249 = ?
352 + 1298 = ?
1428 + 5233 = ?
986 + 2097 = ?

2. Subtraktion

(Abziehen)

Rechenbeispiel:

Minuend	2155
minus	
Subtrahend	− 625
gleich	1
Differenz	1530

Auch das Subtrahieren (Abziehen) muß man üben.
Dazu sind folgende Aufgaben ohne Hilfsmittel zu lösen.

Aufgabe 2a

536 − 155 = ?
192 − 85 = ?
324 − 291 = ?
601 − 198 = ?
485 − 309 = ?

Aufgabe 2b

1241 − 922 = ?
6238 − 3069 = ?
9354 − 9166 = ?
5241 − 4088 = ?
4803 − 3905 = ?

3. Multiplikation

(Malnehmen)

Faktor mal Faktor gleich **Produkt**

```
32 · 25 = 800
   64
+₁160
  800
```

Hier werden die Zahlen von Zeile zu Zeile jeweils um eine Stelle nach hinten versetzt!

Auch die Übungen zur Multiplikation sind ohne Hilfsmittel zu lösen. Der Lösungsweg ist sauber aufzuschreiben.

Aufgabe 3a

125 · 24 = ?
379 · 43 = ?
928 · 637 = ?
583 · 2372 = ?

Aufgabe 3b

238 · 403 = ?
507 · 314 = ?
435 · 197 = ?
937 · 256 = ?

4. Division

(Teilen)

Dividend geteilt durch Divisor gleich **Quotient**

```
  800 : 25 = 32
- 75↓
   50
-  50
   00
```

Diese Aufgaben sind wie die vorhergegangenen zu lösen.

Aufgabe 4a

805 : 23 = ?
2380 : 28 = ?
3154 : 19 = ?
10584 : 49 = ?

Aufgabe 4b

4165 : 17 = ?
6384 : 21 = ?
20375 : 125 = ?
17184 : 32 = ?

ANWENDUNG DER GRUNDRECHENARTEN:

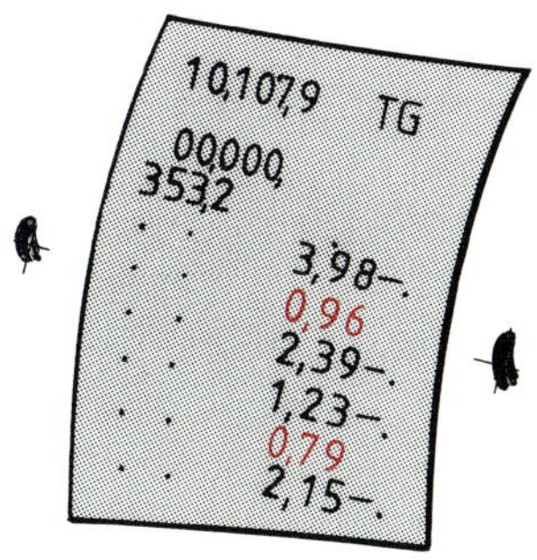

Aufgabe 1

Ein Fachverkäufer in einer Bäckerei verkauft Waren mit folgenden Preisen:
3,98 DM, **96** Pfennig, 2,39 DM,
79 Pfennig, 1,23 DM und 2,15 DM.

Stimmt der Kassenzettel?

> Vorsicht! Nur Zahlen mit der gleichen Maßeinheit (hier DM) dürfen addiert werden!

a) *Welchen Betrag nimmt der Kaufmann ein?*
b) *Die Zahlen sind in einer anderen Reihenfolge zu addieren. Was stellen wir fest?*

> Zahlen dürfen in jeder Reihenfolge addiert werden.

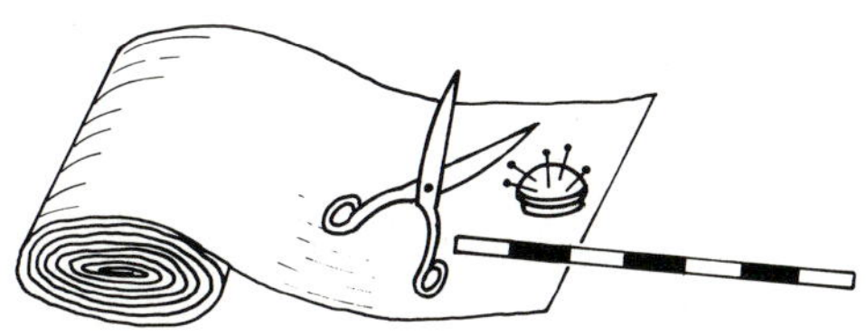

Aufgabe 2

Eine Bekleidungsschneiderin schneidet verschiedene Anzugteile zu. Die Teile sind 1,7 m, 34 cm, 1,35 m, 7,3 dm und 69 cm lang.

Wieviel Stoff hat sie verbraucht?

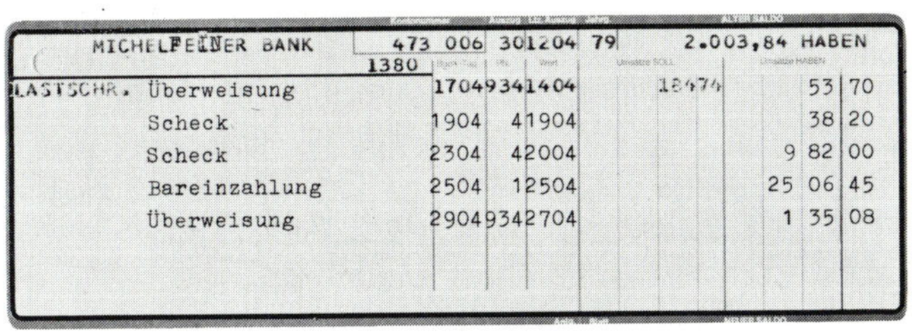

MICHELFEINER BANK 473 006 301204 79 2.003,84 HABEN
1380

LASTSCHR. Überweisung	1704	934	1404	18474	53 70
Scheck	1904	4	1904		38 20
Scheck	2304	4	2004		9 82 00
Bareinzahlung	2504	1	2504		25 06 45
Überweisung	2904	934	2704		1 35 08

Aufgabe 3

Nebenstehender Auszug zeigt die Bewegungen auf einem Girokonto in einem Monat.

Mit welchem Kontostand (Saldo) wird der Monat abgeschlossen?

Aufgabe 4

Von einer Spedition sollen die abgebildeten Kisten transportiert werden. Es stehen drei Lastwagen mit 2,5 t (2500 kg), 3,4 t und 4,3 t zulässiger Zuladung zur Verfügung.

Mit welchem Lastwagen wird man den Auftrag erledigen?

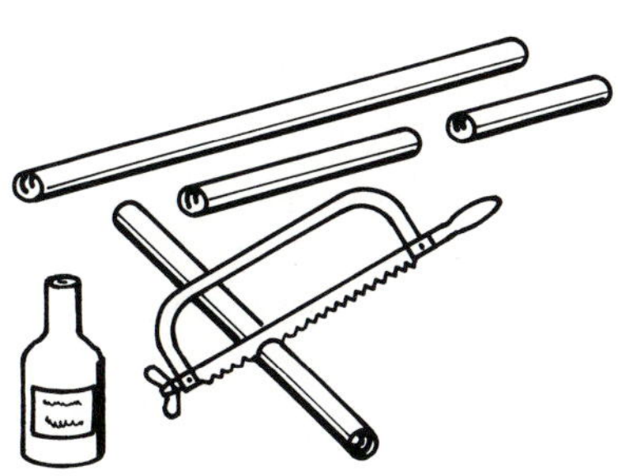

Aufgabe 5

Für Wasserleitungen sägt ein Rohrleitungsbauer Rohrstücke ab. Das verwendete Sägeblatt ist 2 mm breit. Die Rohrstücke sind 0,85 m, 3,6 dm, 397 mm, 1,8 m, 62,3 cm und 1,85 dm lang.

a) *Wieviel Rohr verbraucht er?*
b) *Das Ergebnis ist in m, dm, cm und mm umzuwandeln.*

Aufgabe 6

Ein Lastenaufzug darf 1200 kg befördern. Es wurden Transportbehälter mit folgenden Massen eingeladen: 196 kg, 85 kg, 324 kg und 480 kg.

Darf noch eine weitere Kiste mit 135 kg eingeladen werden?

Aufgabe 7

Der unten abgebildete Lastzug (Motorwagen und Anhänger) ist 25 m lang und 28 t schwer. Die Länge des Anhängers wird mit 13,5 m angegeben, seine Masse mit 11,4 t.

a) Wie lang ist der Motorwagen?
b) Wie schwer ist der Motorwagen?

Auch beim Subtrahieren (Abziehen) müssen die Zahlen richtig untereinander stehen.

Einer unter Einer,
Zehner unter Zehner
und so weiter ...

Beim Subtrahieren ist auch auf die richtige Reihenfolge der Zahlen zu achten.

Erst der Minuend, dann der oder die Subtrahenden.

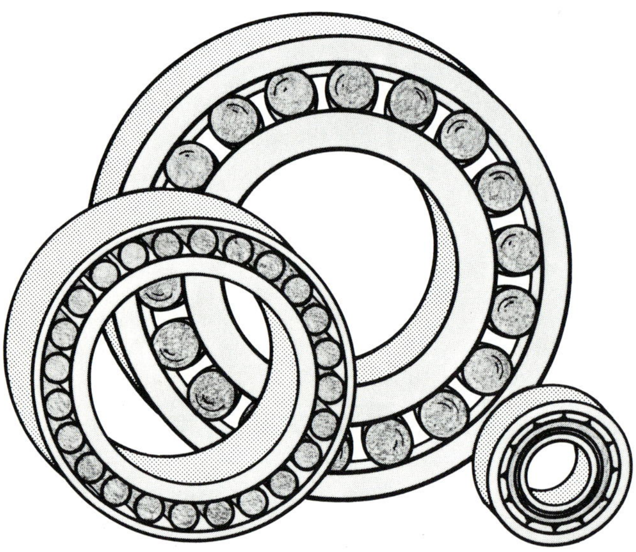

Aufgabe 8

Zum Monatsbeginn wurden im Lager einer Maschinenfabrik 6000 Kugellager gezählt. Für Aufträge wurden 380, 563, 1960, 396 und 54 Kugellager verwendet. Bei einem Restbestand von 2500 Kugellagern muß nachbestellt werden.

Muß der Lagerverwalter neue Kugellager bestellen?

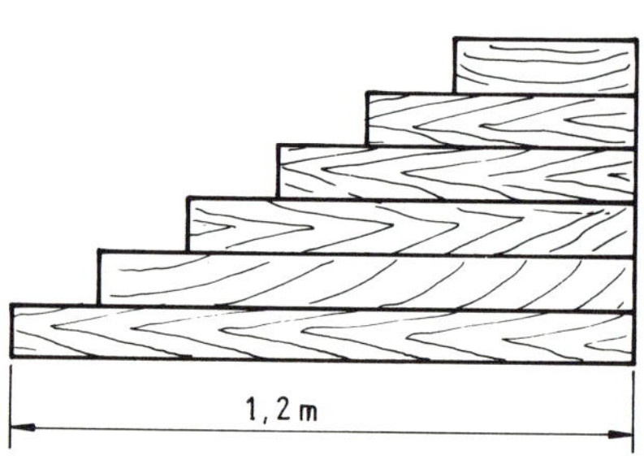

Aufgabe 9

Für eine Holzverkleidung braucht ein Tischler 6 Bretter. Das längste Brett ist 1,2 m lang. Jedes weitere Brett ist immer 15 cm kürzer als das vorhergehende.

a) Wie lang sind die einzelnen Bretter?
b) Wieviel m Holz werden insgesamt verbraucht?

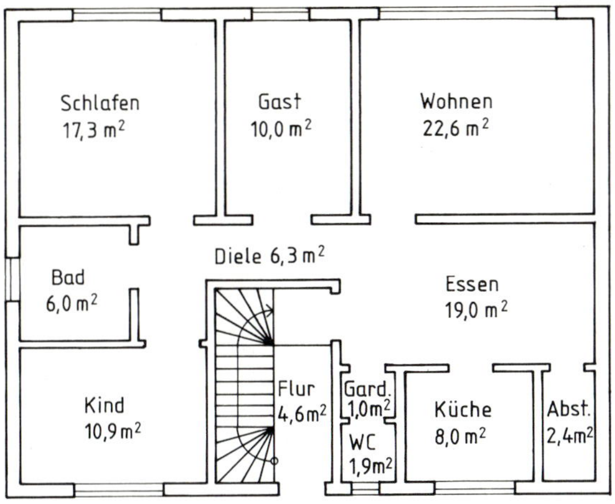

Aufgabe 10

Die im Grundriß dargestellte Wohnung hat eine Wohnfläche von 110 m^2*. Sie soll bis auf Abstellraum, Küche, WC und Bad mit Teppichboden ausgelegt werden.

a) *Wieviel m^2 Teppichboden muß der Raumausstatter verarbeiten?*

b) *Wie teuer ist der gesamte Teppich, wenn 1 m^2 62,50 DM kostet?*

Auch beim Multiplizieren (Malnehmen) ist auf saubere Schreibweise zu achten, damit die Zahlen richtig untereinander stehen!

Nur so können sie richtig addiert (zusammengezählt) werden.

Aufgabe 11

Bei dem abgebildeten Haus liegen entlang der Dachrinne 21 Dachziegel.
Von der Dachrinne bis zum First sind es 20 Dachziegel.

Wie viele Ziegel muß der Dachdecker verlegen?

Aufgabe 12

Ein Gärtner setzt in der Gärtnerei 255 Sträucher in eine Reihe. Er hat Platz für 14 Reihen.

a) *Wie viele Sträucher kann er setzen?*

b) *Wie hoch ist der Erlös, wenn er später den Strauch für 12,80 DM verkauft?*

Aufgabe 13

Von einer Milchkuh erhält ein Landwirt täglich 18,5 Liter Milch.

Wieviel Milch kann er im Jahr verkaufen, wenn er 58 Milchkühe hat?

* 1 m^2 ist die Einheit des Flächenmaßes.
1 m^2 entspricht einer Fläche von 1 m Länge und 1 m Breite;
1 m x 1 m = 1 m^2.

Aufgabe 14

Einem Kaufmann wurden zwei Angebote für den Einkauf von Glühlampen 220 V, 60 W gemacht.

Angebot 1: Packungsgröße 150 Stück,
Preis der Packung 142,50 DM

Angebot 2: Packungsgröße 400 Stück,
Preis der Packung 368,00 DM

a) Was kostet eine Glühlampe bei Angebot 1?
b) Was kostet eine Glühlampe bei Angebot 2?
c) Wie kann man beim Dividieren (Teilen) das Ergebnis ganz einfach kontrollieren?

Auch beim Dividieren (Teilen) ist auf saubere Schreibweise zu achten. Nur wer die Zahlen richtig untereinander schreibt, bekommt das richtige Ergebnis!

Aufgabe 15

Ein Maurer hat in einer Woche 37,5 Stunden gearbeitet. Dafür bekommt er 973,50 DM Lohn.

Wie hoch ist der Stundenlohn des Maurers?

Steht bei der Division in der Aufgabe ein Komma, so ist zu erweitern, das heißt, beide Zahlen (Divisor und Dividend) werden so oft mit 10 multipliziert, bis das Komma verschwindet.

Beispiel:
448,8 : 40 = 4488 : 400 = ?

$\cdot 10 \quad \cdot 10$

Hier genügt es mit 10 zu erweitern, oft muß aber mit 100 oder mit 1000 erweitert werden!

Aufgabe 16

Für die 522 km lange Fahrt von Stuttgart nach Hannover berechnet eine Spedition dem Kunden 1153,62 DM.

Wieviel kostet dabei ein Kilometer Fahrt?

Aufgabe 17

Ein Tischler soll eine 3,9 m lange Wand mit Holz verkleiden. Die Bretter, die er auswählt, sind 12 cm breit.

Wie viele Bretter wird er brauchen?

Aufgabe 18

Neun Fliesenleger verlegen an einem Tag 104,4 m² Fliesen.

Wieviel m² verlegt dabei jeder, wenn alle neun die gleiche Arbeitsleistung erbringen?

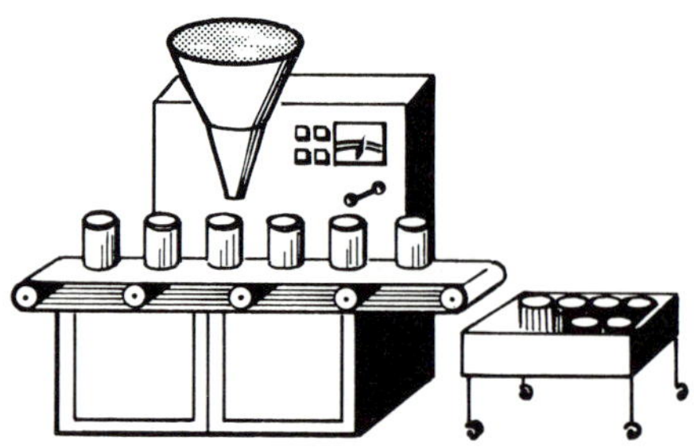

Aufgabe 19

Im Vorratsbehälter einer Abfüllanlage für Kaffee befinden sich 192,37 kg Röstkaffee.

Wie viele Packungen zu 0,125 kg können damit fertiggestellt werden?

Aufgabe 20

Für eine Weberei soll Wolle eingekauft werden. Dem Einkäufer der Weberei werden zwei Angebote gemacht.

Angebot 1: sechs Pakete mit je 16 kg Schafwolle frei Haus zum Gesamtpreis von 3552,– DM

Angebot 2: 100 kg Schafwolle der gleichen Qualität zu 3500,– DM zuzüglich 42,– DM Fracht und Verpackung.

Wie teuer ist das Kilo Wolle bei beiden Angeboten?

Aufgabe 21

Zur Fütterung der vier großen Löwen im Hamburger Zoo wurden in einem Jahr (365 Tage) 12 410 kg Fleisch verbraucht.

a) Wieviel Fleisch verfütterten die Tierpfleger im Durchschnitt an einen Löwen pro Tag?
b) Wieviel Fleisch verbraucht man jährlich, wenn ein weiterer Löwe angeschafft wird?

Der Taschenrechner:

Ein Zahlenkünstler, der uns hilft!

Der Taschenrechner kann nur richtig rechnen, wenn er sorgfältig behandelt wird.
Seine schlimmsten Feinde sind:
Staub (er verklemmt die Tasten), Wasser (es zerstört ihn von innen), Stöße (sie erschüttern sein feines „Gehirn")
und leere Batterien (dann rechnet er vor Schwäche falsch).

Wenn man das beachtet, macht der Taschenrechner immer genau das, was man ihm über seine Tasten „sagt"!

Trotzdem kann eine Rechnung mal nicht stimmen, das liegt dann aber nicht am Taschenrechner. Dann wurde ihm etwas Falsches „gesagt". Er wurde falsch bedient.

Wie „redet" man richtig mit dem Taschenrechner?

Am einfachsten geht es bei den Grundrechenarten.

Beispiel 1

Addieren

Es soll gerechnet werden $48 + 136 = ?$

Dazu werden die Tasten genau in der Reihenfolge gedrückt, wie sie in der Aufgabe stehen.

Also:

[4] [8] [+] [1] [3] [6] [=] 184 zeigt die Anzeige als Ergebnis.

Sollen mehr als zwei Zahlen addiert werden, dann ist nur nach der zweiten Zahl nochmals die Taste [+] zu drücken, danach folgt die dritte Zahl usw. Zum Schluß Taste [=] nicht vergessen!

Aufgabe: $48 + 136 + 253 + 41 + 9 = ?$
Als Ergebnis sollte 487 herauskommen.

Aufgabe 1

Auf diese Weise sind die Ergebnisse der Aufgaben 1a und b von Seite 27 zu prüfen.

Beispiel 2

Subtrahieren

Es soll gerechnet werden $184 - 48 = ?$

Die Tasten werden wie oben betätigt.

Also:

[1] [8] [4] [−] [4] [8] [=] 136 zeigt die Anzeige als Ergebnis.

Sollen mehr als zwei Zahlen subtrahiert werden, dann ist nach der zweiten Zahl nochmals die Taste [−] zu drücken, danach folgt die dritte Zahl usw. Zum Schluß Taste [=] nicht vergessen!

Aufgabe: $371 - 52 - 139 - 18 = ?$
Als Ergebnis sollte 162 herauskommen.

Aufgabe 2

Auf diese Weise sind die Ergebnisse der Aufgaben 2a und b von Seite 27 zu überprüfen.

Beispiel 3

Multiplizieren Es soll gerechnet werden 81 · 174 = ?

Dazu werden die Tasten so gedrückt:

[8] [1] [×] [1] [7] [4] [=] 14094 zeigt die Anzeige als Ergebnis.

Sollen mehr als zwei Zahlen multipliziert werden, dann ist nach der zweiten Zahl nochmals die Taste [×] zu drücken, danach folgt die dritte Zahl usw. Auch hier zuletzt Taste [=] drücken!

Aufgabe: 63 · 14 · 3 · 15 = ?
Als Ergebnis sollte 39690 herauskommen.

Aufgabe 3

Auf diese Weise sind die Ergebnisse der Aufgaben 3a und b von Seite 28 zu prüfen.

Beispiel 4

Dividieren Es soll gerechnet werden 478 : 62 = ?

Dazu werden die Tasten so gedrückt:

[4] [7] [8] [÷] [6] [2] [=] 7.7096774 zeigt die Anzeige als Ergebnis.

Sollen mehr als zwei Zahlen dividiert werden, dann ist nach der zweiten Zahl wieder die Taste [÷] zu drücken, danach folgt die dritte Zahl usw. Die letzte Taste ist wieder [=] !

Aufgabe: 779 : 18 : 42 = ?
Als Ergebnis sollte 1,0304232 herauskommen.

Beim Dividieren bekommt man oft Ergebnisse mit sehr vielen Stellen nach dem Komma. Solche Ergebnisse werden auf- oder abgerundet.

Das Auf- oder Abrunden von Ergebnissen

Hier muß man wissen:
Die Zahlen 1, 2, 3, 4 werden abgerundet.
Die Zahlen 5, 6, 7, 8 und 9 werden aufgerundet.

Mit dem Runden beginnt man beim Ergebnis von rechts her.
Gerundet wird bis zur dritten Stelle rechts vom Komma.

Wird eine Zahl aufgerundet,
so wird die davorstehende Zahl um 1 vergrößert.
Wird eine Zahl abgerundet,
so wird die davorstehende Zahl nicht verändert.

Beispiele:
24,145 63 ergibt gerundet 24,14 6
24,145 43 ergibt gerundet 24,14 5

Aufgabe 4

Auf diese Weise sind die Ergebnisse der Aufgaben 4a und b von Seite 28 zu überprüfen.

Bruchrechnen

Mit der Bruchrechnung gehen wir alle täglich um, am Arbeitsplatz und zu Hause.

Wir verwenden Zahlenbrüche bei Mengenangaben, z. B. ein halber Liter, ein dreiviertel Kilogramm. Oft werden sie auch zur Zeitangabe benutzt, z. B. in einer halben Stunde oder sechseinhalb Stunden.

Dabei wird der Bruch immer durch eine Maßeinheit ergänzt.
Die Maßeinheit sagt uns, was hier „gebrochen", also „zerteilt" wurde.

Arten von Brüchen:

Brüche können immer auf zwei Arten geschrieben werden:

1. Auf dem Bruchstrich

z. B. $\frac{1}{2}$ $\frac{1}{4}$ $\frac{1}{5}$

Dabei besteht der Bruch aus:

$1\frac{1}{4}$ — Zähler / Bruchstrich / Nenner

Anzahl der Ganzen

2. Mit dem Komma als Dezimalbruch

z. B. **0,5 0,25 0,2**

Dabei besteht der Bruch aus:

1,25 — Anzahl der Hundertstel

Anzahl der Zehntel

Anzahl der Ganzen

Jeder Bruch kann also in einen Dezimalbruch umgewandelt werden. Das ist oft wichtig, denn mit Dezimalbrüchen können wir schon rechnen!

Wie wird umgewandelt?

Ganz einfach! Den Zähler durch den Nenner teilen!

Beispiel: $\frac{1}{5} = 1 : 5 = 1{,}0 : 5 = 0{,}2$

10
0

oder $\frac{1}{8} = 1 : 8 = 1{,}0 : 8 = 0{,}125$

8
20
16
40

Ganze Zahlen werden nicht mit umgewandelt.

Beispiel: $3\frac{1}{4} = 3 + \frac{1}{4}$ $1 : 4 = 0{,}25$ also $3 + 0{,}25 = 3{,}25$

$\frac{1}{4} = ?$	$3\frac{1}{2} = ?$	$35\frac{9}{12} = ?$
$\frac{3}{10} = ?$	$7\frac{2}{3} = ?$	$47\frac{8}{9} = ?$
$\frac{1}{12} = ?$	$23\frac{1}{8} = ?$	$51\frac{7}{5} = ?$

Bei den Brüchen unterscheidet man weiter:

echte Brüche	unechte Brüche	gemischte Zahlen	gleichnamige Brüche	ungleich-namige Brüche	Scheinbrüche
$\frac{1}{3}$ $\frac{1}{2}$ $\frac{1}{8}$	$\frac{2}{1}$ $\frac{5}{2}$ $\frac{8}{3}$	$2\frac{1}{2}$ $4\frac{3}{8}$	$\frac{1}{8}$ $\frac{3}{8}$ $\frac{7}{8}$	$\frac{3}{8}$ $\frac{1}{2}$ $\frac{2}{7}$	$\frac{2}{1}$ $\frac{5}{1}$
Der Zähler ist kleiner als der Nenner	Der Zähler ist größer als der Nenner	Ganze Zahl und ein Bruch	Alle Nenner sind gleich	Nenner sind unter-schiedlich	Nenner ist 1

läßt sich umwandeln

UND SO RECHNET MAN MIT BRÜCHEN

1. Addition (Zusammenzählen) und Subtraktion (Abziehen)

Brüche dürfen nur addiert oder subtrahiert werden, wenn sie gleichnamig sind! (Alle Nenner müssen gleich sein.)

Addieren: $\frac{1}{8} + \frac{5}{8} = \frac{1+5}{8} = \frac{6}{8}$

Subtrahieren: $\frac{5}{8} - \frac{1}{8} = \frac{5-1}{8} = \frac{4}{8}$

Oft werden uns aber Aufgaben gestellt, bei denen die Brüche nicht gleichnamig sind.

Ein Gast trinkt in einem Lokal $\frac{1}{4}\,l$ Wein und $\frac{1}{8}\,l$ Wein.
Wieviel Wein muß ihm der Kellner berechnen?

Aufgabe $\frac{1}{4}\,l + \frac{1}{8}\,l = ?$

Durch Erweitern oder Kürzen können Brüche gleichnamig gemacht werden.

Erweitern: $\frac{1 \cdot 2}{4 \cdot 2} = \frac{2}{8}$

Zähler und Nenner werden mit der gleichen Zahl multipliziert (malgenommen).

Kürzen: $\frac{2 : 2}{8 : 2} = \frac{1}{4}$

Zähler und Nenner werden durch die gleiche Zahl dividiert (geteilt).

Der Zahlenwert des Bruches wird durch Erweitern und Kürzen nicht verändert!

Beweis: $\frac{1}{4} = 0{,}25$

$\frac{2}{8} = 0{,}25$

also $\frac{1}{4} = \frac{2}{8}$

Jetzt können wir dem Kellner helfen!

$\frac{1}{4}\,l + \frac{1}{8}\,l = \frac{1 \cdot 2}{4 \cdot 2}\,l + \frac{1}{8}\,l = \frac{2}{8}\,l + \frac{1}{8}\,l = \frac{3}{8}\,l$

Hier wird das Erweitern geübt ...

Die Brüche sind zu erweitern:

mit 3: $\frac{1}{4}$ $\frac{3}{7}$ $\frac{8}{6}$ $\frac{10}{4}$ $\frac{7}{9}$ $\frac{21}{25}$

mit 7: $\frac{3}{4}$ $\frac{5}{8}$ $\frac{1}{2}$ $\frac{3}{5}$ $\frac{2}{3}$ $\frac{8}{10}$

mit 12: $\frac{2}{3}$ $\frac{8}{6}$ $\frac{3}{5}$ $\frac{3}{4}$ $\frac{7}{8}$ $\frac{6}{7}$

Hier ist umzuwandeln ...

in Sechstel: $\frac{1}{3}$ $\frac{1}{2}$ $\frac{2}{3}$

in Achtel: $\frac{1}{4}$ $\frac{3}{4}$ $\frac{1}{2}$ $2\frac{3}{4}$

in Zehntel: $\frac{1}{2}$ $\frac{2}{5}$ $\frac{3}{5}$ $4\frac{1}{5}$

in Zwölftel: $\frac{2}{3}$ $\frac{1}{4}$ $\frac{2}{6}$ $3\frac{1}{2}$

... und hier das Kürzen:

Die Brüche sind so weit wie möglich zu kürzen: $\frac{6}{8}$ $\frac{8}{10}$ $\frac{9}{21}$ $\frac{18}{27}$ $\frac{45}{60}$ $\frac{15}{3}$

Beim Kürzen von großen Zahlen hilft uns die **Faktorenzerlegung:**

Das heißt: Zerlegen der Zahlen in Primzahlen (Zahlen, die nur durch 1 und sich selbst teilbar sind)

Beispiele: $\frac{45}{60} = \frac{3\cdot\cancel{3}\cdot\cancel{5}}{2\cdot 2\cdot\cancel{3}\cdot\cancel{5}} = \frac{3}{4}$ $\frac{192}{288} = \frac{\cancel{2}\cdot\cancel{2}\cdot\cancel{2}\cdot\cancel{2}\cdot\cancel{2}\cdot 2\cdot\cancel{3}}{\cancel{2}\cdot\cancel{2}\cdot\cancel{2}\cdot\cancel{2}\cdot\cancel{2}\cdot 3\cdot\cancel{3}} = \frac{2}{3}$

Folgende Zahlen sind in Primzahlen zu zerlegen: 12; 18; 26; 48; 95; 125; 352

Jetzt können wir auch diese Brüche kürzen: $\frac{72}{108}$ $\frac{88}{264}$ $\frac{218}{612}$ $\frac{768}{1152}$

Wer kürzen kann, der kann die nächsten **Aufgaben** lösen:

Wandle um in Drittel: $\frac{2}{6}$ $\frac{6}{9}$ $\frac{28}{21}$ $4\frac{8}{12}$

und in Viertel: $\frac{9}{12}$ $\frac{4}{16}$ $\frac{36}{24}$ $6\frac{6}{24}$

1. Eine Fachverkäuferin verkauft Emmentaler. Heute verlangten die Kunden:
$\frac{1}{2}$ kg, $\frac{1}{4}$ kg, $\frac{3}{4}$ kg und $1\frac{1}{2}$ kg.

Wieviel Käse wurde verkauft?

2. Auf einer Baustelle stehen drei Lastwagen. Der erste kann $3\frac{1}{4}$ t, der zweite $4\frac{1}{3}$ t und der dritte $7\frac{1}{2}$ t laden.

Wieviel Kies können sie laden, wenn alle drei gemeinsam fahren?

3. Zum Anrühren einer Eiscreme verwendet die Köchin nach Rezept:
$\frac{3}{8}$ *l* Milch, $\frac{1}{4}$ *l* Sahne und $\frac{1}{10}$ *l* Birnensaft.

Wieviel Eiscreme stellt sie her?

4. An einem Stahlrohr wird gemessen:

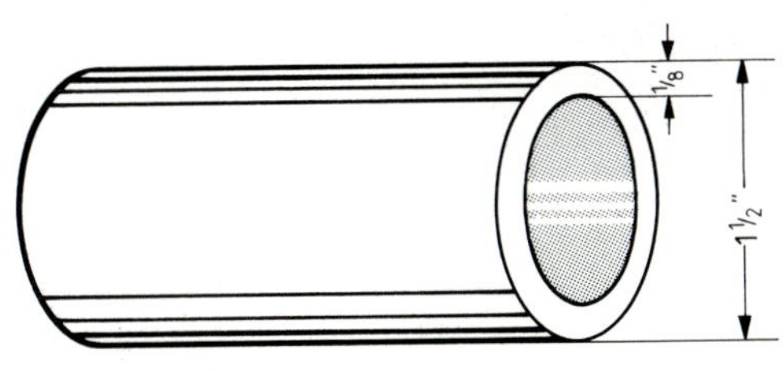

Außendurchmesser $1\frac{1}{2}$"; Wandstärke $\frac{1}{8}$".

Wie groß ist der Innendurchmesser?

5. In einem Fotolabor stehen drei Literflaschen mit Entwickler.
Der ersten wurde $\frac{2}{3}$ *l* entnommen, der zweiten $\frac{3}{8}$ *l* und der dritten $\frac{2}{5}$ *l*.

Wieviel Entwickler ist noch vorhanden?

2. Multiplizieren (Malnehmen) von Brüchen

Brüche werden miteinander multipliziert, indem man die Zähler miteinander multipliziert und die Nenner miteinander multipliziert.

Beispiel: $\frac{3}{4} \cdot \frac{2}{3} = \frac{3 \cdot 2}{4 \cdot 3} = \frac{6}{12}$

Genauso rechnet man bei mehreren Brüchen.

Beispiel: $\frac{1}{2} \cdot \frac{2}{5} \cdot \frac{3}{8} = \frac{1 \cdot 2 \cdot 3}{2 \cdot 5 \cdot 8} = \frac{6}{80}$

Weil die Rechenregel so einfach ist, wenden wir sie gleich an!

1. Aus der Kühltruhe eines Supermarktes wurden an einem Tag 53 Halbliterpackungen Frischmilch entnommen.
Wieviel Liter Milch wurden verkauft?

3. Für einen Ärmel eines Anzuges benötigt die Bekleidungsschneiderin $\frac{3}{4}$ m Stoff. Heute hat sie 435 Ärmel zugeschnitten.
Wieviel Stoff wurde verbraucht?

2. Am selben Tag wurden aus der Kühltruhe 108 Butterstücke zu je $\frac{1}{8}$ kg verkauft.
Wieviel Butter wurde an diesem Tag verkauft?

4. Ein Muldenkipper kann $9\frac{2}{3}$ t Sand laden. Heute wurde er $5\frac{1}{2}$ mal gefüllt.
Wieviel Tonnen Sand hat er transportiert.

3. Dividieren (Teilen) von Brüchen

Ein Bruch wird durch einen anderen dividiert, indem man ihn mit dem Kehrwert des Divisors multipliziert.

Beispiel: $\frac{1}{2} : \frac{2}{3} = \frac{\frac{1}{2}}{\frac{2}{3}} = \frac{1}{2} \cdot \frac{3}{2} = \frac{1 \cdot 3}{2 \cdot 2} = \frac{3}{4}$

Natürlich muß man das nicht immer so ausführlich schreiben! Es genügt so:

$$\frac{1}{2} : \frac{2}{3} = \frac{1}{2} \cdot \frac{3}{2} = \frac{3}{4}$$

Auch diese Rechenregel können wir gleich anwenden!

1. Ein Gastwirt hat im Keller ein Faß mit 320 *l* Rotwein stehen.
Wie viele Gläser zu je $\frac{1}{4}$ l kann er daraus füllen?

3. Ein Ausbaufacharbeiter verlegt Kunststoffplatten, die genau $\frac{1}{8}$ m^2 groß sind.
Wie viele dieser Platten braucht er für ein Zimmer von $12\frac{3}{4}$ m^2?

2. Um einen Kranken zu versorgen, benötigt eine Gemeindeschwester $1\frac{1}{8}$ Stunden.
Zu wie vielen Kranken kann sie täglich gehen, wenn sie $7\frac{7}{8}$ Stunden arbeitet?

4. Mit seinem Gabelstapler kann ein Lagerarbeiter in einer Stunde $16\frac{1}{2}$ t Ziegelsteine verladen.
Wie lange braucht er zum Verladen von $73\frac{1}{3}$ t?

Weitere Übungen zum Bruchrechnen:

1. Addition

a) $\frac{1}{4} + \frac{2}{5} + \frac{5}{6} = ?$

b) $\frac{3}{8} + 2\frac{3}{4} + 5\frac{1}{3} = ?$

c) $1\frac{3}{7} + 3\frac{1}{4} + \frac{5}{8} = ?$

2. Subtraktion

a) $3\frac{7}{12} - 1\frac{3}{8} - \frac{5}{6} = ?$

b) $15\frac{1}{9} - 4\frac{8}{10} - 1\frac{3}{5} = ?$

c) $7\frac{3}{9} - 2\frac{1}{4} - \frac{5}{6} = ?$

d) $9\frac{3}{7} - 4\frac{2}{5} - 3\frac{1}{2} = ?$

e) $16\frac{3}{12} - 5\frac{2}{3} - 8\frac{3}{4} = ?$

f) $39\frac{1}{2} - 7\frac{4}{5} - 9\frac{3}{8} = ?$

3. Addition und Subtraktion

a) $37\frac{1}{4} - 21\frac{7}{16} + 2\frac{8}{48} = ?$

b) $58\frac{2}{7} - \frac{9}{42} + 3\frac{1}{84} = ?$

c) $42\frac{3}{13} + \frac{7}{52} - 1\frac{8}{260} = ?$

d) $19\frac{3}{10} + 6\frac{4}{8} - 21\frac{3}{4} = ?$

e) $144\frac{8}{12} - 12\frac{12}{60} + \frac{3}{48} = ?$

f) $54\frac{2}{38} + 5\frac{3}{57} - 2\frac{7}{76} = ?$

4. Multiplikation

a) $\frac{3}{16} \cdot \frac{5}{7} = ?$

b) $\frac{4}{9} \cdot \frac{3}{5} \cdot \frac{9}{7} = ?$

c) $3\frac{2}{3} \cdot 4\frac{1}{2} = ?$

d) $5\frac{3}{8} \cdot 3\frac{3}{4} \cdot 2\frac{1}{9} = ?$

e) $33\frac{2}{5} \cdot \frac{2}{8} \cdot 3\frac{6}{12} = ?$

f) $\frac{1}{264} \cdot 95\frac{3}{8} \cdot 24\frac{8}{36} = ?$

5. Division

a) $\frac{8}{5} : \frac{4}{15} = ?$

b) $\frac{9}{7} : \frac{7}{16} = ?$

c) $\frac{42}{3} : \frac{15}{126} = ?$

d) $\frac{106}{48} : \frac{16}{3} = ?$

e) $5\frac{3}{7} : 2\frac{1}{12} = ?$

f) $3\frac{5}{6} : 12\frac{1}{4} = ?$

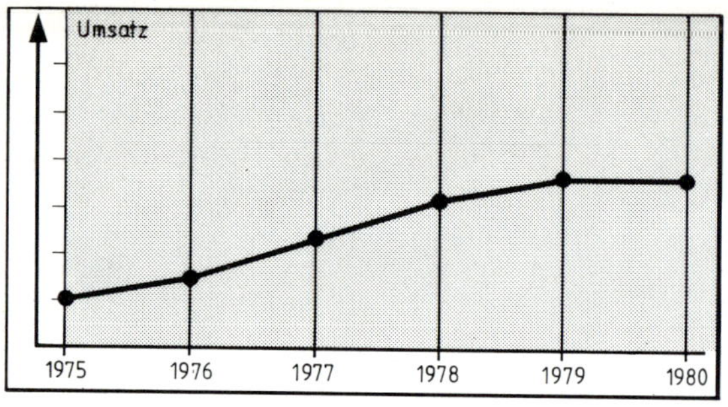

Das Schaubild (Kurvendiagramm)

Warum wird die Umsatzkurve gezeichnet?

Mit dem Schaubild (Kurvendiagramm) wird eine Entwicklung sichtbar gemacht.

Anwendungen: Umsatzkurve, Preisentwicklung, Staatshaushalt, Temperaturänderung im Jahr und viele andere Entwicklungen!

1. Das Liniendiagramm

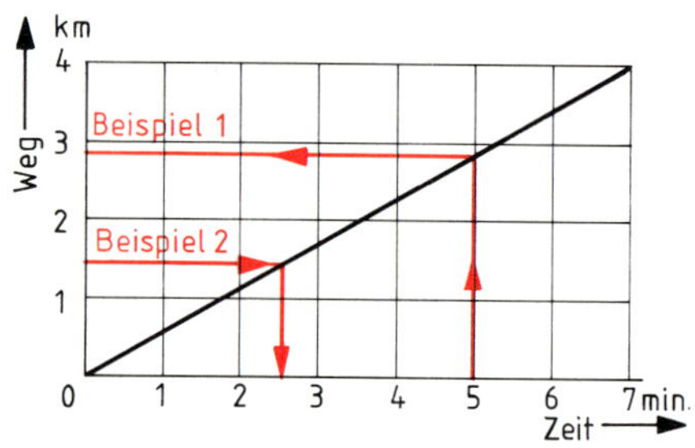

Anwendung: Weg-Zeit-Diagramm

Ein Mopedfahrer fährt die 4 km zu seinem Arbeitsplatz in 7 min.
Mit einem Diagramm kann man zu jeder Zeit feststellen, wie weit er schon gefahren ist.

Beispiel 1: Wie weit ist er nach 5 min. gefahren?
Lösung: Er ist 2,9 km gefahren.

Beispiel 2: Wie lange braucht er, um 1,5 km zu fahren?
Lösung: Er braucht 2,6 min.

Aufgabe 1

Der Motor eines Fischkutters verbraucht in 13 Tagen 700 *l* Treibstoff.

a) Wieviel Treibstoff verbraucht er in 9 Tagen?
b) Wie lange reichen ihm 250 Liter Treibstoff?

2. Das Kreisdiagramm

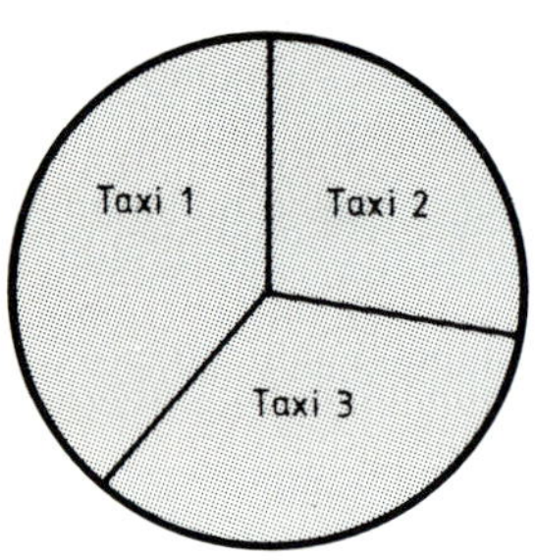

Anwendung: Kilometerleistung

Ein Taxiunternehmen hat drei Taxen.
Sie fuhren heute: Taxi 1: 280 km, Taxi 2: 200 km, Taxi 3: 240 km, zusammen also 720 km.

Beispiel:

720 km entsprechen dem ganzen Kreis, also 360°
1 km entspricht $\frac{360°}{720} = 0{,}5°$
Fahrleistung Taxi 1: 280 km ≙* $280 \cdot 0{,}5° = 140°$
Fahrleistung Taxi 2: 200 km ≙ $200 \cdot 0{,}5° = 100°$
Fahrleistung Taxi 3: 240 km ≙ $240 \cdot 0{,}5° = 120°$

3. Das Blockdiagramm

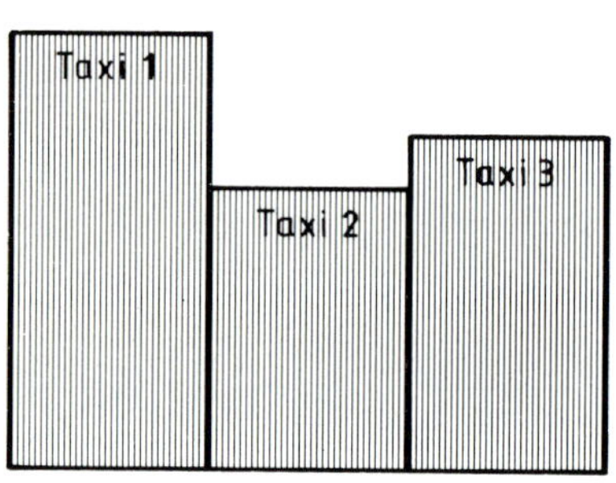

Anwendung: Kilometerleistung

Wir verwenden die Aufgabe mit den Taxen nochmals. Diesmal werden Blöcke nebeneinander gestellt.

Beispiel:

Dazu wird ein Maßstab gebraucht.
Gewählt: 20 km ≙ 5 mm
Fahrleistung Taxi 1: 280 km ≙ $14 \cdot 5$ mm = 70 mm
Fahrleistung Taxi 2: 200 km ≙ $10 \cdot 5$ mm = 50 mm
Fahrleistung Taxi 3: 240 km ≙ $12 \cdot 5$ mm = 60 mm

Aufgabe 2

Wasserverbrauch in einer Woche: in der Küche 120 *l*, im Bad 450 *l*, im Garten 150 *l*. Es ist ein Kreisdiagramm und Blockdiagramm zu zeichnen.

* Das ≙ Zeichen bedeutet: ... entspricht oder entsprechen ...

Das Schlußrechnen

Hier soll von Bekanntem auf
Unbekanntes geschlossen werden!

1. Beispiel: **gerades Verhältnis, Zweisatz**

In drei Tagen setzt ein Gärtner 900 Fliedersträucher.
Wie viele Sträucher setzt er an einem Tag?

Lösung: Zweisatz

Das Gesuchte (hier Zahl der Sträucher) steht rechts!

1. Satz: In 3 Tagen setzt er 900 Sträucher
2. Satz: An 1 Tag setzt er $\frac{900}{3}$ = 300 Sträucher

Aufgabe 1

Um ein Auto zu lackieren, braucht der Fahrzeuglackierer 3,6 kg Farbe.

Wieviel Farbe braucht er für fünf Autos?

Aufgabe 2

Eine Strickmaschine strickt in einer Stunde 8112 Reihen.

Wie viele Reihen schafft sie in 20 Minuten?

2. Beispiel: **gerades Verhältnis, Dreisatz**

Eine Kommunikationselektronikerin schließt in drei Tagen 21 Telefone an.
Wie viele Telefone kann sie in fünf Tagen anschließen?

Lösung: Dreisatz

1. Satz: In 3 Tagen schließt er 21 Telefone an.
2. Satz: An 1 Tag schließt er $\frac{21}{3}$ = 7 Telefone an.
3. Satz: In 5 Tagen schließt er $5 \cdot 7 = 35$ Telefone an.

Wichtig: Im zweiten Satz muß immer stehen,

was an **1 Tag** gearbeitet wird,
oder was **1 kg** kostet usw.

Also zuerst muß **eine** Einheit bekannt sein.

Dann kommt der dritte Satz.

Aufgabe 3

Ein Flugzeug fliegt 850 km in drei Stunden.

a) Wie weit ist es nach $2\frac{1}{2}$ Stunden geflogen?
b) Wie lange braucht es, um 650 km zu fliegen?

Alle Zweisatz- und Dreisatzaufgaben
mit geradem Verhältnis lassen sich
auch durch ein Liniendiagramm lösen!

3. Beispiel: **umgekehrtes Verhältnis**

Um eine Straße zu asphaltieren, arbeiten vier Straßenbauer 15 Stunden.
Wie lange hätten 5 Straßenbauer gebraucht?

Lösung: Dreisatz

1. Satz: 4 Arbeiter brauchen 15 Stunden

2. Satz: 1 Arbeiter braucht $4 \cdot 15 = 60$ Stunden

3. Satz: 5 Arbeiter brauchen $\frac{60}{5} = 12$ Stunden

Aufgabe 1

Terminauftrag!

Eine Rohrleitung sollte von 6 Rohrleitungsbauern in 4 Monaten fertiggestellt werden.
Der Arbeitsbeginn hat sich um einen Monat verzögert.

Wie viele Rohrleitungsbauer braucht man jetzt?

4. Beispiel: **doppeltes Verhältnis**

Hier wird von zwei bekannten Verhältnissen auf zwei Unbekannte geschlossen.
Also zwei Schlußrechnungen in einer Aufgabe.

In einer Fensterfabrik verglasen 9 Glaser in 15 Tagen 675 Fenster.
Es werden drei weitere Glaser eingestellt.
Wie viele Fenster können jetzt in 8 Tagen verglast werden?

Lösung: zwei Dreisätze

9 Glaser verglasen in 15 Tagen 675 Fenster

1 Glaser verglast in 15 Tagen $\frac{675}{9} = 75$ Fenster

1 Glaser verglast an 1 Tag $\frac{75}{15} = 5$ Fenster

12 Glaser verglasen an 1 Tag $12 \cdot 5 = 60$ Fenster

12 Glaser verglasen in 8 Tagen $60 \cdot 8 = 480$ Fenster

Aufgabe 2

Drei Forstarbeiter fällen und zersägen in 5 Tagen 210 Bäume.
Dann arbeiten nur noch 2 Holzfäller weiter.

Wie viele Bäume fällen sie in drei Tagen?

ÜBUNGEN ZUM SCHLUSSRECHNEN

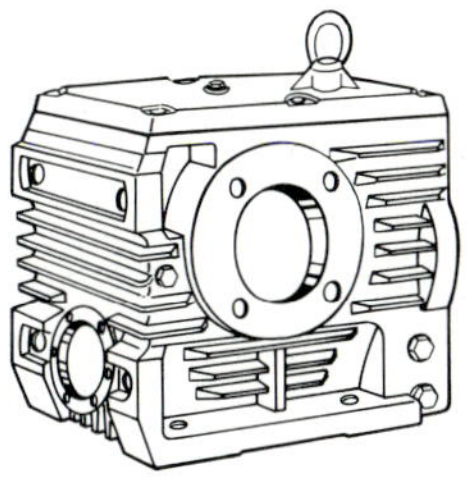

Aufgabe 1

10 kg Gußeisen kosten 35,– DM.

Wie hoch sind die Materialkosten für ein Getriebegehäuse, das 6,7 kg wiegt?

Die Aufgabe ist auch als Diagramm zu lösen!

Aufgabe 2

Das Mofa von Dieter fährt mit einer Zweitaktmischung von 1 : 25 (1 *l* Öl auf 25 *l* Benzin).

Wieviel Öl braucht er, wenn er 7,5 l Benzin in den Tank füllt?

Die Aufgabe ist auch als Diagramm zu lösen!

Aufgabe 3

Ein Berufskraftfahrer fährt mit seinem Bus zur Tankstelle. Seit dem letzten Volltanken ist er 254 km gefahren, und jetzt faßt der Tank 57,15 Liter.

Wieviel Treibstoff braucht der Bus auf 100 km?

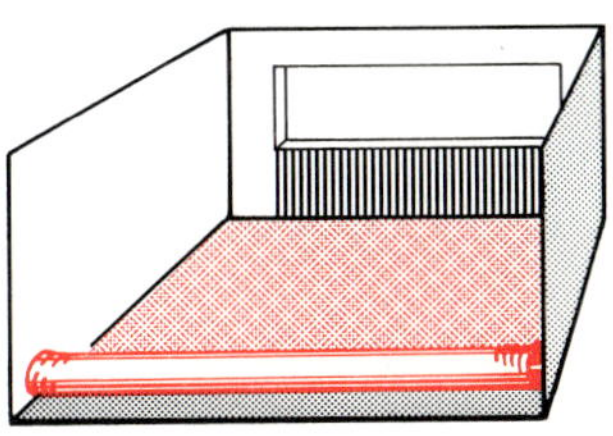

Aufgabe 4

Eine 85 m^2 große Wohnung wurde mit Teppichboden ausgelegt.
Die Materialkosten betrugen 3230,– DM.

Wie teuer kommt es, wenn man eine 74 m^2 große Wohnung mit dem gleichen Material auslegen läßt?

Aufgabe 5

Für eine Bestandsaufnahme zählt ein Lagerist Schrauben. 120 Schrauben hat er gezählt. Dann wiegt er sie. Sie wiegen 2040 g.
Die restlichen Schrauben wiegen 14,841 kg.

Wieviel Schrauben sind es insgesamt?

Die Aufgabe ist auch als Diagramm zu lösen!

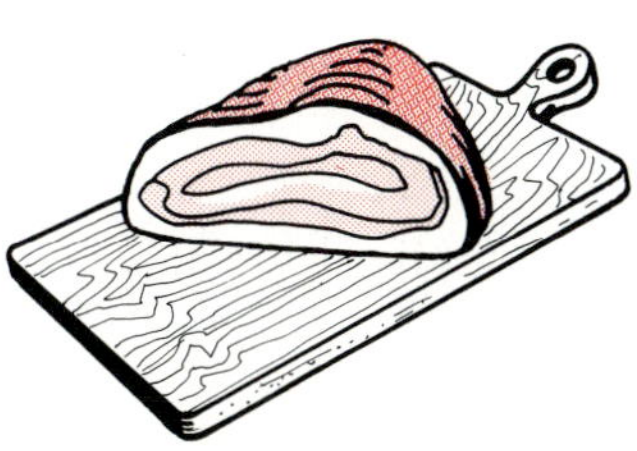

Aufgabe 6

In der Kantine einer Möbelfabrik essen täglich 352 Mitarbeiter. In der letzten Woche wurden an 5 Arbeitstagen 616 kg Fleisch verbraucht.
In dieser Woche wird durch einen Feiertag nur an vier Tagen gearbeitet, außerdem haben 48 Mitarbeiter Urlaub.

Wieviel Fleisch muß eingekauft werden?

Aufgabe 7

Um eine gefüllte Rinderrolle für einen Vierpersonenhaushalt zu braten, braucht die Hausfrau folgende Zutaten:

950 g Ochsenfleisch, 40 g Räucherspeck,
100 g Pilze und 40 g Fett.

Wieviel Zutaten braucht die Hausfrau, wenn sie eine Rinderrolle für 7 Personen zubereiten soll?

Aufgabe 8

Ein Anlagenmechaniker baute in einem Haus zwei Thermostatventile ein. Dadurch konnten in einem Jahr 320 *l* Heizöl gespart werden.

Wieviel Heizöl kann der Hausbesitzer jährlich sparen, wenn er auch die anderen 9 Heizkörperventile austauscht?

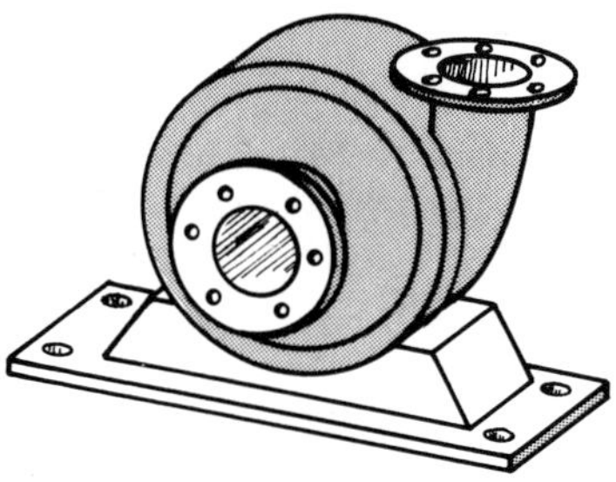

Aufgabe 9

In der Fräserei einer Maschinenfabrik werden auf drei Fräsmaschinen Pumpengehäuse bearbeitet. In den letzten 8 Arbeitstagen wurden 184 Gehäuse bearbeitet.

Wie viele Gehäuse können auf zwei Maschinen in drei Tagen bearbeitet werden?

Aufgabe 10

Ein Industriemechaniker montiert Fotoapparate. In der vergangenen Woche montierte er in 42 Stunden 63 Apparate. Diese Woche arbeitet er mit drei Kollegen zusammen.

Wie viele Apparate montieren sie gemeinsam in 40 Stunden?

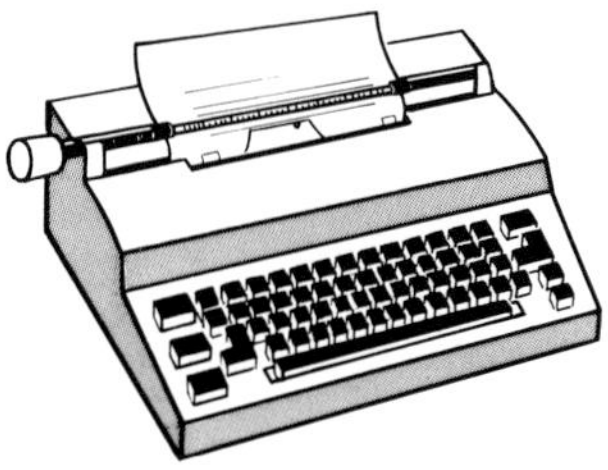

Aufgabe 11

Auf einer elektrischen Schreibmaschine schafft eine Bürogehilfin in drei Minuten 730 Anschläge.

Wie lange schreibt sie an einem Brief mit 1635 Schriftzeichen?

Die Prozentrechnung

„Prozent" ist lateinisch und heißt je Hundert.

Ein Prozent ist also ein Hundertstel von einem Ganzen.

Geschrieben wird es so: 1 % $= \frac{1}{100}$ vom Ganzen.

Beispiel: 1 Pfennig ist 1 % von einer Mark.
Daneben gibt es noch das Promille.

„Promille" ist ebenfalls lateinisch, es heißt je Tausend.

Geschrieben wird es so: 1 ‰ $= \frac{1}{1000}$ vom Ganzen.

Beispiel: 1 Gramm ist 1 ‰ von einem Kilogramm.

Sehen wir uns den Lieferschein an!

In der Prozentrechnung rechnet man mit drei Werten:

1. dem Grundwert, er entspricht 100 %	hier 500,– DM
2. dem Prozentsatz,	hier 2 %
3. dem Prozentwert,	hier 10,– DM

In jeder Aufgabe zur Prozentrechnung sind zwei dieser Werte bekannt, der dritte Wert muß errechnet werden. Also gibt es drei Arten von Aufgaben.

1. Bekannt sind: Grundwert und Prozentsatz, gesucht Prozentwert

Eine solche Aufgabe steckt in dem Lieferschein.
Wieviel DM darf man abziehen, wenn man sofort zahlt?

Lösung: mit Dreisatz

100 % ≙ (entsprechen) 500,– DM

1 % ≙ $\frac{200,\text{– DM}}{100}$ = 5,– DM

2 % ≙ 5,– DM · 2 = 10,– DM

Der Skontoabzug beträgt 10,– DM

Aufgabe 1

Bei Abnahme von mehr als 20 Handbohrmaschinen zum Stückpreis von 254,– DM gibt der Händler 3 % Rabatt.

Wie teuer ist dann eine Maschine?

Aufgabe 2

Eine Möbeltischlerei stellte im vergangenen Jahr 141 Bücherregale her.
Dieses Jahr steigerte man die Produktion um 7 %.

Wieviel Regale wurden also hergestellt?

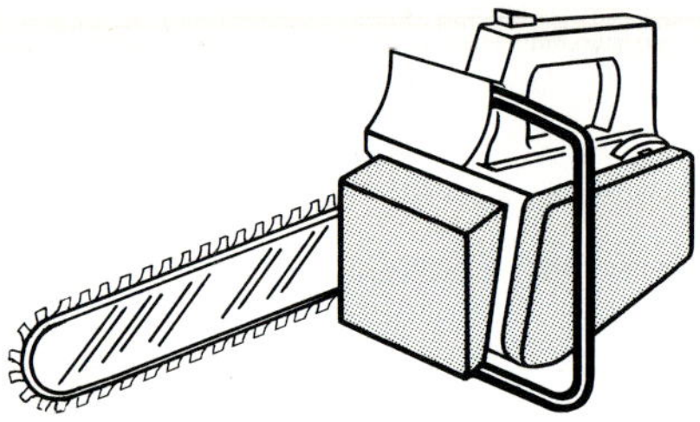

2. Bekannt sind:
Grundwert und Prozentwert, gesucht Prozentsatz

Eine Motorsäge kostete bisher 1250,– DM.
Wegen Räumungsverkauf wird sie jetzt 150,– DM billiger angeboten.
Um wieviel Prozent wurde der Preis gesenkt?

Lösung: mit Dreisatz

$$1250,\text{– DM} \mathrel{\hat{=}} 100\,\%$$
$$1,\text{– DM} \mathrel{\hat{=}} \frac{100\,\%}{1250} \text{ (nicht ausrechnen!)}$$
$$150,\text{– DM} = \frac{100\,\% \cdot 150}{1250} = \underline{\underline{12\,\%}}$$

Der Preis wurde um 12 % gesenkt.

Aufgabe 1

Eine Molkerei stellte im vergangenen Jahr 315 t Käse her.
In diesem Jahr waren es 327,6 t.

Um wieviel Prozent stieg die Produktion?

Aufgabe 2

Ein Mittelklassewagen verbrauchte bisher 12,8 *l* Benzin auf 100 km. Durch technische Verbesserungen sank der Verbrauch auf 10,5 *l* je 100 km.

Um welchen Prozentsatz sank der Verbrauch?

3. Bekannt sind:
Prozentwert und Prozentsatz, gesucht Grundwert

In einer Wäscherei wurden in diesem Monat 132 m³ Wasser mehr verbraucht als im vergangenen Monat.
Das ist eine Steigerung um 12 %.
Wie hoch war der Verbrauch im letzten Monat?

Lösung: mit Dreisatz

$$12\,\% \mathrel{\hat{=}} 132\text{ m}^3$$
$$1\,\% \mathrel{\hat{=}} \frac{132\text{ m}^3}{12} \text{ (nicht ausrechnen!)}$$
$$100\,\% \mathrel{\hat{=}} \frac{100 \cdot 132\text{ m}^3}{12} = \underline{\underline{1100\text{ m}^3}}$$

Im letzten Monat wurden 1100 m³ verbraucht.

Aufgabe 3

Der Stromverbrauch einer Maschinenfabrik betrug im April 472 kWh weniger als im März.
Das entspricht einer Einsparung von 9 %.

Wie hoch war der Verbrauch im März?

Aufgabe 4

Zur Montage eines Fertighauses brauchte die Baukolonne 18 Stunden weniger als bisher.
Das ist eine Steigerung ihrer Arbeitsleistung um 7 %.

Wie lange dauerte die Montage bisher?

ÜBUNGEN ZUR PROZENTRECHNUNG

Aufgabe 1

In einer Schuhfabrik arbeiten 160 Zuschneider für Oberleder. Davon sind 40 % Frauen.

Wieviel Frauen arbeiten in der Zuschneiderei?

Aufgabe 2

Ein Werkzeugmechaniker hatte bisher einen Bruttolohn von 3356,— DM im Monat. In der letzten Tarifrunde wurde eine Lohnerhöhung von 5,2 % beschlossen.

Wie hoch ist sein Bruttoverdienst jetzt?

Aufgabe 3

In der Nachmittagsvorstellung eines Kinos saßen 136 Zuschauer. Am Abend wurden 249 Karten verkauft.

Wieviel Prozent sind das mehr?

Aufgabe 4

Eine Spedition setzt zwei Lkws auf der Strecke München–Hamburg ein.
Der eine beförderte im Juni 625 t,
der zweite 715 t Fracht.

Um wieviel % übertraf der zweite den ersten?

Aufgabe 5

Eine Reiseverkehrskauffrau bekam in diesem Jahr 83,50 DM Zins auf ihr Sparkonto.
Der Zins beträgt 4 %.

Wie hoch ist ihr Guthaben jetzt?

Aufgabe 6

Einem Lebensmittelhändler verdarben im August Waren im Wert von 783,20 DM.
Das sind 0,8 % von seinem Umsatz.

Wie hoch war sein Umsatz im August?

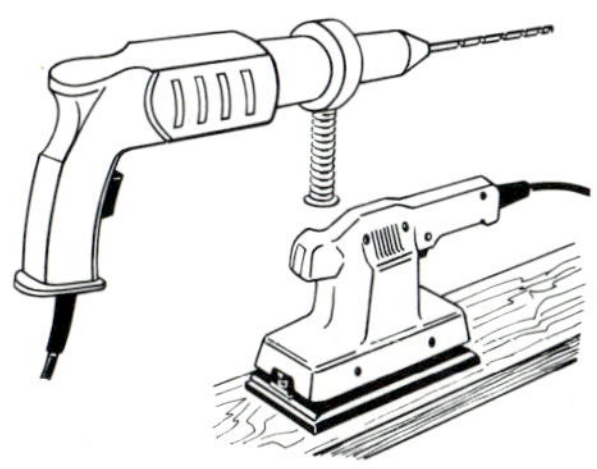

Aufgabe 7

Eine Firma stellt Elektrowerkzeuge her. Dabei gab es bei 7 von 3690 Handbohrmaschinen Reklamationen.
Bei den Schwingschleifern gab es bei 5 von 2870 hergestellten Geräten Ärger.

In welcher Abteilung wurde sorgfältiger gearbeitet?

Die Zinsrechnung Wichtig für alle Sparer!

Die Zinsrechnung ist eine Anwendung der Prozentrechnung.

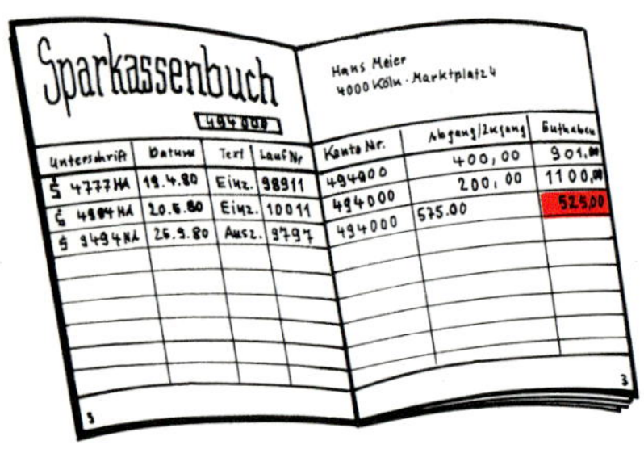

Beispiel: Auf einem Sparbuch sind 525,– DM. Sie werden jährlich mit 4 % verzinst.

a) Wie hoch ist der Jahreszins?

b) Wie hoch ist der Zins für 7 Monate?

Lösung a) mit Dreisatz

$100\,\% \triangleq 525,–$ DM (Guthaben oder Grundwert)

$1\,\% \triangleq \frac{525}{100}$ DM Prozenttaste auf Rechnern!

$4\,\% \triangleq \frac{525 \cdot 4}{100}$ DM $= 21,–$ DM

Der Jahreszins beträgt 21,– DM

Auch hier wird mit drei Größen gerechnet.

1. dem Guthaben oder Grundwert (entspricht 100 %)
2. dem jährlichen Zinssatz (Er wird in der Sparkasse ausgehängt.)
3. dem Jahreszins (Er wird am Jahresende gutgeschrieben.)

Zwei davon sind in jeder Aufgabe gegeben, der dritte wird gesucht – genau wie beim Prozentrechnen.

Wird das Geld nicht für ein ganzes Jahr angelegt, so kommt noch eine Dreisatzaufgabe dazu.

Lösung b) mit Dreisatz

Für 12 Monate bekommt er 21,– DM.

Für 1 Monat bekommt er $\frac{21}{12}$ DM.

Für 7 Monate bekommt er $\frac{21 \cdot 7}{12}$ DM $= 12,25$ DM.

Für 7 Monate bekommt er 12,25 DM Zins.

Gute Rechner wenden hier die Bruchrechnung an, z. B. 7 Monate $\triangleq \frac{7}{12}$ von einem Jahr!

Aufgabe 1

Ein Energieelektroniker hat 3252,– DM gespart. Auf das Kapital (Guthaben oder Grundwert) bekommt er 4,5 % Zins.

a) Wie hoch ist der Zins für ein Jahr?

b) Wie hoch ist der Zins für drei Monate?

Aufgabe 2

Für die Neueinrichtung ihrer Wohnung möchte sich eine Bürogehilfin 4500,– DM für zwei Jahre leihen. Der Zinssatz beträgt 9,5 % jährlich.

Wieviel Zins muß sie bezahlen?

HIER WIRD ALLES GEBRAUCHT, WAS WIR AUF DEN LETZTEN SEITEN GELERNT HABEN!

Aufgabe 1

Ein Lastwagen darf 8,49 t laden. Bei einer Polizeikontrolle wurde festgestellt, daß er 6 % zuviel geladen hatte.

Was zeigt die Waage an, wenn der leere Lastwagen 3,85 t wiegt?

Aufgabe 2

Von seinem Jahresverdienst sparte ein Tierwirt 1436,– DM.
Er legte das Geld auf einem Sparbuch mit einer Verzinsung von 4,5 % an.

Wie hoch ist sein gesamtes Sparguthaben (Grundwert und Guthaben plus Zins) nach 11 Monaten?

Aufgabe 3

Ein Auszubildender half einem Kollegen mit 500,– DM aus.
Nach fünf Monaten bekam er 520,– DM zurück.

Wie hoch hat sich das Geld verzinst?

Aufgabe 4

Für eine Balkonverkleidung sind 262 Laschen zu bohren.
Bei 17 Stück stimmte der Lochabstand nicht.

Wieviel Prozent beträgt der Ausschuß?

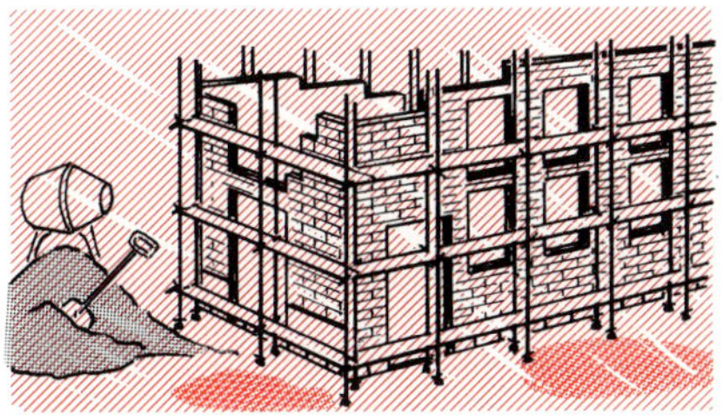

Aufgabe 5

Durch schlechtes Wetter fielen bei einer Baufirma im November 14,8 % der Arbeitszeit aus. Das waren genau 185 Arbeitsstunden.

Wieviel Stunden konnte gearbeitet werden?

Aufgabe 6

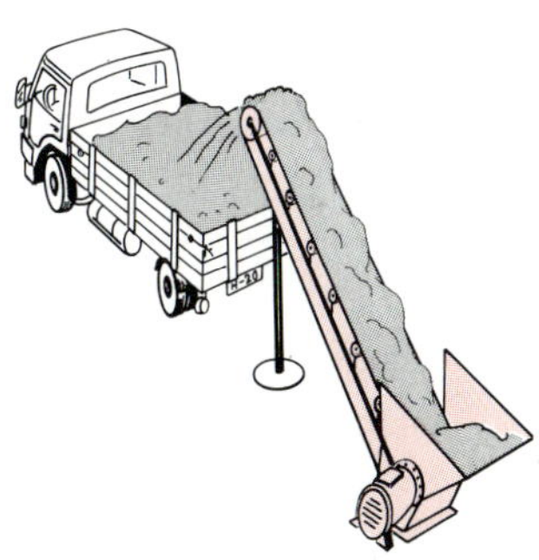

Durch eine technische Verbesserung konnte an einer Förderanlage die Geschwindigkeit von $3{,}5\,\frac{m}{s}$ auf $4{,}3\,\frac{m}{s}$ gesteigert werden.

Um wieviel Prozent wurde die Leistung gesteigert?

Die Lohnberechnung

1. Berechnung des Bruttolohnes

„Brutto“ ist italienisch und heißt „roh“; gemeint ist: mit Verpackung. Der Bruttolohn ist der Lohn vor Abzug der Steuern und Sozialbeiträge.

Beispiel: Eine Bekleidungsnäherin verdient in einer Stunde 17,– DM. Im Mai arbeitete sie 148 Stunden.

Lösung:

Sie verdiente 148 · 17 DM = 2516,– DM
Sie verdiente im Mai 2516,– DM brutto.

Von diesem Bruttolohn werden ihr Teile abgezogen.

1. Abzug der Lohnsteuer, eventuell Kirchensteuer
2. Abzug der Sozialbeiträge (Krankenversicherung, Rentenversicherung, Arbeitslosenversicherung)

Für die Berechnung der Abzüge ist der Familienstand wichtig. In unserem Beispiel nehmen wir an: Die Näherin Gabi Berger ist ledig.

Ihre Lohnabrechnung kann dann so aussehen:

Lohnabrechnung		für: Gabi Berger			Monat: Mai	
Arbeitsstd	Std.-Lohn	Bruttoverdienst	Abzüge		Sonst.	Nettoverdienst
148	18.00	2664.00	Lohnsteuer	426,20		1718.25
			Kirchensteuer	34,60		
			Rentenvers.	239,80		
			Krankenvers.	159,90		
			Arbeitslosenv.	85,25		
148	18.00	2664.00		945.75		1718.25

Der Nettolohn wird ihr ausbezahlt.
„Netto“ ist italienisch und heißt „rein“.
Der Nettolohn ist der Lohn nach Abzug der Steuern und Sozialbeiträge (siehe oben).

Aufgabe 1

Hier sehen wir die Lohnabrechnung eines Polsterers.

a) Wie hoch ist sein Bruttolohn?

b) Wie hoch ist sein Nettolohn?

Lohnabrechnung		für: Klaus Zimmermann			Monat: August	
Arbeitsstd.	Std.-Lohn	Bruttoverdienst	Abzüge		Sonst.	Nettoverdienst
146	22,50	?	Lohnsteuer	525,00		?
			Kirchensteuer	42,70		
			Rentenvers.	295,65		
			Krankenvers.	197,10		
			Arbeitslosenv.	105,10		
146	22,50	?	Summe	?		?

Aufgabe 2

Ein Bootsbauer verdient in der Stunde 22,80 DM. Im August hat er 150 Stunden gearbeitet.

a) Wie hoch ist sein Bruttoverdienst?

b) Wie hoch ist sein Nettolohn, wenn bei ihm alle Abzüge 32 % vom Bruttolohn betragen?

Aufgabe 3

Der Bruttolohn einer Pferdewirtin beträgt im April 2436,15 DM. Sie hat in diesem Monat 149 Stunden gearbeitet.

Wie hoch ist ihr Bruttostundenlohn?

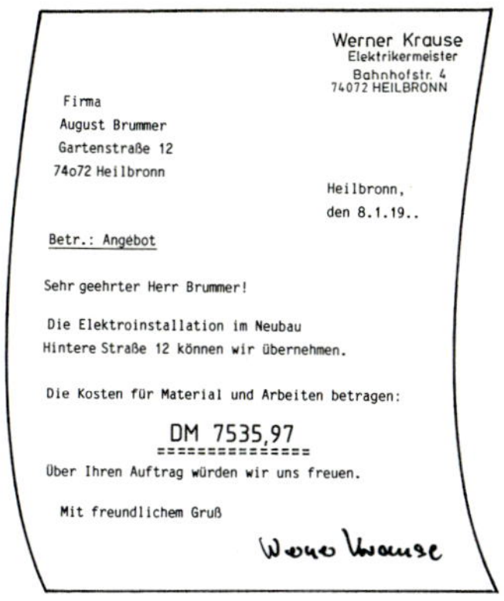

Werner Krause
Elektrikermeister
Bahnhofstr. 4
74072 HEILBRONN

Firma
August Brummer
Gartenstraße 12
74o72 Heilbronn

Heilbronn,
den 8.1.19..

Betr.: Angebot

Sehr geehrter Herr Brummer!

Die Elektroinstallation im Neubau
Hintere Straße 12 können wir übernehmen.

Die Kosten für Material und Arbeiten betragen:

DM 7535,97

Über Ihren Auftrag würden wir uns freuen.

Mit freundlichem Gruß

Die Kostenrechnung

Bevor ein Kunde an eine Firma einen Auftrag vergibt, möchte er wissen, was die Ausführung des Auftrages kostet.
Die Firma rechnet deshalb schon vor Arbeitsbeginn möglichst genau aus, wie teuer die Arbeiten werden.
Der Kunde kann nun Vorausberechnungen (Angebote) verschiedener Firmen prüfen und das günstigste Angebot auswählen.

Diese Vorausberechnung nennt man Kostenrechnung oder **Kalkulation**

„Kalkulation" ist lateinisch und heißt Berechnung.
Die einfachste Art der Kalkulation ist die Zuschlagskalkulation.

Die Zuschlagskalkulation

Hier werden die einzelnen Kosten eines Auftrages zusammengezählt.

Beispiel:

Die **Materialkosten** betragen für den Elektroanlageninstallateur **3212,– DM**
Seinen Nettostundenlohn setzt er mit 13,70 DM fest. Dafür errechnet er einen Bruttostundenlohn von 22,80 DM.
Er arbeitet an dem Auftrag 84 Stunden.

Die **Lohnkosten** betragen also:
22,80 · 84 = **1915,20 DM**

Daneben hat der Elektroanlageninstallateur noch weitere Kosten (für Miete und Heizung von Büro und Werkstatt, für den Lohn der Kontoristin, die Pflege und Erneuerung seiner Werkzeuge usw.).
Diese Kosten werden Gemeinkosten genannt.

Die Gemeinkosten lassen sich für einen Auftrag nur schwer umlegen bzw. aufteilen. Darum werden sie nach Erfahrung geschätzt und als Prozentsatz der Fertigungslöhne berechnet.

Der Elektroanlageninstallateur rechnet die Gemeinkosten mit 90 % der Lohnkosten und schlägt sie zu den Kosten (daher Zuschlagskalkulation).

Die **Gemeinkosten** betragen also: **1723,68 DM**

Die Summe aus diesen Beträgen ergibt

die **Selbstkosten** **6850,88 DM**

Der Elektroanlageninstallateur möchte auch einen Gewinn haben und setzt dafür 10 % der Selbstkosten fest.

Der **Gewinn** beträgt also: **685,09 DM**

Der Elektroanlageninstallateur macht das

Angebot für: **7535,97 DM**

die vom Kunden gewünschten Arbeiten auszuführen.

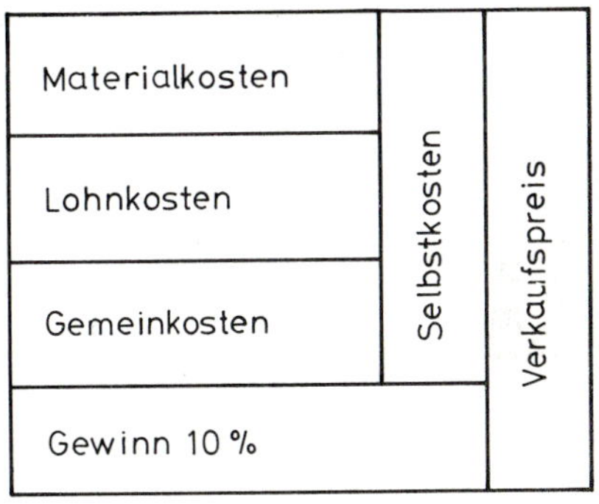

Aufgabe 1

Ein Zimmerer rechnet für einen Dachstuhl mit 5200,– DM Materialkosten. Ein Facharbeiter verdient bei ihm 23,20 DM in einer Stunde.
Er rechnet für den Dachstuhl mit 68 Arbeitsstunden.
Der Gemeinkostensatz in seinem Betrieb beträgt 125 %, er möchte einen Gewinn von 10 % machen.

Welchen Verkaufspreis muß er verlangen?

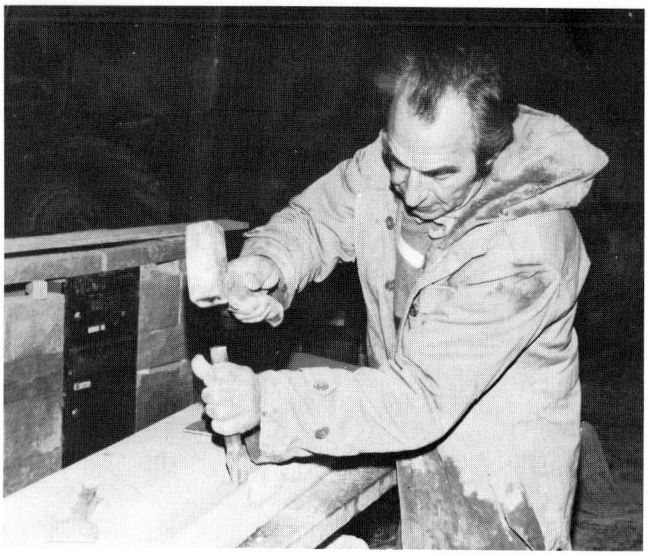

AUFGABEN ZUR LOHNBERECHNUNG UND KOSTENRECHNUNG

Aufgabe 1

Ein Kunde verlangt von einem Steinmetz die Steine für eine Gartenmauer.
Der Kunde möchte ein Angebot zum Preisvergleich. Für das Rohmaterial rechnet der Steinmetz 1560,– DM. Zum Schneiden und Behauen der Steine wird er 12,5 Stunden brauchen. Sein Stundenlohn ist 19,32 DM. Für seine Arbeit fallen Gemeinkosten in Höhe von 52 % der Lohnkosten an.
Er möchte einen Gewinn von 10 % haben.

a) Wie hoch sind die Lohnkosten?
b) Wie hoch sind die Selbstkosten?
c) Wie hoch ist der Verkaufspreis?

Aufgabe 2

Eine Tierpflegerin verdiente im Januar brutto 2985,20 DM.
Sie bezahlte: 15 % Lohnsteuer,
1,2 % Kirchensteuer,
6 % Krankenversicherung,
9 % Rentenversicherung und
3,2 % Arbeitslosenversicherung
(jeweils vom Bruttoverdienst).

Wie hoch war ihr Nettoeinkommen im Januar?

Aufgabe 3

Ein Gärtnermeister hat drei Mitarbeiter. Sie haben folgende Stundenlöhne: die Floristin 19,20 DM, der Gärtner 18,30 DM und der Hilfsarbeiter 16,35 DM.
Im Juni arbeitete die Floristin 136 Stunden, der Gärtner 142 Stunden und der Hilfsarbeiter 140 Stunden.

Wieviel Bruttolohn muß der Meister im Juni zahlen?

Aufgabe 4

Für die Erdarbeiten für seinen Neubau möchte der Bauherr ein Angebot.
Die Baufirma rechnet mit 12 Arbeitsstunden für den Einsatz des Baggers. Der Baggerführer bekommt 23,50 DM brutto in der Stunde. Die Firma setzt die Gemeinkosten mit 180 % des Bruttolohnes an. Der Gewinn soll 10 % der Selbstkosten betragen.

a) Wie hoch sind die Lohnkosten?
b) Wie hoch sind die Selbstkosten?
c) Zu welchem Preis (Angebot) kann die Baufirma die Erdarbeiten durchführen?

MISCHUNGSAUFGABEN

Das gezeigte Mofa fährt mit „Mischung" 1 : 25.
Das heißt, sein Motor läuft mit einem Gemisch aus 1 Liter Zweitaktöl und 25 Litern Benzin.

Der Tankwart muß bei Zweitaktern immer auf das richtige Mischungsverhältnis achten.

Auch an anderen Arbeitsplätzen werden Flüssigkeiten gemischt, so z. B. Farben vom Maler, Desinfektionsmittel (Vernichtungsmittel für Bakterien) von Krankenschwestern, Entwickler vom Fotografen und Säuren vom Chemiker.

UND SO RECHNET MAN MIT MISCHUNGEN:

Beispiel: Ein Mofafahrer möchte volltanken. Der Tank faßt genau 7 Liter. Der Motor braucht eine Mischung von 1 : 25.

Lösung: Es werden 26 Teile gebraucht:

25 Teile Benzin
+ 1 Teil Öl
26 Teile Mischung

Weiter mit dem Dreisatz:

1. Satz: 26 Teile ergeben $7{,}00\ l$
2. Satz: 1 Teil ergibt $\frac{7}{26}\ l = 0{,}27\ l$
3. Satz: 25 Teile ergeben $25 \cdot \frac{7}{26}\ l = 6{,}73\ l$

Der Tankwart muß 0,27 *l* Öl und 6,73 *l* Benzin in den Tank füllen.

Es ist also zuerst festzustellen, wie viele Teile insgesamt gebraucht werden. Dann wird mit dem Dreisatz gerechnet.

Als Rechenprobe sind die Ergebnisse zu addieren:

0,27 *l* Öl
+ 6,73 *l* Benzin
7,00 *l* Mischung 1:25

Die Summe beträgt 7 *l* Mischung; die Rechnung stimmt also.
Auch bei einer Mischung von mehr als zwei Stoffen muß genauso gerechnet werden.

Beispiel: Blaugraue Farbe erhält der Maler, wenn er 1 Teil blaue, 2 Teile graue und 4 Teile weiße Farbe mischt. Wieviel Liter der einzelnen Farben muß er für 3 Liter blaugraue Farbe zusammenmischen?

Lösung: Es werden 7 Teile gebraucht:

1 Teil blaue Farbe
2 Teile graue Farbe
4 Teile weiße Farbe
7 Teile Mischung

Dreisatz:

1. Satz: 7 Teile ergeben $3\ l$ Mischung
2. Satz: 1 Teil ergibt $\frac{3}{7}\ l = 0{,}429\ l$ blaue Farbe
3. Satz: 2 Teile ergeben $2 \cdot \frac{3}{7}\ l = 0{,}857\ l$ graue Farbe
   4 Teile ergeben $4 \cdot \frac{3}{7}\ l = 1{,}714\ l$ weiße Farbe

Probe: $3{,}000\ l$ Mischung

. . . UND HIER WIRD ES GEBRAUCHT

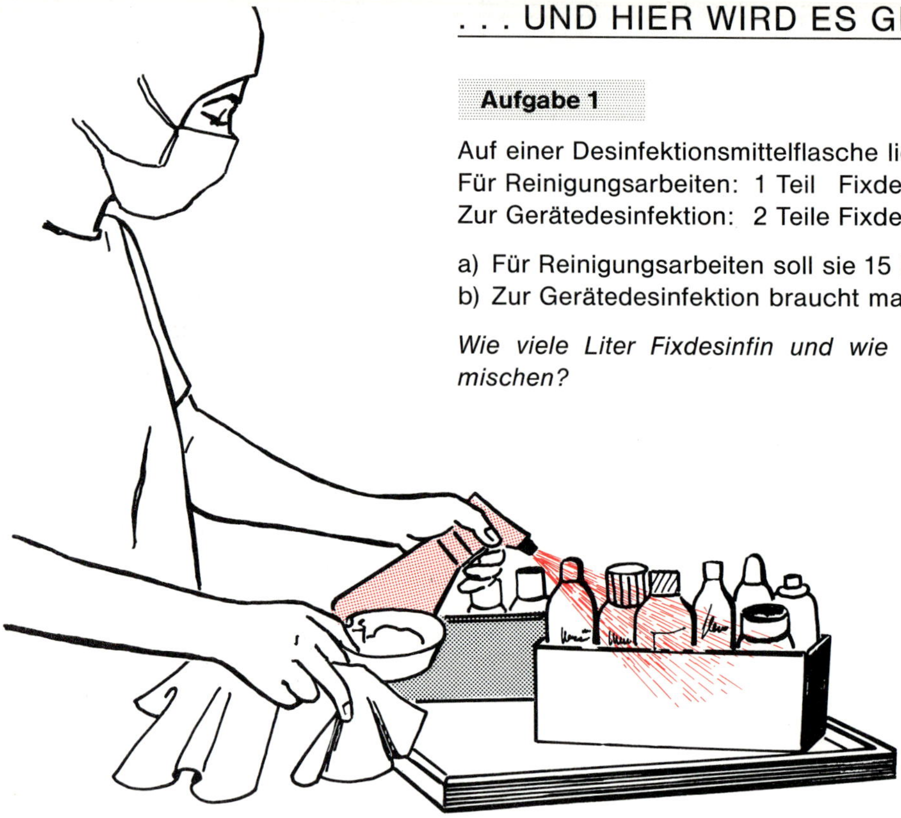

Aufgabe 1

Auf einer Desinfektionsmittelflasche liest die Krankenpflegehelferin:
Für Reinigungsarbeiten: 1 Teil Fixdesinfin, 9 Teile Wasser.
Zur Gerätedesinfektion: 2 Teile Fixdesinfin, 3 Teile Wasser.

a) Für Reinigungsarbeiten soll sie 15 Liter Lösung mischen.
b) Zur Gerätedesinfektion braucht man heute 7 Liter Lösung.

Wie viele Liter Fixdesinfin und wie viele Liter Wasser sind jeweils zu mischen?

Aufgabe 2

Ein Gärtner mischt ein flüssiges Düngemittel. Auf dem Kanister steht: Der Inhalt ist im Verhältnis 1 : 50 mit Wasser zu verdünnen.
Er möchte 30 *l* Lösung herstellen.

Welche Anteile enthält die fertige Mischung?

Aufgabe 3

Um hellgrüne Farbe zu erhalten, mischt eine Textilveredlerin weiße Farbe mit grüner Farbe, im Verhältnis 7 : 2.

Wieviel Liter hellgrüne Farbe erhält sie, wenn sie $\frac{1}{2}$ Liter grüne Farbe beimischt?

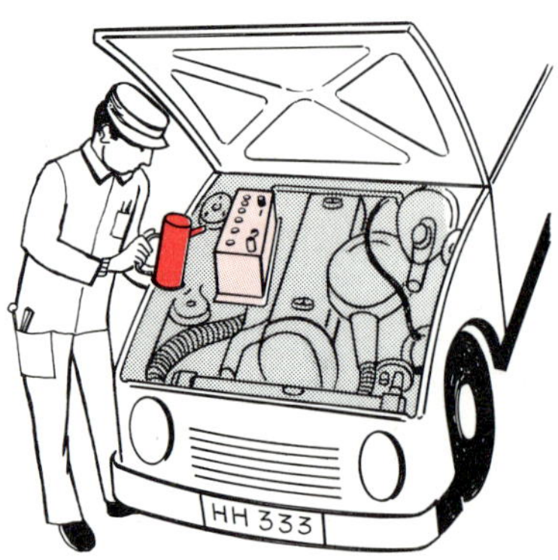

Aufgabe 4

Ein Tankwart soll eine neue Autobatterie mit vedünnter Säure füllen.
Die Batterie faßt 2,5 Liter Flüssigkeit, das Verhältnis von Säure zu Wasser beträgt 3 : 2.

Wieviel Liter Säure braucht er?

Auch die Höhe ist eine Länge!

Längenmaße werden oft verwendet. Wir benötigen sie, um Entfernungen, Größen, Höhen, Dicken, aber auch Umfänge usw. genau zu beschreiben.

Aufgabe 1

Wer hat in der Klasse den längsten Schulweg? Wie lang ist er? Wie lang ist ein neuer Bleistift? Wie groß ist der größte Schüler in der Klasse? Wie dick ist ein Lineal?

Bei den Antworten zur Aufgabe 1 wurden verschiedene Maße (km, m, cm, mm) für die Längen verwendet. Warum gibt es so viele verschiedene Längenmaße?

> Alle unsere Längenmaße gehen zurück auf die Grundlänge 1 Meter.
> Alle Längenmaße sind Vielfache oder Teile der Grundlänge 1 Meter.

Was bedeuten die Buchstaben k, d, c, m vor dem **m**? **m** bedeutet Meter.

k	steht für	kilo	und bedeutet: das Tausendfache;	1 k m = 1000 m;	$\frac{1}{1000}$ km = 1 m
d	steht für	dezi	und bedeutet: der zehnte Teil;	1 d m = $\frac{1}{10}$ m;	10 dm = 1 m
c	steht für	centi	und bedeutet: der hundertste Teil;	1 c m = $\frac{1}{100}$ m;	100 cm = 1 m
m	steht für	milli	und bedeutet: der tausendste Teil;	1 m m = $\frac{1}{1000}$ m;	1000 mm = 1 m

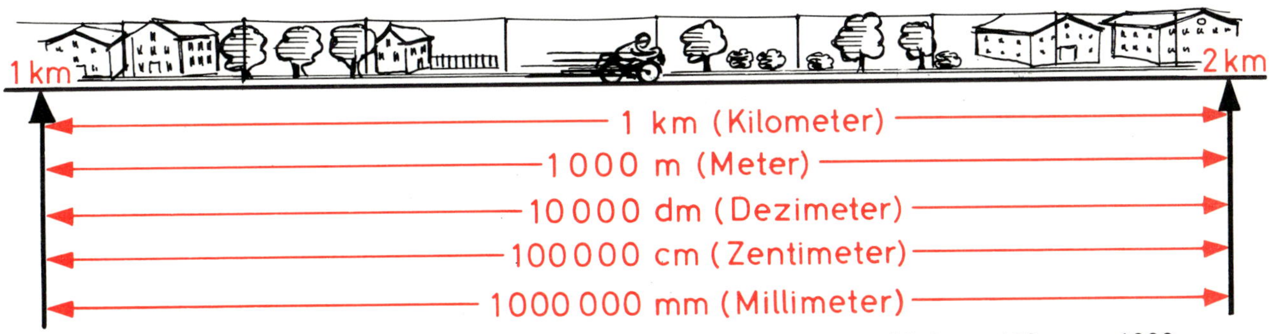

Daraus ergibt sich: 0,001 km = 1 m = 10 dm = 100 cm = 1000 mm

Außerdem gilt: 1 mm = 1000 μm (sprich Mikrometer = $\frac{1}{1000}$ mm), das ist eine Einheit für besonders kleine Maße.

Damit können wir die Längen umrechnen.

1. Beispiel: 2,8 km = ? cm
1,0 km = 100 000 cm
2,8 km = 2,8 · 100 000 cm = 280 000 cm

2. Beispiel: 5,7 km = ? dm
1,0 km = 10 000 dm
5,7 km = 5,7 · 10 000 dm = 57 000 dm

3. Beispiel: 3,5 mm = ? dm
1,0 mm = $\frac{1}{100}$ dm
3,5 mm = 3,5 · $\frac{1}{100}$ dm = 0,035 dm

Aufgabe 2 *Die Einheiten sind umzuwandeln:*

a)	b)	c)
4369 mm in m	37,5 km in m	21,4 mm in μm
4369 mm in dm	47,3 dm in m	14,2 cm in mm
4369 mm in cm	58,4 m in dm	1308 μm in cm
23,84 m in dm	658 cm in mm	2426 m in dm
23,84 m in cm	9,42 m in cm	13,6 mm in m
23,84 m in mm	318 mm in m	42,8 m in km

Der Kreis, eine runde Sache!

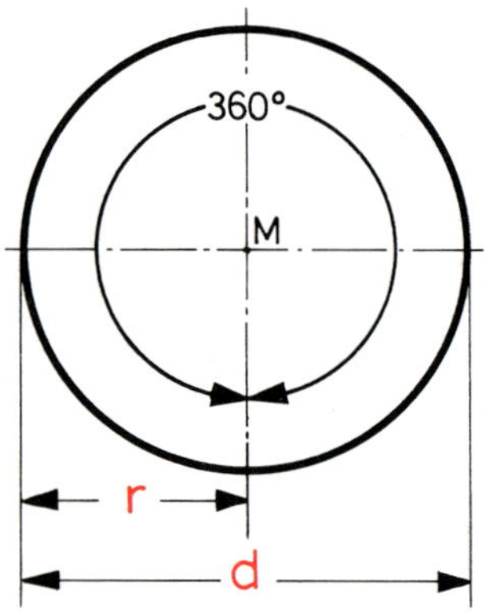

Alle Punkte der Kreislinie haben den gleichen Abstand vom Mittelpunkt M. Der Abstand heißt Halbmesser oder Radius *r*.

Gezeichnet wird der Kreis mit dem Zirkel.

Dazu muß man den Halbmesser (Radius) *r* am Zirkel einstellen.

Der Durchmesser *d* des Kreises ist zweimal so groß wie der Halbmesser *r*.

Es gilt also

$$d = 2 \cdot r$$

Der volle Kreis schließt einen Winkel von 360° (sprich Grad) ein.

1. Kreisumfang

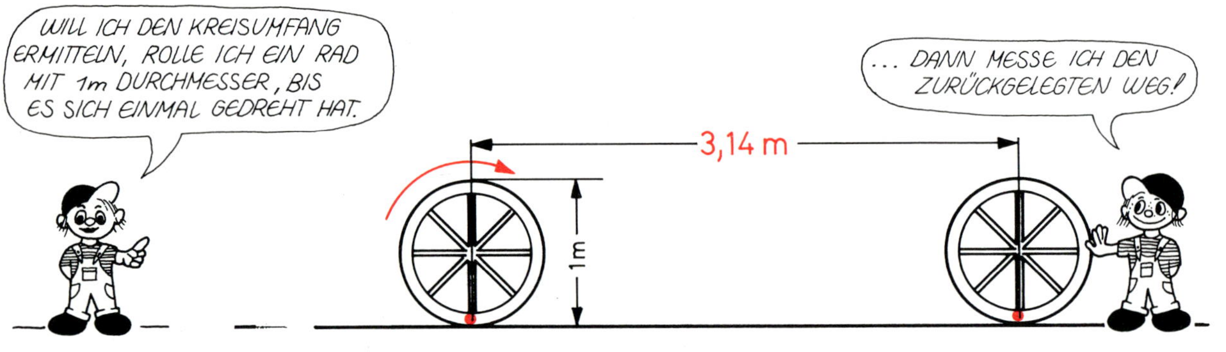

Nach einer vollen Umdrehung hat das Rad den Weg von 3,14 m zurückgelegt!
Wiederholt man den Versuch mit einem Rad von 2 m Durchmesser, so kommt nach einer vollen Umdrehung ein Weg von 6,28 m heraus.

Das Verhältnis: $\frac{\text{Kreisumfang}}{\text{Kreisdurchmesser}} = \frac{U}{2\,r}$

ergibt für das erste Rad: $\frac{3{,}14}{1} = 3{,}14$

und für das zweite Rad: $\frac{6{,}28}{2} = 3{,}14$

für jeden Kreis gilt : $\frac{U}{2\,r} = 3{,}14$

Also berechnen wir den Umfang des Kreises so:

Kreisumfang = 3,14 · Kreisdurchmesser

oder $U = 3{,}14 \cdot d$

Ganz genaue Messungen haben die Zahl 3,141592654 ... ergeben. Damit man diese genaue und zugleich lange Zahl nicht jedesmal schreiben muß, ist ihr die Bezeichnung π (sprich pi) gegeben worden.

Um den Kreisumfang auszurechnen, schreiben wir also:

$$U = \pi \cdot d \quad \text{oder} \quad U = 2 \cdot \pi \cdot r$$

Für normale Genauigkeit genügt es, wenn man mit der Zahl 3,14 rechnet. Manche Taschenrechner haben eine π-Taste. Verwendet man sie, wird mit der genauen Zahl gerechnet.

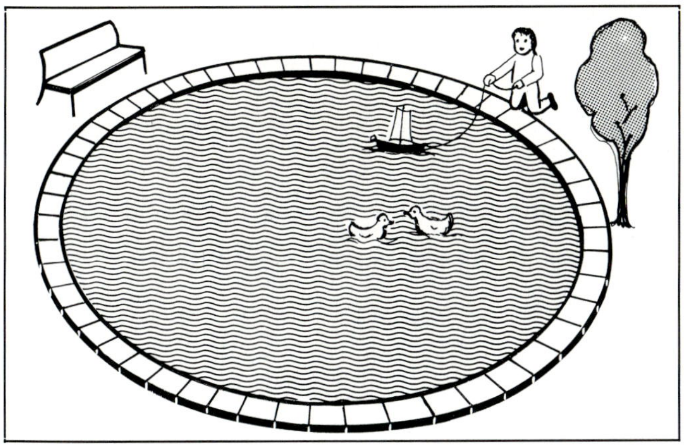

Aufgabe: Um den kreisrunden Teich im Stadtpark sollen neue Platten verlegt werden.
Eine Platte ist 1 m lang.

Wie viele Platten muß der Plattenleger verlegen, wenn der Teich einen Durchmesser von 28 m hat?

Lösung: $U = \pi \cdot d$

$U = 3{,}14 \cdot 28\ \text{m} = 87{,}92\ \text{m}$

Der Plattenleger muß 87 Platten verlegen.
Der Rest von 92 cm wird für Fugen benötigt.

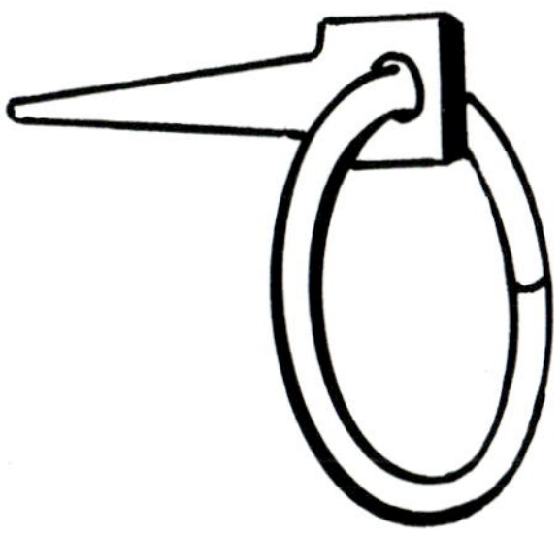

Aufgabe 1

Um einen Befestigungsring zu biegen und zu schweißen, verwendet ein Konstruktionsmechaniker Stahldraht.

Welche Länge muß der Draht haben, wenn der Durchmesser des Befestigungsringes 80 mm sein soll?

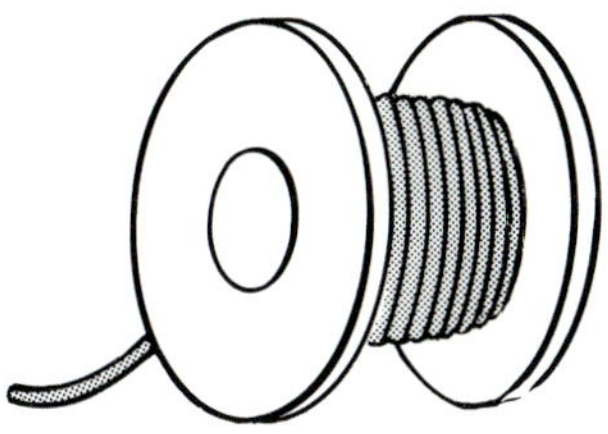

Aufgabe 2

Die Kabeltrommel hat 85 cm Durchmesser.

Wieviel Meter Kabel werden abgespult, wenn sich die Trommel genau dreimal gedreht hat?

2. Die Länge eines Kreisbogens (Bogenlänge)

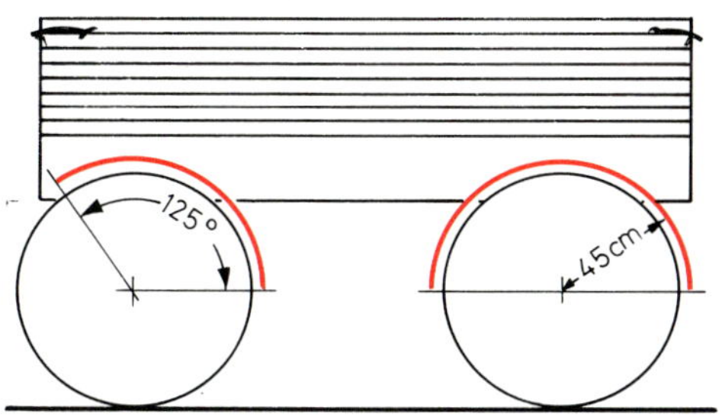

Oft ist es notwendig, nur Teile des Kreisumfanges zu berechnen.

Ein solcher Teil heißt Bogenlänge.

Beispiel: Ein Industriemechaniker soll für einen Lkw-Anhänger neue Schmutzfänger anfertigen.

Dazu muß er die Länge der Blechstreifen berechnen.

Lösung für das Hinterrad:

$U = 2 \cdot \pi \cdot r$

$U = 2 \cdot 3{,}14 \cdot 45\ \text{cm} = 282{,}6\ \text{cm}$

Der ganze Kreisumfang beträgt 282,6 cm.

Hier wird nur die Hälfte (Halbkreis) gebraucht!

Der Blechstreifen muß $\frac{282{,}6}{2}$ cm,

also 141,3 cm lang sein.

So rechnet man für Halb- und Viertelkreise.

Lösung für das Vorderrad:

$U = 2 \cdot \pi \cdot r$

$U = 2 \cdot 3{,}14 \cdot 45\ \text{cm} = 282{,}6\ \text{cm}$

Weiter mit dem Dreisatz:

$360° \mathrel{\hat{=}} 282{,}6\ \text{cm}$ (der volle Kreis)

$1° \mathrel{\hat{=}} \frac{282{,}6\ \text{cm}}{360}$ (nicht ausrechnen!)

$125° \mathrel{\hat{=}} \frac{282{,}6\ \text{cm} \cdot 125}{360} = 98{,}125\ \text{cm}$

Der Blechstreifen muß 98,1 cm lang sein.

So kann man die Bogenlänge für jeden Winkel berechnen.

. . . UND HIER WENDEN WIR UNSER WISSEN AN!

Aufgabe 1

Der „Dicke Turm“ auf der Stadtmauer soll eine neue Dachrinne erhalten.

Wieviel Meter Dachrinne braucht der Klempner, wenn der Turm einen Durchmesser von 16,5 m hat?

Aufgabe 2

In einer Textilwarenfabrik werden Tischdecken für runde Tische hergestellt. Die Wäscheschneiderin setzen außen rundum Spitzen an.
An einem Tag werden 180 Tischdecken mit einem Durchmesser von 150 cm und 210 Tischdecken mit einem Durchmesser von 120 cm hergestellt.

Wieviel Meter Spitze werden für diese 390 Tischdecken benötigt?

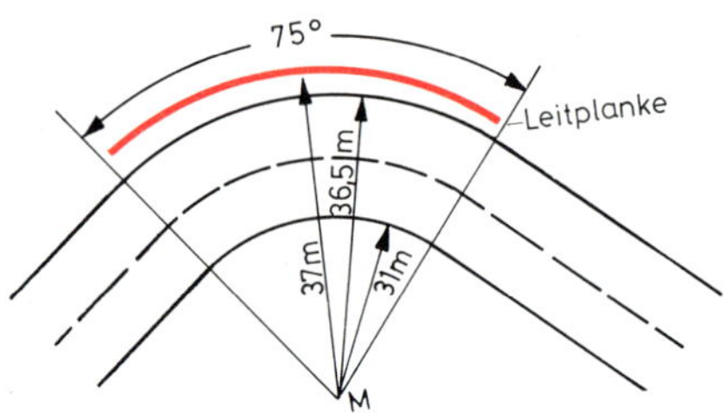

Aufgabe 3

Ein Bauzeichner zeichnet eine Straßenführung.
An einer Straßenkurve ist außen eine Leitplanke vorgesehen, rechts und links der Fahrbahn werden Bordsteine gesetzt.

a) Wie lang ist die Leitplanke?
b) Wieviel Meter Bordsteine braucht man im Bereich der Straßenkurve?

Aufgabe 4

In einer Werbeagentur werden Plakate entworfen.
Ein Kunde wünscht Plakate, von denen je fünf nebeneinander eine Plakatsäule bedecken können.

Wie breit müssen die Plakate sein, wenn eine Plakatsäule einen Durchmesser von 1,8 m hat?

Aufgabe 5

An einem Schleifbock soll die Schleifscheibe durch eine Abdeckung verdeckt sein.

a) Wie lang muß der äußere Blechstreifen sein, wenn der Durchmesser 185 mm und der Umschlingungswinkel 130° beträgt?
b) Wie lang ist er bei einer Maschine mit 260 mm Durchmesser und einem Winkel von 95°?

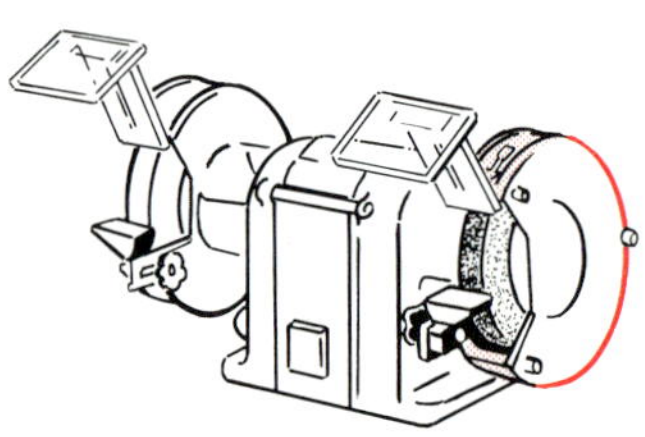

gestreckte Längen:

Die gezeigten Geländer sichern Rolltreppen.

Solche Geländer werden aus Rohrteilen gebogen und diese dann zusammengeschweißt.

Diese Technik ist heute weit verbreitet. Andere Anwendungsbeispiele: Motorradrahmen und Auspuff, Rohre von Heizungsanlagen, Kettenglieder aus Stahldraht, Teile von Zäunen usw.

Vor der Anfertigung eines solchen Gitters sind die Längen der einzelnen Gitterteile zu berechnen.

Bei den geraden Teilen ist das einfach, ihre Länge kann der Handwerker genau abmessen.

Bei den gebogenen Teilen muß er zuerst die gestreckte Länge (das ist ihre Länge vor dem Biegen) ausrechnen.

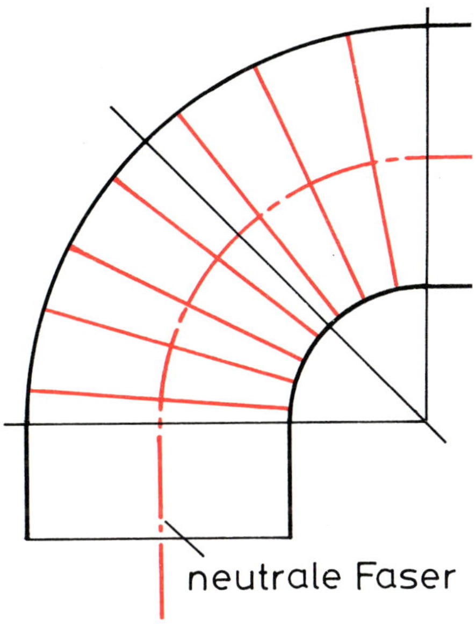

Berechnen der gestreckten Länge:

Biegt man ein Rohrteil oder ein anderes Werkstück, so wird es außen am großen Biegeradius gestreckt (verlängert), innen am kleinen Biegeradius dagegen gestaucht (verkürzt). An beiden Stellen ändert sich also seine Länge! Nur in der Mitte bleibt die Länge erhalten.

Die gestreckte Länge ist immer die Länge der neutralen Faser (s. Abb.). (Neutral heißt unbeteiligt.)

Berechnungsbeispiel:
Wie lang ist der Stahldraht für das Kettenglied?

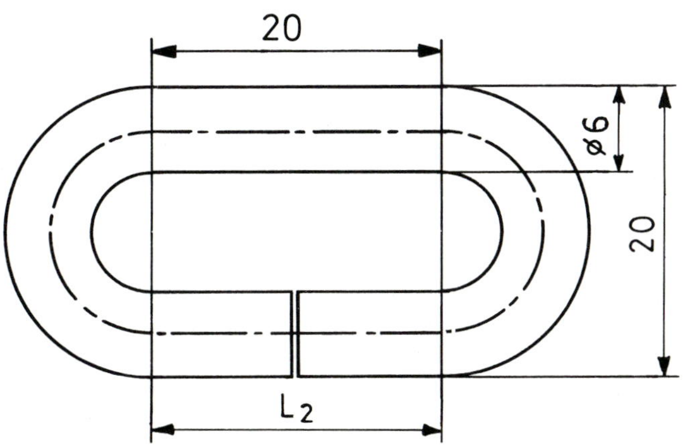

Lösung:

gewählt: l_1 = der Halbkreis

l_2 = das gerade Stück (20 mm)

dann gilt: $l_{ges} = 2\,l_1 + 2\,l_2$

$l_{ges} = 2 \cdot \frac{\pi \cdot 14\,\text{mm}}{2} + 2 \cdot 20\,\text{mm}$

$l_{ges} = 44\,\text{mm} + 40\,\text{mm} = 84\,\text{mm}$

Der Draht muß 84 mm lang sein.

Ebene Flächen, geradlinig begrenzt

Das Spielfeld ist eine ebene Fläche. An dieser Fläche können zwei Maße gemessen werden:

die Länge und die Breite.

Länge und Breite bestimmen die Größe einer Fläche.

Mit Flächen wird in vielen Berufen gearbeitet.

Frage:

Wozu berechnet man in folgenden Berufen Flächen?

Maler, Maurer, Schneiderin, Dachdecker, Polsterer und Segelmacher

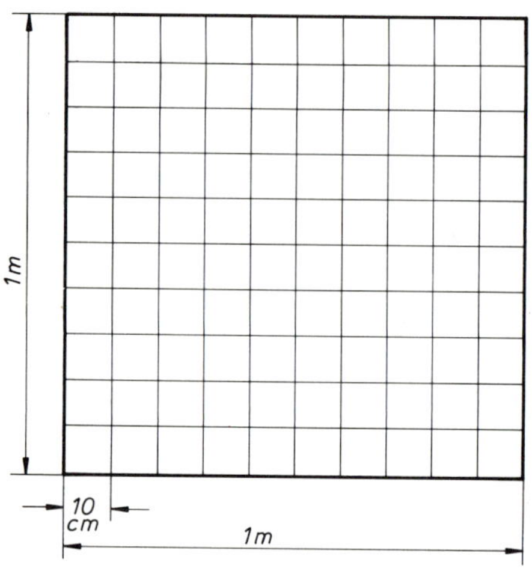

DIE FLÄCHENMASSE

Die Flächenmaße werden alle aus Längenmaßen abgeleitet.

Eine Fläche von 1 m Länge und 1 m Breite bedeckt die Fläche von 1 m^2.

1 m · 1 m =	1 m^2 (sprich Quadratmeter)	
1 m^2	= 100 dm^2 =	10 000 cm^2
1 dm^2	= 100 cm^2 =	10 000 mm^2
1 cm^2	= 100 mm^2	

Aufgabe 1

Das oben gezeigte Fußballfeld ist 50 m breit und 100 m lang.

Wie groß ist seine Fläche?

Lösung:

$A = l \cdot b = 50\text{ m} \cdot 100\text{ m}$

$A = 5000\text{ m}^2$

Es hat eine Fläche von 5000 m^2

Aufgabe 2

Eine Wand ist 1,5 m hoch und 3,2 m breit mit Kacheln zu besetzen.

a) Wieviel m^2 Fläche werden mit Kacheln besetzt?

b) Wieviel Kacheln von 1 dm^2 sind dazu nötig?

c) Wie viele Kleinkacheln von 1 cm^2 wären für diese Arbeit zu verlegen?

Flächenberechnung der wichtigsten Vierecke:

1. Das Quadrat

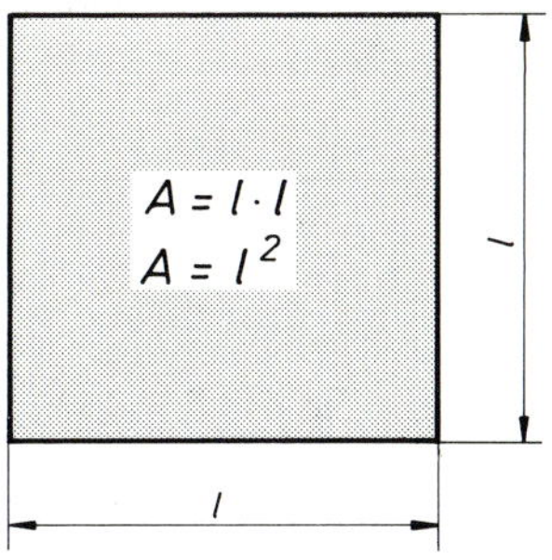

2. Das Rechteck

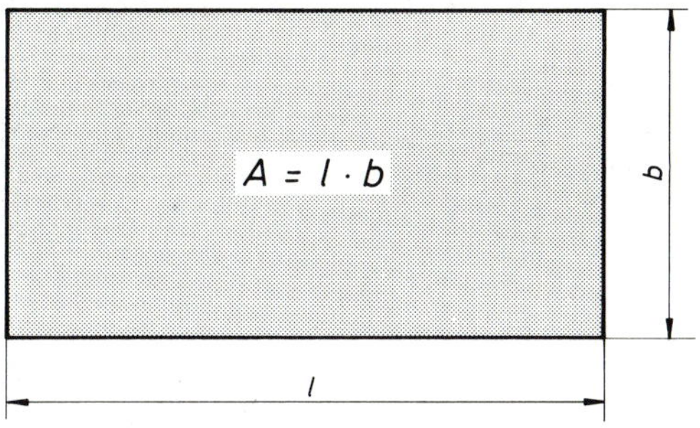

3. Das Parallelogramm

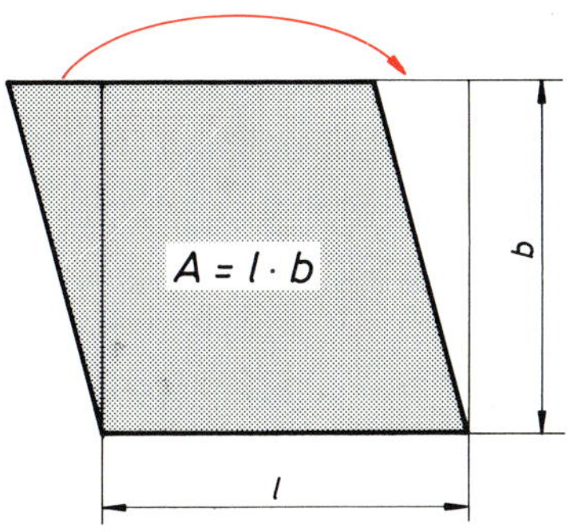

4. Das Trapez

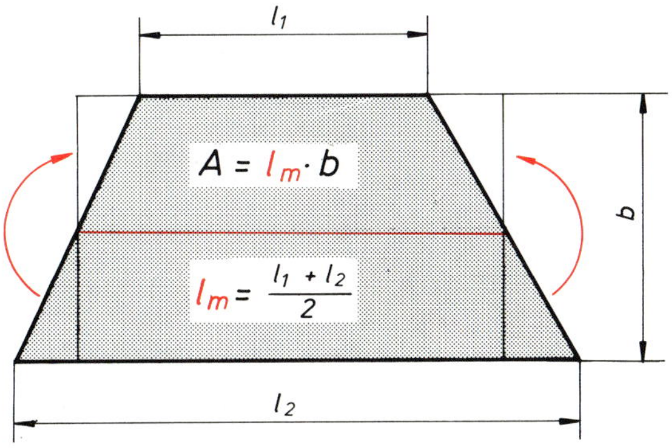

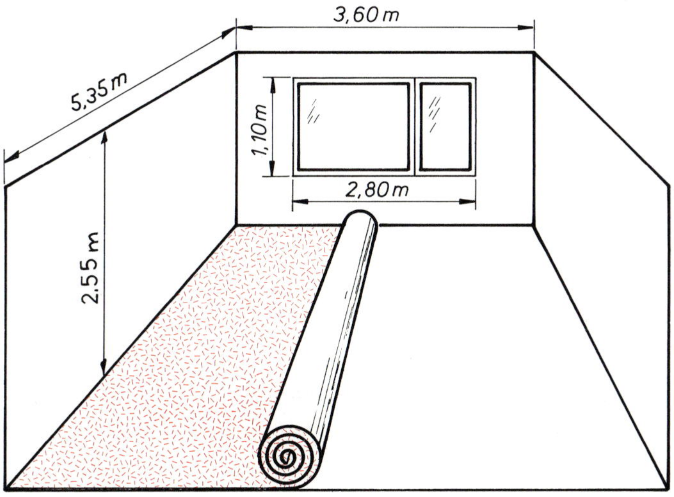

Aufgabe 1

Ein Maler soll den Boden und die drei gezeigten Wände neu gestalten.

a) *Wieviel Rollen Tapete muß er bestellen? Auf einer Rolle sind 6 m².*

b) *Wieviel Teppichboden wird benötigt?*

Aufgabe 2

Für das gezeichnete Fenster sind neue Vorhänge zu nähen.

Wieviel Vorhangstoff ist zu kaufen, wenn der Vorhang unten am Fenster 25 cm überstehen soll und für die Vorhangbreite 1,5 mal Fensterbreite gerechnet wird? (s. Abb.)

Flächenberechnung bei Dreiecken:

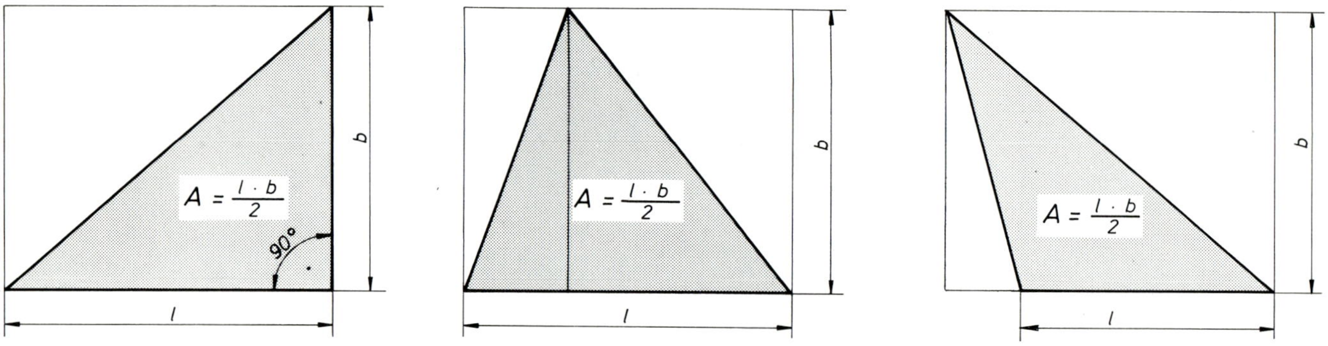

Um die Fläche von Dreiecken zu berechnen gilt also immer:

$$A = \frac{l \cdot b}{2}$$

Vorsicht: b ist nur bei den rechtwinkligen Dreiecken so lang wie eine Dreieckseite!

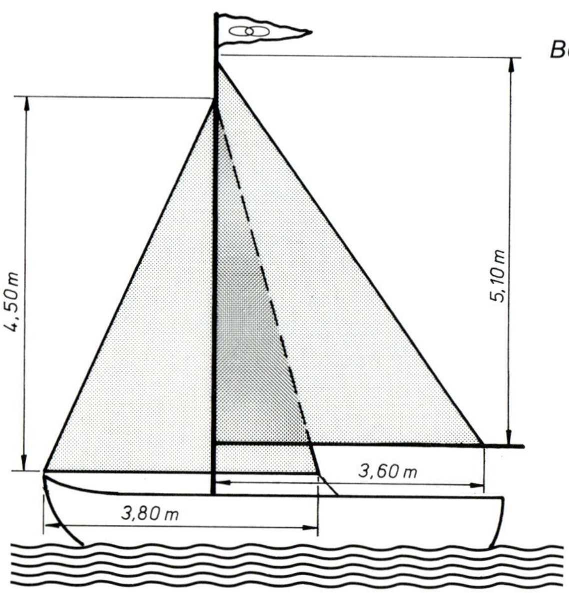

Beispiel: Ein Segelmacher soll für das gezeichnete Segelboot neue Segel nähen.

Wieviel m² Segeltuch muß er dem Kunden berechnen?

Lösung: Für das Großsegel

$A_1 = \frac{l_1 \cdot b_1}{2} = \frac{3{,}6\,m \cdot 5{,}1\,m}{2}$

$A_1 = 9{,}18\,m^2$

Für die Fock (Vorsegel)

$A_2 = \frac{l_2 \cdot b_2}{2} = \frac{3{,}8\,m \cdot 4{,}5\,m}{2}$

$A_2 = 8{,}55\,m^2$

$A_{ges} = A_1 + A_2 = 9{,}18\,m^2 + 8{,}55\,m^2 = 17{,}73\,m^2$

Er muß dem Kunden 17,73 m² Segeltuch berechnen.

Aufgabe 1

Für das Streichen von 1 m² Fassade berechnet ein Maler 8,25 DM.

Wie teuer wird das Streichen des unten gezeichneten Giebels?

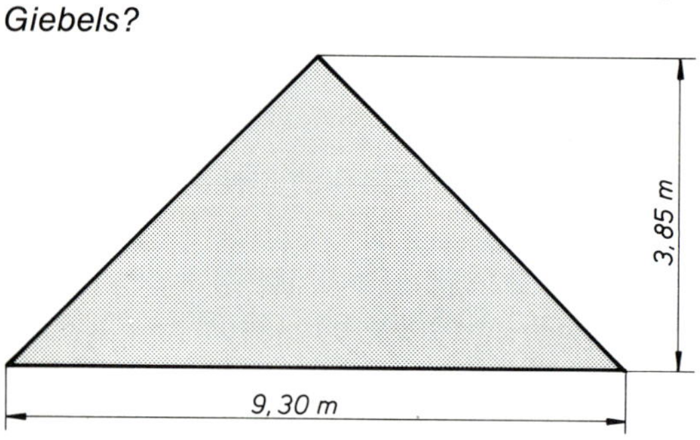

Aufgabe 2

Zwei Tischler berechnen die Fläche des Trapezes auf verschiedene Weise.
Der erste mit der Formel für Trapeze.
Der zweite zerlegt es in zwei Dreiecke und ein Rechteck.

Die Rechenwege und die Ergebnisse sind zu vergleichen!

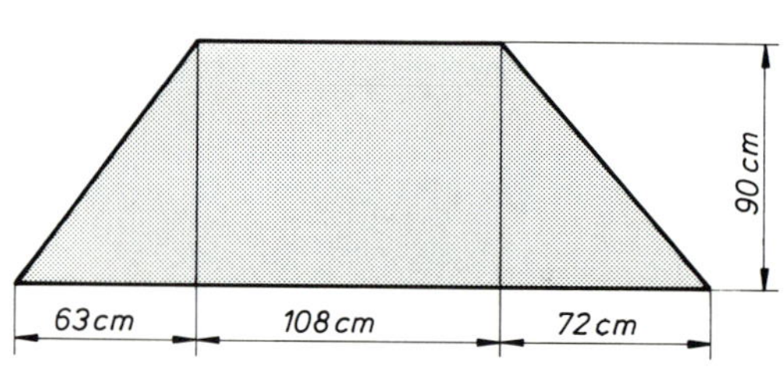

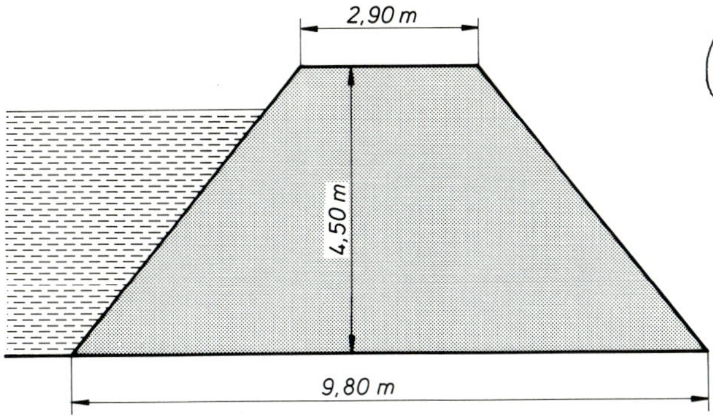

Hier sind weitere Flächen zu berechnen . . .

Aufgabe 1

Damit ein aus Erde aufgefüllter Staudamm hält, braucht er bei 3,5 m Wasserstand eine Querschnittsfläche von 25 m^2.

Reicht die Querschnittsfläche des gezeichneten Staudammes aus?

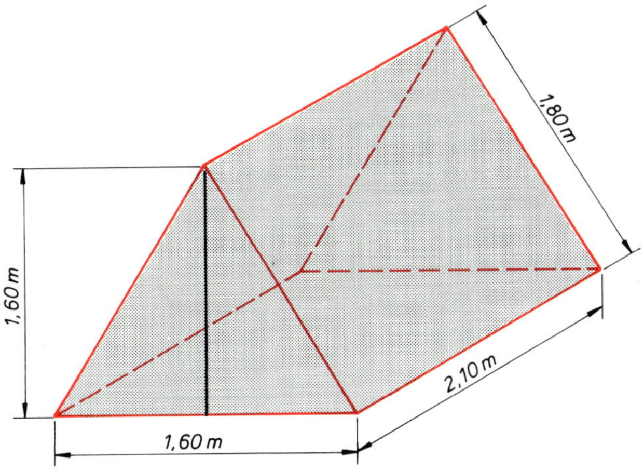

Aufgabe 2

In einer Sportartikelfabrik werden die gezeichneten Zweimannzelte zugeschnitten und genäht.

a) *Wieviel Stoff braucht man für ein Zelt mit Boden?*
b) *Wieviel m Naht sind notwendig, wenn entlang der rot gezeichneten Linien genäht wird?*

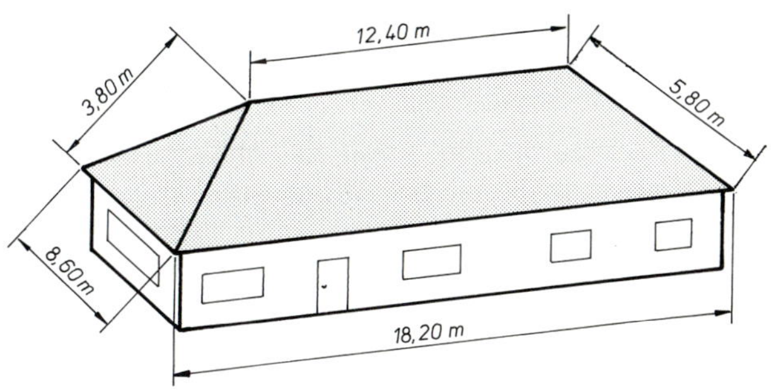

Aufgabe 3

Ein Dachdecker bekommt den Auftrag, das Dach des dargestellten Wohnhauses zu decken.

a) *Wie groß ist die zu deckende Gesamtfläche?*
b) *Wieviel Dachziegel muß er bestellen, wenn 18 Ziegel 1 m^2 bedecken?*

. . . und hier geht's kreuz und quer durch die Flächenmaße!

Es sind umzurechnen:

Aufgabe 4

a) 1 mm^2 in dm^2, in cm^2,
b) 1,4 m^2 in cm^2, in mm^2
c) 2,3 dm^2 in cm^2, in mm^2
d) 1364,1 cm^2 in mm^2

Aufgabe 5

a) 39 mm^2 in cm^2, in dm^2
b) 18 cm^2 in dm^2, in mm^2
c) 4376 mm^2 in dm^2, in m^2
d) 16,35 dm^2 in m^2, in cm^2

Aufgabe 6

a) 3,4 dm $\cdot$ 421 cm in dm^2
b) 3,4 dm $\cdot$ 3726 mm in cm^2
c) 4,2 m^2 $-$ 283,1 dm^2 in cm^2
d) 59143 cm^2 $+$ 3,61 m^2 in dm^2

Aufgabe 7

a) 5175 cm $\cdot$ 326 mm in dm^2
b) 341792 mm^2 $+$ 42,5 dm^2 in m^2
c) 4,153 m^2 $-$ 63,42 dm^2 in cm^2
d) 9183 cm $\cdot$ 1,43 m in dm^2

Auf einer Tapetenrolle steht, daß sie 8 m² Tapete enthält.
Die Rolle ist 0,5 m breit.

Wieviel Meter Tapete sind auf der Rolle?

Lösung: $A = l \cdot b = 8\,\text{m}^2$

Hier ist nicht die Fläche gesucht, sondern die Länge.

Die Gleichung muß nach der Länge $l = ?$ umgestellt werden!

Umstellen von Gleichungen

Eine Gleichung läßt sich mit einer Waage vergleichen.

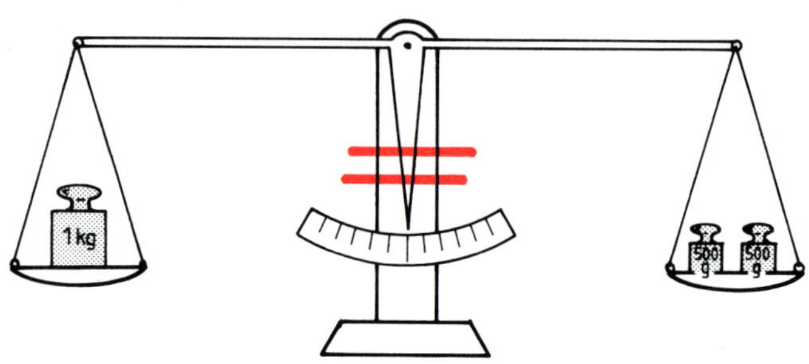

Der Wert rechts und links vom Gleichheitszeichen muß gleich sein, dann ist die Waage im Gleichgewicht, die Gleichung stimmt.

Daraus ergeben sich die Rechenregeln für Gleichungen:

1. Die Unbekannte (gesuchte Größe) muß allein auf einer Gleichungsseite stehen!
2. Bei einer Gleichung muß immer auf beiden Gleichungsseiten die gleiche Veränderung erfolgen!
3. Die Unbekannte muß im Zähler stehen!

Beispiele: zu 1. mit der Gleichung $A = l \cdot b$ kann man nur die Fläche berechnen, nicht die Länge oder die Breite.

zu 2. Bei der Waage darf rechts und links je noch ein Kilostein aufgelegt werden. Sie stimmt dann immer noch!
$2\,\text{kg} = 2\,\text{kg}$

Genauso darf man auf beiden Seiten mit der gleichen Zahl malnehmen.
$3 \cdot 1\,\text{kg} = 3 \cdot 1\,\text{kg}$, es stimmt wieder.

Auch Teilen ist erlaubt,
$\frac{1}{3}\,\text{kg} = \frac{1}{3}\,\text{kg}$

genauso Abziehen.
$1\,\text{kg} - 300\,\text{g} = 1\,\text{kg} - 300\,\text{g}$

zu 3. Um die Länge der Tapetenrolle zu berechnen, muß l allein auf einer Gleichungsseite stehen!

Lösung:

$A = l \cdot b \quad | :b$ (das heißt, beide Gleichungsseiten werden durch b geteilt)

dann steht da:

$\frac{A}{b} = \frac{l \cdot b}{b}$ also gilt $\frac{A}{b} = l$

Wir setzen Zahlen ein:

$\frac{8\,m^2}{0{,}5\,m} = 16$ m. Die Rolle ist 16 m lang.

Und hier sind Beispiele für alle Fälle:

Beispiel 1

$$x + 5 = 9 \quad | -5$$
$$x + 5 - 5 = 9 - 5$$
$$\underline{\underline{x = 4}}$$

Beispiel 2

$$x - 2 = 7 \quad | +2$$
$$x - 2 + 2 = 7 + 2$$
$$\underline{\underline{x = 9}}$$

Beispiel 3

$$3 \cdot x = 12 \quad | :3$$
$$\frac{3 \cdot x}{3} = \frac{12}{3}$$
$$\underline{\underline{x = 4}}$$

Beispiel 4

$$\frac{x}{2} = 5 \quad | \cdot 2$$
$$\frac{x \cdot 2}{2} = 5 \cdot 2$$
$$\underline{\underline{x = 10}}$$

Aufgaben zur Übung, sie sind nach den Beispielen zu lösen

1a) $x + 7 = 12$
b) $x - 5 = 3$
c) $x + 2 = 10$

2a) $3 + x = 9$
b) $7 = x - 4$
c) $4 + x = 125$

3a) $3x = 18$
b) $52 = 4x$
c) $12x = 32$

4a) $\frac{x}{3} = 5$
b) $\frac{5}{2}x = 14$
c) $\frac{x}{5} = \frac{16}{5}$

5a) $\frac{x}{5} = \frac{16}{3}$
b) $3x = \frac{5}{8}$
c) $3x = 4 \cdot 5$

6a) $\frac{3}{5} \cdot x = 42$
b) $4x - 2 = 36$
c) $5x + 8 = 54$

Jetzt können wir auch folgende Aufgaben lösen:
Es ist immer erst die Gleichung zu schreiben und umzustellen!

Aufgabe 8

Der Umfang eines kreisrunden Kirchturmes beträgt 25 m.

Wie groß ist der Durchmesser des Turmes?

Aufgabe 9

Ein dreieckiges Segel hat eine Fläche von 15,8 m^2. Seine Höhe am Mast beträgt 4,8 m.

Wie lang ist seine Unterseite?

AUCH KREISFLÄCHEN MUSS MAN BERECHNEN KÖNNEN!

Problem: Die Einwohnerzahl eines kleinen Dorfes ist durch den Zuzug von „Städtern“ stark gewachsen.

Die bisher verwendete Wasserhauptleitung hatte einen Durchmesser von 10 cm. Sie reicht nicht mehr aus.

Jetzt soll sie durch eine Leitung mit der doppelten Querschnittsfläche ersetzt werden.

a) Wie groß muß die Querschnittsfläche der neuen Leitung sein?
b) Wie groß ist dann ihr Durchmesser?

Achtung:
Bei doppeltem Durchmesser wird die Fläche des Kreises mehr als zweimal so groß!

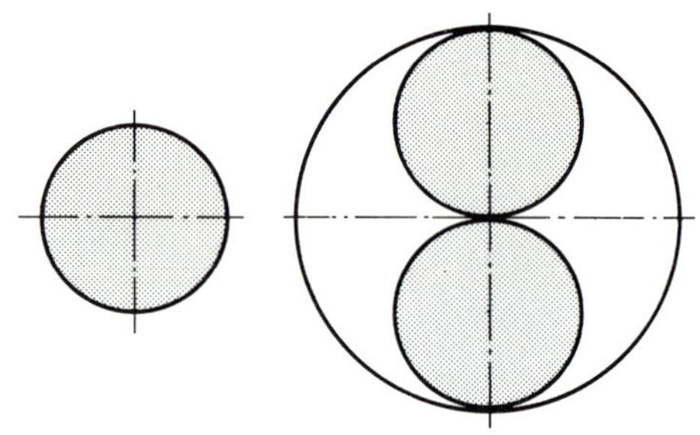

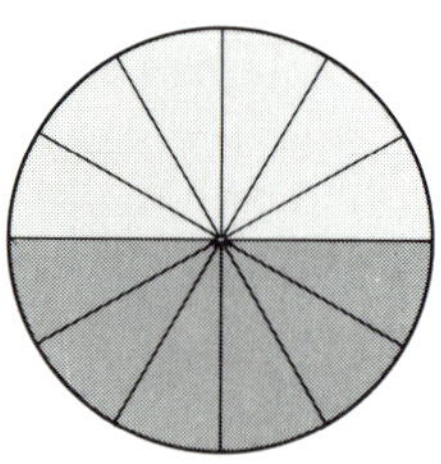

Wie berechnet man die Kreisfläche?

Dazu wird der Kreis in viele Kreisausschnitte zerlegt. Sie werden so zusammengelegt, wie es die Zeichnung zeigt.
Die Fläche ändert sich dadurch nicht, es entsteht nur eine andere Form.

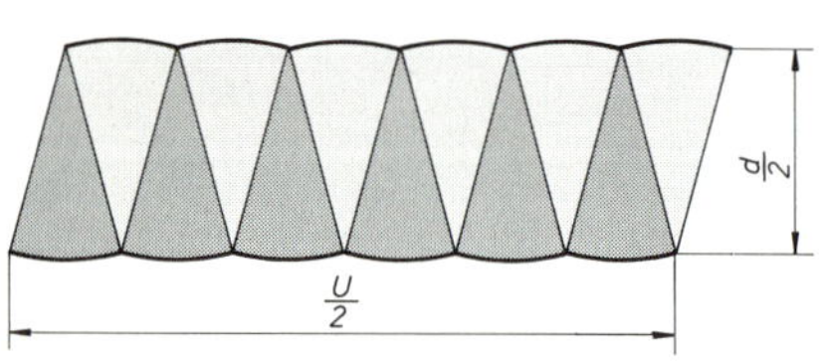

Es entsteht ein Parallelogramm
mit der Breite $\frac{d}{2}$
und der Länge $\frac{U}{2} = \frac{\pi \cdot d}{2}$

Damit kann man die Fläche so berechnen:

$A = \frac{\pi \cdot d}{2} \cdot \frac{d}{2}$

$A = \frac{\pi \cdot d^2}{4}$

Die Kreisfläche wird nach dieser Formel berechnet:

$A = \frac{\pi \cdot d^2}{4}$ oder $A = \pi \cdot r^2$

Damit ist die Aufgabe von Seite 66 lösbar.

Lösung a) Hier ist nach der Fläche gefragt.

$$A_{alt} = \frac{\pi \cdot d^2}{4}$$
$$= \frac{3{,}14 \cdot 10\,cm \cdot 10\,cm}{4}$$
$$= \underline{\underline{78{,}5\,cm^2}}$$

$$A_{neu} = 2 \cdot A_{alt}$$
$$= 2 \cdot 78{,}5\,cm^2$$
$$= \underline{\underline{157\,cm^2}}$$

Die neue Leitung muß eine Querschnittsfläche von 157 cm² haben.

Lösung b) Hier ist nach dem neuen Durchmesser gefragt.

Wir verwenden die Gleichung $A = \frac{\pi \cdot d^2}{4}$ und stellen sie um.

Nicht vergessen: Jede Veränderung muß auf beiden Gleichungsseiten erfolgen!

$$A \frac{4}{\pi} = \frac{\pi \cdot d^2}{4} \cdot \frac{4}{\pi} \quad \rightarrow \quad d^2 = \frac{4 \cdot A}{\pi}$$
$$= \frac{4 \cdot 157\,cm^2}{3{,}14}$$
$$= 200\,cm^2$$

Um von d^2 auf d zu kommen, ist die Quadratwurzel zu ziehen.

Dazu ist auf dem Taschenrechner die Taste $\sqrt{X}$ zu drücken (s. S. 78).

Ergebnis

$$d = \sqrt{200\,cm^2}$$
$$= \underline{\underline{14{,}14\,cm}}$$

Das Rohr braucht einen Durchmesser von mindestens 14,14 cm.

Hier werden wieder Flächen berechnet!

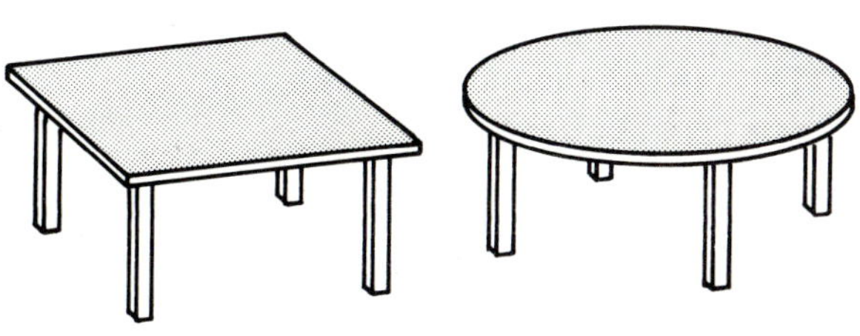

Aufgabe 1

In einem Möbelhaus werden zwei Tische angeboten. Ein rechteckiger mit den Maßen 150 cm × 120 cm und ein runder mit einem Durchmesser von 150 cm.

Welcher Tisch hat die größere Platte?

Aufgabe 2

Eine Weberin webt einen runden Teppich. Sein Durchmesser soll 2,5 m betragen. Bei der Wolle, die sie verwenden will, wiegt 1 m² Teppich 3,8 kg.

Wieviel Wolle muß sie bestellen?

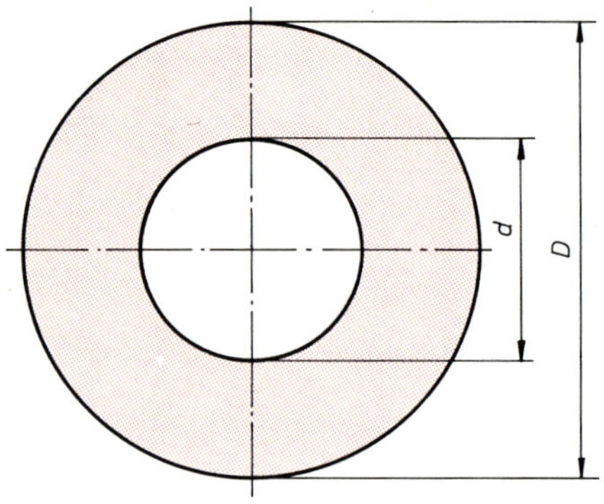

Auch Teile des Kreises lassen sich einfach berechnen!

1. Der Kreisring

Ein Kreisring entsteht, wenn zwei Kreise mit unterschiedlichen Durchmessern übereinander liegen.

Beispiele: Stirnfläche eines Rohres, Unterlegscheiben, Flanschdichtungen usw.

Aufgabe: Die Fläche der gezeichneten Dichtung soll berechnet werden.
$D = 42$ mm, $d = 21$ mm

Lösung 1:

Man berechnet die Fläche des großen Kreises und zieht die Fläche des kleinen Kreises davon ab.

$A_1 = \frac{\pi \cdot D^2}{4}$ $\quad A_2 = \frac{\pi \cdot d^2}{4}$ $\quad A_{Ring} = A_1 - A_2$

eingesetzt:

$A_1 = \frac{\pi \cdot 1764 \text{ mm}^2}{4} = 1385{,}4 \text{ mm}^2$ $\quad A_2 = \frac{\pi \cdot 441 \text{ mm}^2}{4} = 346{,}4 \text{ mm}^2$

$A_{Ring} = 1385{,}4 \text{ mm}^2 - 346{,}4 \text{ mm}^2 = 1039 \text{ mm}^2$

Die Fläche der Dichtung beträgt 1039 mm²

Für gute Rechner geht es noch etwas einfacher!

Lösung 2:

Hier wird eine neue Gleichung geschaffen.

$$\begin{aligned} A &= A_1 - A_2 \\ &= \frac{\pi \cdot D^2}{4} - \frac{\pi \cdot d^2}{4} \\ &= \frac{\pi}{4} \cdot D^2 - \frac{\pi}{4} \cdot d^2 \\ &= \frac{\pi}{4} (D^2 - d^2) \end{aligned}$$

also gilt: $A = \frac{\pi}{4} (D^2 - d^2)$

$$A = \frac{\pi}{4} (D^2 - d^2) = \frac{\pi}{4} (1764 \text{ mm}^2 - 441 \text{ mm}^2) = \underline{\underline{1039 \text{ mm}^2}}$$

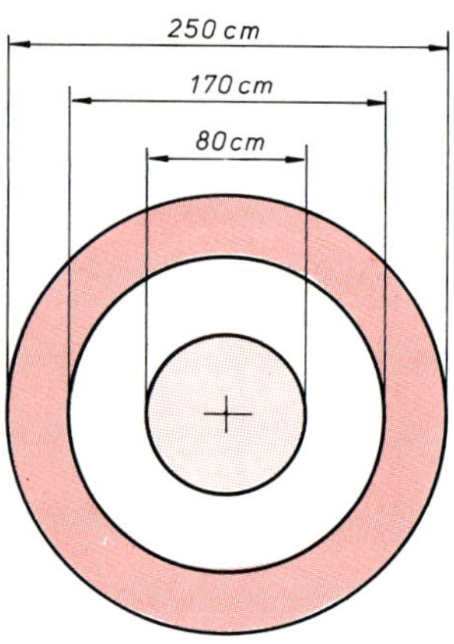

... und hier soll's wieder jeder selbst versuchen!

Aufgabe 1

Die Weberin möchte einen runden Teppich mehrfarbig weben. Dazu hat sie sich eine Skizze gemacht.

Wieviel kg Wolle von jeder Farbe muß sie bestellen, wenn sie für 1 m² 3,8 kg Wolle braucht?

2. Der Kreisausschnitt

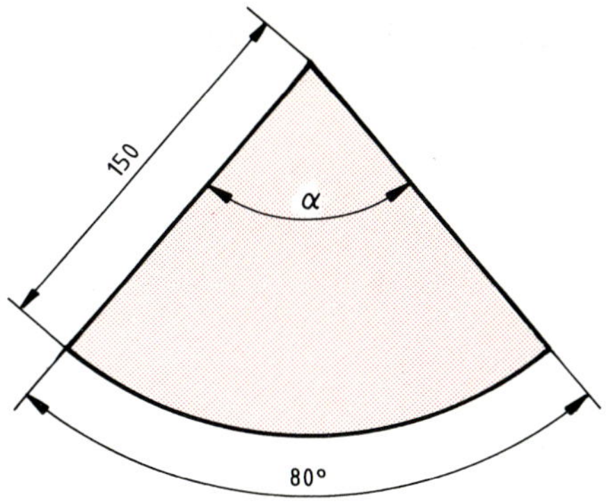

Ein Kreisausschnitt entsteht, wenn mit zwei Schnitten durch den Mittelpunkt ein Stück aus dem Kreis herausgeschnitten wird.

Beispiel: Stücke von runden Torten oder Käselaiben, Abdeckungen von Kreissägen und Schleifscheiben usw.

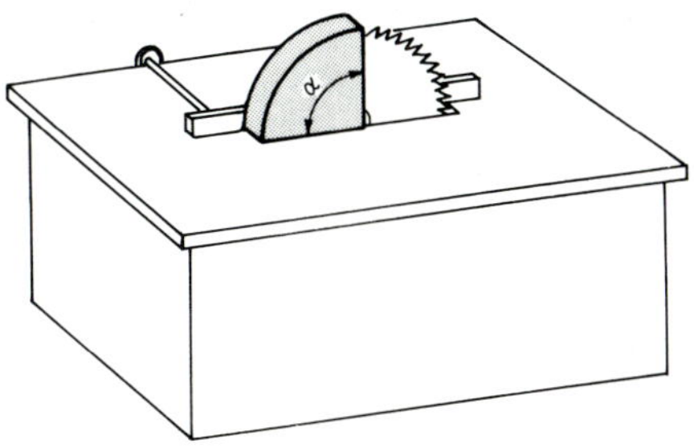

Aufgabe: Ein Handwerker möchte berechnen, wieviel Blech er zur Herstellung der Seitenteile der gezeichneten Abdeckung braucht.
Auf der Zeichnung ist der Durchmesser mit 300 mm angegeben, der Winkel, er wird α genannt, beträgt 80°, s. Abb.

Lösung:

$$A_{\text{Kreis}} = \frac{\pi \cdot d^2}{4}$$
$$= \frac{\pi \cdot 90\,000\ \text{mm}^2}{4}$$
$$= \underline{\underline{70\,686\ \text{mm}^2}}$$

Der volle Kreis hat 360°

also gilt:

$$360° \triangleq 70\,686\ \text{mm}^2$$
$$1° \triangleq \frac{70\,686}{360°}\ \text{mm}^2$$
$$80° \triangleq \frac{70\,686}{360°} \cdot 80°\ \text{mm}^2 = \underline{\underline{15\,708\ \text{mm}^2}}$$

Für ein Seitenteil braucht er 15 708 mm² Blech.

Der Dreisatz muß nicht jedesmal gerechnet werden. Man kann auch seine letzte Zeile als Gleichung schreiben.

Dann gilt für den Kreisausschnitt:

$$A = \frac{\pi \cdot d^2}{4} \cdot \frac{\alpha}{360°}$$

Darin ist d der Durchmesser des Kreises und α der Winkel des Ausschnittes.

Auch die Berechnung von Kreisringen und Kreissegmenten muß geübt werden.

Aufgabe 1

An einem 143-Kilowatt-Dieselmotor soll eine Kupplung angebaut werden.
Bei dieser Leistung wird verlangt, daß die Kupplungsscheibe eine Fläche von 650 cm^2 hat.
Es stehen drei Kupplungen zur Auswahl.

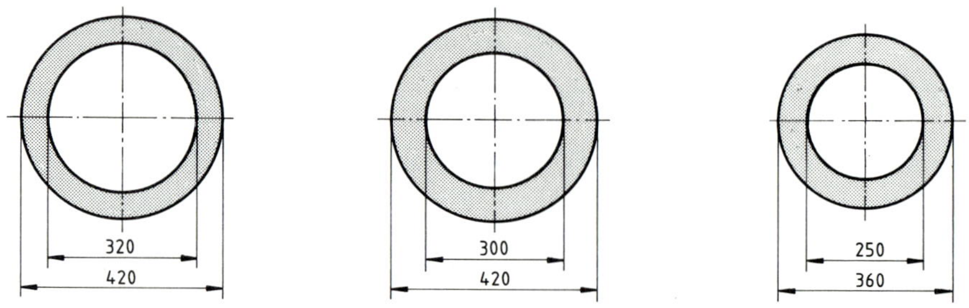

Kupplung 1 — Kupplung 2 — Kupplung 3

Welche wird eingebaut?

Aufgabe 2

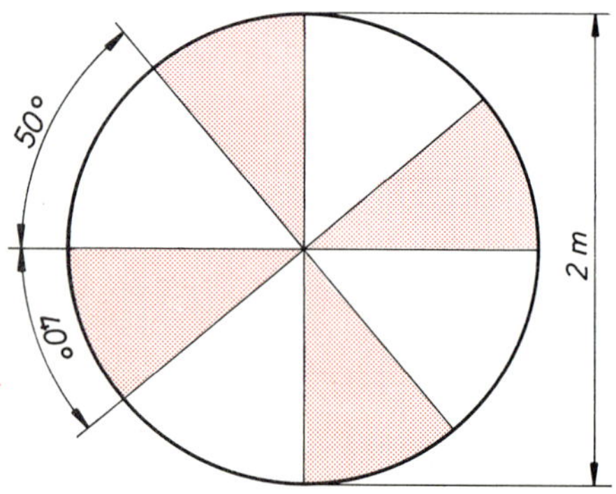

In einer Textilfabrik werden Sonnenschirme aus rotem und weißem Stoff genäht.

a) *Wieviel roten und wieviel weißen Stoff braucht man für einen Sonnenschirm?*
b) *Wieviel Stoff braucht man für 250 Schirme, wenn mit 20 % Verschnitt gerechnet wird?*

Aufgabe 3

Die Bremskraft von Fahrzeugen hängt sehr stark von der Fläche der Bremsbeläge ab.
Je größer die Andruckfläche der Bremsbeläge ist, desto größer ist die Bremswirkung.

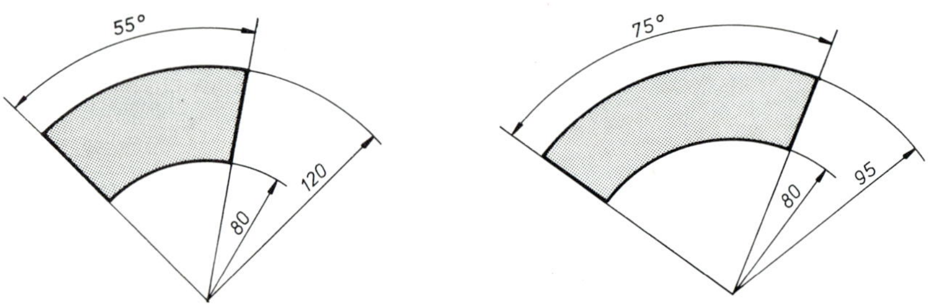

Welcher der gezeichneten Bremsbeläge hat die größere Bremsfläche?

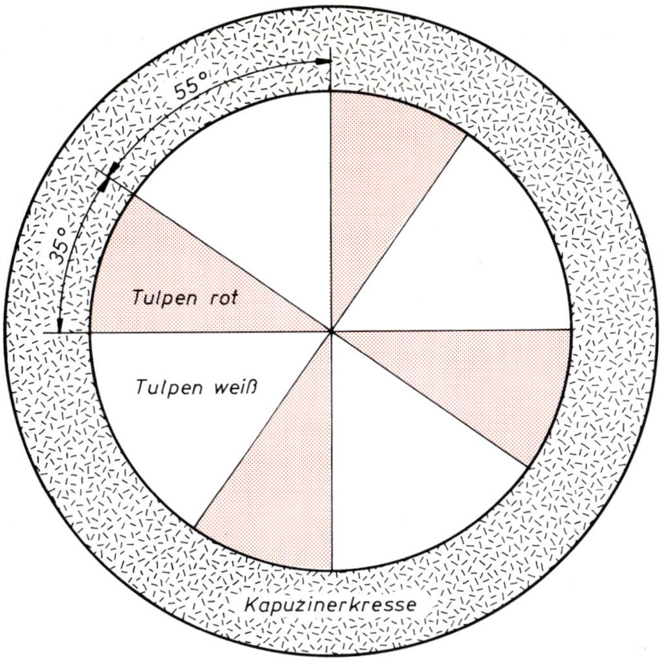

Aufgabe 4

Ein Gärtner möchte die gezeichnete Rosette anlegen.

Der äußere Kreis hat einen Durchmesser von 8,5 m. Der innere Kreis einen von 6,0 m.

a) *Wieviel Zwiebeln für rote Tulpen muß er bereitstellen, wenn auf einen m^2 120 Tulpen gesteckt werden?*

b) *Wieviel Zwiebeln für weiße Tulpen braucht er, wenn sie genau so dicht stehen sollen wie die roten?*

c) *Wieviel Samen der Kapuzinerkresse wird ausgesät, wenn für einen m^2 60 g gerechnet werden?*

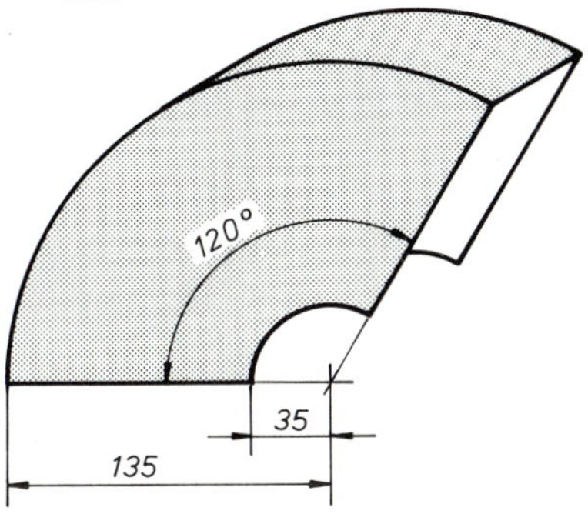

Aufgabe 5

Ein Klempner stellt den gezeichneten Schutz für eine Schleifscheibe her.

Wieviel Stahlblech verbraucht er für die beiden Seitenteile?

Aufgabe 6

Auf einem Bauernhof wird ein neues Futtersilo aufgestellt. Es hat einen Durchmesser von 450 cm.
Sein Deckel besteht aus 6 Kreisausschnitten.

Wie schwer ist ein Kreisausschnitt, wenn 1 m^2 des verwendeten verzinktes Stahlblech 12,3 kg wiegt?

Aufgabe 7

Für den Absatz einer Wendeltreppe bestellt ein Gastwirt beim Bodenleger einen Teppichzuschnitt. Die Form ist ein Kreisringausschnitt.
Am Telefon gibt er folgende Abmessungen an: großer Radius 4,2 m, kleiner Radius 1,4 m, Ausschnittswinkel 85°.

a) *Fertigen Sie eine maßstabsgetreue Zeichnung an (1 m = 2 cm).*

b) *Wie teuer wird der Zuschnitt, wenn für 1 m^2 86,50 DM berechnet werden?*

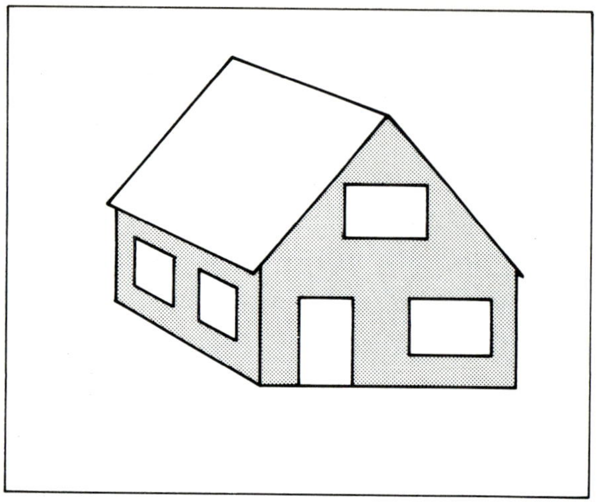

ZUSAMMENGESETZTE FLÄCHEN

Wenn der Maler diese Fassade streichen soll, muß er vorher ihre Fläche berechnen.
Erst danach weiß er, wieviel Farbe er etwa verbrauchen wird.

Auch der Maurer muß vorher die Fläche kennen, um die richtige Menge Material zu bestellen.

Weitere Berufe, bei denen ähnliche Flächen berechnet werden müssen, sind:
Glaser, Gärtner, Betonsteinhersteller, Tischler, Kunststoff-Formgeber, Schneider, Werkzeugmechaniker usw.

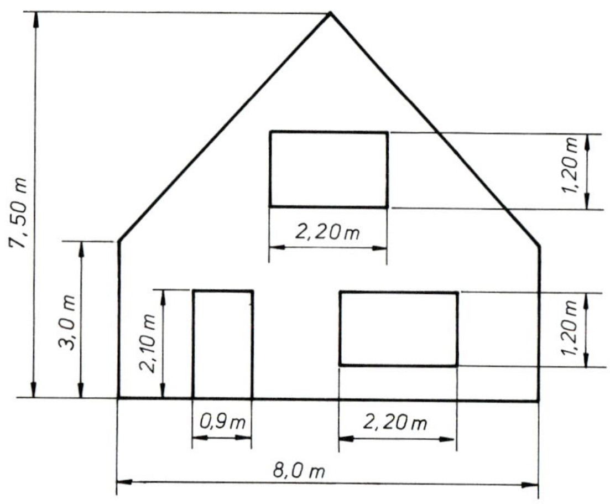

Versetzen wir uns in die Lage eines Malers!

Die gezeichnete Fassade soll frisch gestrichen werden (alle Maße in m).

Wieviel kg Farbe benötigt er, wenn er für einen m^2 0,4 kg Farbe verbraucht?

So wie die Fassade gezeichnet ist, können wir die Fläche nicht berechnen.
Wir müssen sie in bekannte Flächen zerlegen. Diese werden dann berechnet.

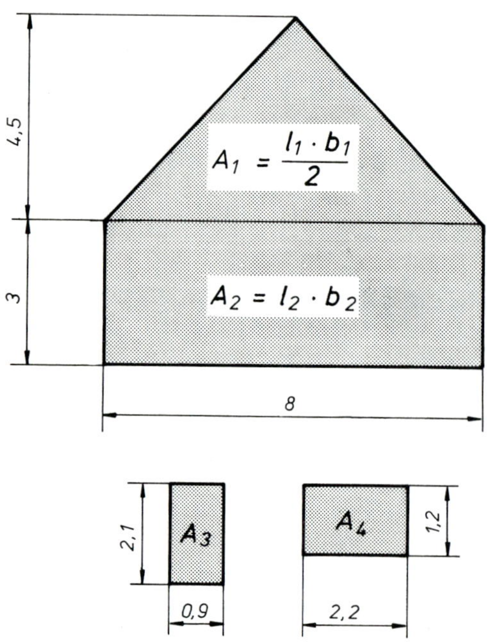

Lösung:

Zuerst wird die gesamte Fläche berechnet. Sie besteht aus einem Rechteck und einem Dreieck. Jede Fläche ist sauber zu bezeichnen!

$$A_1 = \frac{l_1 \cdot b_1}{2}$$
$$= \frac{4{,}5\ \text{m} \cdot 8\ \text{m}}{2}$$
$$= \underline{\underline{18{,}00\ \text{m}^2}}$$

$$A_2 = l_2 \cdot b_2$$
$$= 3\ \text{m} \cdot 8\ \text{m}$$
$$= \underline{\underline{24{,}00\ \text{m}^2}}$$

Jetzt zu Tür und Fenstern:

$$A_3 = l_3 \cdot b_3$$
$$= 2{,}1\ \text{m} \cdot 0{,}9\ \text{m}$$
$$= \underline{\underline{1{,}89\ \text{m}^2}}$$

$$A_4 = l_4 \cdot b_4$$
$$= 2{,}20\ \text{m} \cdot 1{,}2\ \text{m}$$
$$= \underline{\underline{2{,}64\ \text{m}^2}}$$

Nun kommt der letzte Schritt:

$$\boxed{A = A_1 + A_2 - A_3 - 2 \cdot A_4}$$
$$A = 18\ \text{m}^2 + 24\ \text{m}^2 - 1{,}89\ \text{m}^2 - 2 \cdot 2{,}64\ \text{m}^2$$
$$= \underline{\underline{34{,}83\ \text{m}^2}}$$

Der Maler braucht $34{,}83\ \text{m}^2 \cdot 0{,}4\ \frac{\text{kg}}{\text{m}^2} = 13{,}93$ kg; also fast 14 kg Farbe.

Aufgabe 1

a) Wie groß ist die Fläche des gezeichneten Werkstückes?

b) Wie schwer ist das Teil, wenn 1 cm² des 2-mm-Bleches 1,6 g wiegt?

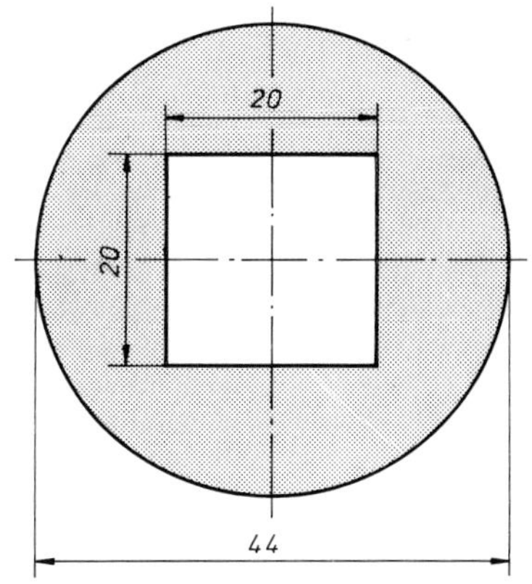

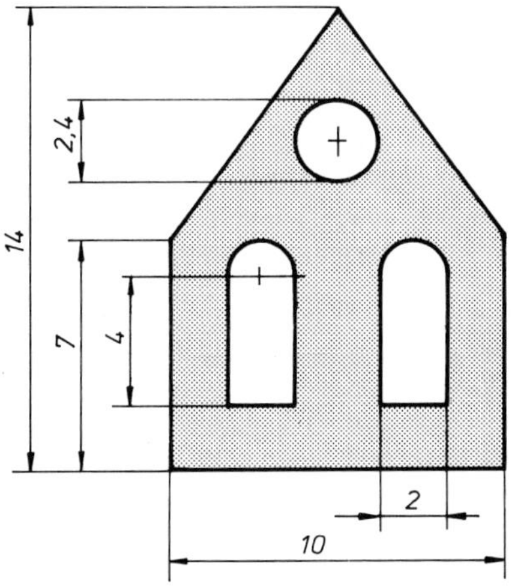

Aufgabe 2

Die Rückseite der gezeichneten Kirche soll neu verputzt werden.

Wie teuer werden die Arbeiten, wenn für einen m² 12,80 DM berechnet werden?

(Alle Maße sind in m angegeben!)

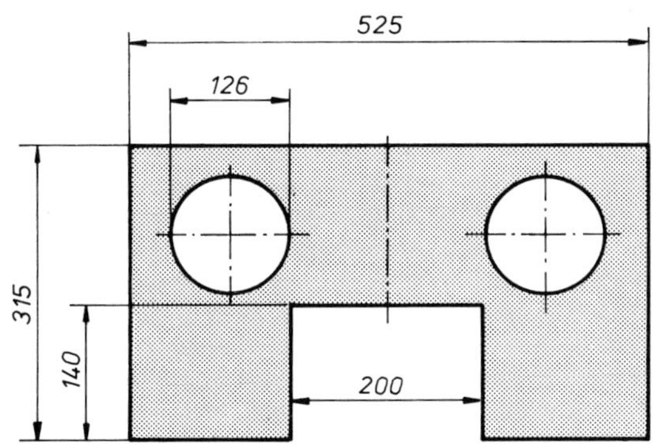

Aufgabe 3

Aus einer Blechtafel, die 1 m × 2 m groß ist, stanzt ein Werkzeugmechaniker neun der gezeichneten Werkstücke. (Zeichnung: 1 : 10)

a) Wie groß ist die Fläche eines Werkstückes?
b) Wieviel Prozent der Blechtafel werden ausgenützt?

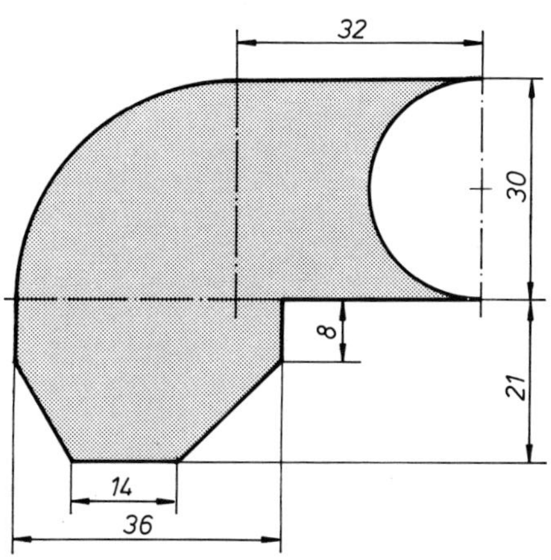

Aufgabe 4

Für das gezeichnete Teil aus dem Laufwerk eines Kassettenrecorders soll der Blechbedarf berechnet werden.

Wieviel Prozent des Werkstoffes werden ausgenützt, wenn das Teil aus einem Blechstreifen von 60 mm × 70 mm gestanzt wird?

Körperberechnung

Wer wissen will, welchen Raum dieser Behälter umfaßt, der muß seinen Rauminhalt berechnen.

Der Rauminhalt wird auch als Volumen bezeichnet.

Das Volumen von Körpern wird durch Körperberechnung ermittelt.

Maßeinheiten für Volumen und Körper

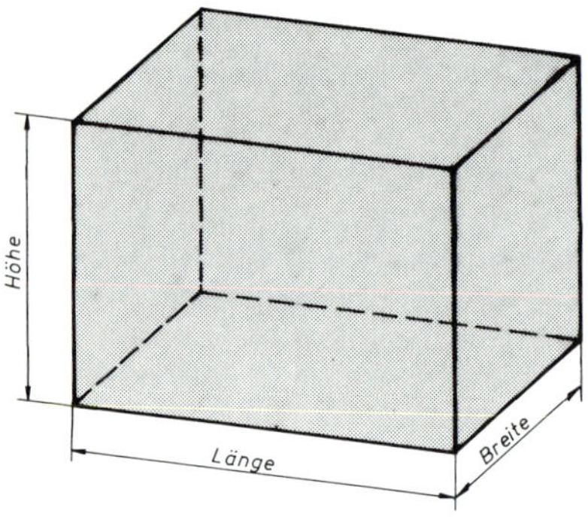

Jeder Körper hat drei Ausdehnungen

1. die Länge
2. die Breite
3. die Höhe

Sie werden auch als die drei Dimensionen (Ausdehnungen) eines Körpers bezeichnet.

Jede Dimension für sich wird wie eine Länge gemessen und in einer Längeneinheit (km, m, dm, cm, mm) angegeben.

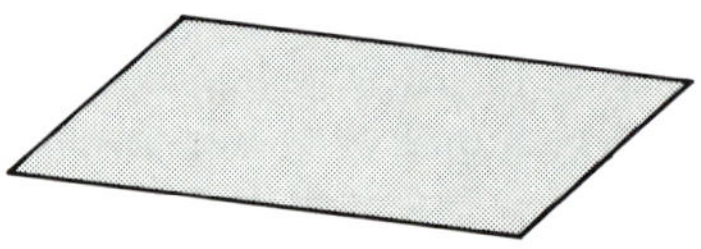

Zwei Dimensionen (hier die Länge und die Breite) ergeben die Grundfläche des Körpers.

Ihre Maßeinheit ist $m \cdot m = m^2$

Kommt noch die Höhe dazu, so wird die Maßeinheit $m \cdot m \cdot m = m^3$

Auch diese Maßeinheit läßt sich umrechnen.

1 m ·	1 m ·	1 m	=	1 m^3
10 dm ·	10 dm ·	10 dm	=	1 000 dm^3 = 1 m^3
100 cm ·	100 cm ·	100 cm	=	1 000 000 cm^3 = 1 m^3
1000 mm ·	1000 mm ·	1000 mm	=	1 000 000 000 mm^3 = 1 m^3

Weiter sollte man sich merken: 1 dm^3 = 1 Liter

Bei Volumeneinheiten gilt:

wird in die nächst größere Einheit umgerechnet : 1000

wird in die nächst kleinere Einheit umgerechnet · 1000

Üben wir zuerst das Umrechnen der Maßeinheiten:

Aufgabe 1

a)	b)	c)
1,5 m^3 in dm^3	*1753 dm^3 in m^3*	*521 cm^3 in Liter*
42 dm^3 in cm^3	*895 cm^3 in dm^3*	*1835 mm^3 in dm^3*
13 cm^3 in mm^3	*423 mm^3 in cm^3*	*7481 cm^3 in m^3*
4,2 dm^3 in Liter	*0,8 Liter in cm^3*	*0,842 dm^3 in mm^3*

Berechnung gleichdicker (prismatischer) Körper

Körper, die an jeder Stelle die gleiche Querschnittsfläche haben, nennt man gleichdicke Körper. (Beispiel: Hat eine Wurst die Form eines Zylinders, so sind alle Scheiben, die man von ihr schneidet, gleich groß.)

Gleichdicke Körper werden in der Technik häufig verwendet; gleichdick oder prismatisch sind z. B.
Bausteine, Behälter, Tanks, Drähte und Stangenmaterial, Rohre, Balken, Bretter, Platten usw.

Mit ihnen hat man also in vielen Berufen zu tun.

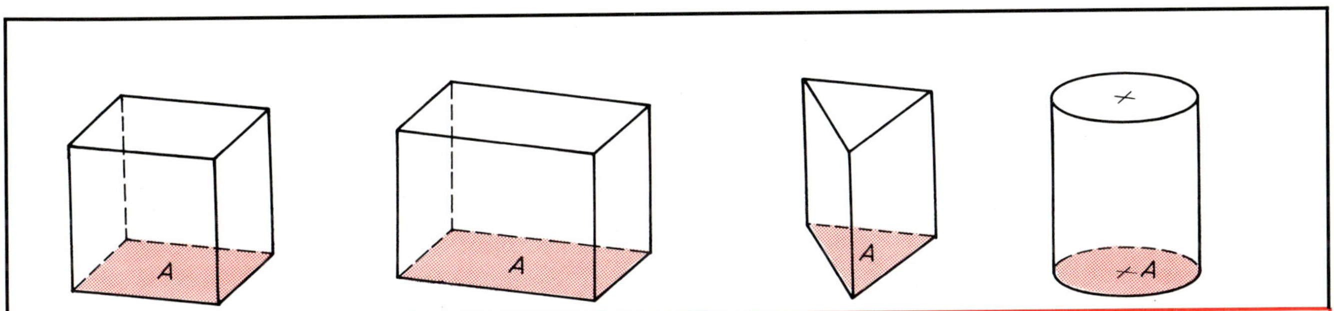

Würfel	Quader	Prisma	Zylinder
$V = A \cdot h$	$V = A \cdot h$	$V = A \cdot h$	$V = A \cdot h$
$V = l \cdot l \cdot l$	$V = l \cdot b \cdot h$	$V = \frac{l \cdot b}{2} \cdot h$	$V = \frac{\pi \cdot d^2}{4} \cdot h$

Auch die Behälter auf dem Foto gegenüber sind prismatische Körper (Quader). Damit kann ihr Volumen nach der Gleichung $V = A \cdot h$ berechnet werden.

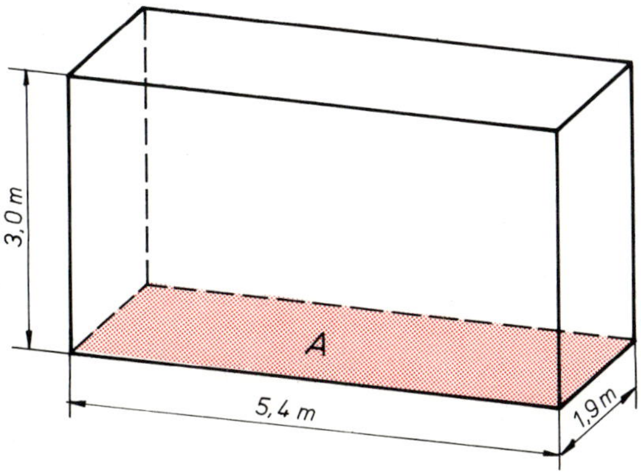

Aufgabe:

Das Volumen (der Inhalt) des abgebildeten Heizöltanks ist zu berechnen.

Lösung:

$V = A \cdot h = l \cdot b \cdot h$

$V = 5{,}4 \text{ m} \cdot 1{,}9 \text{ m} \cdot 3 \text{ m} = 30{,}78 \text{ m}^3$

Der Tank faßt 30,78 m^3 Heizöl.

Hier geht es um den Rauminhalt

Aufgabe 1

Die Baugrube für ein Wohnhaus ist 3 m tief, 14 m lang und 12 m breit.

Wie oft muß ein Baufahrzeug fahren, um die Erde wegzubringen, wenn es 8 m³ faßt?

Aufgabe 2

Die Zeichnung zeigt den Tank eines Lastwagens.

a) Wie groß ist die Grundfläche des Tanks, wenn er 120 cm lang und 45 cm breit ist?

b) Wieviel Liter Dieselöl gehen in den Tank, wenn er 40 cm hoch ist?

c) Nach welcher Fahrstrecke ist der Kraftstoff verbraucht, wenn der Lastwagen 30 Liter auf 100 km verbraucht?

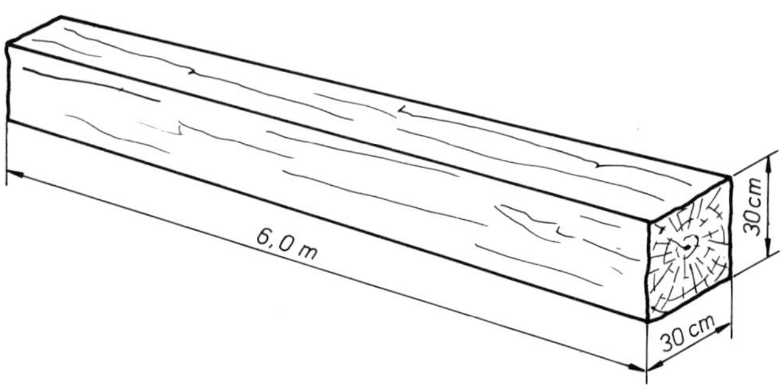

Aufgabe 3

Ein Zimmerer bestellt 30 der gezeichneten Balken.

a) Wie groß ist das Volumen eines Balkens?

b) Wie schwer sind alle Balken, wenn 1 dm³ des Holzes 0,5 kg wiegt?

c) Wieviel Tonnen muß der Lastwagen für ihren Transport laden können?

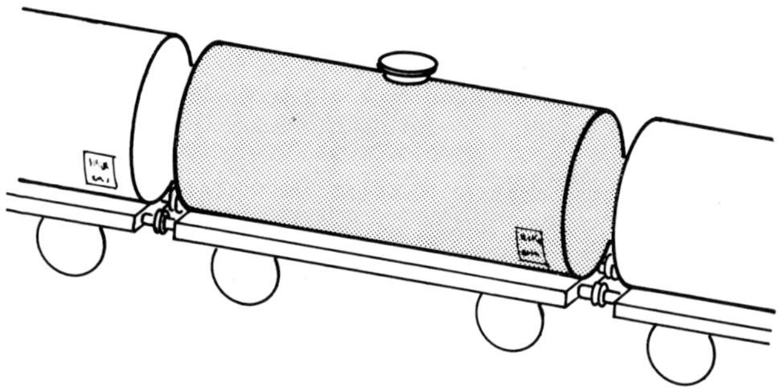

Aufgabe 4

Ein Kesselwagen der Deutschen Bahn AG hat einen Tank, der 8,5 m lang ist. Sein Durchmesser beträgt 2,9 m.

Wieviel Liter Rotwein können in den Kessel gefüllt werden, wenn er aus Sicherheitsgründen nur zu 90 % gefüllt werden darf?

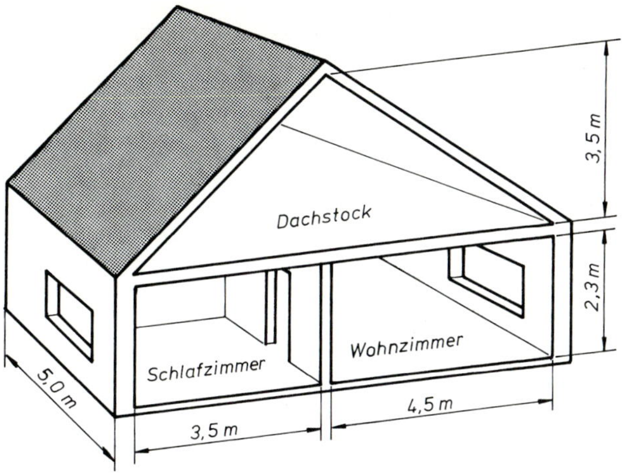

Aufgabe 5

Ein Anlagenmechaniker soll ausrechnen, wie groß die Heizkörper in den Räumen eines Neubaus sein müssen.

Er weiß, daß für 1 m^3 Raum 0,6 Heizkörperrippen gebraucht werden.

Wie viele Rippen werden in jedem der Räume des abgebildeten Hausteils gebraucht? (Bei Bruchteilen wird aufgerundet.)

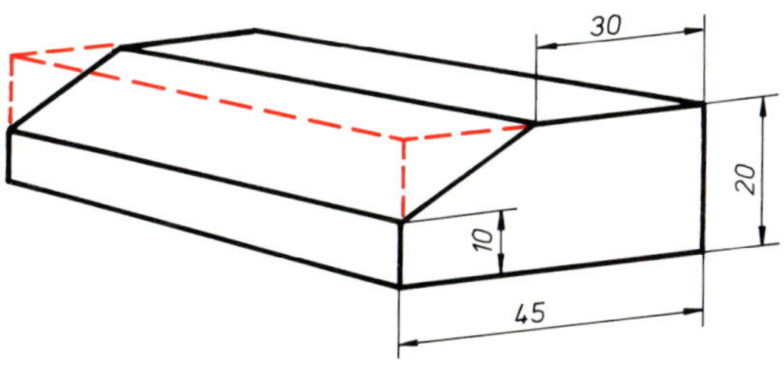

Aufgabe 6

Ein Zerspanungsmechaniker fräst einen Flachstahl nach der Zeichnung ab.

a) *Wieviel Prozent des Materials werden abgefräst?*

b) *Was wiegt das $\frac{1}{2}$ m lange fertige Werkstück, wenn 1 dm^3 Stahl 7,8 kg wiegt?*

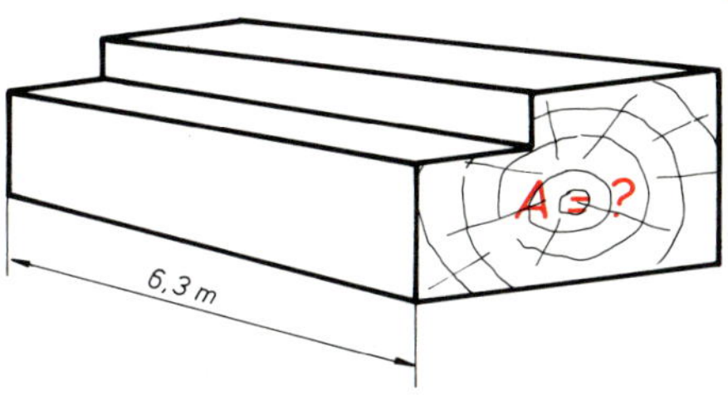

Aufgabe 7

Das gezeichnete Holzprofil hat ein Volumen von 364 dm^3.

Wie groß ist seine Stirnfläche?

Aufgabe 8

In einem kreisrunden Vorratsbehälter sollen 1500 Liter Wasser aufbewahrt werden.

Wie hoch muß der Schmelzschweißer den Behälter bauen, wenn der Durchmesser 2,6 m beträgt?

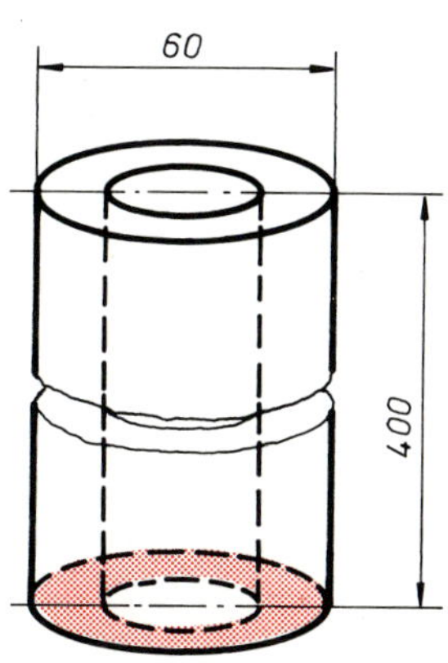

Aufgabe 9

Das gezeichnete Rundmaterial wurde mit einem 30 mm Bohrer durchbohrt.

a) *Wie groß ist jetzt seine Grundfläche?*

b) *Wie groß ist sein Volumen?*

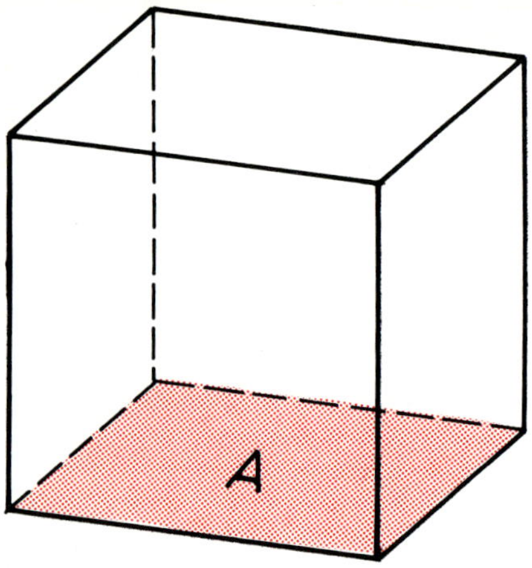

Der Würfel hat es in sich:

Potenzen und Wurzeln

Der gezeichnete Würfel hat eine Länge der Kanten von 30 mm.

Damit ist seine Grundfläche A:

$$A = l \cdot l$$
$$= 30 \text{ mm} \cdot 30 \text{ mm}$$
$$= 900 \text{ mm}^2$$

Soll man aus dieser Fläche die Kantenlänge berechnen, genügt Umstellen der Gleichung nicht!

Der Versuch zeigt es:

$A = 900 \text{ mm}^2$, wie groß ist l?

$A = l \cdot l \qquad l = \frac{A}{l}$ so ist die Aufgabe unlösbar.

Zur Lösung müssen wir einen neuen Lösungsweg kennenlernen.

2. POTENZ UND QUADRATWURZEL:

Wird eine Zahl mit sich selbst malgenommen, so bildet man ihre 2. Potenz.

Beispiel: $l \cdot l = l^2$

oder: $30 \cdot 30 = 30^2 = 900$

Die Hochzahl gibt an, wie oft die Zahl beim Malnehmen zu schreiben ist.

Die Umkehrung des Potenzierens ist das Wurzelziehen.

$$l = \sqrt[2]{l^2}$$

l ist die 2. Wurzel (Quadratwurzel) aus l^2.

Damit ist die oben gestellte Aufgabe lösbar:

$$A = l^2 = 900 \text{ mm}^2, \text{ wie groß ist } l?$$
$$l = \sqrt[2]{l^2} = \sqrt[2]{900 \text{ mm}^2}$$

Hier benützen wir den Taschenrechner!
Wir geben die Zahl 900 ein und betätigen die Taste $\sqrt{x}$.
Das Ergebnis erscheint sofort.

$$l = \sqrt[2]{900 \text{ mm}^2} = 30 \text{ mm}.$$

Auch aus der Einheit mm^2 ist die Wurzel zu ziehen!

Und wo wird das gebraucht? Immer, wenn aus einer Quadratfläche die Kantenlänge berechnet werden soll.

Aufgabe 1

Aus folgenden Quadratflächen ist die Kantenlänge zu berechnen.

a) $A_1 = 400 \text{ mm}^2$
b) $A_2 = 100 \text{ mm}^2$
c) $A_3 = 225 \text{ mm}^2$
d) $A_4 = 1350 \text{ mm}^2$

Aufgabe 2

Nur für Experten!

Wie groß ist der Durchmesser eines Kreises, wenn seine Fläche 314,2 mm² beträgt?

3. POTENZ UND KUBIKWURZEL

Wird eine Zahl zweimal mit sich selbst malgenommen, so bildet man ihre 3. Potenz.

Beispiel: $l \cdot l \cdot l = l^3$
oder: $30 \cdot 30 \cdot 30 = 30^3 = 27\,000$

Die Hochzahl gibt wieder an, wie oft die Zahl zu schreiben ist.

Will man aus der 3. Potenz die Grundzahl berechnen, muß man die Kubikwurzel ziehen.

$$l = \sqrt[3]{l^3}$$

l ist die 3. Wurzel (Kubikwurzel) aus l^3

Damit kann man aus dem Volumen eines Würfels seine Kantenlänge berechnen.

Kubikwurzeln können unsere einfachen Taschenrechner nicht ziehen, darum sind wir hier auf unseren Kopf angewiesen.
Damit wir die 3. Potenzen der Zahlen von 1 bis 10 kennenlernen, errechnen wir sie.

Aufgabe Die dritten Potenzen sind zu berechnen.

$1^3 = ?$	$3^3 = ?$	$5^3 = ?$	$7^3 = ?$	$9^3 = ?$
$2^3 = ?$	$4^3 = ?$	$6^3 = ?$	$8^3 = ?$	$10^3 = ?$

Damit sind einfache Aufgaben lösbar!

Aufgabe 1

Ein Würfel hat ein Volumen von 512 cm³.

Wie groß ist seine Kantenlänge?

Aufgabe 2

Zwei gleich große Würfel haben zusammen ein Volumen von 432 cm³.

Wie groß ist die Kantenlänge dieser Würfel?

TECHNISCHES ZEICHNEN

Zeichnen – warum eigentlich?

Im Leben begegnen wir vielen Gegenständen. Sehen Sie sich in Ihrer Umgebung einmal um, Sie werden Häuser, Maschinen, Fahrzeuge, Tische und Stühle erkennen.
Oft muß man anderen Menschen einen Gegenstand beschreiben, den diese selbst nicht sehen.
Zum Beispiel:

- Der Kunde beschreibt dem Tischler, wie seine neue Haustür aussehen soll.
- Der Ausbildungsmeister erklärt dem Auszubildenden, wie das Werkstück aussehen soll.

Bei diesen Beschreibungen werden gemeinsame Eigenschaften dieser Gegenstände ausgenützt.

> Gegenstände haben äußere Abmessungen und bestehen aus bestimmten Werkstoffen.

Beschreibungen sind manchmal schwierig, besonders bei komplizierten Formen der Gegenstände. Ein Foto hilft oft, diese Schwierigkeiten zu überwinden.
Wenn aber kein Foto da ist, weil zum Beispiel die Regalwand erst noch gebaut werden soll? In solchen Fällen muß zuerst von der Regalwand eine Zeichnung erstellt werden. Es müssen darin Abmessungen, Werkstoff und Farbe der Einzelteile angegeben werden.

Jeder soll eine solche Zeichnung verstehen. Deshalb haben die Techniker vereinbart, nach bestimmten Regeln zu zeichnen. Diese Regeln zum Zeichnen von technischem Gerät heißen auch Normen. Normengerechte Zeichnungen heißen **technische Zeichnungen.**

Ohne technische Zeichnungen können weder Häuser gebaut, noch Bauteile gefertigt werden. Erst die technische Zeichnung macht den Aufbau und die Wirkungsweise eines Bauteils verständlich.

> Mit der technischen Zeichnung gibt der Techniker Informationen weiter.

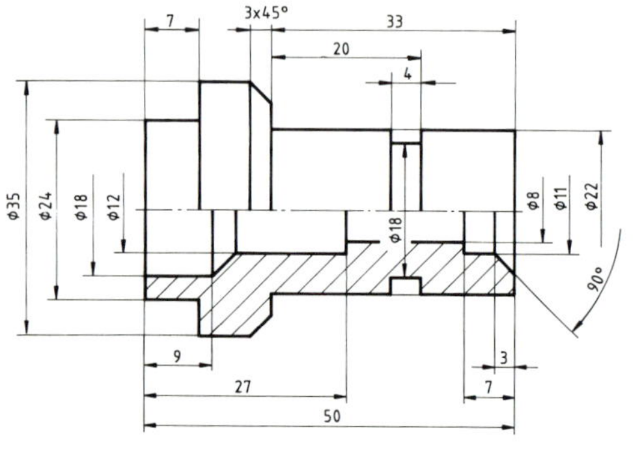

Das Lesen und Anfertigen von technischen Zeichnungen gehört zu Ihrem zukünftigen beruflichen Werkzeug. Diesem Werkzeug sollen Sie nicht ratlos gegenüberstehen. Der sichere Umgang mit technischen Zeichnungen kann nur durch Übung erreicht werden.

Gutes Zeichengerät – gutes Handwerkszeug

Ein Handwerker kann nur mit richtigem Handwerkszeug arbeiten. Zum Anfertigen einer technischen Zeichnung benötigen wir Zeichengeräte. Sie sind unser Handwerkszeug.

Erforderlich sind:

– eine feste Unterlage

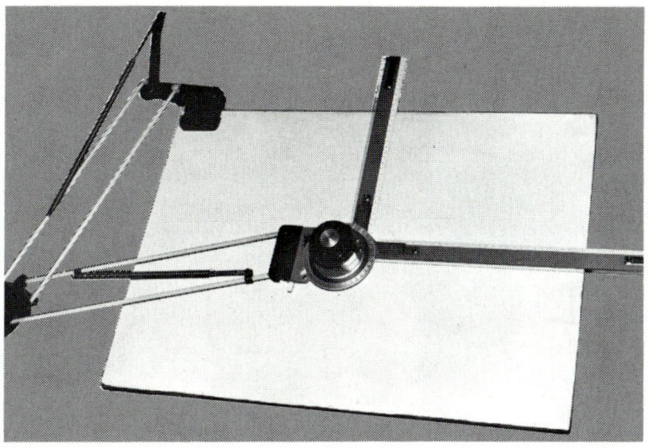

Wir arbeiten auf einem Tisch oder auf einer Zeichenplatte.

– drei Bleistifte unterschiedlicher Härte

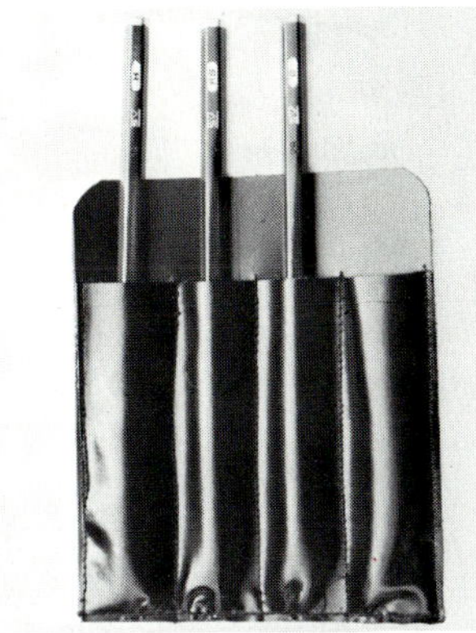

H – ein harter Bleistift für schmale Linien

HB – ein mittelharter Bleistift für mittelbreite Linien

B – ein weicher Bleistift für breite Linien

– ein Geo-Dreieck

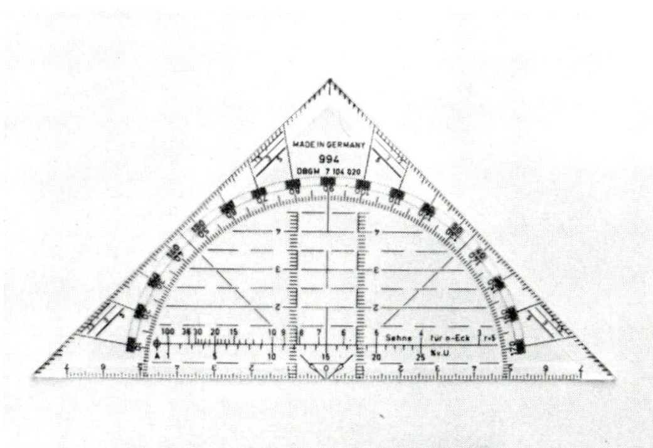

Dreieck mit Millimetereinteilung und Winkelmesser.

– ein Zirkel

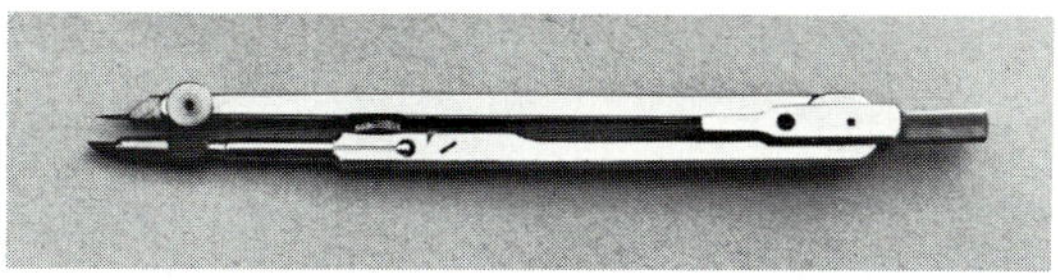

Es muß kein kompletter Zirkelkasten sein.

– Radiergummi und Bleistiftspitzer

Technisches Zeichnen lernt man – genau wie das Schreiben – durch Übung.

Das Alphabet der technischen Zeichnung:

Die Linienarten

Durch eine technische Zeichnung soll man sich vorstellen können, wie ein Gegenstand tatsächlich aussieht.
Eine technische Zeichnung besteht hauptsächlich aus Linien.
Mit Linien werden zum Beispiel die Umrisse eines Gegenstandes gezeichnet.
Um einen Gegenstand vollständig darzustellen, benötigt man verschiedene Linienarten. Jede dieser Linienarten hat eine besondere Bedeutung. Dies soll am Beispiel eines Ziegelsteins erklärt werden.

DIE BREITE VOLLINIE

Regel: Sichtbare Körperkanten werden mit breiten Vollinien gezeichnet.

DIE SCHMALE STRICHLINIE

Außer den sichtbaren Kanten hat der Ziegelstein auch noch verdeckte Kanten. Durch richtig ausgewählte und eingezeichnete Linien muß dies deutlich gemacht werden. Auch wird dadurch klar, aus welcher Richtung man den Gegenstand sieht.

von oben gesehen

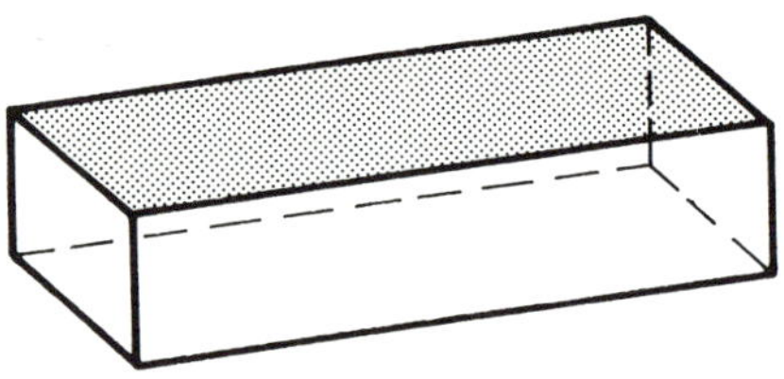

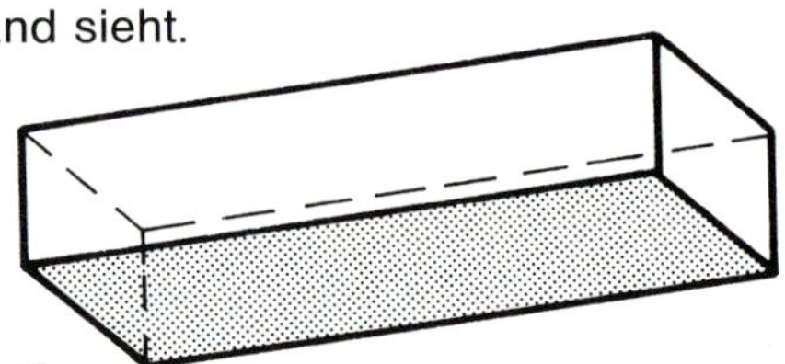

von unten gesehen

Regel: Verdeckte Kanten werden mit schmalen Strichlinien gezeichnet.

DIE SCHMALE VOLLINIE

Der Ziegelstein hat bestimmte äußere Abmessungen, die in die Zeichnung eingetragen werden müssen, die Länge, die Breite und die Dicke.

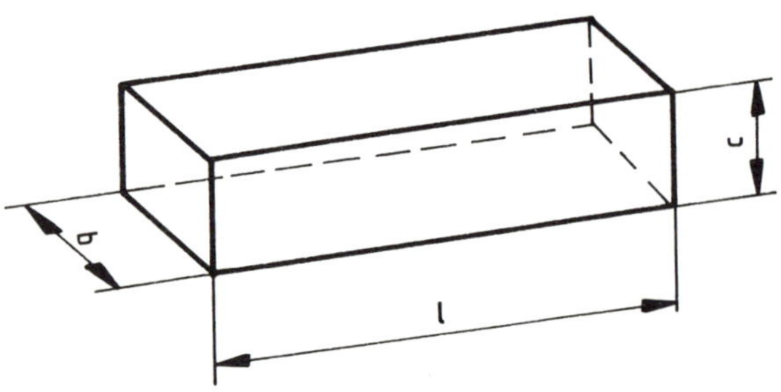

Regel: Mit schmalen Vollinien werden die Abmessungen eines Werkstücks festgelegt.

DIE SCHMALE STRICHPUNKTLINIE

Durch den Ziegelstein soll eine Leitung verlegt werden. Es muß ein Loch gebohrt werden. Aus der Zeichnung muß zu erkennen sein, an welcher Stelle die Bohrerspitze angesetzt werden muß.

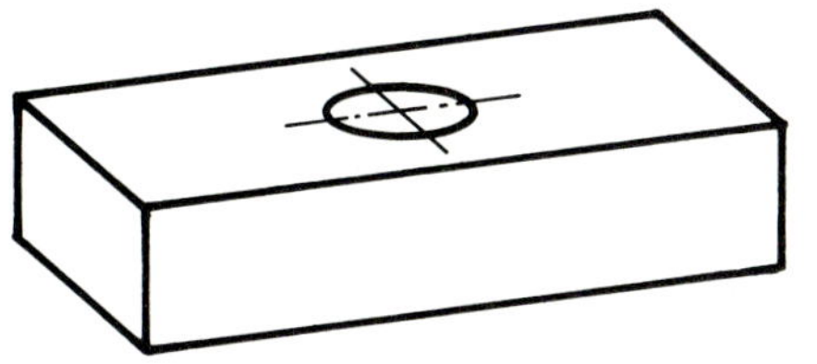

Regel: Mittellinien werden mit schmalen Strichpunktlinien gezeichnet.

Linienarten, ihre Darstellung und die verschiedenen Bleistifte stehen in enger Verbindung zueinander.

Linienarten	Darstellung	Bleistift	Anwendung
breite Vollinie	————	B	sichtbare Körperkanten, Umrisse
schmale Vollinie	————	H	Maßlinie, Maßhilfslinie, Schraffur
Strichlinie	— — — — —	H	Verdeckte Kanten
schmale Strichpunktlinie	—·——·—	H	Mittellinien

Aufgabe Übertragen Sie die unten gezeichneten Figuren auf ein Zeichenblatt.

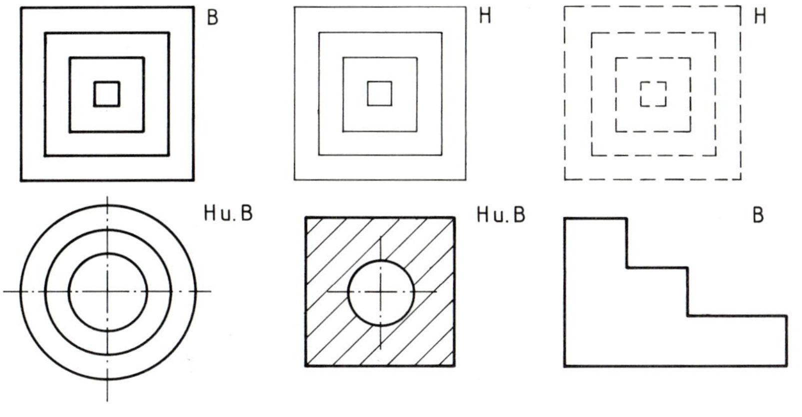

Zeichenregeln:

 falsch richtig	 falsch richtig	
Vollinien, die an einer Ecke zusammenstoßen, müssen eine scharfe Kante bilden.	Alle Teilstriche einer **Strichlinie** sind gleich lang. An Ecken stoßen immer zwei Teilstriche zusammen, keine Lücken.	Schneiden sich **Strichpunktlinien,** so müssen sich die langen Striche schneiden.

Ohne Buchstaben und Zahlen geht es nicht

Mit Linien allein kann keine vollständige technische Zeichnung angefertigt werden.

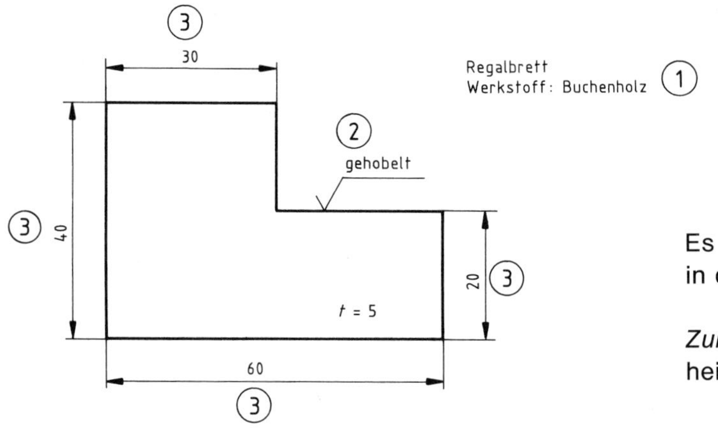

Es müssen wichtige Angaben mit Worten und Zahlen in die Zeichnung eingetragen werden.

Zum Beispiel: ① Werkstoff, ② Oberflächenbeschaffenheit und die ③ Maßzahlen.

Jeder Zeichner hat eine persönliche Handschrift. Die technischen Zeichnungen und die Beschriftung müssen jedoch von vielen Menschen gelesen werden.
Es ist deshalb notwendig, alle technischen Zeichnungen einheitlich zu beschriften. Man verwendet dazu eine besondere Schrift, die Normschrift.
Diese Schrift heißt Normschrift, weil die Buchstaben, Zeichen und Zahlen nach festen Regeln geschrieben werden. Die Schrift ist genormt.
Es gibt verschiedene Normschriften. Für handschriftliche Eintragungen verwendet man eine schräge Schrift.

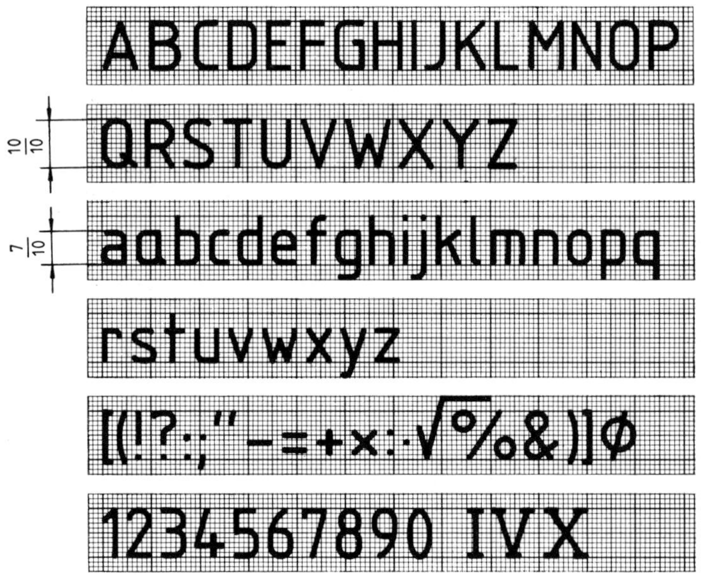

ISO Normschrift für Zeichnungen
nach DIN 6776
Schriftform A, gerade

Aufgabe

Für eine Stempelplatte soll eine Zeichnung angefertigt werden.
Die Stempelplatte hat die Abmessungen:
Länge 200 mm, Breite 130 mm

Die Platte soll mit den Namen, Vornamen und Geburtsdaten aller Mitschüler in Normschrift beschriftet werden.
Zeichenblatt Hochformat.

Das Maß aller Dinge:

Grundregeln der Maßeintragung

Um ein Brett für die Regalwand herzustellen, müssen seine Abmessungen bekannt sein.
In einer technischen Zeichnung werden die Abmessungen mit Maßzahlen, Maßlinien und Maßhilfslinien nach bestimmten Regeln eingetragen.

Die Maße beziehen sich auf das fertige Werkstück. Wenn Maße fehlen, kann das Werkstück nicht hergestellt werden. Die Zeichnung wird unübersichtlich, wenn zu viele Maße eingetragen werden.

Für ein einfaches Regalbrett sieht das so aus:

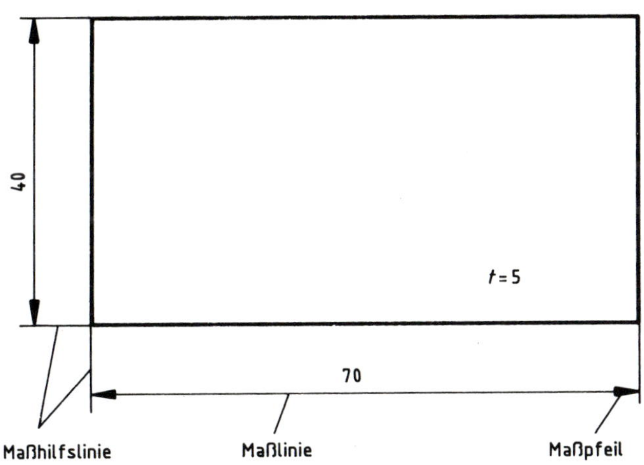

Regeln:

- Maßzahlen (HB) geben die Abmessungen an. Sie sind von rechts oder von unten lesbar.
- Maßhilfslinien (H) beginnen an der Körperkante und gehen ca. 2 mm über die Maßlinie hinaus.
- Maßlinien (H) verlaufen parallel zur bemaßten Kante. Der Abstand zur Körperkante beträgt ca. 10 mm.
- Maßpfeile sind ca. 4 mm lang, schlank und werden voll ausgezeichnet.

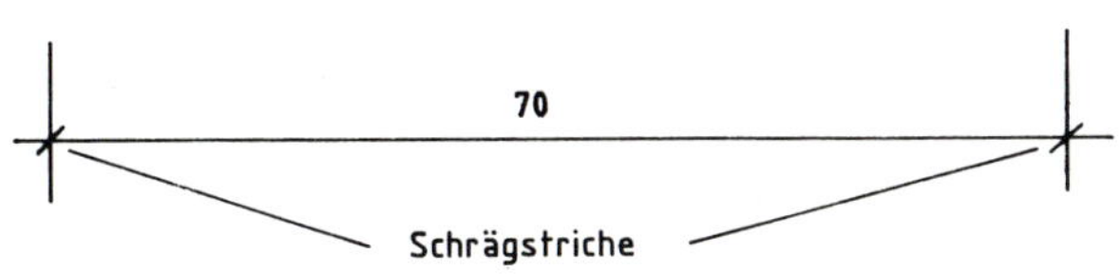

- Eine andere Möglichkeit der Maßlinienbegrenzung statt Maßpfeilen sind Schrägstriche.

Für schwierigere Brettformen bedeutet das:

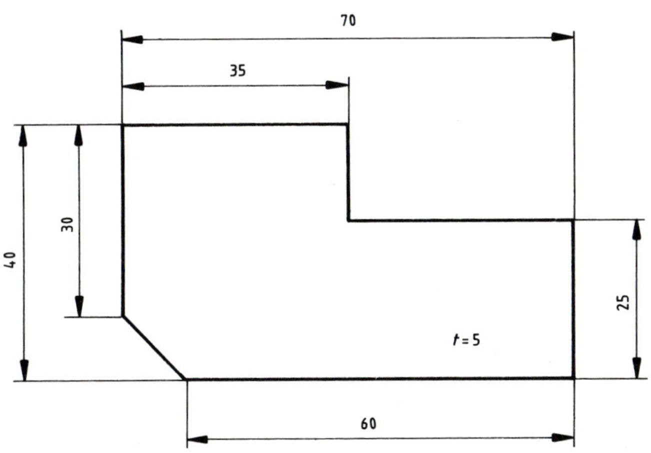

Regeln:

- Jede Kante wird nur einmal bemaßt.
- Die Anordnung der Maße richtet sich nach Herstellung und Verwendung.
- Schräge Kanten werden nicht direkt bemaßt.

Großes Werkstück, kleines Zeichenblatt:

Der Maßstab

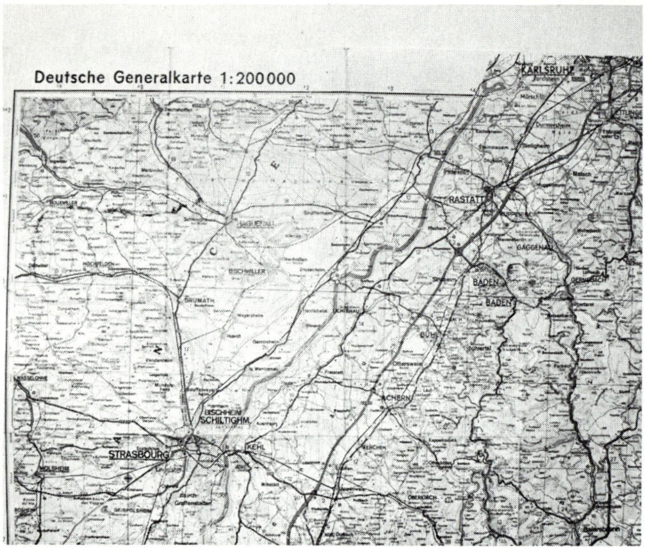

Beim Betrachten einer Landkarte bemerkt man, daß Länder, Flüsse, Meere verkleinert dargestellt werden. Das gleiche Problem kann beim technischen Zeichnen auftreten. Häuser müssen vom Architekten verkleinert gezeichnet werden. Kleine Bauteile, zum Beispiel aus einer Armbanduhr, müssen dagegen vergrößert dargestellt werden.
Die Form der Werkstücke muß jedoch klar erkennbar bleiben. Deshalb werden alle Maße im gleichen Verhältnis verkleinert oder vergrößert.

Man verwendet dazu bestimmte genormte Maßstäbe.

Natürlicher Maßstab:	1:1	1 cm in der Zeichnung entspricht 1 cm in Wirklichkeit

Verkleinerungen:	1:2; 1:5; 1:10	1 cm in der Zeichnung entspricht 10 cm in Wirklichkeit

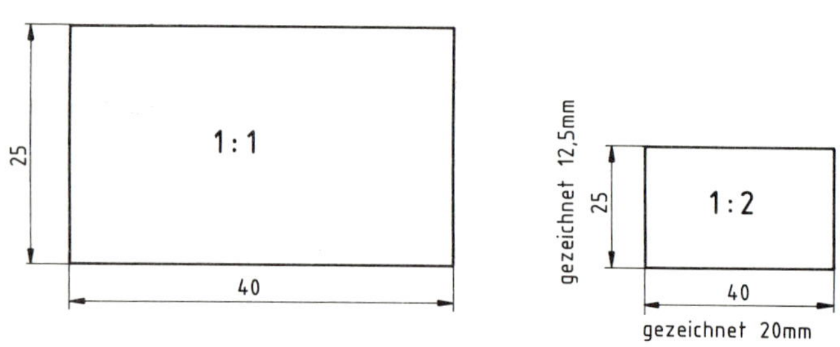

Vergrößerungen:	2:1; 5:1; 10:1	10 cm in der Zeichnung entsprechen 1 cm in Wirklichkeit

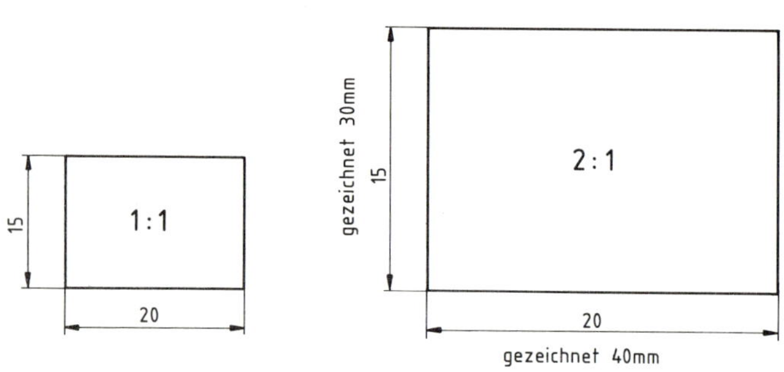

Beachte: Bei vergrößerten und verkleinerten Zeichnungen werden immer die tatsächlichen Maße eingetragen. Das Werkstück wird jedoch maßstabsgetreu größer oder kleiner dargestellt.

Der Leser der Zeichnung muß jedoch sofort erkennen, daß es sich um eine Vergrößerung oder eine Verkleinerung handelt. Dies wird durch den Eintrag des verwendeten Maßstabs erreicht.
Auch wenn Zeichnung und Werkstück dieselben Maße haben (natürlicher Maßstab) wird 1 : 1 auf die Zeichnung geschrieben.

Der Maßstab wird neben das Bauteil oder unten auf das Zeichenblatt geschrieben.

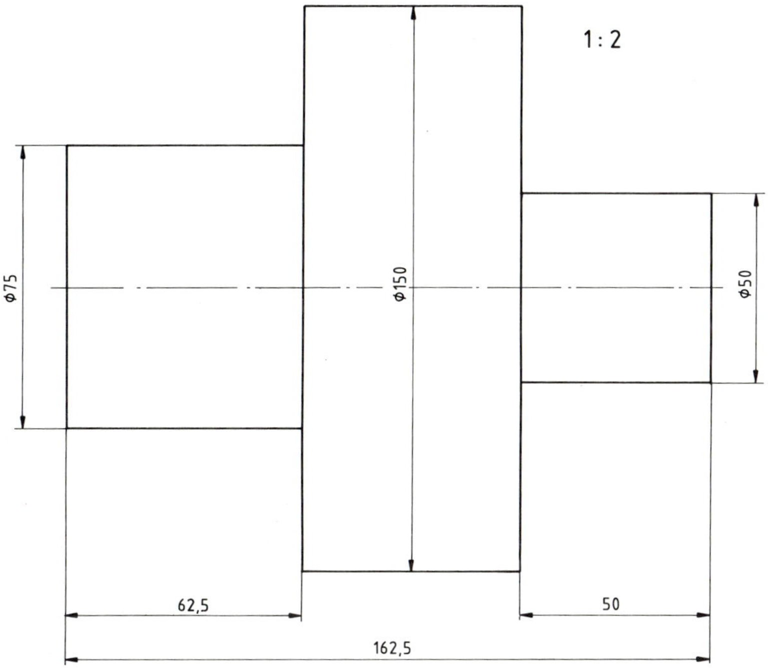

Beispiel:
tatsächliches Maß:
50 mm
50 mm : 2 = 25 mm
Beim Maßstab 1:2 wird das tatsächliche Maß 50 mm nur 25 mm lang gezeichnet.

Das ∅-Zeichen bedeutet: Hier handelt es sich um einen Durchmesser. Man kann deshalb erkennen, daß es sich bei dem abgebildeten Werkstück um ein Drehteil handelt.

Aufgaben

1. *Überprüfen Sie mit dem Lineal, ob das oben gezeichnete Werkstück richtig verkleinert wurde.*
2. *Übertragen Sie das oben verkleinert gezeichnete Werkstück in den Maßstab 1 : 1 auf ein Zeichenblatt.*
3. *Zeichnen Sie die skizzierten (nicht maßstabsgerecht gezeichneten) Teile,*

a) im Maßstab 5 : 1

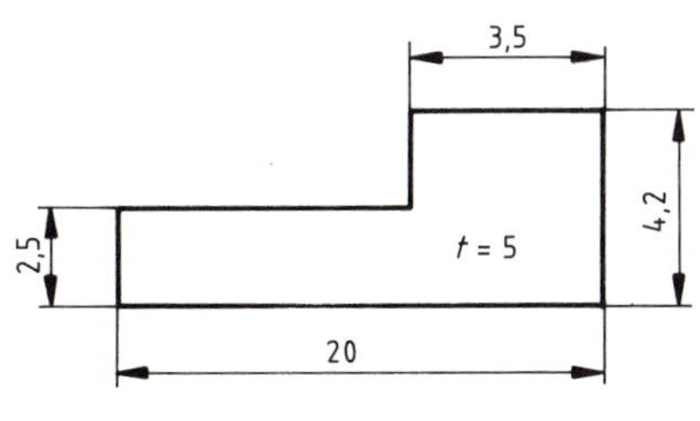

b) im Maßstab 1 : 2

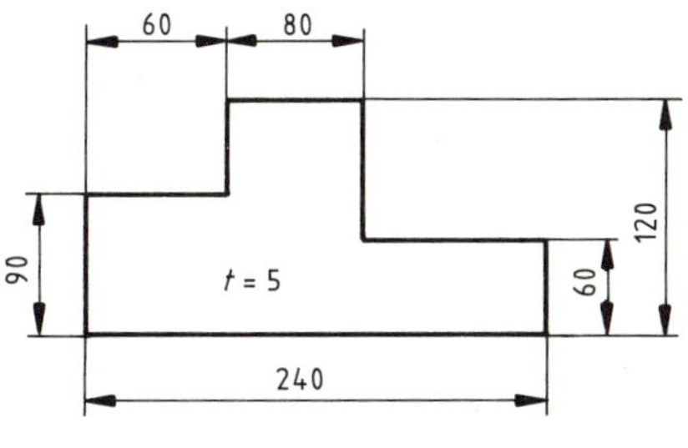

Zeichenfertigkeit kommt durch Übung:

Geometrische Grundkonstruktionen

Einige Grundkonstruktionen aus der Geometrie sind ebenfalls Grundlage von technischen Zeichnungen.

1. Teilen einer Strecke AB in zwei gleiche Teile

Konstruktion der Mittelsenkrechten

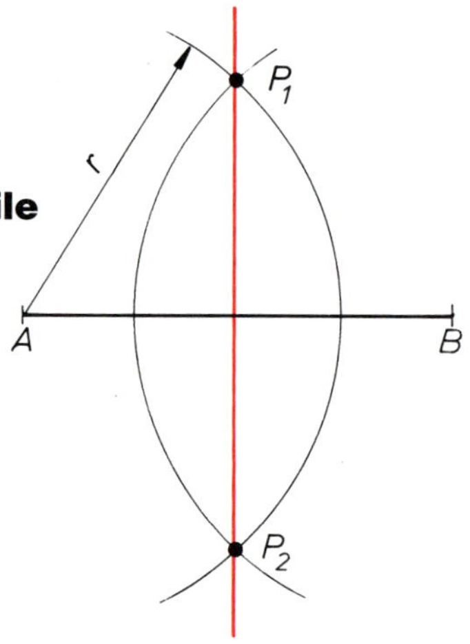

So wird's gemacht:

a) die Strecke AB zeichnen

b) Kreisbogen um A mit beliebigem Radius r (Radius = Halbmesser)

c) Kreisbogen um B mit gleichem Radius r

d) die beiden Kreisbögen schneiden sich in P_1 und P_2

e) die Verbindungslinie zwischen P_1 und P_2 halbiert AB und steht senkrecht auf der Strecke AB
die Strecke P_1P_2 heißt Mittelsenkrechte auf der Strecke AB

2. Von einem Punkt P das Lot auf eine Gerade g fällen

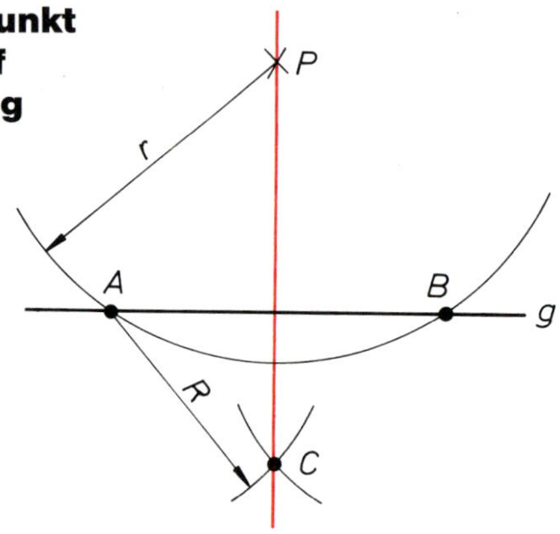

So wird's gemacht:

a) die Gerade g zeichnen

b) Kreisbogen um P mit beliebigem Radius r schneidet die Gerade g in A und B

c) Kreisbogen um A mit beliebigem Radius R

d) Kreisbogen um B mit gleichem Radius R ergibt Schnittpunkt C

e) Verbindungslinie PC ist das gesuchte Lot

3. Teilen einer Strecke AB in gleiche Teile

Beispiel:
Teilen in fünf gleiche Teile

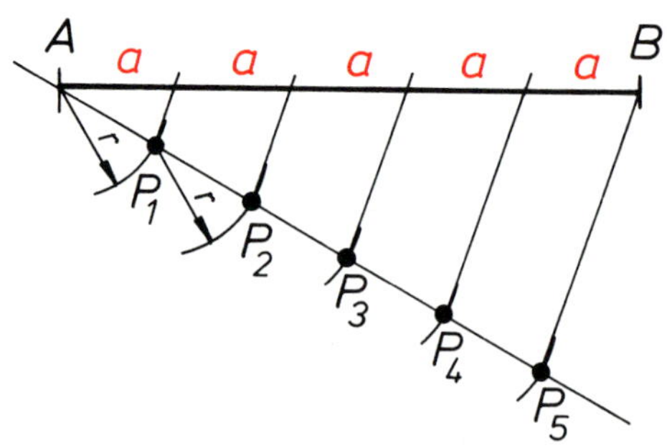

So wird's gemacht:

a) die Strecke AB zeichnen

b) beliebige Gerade g durch A ziehen

c) auf g mit dem Zirkel 5 gleich lange Teilstücke a abtragen

d) Endpunkt P_5 mit B verbinden

e) Parallelen durch P_4, P_3, P_2, P_1 ergeben auf AB 5 gleiche Streckenteile a

4. Halbieren eines Winkels

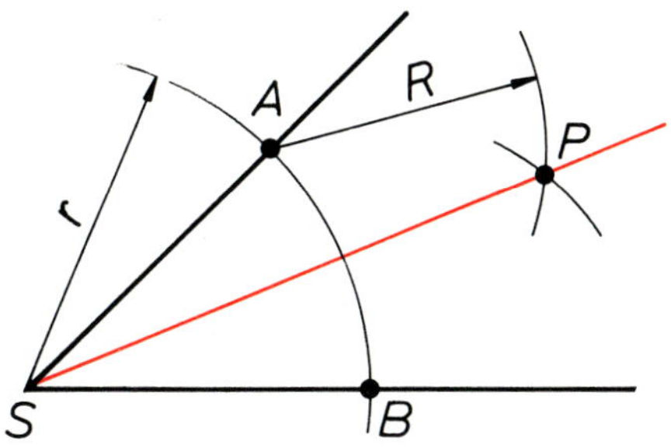

So wird's gemacht:

a) einen beliebigen Winkel zeichnen

b) Kreisbogen um S mit beliebigem Radius r schneidet die beiden Schenkel in A und B

c) Kreis um A mit beliebigem Radius R

d) Kreis um B mit gleichem Radius R ergibt Schnittpunkt P

e) Verbindungslinie SP halbiert den Winkel

5. Übertragen eines Winkels

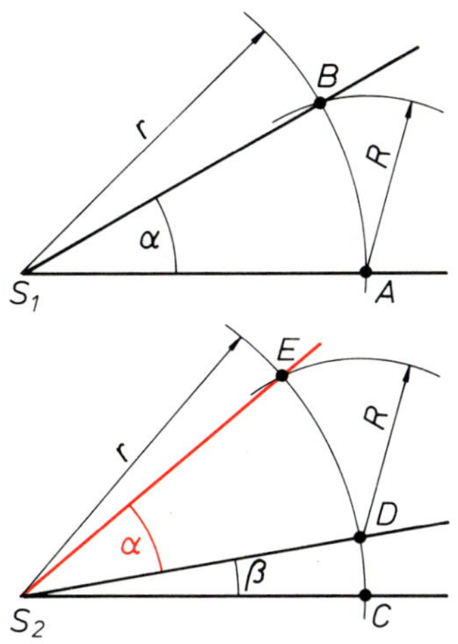

So wird's gemacht:

a) zwei beliebige Winkel α und β zeichnen

b) Kreisbogen um S_1 mit beliebigem Radius r schneidet die beiden Schenkel des Winkels α in A und B

c) Kreisbogen um S_2 mit Radius r schneidet die beiden Schenkel des Winkels β in C und D

d) Kreisbogen um D mit Radius R = AB schneidet Kreisbogen um S_2 mit Radius r in E

e) Verbindungslinie S_2E ergibt den gesuchten Schenkel des übertragenen Winkels

6. Teilen eines 90°-Winkels in drei gleiche Teile

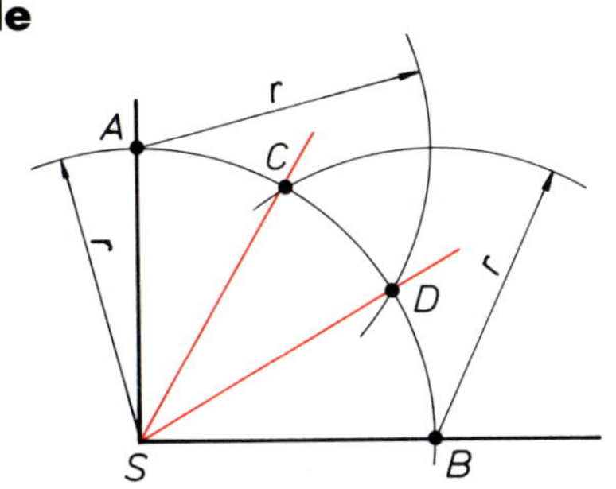

So wird's gemacht:

a) rechten Winkel zeichnen

b) Kreisbogen um S mit beliebigem Radius r schneidet die beiden Schenkel in A und B

c) Kreis um B mit gleichem Radius r schneidet Kreis um S in C

d) Kreis um A mit gleichem Radius r schneidet Kreis um S in D

e) Verbindungslinien SC und SD teilen den rechten Winkel in drei gleiche Teile

Aufgaben

1. *Errichten Sie auf einer Strecke von 6 cm Länge mit Zirkel und Lineal die Mittelsenkrechte.*

2. *Fällen Sie von einem beliebigen Punkt das Lot auf eine Gerade g.*

3. *Teilen Sie eine Strecke AB = 7 cm in sechs gleiche Teile.*

4. *Teilen Sie einen Winkel von 35° in vier gleiche Teile.*

5. *Konstruieren Sie einen Winkel von 135°.*

Ebenes Zeichenblatt – Räumlicher Körper

Die räumliche Darstellung

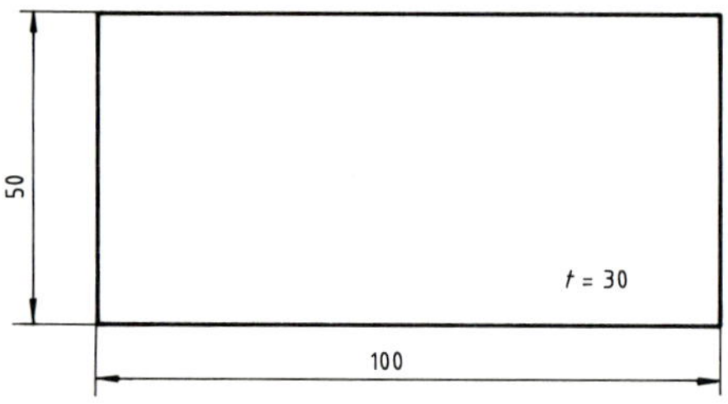

Aufgabe:

Eine Stahlplatte soll als Körper dargestellt werden.

Schwierigkeit:

Die dritte Ausdehnungsrichtung muß auf das Zeichenblatt gezeichnet werden.
Zur Länge und Breite kommt noch die Dicke (Tiefe). Diese Größen sollen möglichst wirklichkeitstreu dargestellt werden.

1. Lösung: die Kavalierperspektive

Länge und Breite werden in natürlicher Größe gezeichnet. Kanten, die in die Tiefe gehen, werden schräg nach hinten gezogen (Winkel zur Waagerechten = 45°). Diese Kanten werden nur halb so lang wie in Wirklichkeit gezeichnet. Man nennt diese Art der räumlichen Darstellung: Kavalierperspektive.

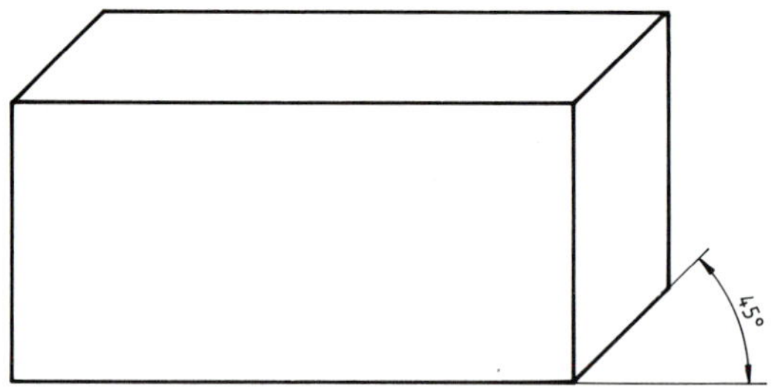

Bei der Kavalierperspektive werden die in die Tiefe gehenden Kanten um die Hälfte verkürzt. Der Neigungswinkel beträgt 45°.

Die Maßhilfslinien werden von den Kanten herausgezogen. Die Maßlinien verlaufen parallel zu den Kanten (Bleistift H).
Verdeckte Kanten (unsichtbare Kanten) werden mit Strichlinie gezeichnet (Bleistift H).

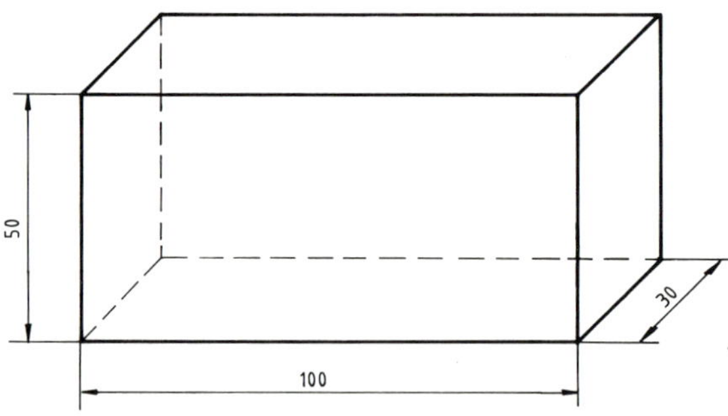

Aufgabe

Stellen Sie die untenstehende Auflage in Kavalierperspektive dar. Sie ist 60 mm dick.

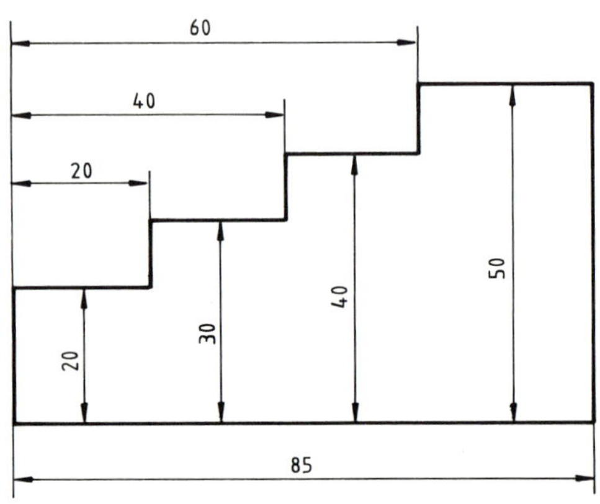

Oft muß in allen drei Ansichten eines Körpers etwas Wesentliches gezeigt werden. Dafür reicht die Kavalierperspektive nicht aus. Es muß eine Möglichkeit der räumlichen Darstellung sein, in der keine der Ausdehnungen (Länge, Breite und Tiefe) verkürzt dargestellt wird.

2. Lösung: die isometrische Darstellung

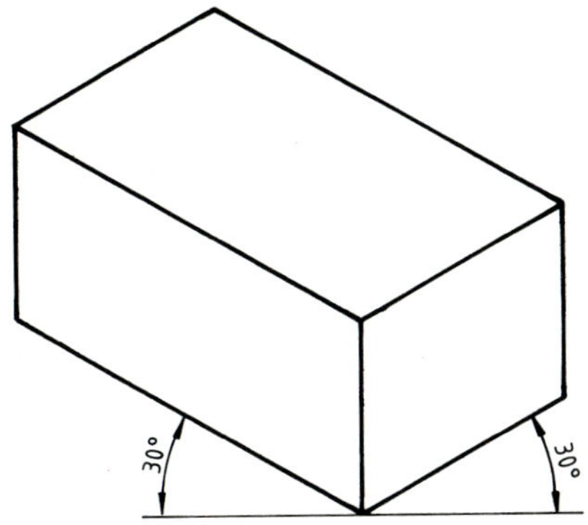

Der Körper wird bei dieser Darstellung zum Betrachter hin gekippt.

Es werden zwei Ausdehnungsrichtungen unter einem Winkel von 30° zur Waagerechten, die dritte wird senkrecht gezeichnet.

Bei isometrischer Darstellung werden Länge, Breite und Dicke in wirklicher Größe gezeichnet. Der Neigungswinkel beträgt 30°.

Für die Maßeintragung und die verdeckten Kanten gilt dasselbe wie bei der Kavalierperspektive.

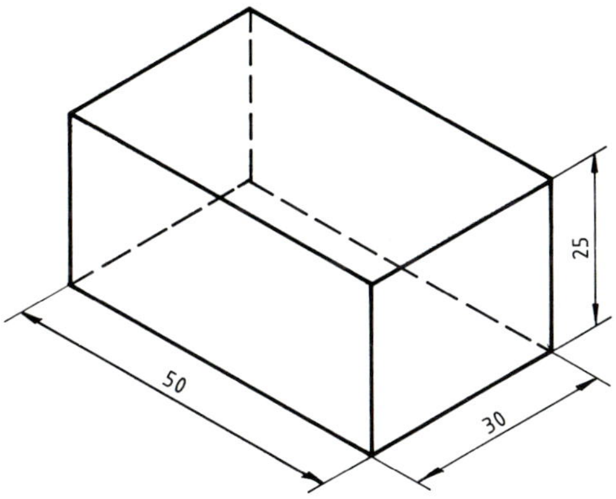

Aufgaben

1. *Zeichnen Sie die Auflage von Seite 90 in isometrischer Darstellung.*
2. *Zeichnen Sie den skizzierten Ziegelstein:*
   Länge 50 cm, Breite 24 cm,
   Dicke 18 cm
   großes Langloch: 12 x 3 cm,
   kleines Langloch: 4 x 2 cm
   a) in Kavalierperspektive
   b) in isometrischer Darstellung

   Wichtig: Maßstab 1 : 5
3. *Zeichnen Sie den skizzierten keilförmigen Schieber*
   a) in Kavalierperspektive
   b) in isometrischer Darstellung

   Wichtig: Alle verdeckten Kanten einzeichnen.

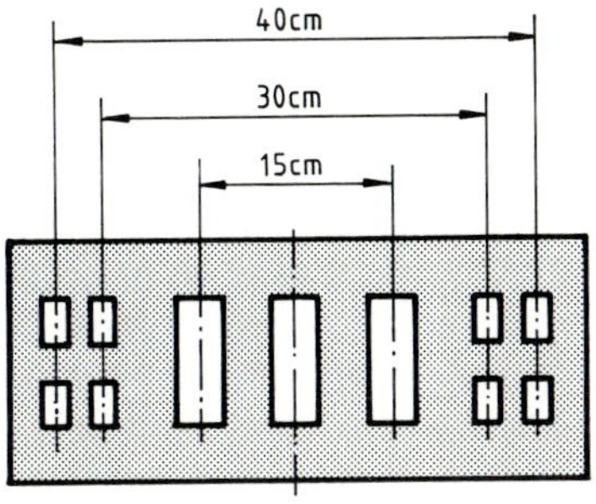

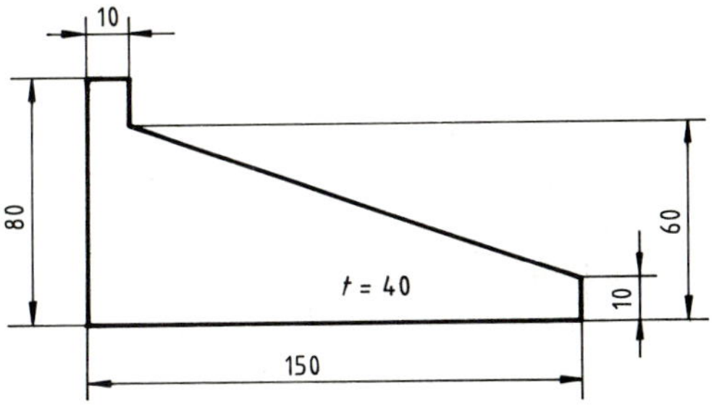

Auf den Standpunkt kommt es an:

Die Ansichten

Die räumliche Darstellung von Gegenständen gibt uns einen übersichtlichen Aufschluß vom Aussehen des Gegenstandes. Aber: Je schwieriger die Form des Gegenstandes ist, desto schwieriger wird die räumliche Darstellung. Dasselbe gilt auch für die Bemaßung.

Eine technische Zeichnung muß den tatsächlichen Körperformen entsprechen. Formen und Abmessungen müssen klar erkennbar sein. Dies wird erreicht, wenn man die sichtbaren Seiten eines Körpers einzeln zeichnet.

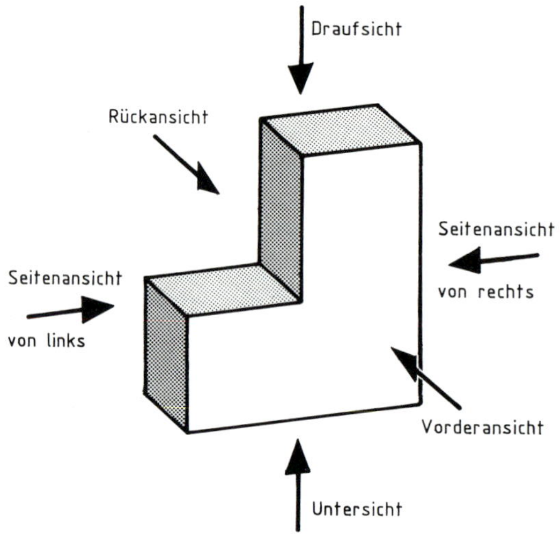

Damit der Betrachter später die einzelnen Ansichten verstehen kann, muß jede Ansicht auf dem Zeichenblatt einen festen Platz haben.
Von den sechs oben genannten Ansichten sind Vorderansicht, Seitenansicht von links und Draufsicht die wichtigsten.
Zur besseren Vorstellung ersetzen wir unser Auge durch eine Lichtquelle und zeichnen die Schattenbilder der Flächen und Kanten des Körpers auf die dahinterliegenden Flächen.

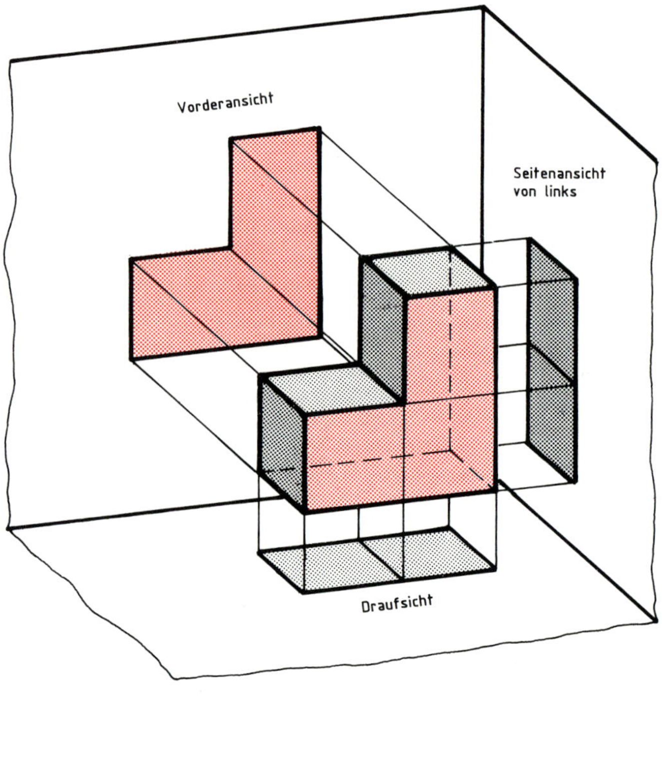

Im allgemeinen reichen diese drei Ansichten zum Erkennen der Körperform aus. Muß die Untersicht gezeichnet werden, so muß sie oberhalb der Vorderansicht angeordnet werden. Für die Seitenansicht von rechts bleibt dann nur noch der Platz links neben der Vorderansicht. Die Rückansicht wird ganz rechts außen gezeichnet.

Für das auf Seite 92 im Schrägbild gezeichnete Werkstück sehen demnach die Ansichten so aus:
Man muß dazu nur noch die Ebenen ins Zeichenblatt klappen.

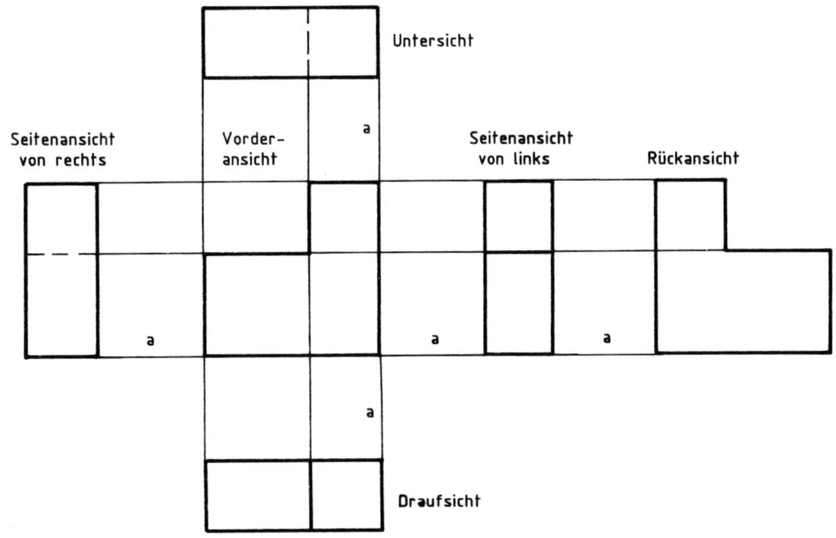

Beachten Sie: Die einzelnen Ansichten haben immer denselben Abstand a voneinander. Die Größe des Abstandes hängt von Werkstückgröße bzw. Blattgröße ab.

Aufgaben

1. Übertragen Sie von dem in räumlicher Darstellung gezeichneten Spielzeughaus: Vorderansicht, Seitenansicht von links und Draufsicht im Maßstab 2:1 auf ein Zeichenblatt.

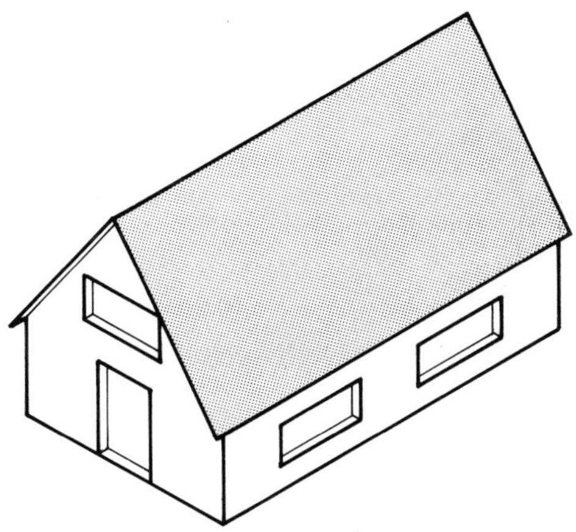

Beachten Sie:
- Die Vorderansicht ist in der Aufgabenstellung durch Pfeilrichtung festgelegt.
- Die Blatteinteilung ? ? ?
- Die richtigen Linienarten müssen verwendet werden.
- Auch verdeckte Kanten sind einzuzeichnen.

2. Übertragen Sie Vorderansicht, Seitenansicht von links und die Draufsicht von folgenden Werkstücken auf je ein Zeichenblatt.

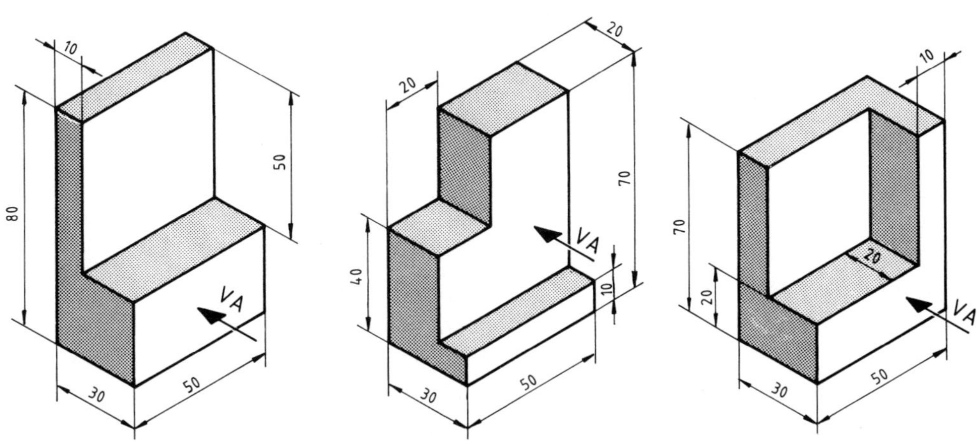

Neben eckigen Körpern, wie zum Beispiel Ziegelsteinen, Möbeln usw., haben wir es sehr oft mit Körpern zu tun, deren Grundformen Zylinder sind. Solche Form haben Rohre, Säulen oder auch Wellen. In der Technik stellt man solche Teile häufig auf Drehmaschinen her. Man nennt sie deshalb auch Drehteile. Die Drehachse wird durch eine Mittellinie (Strichpunktlinie) eingezeichnet.

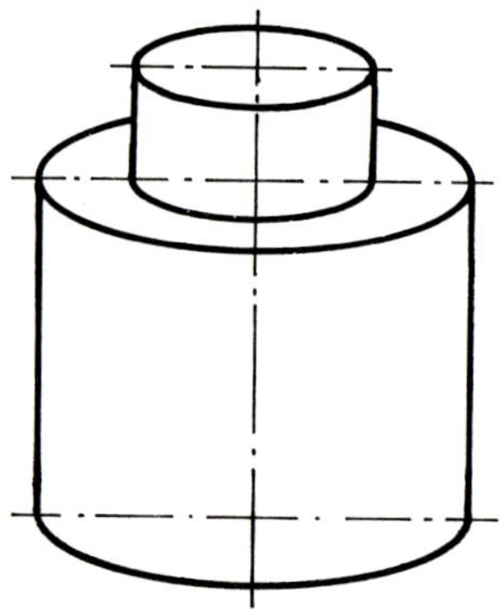

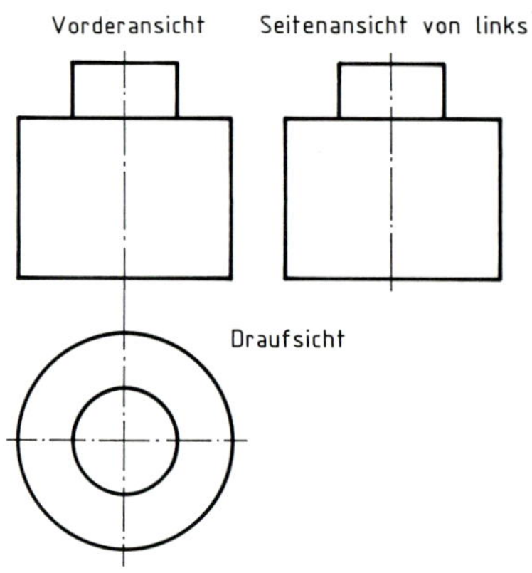

Bei so einfachen Drehteilen genügt meist die Vorderansicht zum Erkennen der Form des Werkstücks. Allerdings muß dazu die Bemaßung helfen.

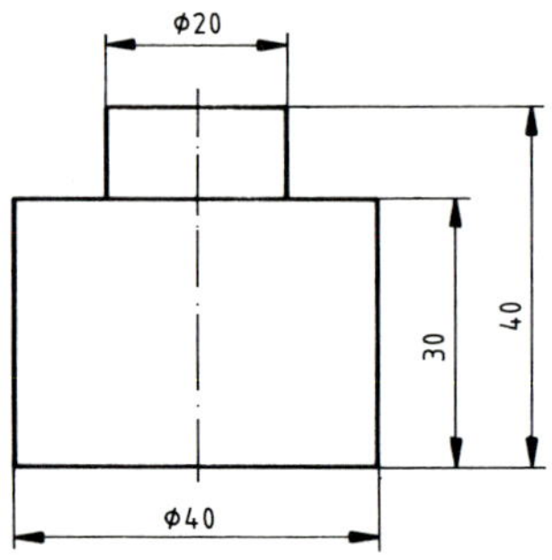

Das Durchmesserzeichen (⌀) wird vor die Maßzahl geschrieben, wenn der Kreis in der Ansicht als Strecke erscheint.

Mit der Vorderansicht allein kommt man allerdings nicht aus, wenn das zylindrische Werkstück einseitig bearbeitet wurde.

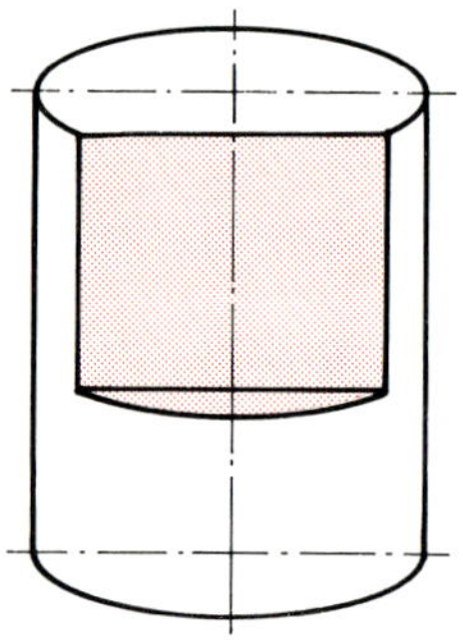

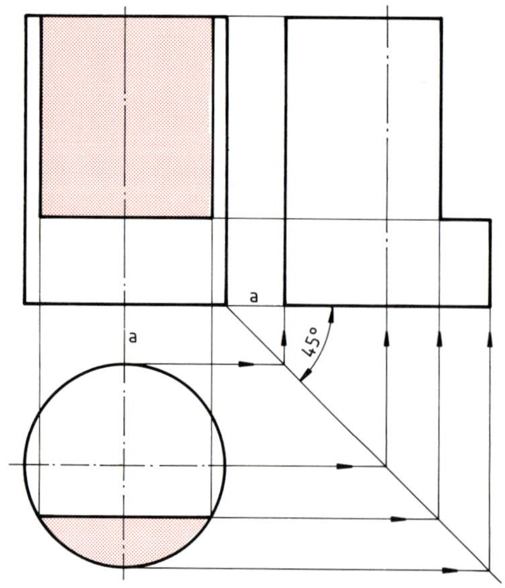

Um durch die Hilfslinien von einer Ansicht zur andern zu kommen, müssen die Ansichten denselben Abstand a voneinander haben. Von der Draufsicht zur Seitenansicht kommt man über die 45°-Linie.

Aufgaben

1. *Zeichnen Sie folgende Werkstücke*

   a) in isometrischer Darstellung

   b) in Kavalierperspektive

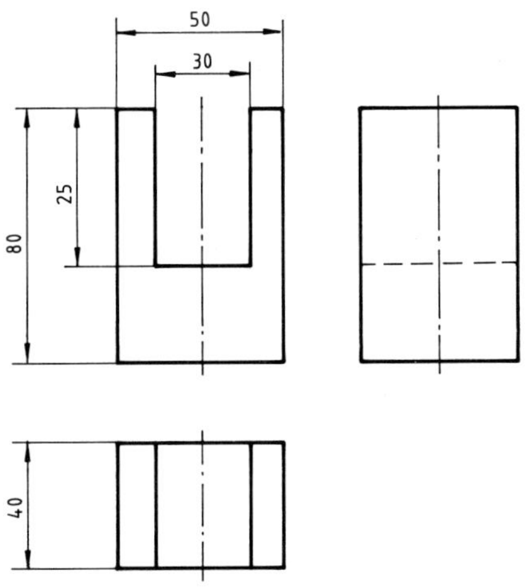

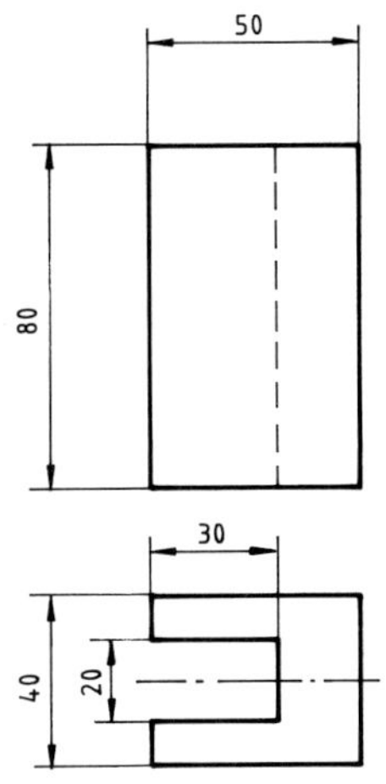

2. *Zeichnen Sie zu folgenden Werkstücken Vorderansicht, Seitenansicht von links und Draufsicht.*

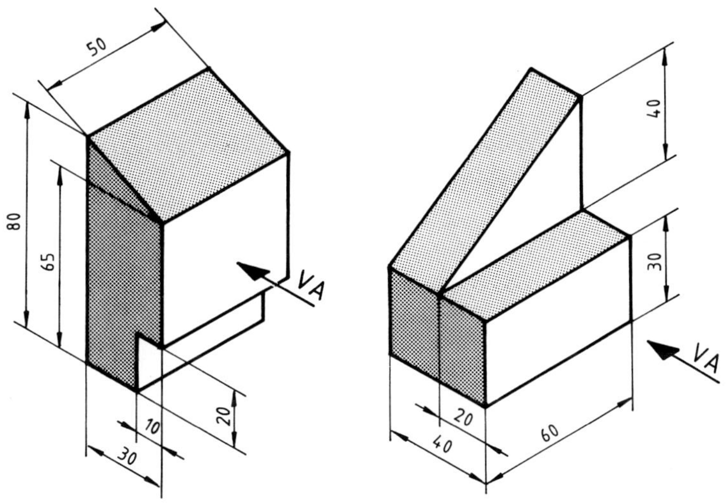

3. *Übertragen Sie folgende Werkstücke auf ein Zeichenblatt, und ergänzen Sie jeweils die Draufsicht.*

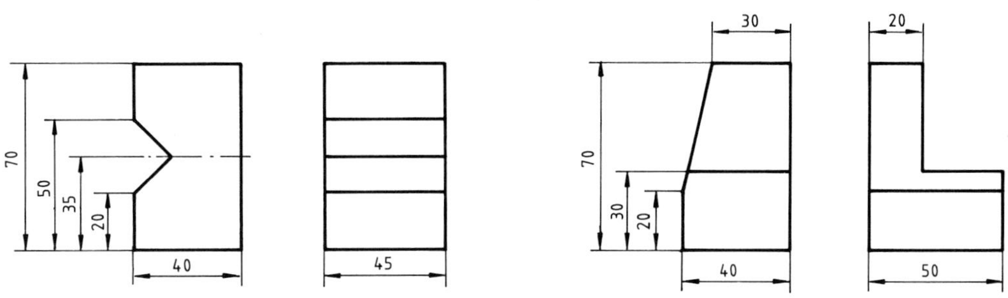

4. *Zeichnen Sie zu den gegebenen Vorderansichten die Seitenansicht von links und die Draufsicht.*

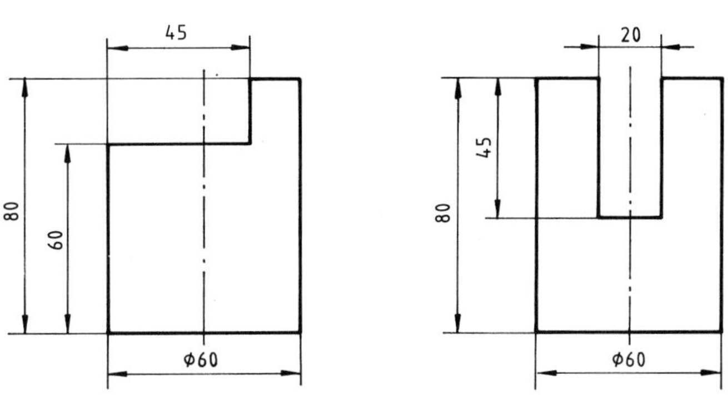

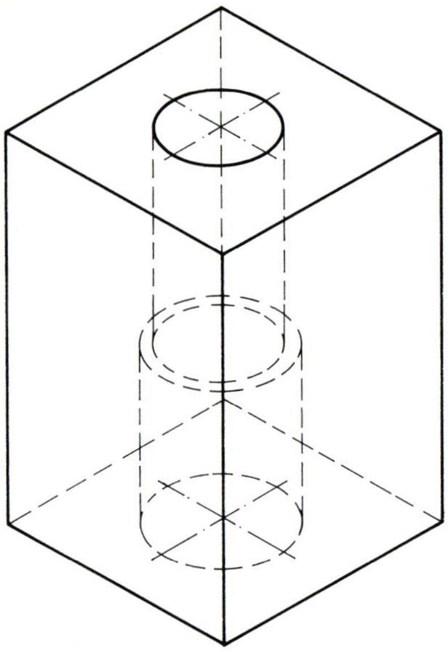

Der Blick hinter die Kulissen:

Die Schnittdarstellung

Werkstücke mit Hohlräumen werden geschnitten dargestellt.

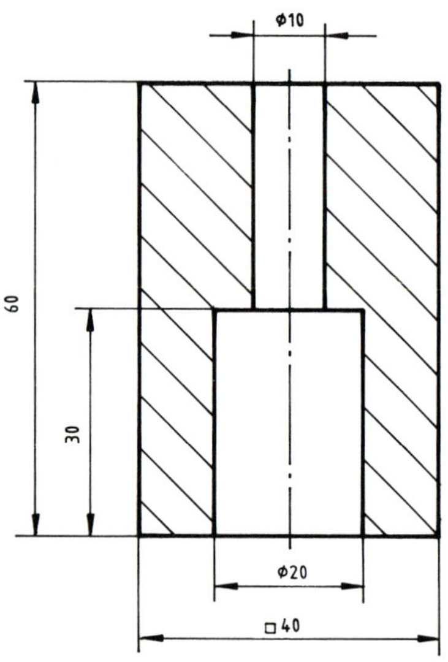

Der Schnitt ist das gedachte Zerschneiden eines Werkstückes. Bei symmetrischen Werkstücken wird entlang der Symmetrieachse geschnitten. Nach dem Schneiden denkt man sich die vordere Hälfte des Werkstückes weggenommen. Nun sieht man auf das Innere der verbliebenen Werkstückhälfte.

Zeichenregeln

Die Schnittfläche wird unter 45° schraffiert mit schmalen Vollinien (Bleistift H).
Der Abstand der Schraffurlinien richtet sich nach der Werkstückgröße. Großes Werkstück – größerer Abstand.
Die sichtbar gewordenen Kanten werden wie Körperkanten mit breiten Vollinien gezeichnet (Bleistift B).
Verdeckte Kanten werden in der Schnittdarstellung nicht gezeichnet.

Aufgaben

Zeichnen Sie von folgenden Werkstücken Vorderansicht, Seitenansicht von links im Schnitt, Draufsicht, und tragen Sie die notwendigen Maße ein. Verdeckte Kanten sind in VA und DS einzutragen.

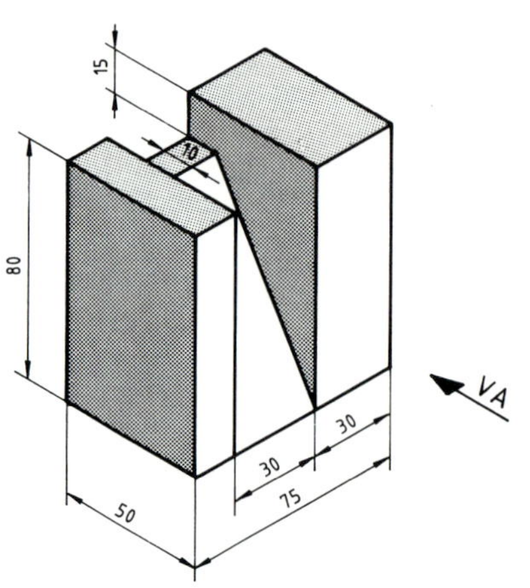

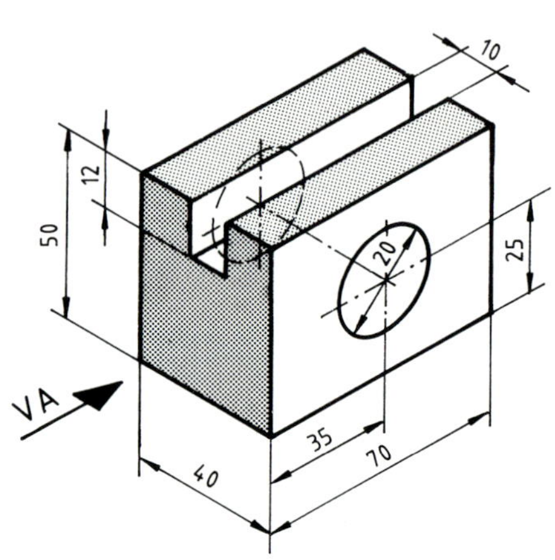

GEMISCHTE AUFGABEN

Aufgabe 1

Mit welcher Strichstärke werden

a) Körperkanten

b) Maßlinien

c) verdeckte Kanten

d) Bohrungsmittellinien gezeichnet?

Aufgabe 2

Zeichnen Sie den skizzierten Stuhl aus Kantholz 3 x 3 cm im Maßstab 1 : 5

a) in isometrischer Darstellung

b) in Vorderansicht, Seitenansicht von links und Draufsicht.

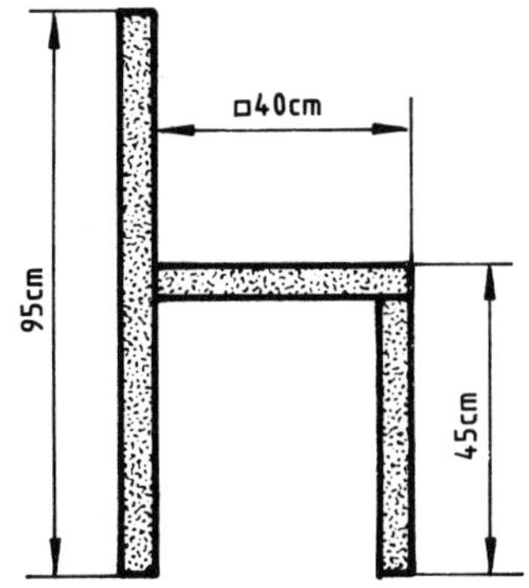

Aufgabe 3

Übertragen Sie die in Ansichten gezeichneten Werkstücke, und ergänzen Sie jeweils die Draufsicht.

a)

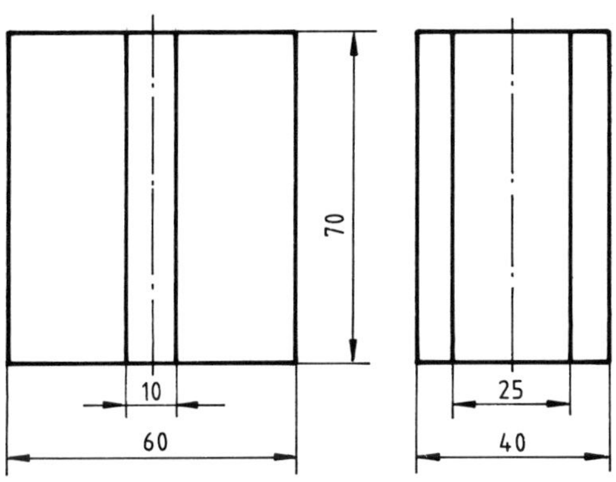

b)

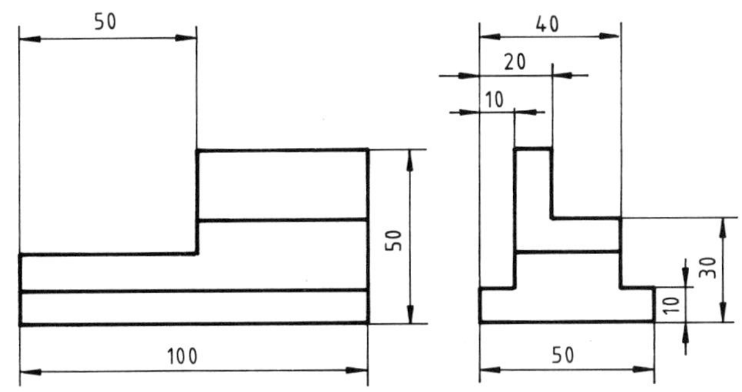

Aufgabe 4

Ordnen Sie den in Ansichten dargestellten Werkstücken das richtige Raumbild zu.

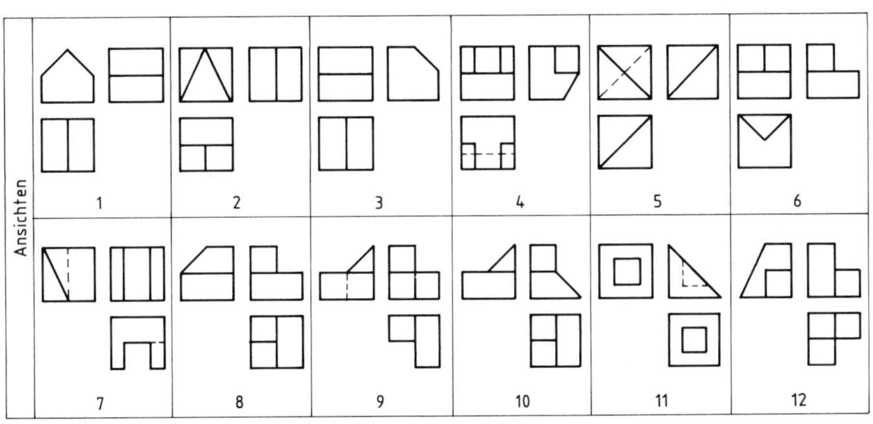

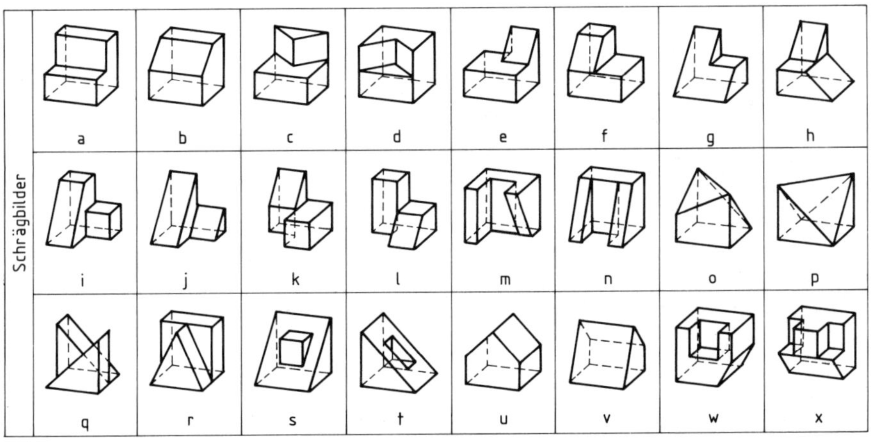

NATURKUNDE / PHYSIK

Hier geht es um Stoffmengen

Sie gehen einkaufen.
Auf dem Einkaufszettel stehen diesmal nur Lebensmittel. Brötchen und Zitronen werden stückweise verkauft. Milch und Sahne werden nur in Litern oder Bruchteilen davon verkauft.
Wie ist es jedoch bei Zucker und Wurst?

Masse

Zucker und Wurst werden nicht in Stücken oder Litern verkauft. Sie können jedoch eine bestimmte Menge von dem Stoff Zucker oder dem Stoff Wurst oder dem Stoff Holz oder vielen anderen Stoffen kaufen.

> Die Stoffmenge eines Gegenstandes nennt man Masse.

Jeder Gegenstand oder Körper hat eine bestimmte Masse, auch Sie.
An Ihrer Stoffmenge ändert sich nichts, wenn Sie von Hamburg nach München reisen oder sich als Astronaut auf den Mond schießen lassen. Ihre Masse bleibt unverändert.

> Die Masse eines Gegenstandes ist nicht vom Ort abhängig.

1 Liter Wasser hat die Masse 1 kg

Formelzeichen und Einheit

> Das Formelzeichen der Masse ist m.
> Die Einheit der Masse ist das Kilogramm (kg).
>
> 1 kg = 1000 g (Gramm)
> 1000 kg = 1 t (Tonne)

Wie kann man sich die Größe eines Kilogramms vorstellen?

> 1 kg ist die Masse von 1 Liter Wasser (bei 4 °C).

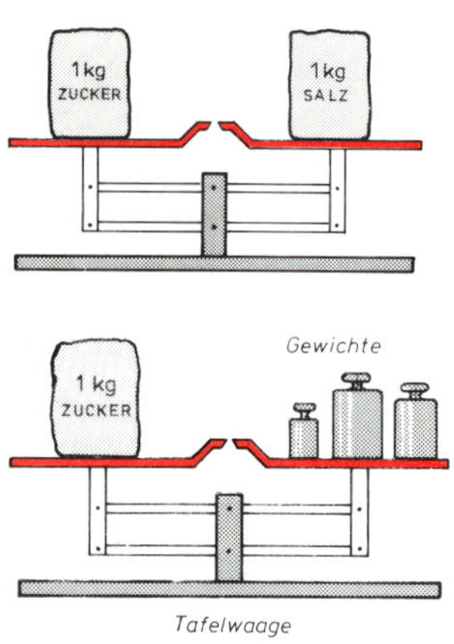

Wie kann man Massen bestimmen?

Zucker ist kein Salz. Das weiß jeder. Trotzdem können Sie Zucker und Salz auf einer Tafelwaage vergleichen. Ist die Tafelwaage im Gleichgewicht, so ist die Stoffmenge 1 kg Zucker auf der einen Seite gleich der Stoffmenge 1 kg Salz auf der anderen Seite.
Die Waage ist auch im Gleichgewicht, wenn die Masse 1 kg Zucker mit der Masse 1 kg irgend eines anderen Stoffes verglichen wird.
Als Vergleichsstoff wird fast immer ein Metall genommen. Metallstücke mit bekannter Masse heißen Gewichte.

> Unbekannte Massen werden durch Vergleich mit bekannten Massen bestimmt.

Die Kraft, die uns auf dem Boden hält

Jeder Gegenstand und jeder Körper haben eine Masse. Auch der Maurer auf dem Foto hat eine Masse. Das Brett, auf dem er steht, biegt sich durch. Hat die Masse des Maurers etwas damit zu tun?

Erdanziehung

Die Erde unter uns hat auch eine Masse. Sie ist riesengroß und beträgt etwa 6 000 000 000 000 000 000 000 t.

> Die Masse der Erde hat auf alle anderen Massen eine anziehende Wirkung.

Alle Gegenstände und Körper werden von der Erde angezogen. Sind sie frei beweglich, so fallen sie der Erde zu. Liegt ein Gegenstand auf einer Unterlage, so werden die Unterlage oder der Gegenstand oder beide verformt. Der Maurer auf dem Foto kann nicht fallen, er steht sicher auf dem Brett. Die Erdanziehung übt eine Kraft auf seine Masse aus. Das Brett biegt sich deshalb durch. Er spürt die Kraft als sein „Gewicht".

> Die Kraft, mit der die Erde einen Gegenstand oder Körper anzieht, heißt Gewichtskraft.

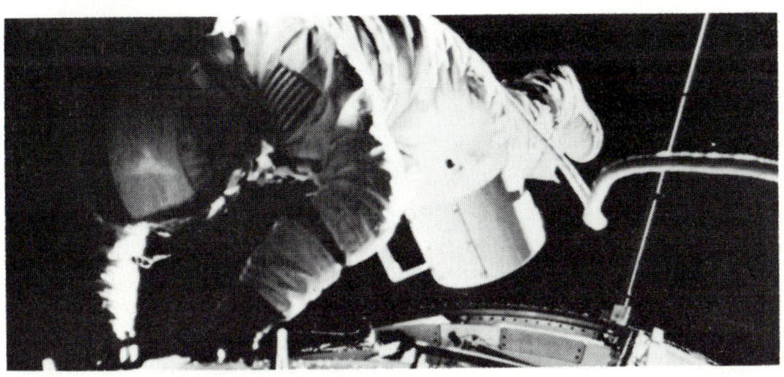

Wovon Gewichtskräfte abhängen

Die Masse des Mondes ist viel kleiner als die der Erde. Auf dem Mond würde der Maurer deshalb nur von der kleineren Mondmasse angezogen, seine Gewichtskraft würde nur noch ca. $\frac{1}{6}$ betragen.
Im Fernsehen konnte man die Astronauten auf dem Mond beobachten. Trotz ihrer Ausrüstung konnten sie Sprünge wie Känguruhs machen.

> Gewichtskräfte sind ortsabhängig.

Messung der Gewichtskraft

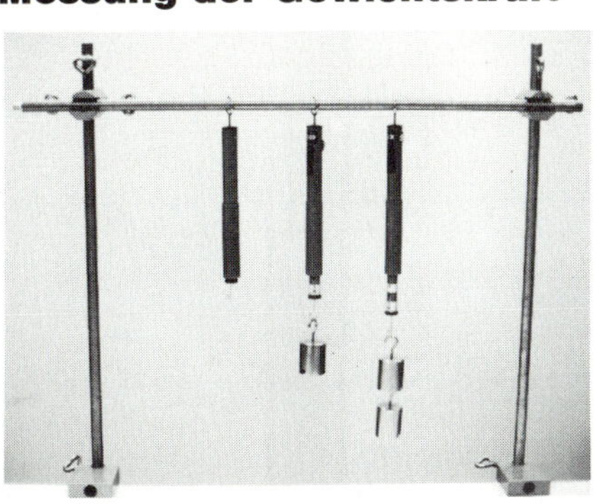

Je größer die Gewichtskraft, desto größer ist die Verlängerung der Feder in der Federwaage.

> Gewichtskräfte werden mit Federwaagen gemessen.

Formelzeichen und Einheit

> Das Formelzeichen für die Gewichtskraft ist *G*.
> Die Einheit der Kraft ist Newton* (N).

* benannt nach dem engl. Physiker Isaac Newton (sprich: njut'n).

Die Gewichtskraft eines Körpers ist nicht überall auf der Erde gleich groß. Je weiter ein Gegenstand vom Erdmittelpunkt entfernt ist, desto kleiner wird die Gewichtskraft.
Für die Erde gilt (aufgerundet):

> Die Gewichtskraft von 1 Liter Wasser mit der Masse von 1 kg beträgt ungefähr 10 N.

Wie Masse und Volumen zusammenhängen

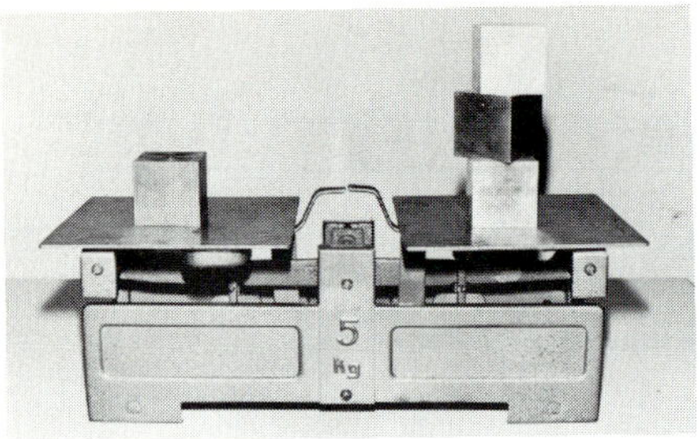

Die Tafelwaage ist im Gleichgewicht.
Die Massen links und rechts auf der Waage sind gleich groß.
Die Volumen* links und rechts sind jedoch nicht gleich.
Woran mag das liegen?

Masse und Volumen

Auf der linken Seite der Waage liegt ein Stahl-Würfel. Auf der rechten Seite liegen drei Würfel aus Leichtmetall (einer Aluminium-Magnesium-Legierung). Es handelt sich also um verschiedene Stoffe.

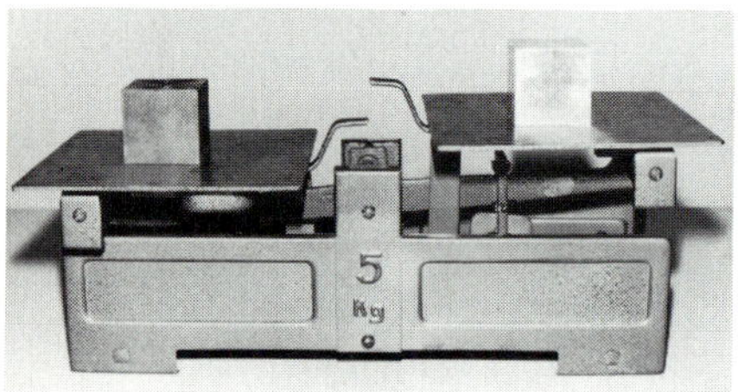

Verschiedene Stoffe gleicher Masse können verschiedenes Volumen haben.

Die Tafelwaage auf dem zweiten Foto ist nicht im Gleichgewicht. Die Massen links und rechts sind nicht gleich.
Die Volumen der Stoffe links und rechts sind jedoch gleich.

Verschiedene Stoffe ungleicher Masse können gleiche Volumen haben.

Dichte

Sind die Stoffe verschieden, dann können also gleiche Volumen verschiedene Massen haben.
Durch Messungen wurde festgestellt:

gleiche Volumen	ungleiche Masse
1 dm^3** Luft hat die Masse	0,00129 kg
1 dm^3 Holz hat die Masse (Durchschnittswert)	0,65 kg
1 dm^3 Aluminium hat die Masse	2,7 kg
1 dm^3 Wasser hat die Masse	1,0 kg
1 dm^3 Stahl hat die Masse	7,85 kg
1 dm^3 Blei hat die Masse	11,34 kg

Wenn gleiche Volumen mehr Masse enthalten, so ist der Stoff dichter. Die Stoffdichte oder **Dichte** ist das **Verhältnis von Masse zu Volumen.**

Formelzeichen und Einheit

$$\text{Dichte} = \frac{\text{Masse}}{\text{Volumen}}$$

Formelzeichen: $\rho = \frac{m}{V}$

Einheit: $\frac{kg}{dm^3}$

ϱ ist ein griechischer Buchstabe (sprich: rho).

Meist gibt man die Masse in kg, das Volumen in dm^3 an.
Die Dichte hat demnach die Einheit $\frac{kg}{dm^3}$.
Kleine Massen gibt man jedoch in Gramm (g), große in Tonnen (t) an.

Dann gilt: $\frac{1\,kg}{1\,dm^3} = \frac{1000\,g}{1000\,cm^3} = \frac{1\,g}{1\,cm^3}$

oder: $\frac{1000\,kg}{1000\,dm^3} = \frac{1\,t}{1\,m^3}$

* Volumen = Rauminhalt
** 1 dm^3 = 10 cm x 10 cm x 10 cm

Aufgaben

a) Ein Taucher hat besonders schwere Schuhe von der Masse 5 kg und dem Volumen 0,44 dm^3.
Wie groß ist die Dichte?
Um welchen Stoff handelt es sich?

b) Ein Styroporblock (Schaumstoff) hat ein Volumen von 0,3 m^3 und eine Dichte von 0,02 kg/dm^3.
Wie groß ist die Masse?
Wie groß die Gewichtskraft?

Wie man das Gleichgewicht hält

Haben Sie auch soviel Geschick?
Wo muß das Tablett unterstützt werden, damit es nicht kippt?
Wo eine lange Latte?
Wo ein Ball?

Der Schwerpunkt

Wo muß Pfiff den Maßstab unterstützen, damit er nicht kippt?

Denkt man sich die Masse eines Körpers in einem Punkt vereinigt, so genügt es, wenn der Körper unterhalb dieses Punktes unterstützt wird, damit er nicht kippt. Diesen Punkt nennt man Schwerpunkt.

Im Schwerpunkt eines Körpers kann man sich seine Masse vereinigt denken.

Lage des Schwerpunktes *S*

Kreis

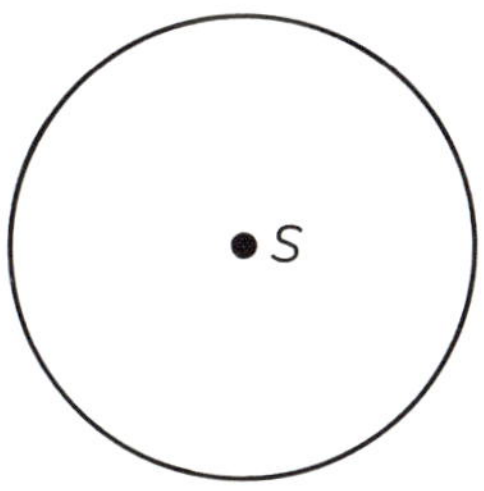

Kreismittelpunkt

Rechteck

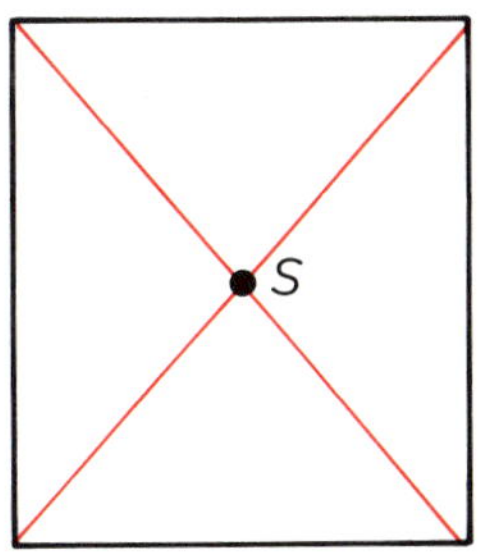

Schnittpunkt der Diagonalen

Kugel

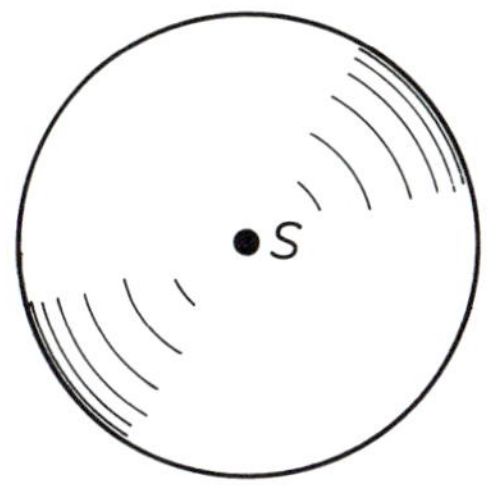

Kugelmittelpunkt

Wann herrscht Gleichgewicht?

Jeder Gegenstand bleibt im Gleichgewicht, wenn er im Schwerpunkt oder senkrecht unterhalb des Schwerpunktes unterstützt wird.

stabiles* Gleichgewicht
Körper kehrt immer wieder in seine Ausgangslage zurück.

labiles Gleichgewicht**
Körper entfernt sich bei geringstem Anlaß aus seiner Lage.

Standsicherheit ist dann gewährleistet, wenn der Schwerpunkt über der Standfläche liegt.

* stabil = beständig
** labil = schwankend

Vervielfältigung von Kräften

Mit geringer Kraft kann die Kiste gekippt werden. Durch welches Gerät wird dies erreicht? Gibt es noch weitere Geräte, die helfen, Kräfte einzusparen?

Krafteinsparung durch Hebel

Mit einem **Hebel** können große Kräfte ausgeübt werden. Wird der Hebel auf der einen Seite heruntergedrückt, so bewegt sich die andere Hebelseite nach oben. Ein Punkt dazwischen bleibt in Ruhe, um ihn wird der Hebel gedreht. Man nennt diesen Punkt den **Drehpunkt.**

Zweiseitiger Hebel

Der zweiseitige Hebel wird durch den Drehpunkt in Kraftarm und Lastarm aufgeteilt. Ein Beispiel dafür ist die Tafelwaage. Sehen Sie sich die Seite 98 nochmals an.
Durch Versuche kann festgestellt werden:
Wird der Kraftarm verdoppelt, so ist nur die halbe Kraft notwendig, um den Hebel im Gleichgewicht zu halten.

Beispiel 1:

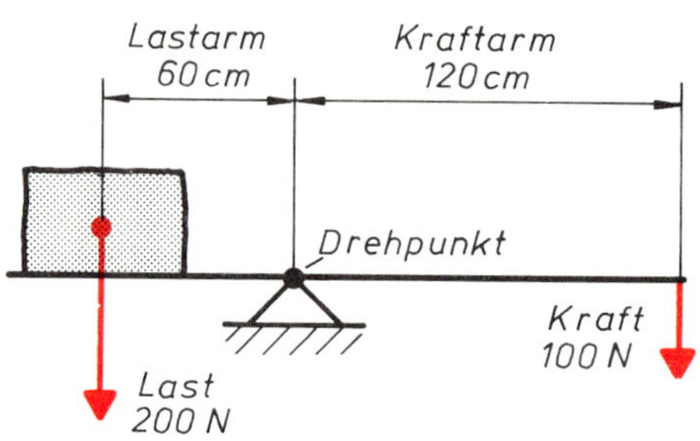

Kraft · Kraftarm
100 N · 120 cm = 12 000 Ncm

Last · Lastarm
200 N · 60 cm = 12 000 Ncm

Beispiel 2:

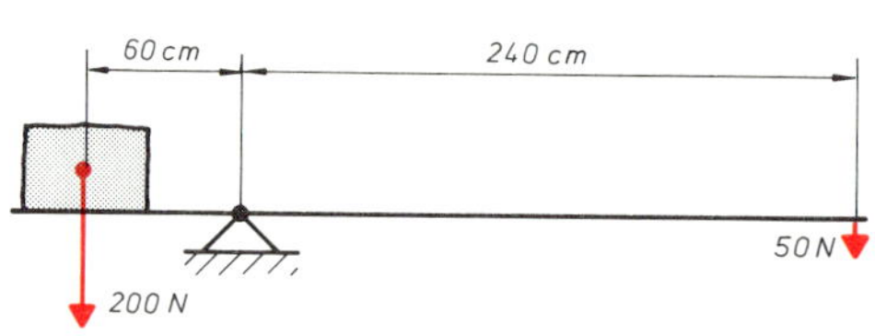

Kraft · Kraftarm
50 N · 240 cm = 12 000 Ncm

Last · Lastarm
200 N · 60 cm = 12 000 Ncm

Es gilt demnach:

Kraft · Kraftarm = Last · Lastarm

Einseitiger Hebel

Beim einseitigen Hebel befindet sich der Drehpunkt am Hebelende. Ein Beispiel dafür ist die Schubkarre. Die Last drückt nach unten, die Kraft muß nach oben wirken. Es muß unbedingt darauf geachtet werden, daß Kraftarm und Lastarm bis zum Drehpunkt gemessen werden. Dann gilt auch für den einseitigen Hebel

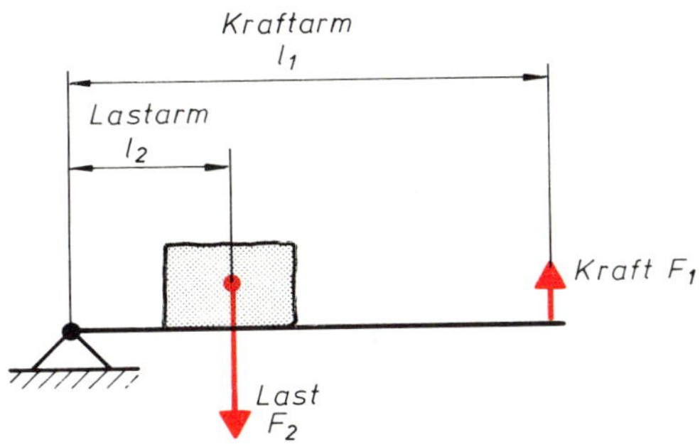

das **Hebelgesetz:**

Kraft · Kraftarm = Last · Lastarm

$$F_1 \cdot l_1 = F_2 \cdot l_2$$

oder einfacher:

langer Hebelarm – geringe Kraft erforderlich
kurzer Hebelarm – große Kraft erforderlich

Beispiel

Eine Last von 800 N soll mit einem Hebel gehoben werden. Der Lastarm beträgt 15 cm, der Kraftarm 75 cm.
Welche Kraft ist notwendig?

Lösung:

$$F_1 = \frac{F_2 \cdot l_2}{l_1} = \frac{800\ \text{N} \cdot 15\ \text{cm}}{75\ \text{cm}} = \underline{160\ \text{N}}$$

Anwendung

Bei vielen Werkzeugen und Geräten des täglichen Gebrauchs können durch Hebel große Kräfte aufgebracht werden.

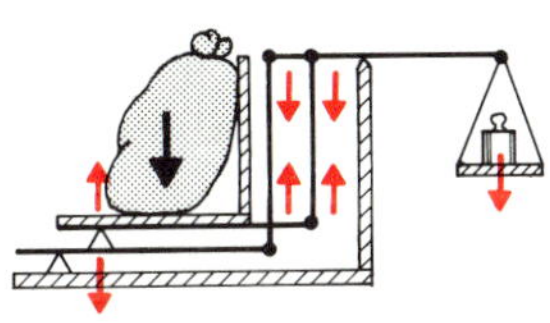

Dezimalwaage

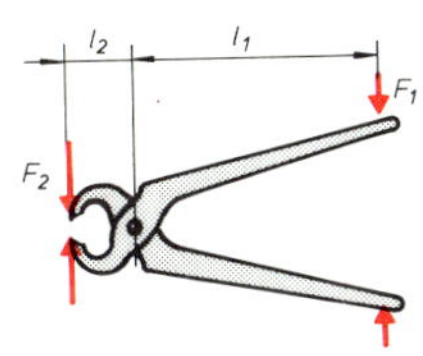

Zange

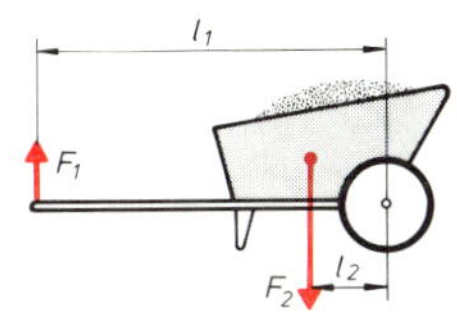

Schubkarre

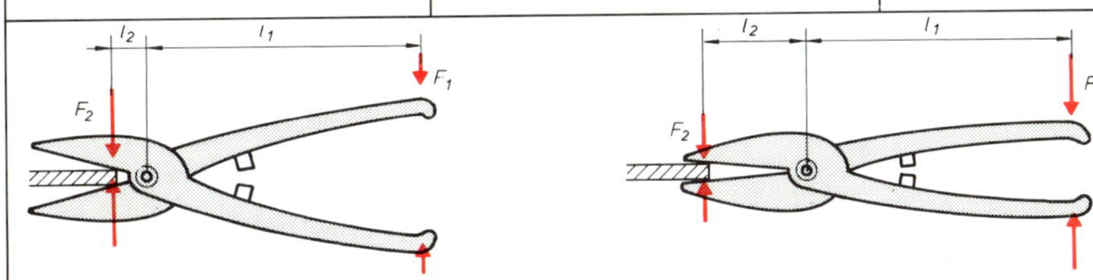

Scheren Welche Stellung ist günstiger?

Wird die Platte nach oben gekippt, so wird immer weniger Kraft notwendig, je höher die Platte schon gekippt ist. Begründung?

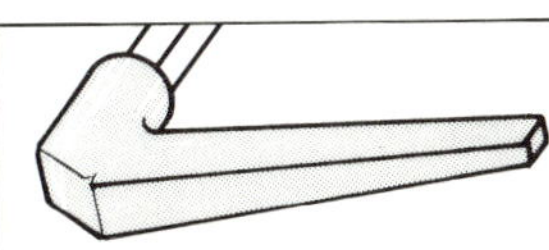

Türklinke
An welcher Stelle muß mit der geringsten Kraft gedrückt werden?

Aufgaben

a) *Nennen Sie mindestens drei Werkzeuge oder Gebrauchsgegenstände (ohne die oben aufgeführten), bei denen durch die Hebelwirkung weniger Kraft notwendig wird!*

b) Durch Hebel kann die menschliche Kraft vervielfältigt werden.
Welchen Nachteil muß man jedoch übernehmen, wenn man mit Hebeln arbeitet?
Denken Sie dabei an den Weg.

c) Wird eine Schraube mit einem Schraubenschlüssel festgezogen, so soll der Schraubenschlüssel nicht durch ein übergestecktes Rohr verlängert werden. *Welche Gefahr besteht sonst?*

d) Zum Öffnen einer Kiste mit einem Brecheisen ist eine Kraft von 1200 N erforderlich. Der Lastarm beträgt 2 cm, der Kraftarm 25 cm.
Welche Kraft muß aufgebracht werden?

Leichteres Heben von Lasten

Welchen Vorteil hat der Bauarbeiter durch die Benutzung einer Rolle?

Bei welchen Geräten werden Rollen benutzt?

ROLLEN

Man unterscheidet:

feste Rolle

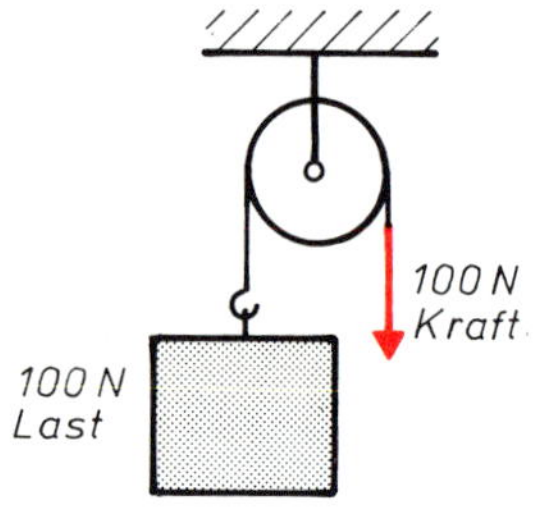

Bei einer festen Rolle wird die Kraftrichtung umgedreht.

Kraft = Last

lose Rolle

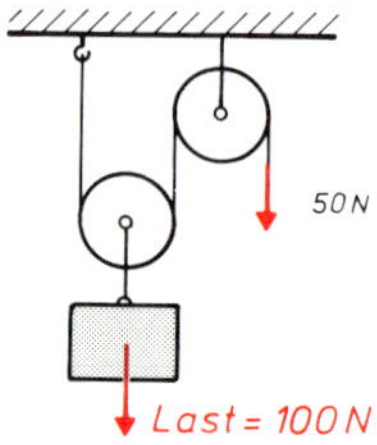

Bei einer losen Rolle ist nur die halbe Kraft erforderlich.

Kraft = $\frac{1}{2}$ · Last

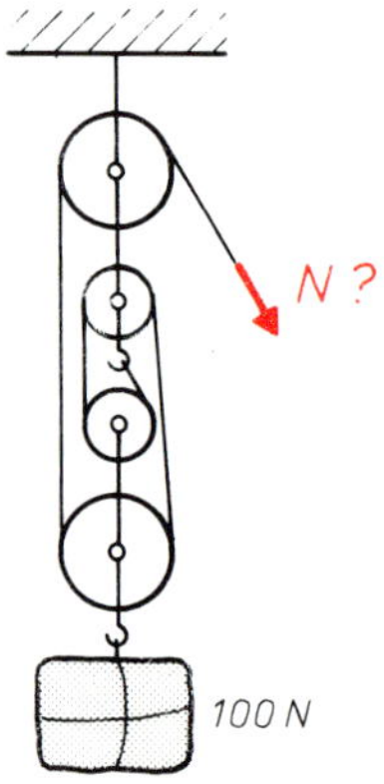

Aufgabe

Versuchen Sie zu berechnen, mit welcher Kraft gezogen werden muß, um eine Last von 100 N zu heben.

Weshalb wird in der Wirklichkeit eine größere Kraft erforderlich sein, als die Rechnung ergibt?

Werden mehrere Rollen zu einem Hebegerät zusammengefaßt, so nennt man dies einen **Flaschenzug.**

Bei Flaschenzügen wird die Last immer von mehreren Seilen gehalten. Dadurch benötigt man weniger Kraft, muß jedoch auch mehr Seil abspulen.

Auf einer schiefen Ebene geht's leichter nach oben

Welchen Vorteil hat der Arbeiter, wenn er die Kiste über eine Schräge auf die Pritsche schiebt?
Nennen Sie weitere Beispiele, bei denen eine solche Schräge eingesetzt wird.

SCHIEFE EBENE

Wird eine Last nicht senkrecht gehoben, sondern über eine Schräge befördert, so ist weniger Kraft erforderlich. Eine solche Schräge nennt man **schiefe Ebene.**

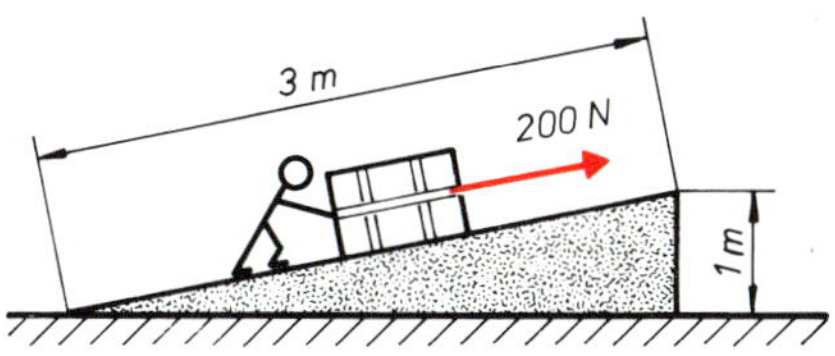

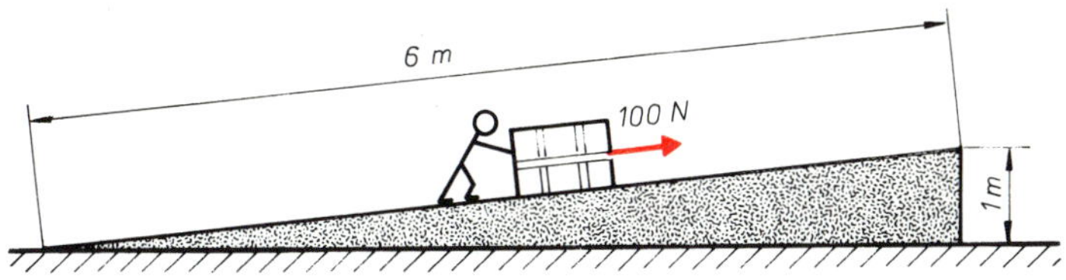

Je flacher eine schiefe Ebene, desto weniger Kraft ist notwendig. Die Kraft muß jedoch über einen längeren Weg aufgebracht werden.

Kraft · Kraftweg = Last · Hubhöhe

Anwendungen der schiefen Ebene

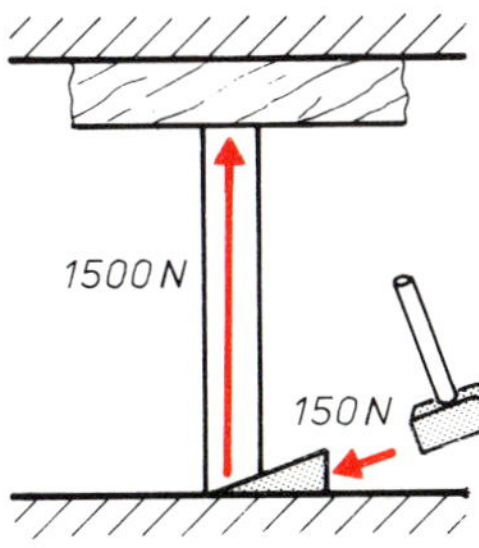

Keil zum Befestigen (Verkeilen)

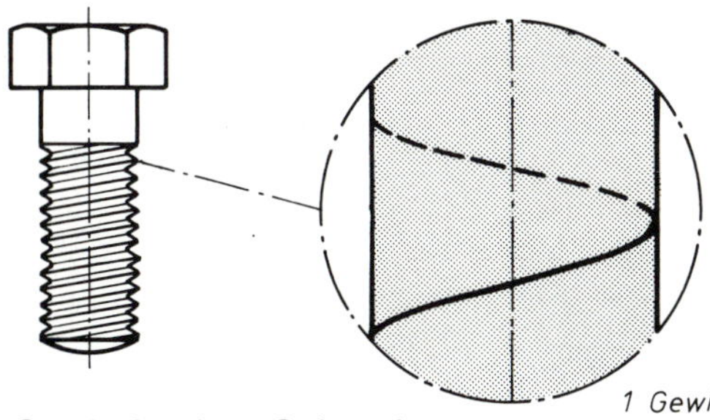

Gewinde einer Schraube

1 Gewindegang (vergrößerte Darstellung)

Aufgaben

a) Eine Maschine läßt man auf einer 4 m langen schiefen Ebene von der 1 m hohen Verladerampe herabrutschen.

Der wievielte Teil der Gewichtskraft wird zum Abbremsen benötigt?

b) *Welchen Vorteil hat es, wenn Bergstraßen nicht geradlinig, sondern mit vielen Windungen geführt werden?*

Geschwindigkeit ist keine Hexerei

Mopedfahrer und Fußgänger haben denselben Schulweg.

Der Mopedfahrer braucht 4 Minuten (Stadtverkehr!), der Fußgänger 10 Minuten.

Der Mopedfahrer hat eine höhere Geschwindigkeit als der Fußgänger.

Was ist überhaupt Geschwindigkeit?

Etwas kann sich langsam oder schnell bewegen. Ein Maß dafür ist die **Geschwindigkeit.**

läuft 5 km weit in einer Stunde

Geschwindigkeit 5 km/h*

fährt 25 km weit in einer Stunde

Geschwindigkeit 25 km/h*

* lies: Kilometer pro Stunde

Je länger der zurückgelegte Weg in einer Stunde, desto höher ist die Geschwindigkeit.

Formelzeichen und Einheit

Geschwindigkeit $= \frac{\text{zurückgelegter Weg}}{\text{benötigte Zeit}}$

Formelzeichen: $v = \frac{s}{t}$

Einheit: $\frac{\text{km}}{\text{h}}$

Beispiele:

a) Ein Motorradfahrer legt eine 96 km lange Strecke in 2 Stunden zurück. Wie groß ist seine Durchschnittsgeschwindigkeit?

Lösung: $v = \frac{s}{t} = \frac{96\text{ km}}{2\text{ h}} = \underline{\underline{48\text{ km/h}}}$

b) Der Schall hat eine Geschwindigkeit von ca. 1196 km/h. Welchen Weg legt er in einer Sekunde zurück?

Lösung: $s = v \cdot t = \frac{1196\text{ km/h}}{3600\text{ s/h}} = \underline{\underline{0{,}332\text{ km}}}$

In der Technik wird die Geschwindigkeit oft auch in $\frac{\text{m}}{\text{min}}$ angegeben.

Die Umrechnungstabelle hilft:

	km/h	m/min
1 km/h	–	= 16,67
1 m/min	$= \frac{6}{100}$	–

Aufgaben

a) Bei einer Maschine bewegt sich das Werkzeug in 2 Minuten um 800 mm weiter.

Wie groß ist seine Geschwindigkeit in m/min und km/h?

b) Der Weltrekord für 100 m liegt bei ca. 10 Sekunden.

Wie groß ist die Durchschnittsgeschwindigkeit des Läufers in km/h?

Wenn sich etwas im Kreise bewegt

Kettenrad und Kette bewegen sich.
Welche Stellen des Kettenrades haben dieselbe Geschwindigkeit wie die Kette?

UMFANGSGESCHWINDIGKEIT

Das gerade Stück der Kette bewegt sich geradlinig, das Kettenrad kreisförmig. Die Kette und die äußersten Punkte am Umfang des Kettenrades haben die gleiche Geschwindigkeit. Man spricht von **Umfangsgeschwindigkeit.**

Wovon hängt die Umfangsgeschwindigkeit ab?

Wir rollen zwei Räder mit verschiedenen Durchmessern ab. Der zurückgelegte Weg nach einer Umdrehung ist bei dem Rad mit größerem Durchmesser auch größer. Der zurückgelegte Weg ist gleich dem Radumfang, also $\pi \cdot d$.
Dreht sich das Rad nicht einmal, sondern zweimal, so ist der zurückgelegte Weg zweimal so groß.
Entscheidend für die Größe der Geschwindigkeit ist die Anzahl der Umdrehungen in einer bestimmten Zeit. Die **Drehzahl** n gibt an, wie oft sich ein Rad oder eine Scheibe in einer Minute dreht. Bei Elektromotoren ist die Drehzahl oft 1400 $\frac{1}{\text{min}}$.

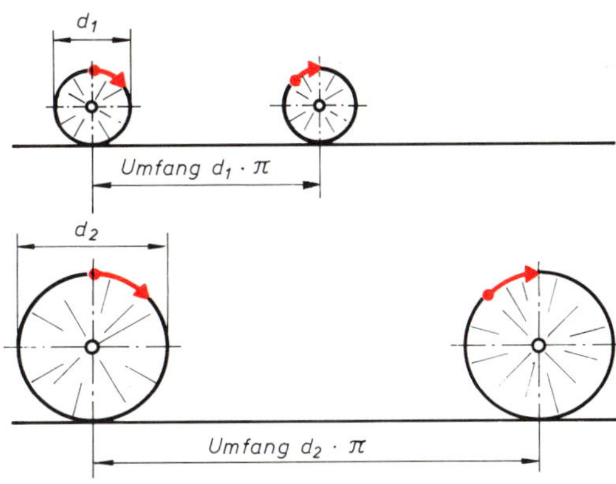

In einer Minute legt also ein Punkt am Umfang einer Scheibe den Kreisumfang so oft zurück, wie es die Drehzahl angibt.

Die Umfangsgeschwindigkeit ist demnach gleich der Länge der zurückgelegten Kreisumfänge in einer Minute.

Formelzeichen und Einheit

Umfangsgeschwindigkeit = Umfang · Drehzahl
Formelzeichen: $v = \pi \cdot d \cdot n$

Einheit: $\text{km} \cdot \frac{1}{\text{h}}$

$\frac{\text{km}}{\text{h}}$

Beispiel:

Das Rad eines Fahrrades mit dem Raddurchmesser $d = 680$ mm hat eine Drehzahl von $n = 95\ \frac{1}{\text{min}}$. Wie groß ist die Umfangsgeschwindigkeit des Rades in m/min? Wie groß ist die Geschwindigkeit des Fahrrades in km/h?

Lösung:

Wenn das Rad nicht durchrutscht, so ist die Geschwindigkeit des Fahrrades gleich der Umfangsgeschwindigkeit des Rades.

$$v = \pi \cdot d \cdot n = 3{,}14 \cdot 0{,}68\ \text{m} \cdot 95\ \frac{1}{\text{min}} = \underline{\underline{202{,}8\ \frac{\text{m}}{\text{min}}}}$$

$$v = 202{,}8\ \frac{\text{m}}{\text{min}} \cdot 0{,}06\ \frac{\text{km/h}}{\text{m/min}} = \underline{\underline{12{,}2\ \frac{\text{km}}{\text{h}}}}$$

Aufgaben

a) Bei einer Bohrmaschine dreht sich der Bohrer mit $d = 8$ mm 1280mal in einer Minute.
Wie groß ist die Geschwindigkeit am Bohrerumfang in m/min?

b) Die Riemenscheibe an einem Motor hat einen Durchmesser von 16 cm.
Wie schnell bewegt sich der Riemen, wenn der Motor eine Drehzahl von 700 $\frac{1}{min}$ hat?

Arbeit – einmal theoretisch betrachtet

Das erfordert Kraft – und dann noch bis zum 4. Stockwerk hoch.

Da weiß man abends, wieviel man gearbeitet hat!

WAS IST ARBEIT?

Soll eine Last hochgehoben, ein Pkw angeschoben, an einer Seilwinde gedreht werden, so ist Arbeit erforderlich.
Arbeit (genauer mechanische Arbeit) wird verrichtet, wenn eine Kraft über einen bestimmten Weg wirkt.

Je größer die aufgewendete Kraft, desto größer die Arbeit.
Je länger der Weg, desto größer die Arbeit.
Kraft hat die Einheit N (Newton).
Weg hat die Einheit m (Meter).

Formelzeichen und Einheit

Arbeit = Kraft · Weg

Formelzeichen: $W = F \cdot s$

Einheit: N · m

Nm
(Newtonmeter)

Wichtig: Bei der Arbeit in der Physik darf nur der Weg in Richtung der Kraft berücksichtigt werden.

Arbeit bei der losen Rolle

halbe Kraft,
aber doppelter Weg

Arbeit bleibt gleich groß

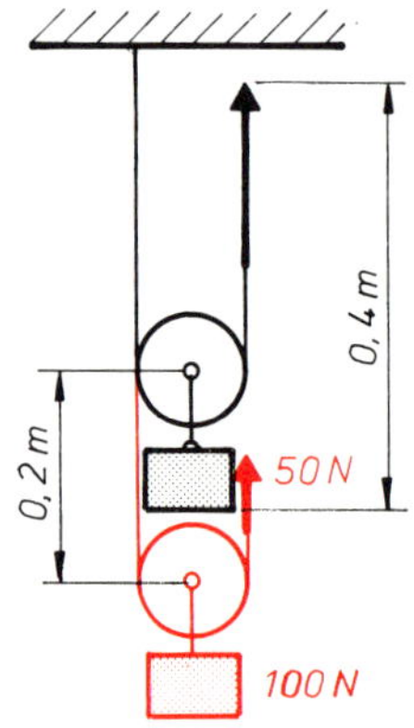

Arbeit beim Hebel

weniger Kraft,
aber größerer Weg

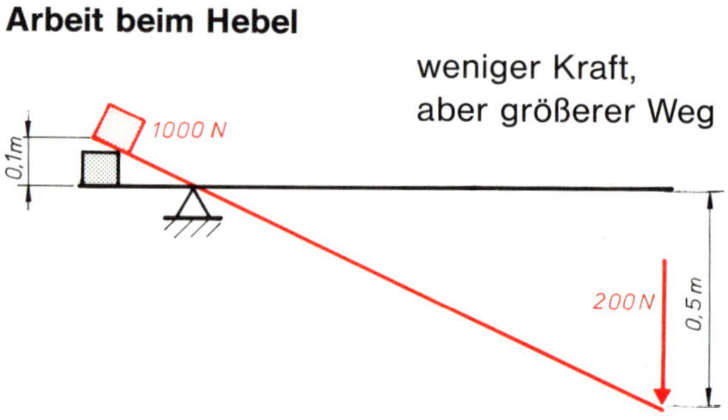

Arbeit bleibt gleich groß

Beispiel

Ein Kran muß beim Heben einer Last in 6 m Höhe eine Kraft von 5000 N aufbringen.
Wie groß ist die verrichtete Arbeit?

Lösung:

$W = F \cdot s$
$= 5000\ \text{N} \cdot 6\ \text{m} = 30\,000\ \text{Nm}$
$= \underline{\underline{30\ \text{kNm}}}$ (Kilonewtonmeter)

Hier wird etwas geleistet!

Man muß das Eisen schmieden, solange es noch heiß ist!

Hier kommt es nicht nur auf den Weg und die Kraft an, es muß auch schnell gehen!

LEISTUNG

Soll eine Arbeit rasch erledigt werden, so muß man mehr leisten.
Schmiedet ein Schmied zwei Hufeisen in der gleichen Zeit, in der ein anderer nur eines schmiedet, so hat er mehr geleistet.

Je **größer** die **Arbeit** (in der gleichen Zeit), desto **größer** die **Leistung.**

Benötigt ein Schmied zum Schmieden eines Hufeisens nur halb soviel Zeit wie ein anderer, so hat er mehr geleistet.

Je **kleiner** die **Zeit** (für die gleiche Arbeit), desto **größer** die **Leistung.**

Arbeit hat die Einheit Nm (Newtonmeter)
Zeit hat die Einheit s (Sekunde)

Formelzeichen und Einheit

$$\text{Leistung} = \frac{\text{Arbeit}}{\text{Zeit}} = \frac{\text{Kraft} \cdot \text{Weg}}{\text{Zeit}}$$

$$\text{Formelzeichen: } P = \frac{W}{t} = \frac{F \cdot s}{t}$$

Einheit: $\frac{\text{Nm}}{\text{s}}$ (Newtonmeter pro Sek.)

andere Bezeichnung: $1 \frac{\text{Nm}}{\text{s}} = 1$ Watt

Vielfach wird die Leistung noch in PS ausgedrückt.
Für Umrechnungen gilt: $1 \text{ PS} = \frac{750 \text{ Nm}}{\text{s}}$

Beispiel:

Zwei Möbelpacker arbeiten um die Wette. Der erste verrichtet seine Arbeit in zwei Stunden. Der zweite hat nur halb soviel zu arbeiten und ist nach einer Stunde fertig. Wer hat mehr geleistet?

Lösung:

$$\text{Leistung} = \frac{\text{Arbeit}}{\text{Zeit}} = \frac{\text{halbe Arbeit}}{\text{in der halben Zeit}}$$

Ergebnis: Beide haben gleich viel gearbeitet.

Beispiel:

Ein Autofahrer schiebt seinen Wagen mit 500 N in 10 s 5 m weit. Wie groß ist seine Leistung?

Lösung:

$$P = \frac{F \cdot s}{t} = \frac{500 \text{ N} \cdot 5 \text{ m}}{10 \text{ s}} = \underline{\underline{250 \frac{\text{Nm}}{\text{s}}}}$$

Aufgaben

a) Ein Kran hebt in 10 s eine Last mit einer Gewichtskraft von 50 kN 3,5 m hoch.
Wie groß ist seine Leistung?

b) Ein Pkw hat eine Leistung von 50 $\frac{\text{kNm}}{\text{s}}$.
In welcher Zeit kann er eine 100 m lange Strecke zurücklegen, wenn die Antriebskraft 2500 N beträgt?

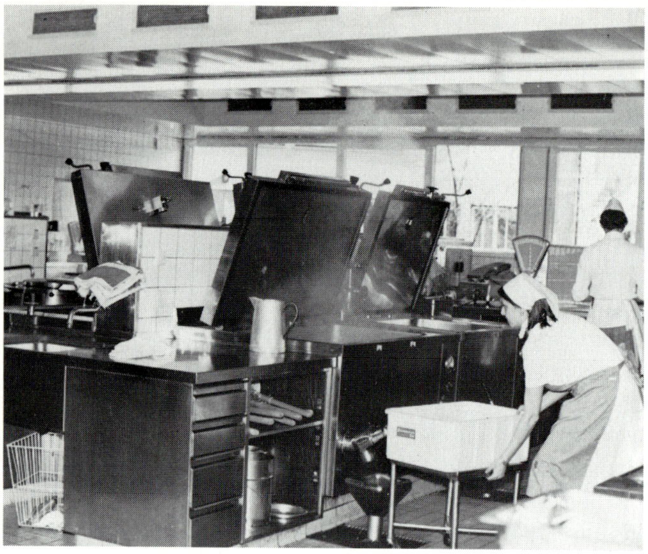

Wärmelehre

WÄRMEQUELLEN

Wird der elektrische Strom abgeschaltet, so müssen die Gäste hungrig bleiben.
Dann spürt man, wie abhängig wir von der Energie sind. Wird das Heizöl knapp, können nur noch wenige Wohnungen auf Kohlenheizung umstellen.

Aber:

> Wärme braucht der Mensch!

Welche Wärmequellen stehen zur Verfügung?

Sonne – ist für uns ein unerschöpflicher Energie- und Wärmelieferant. Durch Verschmelzung von Atomkernen wird im Sonneninnern die abstrahlende Energie laufend nacherzeugt.

Verbrennung – Holz, Kohle, Öl und viele andere Stoffe verbrennen in chemischen Prozessen. Dabei wird Wärme frei.

Elektr. Strom – Fließt elektrischer Strom durch einen Stromleiter, so wird dieser Leiter erwärmt.

Atomenergie – Durch Kernspaltung und Umwandlung der Materie in Energie werden Strahlung und Wärme frei.

Was ist Wärme?

Die ganz schnellen Wasserteilchen werden durch den Deckel wieder abgebremst!

Alle Stoffe bestehen aus Atomen und Molekülen, die sich (für uns unsichtbar) dauernd bewegen.
Wird einem Stoff Wärme zugeführt, so erhöht sich die Geschwindigkeit der Atome und Moleküle.

> Wärme ist ein Bewegungszustand der Atome und Moleküle.

Je geringer die Temperatur eines Stoffes ist, desto langsamer ist die Bewegung der kleinsten Teilchen.

ABSOLUTER NULLPUNKT DER TEMPERATUR

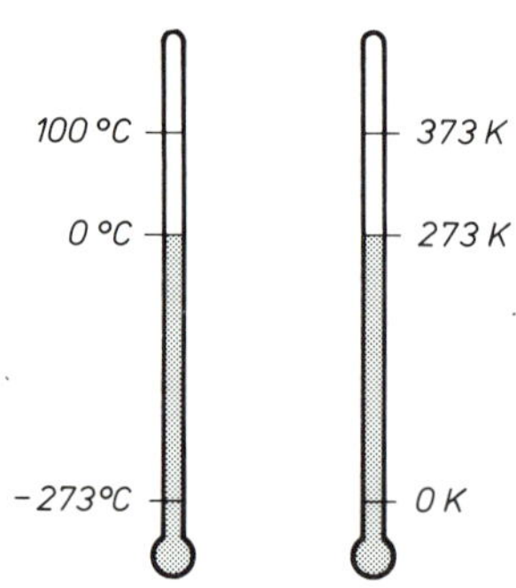

Temperaturskala nach Celsius Kelvin

Wissenschaftler haben festgestellt, daß die Bewegung der Materieteilchen bei einer Temperatur von etwa −273 °C endet. Man nennt diese Temperatur den absoluten Nullpunkt der Temperatur. Nach dem englischen Physiker Lord Kelvin (1824–1907) wurde eine neue Temperaturskala benannt, für die der absolute Nullpunkt mit 0 K (Kelvin) als Nullpunkt gilt.

So ist:

−273 °C	=	0 K
0 °C	=	273 K

Zum Nachdenken:
Die ergiebigste Wärme- und Energiequelle ist für uns die Sonne.
Wie wird und wurde die Sonnenenergie auf der Erde gespeichert?

Wie Wärme sich ausbreitet

Viele Taxis sind hell gespritzt. Früher waren alle Taxis schwarz. Welcher Grund war für die Farbänderung wohl maßgebend?

Wärmestrahlung

Die Wärmestrahlen der Sonne wirken erst beim Auftreffen auf einen Körper. Wie die Lichtstrahlen, so werden auch die Wärmestrahlen von hellen Flächen zurückgeworfen (reflektiert). Von rauhen, dunklen Flächen werden die Strahlen jedoch gesammelt und z. T. weitergeleitet.
Hell gespritzte Taxis werden deshalb im Sommer von der Sonne weniger aufgeheizt. In südlichen Ländern trägt man helle Kleidung.

Wärmeleitung

Wird ein Körper an einer Stelle erwärmt, dann kann sich die Wärme nach einiger Zeit über den ganzen Körper ausgebreitet haben. Die Wärme durchdringt den Körper. Man sagt auch, der Körper leitet die Wärme.

> Unterschiedliche Stoffe leiten Wärme unterschiedlich gut.
> Jeder Stoff hat eine bestimmte **Wärmeleitfähigkeit.**

Einige Beispiele für die Wärmeleitfähigkeit von Stoffen im Vergleich mit Eisen:

Eisen	1	Silber	7,5	Kiesbeton	0,04
Aluminium	4	Wasser	0,01	Holz	0,004
Kupfer	7	Glas	0,016	Luft	0,0005

Energieeinsparung

Gute Wärmeleitung an Gebäuden oder Geräten bedeutet hohen Energieverbrauch und hohe Energiekosten. Die Tabelle zeigt, welche Stoffe die Wärme gut abführen und deshalb als Wärmeleiter eingesetzt werden und welche Stoffe sich als Wärmedämmstoffe eignen.
Luft leitet die Wärme etwa 2000mal schlechter als Eisen. Viele Wärmedämmstoffe enthalten deshalb Luft, z. B. dicke Stricksachen, Felle oder – bei der Wärmedämmung von Gebäuden – Glas- und Gesteinsfaserwolle.

Wärmeströmung

Warme Luft ist leichter als kalte Luft. Über einem warmen Heizkörper erwärmt sich die Luft. Sie wird leichter als die kältere Luft der Umgebung und steigt auf. Kältere Luft aus der Umgebung strömt nach. Es entsteht ein Luftstrom an dem Heizkörper vorbei von unten nach oben. Mit dem Luftstrom wird Wärme transportiert.
Man nennt diese Art von Wärmetransport auch Konvektion.
Etwas ähnliches gibt es auch in der Natur. Die Sonne erwärmt den Erdboden. Die Luft darüber erwärmt sich und steigt auf. Segelflieger benutzen diese Luftströmung, um große Höhen zu erreichen.

Fragen: *Weshalb verwendet man Kunststoffe für die Griffe von Kochgeräten?*
Eine Thermosflasche ist aus doppelwandigem Glas.
Der Zwischenraum ist luftleer. Weshalb wohl?

Wie sich Wärme und Kälte auswirken

Hochspannungsleitungen hängen im Sommer weit durch. Im Winter sind dieselben Leitungen straffer gespannt. Wer oder was ist wohl dafür verantwortlich?

Wissen Sie aus Ihrer Erfahrung noch weitere Beispiele?

Ursache und Wirkung

Erwärmung eines Stoffes bedeutet, daß sich die Materieteilchen schneller bewegen. Die Materieteilchen benötigen mehr Platz.

Stoffe dehnen sich bei Erwärmung aus.

Unterschiedliche Wärmeausdehnung

Die Erwärmung eines 1 m langen Stabes um 50 °C (z. B. von −10 °C im Winter auf +40 °C im Sommer beträgt:

Glas	≈ 0,4 mm
Aluminium	≈ 1,1 mm
Stahl	≈ 0,6 mm
Beton	≈ 0,6 mm
Kupfer	≈ 0,8 mm

Diese Beispiele zeigen, daß die Stoffe unterschiedliche Wärmeausdehnung haben.
Auffallend ist die annähernd gleiche Wärmeausdehnung von Stahl und Beton. Welche Bedeutung hat dies für Stahlbetonbauten?
Sehr groß ist die Wärmeausdehnung aller Gase. Wird die Temperatur um 273 °C erhöht, so verdoppeln alle Gase ihr Volumen genau einmal.

Aufgabe *Warum springt ein dickes Glas, wenn heißes Wasser eingegossen wird?*

Die Dehnfugen vermeiden Rißbildung durch Erwärmung.

Auf einer Seite ist die Brücke beweglich gelagert.

Genaues Prüfen nur bei 20 °C.

Wie man die Temperatur mißt

Automotoren werden durch Luft oder Wasser gekühlt. Bei zu hoher Temperatur entstehen sonst Schäden am Motor.
Die Temperaturanzeige und die rote Signallampe auf dem Armaturenbrett sollen vor zu hoher Temperatur warnen.

Was ist Temperatur?

Heiß und kalt sind Begriffe, die den Wärmezustand eines Körpers bezeichnen. Gemeint ist dabei jedoch, ob die Temperatur hoch oder niedrig ist.

> Temperatur = Wärmezustand

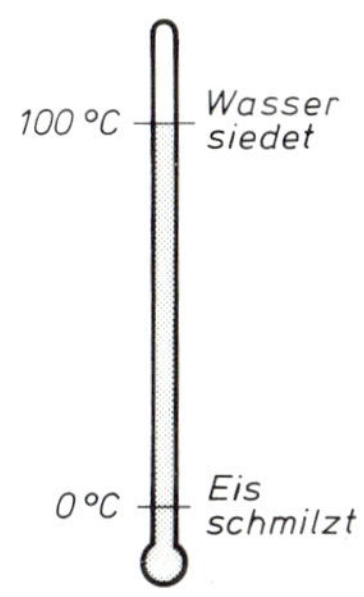

Flüssigkeitstermometer

In der Technik kann mit Begriffen wie warm und kalt nicht gearbeitet werden. Dort zählen Zahlen.
Der schwedische Astronom Anders Celsius (1701–1744) schlug 1742 die noch heute gültige Einteilung der Temperaturskala vor.
Die Temperatur von schmelzendem Eis bezeichnete er mit 0, die Temperatur von siedendem Wasser mit 100.
Ihm zu Ehren wird die Temperatur mit Grad Celsius bezeichnet.

> Die Einheit der Temperatur ist °C (Grad Celsius).

In der Wissenschaft wird heute die Temperatur oft mit Kelvin benannt (siehe Seite 110).

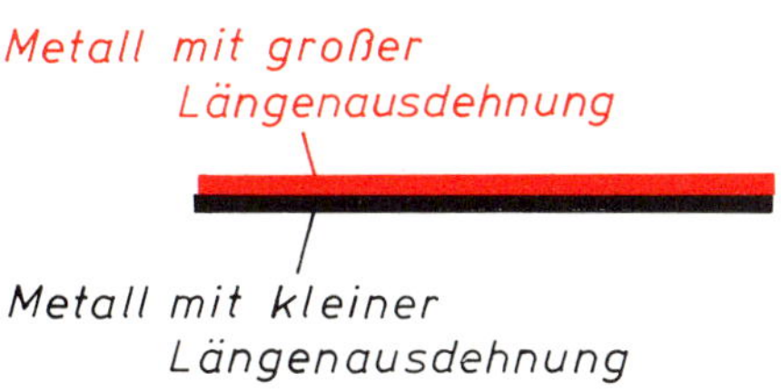

bei Temperaturerhöhung

bei Temperaturminderung

Temperaturmessung

Körper dehnen sich bei Erwärmung aus. Die Wärmedehnung wird zur Temperaturmessung verwendet.
Beim **Flüssigkeitsthermometer** dehnen sich Alkohol oder Quecksilber aus. **Alkoholthermometer** werden zur Temperaturmessung von etwa –100 bis etwa 70 °C, **Quecksilberthermometer** zur Temperaturmessung von etwa –30 bis etwa 750 °C verwendet.

Bei **Metallthermometern** sind zwei Metallstreifen fest miteinander verbunden. Die beiden verschiedenen Metalle haben unterschiedliche Wärmeausdehnung. Erwärmt man den Streifen, so krümmt er sich. Beim **Bimetallthermometer** wird eine Spirale aus zwei fest miteinander verbundenen Metallstreifen benutzt.

Bei **Temperatur-Meßfarbstiften** ändert sich bei bestimmten Temperaturen plötzlich die Farbe. Es gibt Temperatur-Meßfarbstifte für den Meßbereich von 65 °C bis 670 °C, die jeweils bei einer ganz bestimmten Temperatur ihren Farbton ändern. So kann z. B. rasch bei damit angestrichenen Teilen eine Überhitzung festgestellt werden.

Frage:
Weshalb darf man ein Badethermometer (Alkoholthermometer) nicht in die Wanne legen, wenn man nur heißes Wasser einfließen läßt?

Vom Gefrieren und Verdampfen

Wer möchte hier im Hochsommer nicht auch Verkäufer sein? Das kühlt ab, wenn das Eis langsam im Munde schmilzt.
Billig ist jedoch der „Lutschspaß" nicht.
Könnte man Eis zu Hause nicht selbst billiger herstellen?

Wasser wird zu Eis

Im Eisfach des Kühlschrankes kann die Hausfrau selbst Eis herstellen. Aus Limonade wird im Eisfach nach einigen Stunden Limonadeneis. Was geschieht dabei?
Im Kühlschrank wird dem Wasser Wärme entzogen, dabei kühlt es bis 0 °C ab. Wird weiter Wärme entzogen, so erstarrt das Wasser, wird bei 0 °C zu Eis und erreicht anschließend Minustemperaturen.
Wird Eis erwärmt, so schmilzt es bei 0 °C und wird zu Wasser.

Die **Erstarrungs- bzw. Schmelztemperatur** gibt an, bei welcher Temperatur ein flüssiger Stoff in einen festen bzw. ein fester Stoff in einen flüssigen überführt wird.

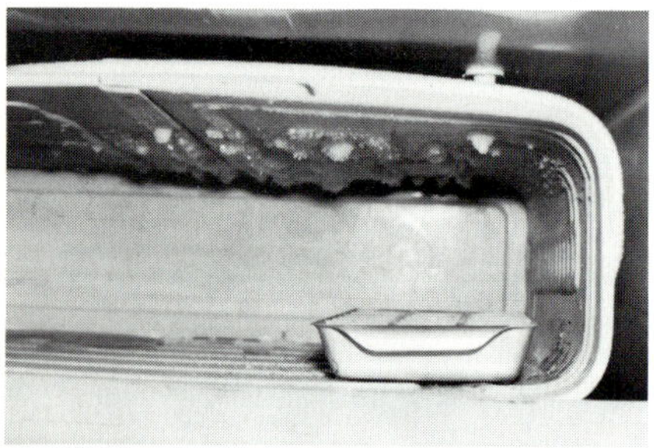

Im Kühlschrank muß die Erstarrungswärme bei der Eisbildung entzogen und abgeführt werden.

Erstarrungs- bzw. Schmelztemperaturen in °C

Quecksilber	−39	Zink	420
Seewasser	− 2,5	Silber	961
Wasser	0	Kupfer	1083
Zinn	232	Stahl	1450 ... 1550
Blei	327	Wolfram	3370

Erstarrt eine Flüssigkeit, so wird Wärme frei, die **Erstarrungswärme.**

Schmilzt ein fester Körper, so muß Wärme zugeführt werden, die **Schmelzwärme.**

Wasser hat eine sehr hohe Schmelz- bzw. Erstarrungswärme. Bei +1 °C bis +2 °C gibt es deshalb noch oft Schnee- und Eisreste auf den Straßen. An zugigen Straßenabschnitten, z. B. auf Brücken oder in Waldschneisen, bildet sich oft zuerst Eis auf der Fahrbahn. Hier wird die freiwerdende Erstarrungswärme rasch abgeführt.

Wasser wird zu Dampf

Wenn der Teekessel pfeift, so ist dies das Zeichen, daß das Wasser siedet. Wasser wird in Dampf überführt.
Diese Überführung geht nicht plötzlich vor sich. Bis alles Wasser zu Dampf umgewandelt ist, wird eine gewisse Zeit benötigt, in der weiter Wärme zugeführt werden muß.
Wird Dampf abgekühlt, so wird er bei 100 °C wieder in Wasser überführt. Diesen Vorgang nennt man **Kondensation.**

> Die **Siede- bzw. Kondensationstemperatur** gibt an, bei welcher Temperatur ein flüssiger Stoff in einen gasförmigen bzw. ein gasförmiger in einen flüssigen überführt wird.

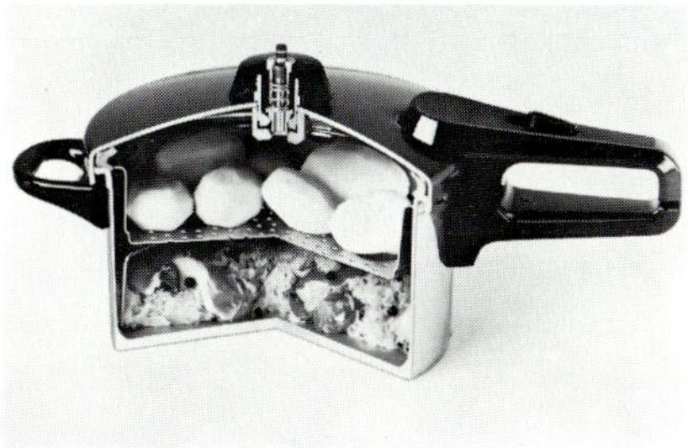

Siede- bzw. Kondensationstemperatur in °C

Luft	−192	Spiritus	78	Wasser	100
Ether	35	Benzin	40 ... 200	Fette	≈ 300

Die Siedetemperatur wird höher, wenn in einem geschlossenen Gefäß Druck auf die Flüssigkeit ausgeübt wird, z. B. in einem Dampf- oder Schnellkochtopf.

Aggregatzustände

fest – flüssig – gasförmig

sind die drei Zustände, in denen Stoffe vorkommen.
Soll ein Stoff von dem einen in den anderen Aggregatzustand überführt werden, so muß Wärme zugeführt oder entzogen werden.

	+ Wärme →		+ Wärme →	
	Schmelztemperatur		Siedetemperatur	
fest		flüssig		gasförmig
	Erstarrungstemperatur		Kondensationstemperatur	
	← − Wärme		← − Wärme	

Weshalb Dampf Arbeit verrichtet

Wird ein Körper erwärmt, so dehnt er sich geringfügig aus. Wird Wasser in Dampf umgewandelt, so wird das Volumen vervielfacht. Dadurch wird der Kochtopfdeckel gehoben, eine Dampflokomotive in Bewegung versetzt und werden Dampfturbinen angetrieben.

Anomalie des Wassers

Auch im kältesten Winter gefrieren tiefe Seen nicht bis zum Grunde. Dort herrscht immer die Temperatur +4 °C. Wird Wasser von 0 °C an erwärmt, so dehnt sich Wasser zuerst nicht aus, sondern zieht sich zusammen. Bei +4 °C nimmt Wasser das kleinste Volumen ein, es hat die größte Dichte. Wird Wasser über +4 °C erwärmt, so dehnt es sich wie jeder andere Stoff aus. Dieses eigenartige Verhalten des Wassers bei Erwärmung nennt man Anomalie des Wassers. Wasser von 4 °C hat das kleinste Volumen, also die größte Dichte und sinkt deshalb auf den Grund der Seen.

Fragen:
Weshalb kann ein Dampfkochtopf explodieren, wenn das Ventil defekt ist?
Wasser in einer Pfütze erstarrt zuerst an der Oberfläche. Begründung?
Wie wirkt das Frostschutzmittel im Kühler eines Autos?

Vom Kochen und Heizen

Wird die Sparflamme beim Gasherd oder eine niedrige Stufe am Elektroherd eingeschaltet, so dauert es lange, bis das Wasser warm ist.

Wärmemenge

Um 1 *l* Wasser zum Sieden zu bringen, ist eine große Wärmemenge notwendig. Die Sparflamme beim Gasherd oder die niedrige Stufe am Elektroherd geben nur wenig Wärme ab, deshalb dauert es so lange.
Nimmt man weniger Wasser, so ist weniger Wärmemenge notwendig. Wird das Wasser nur auf Handwärme (ca. 30 °C) erwärmt, so ist ebenfalls weniger Wärme erforderlich.

> Die zum Erwärmen notwendige Wärmemenge *Q* ist um so größer, je größer die Menge des zu erwärmenden Stoffes ist und je höher die Endtemperatur sein muß.

Einheit

Wärme und Arbeit sind zwei Formen von Energie. So wird z. B. bei einer Dampfmaschine die durch Verbrennung erzeugte Wärme in Arbeit umgewandelt.

> Arbeit und Wärme haben dieselbe Einheit.

1 Nm = 1 J
1 Newtonmeter = 1 Joule (sprich dschaul oder dschul)

benannt nach dem englischen Physiker J. P. Joule (1818–1889).

Nicht alle Stoffe benötigen die gleiche Wärmemenge. So benötigt z. B. Quecksilber für die Temperaturerhöhung um 1 °C nur den 30sten Teil der Wärmemenge, die für die gleiche Menge Wasser notwendig wäre.

> Die spezifische Wärmekapazität (auch spez. Wärmemenge) ist die Wärmemenge, die zur Erwärmung von 1 kg eines Stoffes um 1 °C notwendig ist.

Spezifische Wärmekapazität einiger Stoffe in $\frac{kJ}{kg \cdot °C}$							
Aluminium	0,9	Eis	2,09	Luft	1,00	Stahl	0,42–0,5
Beton	0,88	Kupfer	0,39	Maschinenöl	1,80	Wasser	4,19

Die Tabelle zeigt, daß Wasser im Vergleich mit anderen Stoffen eine sehr hohe Wärmekapazität hat.

Beispiele: a) 1 *l* Wasser wird von 20 °C auf 90 °C erwärmt. Welche Wärmemenge ist notwendig?

Lösung: $Q = 4{,}19 \frac{kJ}{kg \cdot °C} \cdot 1\,kg \cdot (90\,°C - 20\,°C)$

$Q = \underline{\underline{293{,}3\,kJ}}$

b) 1 *l* Maschinenöl wird von 20 °C auf 90 °C erwärmt. Welche Wärmemenge ist notwendig?

Lösung: $Q = 1{,}80 \frac{kJ}{kg \cdot °C} \cdot 1\,kg \cdot (90\,°C - 20\,°C)$

$Q = \underline{\underline{126\,kJ}}$

Fragen:
Weshalb ist das Klima an der See meist milder als das Landklima?
Sie haben die Wahl zwischen einem Kochtopf mit Aluminium- oder Kupferboden. Welchen würden Sie vorziehen? Begründung!

AUFGABEN ZUR MECHANIK UND WÄRME-LEHRE

1. *Weshalb kann man mit einer Federwaage nicht die Masse eines Körpers feststellen?*

2. Ein Maschinenteil hat die Masse 40 kg.
Wie groß ist seine Gewichtskraft in N?

3. Ein Astronaut befindet sich auf dem Mond.
Weshalb ist dort seine Gewichtskraft geringer?

4. An einem Kran hängt eine Kabelrolle mit einer Masse von 1,5 t.
Wie groß ist die Gewichtskraft?

5. Eine „Goldmünze" hat einen Durchmesser von 16 mm und ist 2 mm dick. Die Waage zeigt 4,22 g.
Ist die Münze echt oder nur vergoldet?
($\rho_{AU} = 19{,}33\ g/cm^3$)

6. *Wie groß ist das Gewicht (die Masse) eines 1,5 m langen Holzbalkens mit dem Querschnitt 8 cm × 8 cm?*
($\rho_{Holz} = 0{,}65\ kg/dm^3$)

7. *Welches Gleichgewicht herrscht bei einem Senklot, mit dem auf einer Baustelle festgestellt wird, ob eine Mauer senkrecht gemauert wurde?*

8. *Weshalb gehen Wanderer mit schweren Rucksäcken auf dem Rücken meist leicht nach vorne gebeugt?*

9. An einem zweiseitigen Hebel liegt auf der einen Seite im Abstand von 60 cm vom Drehpunkt eine Last mit 1500 N. Pfiff drückt auf der anderen Seite vom Drehpunkt mit 400 N nach unten.
Wie weit vom Drehpunkt aus entfernt muß er drücken, damit er die Last halten kann?

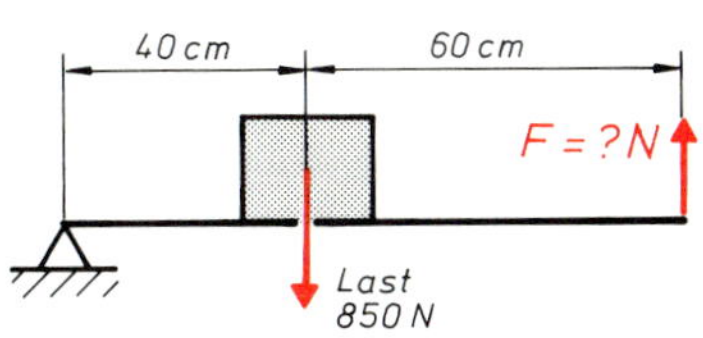

10. *Wie groß muß die Kraft F sein, um die Last zu halten?*

11. Mit einem Schraubenzieher (besser: Schraubendreher) wird eine Schraube festgezogen. Auch dabei erleichtert ein Hebelarm die Arbeit.
Begründung!

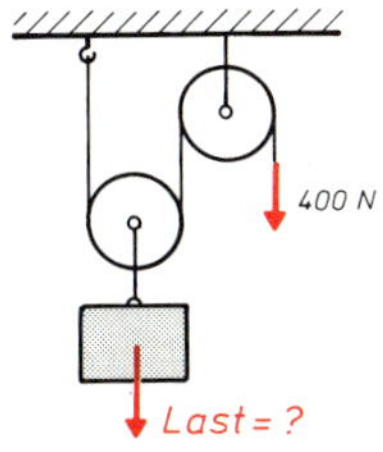

12. *Wie groß ist die Last?*

13. Ein Flugzeug fliegt eine 500 km lange Strecke mit einer Durchschnittsgeschwindigkeit von 650 km.
Wie lange braucht es?

14. Ein LKW benötigt für die Strecke Stuttgart–München (227,5 km) 3,5 Stunden.
Wie groß ist die Durchschnittsgeschwindigkeit?

15. Pfiff stemmt eine Last von 250 N 1,8 m hoch.
Welche Arbeit wird dabei verrichtet?

16. Ein Personenaufzug kann 5 Personen (360 kg) in 12 s in die 5. Etage (15 m) befördern.
Welche Leistung hat er?
(Achtung: Zuerst muß die Gewichtskraft berechnet werden!)

17. Im Winter zeigt das Thermometer −10 °C an.
Was würde ein Thermometer mit einer Kelvin-Skala anzeigen?

18. *Weshalb ist es ungünstig, die Heizkörper an der Wand gegenüber von den Fenstern anzubringen?*

19. *Weshalb werden trotz der geringen Wartung immer noch sehr wenig Fenster mit Aluminiumrahmen verwendet?*

20. Heizungsrohre, die in Wänden verlaufen, sind oft aus gut wärmeleitendem Kupfer.
Wie kann verhindert werden, daß zuviel Wärme verlorengeht?

21. *Wie kann man bei großen Gebäuden Risse durch Wärmedehnung vermeiden?*

22. *Was versteht man unter Temperatur? Was versteht man unter Wärme?*

23. *Wie funktioniert ein Flüssigkeitsthermometer?*

24. Wird in der Küche gekocht, so schlägt sich oft an den Fenstern Feuchtigkeit nieder.
Welcher Zusammenhang besteht hier?

25. Noch im Frühjahr findet man an manchen Nordhängen Schneereste, obwohl die Tagestemperaturen schon z. T. 10 °C betragen.
Begründung!

26. *Was versteht man unter der Anomalie des Wassers? Weshalb gefrieren tiefe Seen im Winter nie bis zum Grunde zu?*

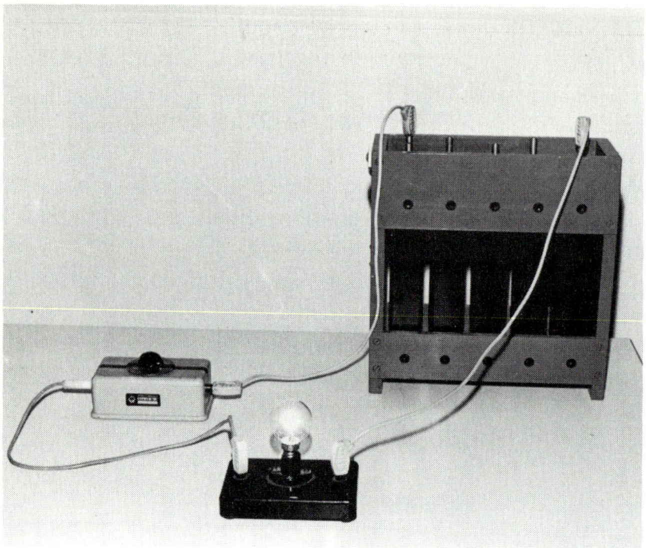

Die Elektrizität

Ohne Elektrizität müßten wir auf viele angenehme Dinge verzichten.
Radio, Fernsehen, Aufzüge in Hochhäusern und vieles andere mehr funktionieren nicht ohne Elektrizität.

Was ist Elektrizität?

Wir machen Versuche: Ein Lämpchen aus einer Taschenlampe soll zum Leuchten gebracht werden.
Dazu benötigen wir:
1 Lämpchen mit Fassung und zwei Anschlüssen
1 Spannungsquelle mit zwei Anschlüssen (im Foto ein Element, wie es auf Seite 120 beschrieben wird)
Kupferdrähte als Leitungen
1 Schalter

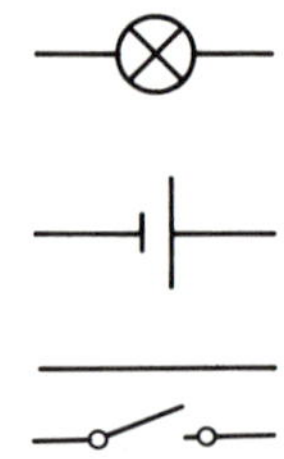

VERSUCH 1

Versuch: Ein Draht verbindet einen Pol der Spannungsquelle mit dem Lämpchen.

Ergebnis: Das Lämpchen brennt **nicht.**

VERSUCH 2

Versuch: Auch der andere Pol der Spannungsquelle wird mit dem Lämpchen verbunden.

Ergebnis: Das Lämpchen brennt jetzt.

VERSUCH 3

Versuch: Die Spannungsquelle wird entfernt und die freien Drahtenden miteinander verbunden.

Ergebnis: Das Lämpchen brennt **nicht.**

Zusammenfassung

Damit das Lämpchen brennt, muß die Verbindung von Spannungsquelle, Lämpchen und Leitungen einen geschlossenen Kreis bilden.
Man nennt diesen Kreis auch Stromkreis.

> Ein Stromkreis enthält immer mindestens eine Spannungsquelle, Hin- und Rückleitung und einen Verbraucher (Lämpchen).

Stromkreis

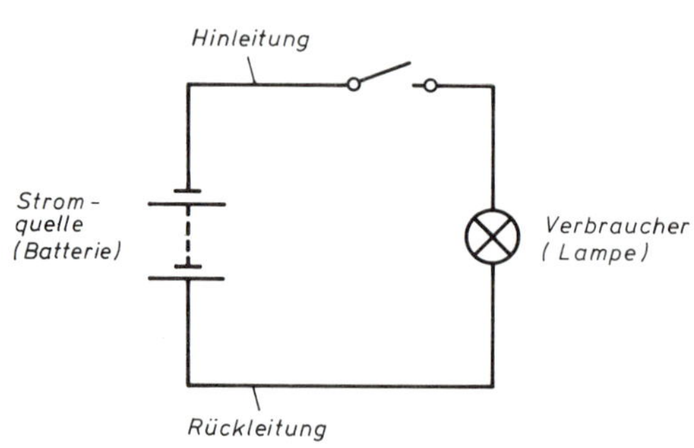

Unfallschutz

Elektrischer Strom ist gefährlich – lebensgefährlich.
Verwenden Sie bei Versuchen deshalb als Spannungsquelle nur Batterien und niemals eine Steckdose.

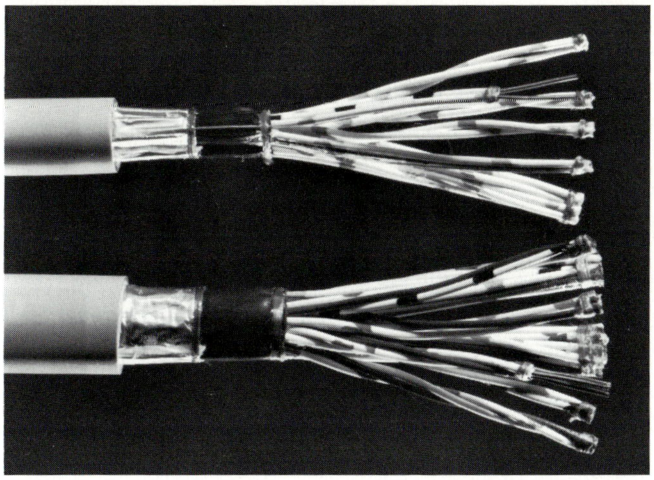

Von Leitern und Nichtleitern

Viele einzelne Leitungen sind zu einem dicken Kabel zusammengefaßt und dienen zum Übertragen von Telefongesprächen mit Hilfe der Elektrizität.

Dabei stellt sich die Frage:

Woraus bestehen elektrische Leitungen?

Untersucht man ein Stück Klingelleitung, Telefonleitung oder auch ein Stück einer Leitung eines Haushaltsgerätes, so stellt man immer denselben Aufbau fest. Den Kern einer Leitung bildet ein Kupferdraht oder viele feine Kupferdrähtchen, die den elektrischen Strom leiten. Dieser Kern ist von einem Mantel aus Kunststoff umgeben. Der Mantel isoliert den Leiter gegenüber anderen Stoffen, so auch gegenüber dem Menschen.

> Behandeln Sie Leitungen sorgfältig.
> Achten Sie darauf, daß der Mantel nicht beschädigt wird. Beschädigte Leitungen sofort ausbessern lassen.

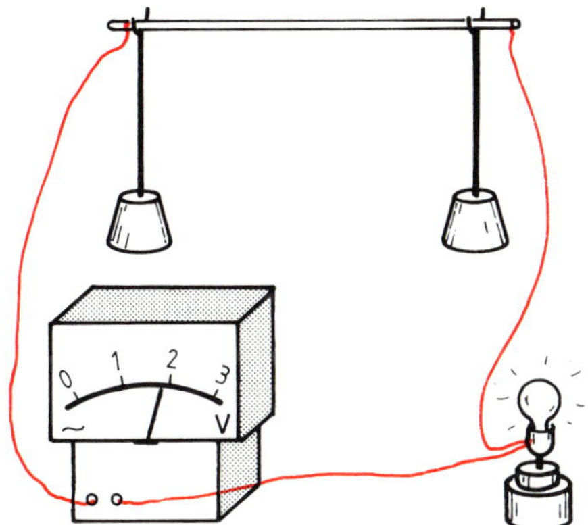

Elektrische Leiter

Welche Stoffe außer Kupfer können den elektrischen Strom noch leiten? Die Antwort gibt ein einfacher Versuch.

Dazu benötigt man:
- 1 Lämpchen mit zwei Anschlüssen
- 1 Spannungsquelle mit zwei Anschlüssen
- 2 Stative mit isolierten Anschlüssen
- 3 Leitungen
- Drähte und Stäbe aus verschiedenen Stoffen

Die Drähte und Stäbe werden der Reihe nach als Brücke zwischen die Stative gelegt, so daß ein geschlossener Stromkreis entsteht.
Leuchtet das Lämpchen auf, so fließt Strom im geschlossenen Stromkreis. Der geprüfte Stoff ist ein Leiterwerkstoff.

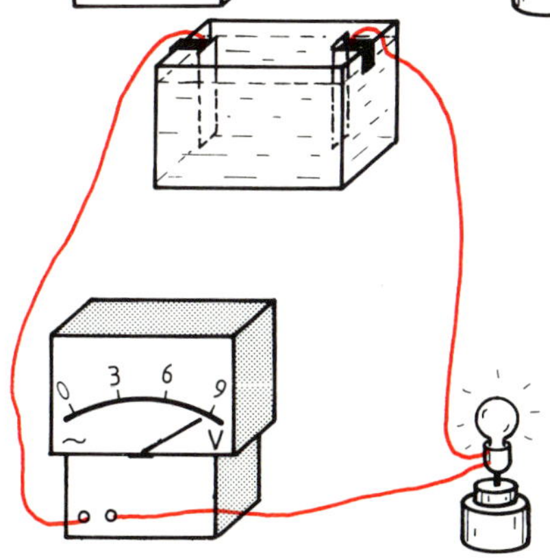

So werden Flüssigkeiten auf elektrische Leitfähigkeit geprüft.

zu prüfender Stoff	Ergebnis	
Kupfer	Lämpchen leuchtet	Leiter
Silber-Kettchen	Lämpchen leuchtet	Leiter
Holz (Bleistift)	Lämpchen leuchtet nicht	Nichtleiter
Aluminium	Lämpchen leuchtet	Leiter
Kunststoff	Lämpchen leuchtet nicht	Nichtleiter
reines Wasser	Lämpchen leuchtet nicht	Nichtleiter
Wasser mit Kochsalz	Lämpchen leuchtet	Leiter
Wasser mit Säure	Lämpchen leuchtet	Leiter
Wasser mit Seife (Lauge)	Lämpchen leuchtet	Leiter

Zusammenfassung

Elektrische Leiter		Nichtleiter
Kupfer	Salzlösung	Reines (destilliertes)
Silber	Säuren	Wasser
alle weiteren Metalle	Laugen	Holz, Kunststoffe,
Kohlenstoff (Graphit)		Gummi, Glas, Porzellan

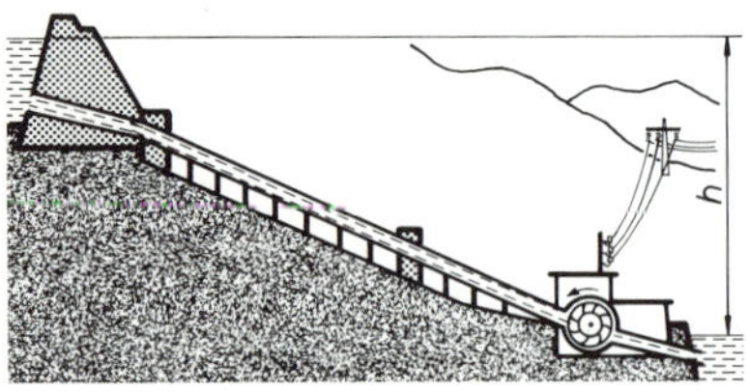

Die elektrische Spannung

Auch hier fließt etwas!
Es ist Wasser.
Beim Wasserfall stürzt das Wasser in die Tiefe.
In einem stillen See steht jedoch das Wasser.
Welches ist wohl die Ursache für das Fließen des Wassers?
Das Fließen des elektrischen Stromes kann mit dem Wasserfluß verglichen werden. So können wir die für uns unsichtbaren Vorgänge beim Fließen des elektrischen Stromes besser verstehen.

Wasser kann nur fließen, wenn ein **Gefälle** vorhanden ist (z. B. beim Wasserfall) oder wenn das Wasser mit **Druck** durch eine Pumpe befördert wird (z. B. in der Wasserleitung).

Weshalb fließen die Elektronen?

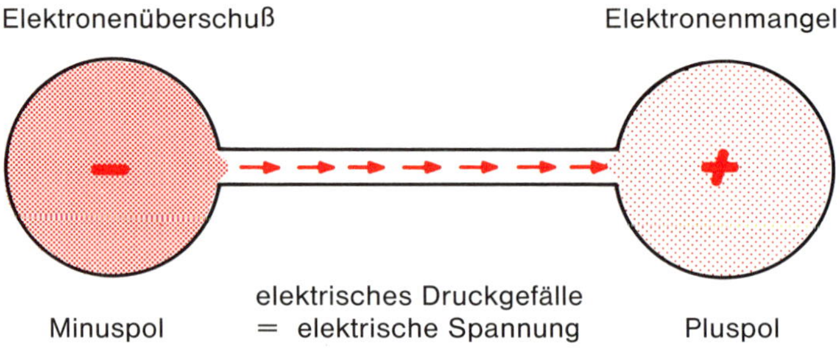

Die elektrische Spannung versucht, den Elektronenmangel mit dem Elektronenüberfluß auszugleichen.
Die Spannung ist die Ursache für das Fließen des elektrischen Stromes.

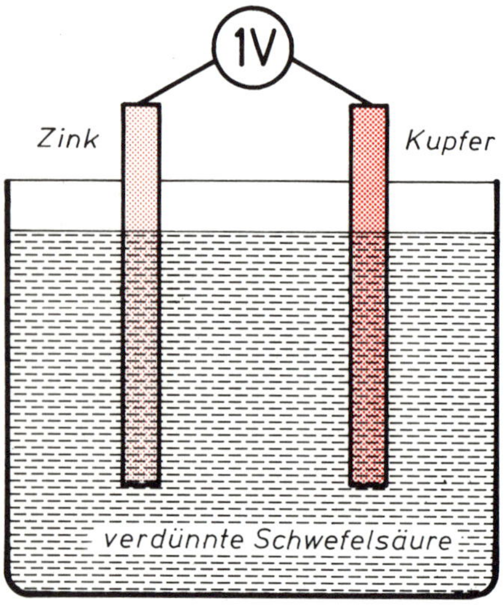

Der Vorläufer der Batterie.

Formelzeichen und Einheit für die Spannung

Der Italiener Alessandro Volta (1745–1827) baute als erster eine Versuchsanordnung, bei der er eine Zink- und eine Kupferplatte in verdünnte Schwefelsäure tauchte.
Er konnte dabei ein elektrisches Druckgefälle feststellen, das heute mit 1 Volt (V) bezeichnet wird.

> Das Formelzeichen für die Spannung ist *U*.

> Die Einheit der Spannung ist Volt (V).

Zum Überlegen: *Warum fließen die Elektronen nicht aus der Steckdose? Eine Autobatterie ist „leer". Woher mag dies kommen? Wie kann abgeholfen werden?*

Gebräuchliche Spannungen

Batterie 1,5 V

Batterie 4,5 V

Autobatterie 12 V

Haushalt 220 V

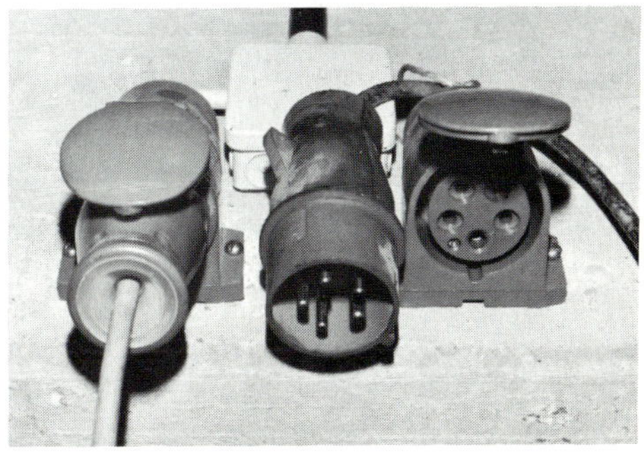

Betrieb 380 V

Spannungsmessung

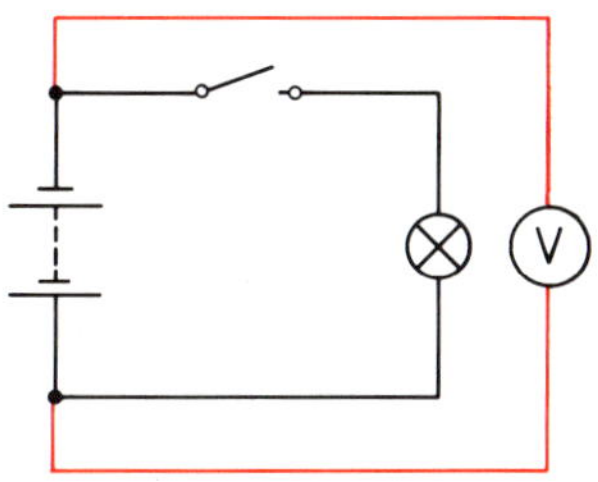

Achtung: Spannung ist auch vorhanden, wenn die Lampe nicht brennt!

Das Gefälle eines Wasserflusses ist der Höhenunterschied zwischen Quelle und Mündung.
Die Spannung ist der elektrische Druckunterschied zwischen Plus- und Minuspol.
Der Spannungsmesser muß deshalb so geschaltet werden, daß er das gesamte elektrische Druckgefälle erfassen kann.

Der Spannungsmesser wird mit Anfang und Ende des Stromkreises verbunden.

Der Spannungsmesser wird parallel zum Verbraucher (elektrische Geräte) geschaltet.

Schutzmaßnahmen

Spannungen über 65 V sind für den Menschen tödlich.

Aber auch bei niedrigeren Spannungen ist der elektrische Strom für den Menschen gefährlich. Spielzeuge arbeiten deshalb mit Niedrigspannung von wenigen V (z. B. Spielzeugeisenbahn mit max. 16 V).

Besonders gefährlich ist es, wenn stromführende Teile vom Menschen berührt werden. Deshalb sind für viele Geräte besondere Schutzmaßnahmen vom VDE (Verband Deutscher Elektriker) festgelegt.
Dies sind z. B.: isolierte Gehäuse,
Schutzleiter mit Schutzkontakt (Schukosteckern und -steckdosen).

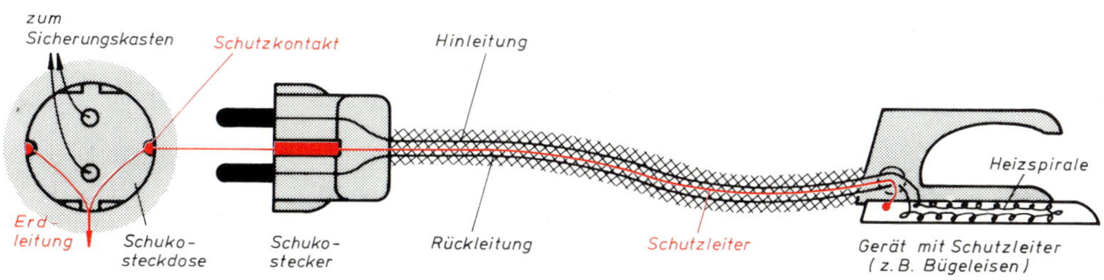

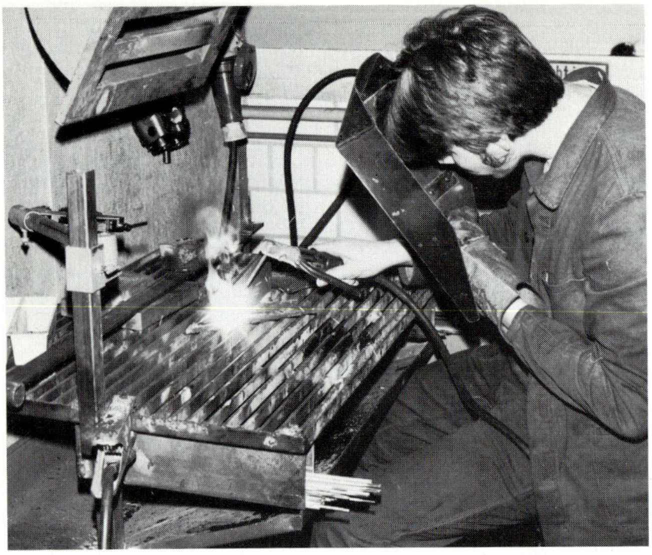

Der elektrische Strom

Hier wird mittels eines Lichtbogens geschweißt.
Die Spannung beträgt nur wenige Volt.
Die Zuführungen für den elektrischen Strom sind dicke Kupferleitungen. Weshalb?

Hinweis: Ein breiter Strom führt mehr Wasser als ein schmaler Bach.

Strom(stärke)

Wo viel Energie benötigt wird (z. B. beim Schweißen), müssen viele Elektronen die Energie befördern.
Wir brauchen einen großen elektrischen Strom (hohe Stromstärke).
Die Stromstärke ist ein Maß für die Anzahl der fließenden Elektronen.

Formelzeichen und Einheit

Das Formelzeichen für den Strom ist *I*.

Die Einheit des Stromes (der Stromstärke) ist Ampere (A)*.

* 1 A bedeutet, daß pro Sekunde 6 240 000 000 000 000 000 Elektronen fließen (in Worten: sechstrillionen-zweihundertundvierzig-billiarden).

Gebräuchliche Ströme

Taschenlampe	0,1 A	Lichtbogenschweißen	... 1 000 A
100 Watt Glühlampe	0,45 A	Lichtbogenofen	... 20 000 A
Durchschnittshaushalt	10 ... 25 A		

Strommessung

In der Wasserleitung wird mit der Wasseruhr die Menge des durchfließenden Wassers gemessen. Im Stromkreis messen wir mit dem Strommeßgerät den elektrischen Strom.

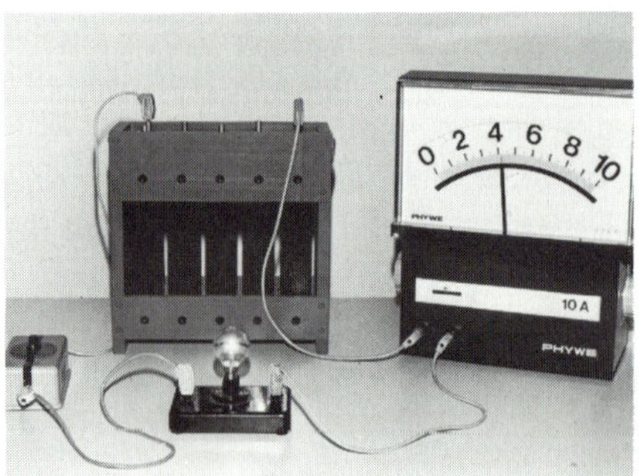

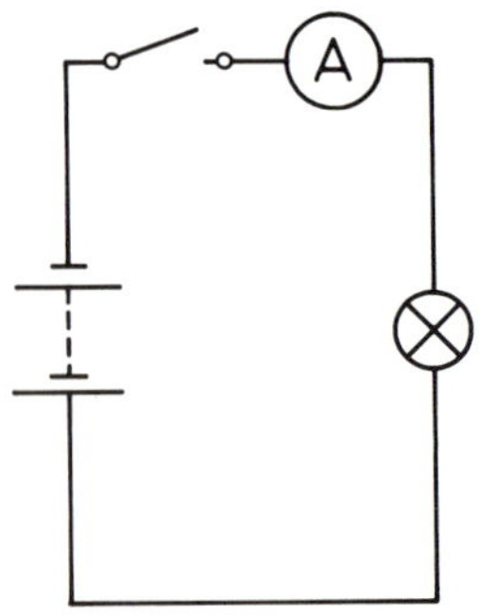

Das Strommeßgerät wird so eingebaut, daß der gesamte Strom durchfließt.

Das Strommeßgerät wird vor oder nach dem Verbraucher in die Leitung eingebaut.

Das Strommeßgerät wird in Reihe zum Verbraucher geschaltet.

Wie Spannung und Strom zusammenhängen

Wer hier etwas reparieren will, muß Fachmann sein, denn nur er kann die defekten Teile erkennen und auswechseln. Ob Kondensatoren oder Widerstände, oft muß dabei auch gerechnet werden.

Der elektrische Widerstand

Jeder Leiter, in dem Strom fließt, setzt dem Strom eine hemmende Kraft entgegen. Sie heißt elektrischer Widerstand.

Die Größe des Widerstandes eines Leiters hängt ab:

1. Leiterwerkstoff – gute Leiter bieten wenig Widerstand
2. Leiterlänge – lange Leitungen haben größeren Widerstand
3. Leiterquerschnitt – Leitungen mit großem Querschnitt haben geringen Widerstand

> Geringen Widerstand bieten kurze Kupferleitungen mit großem Querschnitt.

Das Ohmsche Gesetz

Der deutsche Gymnasiallehrer Georg Simon Ohm (1789–1854) entdeckte den Zusammenhang zwischen Spannung, die an einen Leiter angelegt ist, fließendem Strom und Widerstand des Leiters.
Ihm zu Ehren erhielt der Widerstand die Einheit Ω (Ohm).

Formelzeichen und Einheit

> Das Formelzeichen für den Widerstand ist R.
> Die Einheit für den Widerstand ist Ω (Ohm).

Durch einen einfachen Versuch kann die Entdeckung von Ohm „nachentdeckt" werden.

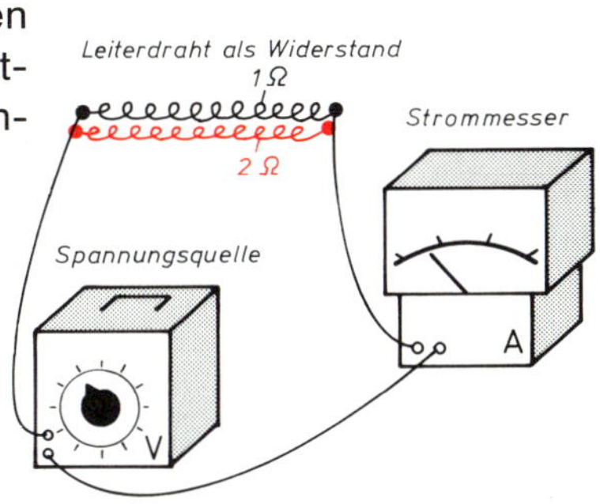

Spannung in V	Widerstand in Ω	Strom in A
1 2 4	1 1 1	1 2 4
1 2 4	2 2 2	0,5 1 2

Bleibt der Widerstand gleich, so gilt:

> Bei doppelter Spannung fließt doppelter Strom.

Wird der Widerstand verdoppelt, so gilt:

> Bei doppeltem Widerstand fließt halb soviel Strom.

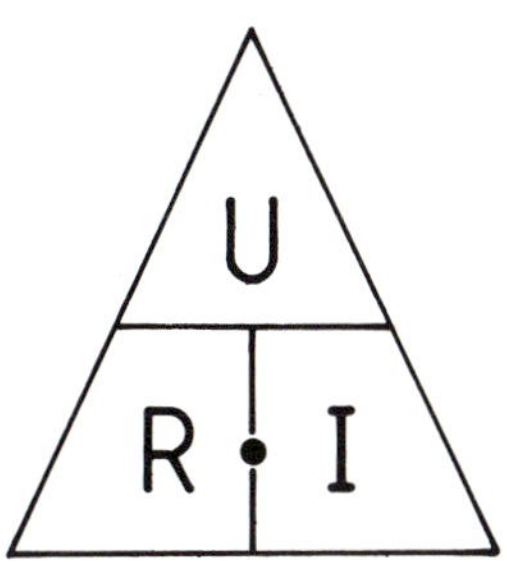

Um die richtige Formel zu finden, muß die gesuchte Größe mit der Fingerspitze abgedeckt werden.

> Der Strom ist um so größer, je größer die Spannung und je kleiner der Widerstand. $\text{Strom} = \frac{\text{Spannung}}{\text{Widerstand}}$ $I = \frac{U}{R}$

Umgeformt gilt: $U = R \cdot I$ und $R = \frac{U}{I}$ damit ist: $1\ \Omega = \frac{1\ \text{V}}{1\ \text{A}}$

Beispiel:

Ein Heizofen ist an 220 V angeschlossen. Es fließen 5,5 A. Wie groß ist der Widerstand des Heizofens?

Lösung:

$R = \frac{U}{I} = \frac{220\ \text{V}}{5{,}5\ \text{A}} = 40\ \frac{\text{V}}{\text{A}} = \underline{\underline{40\ \Omega}}$

Die elektrische Sicherung

Wie oft liest man in der Zeitung, daß durch einen elektrischen Kurzschluß ein Brand entstand.
Was ist eigentlich ein Kurzschluß?
Können ein Gerät, ein Haus gesichert werden?

Ursache

Fließt in einem elektrischen Leiter Strom, so erwärmt sich dieser Leiter. In einer Glühlampe erreicht z. B. die Glühwendel dadurch 2500 °C.
Eine elektrische Leitung darf niemals eine so hohe Temperatur erreichen, sonst kann ein Brand entstehen.

Aufgabe der elektrischen Sicherung

Die in einer Leitung entstehende Temperatur ist um so größer, je größer der fließende Strom ist und je kleiner der Leitungsquerschnitt ist. Wird eine Leitung an einer Stelle beschädigt und ihr Querschnitt dadurch geschwächt, so erwärmt sie sich an dieser Stelle am meisten, besonders dann, wenn ein großer Strom fließt. Hier stellt die geschwächte Leitung die schwächste Stelle im Stromkreis dar, von hier aus kann ein Brand entstehen. Um dies zu verhindern, wird absichtlich eine „Schwachstelle“ eingebaut, die **Sicherung.**

Die Sicherung stellt die schwächste Stelle im Leitungsnetz dar.
Bei Überlastung des Stromkreises unterbricht die Sicherung den Stromkreis.

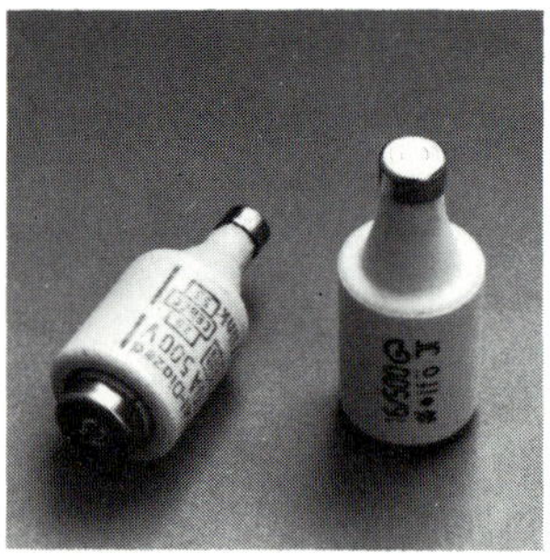

Schmelzsicherung

Bei einer Schmelzsicherung schmilzt ein in Sand eingebetteter Schmelzdraht bei zu hoher Temperatur durch und unterbricht damit den Stromfluß.
Schmelzsicherungen gibt es für verschiedene Nennströme (= Höchstströme). Damit keine falsche Sicherung eingebaut werden kann – und damit die Sicherung eventuell nicht mehr die „Schwachstelle“ bildet –, sind Sicherungen mit Farben gekennzeichnet und haben unterschiedliche Durchmesser des Fußkontaktes.
Im Haushalt verwendet man oft Sicherungen mit 16 A Nennstrom, die grau gekennzeichnet sind.

Setze nie falsche Sicherungen ein. Flicke nie eine durchgebrannte Sicherung!

Sicherungsautomat

Eine „durchgebrannte“ Schmelzsicherung ist unbrauchbar. Vielfach werden deshalb Sicherungsautomaten verwendet, die nach dem Auslösen wieder eingeschaltet werden können.

Untersuchen Sie vor dem Einsetzen oder Einschalten einer Sicherung stets die Ursache für die Stromunterbrechung.

Kurzschluß

Löst sich in einem elektrischen Gerät eine **Leitung** und **berührt** das **Metallgehäuse,** so kann ein sehr hoher Strom fließen, da kaum ein Widerstand vorhanden ist. Bei diesem **Kurzschluß** muß die Sicherung den Stromkreis in Sekundenbruchteilen unterbrechen.

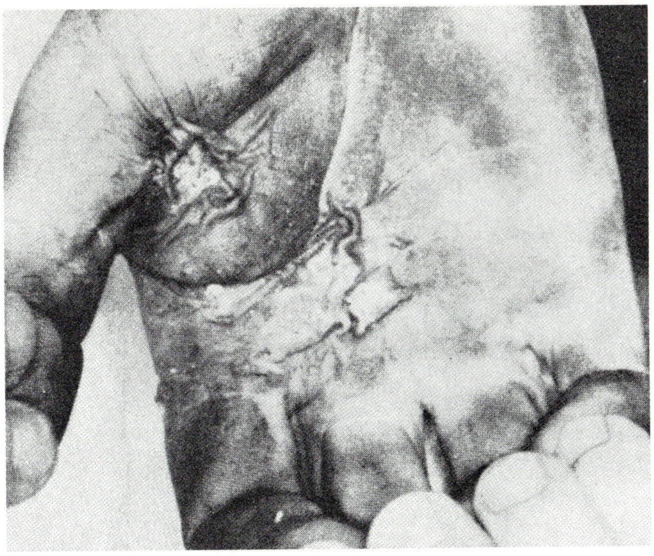

Gefahr erkannt – Gefahr gebannt

Trotz dieser schweren Verletzungen durch elektrischen Strom kann man noch sagen: „Glück gehabt." Wie oft enden Unfälle mit elektrischem Strom tödlich!

Weshalb ist der elektrische Strom so gefährlich?

1. Lebewesen, also auch der Mensch, leiten den elektrischen Strom.
2. Der elektrische Strom ist unsichtbar und fließt geräuschlos. Keiner elektrischen Leitung sieht man es an, ob sie unter Spannung steht. Wenn man es spürt, ist es oft zu spät.

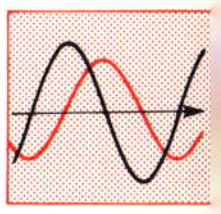

Deshalb:

> Vorsicht beim Umgang mit Elektrizität!

> Leichtsinn und Gedankenlosigkeit können tödliche Folgen haben!

Wie wirkt der elektrische Strom auf den Menschen?

Ströme ab 0,05 A sind für den Menschen tödlich!
Spannungen über 65 V sind für den Menschen tödlich!

Aber auch bei geringeren Strömen und Spannungen gibt es:
- **äußere Verbrennungen**
- **innere Verbrennungen**
- **Lähmungen**

Deshalb:

> Arbeiten an Netzstromleitungen dürfen nur Fachleute ausführen.
>
> Bei Kurzschlüssen und Unglücksfällen: sofort Hauptschalter abschalten oder Netzstecker herausziehen.
>
> Beim Öffnen von Geräten (z. B. für Reparaturen): zuerst Netzstecker herausziehen.
>
> Alle technischen Elektrogeräte müssen mit Schukoanschluß ausgerüstet sein.

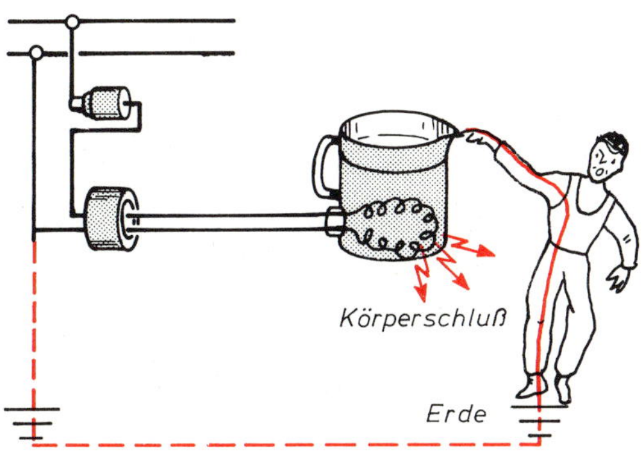

Körperschluß ohne Schutzleitung

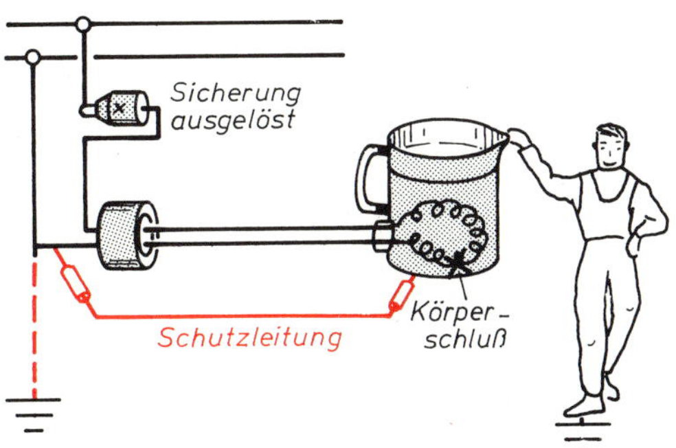

Körperschluß mit Schutzleitung

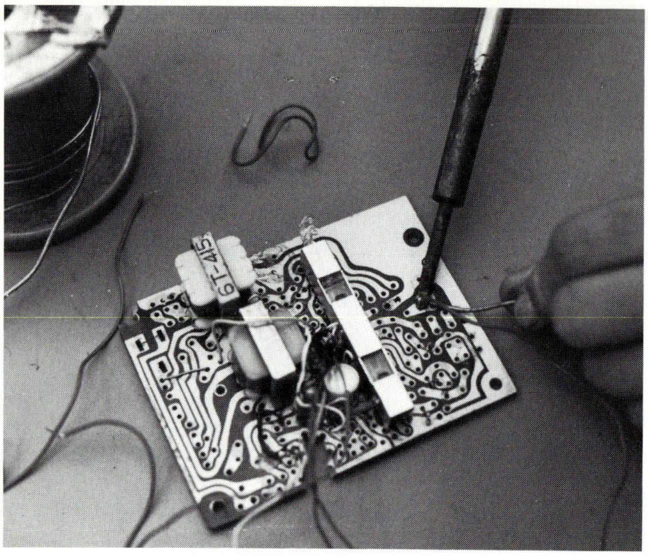

Wärme, die aus der Leitung kommt

Die Wärme entsteht genau an der Stelle, an der sie zum Löten benötigt wird. Die Spitze des Lötkolbens erreicht eine Temperatur von mehreren hundert °C. Wie wird diese hohe Temperatur erzeugt?

Reibung erzeugt Wärme

In jedem Leiter wird der Elektronenfluß durch den Widerstand behindert. Die fließenden Elektronen müssen den Widerstand überwinden. Die dabei auftretende „Reibung" erzeugt im Leiter Wärme, die den Leiter bis zur Weißglut erwärmen und ihn sogar schmelzen kann. Die entstehende Wärme muß deshalb rasch abgeführt werden.

Elektrische Wärme – saubere Wärme

Im Gasherd wird die Wärme durch Verbrennen von Gas, im Ölofen durch Verbrennen von Heizöl, im Kohleofen durch Verbrennen von Holz und Kohle erzeugt. Dabei entstehen Abgase, die für den Menschen wie für die Natur und auch für Gebäude schädlich sind. Bei durch Strom erzeugter Wärme entstehen keine Abgase.

Elektrischer Strom ist umweltfreundlich.

Strom – umweltfreundliche Energie

Wärmeerzeugung in Elektrogeräten

Beim elektrischen **Heizofen** glüht die Heizspirale, nicht jedoch die Leitung. Weshalb?
Der Widerstand der Zuleitung ist gering, die Wärmeerzeugung ebenfalls. Die Heizspirale besteht jedoch aus einem Draht mit hohem Widerstand. Hier entsteht die hohe Wärme, die meist durch einen Ventilator abgeführt wird, damit die Heizspirale nicht durchschmilzt.
Auch der **Tauchsieder** enthält im Innern einen gut isolierten Widerstandsdraht, in dem die Wärme erzeugt wird.
Weshalb muß der Tauchsieder sofort nach dem Herausnehmen aus dem Wasser abgeschaltet werden?

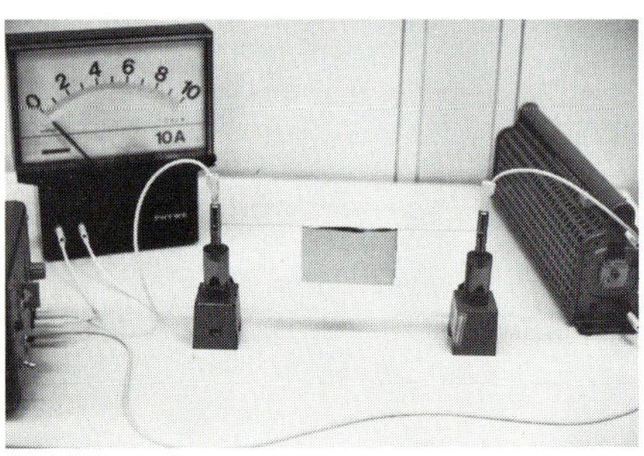

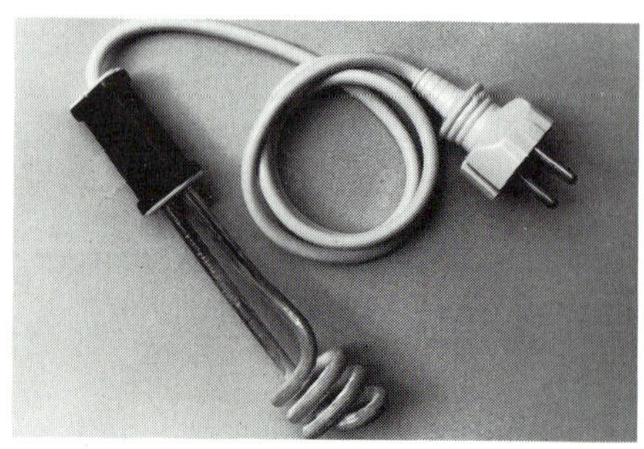

Die elektrische **Kochplatte** enthält eine gut isolierte Heizspirale. Bei den verschiedenen Schaltstufen fließt unterschiedlich großer Strom.

Je größer der Strom, desto größer die Wärmewirkung.

Die höchste Stufe darf deshalb nur kurzzeitig eingeschaltet werden. Sonst ...?

Lichtwirkung

Die Lichtwirkung der **Glühlampe** ist eine Folge der Wärmewirkung. Der ca. 0,02 mm dünne Wolframfaden ist in sehr viele enge Windungen zusammengerollt. Bei Stromdurchfluß erreicht er Temperaturen über 2500 °C und dabei Weißglut. Der Wolframfaden würde an der Luft bei dieser Temperatur sofort verbrennen. Es fehlt jedoch der zur Verbrennung notwendige Sauerstoff. Der Glaskolben ist entweder luftleer gepumpt oder mit Edelgas gefüllt.
Trotzdem wird die Drahtwendel langsam abgetragen, die Glühlampe erhält innen einen dunklen Belag, und die Glühwendel wird zerstört.

Halogenlampen enthalten im Glaskolben ein Halogen (Brom, Jod), das dies verhindert. Sie haben längere Lebensdauer und gleichbleibende Lichtausbeute. Diese Lampen sind wesentlich teurer als herkömmliche Glühlampen. Sie werden in Autoscheinwerfern oder bei Projektoren eingesetzt.

Das „kalte" Licht der **Leuchtstoffröhren** rührt nicht von der Wärmewirkung her. Bestimmte Gase (z. B. Neon) leuchten bei Stromdurchgang auf. Dabei wird wesentlich weniger Wärme erzeugt als in Glühlampen.

Leuchtstofflampen sind sparsam im Stromverbrauch.

◄ Halogenscheinwerfer

Leuchtstofflampen ►

Fragen:

1. *Die Drahtwendel einer Projektorlampe bricht in heißem Zustand sehr schnell bei Erschütterungen. Folge?*
2. *Weshalb darf bei einem elektrischen Heizgerät die Heizspirale nicht aus Kupfer hergestellt sein?*
3. *Die Kochplatte wird eingeschaltet, es wird jedoch der Topf vergessen. Folge? Folge bei einem modernen Elektroherd mit Thermostaten?*

Unsichtbare Kräfte

Elektromotoren sind aus unserer technischen Welt nicht mehr wegzudenken.

Aber wie kann elektrischer Strom in einem Motor eine Drehbewegung erzeugen?

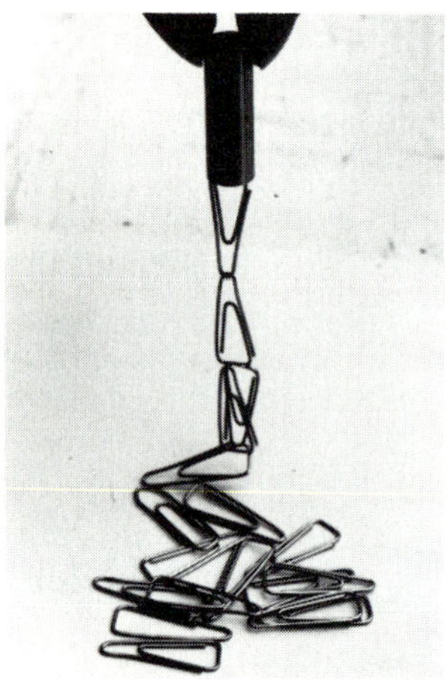

Dauermagnete

Eisen, Eisenverbindungen und Nickel werden von Magneten angezogen und dabei meist für kurze Zeit selbst magnetisch.
Die stärkste Magnetwirkung geht von den Enden (Polen) aus. Bringt man zwei Magnetpole zusammen, so kann man feststellen, daß sie sich entweder anziehen oder abstoßen.

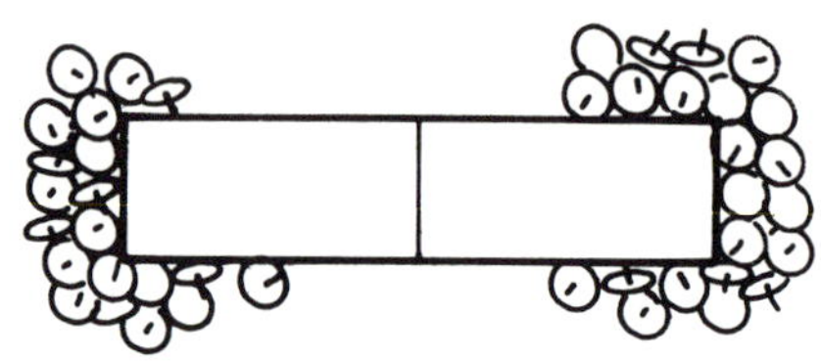

Stabmagnet mit Reißnägeln

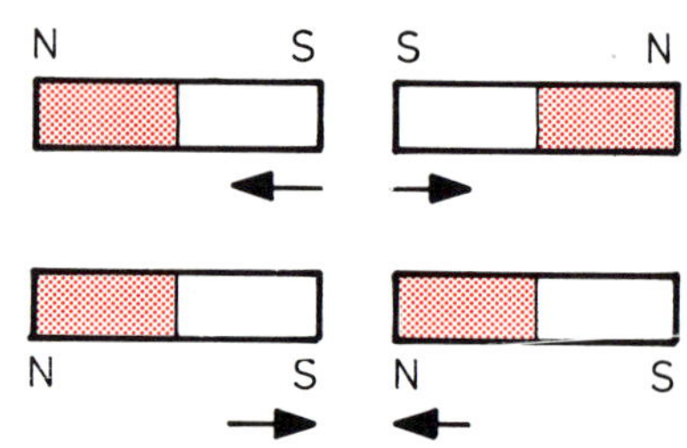

> Jeder Magnet hat einen Nord- und einen Südpol.
> Ungleichnamige Pole ziehen sich an, gleichnamige stoßen sich ab.

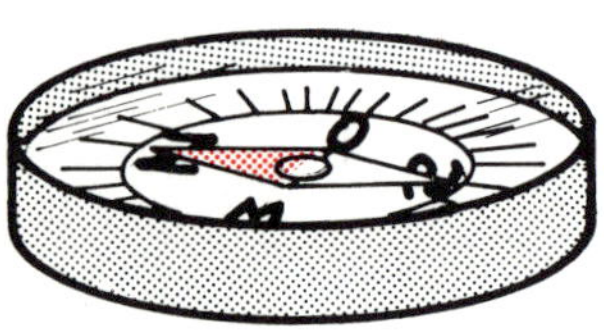

Auch die Erde hat ein Magnetfeld, das mit einer Kompaßnadel erkennbar gemacht werden kann. Die eine Spitze der Kompaßnadel zeigt nach Norden, die andere nach Süden.

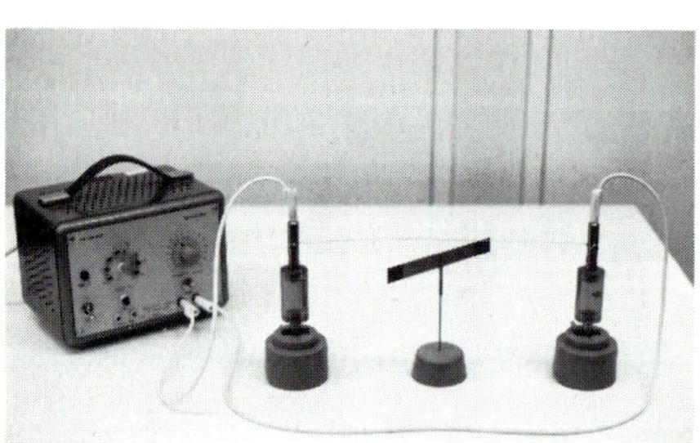

Wird eine Kompaßnadel in die Nähe eines stromdurchflossenen Leiters gebracht, so wird die Kompaßnadel abgelenkt.

> Jeder stromdurchflossene Leiter ist von einem Magnetfeld umgeben.

Elektromagnet

Wird ein isolierter Draht zu einer Spule gewickelt, so baut sich bei Stromfluß in der Spule ein starkes Magnetfeld auf. Durch einen Eisenkern kann die magnetische Wirkung noch verstärkt werden.

> Eine Spule mit einem Eisenkern ergibt einen Elektromagneten, der nur bei Stromdurchfluß eine magnetische Kraft ausübt.

Elektromagneten findet man in der Türklingel, im Türöffner, Telefon, Lautsprecher oder bei Hubmagneten.

Dauermagnet und Elektromagnet wirken gemeinsam

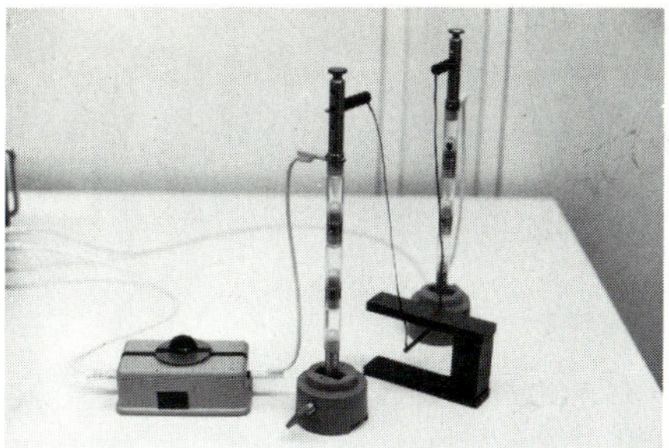

Dauermagnete besitzen ein Dauermagnetfeld.
Fließt durch einen Draht Strom, so bildet sich um diesen Draht ein Magnetfeld.
Was geschieht nun, wenn diese beiden Magnetfelder zusammenkommen? Ein einfacher Versuch kann diese Frage beantworten. Der Versuchsaufbau ist auf nebenstehendem Foto abgebildet.

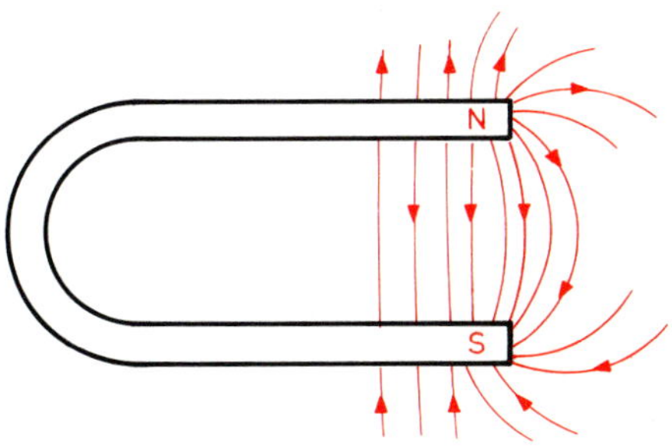

Magnetfeld eines Hufeisenmagneten

Ein hufeisenförmiger Dauermagnet bildet das Dauermagnetfeld.
An einem Stativ wird ein Kupferdraht befestigt, der wie eine Schaukel aufgehängt ist.
Wird Strom eingeschaltet, so bildet sich um diesen Kupferdraht ein Magnetfeld im Dauermagnetfeld des Hufeisenmagneten. Die Folge?

Sofort nach dem Einschalten des Stromes kann man beobachten, daß (je nach Stromrichtung) die Schaukel in den Hufeisenmagneten hineingezogen oder aus ihm herausgestoßen wird.

Kommen Dauermagnetfeld und Magnetfeld eines Elektromagneten zusammen, so entsteht eine magnetische Kraft. Durch diese magnetische Kraft werden der Dauermagnet oder der Elektromagnet oder beide bewegt.

> Dauermagnetfeld und Elektromagnetfeld verursachen zusammen eine Bewegung.

Gleichstrommotor

Es wird eine stromdurchflossene Leiterschleife in ein Dauermagnetfeld gebracht. Die Leiterschleife ist so geformt, daß sie durch die magnetischen Kräfte gedreht wird. Der einfachste Gleichstrommotor ist konstruiert.

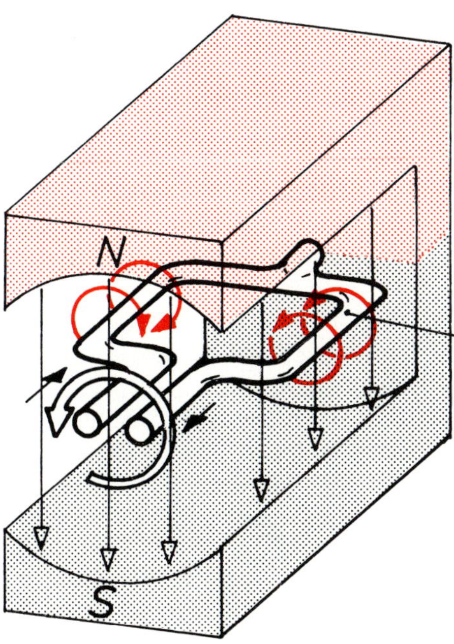

Für die, die noch mehr wissen wollen

Drehstrom- oder besser **Drehfeldmotoren** haben keinen Dauermagneten, sondern Spulen. Sie werden an das Dreiphasen-Wechselstromnetz angeschlossen. Die Ströme in den kreisförmig angeordneten Spulen werden umlaufend stärker und schwächer. Dadurch wird ein umlaufendes magnetisches Drehfeld erzeugt, als wenn ein Dauermagnet im Kreise um den stromdurchflossenen Leiter gedreht werden würde.

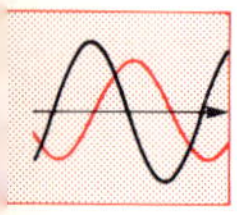

Am Ende steht die Stromrechnung

Was kostet eigentlich der elektrische Strom?

Elektrische Leistung

Auf Glühlampen sind Aufdrucke wie z. B.: 25 W, 40 W, 100 W zu finden. Dies sind Angaben über die Leistung der Glühlampen. Je größer die Zahl, desto heller leuchtet die eingeschaltete Lampe, desto größer ist ihre Leistung.

Es bedeutet: 25 W = 25 Watt

> 1 Watt ist die Leistung, wenn bei der Spannung 1 Volt ein Strom von 1 Ampere fließt.

Formelzeichen und Einheit

Leistung = Spannung · Strom
$P = U \cdot I$

Watt = Volt · Ampere
W = V · A
1000 W = 1 kW (Kilowatt)

Beispiel:
Ein Heizofen wird an die Spannung 220 V angeschlossen. Es fließt ein Strom von 5 A. Wie groß ist die Leistung des Ofens?

Lösung:
$P = U \cdot I = 220\,\text{V} \cdot 5\,\text{A} = 1100\,\text{VA}$
$= 1100\,\text{W} = \underline{\underline{1{,}1\,\text{kW}}}$

Einige Leistungsangaben:

Scheinwerferlämpchen	15 W	Staubsauger	650 W
Glühlampe	75 W	Heizofen	1000 W
Tauchsieder	200 W	Nachtspeicherofen	6 kW

Elektrische Arbeit

Wird ein elektrisches Gerät eingeschaltet, so beginnt sich die flache Scheibe des Stromzählers zu drehen. Werden weitere Geräte zugeschaltet, so dreht sich die Scheibe schneller. Das Zählwerk zeigt die dem Stromnetz entnommene elektrische Energie an.

> Energie = Arbeit

Die Höhe der elektrischen Arbeit hängt von der Leistung der eingeschalteten Geräte und der Einschaltdauer ab.

Arbeit = Leistung · Zeit
$W = P \cdot t$

Beispiel:
Ein Backofen mit einer Leistung von 1 kW wird für eine Stunde eingeschaltet. Wie groß ist die verbrauchte elektrische Arbeit?

Lösung:
$W = P \cdot t$
$= 1\,\text{kW} \cdot 1\,\text{h}$
$= \underline{\underline{1\,\text{kWh}}}$

Elektrische Arbeit wird in Ws (Wattsekunden) oder kWh (Kilowattstunden) angegeben.

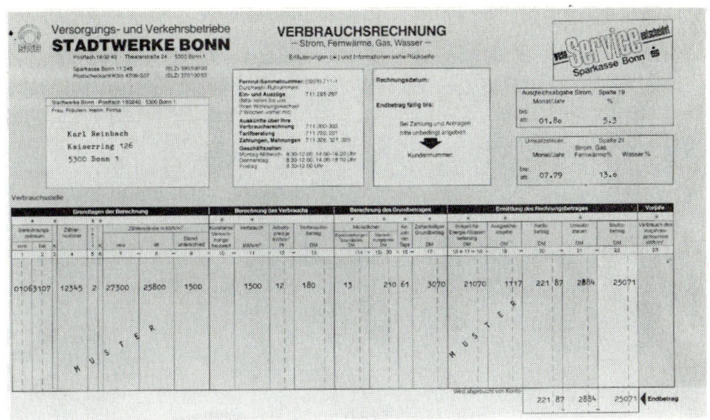
Versorgungs- und Verkehrsbetriebe
STADTWERKE BONN

VERBRAUCHSRECHNUNG
– Strom, Fernwärme, Gas, Wasser –

Karl Reinbach
Kaiserring 126
5300 Bonn 1

Rechnungsdatum:
Endbetrag fällig bis:
Bei Zahlung und Anfragen bitte unbedingt angeben
Kundennummer

Ausgleichsabgabe Strom, Spalte 19
ab: 01.80 5.3

Umsatzsteuer, Spalte 21
ab: 07.79 13.0

Verbrauchsstelle

Grundlagen der Berechnung						Berechnung des Verbrauchs			Berechnung des Grundbetrages			Ermittlung des Rechnungsbetrages				
01063107	12345	2	27300	25800	1500	1500	12	180	13	210 61	3070	21070	1117	221 87	2884	25071

221 87 2884 25071 Endbetrag

Stromkosten

Die Elektrizitätsgesellschaft stellt einen monatlichen Grundpreis und den Stromverbrauch in Rechnung. Der monatliche Grundpreis ist immer zu zahlen, auch wenn kein Strom verbraucht wurde (z. B. im Urlaub).
Um den Stromverbrauch – die verbrauchte elektrische Arbeit – festzustellen, wird der Stromzähler regelmäßig abgelesen. Die verbrauchten Kilowattstunden werden mit dem Arbeitspreis (Tarif) multipliziert.

Stromverbrauchskosten = verbrauchte elektrische Arbeit · Arbeitspreis (Tarif)

$$K = W \cdot T$$

Beispiel
Ein Wäschetrockner hat eine Leistung von 2,32 kW. Zum Trocknen von 4 kg Wäsche benötigt er 2 Stunden. Der Arbeitspreis beträgt 17,8 Pf/kWh. Wie teuer ist ein Trockenvorgang?

Lösung:

$K = W \cdot T$
$= 2{,}32 \text{ kW} \cdot 2 \text{ h} \cdot 17{,}8 \text{ Pf/kWh}$
$= 82{,}50 \text{ Pf} = 0{,}83 \text{ DM}$

AUFGABEN UND FRAGEN ZUR ELEKTROTECHNIK

a) Zeichnen Sie einen Stromkreis mit einem Schalter, Verbraucher, Spannungs- und Strommesser.

b) *Welche Folge hat es, wenn die Rückleitung des Stromkreises mit der Erde* (z. B. Wasserleitung) *in Berührung kommt?*

c) *Weshalb dürfen Spielzeuge nur mit geringer Spannung betrieben werden?*

d) *Weshalb darf man in der Badewanne nie elektrische Geräte* (wie z. B. einen Haarfön) *benützen?*

e) Bei einer Filmlampe fließt bei einer Spannung von 220 V ein Strom von 4,5 A.
Wie groß ist der Widerstand R der Filmlampe?

f) Nennen Sie Formelzeichen und Einheit für Spannung, Strom, Widerstand, elektrische Leistung und elektrische Arbeit.

g) Bei einer Maschine mit Metallgehäuse löst sich die stromführende Leitung und berührt das Gehäuse.
Welche Folgen können eintreten, wenn das Gehäuse geerdet ist und wenn das Gehäuse nicht geerdet ist?

h) Eine 1000-W-Filmlampe ist an die Spannung 220 V angeschlossen.
Welcher Strom fließt?

i) Eine Handbohrmaschine hat eine Leistung von 350 W bei einer Spannung von 220 V.
Welcher Strom fließt? Welchen Widerstand hat die Bohrmaschine?

k) In einer Werkstatt brennen 12 Lampen mit je 100 W täglich 9 Stunden.
Wie hoch sind die Stromkosten in einer 5-Tage-Woche, wenn 1 kWh 18,5 Pf kostet?

l) Auf dem Flughafen stellt Pfiff fest, daß er zu Hause vergessen hat, die Flurbeleuchtung mit 120 W auszuschalten. Er fährt für 14 Tage in Urlaub.
Lohnt sich eine Taxifahrt nach Hause und zurück von 21,80 DM, um die Beleuchtung auszuschalten? 1 kWh kostet 19,4 Pf.

m) Folgende Geräte sind an die Spannung 220 V angeschlossen und mit einer 25-A-Sicherung abgesichert:
6 Glühlampen zu je 100 W
1 Heizofen mit 1500 W
1 Backofen mit 1,2 kW
1 Waschmaschine mit 3,2 kW.
Reicht die Sicherung von 25 A aus, wenn alle Geräte gleichzeitig eingeschaltet sind?

NATURKUNDE / CHEMIE

Vom Bau der Materie

Das Atomium in Brüssel war das Wahrzeichen der Weltausstellung 1958 in Brüssel. Mit solchen Modellen versucht man, sich vom Aufbau der Materie ein Bild zu machen.
Will man die kleinsten Teilchen z. B. eines Eisenstükkes finden, so muß man die beim Teilen entstehenden Bruchstücke immer weiter teilen. Zuletzt stößt man auf Teilchen, die sich nicht weiter teilen lassen. Diese „unteilbaren“ Teilchen nennt man Eisenatome. Aus einer Vielzahl von ihnen sind alle Eisenstücke aufgebaut.
Heute wissen die Wissenschaftler jedoch, daß der Aufbau der Materie noch viel komplizierter ist. Deshalb die Frage:

Atom – unteilbarer Stoff?

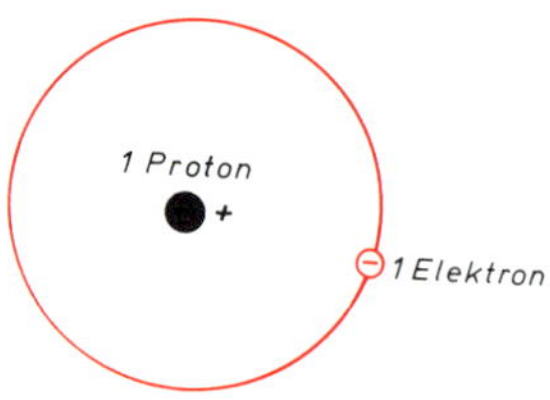

Wasserstoffatom

Das Wort Atom kommt aus dem Griechischen und bedeutet unteilbar. 1913 entwarf der dänische Physiker Niels Bohr ein Modell vom Aufbau der Atome, das heute noch verwendet werden kann.
Nach Niels Bohr besteht jedes Atom aus einem Kern und einer oder mehreren Schalen um diesen Kern.

Der Atomkern besteht aus **Protonen** (elektrisch positiv geladen) und **Neutronen** (elektrisch neutral). Um diesen Kern bewegen sich **Elektronen** (elektrisch negativ geladene Teilchen) auf den Schalen. Die Zahl der Protonen und Elektronen ist jeweils einander gleich.

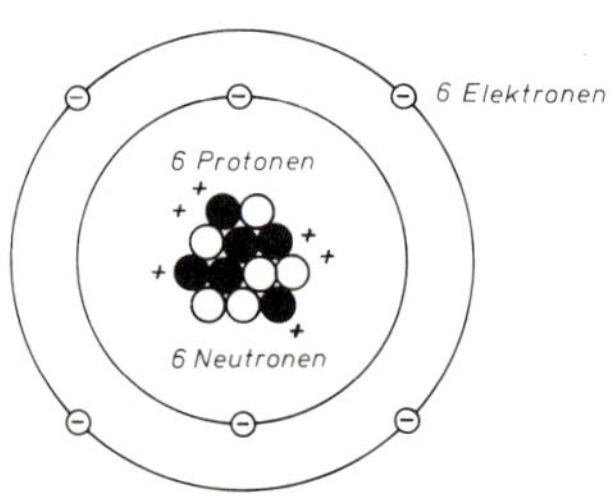

Kohlenstoffatom

Den Chemiker interessiert der Atomaufbau kaum, denn die einzelnen Atome können mit chemischen Mitteln nicht weiter zerlegt werden.

Besteht ein Stoff nur aus einer Art von Atomen, so nennt man ihn **Grundstoff** oder **Element.**

Grundstoffe lassen sich chemisch nicht mehr zerlegen.

Man kennt heute ca. 100 Grundstoffe.

Die wichtigsten Grundstoffe und ihre Abkürzungen:

Aluminium	Al	Kupfer	Cu	Schwefel	S
Blei	Pb	Magnesium	Mg	Silber	Ag
Chrom	Cr	Nickel	Ni	Stickstoff	N
Eisen	Fe	Phosphor	P	Wasserstoff	H
Gold	Au	Quecksilber	Hg	Zink	Zn
Kohlenstoff	C	Sauerstoff	O	Zinn	Sn

Die Atome sind winzig klein. Man müßte etwa 1 Million Wasserstoffatome aneinanderlegen, dann hätte man eine Strecke von 1 mm. Fast die ganze Masse eines Atoms ist im Atomkern vereinigt. Die Elektronen haben dagegen fast keine Masse. Auch der Raum im Atom ist fast leer. Stellt man sich den Atomkern als Murmel mit 2,5 cm Durchmesser vor, so würden die Elektronen in der Größe eines Stecknadelkopfes in ca. 1 km Entfernung den Kern umkreisen.
Für viele andere Stoffe gibt es auch Abkürzungen, z. B. St für Stahl oder Ms für Messing. Es handelt sich bei diesen Stoffen jedoch nicht um Grundstoffe. Wie solche Stoffe zusammengesetzt sind, folgt auf den nächsten Seiten.

Chemische Vorgänge

In der chemischen Industrie werden Düngemittel, Farben und viele andere wichtige Stoffe, wie z. B. Arzneimittel, hergestellt. Dabei handelt es sich meist um chemische Vorgänge. Oft sind diese mit Lärm, Hitze und stinkenden Abgasen verbunden.
Was sind chemische Vorgänge?

Stoffe werden gemischt – Stoffe verbinden sich

Mischt man gelben Schwefel mit grauem Eisenpulver in einer Porzellanschale, so entsteht eine gelb-graue Mischung. Mit Hilfe eines Magneten kann man die Mischung wieder in ihre Bestandteile zerlegen.

> Ein Gemenge oder Mischung hat die Eigenschaften der einzelnen Bestandteile und kann mit einfachen physikalischen Mitteln wieder getrennt werden.

Schwefel und Eisen werden in einer Porzellanschale in einem Mischungsverhältnis 4 Teile Schwefel zu 7 Teilen Eisen gemischt und anschließend erhitzt. Dabei kann man beobachten, daß das Gemisch selbständig durchglüht. Nach dem Erkalten ist eine harte, schwarze Masse entstanden. Sie wird vom Magneten nicht mehr angezogen.
Aus Schwefel und Eisen ist ein neuer Stoff entstanden, der neue Eigenschaften hat.

> Bei einer chemischen Verbindung entsteht ein neuer Stoff mit neuen Eigenschaften.

Die kleinsten Teilchen einer chemischen Verbindung sind die Verbindungen von mindestens zwei Atomen.

> Die kleinsten Teilchen einer chemischen Verbindung nennt man Moleküle.

Lösungen

Gibt man Zucker in Wasser, so ist der Zucker nach kurzer Zeit nicht mehr sichtbar – er ist gelöst, es ist Zuckerwasser entstanden.

> Ist ein Stoff in einer Flüssigkeit (Lösungsmittel) so fein verteilt, daß er nur noch als Einzelmoleküle vorhanden ist, so spricht man von einer Lösung.

Bei Lösungen können gasförmige, flüssige und feste Stoffe in Lösungsmitteln gelöst sein.
Bei Mineralwasser ist Kohlensäure (Gas) in Wasser gelöst.
Beim Grog ist Rum (Flüssigkeit) in Wasser gelöst.
In „hartem“ Wasser ist Kalk (fester Stoff) in Wasser gelöst.

Chemische Reaktionen

Sehr selten findet man heute noch eine Schmiedeesse, in der Stahl zum Schmieden erwärmt wird.
Durch das Verbrennen der Schmiedekohle ist es leicht möglich, Temperaturen von 800–900 °C zu erreichen.

Kohlenstoff verbrennt

Schmiedekohle ist fast reiner Kohlenstoff. Verbindet er sich mit dem Sauerstoff der Luft (ca. 21 % der Luft), so wird eine große Wärmemenge frei.

Der Chemiker beschreibt dies so:

$$C + O_2 \longrightarrow CO_2$$

(O_2 bedeutet, daß zwei Atome Sauerstoff zu einem Molekül verbunden sind.)

Aus den beiden Stoffen Kohlenstoff und Sauerstoff wird durch diesen Vorgang ein neuer Stoff – Kohlendioxid. Kohlendioxid ist ein farbloses, geruchloses Gas, das schwerer ist als Luft. Es entsteht bei Verbrennungs- und Gärungsvorgängen.

Die Wasserstoff-Füllung des Zeppelins verbrennt zu Wasser (Brandkatastrophe vom 6. 5. 1937 in Lakehurst, USA)

> Werden zwei Stoffe zu einem neuen Stoff vereinigt, so nennt der Chemiker dies Synthese (Zusammenfügung).

Stoffe werden zerlegt

Oft ist es weit schwieriger, die durch Synthese entstandenen chemischen Verbindungen wieder in ihre Grundstoffe zu zerlegen. Meist wird dazu Wärme als Energie benötigt. So z. B., wenn Quecksilberoxid in Quecksilber und Sauerstoff zerlegt wird.

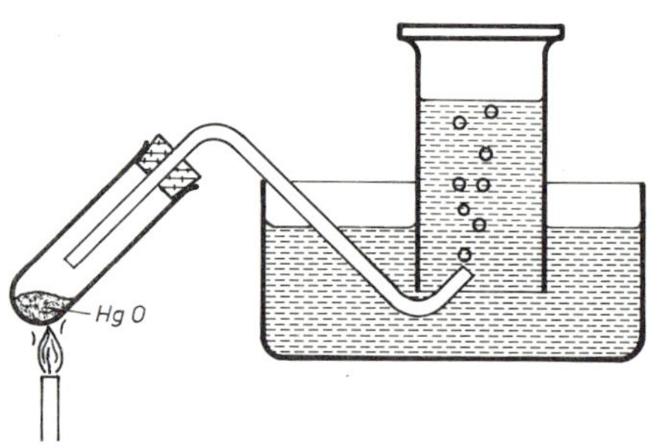

$$2\,HgO \xrightarrow{\text{Wärme}} 2\,Hg + O_2$$

> Wird eine chemische Verbindung in ihre Elemente zerlegt, so nennt der Chemiker dies Analyse (Zerlegung).

Geschieht die Analyse mit Hilfe von elektrischem Strom, so spricht der Chemiker von **Elektrolyse.**
Durch die Elektrolyse von Wasser im Hofmannschen Apparat kann man deutlich erkennen, daß doppelt soviel Wasserstoff entsteht wie Sauerstoff.

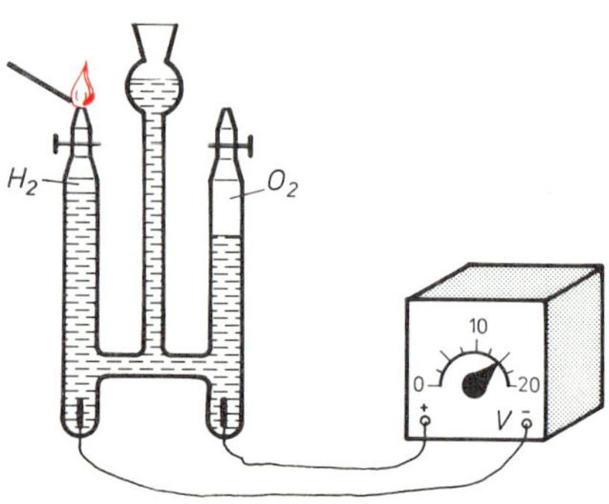

$$2\,H_2O \xrightarrow{\text{elektr. Strom}} 2\,H_2 + O_2$$

Durch Analysen kann der Chemiker die Bestandteile von Stoffen ermitteln.

Säuren, Laugen, Salze

Richtig schmackhaft ist der Salat erst, wenn er mit Essig, Öl und Gewürzen angerichtet ist.
Auch die Brezeln schmecken nur, wenn sie mit Lauge (deshalb Laugenbrezeln) überzogen sind.

Säuren

Gerichte, Früchte und Getränke, die sauer schmecken, enthalten Säuren, so Sauerkraut, Zitronen, Mineralwasser, Rhabarber usw. Dabei handelt es sich meist um stark verdünnte Säuren, wie Zitronensäure, Essigsäure, Kohlensäure.

Wichtige Säuren in der Technik sind:

Salzsäure (HCl)	wird im Haushalt verdünnt zum Auflösen von Kalkablagerungen benötigt
Schwefelsäure (H_2SO_4)	ist in der Autobatterie vorhanden
Kohlensäure (H_2CO_3)	entsteht bei der Verbindung von CO_2-haltigen Abgasen mit Wasser und zerstört Metalle.

1. Säuren greifen Metalle an (deshalb nie in Metallgefäßen aufbewahren).
2. Säuren greifen organische Stoffe an (auch den Menschen).
3. Beim Arbeiten mit Säuren Schutzhandschuhe und Kunststoffschürze tragen.
4. Beim Verdünnen von Säuren stets Säure ins Wasser gießen, nie umgekehrt.

Laugen

Schmutzige, fette Hände reinigt man mit Seife und Wasser (Seifenlauge). Die Wäsche wäscht man in Waschlauge. Alte Farbe wird mit Abbeizmitteln abgebeizt (abgelaugt).
Die Anwendungsgebiete der Laugen sind vielfältig, aber

VORSICHT

1. Laugen ätzen die Haut,
2. zerstören Stoffe,
3. zerstören Farbanstriche,
4. töten Krankheitskeime,
5. lösen Fette und Öle.

Die wichtigsten Laugen sind:

Natronlauge ($NaOH$)
Kalilauge (KOH)
Kalkwasser ($Ca(OH)_2$)

Wasch- und Putzmittel enthalten Laugen

Salze

Werden Laugen und Säuren im richtigen Verhältnis gemischt, so heben sie sich gegenseitig in ihrer Wirkung auf, sie **neutralisieren** sich.

$$HCl + NaOH \rightarrow NaCl + H_2O$$
Salzsäure, Natronlauge, Kochsalz, Wasser

$$H_2SO_4 + Ca(OH)_2 \rightarrow CaSo_4 + 2\,H_2O$$
Schwefelsäure, Kalkwasser, Calciumsulfat, Wasser

Salze können auch auf andere Weise hergestellt werden.
Salze, z. B. Salpeter, Phosphat und Kali, sind wichtige Düngemittel.

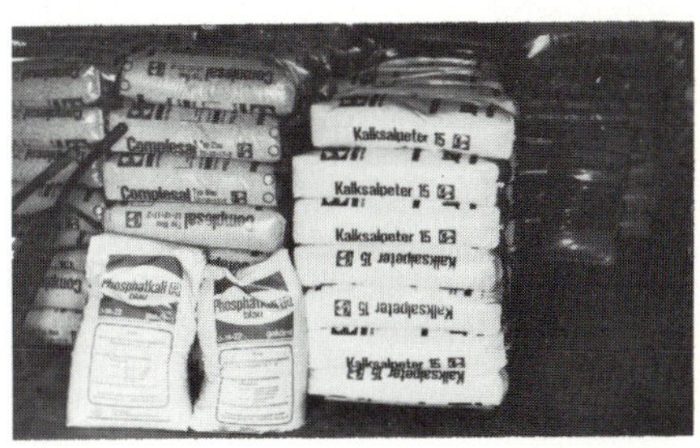

Vom Rost und vom Rosten

Durch Rost werden jährlich Maschinenteile, Fahrzeuge und Bauwerke aus Eisen (bzw. Stahl) im Wert von vielen Millionen DM zerstört.

Was ist Rost, wie entsteht er?
Wie kann Rost verhindert werden?

Sauerstoff und Oxidation

Eisen kann mit dem Sauerstoff der Luft eine chemische Verbindung eingehen. Es entsteht dabei ein neuer Stoff – der **Rost.**

ROST ist eine chemische Verbindung von EISEN und SAUERSTOFF.

Auch andere Stoffe können mit Sauerstoff Verbindungen bilden.
Beispiele sind: Aluminium (Metall); Schwefel (Nichtmetall).

Bildet ein Stoff mit SAUERSTOFF eine Verbindung, so nennt man den Vorgang OXIDATION.
Bei der Oxidation entsteht ein neuer Stoff – das OXID.

Rosten bedeutet also Oxidation von Eisen. Rost ist ein Eisenoxid.

Wodurch das Rosten verstärkt wird

Die Bildung von Rost wird durch Feuchtigkeit, Auto-, Haus- und Industrieabgase verstärkt. Der Rost bildet keine dichte Schicht auf der Oberfläche der Eisenteile. Sauerstoff und Feuchtigkeit können immer tiefer in das Bauteil eindringen. Die Sicherheit von Bauteilen wird so durch Rost zerstört.

Maschinenteile, Fahrzeuge und Bauwerke aus Eisen (bzw. Stahl) müssen vor Rost dauerhaft geschützt werden.

Was beim Eisen gefürchtet ist, die Oxidation, ist beim Aluminium gerade erwünscht. Bei der Oxidation von Aluminium entsteht Aluminiumoxid. Das Aluminiumoxid bildet eine feste und dichte Haut auf der Aluminiumoberfläche. Das darunterliegende Aluminium ist gut geschützt.

Einige Metalle oxidieren gar nicht, sie werden darum auch Edelmetalle genannt: Platin, Gold, Silber.

Die Oberflächen von Metallen können aber nicht nur durch den Sauerstoff der Luft angegriffen werden. Einige Verunreinigungen der Luft oder das im Winter verwendete Streusalz können zusammen mit Luftfeuchtigkeit oder Regen ätzende Säuren oder Laugen bilden. Diese greifen einige Metalle, besonders Eisen, an.

Diesen Vorgang nennt man Korrosion.

Wie Eisen vor dem Rosten geschützt werden kann

Zur Erinnerung:
Einige Metalle können an der Luft oxidieren.

Aluminium bildet durch Oxidation eine natürliche Schutzhaut aus Aluminiumoxid. Das unter der Schutzhaut liegende Aluminium ist geschützt.

Eisen bildet bei der Oxidation dagegen keine natürliche Schutzhaut. Die Oxidation (Rostbildung) kann Eisenteile vollständig zerstören.

Wie kann das Rosten verhindert werden?

Eisenteile, die **nicht** mit Sauerstoff in Berührung kommen, oxidieren (rosten) **nicht.**

> Die Bildung von Rost kann dauerhaft verhindert werden, wenn die Eisenteile durch eine dichte Schutzhaut gegen Sauerstoff und Feuchtigkeit geschützt sind.

Vorbehandlung

Bevor Eisenteile mit einer Schutzhaut überzogen werden, müssen alle Spuren von Rost, Feuchtigkeit und Schmutz beseitigt werden.
Dies erfolgt durch: Entrosten mit Drahtbürste, Schleifen und Sandstrahlen oder durch „chemische Entroster“,
Entfetten, Abbeizen.

> Wenn diese Vorbehandlung der Eisenteile nicht sehr sorgfältig ausgeführt wird, kann sich der Rost unter der Schutzhaut weiter durch das Eisen fressen. Aller Aufwand für Schutzmaßnahmen war dann völlig umsonst.

Schutzhaut (Überzüge)

nichtmetallische Überzüge:

1. säurefreie Fette und Öle für den Schutz von Eisenteilen im Materiallager einer Werkstatt
2. Öl- und Rostschutzfarben für den Schutz von Großbauwerken wie Brücken, Schiffen usw.
3. Emailleglasuren für den Schutz von Töpfen und Badewannen
4. Kunststoffüberzüge für den Schutz von Rohren

Die nichtmetallischen Überzüge werden häufig durch Streichen, Spritzen oder Tauchen aufgebracht.

metallische Überzüge:

bestehen aus Metallen, die nicht oder nur wenig oxidieren.
Beispiele sind Platin, Gold, Silber, Chrom, Nickel, Kupfer, Messing, Zink, Zinn.

Verfahren:
galvanisch (elektrisch/chemisch)
– Chromteile an Fahrzeugen
Tauchen im Schmelzbad
– feuerverzinktes Eisenblech
Plattieren (warm gewalzt)
– Beispiel: 10-Pf-Stück, Messing auf Eisenkern plattiert.

Wasser – eine lebensnotwendige Flüssigkeit

Mehr als die Hälfte der Erde ist mit Wasser bedeckt. Sauberes Wasser ist aber heute schon zu einer Mangelware geworden.

Ohne Wasser kein Leben

Pflanzen bestehen bis zu 95%, der menschliche Körper besteht zu ca. 65% aus Wasser.
Der menschliche Körper benötigt das Wasser als Transportmittel für Nähr- und Abfallstoffe und als Lösungsmittel für viele weitere Stoffe.

Täglich benötigt der menschliche Körper 2,5 bis 3,5 Liter Wasser.

Eine Meldung aus der Tagespresse:
„Mehr als 100 Japaner starben. Sie haben vorher Wasser aus einem Fluß getrunken, in den mit Quecksilber verunreinigte Abwässer eingeleitet wurden."

Jeder kann und **muß** seinen Beitrag zur Reinhaltung des Wassers leisten.

Der Wasserkreislauf

Große Mengen Meerwasser verdunsten durch Sonnenwärme und steigen als Wasserdampf in die Höhe. In den kälteren Höhen bilden sich Wolken, die vom Wind über Land und Meer getrieben werden. Die Wolken können das verdunstete Meerwasser als Niederschlag in Form von Regen, Schnee und Hagel wieder abgeben. Im Erdboden versickert es und kommt als Oberflächenwasser in Quellen zutage. Durch undurchlässige Schichten, z.B. aus Ton, bilden sich unterirdische stehende Gewässer und langsam fließende Flüsse, das Grundwasser. Durch die Filterwirkung des Bodens ist das Grundwasser meist sauber und keimfrei.

Wasserhärte

Wasser, das in den Boden eindringt, löst dort Kalk und Gips.

Hartes Wasser enthält viel gelösten Kalk.

Aus hartem Wasser scheidet sich Kalk- oder Kesselstein aus. Dieser ist als weiße Ablagerung in Kesseln und Wasserleitungen zu finden.

Hartes Wasser hat eine geringere Lösungsfähigkeit. Man benötigt mehr Seife, Waschmittel und Energie.

Wasserbedarf

Pro Kopf der Bevölkerung der Bundesrepublik Deutschland rechnet man mit einem **Wasserverbrauch von ca. 130 Liter pro Tag.**
Oft reicht das vorhandene Grundwasser nicht aus. Es muß dann auf das Oberflächenwasser zurückgegriffen werden. Stark verunreinigtes Wasser wirft bei der Aufbereitung große Probleme auf, denn die Selbstreinigungskraft des Wassers reicht oft nicht mehr aus.

Verunreinigte Gewässer sind eine Gefahr für Pflanzen, Tiere und Menschen.

Wasserverunreinigungen

In Grundwasser, Oberflächenwasser und Meerwasser können sich Salze, Schadstoffe und Verunreinigungen befinden, die bei Genuß im Trinkwasser zu schweren Schädigungen und zum Tode führen können.
Neben Reinigungsmitteln, Düngemitteln und Pflanzenschutzmitteln treten auch Metalle, wie Blei, Cadmium und Quecksilber, und Chemikalien, wie Nitrite, Cyanide und Arsen, sowie Benzin und Mineralöl auf.

Beispiel: Langlebige Schädlingsbekämpfungsmittel (die inzwischen in der Bundesrepublik verboten sind) gelangen unabgebaut ins Meer. Dort werden sie von den Meerestieren aufgenommen und führen zu genetischen (die Vererbung betreffend) Veränderungen. Schließlich werden sie nach dem Verzehr der Fische im menschlichen Fettgewebe gespeichert.

Physikalische Klärung

Hier erfolgt die Grobreinigung des Wassers von mitgeführten Schwimm- und Sinkstoffen durch Rechen und Filter. Holz, Kunststoffe u. a. sowie Sand werden zurückgehalten. Die letzte Stufe der mechanischen Reinigung ist das Schlammabsetzbecken.

Biologische Klärung

Die im Wasser enthaltenen organischen Stoffe werden auf biologischem Wege unschädlich gemacht. Durch Zusatz von bestimmten Bakterien und Luftzufuhr werden die organischen Stoffe zerstört und setzen sich als Schlamm ab. Dieser Schlamm kann getrocknet als Dünger verwendet werden.

Chemische Klärung

Die im Wasser gelösten Stoffe und Bakterien werden durch chemische Prozesse in wasserunlösliche Verbindungen umgewandelt. Diese setzen sich dann ab bzw. werden ausgefiltert.
Besondere Probleme bilden die schwer abbaubaren Industrieabwässer mit ihren Salzen, Schwermetallverbindungen und der mitgeführten Abwärme.
Das in den drei Stufen geklärte Abwasser kann dem Fluß zugeleitet werden. Oft wird es wieder als Brauchwasser entnommen.

Abwasser sollte **nie ungeklärt** in Oberflächengewässer eingeleitet werden.
Verunreinigungen durch **Mineralöl** ist **vorzubeugen.**
Verwende **keine Überdosen** von **Wasch- und Spülmittel.**
Verwende **Dünge- und Pflanzenschutzmittel nicht im Übermaß.**

Werkstoffe in der Technik – Werkstoffeinteilung

Eine Vielzahl von Werkstoffen wird zu Werkstücken und Gebrauchsgegenständen verarbeitet.

Jeder, der diese Werkstoffe bearbeitet, muß Bescheid wissen über:

Herkunft und Herstellung,
Bezeichnungen oder Normen,
wichtigste Verarbeitungs- und Gebrauchseigenschaften,
Kosten und Haltbarkeit
der verschiedenen Werkstoffe.

An einem Auto findet man unter anderem folgende Werkstoffe:

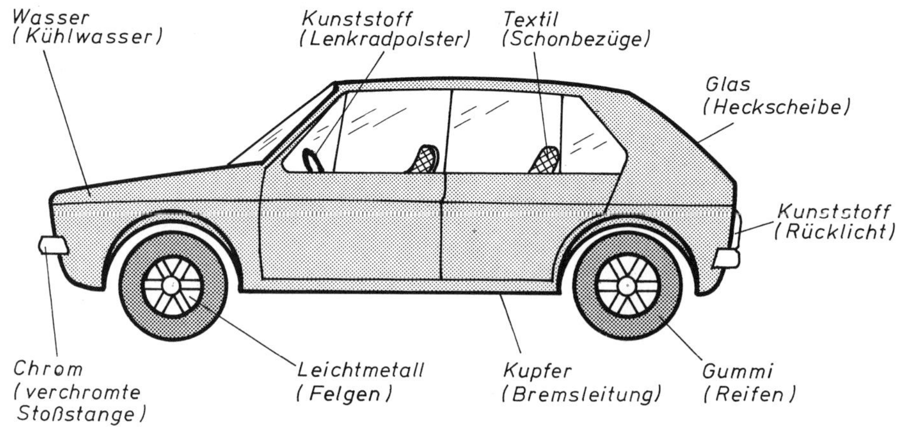

Die Vielzahl der Werkstoffe läßt sich nach unterschiedlichen Gesichtspunkten einteilen.

Einteilung nach der Art:	Metalle und Nichtmetalle
nach der Dichte:	Leicht- und Schwermetalle
nach der Herkunft:	natürliche und künstliche Stoffe
nach dem Zustand:	feste Stoffe, Flüssigkeiten, Gase

Einige Berufe haben ihre typischen Werkstoffe

Holzmechaniker	Holz
Schmied	Stahl und Eisen
Klempner	Stahl-, Kupfer-, Messingrohre
Elektroinstallateur	Kupfer und Kunststoffe
Maurer	Steine und Zement

Ordnen Sie folgende Werkstoffe den Berufen zu

Bronze	Schauwerbegestalter
Farbe	Gießereimechaniker
Papier	Maler
Krepp-Papier	Sekretärin
Stahl	Technischer Zeichner
Tusche	Werkzeugmechaniker

Aufgabe

Ordnen Sie die Werkstoffe folgender Teile den verschiedenen Werkstoffgruppen zu!

Schneiderschere	Riemen zum Antrieb einer Nähmaschine
Glühlampe	
Reserve-Benzinkanister	Dichtung bei hohen Temperaturen
Kameragehäuse	Zeitungspapier
Lot zum Weichlöten	Autolack

WICHTIGE WERKSTOFFE IN DER TECHNIK

Metalle

Leichtmetalle

Aluminium
Magnesium

Schwermetalle

Nichteisen – Schwermetalle

Edelmetalle
Kupfer
Blei
Zinn
Zink

Eisenmetalle

Stahl
Gußeisen
Temperguß

Nichtmetalle

natürliche Stoffe

Holz
Glas
Porzellan
Zement
Gummi
Asbest
Salze

künstliche Stoffe

PVC
Bakelit
Plexiglas
Kunstharzlack
Schaumstoff

Aluminium und Aluminiumlegierungen sind leicht und fest

Schwermetalle sind korrosionsbeständig

Stahl hat hohe Festigkeit

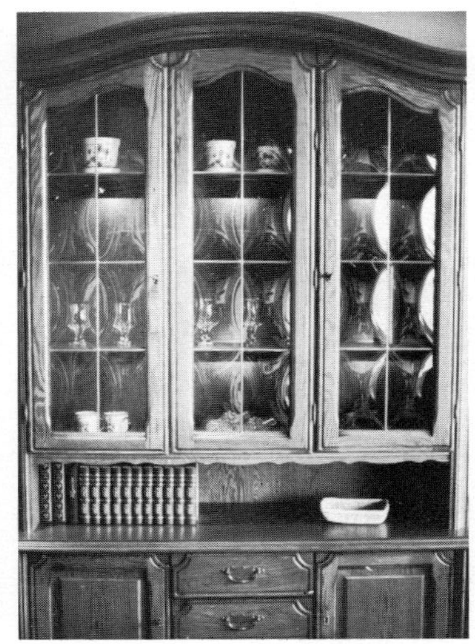

Holz ist unübertroffen in seiner zeitlosen, natürlichen Schönheit

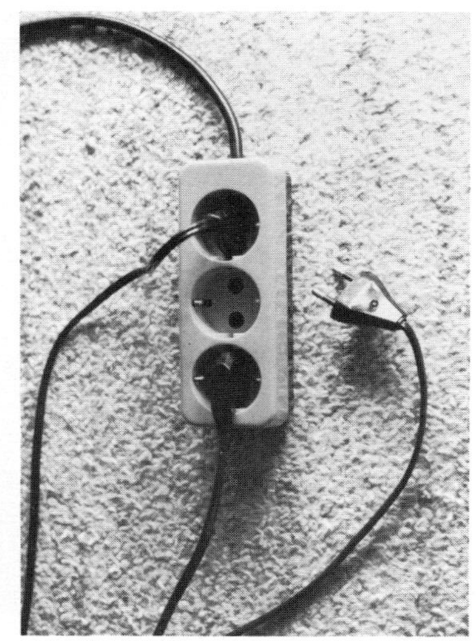

Kunststoffe isolieren gegen elektrischen Strom

Grundeigenschaften der Werkstoffe

Man schwebt über dem Abgrund.
Was kann schon geschehen?
Das Seil wird auch uns noch halten!

Werkstoffe, die solchen hohen Belastungen standhalten sollen, müssen sorgfältig ausgewählt und genau geprüft werden.

Festigkeit

Das Drahtseil kann die Kabinen nur dann tragen und ziehen, wenn es in sich sehr fest ist. Der Werkstoff benötigt hohe Festigkeit.

> Festigkeit ist der innere Widerstand eines Werkstoffes gegen Trennung oder Verformung durch äußere Beanspruchung.

Je nach Beanspruchung eines Bauteiles muß es unterschiedliche Festigkeit aufweisen.

Das Abschleppseil wird auf **Zug** beansprucht (Zugfestigkeit).

Die Säulen werden auf **Druck** beansprucht (Druckfestigkeit).

Das Brett wird auf **Biegung** beansprucht (Biegefestigkeit).

Der Stift, der Pedale mit der Nabe verbindet, wird auf **Scherung** beansprucht (Scherfestigkeit).

Werkstoffe mit hoher Festigkeit: Stahl, Perlon, Legierungen von Aluminium und Kupfer, bestimmte Kunststoffe, wie Resitex oder glasfaserverstärkte Kunststoffe.

Härte

Der Stein läßt sich nur dann gut bearbeiten, wenn der Meißel scharf bleibt. Der Meißelwerkstoff muß härter sein als der Stein.

> Härte ist der Widerstand eines Werkstoffes gegen das Eindringen eines anderen Körpers.

Werkstoffe mit hoher Härte: Diamant, Glas, Schmirgel, gehärteter Stahl.

Der Wiener Prof. **Mohs** (1773–1839) hat eine **Härteskala** aufgestellt, indem er untersuchte, welches Gestein von welchem geritzt wird.

Er hat die Härte in zehn Grade eingeteilt:

1. Talk	4. Flußspat	7. Quarz	10. Diamant
2. Gips, Steinsalz	5. Apatit	8. Topas	
3. Kalkspat	6. Feldspat	9. Korund	

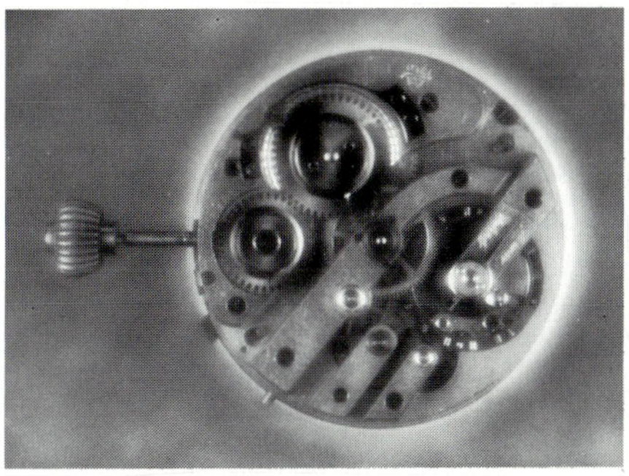

Elastizität

Wenn ein Werkstück belastet wird, kann es seine Form ändern. Beispiel: Eine Uhrfeder wird gespannt. Wenn die Belastung entfernt wird, können elastische Werkstoffe wieder dieselbe Form annehmen. Beispiel: Die Uhrfeder entspannt sich.

> Elastizität ist die Eigenschaft, nach Entlastung die ursprüngliche Form wieder anzunehmen.

Werkstücke mit hoher Elastizität: Gummi, bestimmte Kunststoffe, Federstahl.

Zähigkeit

Rostbraten kann zäh wie Leder sein.

> Zähigkeit hat ein Werkstoff, der fest und dehnbar ist.

Werkstoffe mit hoher Zähigkeit: Leder, bestimmte Stahlsorten.

Weitere wichtige Werkstoffeigenschaften sind:

Sprödigkeit – wenn ein Werkstoff fest ist und sehr geringe Dehnung besitzt, z. B. Glas
Wärmeleitfähigkeit
Elektrische Leitfähigkeit (siehe Seite 119)
Magnetische Eigenschaften (siehe Seite 128)
Schmelztemperatur (siehe Seite 114)
Dichte (siehe Seite 100)

Fragen:
Welche Eigenschaften muß ein Werkstoff haben, der sich gut eignet für: Hammer, Brückenpfeiler, Glasschneider, Gehäuse einer elektrischen Küchenmaschine, Treibriemen, Rahmen für ein Rennfahrrad?
Freileitungen zur Übertragung hoher elektrischer Energie sind oft innen mit einem Stahlkern versehen. Begründung!

Vom Rohstoff zum Werkstoff – am Beispiel des Stahls

Ein sehr wichtiger und vielseitiger Werkstoff ist der Stahl. Durch andere Metalle oder Kunststoffe kann er nur in wenigen Fällen ersetzt werden. Die Bundesrepublik Deutschland muß ca. 80 % des Rohstoffes zur Stahlherstellung einführen. Der Wiederverwendung des Stahlschrotts kommt deshalb eine immer größere Bedeutung zu.

Am Anfang steht das Eisenerz

Eisen kommt in der Natur nicht rein vor, sondern nur in chemischen Verbindungen (Erze), häufig in Gestein eingeschlossen. Die chemischen Verbindungen sind meist Verbindungen des Eisens mit Sauerstoff als Fe_3O_4 (Magneteisenstein), Fe_2O_3 (Roteisenstein) und $FeCO_3$ (Spateisenstein). Die Bundesrepublik erhält den Großteil der Erze aus Schweden, Norwegen, Frankreich, Westafrika und Amerika. Sie werden mit Erzfrachtern angeliefert. Die Eisen- und Stahlwerke sind deshalb meist an Rhein und Ruhr, nahe an Schiffahrtswegen und der heimischen Kohle.

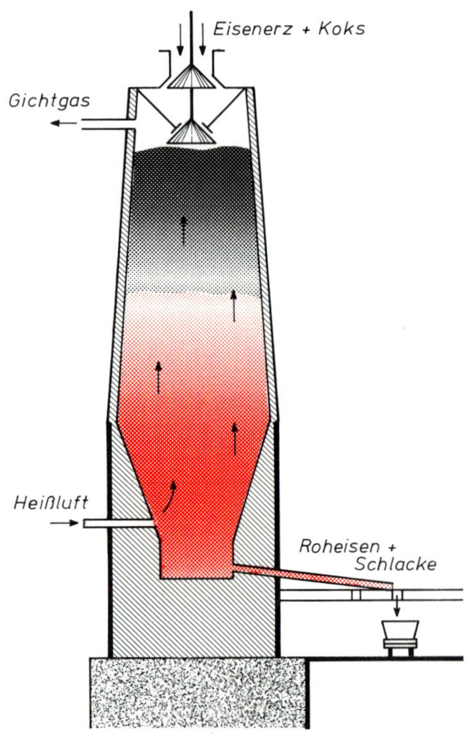

stark vereinfachte Darstellung eines Hochofens

Der Hochofen – eine chemische Fabrik

In bis zu 80 m hohen Öfen – den Hochöfen – werden die Erze aus dem Gestein herausgeschmolzen. Das Gestein schmilzt ebenfalls.
Heizmaterial ist Koks. Es werden im Hochofen Temperaturen bis ca. 1600 °C erreicht. Dazu wird warme Luft (Heißwind mit 800–1200 °C) von der Seite her eingeblasen.
Der im Koks enthaltene Kohlenstoff entzieht den Eisenoxiden den Sauerstoff. Es entsteht Eisen.
Bei 1200–1400 °C schmilzt das Eisen und die auf dem Eisen schwimmende Schlacke. Alle 3–4 Stunden erfolgt der Abstich von Schlacke und Eisen über getrennte Abstichöffnungen. Das so gewonnene **Roheisen** dient als Rohstoff für die Stahlherstellung.

Roheisen

enthält noch Beimengungen (Eisenbegleiter) von Silicium, Schwefel, Phosphor, Mangan und aus dem Koks aufgenommenen Kohlenstoff.

> Roheisen ist sehr spröde und muß noch weiterverarbeitet werden.

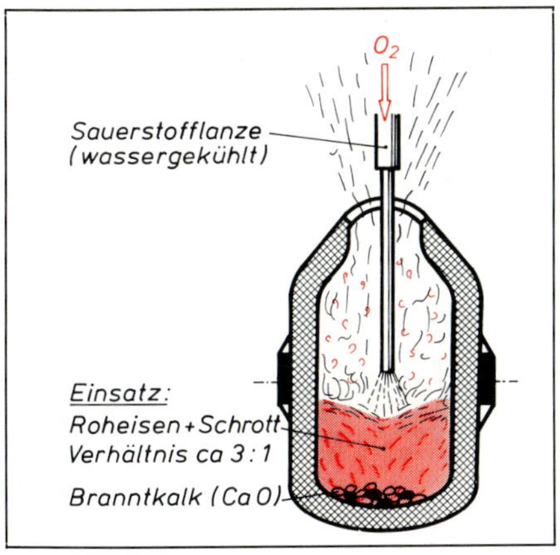

LD-Konverter bis 300 t Inhalt

Vom Roheisen zum Stahl

Bei der Herstellung des Stahls aus Roheisen müssen die Eisenbegleiter entfernt werden. Dazu gibt es mehrere Verfahren. Bei allen Verfahren werden die Eisenbegleiter, jedoch nicht das Eisen, verbrannt.

Eines dieser Verfahren soll hier beschrieben werden.

Beim **LD-**(Linz-Donawitz-)**Verfahren** wird auf das flüssige Roheisen mit einer Lanze reiner Sauerstoff aufgeblasen. Dadurch verbrennen die Eisenbegleiter sehr rasch, und es entstehen Temperaturen bis 2000 °C.

Zur Abkühlung wird Schrott beigegeben.

Der Kohlenstoffanteil darf nicht vollständig verbrennen, z. T. muß Kohlenstoff in Form von Spateisenstein zugegeben werden.

Das Erzeugnis ist hochwertiger Stahl.

Stahl hat einen Kohlenstoffgehalt von 0,05 bis 1,75 %.

Stahl wird geformt

Der flüssige Stahl aus dem Konverter wird in Formen (Kokillen) gegossen und langsam abgekühlt.
Durch Walzen wird er in hellrot glühendem Zustand zu Blechen, Formstählen, Rohren und Drähten geformt.

Formeisenwalzwerk

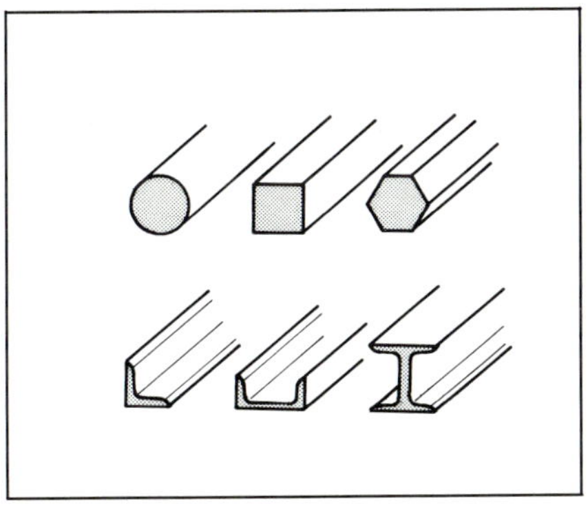

Walzstahlprofile

Stahlarten

Man unterscheidet

Baustahl mit 0,05–0,5 % Kohlenstoff.
Er ist gut verformbar, schmied- und schweißbar und hat hohe Festigkeit.

Werkzeugstahl mit über 0,5 % Kohlenstoff.
Er hat hohe Festigkeit, jedoch geringere Dehnbarkeit und ist härtbar.

Legierter Stahl mit Beimengungen anderer Metalle in geschmolzenem Zustand (z. B. Chrom, Wolfram, Vanadium, Nickel, Kobalt, Molybdän). Bei Stahl können dadurch viele weitere Eigenschaften verbessert werden. Stahl ist deshalb so vielfältig einsetzbar.
Folgende Eigenschaften des Stahls können durch Legieren verbessert werden: höhere Festigkeit, höhere Härte, Korrosionsbeständigkeit, Warmfestigkeit, Verschleißfestigkeit, geringere Wärmedehnung und magnetische Eigenschaften.

NATURKUNDE / BIOLOGIE

1. Bau und Funktion des menschlichen Körpers

Der Mensch – eine komplizierte Maschine?

Der menschliche Körper und seine Wirkungsweise

Im menschlichen Körper laufen vielfältige Vorgänge ab.
Was wissen Sie über Ihren Körper?

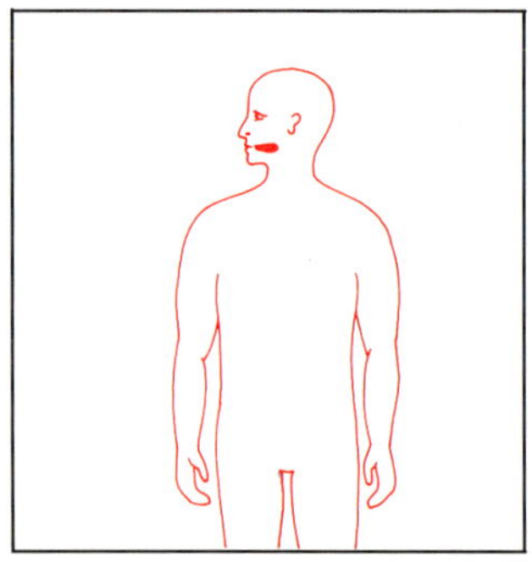

Der Mensch nimmt seine Umwelt wahr

Er sieht, hört, riecht, schmeckt, fühlt.
Seine **Sinnesorgane** (Augen, Ohren, Nase, Zunge und Haut) ermöglichen dies.

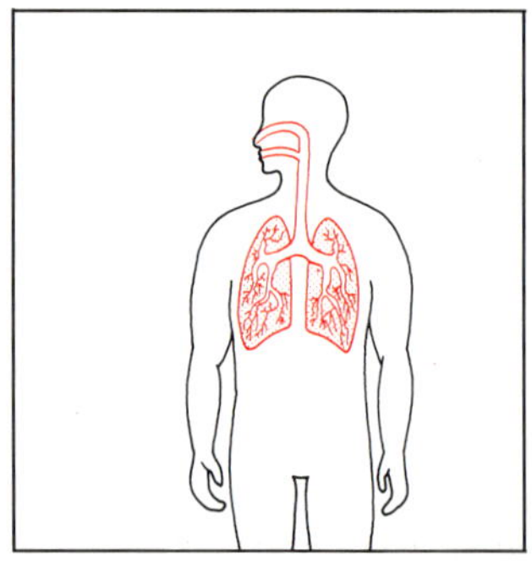

Der Mensch atmet

Er atmet die umgebende Luft mit dem lebenswichtigen Sauerstoff ein.
In der **Lunge** wird Sauerstoff vom Körper aufgenommen.
Kohlendioxid wird abgegeben und ausgeatmet.

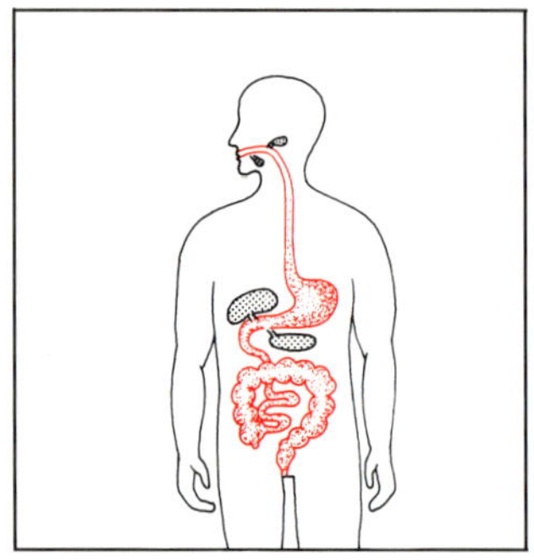

Der Mensch ißt und trinkt

Der Speisebrei wird in den **Verdauungsorganen** verdaut. Die verwertbaren Anteile werden vom Blut aufgenommen.
Ein Teil der aufgenommenen Stoffe wird in der **Leber** umgebaut. Die nicht verwertbaren Anteile werden als Kot ausgeschieden.

Der Mensch scheidet Harn aus

In den **Nieren** werden dem Blut überflüssiges Wasser und Abfallstoffe entzogen. Diese werden als Harn ausgeschieden.

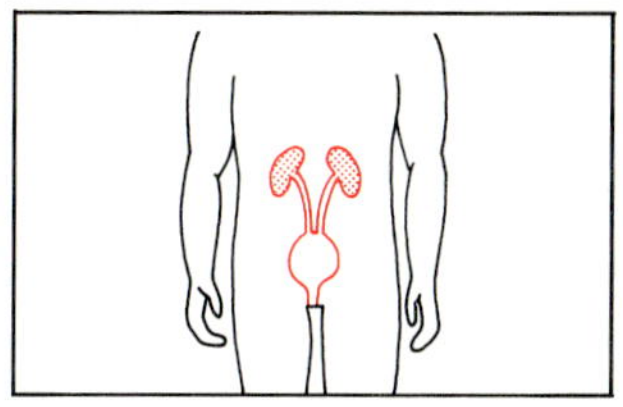

Der Mensch blutet, wenn er sich verletzt

Blutgefäße durchziehen den menschlichen Körper. Das **Herz** pumpt das Blut in alle Teile des Körpers. Das **Blut** transportiert die lebensnotwendigen Stoffe in alle Zellen. Es nimmt die nicht mehr gebrauchten Stoffe wieder mit.

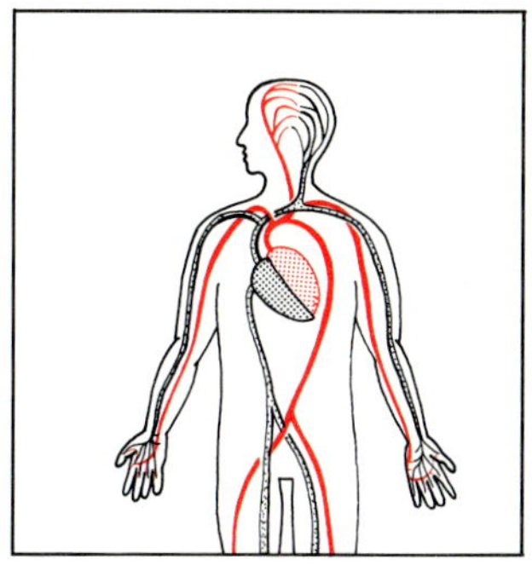

Der Mensch kann sich bewegen

Die **Knochen** geben ihm genügend Standfähigkeit.

Die **Muskeln** ermöglichen die Bewegung.

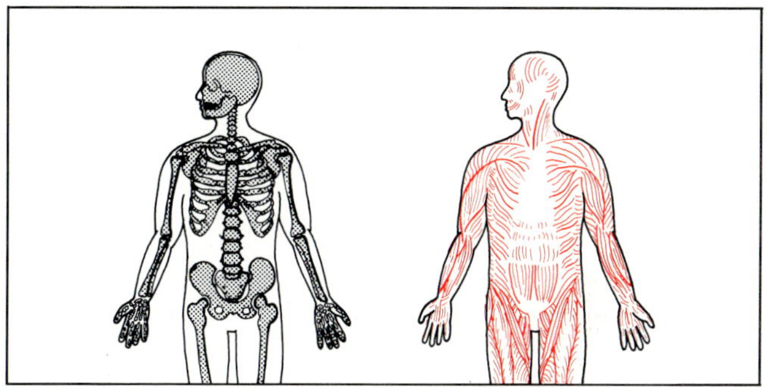

Der Mensch kann sich fortpflanzen

Er hat spezielle weibliche oder männliche **Geschlechtsorgane.**

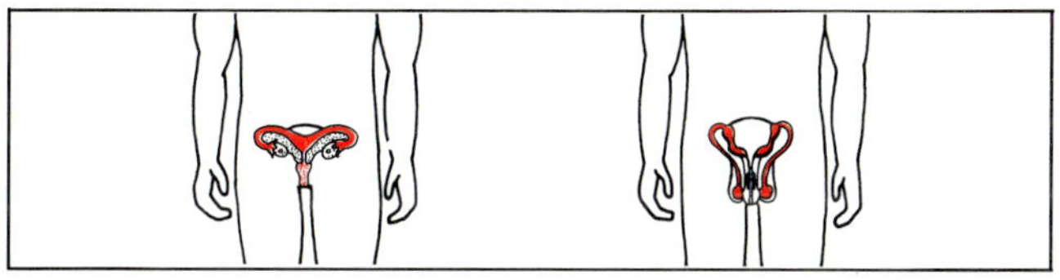

Hormone regulieren die inneren Tätigkeiten des Körpers

Verschiedene **Hormondrüsen,** wie Schilddrüse, Bauchspeicheldrüse, Hirnanhangdrüse, Nebennieren und Keimdrüsen produzieren Hormone. Sie gelangen durch das Blut in alle Bereiche des Körpers.

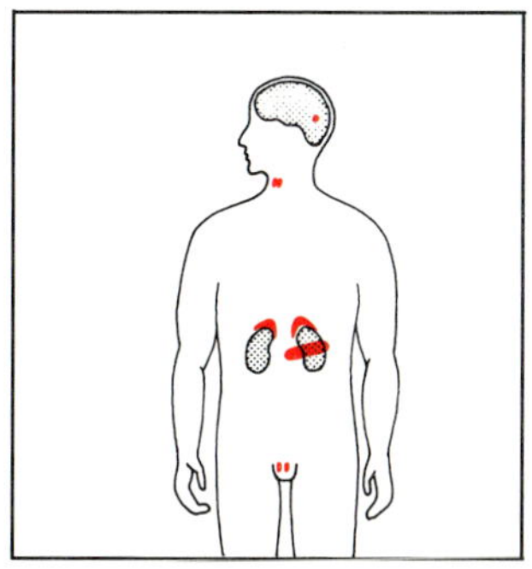

Der Mensch kann denken,

seine Gefühle ausdrücken und Schmerzen empfinden. **Nerven** durchziehen den Körper. Sie leiten Reize zum **Gehirn.** Das Gehirn gibt dem Menschen die Möglichkeit, freie Entscheidungen zu treffen.

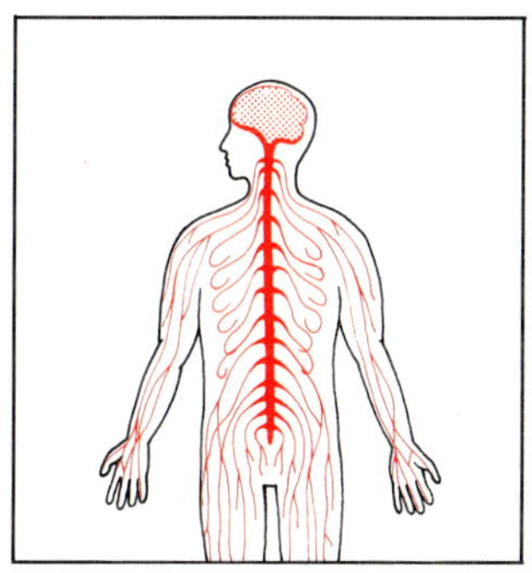

Erst das ungestörte Zusammenwirken aller Organe ermöglicht ein gesundes Leben. Treten Störungen auf, wird der Mensch krank.

ZUSAMMENFASSUNG:

Wichtige Organe des Körpers:

Gehirn

Sinnesorgane

Lunge

Herz

Magen

Darm

Leber

Nieren

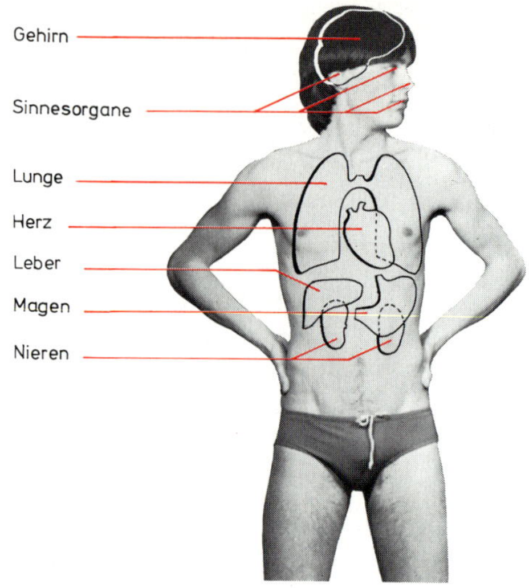

Alle Organe erfüllen bestimmte Aufgaben im Körper. Sie arbeiten „Hand in Hand“. Dabei entstehen verschiedene übergeordnete Systeme (Gefüge).

Das **Gehirn** ist ein Organ des **Nervensystems.** Es arbeitet als Steuerzentrale.

Die **Sinnesorgane** sind Organe des **Wahrnehmungssystems.** Sie liefern ein Bild der Umwelt.

Die **Lunge** ist ein Organ des **Atmungssystems.** Sie ermöglicht den Gasaustausch.

Das **Herz** ist ein Organ des **Herz-Kreislaufsystems.** Es wirkt als Pumpe.

Der **Magen** und der **Darm** sind Organe des **Verdauungssystems.** In ihnen finden Verdauungsvorgänge statt.

Die **Leber** ist ein Organ des **Verdauungssystems.**

Sie ist eine „chemische Fabrik“. Sie erfüllt vielfältige Aufgaben:
Sie bildet eine Vielzahl von Stoffen, z. B. Galle.
Sie entgiftet schädliche Stoffe.
Sie hilft beim Umbau und Abbau der Nährstoffe.
Sie speichert Nährstoffe.

Die beiden **Nieren** sind Organe des **Harnsystems.**

Sie filtern Abfallstoffe und überschüssiges Wasser aus dem Blut heraus.

Aufgaben

1. *Sehen Sie sich ein Modell eines menschlichen Körpers an. Suchen Sie die oben angesprochenen Organe.*
2. *Wo liegen die genannten Organe in Ihrem Körper? Zeigen Sie die entsprechenden Stellen.*
3. *Vielleicht zeigt Ihnen Ihr Lehrer Teile tierischer Organe. Sehen und fühlen Sie die Unterschiede zwischen den einzelnen Organen. Der unterschiedliche Aufbau deutet auf die verschiedenen Aufgaben hin.*
4. *Sehen Sie sich nochmals das Bild des arbeitenden Menschen von S. 146 an. Welche Vorgänge im menschlichen Körper ermöglichen das Arbeiten?*

Sehen – Riechen – Schmecken – Fühlen – Hören

Die 5 Sinne

Sie essen einen Apfel!

Mit welchen Sinnen nimmt man einen Apfel beim Essen wahr?

Sehen

Die Augen nehmen die Lichtstrahlen wahr.

Wie bei einem Fotoapparat wird das Licht durch eine **Linse** gebündelt. Im hinteren Auge entsteht eine verkleinerte, umgekehrte Abbildung. An dieser Stelle ist beim Fotoapparat der Film eingelegt. Im Auge befinden sich hier **Sinneszellen.** Sie erfassen die einfallenden Lichtreize. Sie geben die Signale über den Sehnerv an das Gehirn weiter. Das Gehirn wertet das Gesehene aus.

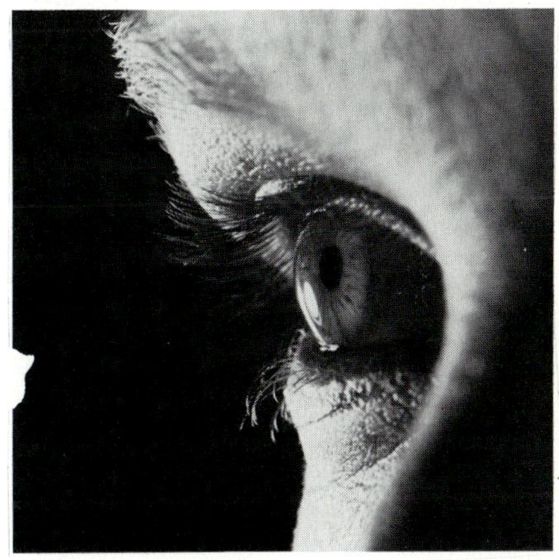

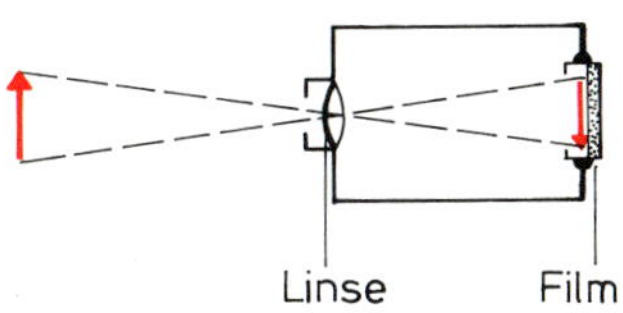

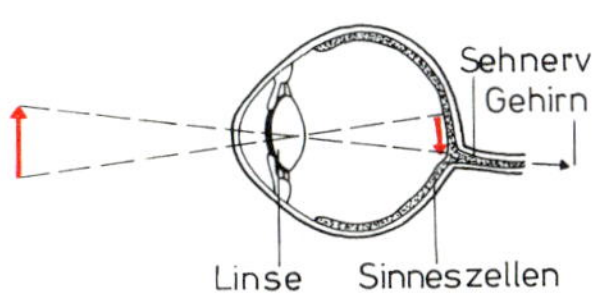

Bei der Arbeit sind die Augen zu schützen. Entsteht grelles Licht, kommt es zu Funkenflug, sind andere Gefahren für die Augen zu erwarten, ist unbedingt eine **Schutzbrille** zu tragen (z. B. beim Schweißen).

Riechen

Die Nase nimmt die Geruchstoffe wahr.

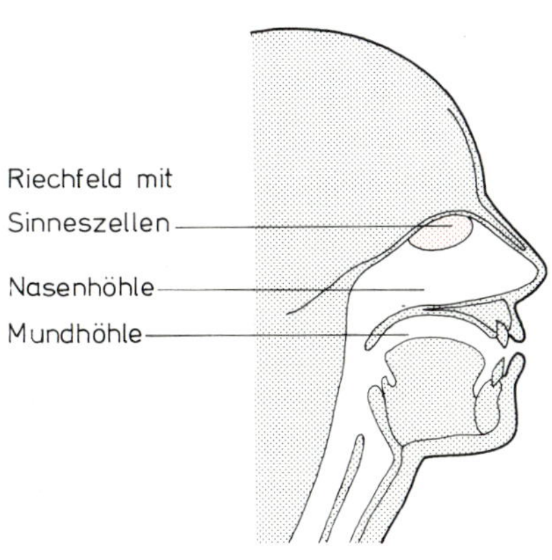

Im oberen Teil der Nasenhöhle ist das **Riechfeld.** Die Geruchstoffe regen die **Sinneszellen** an. Diese leiten die Signale über den Geruchsnerv zum Gehirn. Das Gehirn wertet das Wahrgenommene aus.

Entsteht bei der Arbeit giftiger Staub oder Dampf, wie beim Spritzlackieren, muß unbedingt eine **Atemmaske** getragen werden.

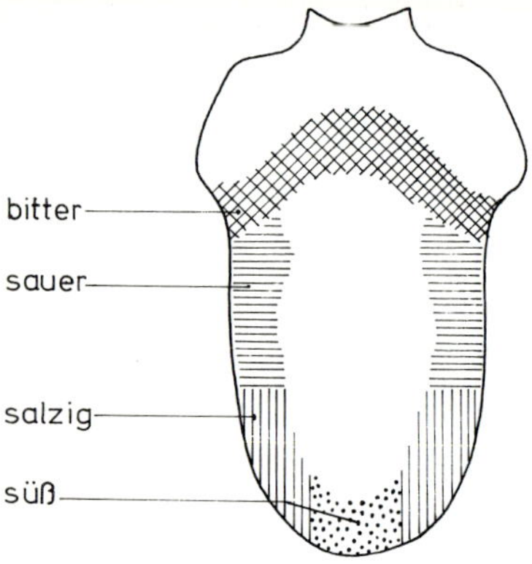

Zunge mit Geschmackszonen

Schmecken

Die Zunge nimmt Geschmackstoffe wahr.

An den **Zungenwärzchen** befinden sich die **Sinneszellen.** Sie nehmen Geschmackstoffe wahr. Die verschiedenen Geschmackrichtungen werden an unterschiedlichen Stellen der Zunge empfunden. Die Sinnesorgane leiten die Signale über Nerven an das Gehirn weiter. Das Gehirn wertet das Wahrgenommene aus.

Für den Koch ist das Schmecken besonders wichtig.

Fühlen

Die Haut fühlt, empfindet Schmerzen und nimmt Wärme und Kälte wahr.

Entsprechende **Sinneszellen** in der Haut nehmen die Reize der Umwelt wahr. Sie leiten die Signale über Nerven an das Gehirn weiter. Das Gehirn wertet das Wahrgenommene aus.

Bei Montagearbeiten muß man gut fühlen können.

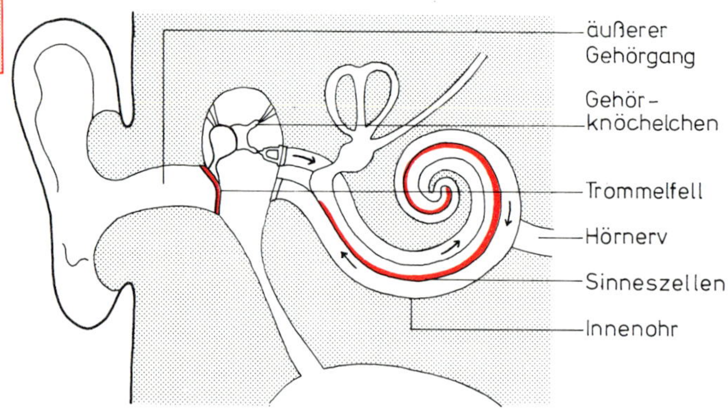

Hören

Die Ohren nehmen die Schallwellen wahr.

Die Schallwellen gelangen über den **äußeren Gehörgang** zum **Trommelfell.** Das schwingende Trommelfell regt die **Gehörknöchelchen** zum Schwingen an. Diese übertragen die Schwingungen auf das **Innenohr.** **Sinneszellen** nehmen dort die Reize wahr. Sie leiten die Signale über den Hörnerv an das Gehirn weiter. Das Gehirn wertet das Gehörte aus.

Entsteht bei der Arbeit starker Lärm (z. B. beim Straßenbau, auf dem Flugplatz), müssen die **Ohren geschützt** werden.

Mit Hilfe der Sinnesorgane nehmen wir unsere Umwelt und uns selbst wahr.

1. Schütze Deine Augen bei gefährlichen Arbeiten!
2. Schütze Deine Ohren bei Lärm!
3. Jedes „Zuviel“ schadet dem Körper!

Aufgaben

1. Machen Sie einen Versuch:
   Essen Sie ein Stück Obst. *Welche Sinne werden angesprochen? Erklären Sie, wie die Sinnesorgane arbeiten.*
2. Ein Friseur schneidet die Haare.
   Welche Sinne benötigt er bei der Arbeit?
3. *Nennen Sie verschiedene Berufe, und führen Sie auf, welche Sinne besonders wichtig sind.*
4. *Welche Vorkehrungen werden getroffen, um Augen und Ohren bei der Berufsarbeit zu schützen?*

Wir essen, um zu leben

Der Verlauf der Verdauung

Wir Menschen brauchen etwas zum Essen und Trinken, um leben zu können.

Das Mädchen ißt Brot. Was passiert damit im Magen?

Die Verdauung erfolgt im Verdauungskanal:
Mund – Speiseröhre – Magen – Dünndarm – Dickdarm

Die einzelnen Speisen werden unterschiedlich lange im Magen gespeichert: Leichtverdauliche Speisen, wie Weißbrot, etwa 2 Stunden, schwerverdauliche, fettreiche Speisen, wie Ölsardinen, etwa 8 Stunden.

Die Lebensmittel werden bei der Verdauung in ihre Bestandteile zerlegt. Sie werden chemisch verändert.

Die Verdauungssäfte wirken wie „Brechstangen". Sie spalten die Nährstoffe.

Die Nährstoffe sind im Dünndarm in lösliche Bestandteile zerlegt. Sie gelangen durch die Darmwand in das Blut.

Das Blut transportiert die aufgenommenen Stoffe in alle Teile des Körpers. Sie werden umgebaut, verbraucht und ausgeschieden oder gespeichert.

Die unverdaulichen Stoffe werden ausgeschieden.

Der Verdauungsvorgang beträgt im allgemeinen einen Tag.

Der Körper gewinnt durch die Verdauung lebensnotwendige Stoffe.

Verdauungsorgane

Wirkungsweise

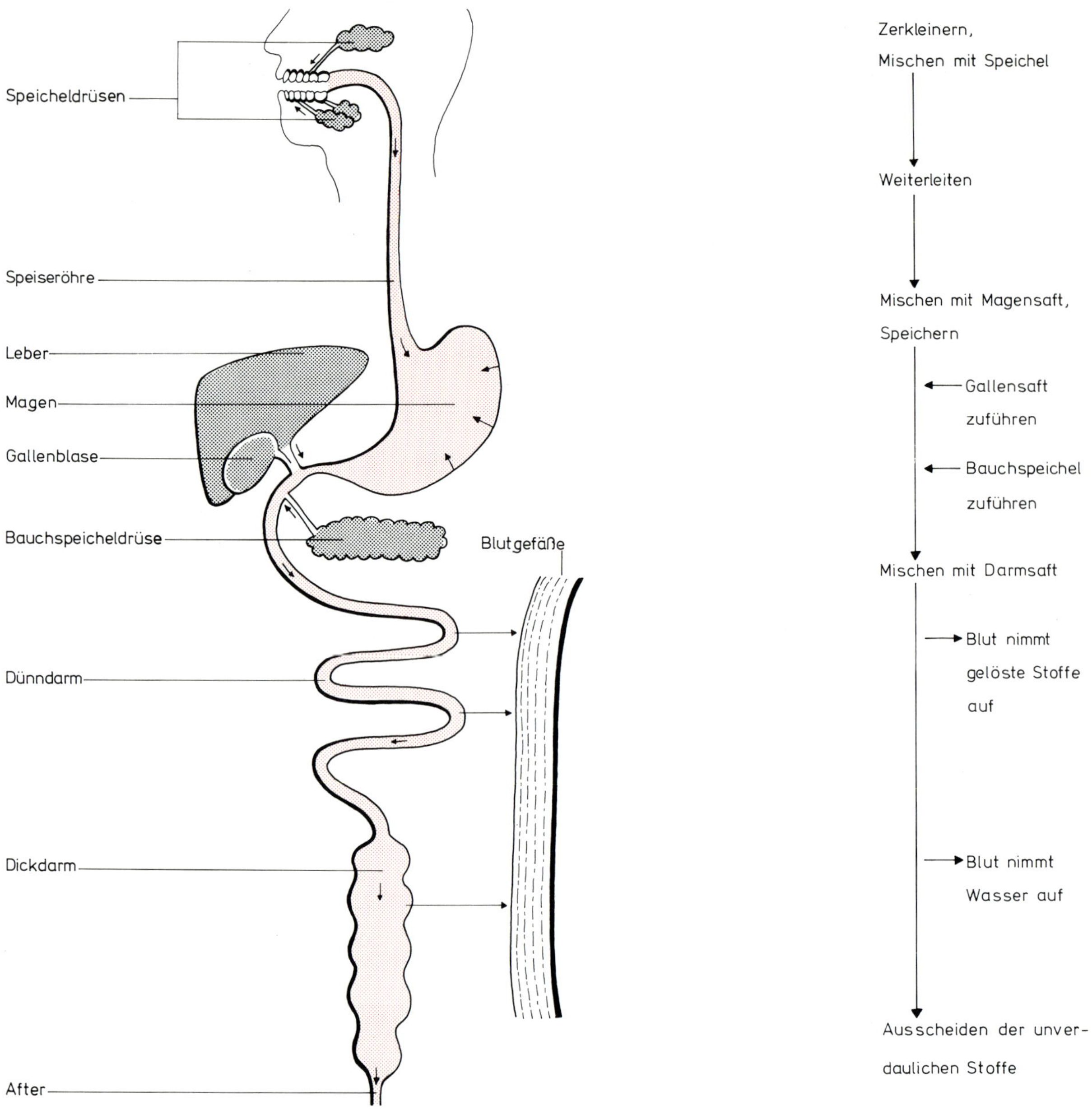

Die kleinsten Bausteine, aus denen Brot und alle anderen Lebensmittel aufgebaut sind, sind die **Nährstoffe.**

Es sind dies Zuckerstoffe (Kohlenhydrate), Fette, Eiweißstoffe (Proteine), Wasser, Vitamine, Mineralstoffe und andere Stoffe. Sie sind in den einzelnen Lebensmitteln in unterschiedlicher Menge und Art enthalten. Sie sind so klein, daß man sie nicht sehen kann.

Nährstoffe (schematisch dargestellt)

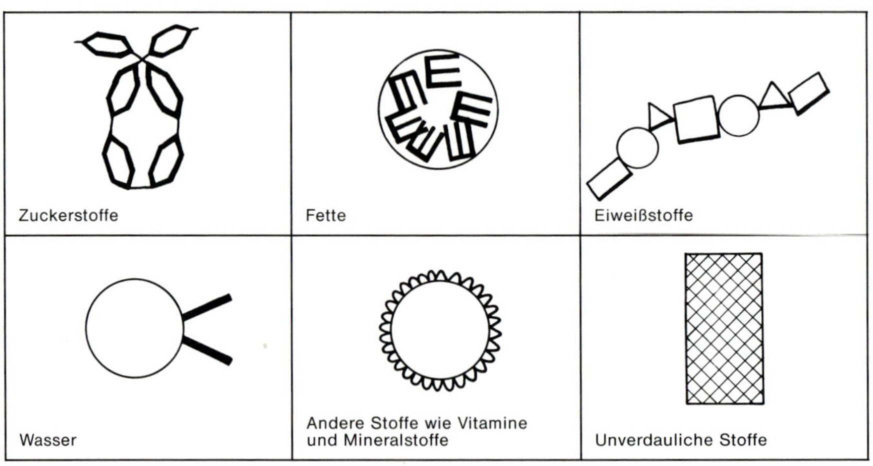

Verdauung der Nährstoffe

unverdauliche Stoffe | Wasser | Vitamine, Mineralstoffe | Zuckerstoffe | Fette | Eiweißstoffe

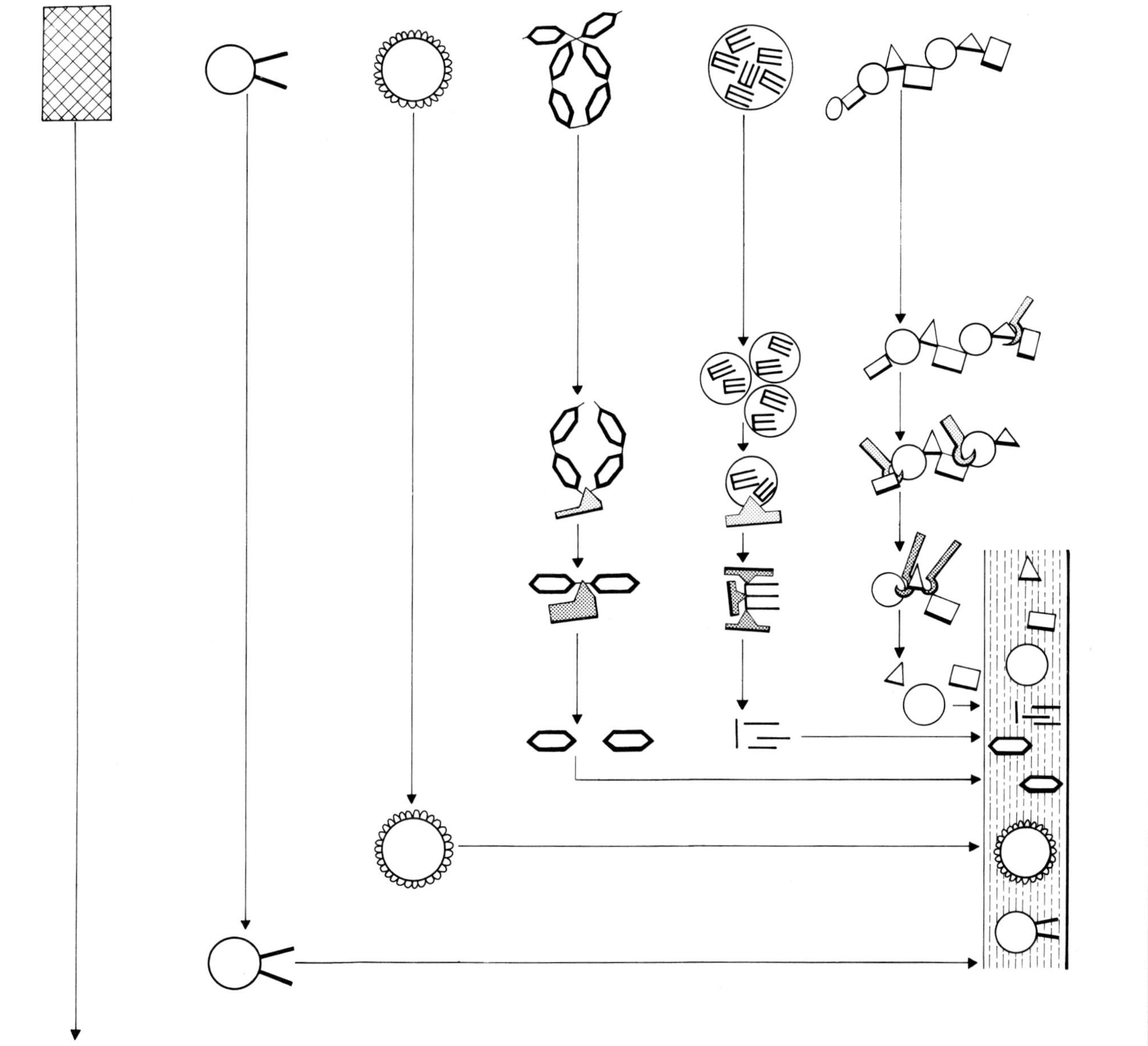

Inhaltsstoffe der Verdauungssäfte (Enzyme). Sie spalten die Nährstoffe.

Aufgabe

Sie essen ein Brot und trinken ein Glas Saft.

Beschreiben Sie den genauen Weg der Nahrung in Ihrem Körper.

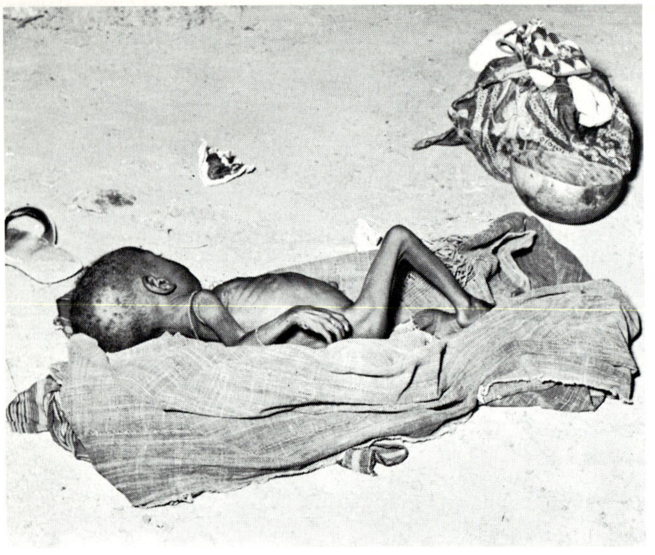

Ernähre Dich gesund

Hinweise für eine gesunde Ernährung

Ein verhungertes Kind. Es hatte nicht genug zu essen. Es wurde krank und starb.

Der Junge ißt zu viel. Er wird deshalb wahrscheinlich auch krank.

Wie sollte man sich ernähren, um Krankheiten zu vermeiden?

Eine gesunde Ernährung ist Voraussetzung für einen gesunden Körper!
Wer zu wenig, zu viel oder das falsche ißt, schadet seinem Körper!

1. Iß mäßig, aber regelmäßig!
2. Iß häufig kleinere Mahlzeiten!
3. Iß abwechslungsreich!
4. Iß nicht so viele Süßigkeiten!
5. Iß nicht zu fettreich!
6. Trinke nicht soviel Alkohol!

Aufgaben

1. *Was haben Sie gestern gegessen? Stellen Sie fest, ob Sie sich gesund ernährt haben.*
2. *Wie können Sie sich ab heute gesünder ernähren?*

Zähne sind zum Kauen da

Arbeitsweise, Aufbau, Entwicklung des Gebisses

Sie beißen in einen Apfel!

Versuchen Sie herauszufinden, wie Ihr eigenes Gebiß arbeitet.

Abbeißen und Kauen!

Mit den **Schneidezähnen** und **Eckzähnen** wird die Nahrung abgebissen.

Die **Mahlzähne** zermahlen, zerreiben und zerquetschen die Nahrung.

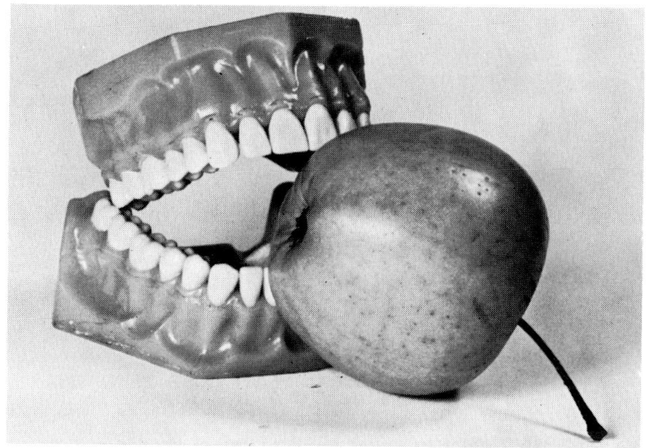

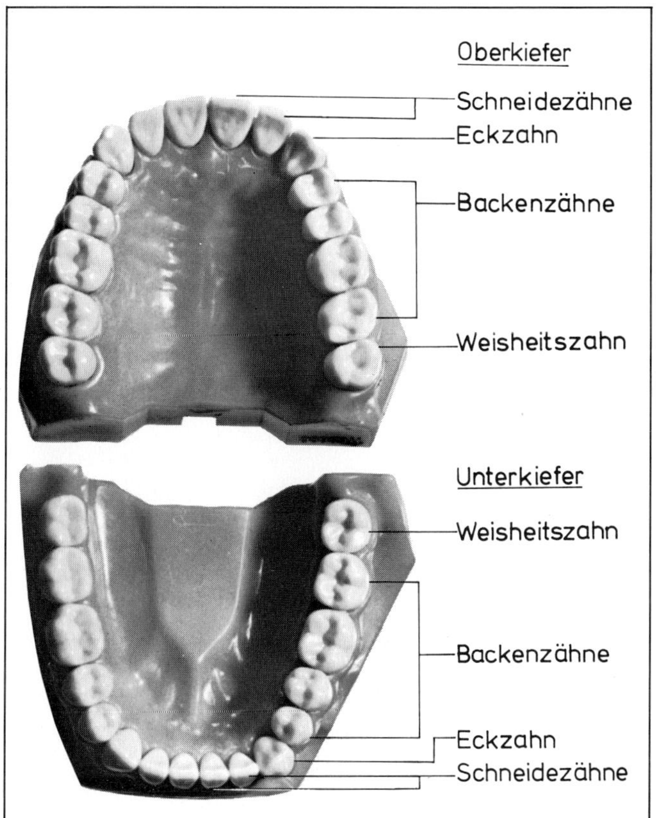

Das Gebiß des Erwachsenen besteht aus 32 Zähnen.

8 Schneidezähne,	je 4 im Ober- und Unterkiefer
4 Eckzähne,	je 2 im Ober- und Unterkiefer
8 Vormahlzähne,	je 4 im Ober-und Unterkiefer
8 Mahlzähne,	je 4 im Ober- und Unterkiefer
4 Weisheitszähne,	je 2 im Ober- und Unterkiefer

Die Weisheitszähne brechen im allgemeinen erst nach dem 18. Lebensjahr durch.

Ein Zahn – ein kleines Kunstwerk

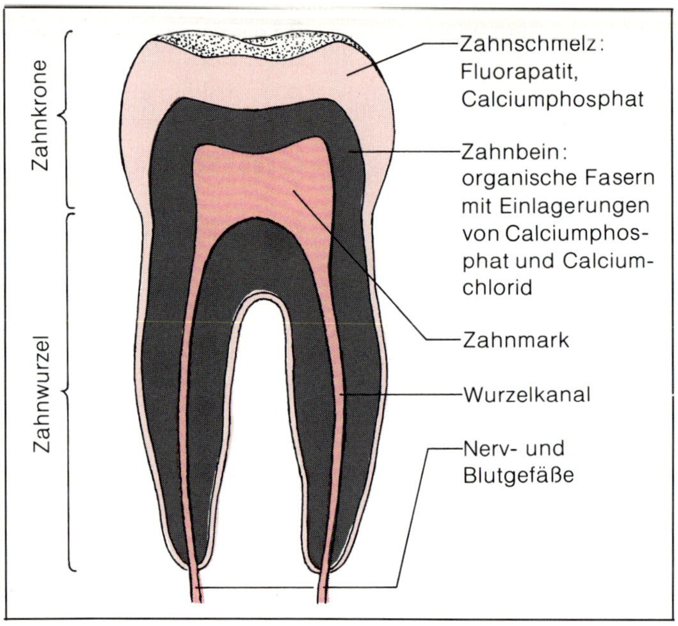

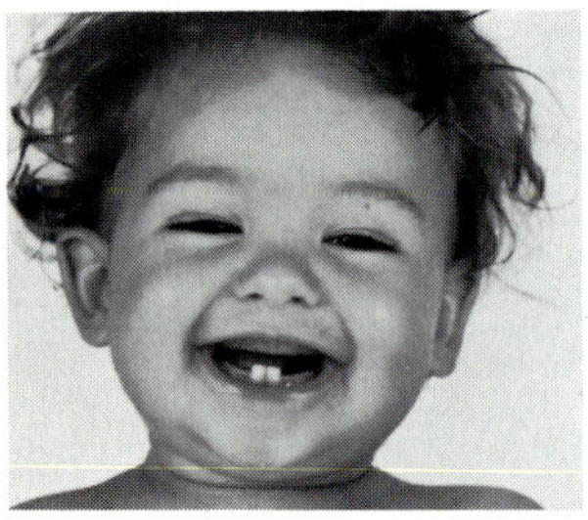

Er kann noch keinen Apfel essen!

Etwa ab dem 6. Lebensmonat brechen allmählich die Zähne durch. Im 3. Lebensjahr ist dann das **Milchgebiß** ausgebildet.

Ab dem 6. Lebensjahr fallen die Zähne des Milchgebisses wieder aus. Neue Zähne wachsen nach. Das Milchgebiß wird durch das Dauergebiß ersetzt.

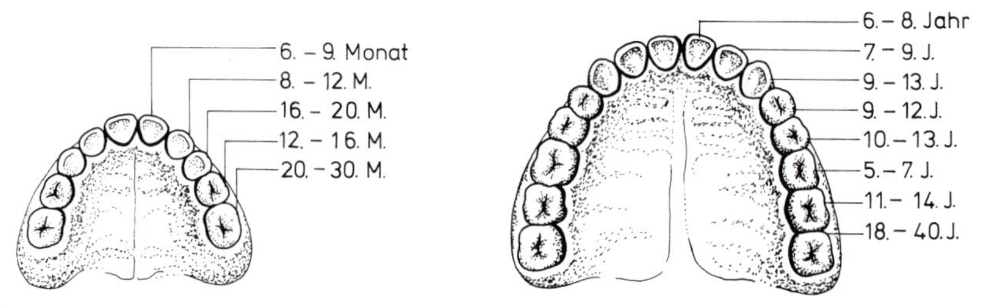

Durchbruchzeiten der Milchzähne

Durchbruchzeiten der Zähne des Erwachsenengebisses

Durch das Kauen wird die Nahrung zerkleinert und mit Speichel vermischt.

Zähne brauchen Pflege!

Aufgaben

1. *Welche Zahnarten haben Sie in Ihrem Gebiß?*
   Zählen Sie Ihre Zähne. Sehen Sie sie sich genau an.
2. *Erinnern Sie sich, wann Ihnen die ersten Zähne ausgefallen sind?*

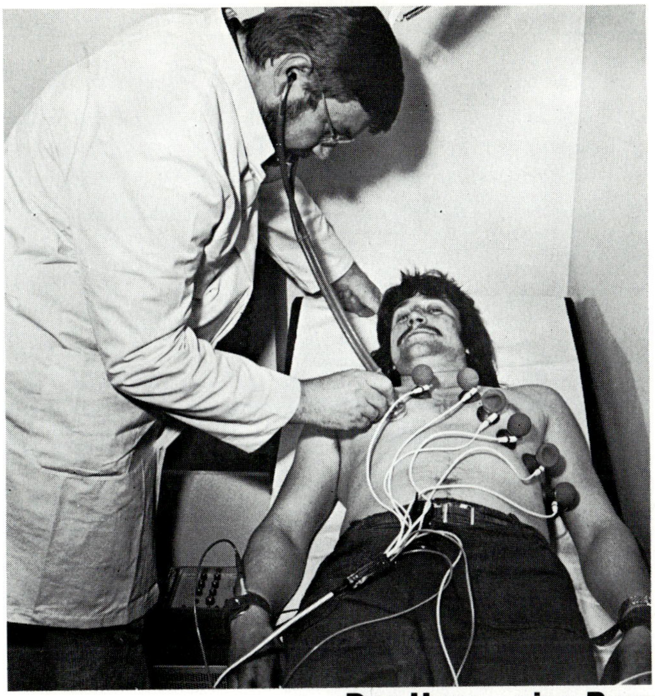

Nur gut, daß mein Herz schlägt

Aufbau und Funktion von Herz und Kreislauf

Der Arzt kontrolliert den Herzschlag eines Patienten.

Was wissen Sie über das Herz und seine Wirkungsweise?

Das Herz – eine Pumpe

Das Herz eines Erwachsenen ist etwa faustgroß. Es ist ein hohler Muskel. Das Herz zieht sich etwa 60 bis 80 mal pro Minute zusammen. Man sagt, das Herz schlägt. Dabei pumpt es etwa 5 l **Blut** pro Minute in alle Teile des Körpers.

Zunächst füllen sich die Vorkammern mit Blut, dann die Herzkammern. Von hier aus wird das Blut herausgepumpt. Nach einer kurzen Schlagpause füllen sich die Vorkammern wieder.

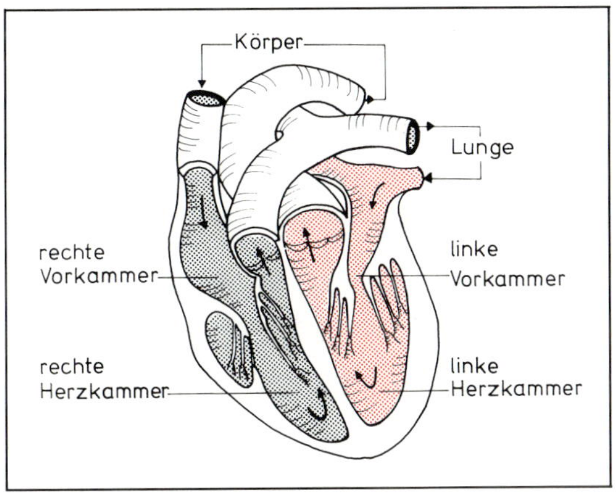

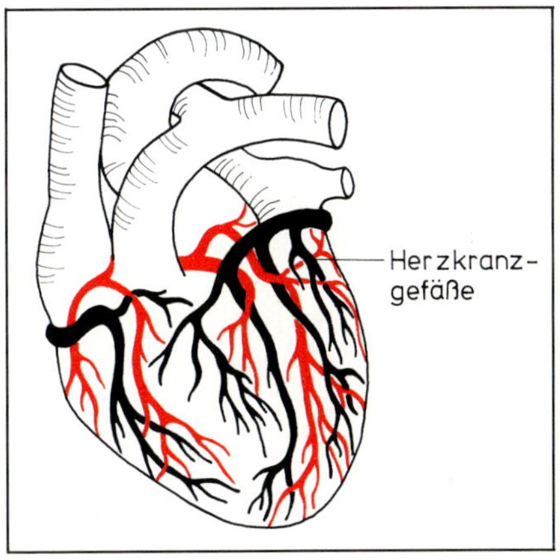

Das Herz selbst wird auch durchblutet.

Die **Herzkranzgefäße** versorgen das Herz mit Blut. Denn im Blut sind die lebenswichtigen Stoffe gelöst, die das Herz für seine Arbeit benötigt.

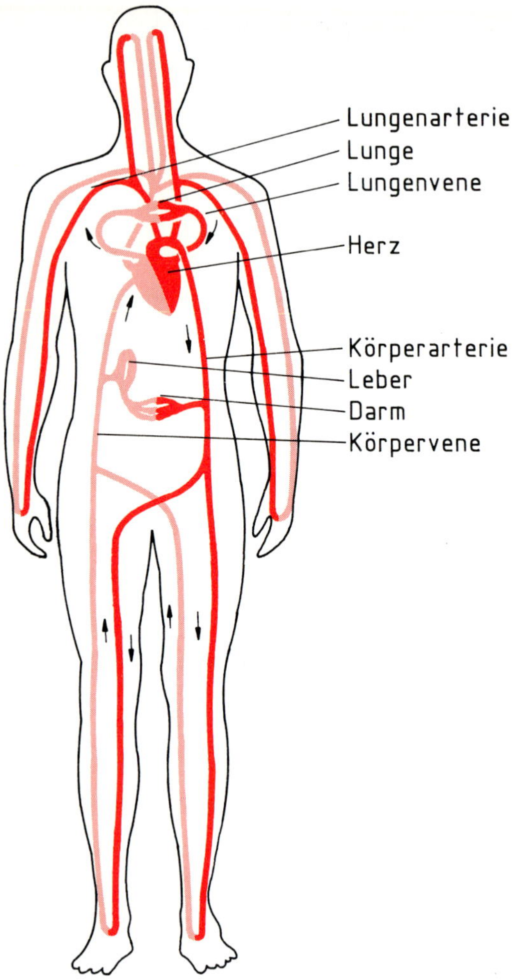

Das Blut strömt in einem Kreislauf durch den Körper.

Das Blut wird durch die Adern gepumpt. Die Wand der Adern ist elastisch und für bestimmte Stoffe durchlässig. Die Adern, die zum Herzen führen, nennt man **Venen.** Die Adern, die vom Herzen wegführen, nennt man **Arterien.** Sie verästeln sich im Körper in viele kleine Gefäße und sammeln sich wieder zu Venen. Diese führen das Blut zum Herzen zurück.

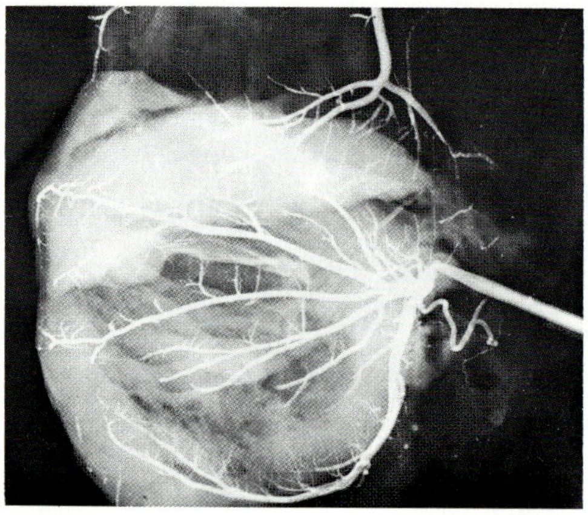

Wie stark sich die Blutgefäße im Körper verzweigen, läßt ein Ausgußpräparat einiger Arterien erahnen, die das Herz selbst mit Blut versorgen.

Wird das Blut vom Herzen in die Arterien gepumpt, entsteht eine **Druckwelle** in den großen Arterien (Schlagadern). Man kann diese Druckwelle als **Pulsschlag** fühlen. Der Arzt mißt an ihr auch den **Blutdruck.** Das ist der Druck, mit dem das Blut durch die Arterien gepumpt wird.

Das Blut – ein Transportsystem

Das Kreislaufsystem ist vergleichbar mit einem dichten Verkehrsnetz. Alle wichtigen Stoffe werden im Blut dorthin gebracht, wo sie gebraucht werden. Solche lebenswichtigen Stoffe sind z. B. der Sauerstoff, der in der Lunge in das Blut gelangt. Außerdem werden die Nährstoffe vom Darm aufgenommen.

Das verbrauchte Blut wird mit Abfallstoffen beladen und fließt wieder zurück. Die Abfallstoffe werden in verschiedenen Organen (Lunge, Leber und Nieren) dem Blut entnommen.

Bei schwerer körperlicher Arbeit hat das Herz viel zu transportieren. **Arbeitspausen** sind besonders wichtig, damit sich der Körper wieder erholt. Selbst kurze Pausen entlasten den Kreislauf merklich.

Das Blut versorgt alle Bereiche des Körpers mit lebenswichtigen Stoffen und transportiert Abfallstoffe ab. Das Herz pumpt das Blut in einem Kreislauf durch den Körper.

Wer arbeitet, benötigt Pausen!

Aufgaben

Beobachten Sie sich selbst:

1. *Sehen Sie sich die blauen Adern an Ihrem Handgelenk an.*
2. *Fühlen Sie am Handgelenk Ihren Pulsschlag.*
3. *Machen Sie 20 Kniebeugen. Beobachten Sie Ihre Atmung und Ihren Pulsschlag.*
4. *Wie reagiert Ihr Herz, wenn Sie Angst haben?*

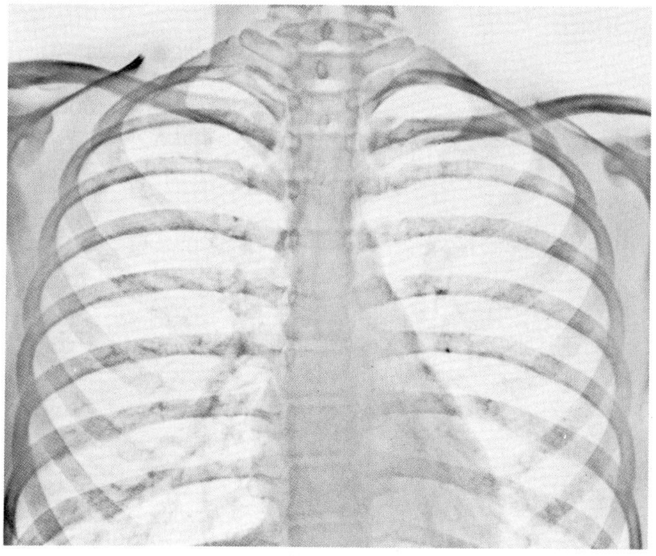

Was die Knochen alles können

Das Knochengerüst

Ein Röntgenbild!
Die Knochen des untersuchten Körpers sind deutlich zu erkennen.

Was wissen Sie über die Knochen in Ihrem Körper?

Das Knochengerüst (Skelett)

Es besteht aus über 200 Knochen.

Das Knochengerüst wird durch Gelenke beweglich.

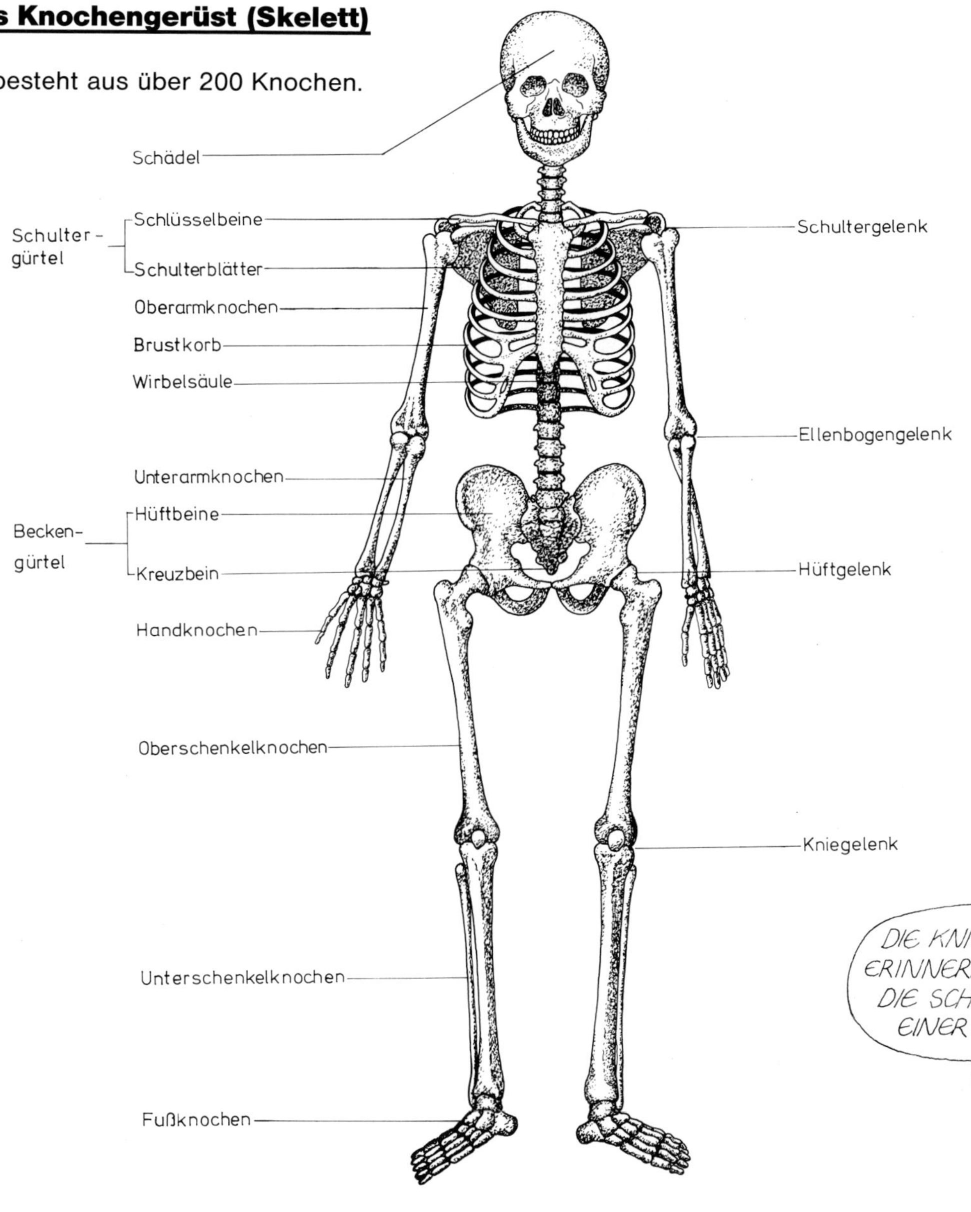

Weibliches Skelett: Ansicht von vorne

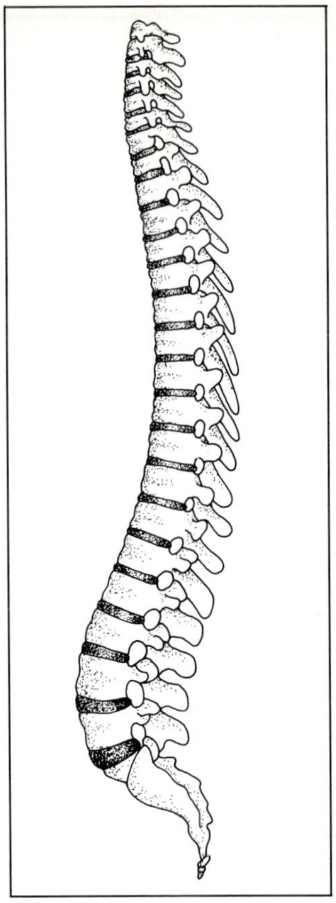

Die Knochen können wachsen.

Das Knochengerüst schützt.

Der **Schädel** schützt das Gehirn und einen Teil der Sinnesorgane.
Der **Brustkorb** schützt die Lunge und das Herz.
Das **Becken** trägt und schützt die inneren Organe.

Das Knochengerüst stützt.

Es erlaubt die aufrechte Haltung.
Besondere Bedeutung kommt der Wirbelsäule zu. Sie ist beweglich und federt.

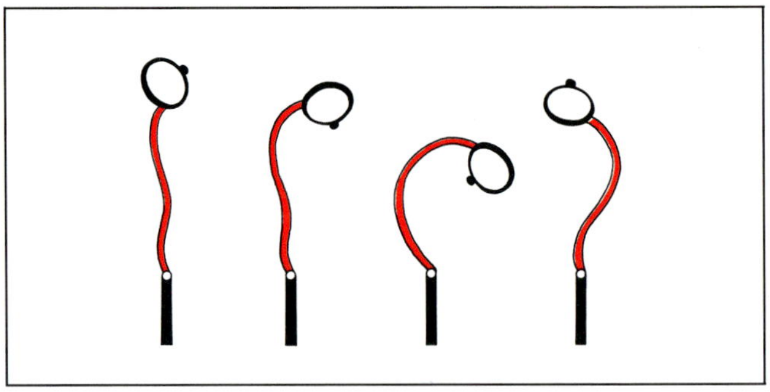

Die Wirbelsäule ist jedoch nur begrenzt haltbar. Bei fortwährend falscher Haltung kommt es zu **Haltungsschäden.** Besonders bei der Berufstätigkeit ist eine ungünstige Körperhaltung zu vermeiden.

Der **Arbeitsplatz** muß entsprechend eingerichtet sein. Die Arbeitshöhe ist auf die Erfordernisse des einzelnen einzustellen.

Ohne Skelett (Knochengerüst) würde der Mensch zu einem Fleischkloß zusammenfallen.

Achte auf eine wenig belastende Körperhaltung – besonders beim Arbeiten!

Aufgaben

1. *Sehen Sie sich ein Modell eines Knochengerüstes genau an. Welche Knochen erkennen Sie wieder? Wo liegen die entsprechenden Knochen in Ihrem Körper?*

2. *In manchen Berufen werden besondere Anforderungen an das Knochengerüst gestellt. Man muß viel stehen. Nennen Sie solche Berufe.*

3. *Sehen Sie sich einen tierischen Knochen genau an. Fühlen Sie seinen harten Aufbau. Dennoch ist er leicht.*

4. *Was wird im Berufsleben getan, um Haltungsschäden zu vermeiden?*

Keine Bewegung ohne Muskeln

Die Muskulatur

Die Fußballspieler haben kräftige Muskeln!

Wie kommt es, daß wir uns bewegen und arbeiten können?

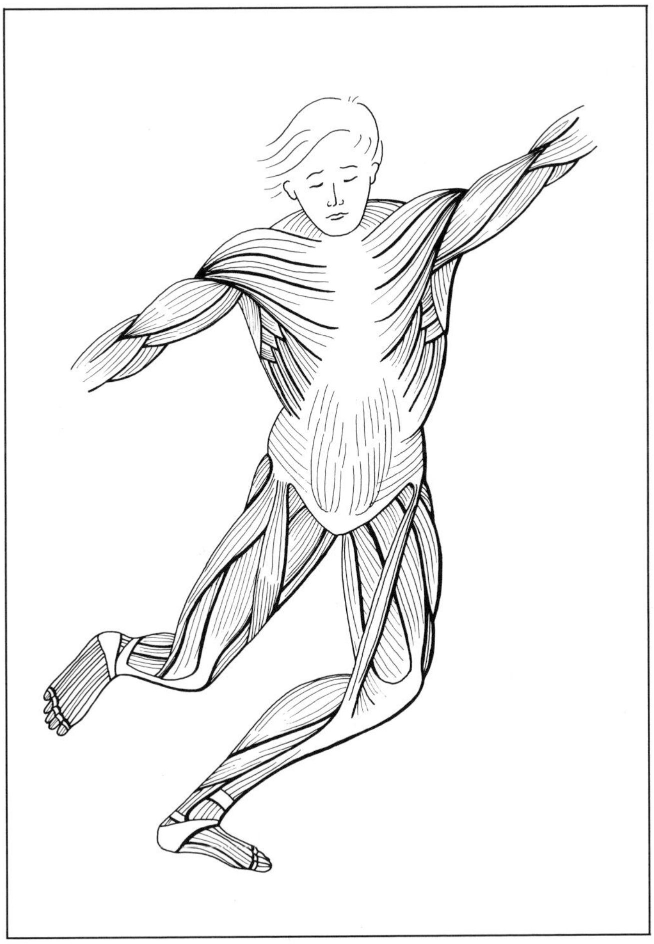

Die Muskeln umhüllen das Knochengerüst.

Über 600 Muskeln bilden das Fleisch des menschlichen Körpers (Skelettmuskulatur). Alle zusammen bezeichnet man als **Muskulatur.**

Die Muskeln können Arbeit leisten.

Sie können sich zusammenziehen. Sie arbeiten wie Spiralfedern. Die Gliedmaßen bewegen sich dann wie Hebel.[1)]

Die Muskeln bestehen aus Muskelfasern und Sehnen.

Die Muskeln sind aus einer Vielzahl gebündelter Muskelfasern aufgebaut. Sie gehen am Ende in Sehnen über. Diese sind am Knochen befestigt und arbeiten wie Zugseile.

1) vgl. Mechanik S. 102

Jeder Muskel hat einen Gegenspieler.

Die Muskeln können sich nach dem Zusammenziehen nicht wieder von allein strecken. Ein entgegengesetzt wirkender Muskel übernimmt diese Arbeit.

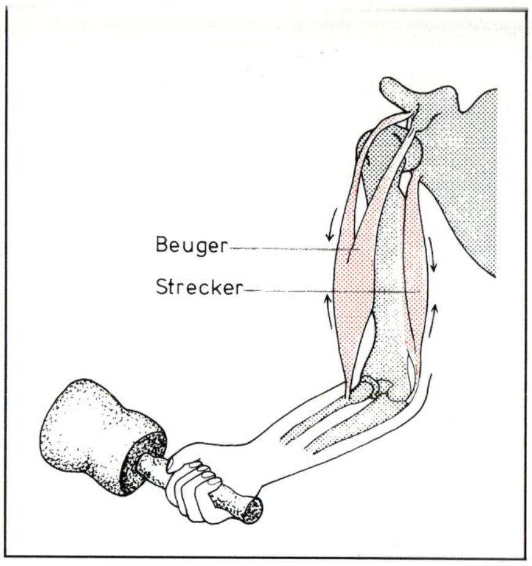

In jeder Körperhaltung sind Muskeln angespannt.

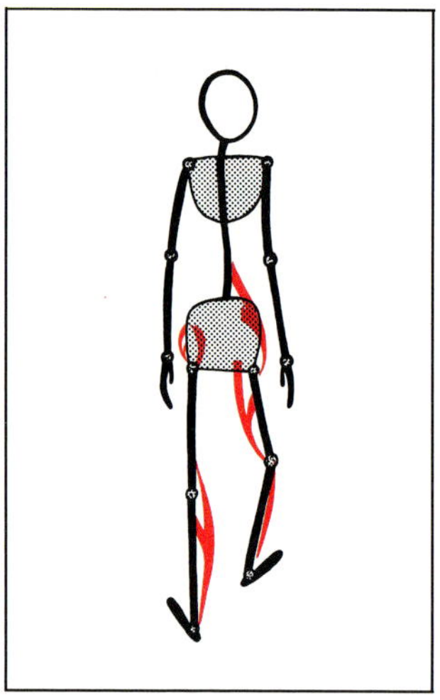

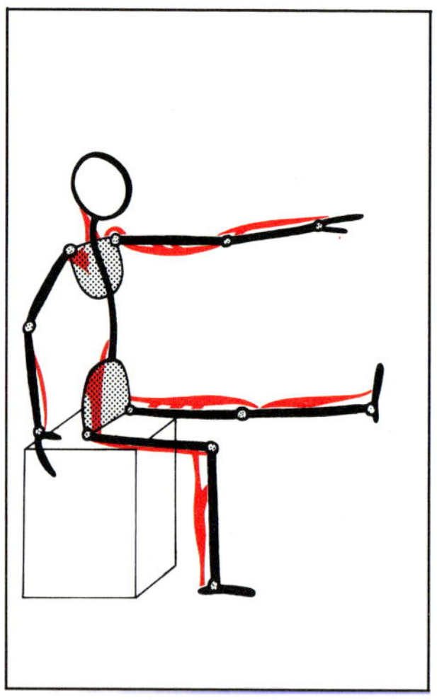

Das Nervensystem steuert die Muskeln

Einige Muskeln, wie die Skelettmuskeln, sind unserem Willen unterworfen.
Sie arbeiten kraftvoll und schnell.

Andere Muskeln sind nicht dem Willen unterworfen.
Sie arbeiten ohne bewußten Einfluß.
Ein Beispiel ist der Herzmuskel.

Die Muskelarbeit erfordert Kraft.

Das Blut versorgt die Muskeln mit lebenswichtigen Stoffen.
Wenn man viel arbeitet, benötigen die Muskeln mehr lebensnotwendige Stoffe. Man atmet schneller. Man hat mehr Hunger. Überfordert man seine Muskeln, bekommt man **Muskelkater.** Anhaltende gleichförmige Muskelanspannung wirkt ermüdend. Sie führt zu Muskelverspannungen.
Der Betrieb versucht, die **Arbeitsplätze** kraftschonend einzurichten.
Pausen erleichtern die Arbeitsbelastung.

Die Muskeln und das Skelett (Knochengerüst) ermöglichen die Bewegungsabläufe

1. Vermeide andauernde einseitige Bewegungsabläufe!
2. Setze Dich zum Arbeiten, wann immer Du kannst.

Aufgaben

1. *Welche Muskeln beugen oder strecken sich beim Gehen? Beobachten Sie sich selbst.*
2. *Sehen Sie sich ein Stück rohes, sehnenhaltiges tierisches Muskelfleisch genau an. Fühlen Sie seine Beschaffenheit.*
3. *In welchen Berufen benötigt man starke Muskeln?*
4. *Was kann am Arbeitsplatz getan werden, um einseitige Muskelanspannung zu vermeiden?*

Ohne Nerven geht nichts

Das Nervensystem

Ein Kraftwagenfahrer muß unzählige Eindrücke gleichzeitig aufnehmen, verarbeiten und schnell darauf reagieren. Er braucht gute Nerven.

Was wissen Sie über die Nerven in Ihrem Körper?

Der Körper hat eine „Steuerzentrale“ mit einem verzweigten „Leitungsnetz“.

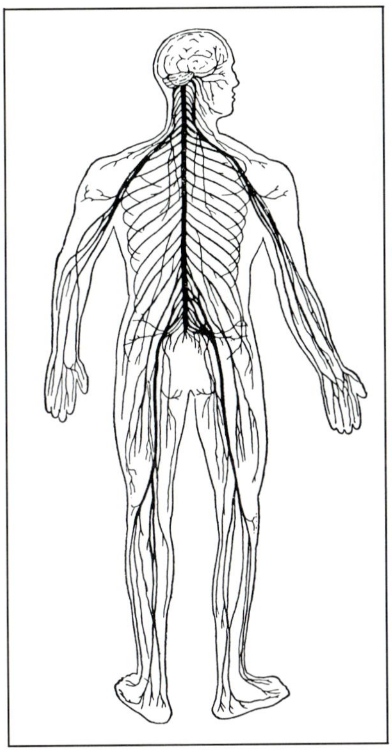

Die Nerven – das „Leitungsnetz“

Die Augen, Ohren, Nase, Zunge und Haut nehmen die Umwelt wahr.
Wenn der Körper sich z. B. verletzt hat, empfindet er Schmerzen. Das Erfahrene wird durch die Nerven dem Gehirn gemeldet. Auch Nachrichten über die Tätigkeiten der anderen Organe werden dem Gehirn weitergeleitet.

Das Gehirn – die „Steuerzentrale“

Im Gehirn werden die Signale empfangen. Jede Steueraufgabe wird von einem bestimmten Feld im Gehirn wahrgenommen. Beispielsweise gibt es im Gehirn besondere Felder für das Sehen, das Sprechen und für die Bewegungsabläufe. Mit Hilfe des Gedächtnisses werden die Signale verarbeitet.

Die Nerven – das „Leitungsnetz“

Die Nerven leiten dann die Anweisungen des Gehirns in die entsprechenden Bereiche des Körpers.
Hier kommt es zu der von Gehirn vorbestimmten Reaktion. Zum Beispiel:
Der Kraftwagenfahrer kommt an ein Stoppschild.
Er nimmt das Verkehrsschild wahr. Sein Gehirn sagt ihm: Anhalten! Vorfahrt achten! Gleichzeitig bremst er sein Fahrzeug ab.

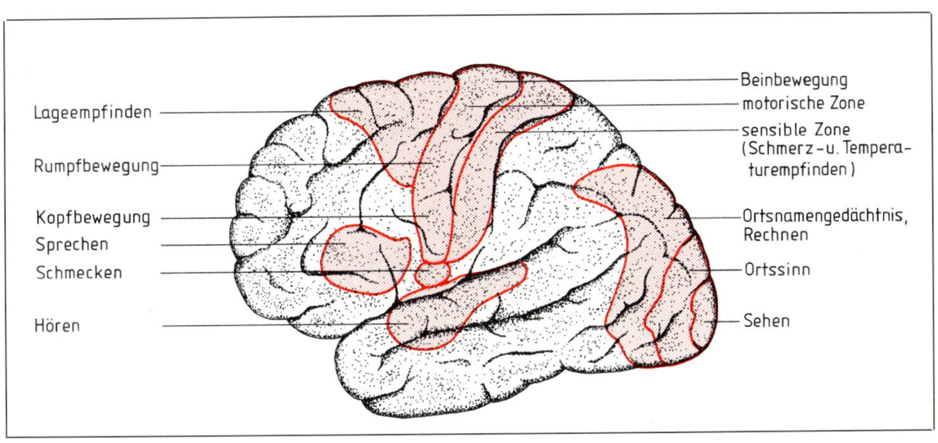

Aufgabe *Ihnen fällt ein Stein auf den Fuß. Wie reagiert Ihr Nervensystem?*

Das Nervensystem steuert die Tätigkeiten des Menschen und die Vorgänge im Körper.

2. Zivilisationskrankheiten

Der Mensch lebt nicht allein

Gefahren der Massengesellschaft

Das Zusammensein mit vielen Menschen kann die Gesundheit gefährden!

Es gibt eine Reihe von Krankheiten, die von einem Menschen auf andere übertragbar sind. Leben viele Menschen auf engem Raum, breiten sich die ansteckenden Krankheiten schnell aus.

Zum Beispiel:
Elmar hat Grippe. Wolfgang und Holger erkranken auch.
Stefani steckt sich auch an.
Fast die Hälfte der Klasse erkrankt.

Chemische Stoffe können für die menschliche Gesundheit gefährlich werden.

Wir haben uns an den Umgang mit chemischen Stoffen gewöhnt: Bei der Arbeit, im Haushalt und in der Freizeit benötigen wir chemische Stoffe. Sie gelangen dabei in sehr geringen Mengen unabsichtlich in unseren Körper. Wir atmen sie ein. Wir essen sie unwissentlich mit. Sie haften auf der Haut. In großen Mengen wären diese Stoffe starke Gifte.
Bereits kleine Mengen können allmählich die Gesundheit gefährden. Häufig entstehen Allergien. Das sind Überempfindlichkeitsreaktionen des Körpers. Bei einigen Berufen treten gehäuft Berufsallergien auf.

Zum Beispiel:
Iris hat die Ausbildung als Friseurin begonnen. Der Umgang mit den chemischen Stoffen führt zu einer Allergie an den Händen. Sie muß den Beruf wechseln.

Seelische Belastungen (Streß) können Krankheiten begünstigen.

Anhaltende Überforderung, seelische Belastungen sowie Ärger mit den Mitmenschen wirken sich auf die Gesundheit des Menschen aus. Herz- und Kreislauferkrankungen sind häufig die Folge.

Zum Beispiel:
Jens ärgert sich im Betrieb. Auch zu Hause fühlt er sich nicht mehr wohl. Er ist überfordert. Er wird krank.

Ersticken wir im Unrat?

Umweltprobleme und Umweltschutz

Altöl fließt auf den Boden!

Weshalb darf man Altöl nicht einfach so weglaufen lassen?

Der Boden wird häufig durch Müll verschmutzt.

Müll fällt bergeweise an: Hausmüll, Industriemüll, Altöl, Altreifen, Bauschutt, landwirtschaftliche Abfälle, Klärschlamm, radioaktive Abfälle u. a.

Zum Beispiel:
Würde man den Müll der Bundesrepublik Deutschland, der in einem Jahr anfällt, in einen Güterzug verladen, ergäbe sich eine Zuglänge von etwa $^1/_5$ des Erdumfangs.

Ein Teil des Mülls fällt bei der Berufsarbeit an. Altöl und andere **giftige Abfälle** dürfen nicht einfach weggeworfen werden. Es würden Gesundheitsgefahren für die Allgemeinheit entstehen. Der Boden würde verseucht werden. Das Trinkwasser würde ungenießbar.

Der Staat hat in Gesetzen geregelt, daß schädliche Stoffe gesondert aufbereitet oder gelagert werden.

Vergifteter Boden macht krank!

Im Müll sind auch **wertvolle Abfälle.** So können z. B. Papier, Glas und Metalle gesondert gesammelt und weiterverarbeitet werden.

Jeder kann mithelfen, daß wir nicht im Unrat ersticken:

1. Wirf nichts achtlos weg!
2. Vermeide unnötiges Verpackungsmaterial!
3. Sammle Altstoffe, die man noch verwerten kann, wie Kupfer, Glas, Papier!

„Papa, warum schwimmen denn die Fische alle tot auf dem Wasser?"
„Weil sie nicht lesen können."

Wasser wird häufig verschmutzt.

Das Wasser der Flüsse, Seen und Meere ist häufig stark verschmutzt. Auch das Grundwasser ist gefährdet.
Wohin mit dem Abwasser der Haushalte und der Industrie, dem erwärmten Kühlwasser der Kraftwerke?
Abfallstoffe, Mineralöl, andere Giftstoffe, aber auch Krankheitserreger gelangen in das Wasser.

Zum Beispiel:
1 l Mineralöl macht 1 000 000 l (1 Million l) Trinkwasser für mehrere Jahre ungenießbar.

Unsauberes Wasser macht krank!

Wir sind auf das Wasser der Flüsse als Trinkwasser angewiesen. Es ist häufig schwierig, verschmutztes Wasser wieder aufzubereiten.

Wasser ist kostbar! Jeder kann mithelfen, es zu schützen:

1. Verschwende kein Wasser.
2. Verwende chemische Stoffe, wie Wasch- und Spülmittel, aber auch Düngemittel und Pflanzenschutzmittel nicht unnötig!

Die Luft wird häufig verschmutzt.

Der Straßenverkehr, Industriebetriebe und Kraftwerke geben giftige Stoffe an die Atemluft ab.
Auch die Haushalte belasten die Luft z. B. durch die Heizungen oder Öfen.
Der Staat versucht durch Gesetze, hohe Luftverschmutzung zu verbieten.

Unsaubere Luft macht krank!

Jeder kann mithelfen, daß wir die Atemluft nicht zu sehr verschmutzen:

1. Vermeide Luftverschmutzung durch falsch eingestellte Heizungen!
2. Vermeide unnötiges Heizen!
3. Laß Motoren nicht unnötig laufen, auch nicht Dein Mofa!
4. Benutze Spraydosen sparsam!

Aufgaben

1. *Überdenken Sie, welche Abfälle von Ihnen im Laufe eines Tages weggeworfen werden.*
2. *Lesen Sie bewußt Pressemitteilungen, in denen auf Umweltschädigungen und Umweltgefahren hingewiesen wird.*

Stecke mich nicht an

Infektionskrankheiten

Er hat Schnupfen!

Erinnern Sie sich daran, als Sie das letzte Mal Schnupfen hatten. Wie verlief die Krankheit?

Es gibt Krankheiten, die ansteckend sind. Sie können von einem Menschen auf andere übertragen werden. Diese Arten von Krankheiten nennt man **Infektionskrankheiten.**

Krankheitserreger übertragen die Infektionskrankheiten.

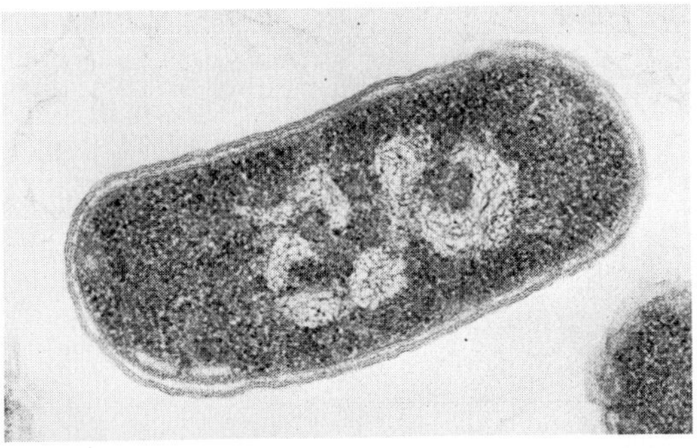

Bakterien:
Sie sind sehr klein. Etwa 1000 Bakterien, dicht nebeneinandergelegt, ergäben eine Länge von 1 mm.

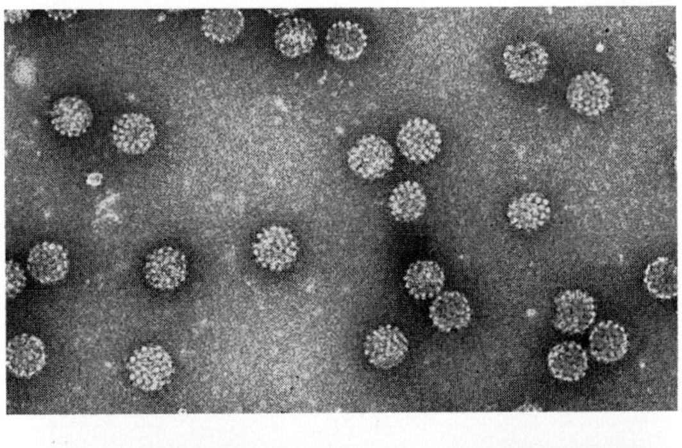

Viren:
Sie sind noch kleiner als Bakterien. Sie sind deshalb schwer zu finden und zu bestimmen.

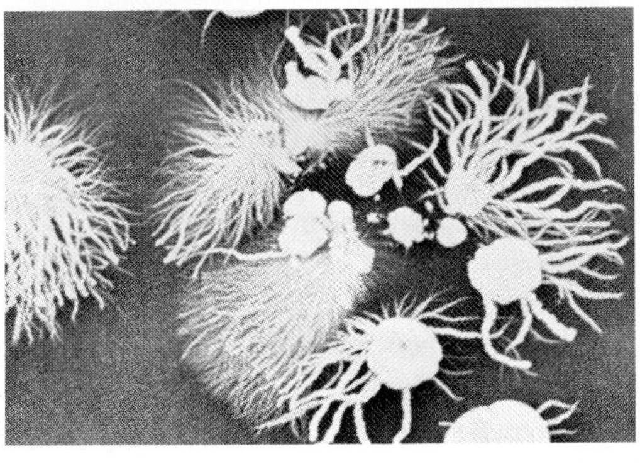

Hautpilze:
Sie können sich in der Haut fadenförmig ausbreiten.

Krankheiten und ihre Krankheitserreger (Auswahl)

Bakterien	Viren	Hautpilze
Tuberkulose Keuchhusten Lungenentzündung Pest Diphtherie Tetanus (Wundstarrkrampf) Geschlechtskrankheiten	Gripppe Schnupfen Kinderlähmung Röteln Mumps Tollwut Masern	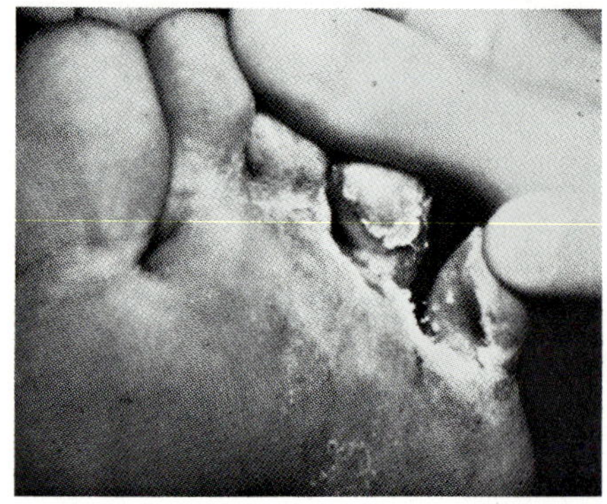

Wie gelangen die Krankheitserreger in den Körper?

- durch schmutzige Hände
- Eindringen in den Körper beim Einatmen
- Eindringen in den Körper durch den Verdauungskanal: durch unsaubere Lebensmittel

- Eindringen in den Körper durch Wunden
- Eindringen in die Haut

Krankheitserreger dringen in den Körper ein und lösen eine Infektionskrankheit aus.

Krank werden oder gesund bleiben?

Die eingeatmeten Krankheitserreger vermehren sich in Pfiff's Körper. Er fühlt sich vorerst noch nicht krank. Diese Zeit nennt man **Inkubationszeit** (das Sichfestsetzen von Krankheitserregern im Körper). Sie ist bei den verschiedenen Krankheiten unterschiedlich lang.

Plötzlich bricht die **Krankheit** aus. Schnupfen, Hautausschlag, Fieber. Der Körper ist mit Krankheitserregern überschwemmt. Der Körper bildet allmählich **Abwehrkörper.**

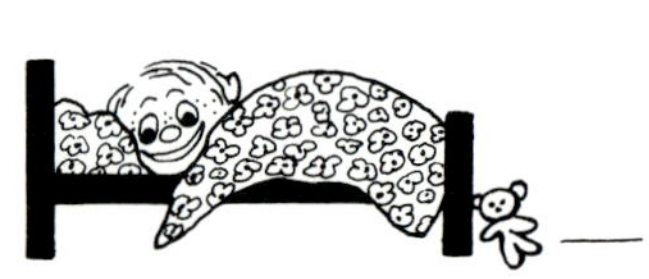

Pfiff besucht jetzt seinen an Masern erkrankten Freund. Er wird sich nun nicht mehr anstecken und erkranken. Sein Körper hat während der Krankheit Abwehrkörper gebildet. Die schützen ihn vor einer erneuten Erkrankung. Er ist **immun** (für die Krankheit unempfänglich).
Bei einigen Krankheiten hält der Immunschutz nicht für das ganze Leben vor. An Schnupfen kann man beispielsweise immer wieder erkranken.

Pfiff besucht einen an Mumps erkrankten Freund. Er wird sich nicht anstecken, da er als Kind gegen Mumps geimpft worden ist. Bei der Impfung wurden ihm Krankheitserreger in abgeschwächter Form eingeimpft. Sein Körper bildete Abwehrkörper, ohne zu erkranken. Diesen Vorgang bezeichnet man als **aktive Immunisierung.** Er hat jetzt die entsprechenden Abwehrkörper und wird nicht mehr an Mumps erkranken.

Pfiff hat sich am Arbeitsplatz bei Erdarbeiten eine größere Schürfwunde zugezogen. Der Arzt impft ihn sofort gegen Wundstarrkrampf. Die Wundstarrkrampfbakterien gelangen über die Erde in die Wunde. Mit der Impfung wird Pfiff mit entsprechenden Abwehrkörpern versorgt, die eine Erkrankung verhindern. Diesen Vorgang bezeichnet man als **passive Immunisierung.** Der Impfschutz hält nur kurzzeitig vor.

Infektionskrankheiten werden durch Krankheitserreger übertragen. Wenn man sich entsprechend verhält, kann man Krankwerden vermeiden.

1. Meide den Kontakt mit Infektionskranken!
2. Achte auf persönliche Sauberkeit, wie häufiges Händewaschen!
3. Halte Infektionsherde sauber, wie Badezimmer, Toilette, Kleidung!
4. Achte auf saubere Nahrungszubereitung!
5. Vermeide Barfußlaufen an dicht bevölkerten Stellen, wie Schwimmbäder, Sporthallen!
6. Achte auf ausreichenden Impfschutz!
7. Laß die Impfungen in einen Impfpaß eintragen! Bewahre diesen sorgfältig und griffbereit auf!

Aufgaben

1. An welchen ansteckenden Krankheiten sind Sie bereits einmal erkrankt? Erinnern Sie sich an den Krankheitsverlauf? Verdeutlichen Sie sich, was sich in Ihrem Körper abspielte.

2. Gegen welche Krankheiten sind Sie geimpft? Fragen Sie einen Arzt, ob Ihr Impfschutz ausreicht.

3. Wie können Sie sich vor Infektionskrankheiten schützen? Erläutern Sie die Hinweise 1 bis 7.

4. Bei welchen Berufen ist besonders auf Sauberkeit zu achten?

Aua, mein Zahn

Zahnerkrankungen und Vorbeugemaßnahmen

Diese Zähne haben Zahnfäule!

Sehen Sie sich Ihre eigenen Zähne mit einem Spiegel an. Sind Ihre Zähne gesund?

Zahnfäule (Karies) – Der Zahn hat ein Loch

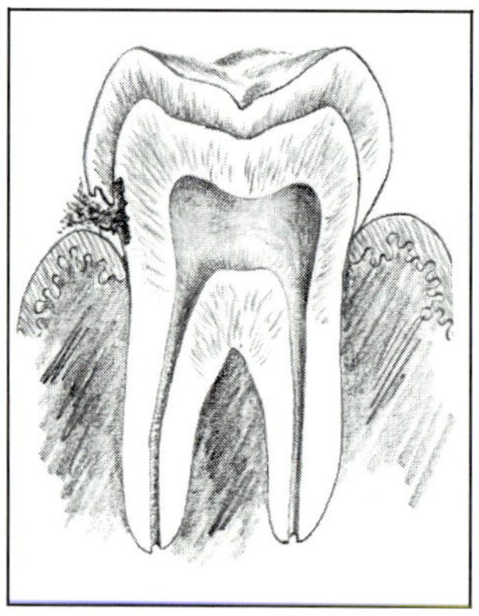

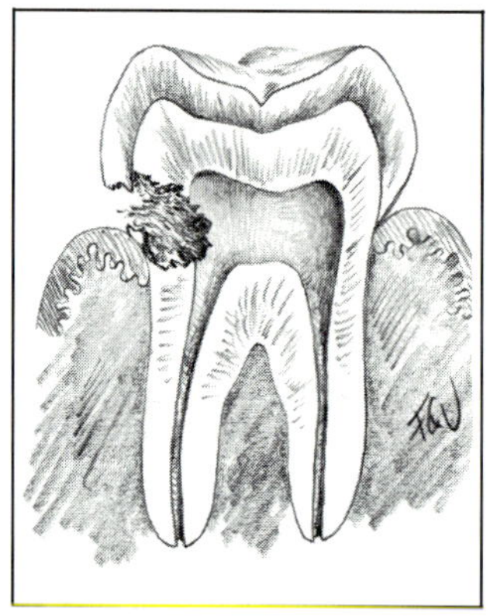

Der harte Zahnschmelz hat sich an einer Stelle zerstört.
Heftige Zahnschmerzen entstehen.

Wenn die Zähne nicht gründlich geputzt werden ...

... haften	**Speisereste**	an den Zähnen (Zahnbelag).
	▼	
... zersetzen	**Bakterien**	die Speisereste.
	▼	
... greifen	**Säuren**	den Zahnschmelz an.

Zahnbetterkrankung (Parodontose)

Das Zahnfleisch zieht sich mehr und mehr zurück. Die Zähne werden locker.
Eine Ursache: Mangelhafte Zahnpflege!

Ein sauberer Zahn wird nicht krank!

1. Iß weniger Süßigkeiten!
2. Putze nach jedem Essen gründlich die Zähne (mindestens 2mal täglich)!
3. Zerbeiße keine zu harten Gegenstände!
4. Bringe keine zu heißen oder zu kalten Speisen an die Zähne!
5. Iß viele Lebensmittel, die kräftig gekaut werden müssen!
6. Geh' 2mal jährlich zum Zahnarzt!

Aufgaben

1. *Beurteilen Sie selbst, ob Sie Ihre Zähne ausreichend pflegen.*
2. *Begründen Sie, wie Sie Zahnerkrankungen vermeiden können.*

Ach, mein Kreislauf

Herz- und Kreislaufkrankheiten

Ein Wartezimmer beim Arzt!
Viele Menschen leiden an Herz- und Kreislaufkrankheiten.

Kennen Sie ähnliche Fälle in Ihrem Bekanntenkreis?

Fortgeschrittene Krankheiten sind z. B. Durchblutungsstörungen und Herzinfarkt. Die Hälfte aller Todesfälle in der Bundesrepublik Deutschland wird durch ein Versagen von Herz und Kreislauf verursacht.

Durchblutungsstörungen – das Gewebe wird nicht mehr genügend durchblutet.

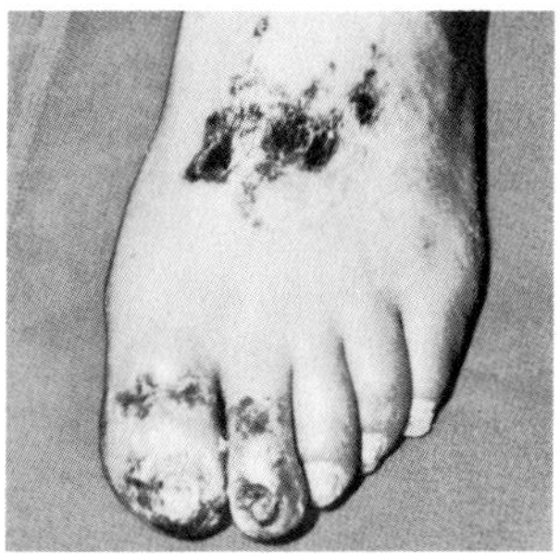

Zum Beispiel Raucherbein:
Ein Fuß wird nicht mehr richtig durchblutet. Er verfärbt sich. Das Gewebe stirbt allmählich ab. Der Fuß muß amputiert werden.

Herzinfarkt – das Herz schlägt nicht mehr richtig!

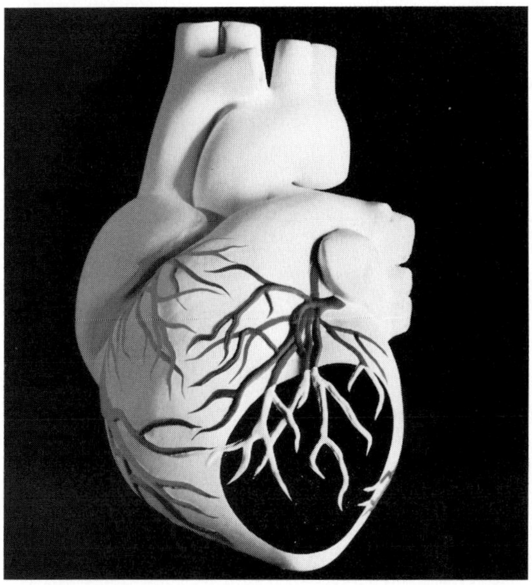

Die Herzkranzgefäße haben sich im Laufe der Jahre verändert. Sie sind entweder verengt oder spröde geworden. Man vermutet, daß zum Beispiel ein plötzlicher Verschluß einer Arterie Herzinfarkt auslöst. Teile des Herzens werden dann nicht mehr genügend mit lebenswichtigen Stoffen versorgt. Das Herz ist in den betreffenden Bereichen nicht mehr arbeitsfähig. Wenn wichtige Teile des Herzens ausfallen, verläuft ein Herzinfarkt tödlich.

Aufgabe *Kennen Sie in Ihrem Bekanntenkreis Personen, die einen Herzinfarkt erlitten?*
Vergegenwärtigen Sie sich deren Lebensführung.

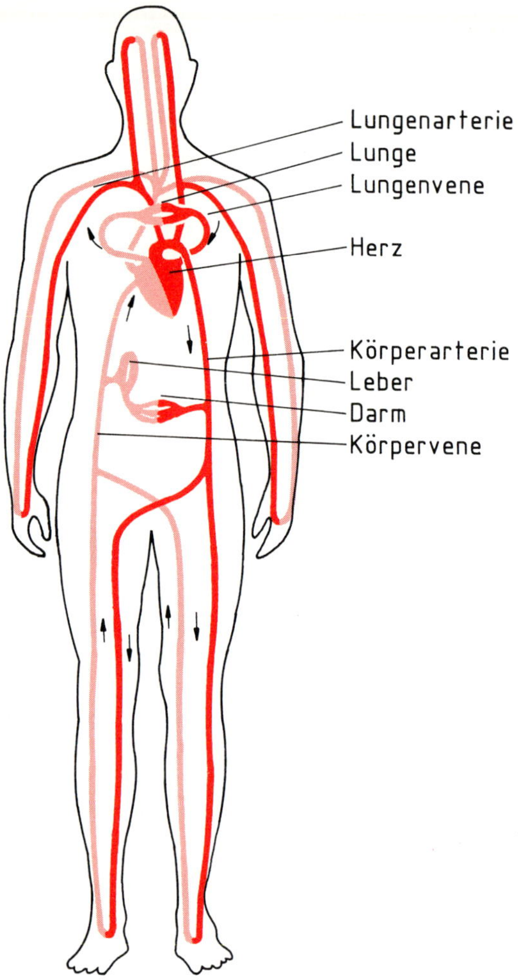

Beispiel:

Das Herz-Kreislaufsystem ist vergleichbar mit einer empfindlichen Pumpe und einem sehr fein verzweigten, elastischen Schlauchnetz. Verschiedene Ursachen können die Anlage schädigen. Stoffe, die in den Schläuchen transportiert werden, können die Schlauchwandungen verändern. Steht die Anlage unter erhöhtem Druck, ist sie ebenfalls störanfälliger. Die Pumpe kann kaputtgehen, oder auch das Schlauchsystem weist Schäden auf.

„Wer bereits in jüngeren Jahren zu viel und zu gut ißt, übergewichtig wird, raucht, trinkt, sich nicht bewegt, sich täglich ärgert und selten ausspannt, hat eigentlich keine Chancen verpaßt, an einem Herzinfarkt zu sterben.“[*]

Wodurch werden Herz-Kreislaufkrankheiten verursacht?

- zu einseitige Ernährung (z. B. zu zuckerreich)
- Übergewicht
- Rauchen
- zu wenig Bewegung
- seelische Belastungen (Streß)

Herz-Kreislaufkrankheiten entstehen nicht von heute auf morgen. Sie werden durch Fehlverhalten über längere Zeit hin ausgelöst.

1. Ernähre Dich gesund!
2. Meide Übergewicht!
3. Rauche nicht!
4. Bewege Dich ausreichend!
5. Vermeide Streß!
6. Entspanne Dich in der Freizeit!
7. Geh' rechtzeitig zum Arzt, wenn Du krank bist!

Aufgaben

1. *Beurteilen Sie selbst, ob Sie sich gesund verhalten. Was können Sie besser machen?*
2. *Überlegen Sie, wie Sie am sinnvollsten Ihre Freizeit gestalten können.*

[*] Holtmeier: Diät bei Übergewicht und gesunde Ernährung, Georg Thieme Verlag Stuttgart, 1972, S. 17.

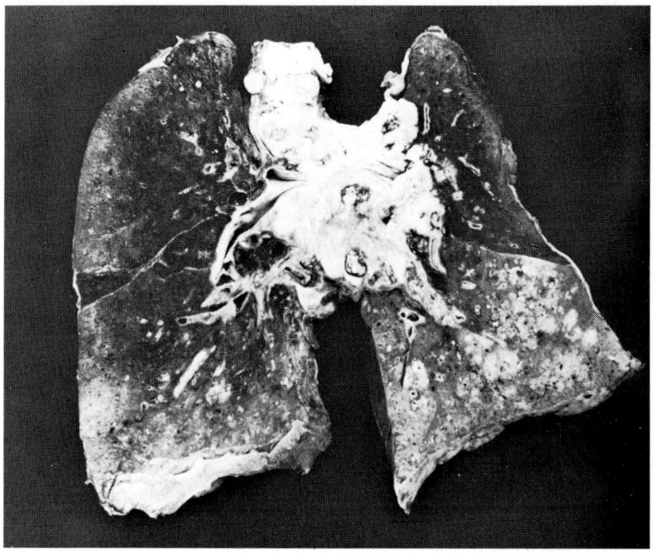

Krebs?

Krebserkrankung, Risikofaktoren, Früherkennung

Lungenkrebs

In der Bundesrepublik Deutschland erkrankt jeder 4. an Krebs. Kennen Sie Fälle von Krebserkrankungen in Ihrem Bekanntenkreis?

Was ist Krebs?

Die kleinsten Bausteine des menschlichen Körpers sind die **Zellen.** Sie teilen sich im Laufe des Lebens vielmals. Allerdings kann die Zelle die Kontrolle über das Wachstum verlieren. Sie teilt sich fortlaufend und unkontrolliert. Es bildet sich eine Geschwulst (Krebs, Tumor).

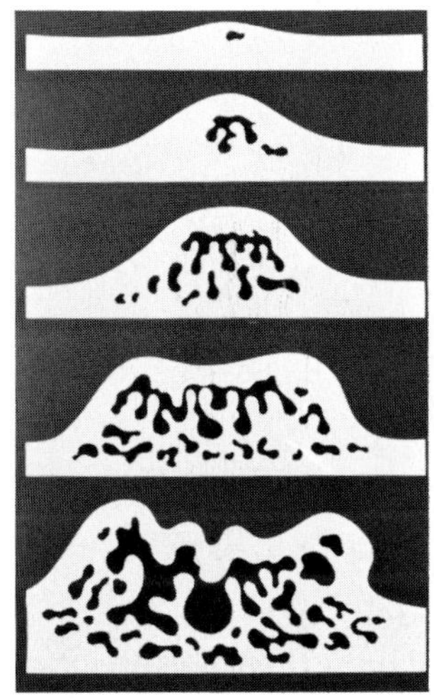

Teilen sich Körperzellen fortlaufend und unkontrolliert, entsteht eine Krebsgeschwulst.

Wodurch wird Krebs ausgelöst?

Risikofaktoren

Physikalische Reize:

- Strahlen
- Temperatureinflüsse

Chemische Reize:

Chemische Stoffe z. B. in

- Abgasen
- Dämpfen
- Stäuben
- Tabakrauch
- Lebensmitteln

Persönliche Faktoren:

- Anfälligkeit
- Alter
- Belastung

Krebs entwickelt sich über einen längeren Zeitraum, häufig über Jahre.

gesunde Körperzelle → Zelle teilt sich fort- lau- fend → Krebs → das umliegende Gewebe wird zerstört ↓ führt häufig zum Tod

↑ ein oder mehrere auslösende Faktoren

Warnzeichen kündigen die Krankheit an: müssen erkannt werden

7 Zeichen warnen vor Krebs

1. jede nicht heilende Wunde
2. Knoten in oder unter der Haut
3. jede Veränderung an einer Warze oder einem Muttermal
4. anhaltende Magenbeschwerden
5. Dauerhusten
6. ungewöhnliche Absonderungen
7. unregelmäßige Monatsblutungen

Jeder sollte sich selbst beobachten. Tritt eines der Warnzeichen auf, ist sofort ein Arzt aufzusuchen. Auch wenn kein direktes Warnzeichen vorliegt, hat jeder das Recht auf Früherkennungsuntersuchung.

Krebsgefährdete Organe

Beim Mann überwiegen Geschwülste der Lunge, des Magens, des Darms, der Leber, der Nieren und Blase.

Bei der Frau sind insbesondere die Geschlechtsorgane betroffen.

> Krebs ist eine Krankheit!
> Wenn sie früh genug erkannt und behandelt wird, ist sie heilbar.

1. Vermeide es, krebsfördernde Stoffe einzuatmen!
2. Vermeide es, fremde Stoffe mit der Nahrung aufzunehmen!
3. Vermeide extreme Strahlen- und Temperatureinflüsse!
4. Beobachte Deinen Körper, ob Warnzeichen auftreten!
5. Geh' regelmäßig zu Früherkennungsuntersuchungen!

Aufgabe

Besorgen Sie sich Informationshefte über Krebsfrüherkennung. Vielleicht kann Ihnen eine der folgenden Stellen behilflich sein: Ihr Arzt, Ihre Apotheke, Ihre Krankenkasse oder die Bundeszentrale für gesundheitliche Aufklärung in Köln.

Bundeszentrale für gesundheitliche Aufklärung,
Ostmerheimer Str. 200,
51109 Köln

Drogen? Nein danke!

Drogenmißbrauch

Diese Jugendlichen haben Rauschmittel genommen.

Was wissen Sie bereits über Rauschmittel und andere Drogen?

Drogen sind suchterregende Mittel, wie Rauschmittel, Alkohol, Nikotin (im Tabakrauch) und Arzneimittel.

Kein Mißbrauch ohne Folgen

Schädigung der Gesundheit:

- Durchblutungsstörungen
- Entzündungserscheinungen
- Schädigung von Gehirn und Nervensystem
- Krebsgefährdung
- Schädigung des ungeborenen Kindes
- Abhängigkeit
- Siechtum (Tod)

Gefahr für die Mitmenschen:

- leichtsinniges Verhalten
- Gewalttätigkeit
- falsches Verhalten im Straßenverkehr

Beispiel eines Krankheitsbildes:

Durchblutungsstörungen im Bein ⟶ unheilbarer Gewebszerfall

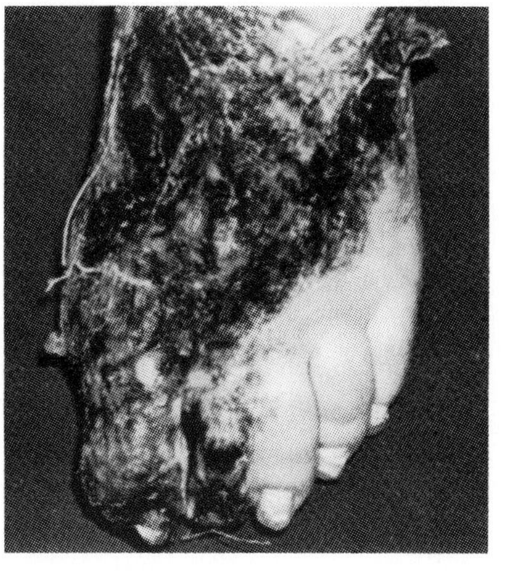

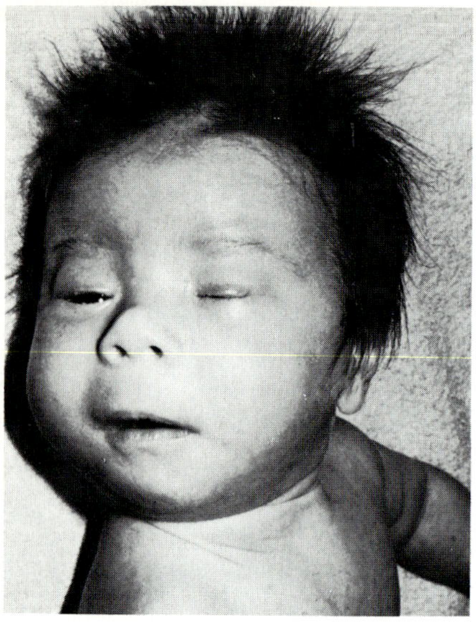

Was Mißbrauch noch bewirken kann:

Ein geschädigtes Kind –
Seine Mutter hatte während der Schwangerschaft viel Alkohol getrunken.

Schon etwa drei Flaschen Bier pro Tag zu Beginn der Schwangerschaft können zu Mißbildungen führen.
Die Leidtragenden sind jährlich etwa 6000 Kinder allein in der Bundesrepublik Deutschland!

Schritt für Schritt in die Abhängigkeit

Neugier
Nachahmung
Verführung
ungelöste Konflikte

→ ersten Gebrauch
↓
gelegentlichen Gebrauch
↓
Gewohnheitsgebrauch
↓
Abhängigkeit

Wer raucht oder Alkohol trinkt, Rauschmittel oder unverordnet Arzneimittel einnimmt, schädigt seine Gesundheit. Er kann abhängig (süchtig) werden. Immer größere Mengen sind notwendig, um „sich wohl zu fühlen". Das Ende: körperlicher und seelischer Verfall, Tod!

1. Vermeide jeglichen Mißbrauch!
2. Finger weg von allen Rauschmitteln!
3. Während der Schwangerschaft: Kein Alkohol! Nicht Rauchen! Keine unverordneten Arzneimittel!
4. Vorsicht bei Alkohol und chemischen Dämpfen oder Arzneimitteln!
5. Beratungsstellen helfen bei Problemen![1)]

Aufgaben

1. *Betrachten Sie Ihre Gewohnheiten kritisch. Haben Sie schon geraucht oder Alkohol getrunken? Erläutern Sie, warum Sie es taten.*
2. *Weshalb sollten Sie unbedingt vermeiden zu rauchen, Alkohol zu trinken, unverordnet Arzneimittel zu verwenden? Erklären Sie es sich zunächst selbst, dann Ihren Freunden.*

[1)] Die für Sie nächste Stelle erfahren Sie u. a. von Ihrem zuständigen Gesundheitsamt oder über die Deutsche Hauptstelle gegen Suchtgefahren, Hamm, Bahnhofstraße 2. Eine Liste mit Anschriften über Einrichtungen der Beratung, Behandlung und Wiedereingliederung für Drogen-, Alkohol- und Arzneimittelgefährdete und -abhängige wurde auch vom Bundesministerium für Jugend, Familie und Gesundheit herausgegeben.

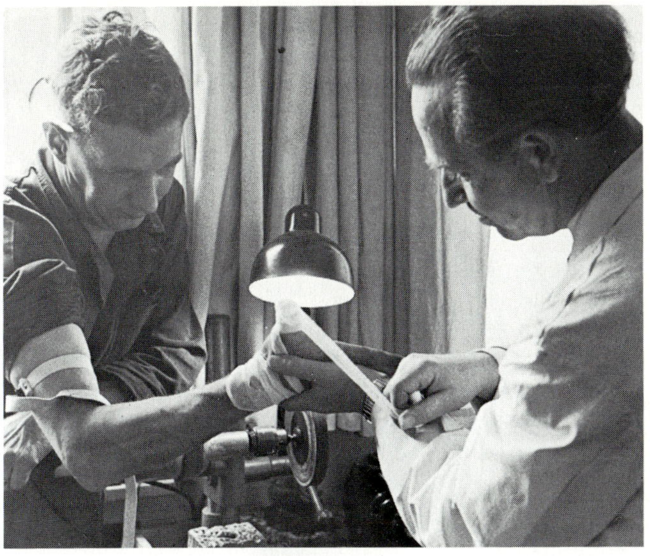

Gesund bleiben! Aber wie?

Hinweise zur Gesunderhaltung des Körpers

Ein Arbeitsunfall!
Er hatte für kurze Zeit nicht aufgepaßt.

Kennen Sie ähnliche Fälle?

1. Unfälle sind keine Zufälle!
   Die meisten Unfälle geschehen durch Unachtsamkeit.
2. Pflege muß sein!
   Körperpflege (auch Zahnpflege) ist Voraussetzung für das Gesundbleiben.
3. Sauberkeit schützt vor Krankheiten!
   Infektionskrankheiten sind durch Sauberkeit vermeidbar.
4. Haltungsfehler müssen nicht sein!
   Das Knochengerüst trägt uns ein Leben lang. Haltungsfehler führen zu frühzeitiger Abnutzung.
5. Der Mensch braucht Bewegung!
   Bewegung stärkt den Kreislauf.
6. Jedes „Zuviel" schädigt den Körper!
   Z. B. Sportschäden oder Hörschäden – das Ergebnis übertriebener Verhaltensweisen.
7. Gesunde Ernährung hält Leib und Seele zusammen!
   Gesunde Ernährung gibt dem Körper, was er braucht: nicht zu viel – nicht zu wenig, von allem etwas.
8. Drogen? Nein danke!
   Drogenmißbrauch ist Selbstmord auf Raten.
9. Atme nicht alles ein!
   Z. B. Abgase und Stäube am Arbeitsplatz sind ungesund. Wenn notwendig, sind Schutzmaßnahmen zu treffen – Atemmaske.
10. Rege Dich nicht auf!
    Ärger schädigt die Gesundheit.
11. Erholung gehört dazu!
    Nach jeder Anstrengung braucht der Körper eine Erholung, um neue Kräfte zu sammeln.
12. Beobachte Dich selbst!
    Jeder Verdacht einer Erkrankung sollte ernstgenommen werden. Ärztliche Versorgung kann Schlimmes verhüten helfen.

Wer gesund bleiben will, muß sich bereits in der Jugend vorsehen!

WIRTSCHAFTSKUNDE

Der private Haushalt

Die meisten Menschen leben in einer Gemeinschaft mit anderen Menschen. Die häufigste Gemeinschaft ist die Familie.
Die Familienmitglieder reden, streiten, lachen, leiden und freuen sich miteinander. Die Familie nimmt Anteil am Leben ihrer Mitglieder.

Die Familie ist eine Lebensgemeinschaft.

Sie fragen sich vielleicht, was hat dies mit dem Fach Wirtschaftslehre oder Wirtschaftskunde zu tun? Überlegen wir aber einmal weiter.
Meist wohnen die Familienmitglieder in einer gemeinsamen Wohnung.

Die Familie ist Wohngemeinschaft.

Die Familie muß wirtschaften

Die Familie ist noch mehr.
Jedes Familienmitglied muß essen und trinken, braucht Kleidung und hat sonst noch viele Wünsche.
In der Familie wird jeder einzelne mit Nahrung, Kleidung, Wohnung, Informationen durch Radio und Fernseher usw. versorgt.

Die Familie ist eine Versorgungsgemeinschaft.

Nahrung, Kleidung, Wohnung usw. werden nicht geschenkt. Für alles muß die Familie bezahlen. Die Familie braucht deshalb **regelmäßiges Einkommen.** Durch ihre Arbeitsleistung schaffen ein oder mehrere Familienmitglieder ein regelmäßiges Einkommen.

Oft stehen dem Einkommen zu viele Bedürfnisse und Wünsche gegenüber, die nicht oder nur zum Teil erfüllbar sind.

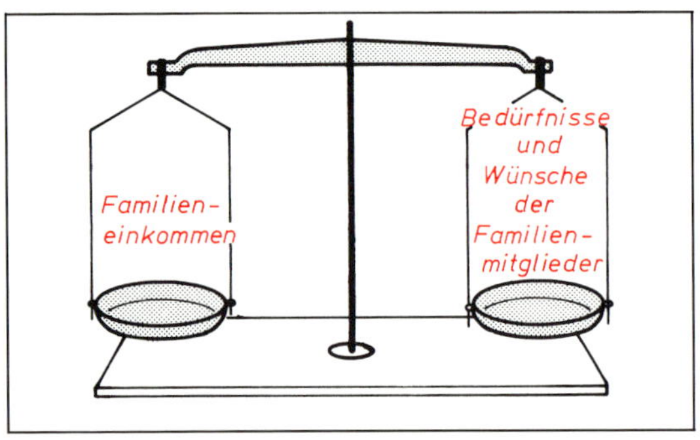

Zwischen diesen beiden Seiten muß Gleichgewicht herrschen. Wird z. B. zu Monatsbeginn zuviel ausgegeben, so muß am Monatsende gespart werden. Die Familie muß planen.

Das planvolle Umgehen mit dem Einkommen zur Befriedigung der Bedürfnisse und Wünsche der Familienmitglieder nennt man **haushalten** oder **wirtschaften.**

Die Familie ist eine Wirtschaftsgemeinschaft.

Die Familie und die Wirtschaft

Früher, vor Jahrhunderten, war die Familie noch in der Lage, die Bedürfnisse der Familienmitglieder selbst zu erfüllen. Der Bau der Hütte, die Suche nach Nahrung und die Herstellung der Kleidung wurden selbst vorgenommen. Für die Information genügte ein Schwatz an der Wasserstelle.
Inzwischen haben sich die Bedürfnisse des Menschen so entwickelt, daß die Familie nicht mehr in der Lage ist, alle Bedürfnisse selbst zu erfüllen.
Die Familie muß:

Nahrung einkaufen,
Kleidung einkaufen,
Wohnung mieten oder
Haus bauen lassen,
benötigt Zeitungen, Rundfunk und Fernsehen zur Information.

Die Wirtschaftsgemeinschaft Familie ist eng mit der Gesamtwirtschaft verbunden.

Der private Haushalt als Teil der Gesamtwirtschaft

Die Familie kann nicht für sich allein wirtschaften. Nahrung, Kleidung und viele andere Güter stellt die Familie nicht selbst her. Dies besorgen kleine und große Fabriken und Handwerksbetriebe.
Das Familienauto wird in einem großen Industrieunternehmen hergestellt. Ist es defekt, wird es in einer kleinen Werkstatt, einem Handwerksbetrieb, repariert.

Die Industrie und das Handwerk sind Teile der Wirtschaft.

Die Familienmitglieder haben jedoch auch Wünsche, die nicht durch Güter befriedigt werden können.
Zur Beförderung eines Briefes benötigt man die Dienste der Post.
Bei Zahnschmerzen braucht man die Dienste des Zahnarztes. Ärzte, Post, Bahn, Bank, Polizei, Feuerwehr und viele andere mehr produzieren keine Güter, sondern bieten bestimmte **Dienstleistungen** an.

Die Dienstleistungen sind ein Teil der Wirtschaft.

Kein Teil der Wirtschaft kann für sich allein leben, alle hängen voneinander ab.

Private Haushalte + Industrie und Handwerk + Dienstleistungen zusammen bilden die Gesamtwirtschaft eines Landes.

Verflechtungen

Der private Haushalt ist eng mit der Gesamtwirtschaft verflochten. Schwankungen in der gesamtwirtschaftlichen Lage und Entwicklung eines Landes können großen Einfluß auf die Wirtschaftseinheit Haushalt haben. An einigen Beispielen soll dies verdeutlicht werden:

Preise steigen ▶ Die Familie erhält weniger Ware für gleich viel Geld und kann sich weniger leisten. Mancher Kauf wird aufgeschoben.

Löhne steigen ▶ Das Familieneinkommen steigt. Die Familie kann sich mehr leisten und tätigt manchen Kauf früher als geplant.

Vollbeschäftigung ▶ Alle finden Arbeit, kein Familienmitglied muß sich um den Arbeitsplatz Sorgen machen. Das sichere Einkommen erlaubt auch einen Kauf auf Kredit.

Unterbeschäftigung ▶ Es gibt Arbeitslose. Vielleicht wird auch ein Familienmitglied arbeitslos. Dann heißt es sparen, denn das Familieneinkommen ist geringer.

Aber auch andere Geschehnisse in der Gesamtwirtschaft können den privaten Haushalt stark beeinflussen. Überlegen Sie, welche Auswirkungen folgende Vorgänge für die wirtschaftliche Lage Ihrer Familie haben können:

1. *Im Betrieb Ihres Vaters oder Ihrer Mutter muß kurzgearbeitet werden, das heißt es gibt so wenig Arbeit, daß nur noch 20 Stunden in der Woche gearbeitet werden und bezahlt werden können.*
2. *Der Betrieb Ihres Vaters oder Ihrer Mutter wird an einen ca. 80 km weit entfernten Ort verlegt.*
3. *Ihr Vater oder Ihre Mutter erhalten von der Firma einige Tausend DM Erfolgsbeteiligung.*
   Sprechen Sie mit Ihrer Familie einmal diese Probleme durch.

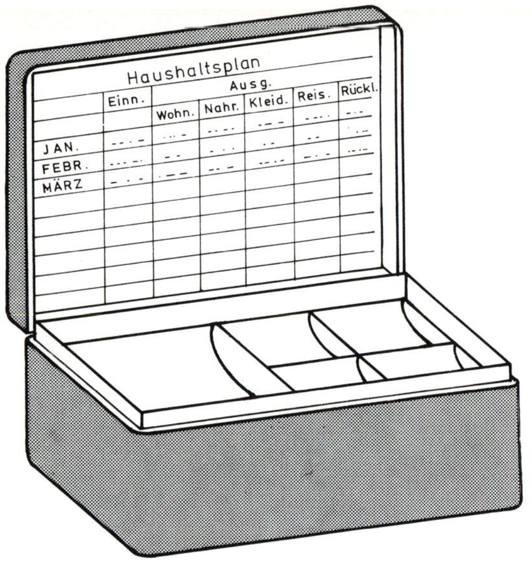

Wirtschaften als Existenzgrundlage

Wie teilen Sie Ihr Taschengeld ein?
Ist es Ihnen auch schon passiert, daß am 20. der Letzte war?
Wie sorgt Ihre Familie vor, daß auch am Monatsletzten noch Essen auf den Tisch kommt?

Ihre Familie muß wirtschaften.
Ihre Familie muß Einnahmen und Ausgaben, am besten für die Dauer eines Monats im voraus, gegenüberstellen.
Zuerst muß das Familieneinkommen festgestellt werden.
Dies ist rasch geschehen.
Bei den Ausgaben wird es schwieriger, denn nicht alle Ausgaben fallen regelmäßig an.
Die Miete muß monatlich bezahlt werden, die Kraftfahrzeugsteuer jährlich, Wasser, Gas und Strom oft zweimonatlich.

Hier hilft nur eines:

Regelmäßig alle Ausgaben aufschreiben.

Dann hat man eine Planungsunterlage für den monatlichen Haushaltsplan.

Haushaltsplan für einen Monat

Einnahmen in DM		Ausgaben in DM	
Vater (netto)	2200,–	Miete	850,–
Mutter (netto)	840,–	Wasser, Gas, Strom	160,–
		Heizung	180,–
		Versicherungen, Steuern	90,–
		Lebensmittel	530,–
		Wasch- und Pflegemittel	120,–
		Auto	180,–
		Unterhaltung, Kunst	228,–
		Sonstiges	210,–
		Sparen	492,–
	3040,–		3040,–

Der Haushaltsplan muß ausgeglichen sein.
Niemand kann auf Dauer mehr ausgeben, als er einnimmt.

Zum Nachdenken

Wo kann die Familie Ausgaben streichen, wenn die Mutter ihre Teilzeitarbeit nicht mehr ausführen kann?

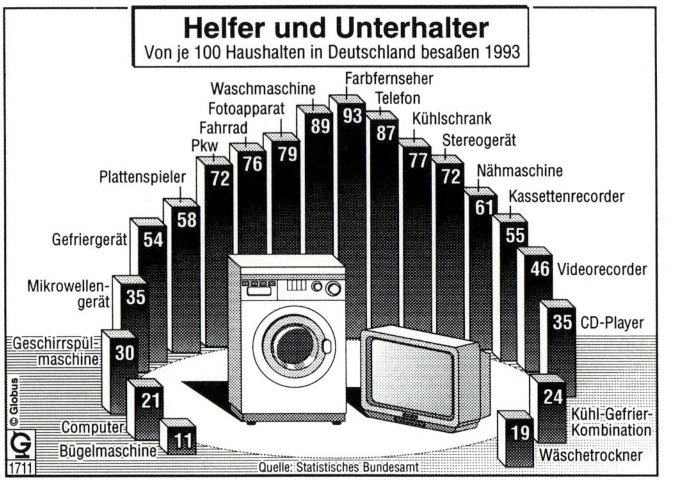

Steigender Wohlstand – steigender Komfort.
Betrachten Sie das Schaubild genau. Viele technische Geräte bringen Erleichterung der Hausarbeit und Bequemlichkeit.

Welcher Preis muß dafür vielleicht bezahlt werden?

Der Mensch lebt nicht vom Brot allein

Ein Sprichwort sagt:
Essen und Trinken halten Leib und Seele zusammen.

Aber nicht für alle Familienmitglieder ist Essen und Trinken das Wichtigste. Die Wünsche und Bedürfnisse sind vielseitig, nicht alle sind gleich wichtig und gleich dringlich.

Grundbedürfnisse

Ohne ● Nahrung ● Kleidung ● Wohnung

kann der Mensch auf Dauer nicht existieren. Diese Grundbedürfnisse haben alle Familienmitglieder. Dann gehen aber die Bedürfnisse auseinander.

Für den Vater ist die Weiterbildung in seinem Beruf das Wichtigste.
Die Mutter schätzt mehr ein gutes Buch oder Theaterbesuche.
Beim Sohn steht der Sport über allem.
Die Tochter geht lieber tanzen.
Diese unterschiedlichen Bedürfnisse kann man ordnen.

Kulturbedürfnisse sind: Bildung, Körperpflege, Kunst.

Luxusbedürfnisse sind: Schmuck, Vergnügen, Genußmittel.

Es wird heute meist als selbstverständlich genommen, daß die Familie die Grundbedürfnisse befriedigen kann. Das Bild der Käuferschlange vor einem Laden zeigt, daß dies nicht immer der Fall war. Aber auch in schlechten Zeiten hatten die Menschen neben den Grundbedürfnissen noch Bedürfnisse nach Kunst und Vergnügen. In den Jahren nach dem 2. Weltkrieg waren die wenigen Kinos überfüllt, Autos oder Telefonanschlüsse waren dagegen ein ungeheurer Luxus. Wie ist das heute?

Bedürfnisse sind wandelbar

Was vor 60 Jahren noch als Luxus galt, z. B. Urlaubsreise, Kühlschrank, Auto, ist heute eine Selbstverständlichkeit für viele Haushalte.

Betrachten Sie dazu das Schaubild „Haushaltskassen – damals und heute“.
Für die Grundbedürfnisse wurden 1927 über 80 % des verfügbaren Einkommens ausgegeben, 1989 war dafür etwa die Hälfte des Einkommens notwendig.

Betrachten Sie nochmals das Schaubild „Helfer und Unterhalter“ auf Seite 180. Ist es heute noch ein Luxus, wenn fast alle Haushalte mit einem Kühlschrank, Fernsehapparat oder einem Fotoapparat ausgestattet sind?

Was wir von der Wirtschaft erwarten können

Hier kann man kaum vorbeigehen.
Mit dem Anschauen kommt der Appetit.
Vielfach werden wir heute verlockt, Dinge zu kaufen, die wir nicht unbedingt benötigen.

Unsere Wirtschaft ist jedoch heute in der Lage, all das anzubieten, das wir zur Erfüllung unserer Bedürfnisse und Wünsche benötigen.

Alle Dinge, die der Mensch zur Befriedigung seiner Bedürfnisse und Wünsche benötigt, sind Güter.

Sachgüter

Das Schaubild „Deutsche Haushaltskassen" zeigt, mit welchen Gütern ein Durchschnittshaushalt die Bedürfnisse seiner Mitglieder befriedigt.

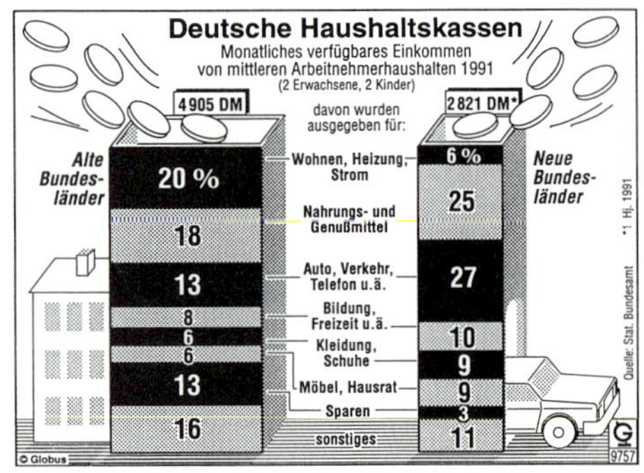

Konsumgüter dienen unmittelbar dem Menschen zum Verbrauch.

Man unterscheidet dabei Verbrauchs- und Gebrauchsgüter.
Verbrauchsgüter sind meist Güter mit einmaligem Nutzen, z. B. Lebensmittel, Heizöl, Seife.
Gebrauchsgüter werden über einen längeren Zeitraum genutzt, z. B. Kleidung, Kühlschrank, Möbel.
Gebrauchsgüter stellen über längere Zeit einen Wert dar und können umgetauscht, verkauft, beliehen werden.

Produktionsgüter dienen der Herstellung und Verteilung von Konsumgütern. Man bezeichnet sie auch als **Investitionsgüter,** z. B. Maschinen, Transportfahrzeuge, Werkzeuge, Gebäude.

Dienstleistungen

Der Mensch hat Bedürfnisse, die sich nicht durch Konsum- oder Produktionsgüter befriedigen lassen. Für Gesundheit, Bildung, Erholung, Reisen und vieles andere mehr benötigt der Mensch die Dienste anderer.

Dienstleistungsbetriebe

Verkehrsbetriebe	Bahn, Post, Schiffahrt, Flugzeuge, Speditionen sorgen für Beförderung der Güter, Personen und Nachrichten.
Banken, Sparkassen	sorgen für einen reibungslosen Ablauf des Zahlungsverkehrs.
Handel	Groß- und Einzelhandel sorgen für die Verteilung der Güter bis zum Verbraucher.
Versicherungen	schützen vor Verlusten durch Diebstahl und Naturgewalten.
Rechtsanwälte	beraten in Rechtsangelegenheiten und vertreten vor Gerichten.
Öffentlicher Dienst	sind alle Behörden und Ämter, die dem Bürger dienen.

Weitere Dienstleistungsbetriebe sind Gaststätten, Frisöre, Ärzte, Schulen, Reparaturdienste und viele andere, die dem Menschen das Leben erleichtern.

Viele Bereiche des Dienstleistungsgewerbes lassen sich nicht so automatisieren wie Bereiche der Produktion. Heute schon sind über 40% der Beschäftigten in Dienstleistungsberufen.
Vielleicht liegt dort auch Ihre berufliche Zukunft?

Wo man kauft und verkauft

Es gibt nur noch wenige Wochenmärkte, auf denen man unmittelbar vom Erzeuger den Bedarf decken kann. Das Wort Markt bedeutet heute in der Wirtschaft weit mehr als der Betrieb eines Wochenmarktes.

Markt – Mittelpunkt des Gütertausches

> Überall, wo Anbieter und Nachfragende sich treffen, wo Güter getauscht werden, bildet sich ein Markt.

Warenmärkte

Auf dem Vieh-, Fisch- oder Gemüsemarkt wird noch unmittelbar die Ware gegen Geld getauscht.
Für andere Waren, wie Zucker, Kaffee, Kupfer oder Gold, bilden sich Märkte weitab von der Ware. Hier werden die Waren nur noch auf dem Papier angeboten, gekauft und oft sofort wieder verkauft.

> Märkte sind alle Orte des Zusammentreffens von Angebot und Nachfrage.

Kapitalmarkt

Hier wird mit Wertpapieren wie Aktien, Pfandbriefen gehandelt, ebenso mit langfristigen Krediten und Kapitalanlagen.

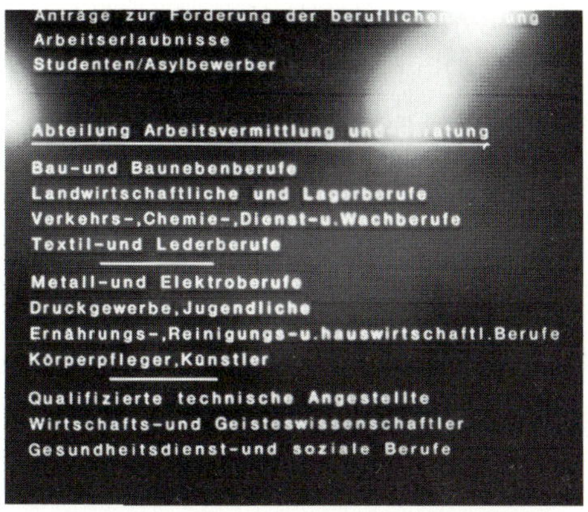

Arbeitsmarkt

Die Arbeitnehmer bieten ihre Arbeitsleistung an, die Unternehmer treten als Nachfrager auf.
Die Arbeitsämter vermitteln zwischen den Arbeitssuchenden und dem Arbeitgeber.
Aber auch aus den Stellenanzeigen der Tageszeitungen kann man ablesen, für welche Berufe eine Nachfrage besteht. Ist Ihr gewünschter Beruf dabei?

Zusammenfassung

Überall, wo Angebot und Nachfrage sich treffen, bildet sich ein Markt. Kann sich ein „freies Spiel von Angebot und Nachfrage“ vollziehen, so spricht man von freiem Wettbewerb in einer freien Marktwirtschaft.

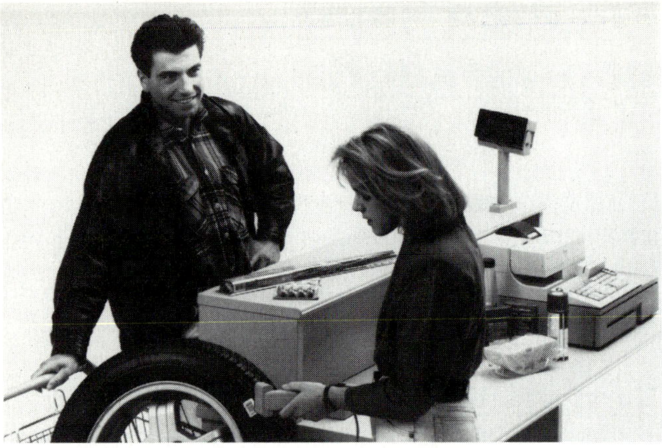

Wie sich Preise bilden

Der Händler rechnet aus, zu welchem Preis er eine Ware verkaufen kann. Selbstverständlich möchte er aber auch an der Ware verdienen.

Wovon würde er sonst leben? Schließlich hat auch er Bedürfnisse, die er sich gern erfüllen will.

Zuerst muß er seine Kosten erfassen. Ein Händler für Zweiräder kalkuliert die Kosten für ein Kleinmotorrad.

Kostenarten

Aus der Rechnung des Herstellerwerkes entnimmt er den
sowie die Kosten für Fracht, Verpackung, Versicherung, also
Damit kennt er seine
Daneben muß er anteilsmäßig seine Kosten für Löhne der Verkäufer, Raumpflegerinnen usw., Mieten für die Lager- und Verkaufsräume, Werbung mit Prospekten und Zeitungsanzeigen, Gas, Strom, Wasser und Heizung, Abnützung der Verkaufs- und Ausstellungseinrichtung berücksichtigen.

Einkaufspreis	DM 2355,–
Versand- und Verpackungskosten	DM 69,–
Einstandskosten	DM 2424,–

> Alle Kosten, die allgemein anfallen, nennt man Gemeinkosten.

Aus Erfahrung weiß der Händler, daß in seinem Betrieb die
mit ca. 20% der Einstandskosten anzusetzen sind
Jetzt erhofft er sich einen Gewinn von 10% der Selbstkosten

Gemeinkosten	DM 484,80
Selbstkosten	DM 2908,80
Gewinn	DM 290,88
Verkaufspreis	DM 3199,68

Ein anderer Händler hat einen größeren Posten des Kleinmotorrades auf Lager und will diese rasch verkaufen, weil ein neues Modell angekündigt wurde. Er kalkuliert knapper und gibt sich mit einem geringeren Gewinn zufrieden.

Sein Verkaufspreis DM 2999,90

Angebot und Nachfrage

Das Angebot an Kleinmotorrädern ist somit groß. Die Nachfrage hängt von vielen Bedingungen ab. Im Frühjahr werden mehr junge Leute ein Kleinmotorrad kaufen als im Herbst. Bei einem günstigen Preis wird sich aber doch der eine oder andere im Herbst zu einem Kauf entschließen.

> Die Preise bilden sich aus Angebot und Nachfrage.

Vereinfacht kann dies wie folgt ausgedrückt werden:

Großes Angebot – Preis fällt	Große Nachfrage – Preis steigt
Kleines Angebot – Preis steigt	Kleine Nachfrage – Preis fällt

Jedoch nicht alle Preise bilden sich allein durch Angebot und Nachfrage. Hier einige Beispiele:
Preise für landwirtschaftliche Erzeugnisse werden durch Zuschüsse des Staates (Subventionen) an die Landwirte erniedrigt. – Die Preise für Heizöl und Benzin wurden – trotz z. T. geringerer Nachfrage – durch die Ölförderländer erhöht.

Hier werden Sie umworben

Nicht immer ist das billigste Angebot das günstigste. Oft ist es schwierig zu erkennen, ob ein Preis wirklich günstig ist oder ob hinter dem Preis nicht schlechte Qualität verborgen ist.

Nutzen der Werbung

Durch Werbung macht der Anbieter auf seine Ware aufmerksam, besonders auf Preis, Qualität und sonstige Vorzüge. Der Verbraucher erhält durch die Werbung der verschiedenen Firmen eine gewisse Übersicht über das Angebot, kann Preise vergleichen und sich über die Qualität informieren.

Werbung soll den Umsatz fördern und Bedürfnisse wecken.

Methoden der Werbung

Inserate in Tageszeitungen, Spots im Fernsehen, Kino, Werbeplakate und Wurfsendungen fallen sofort ins Auge. Durch diese direkten Werbemethoden wurden bestimmt auch Sie schon zu Käufen veranlaßt.
Weniger direkte Werbemethoden sprechen weniger Ihr Auge, sondern mehr Ihre Gefühle an: so die Gestaltung eines Schaufensters mit Bildern aus den Urlaubsparadiesen, das geschickte Verkaufsgespräch des Verkäufers oder die Anordnung der Ware in den Regalen oder im Verkaufsraum.
Gehen Sie einmal mit offenen Augen durch einen Supermarkt, und achten Sie auf die verschiedenen Methoden, wie direkt und indirekt für die Waren geworben wird.

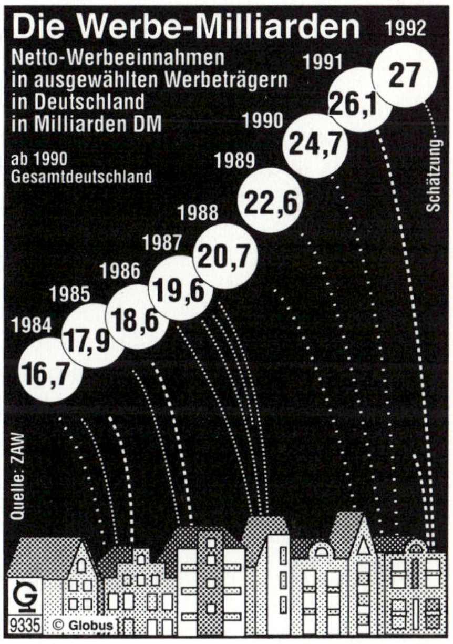

Gefahren der Werbung

Durch die Werbung soll Bedarf geweckt und Umsatz gesteigert werden. Dies ist in einer auf Wachstum ausgerichteten Wirtschaft notwendig.

Überlegen Sie jedoch einmal:
Haben Sie nicht schon öfters sich durch Werbung verführen lassen, Dinge zu kaufen, die Sie nicht benötigen? Haben Sie sich bei einem Kauf nicht schon öfters durch die lustigen Fernsehspots für den Kauf eines Gerätes entschieden, ohne auf die Qualität zu achten?

Deshalb:

Planen Sie jeden Kauf.
Lassen Sie sich durch Werbung beraten, aber nicht beirren.
Verhalten Sie sich verbraucherbewußt.

Wie? Das erfahren Sie auf der nächsten Seite.

Aufgabe

Nehmen Sie sich einen Werbeprospekt einer Firma vor, und untersuchen Sie, ob dort etwas ausgesagt wird über: Preis, Qualität, Material, Größe, Farbe, Verarbeitung, Nutzwert.

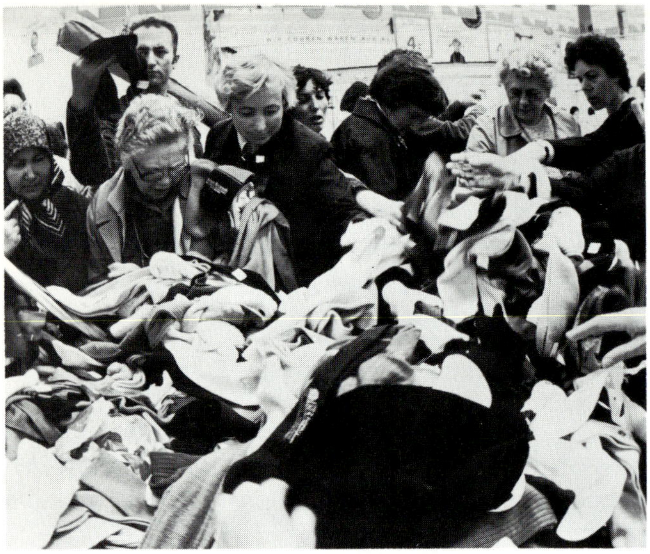

So verhalten Sie sich verbraucherbewußt

Zweimal im Jahr, beim Sommer- und beim Winterschlußverkauf, haben Sie als Verbraucher Gelegenheit, günstig einzukaufen.

Aber auch sonst können Sie viel Geld sparen, wenn Sie verbraucherbewußt einkaufen.

Wie verhalte ich mich verbraucherbewußt?

Das beginnt bei den Preisen. **Vergleichen Sie Preise.** Jeder Händler hat die Möglichkeit, die Preise selbst festzusetzen. Preisunterschiede bis zu 20% sind keine Seltenheit.
Will man mehrere Angebote vergleichen, so braucht man **Zeit zum Einkaufen.**
Zeit sparen können Sie, wenn Sie zu Hause einen **Einkaufszettel schreiben** und so gezielt in den Geschäften suchen können.

Deshalb: Kauf geplant – Geld gespart

Die Aufmachung einer Ware kann täuschen. Der Inhalt macht's. Vergleichen Sie deshalb vor dem Kauf Inhalt und **Verpackungsgröße.**
Zum **Sommer- und Winterschlußverkauf** sowie zu anderen Gelegenheiten, z. B. bei **Eröffnungs- oder Räumungsverkäufen,** gibt es Sonderangebote und Preisnachlässe. Es lohnt sich, mit manchem Kauf bis zu diesen Gelegenheiten zu warten und dabei auch **auf Vorrat einzukaufen.** Lassen Sie sich nicht durch einen geschickten Verkäufer zu einem Kauf überreden. Stimmen Preis oder Qualität nicht mit Ihren Wünschen überein, **verlassen Sie auch einmal ein Geschäft ohne einen Kauf.**

Verbraucher-information

Es gibt viele Stellen in der Bundesrepublik Deutschland, die die Verbraucher objektiv beraten. Hier seien einige genannt.
Verbraucherzentralen gibt es in allen Bundesländern. Büros werden in allen größeren Städten unterhalten. Schauen Sie im Telefonbuch nach!
Die **Stiftung Warentest** testet in Vergleichstests die Erzeugnisse verschiedener Anbieter und gibt Empfehlungen. In einer Monatszeitschrift und in Jahrbüchern werden die Erzeugnisse und Empfehlungen veröffentlicht. Daneben gibt es Beratungen von **weiteren Organisationen:** Deutsche Gesellschaft für Ernährung, Deutsche Gesellschaft für Hauswirtschaft, Beratungsstellen der Technischen Werke u.v.m.

Verbraucherschutz

Durch Gesetze und Kontrollen schützt der Staat die Verbraucher.
Im Gesetz gegen Wettbewerbsbeschränkungen wird der Zusammenschluß zu „marktbeherrschenden Unternehmen" verboten. Darüber wacht das Bundeskartellamt.
Gewerbeaufsichtsamt, Gewerbepolizei, chemische und andere Untersuchungsämter schützen den Verbraucher vor unlauterem Wettbewerb und sorgen durch Kontrollen und Probenuntersuchungen dafür, daß z. B. den Lebensmitteln keine gesundheitsschädlichen Stoffe zugesetzt werden. – Besonderen Schutz genießt der Verbraucher beim Abschluß von Verträgen, besonders bei Ratenverträgen. Auf Seite 190 mehr darüber.

Ab wann man Geschäfte abschließen darf

Pfiff ist 15 Jahre alt und möchte sich ein Mofa kaufen.

Geht das so einfach?

Geschäftsfähigkeit

Will man Geschäfte, z. B. einen Kaufvertrag abschließen, so muß man damit Rechte und Pflichten übernehmen. Man muß überblicken können, was man tut und sich über die Folgen für sich und andere im klaren sein.
Nicht verwechseln darf man Rechts- und Geschäftsfähigkeit. Rechtsfähig ist der Mensch von Geburt an. Geschäfte abschließen darf man jedoch erst nach einigen Lebensjahren.

> Geschäftsfähigkeit ist die Fähigkeit, Verträge abzuschließen.

Was ist in den Gesetzen festgelegt?

Im BGB (Bürgerliches Gesetzbuch) sind die **Stufen** der **Geschäftsfähigkeit** festgelegt.

		ab Vollendung des 18. Lebensjahres	voll geschäftsfähig	Abschluß aller Rechtsgeschäfte
	vom 7. bis 18. Lebensjahr	beschränkt geschäftsfähig	freies Verfügungsrecht über „Taschengeld“ sonstige Rechtsgeschäfte nur mit Zustimmung der Erziehungsberechtigten	
bis 7. Lebensjahr	geschäftsunfähig	Es dürfen keine Rechtsgeschäfte abgeschlossen werden. Abgeschlossene Rechtsgeschäfte sind ungültig. Vertretung: Eltern oder Vormund		

Beispiele

Ein Zwölfjähriger kauft von seinem Taschengeld eine Lokomotive für seine elektrische Eisenbahn. Der Vater verlangt, daß er sie zurückgibt. Ist der Sohn dazu verpflichtet? Muß der Verkäufer die Lokomotive zurücknehmen?

Ein siebzehnjähriger Auszubildender kauft sich von seinem selbstverdienten Geld eine Stereoanlage um 3500,– DM auf Raten. Anhand seines Ausbildungsvertrages weist er dem Verkäufer nach, daß er zur Zahlung der Raten in der Lage ist. Trotzdem verlangt der Verkäufer die Unterschrift des Vaters. Ist er dazu berechtigt?

Vertrag kommt von „vertragen“

Unzählige Male spielt sich dieser Vorgang täglich ab. Man sucht die Ware aus, geht an die Kasse und bezahlt.

Jeder Kauf ist ein Vertrag zwischen Käufer und Verkäufer.

Vertrag

Zum Abschluß eines Vertrages gehören mindestens zwei Parteien, die sich vertragen, das heißt, die ihre gegenseitige Verpflichtung anerkennen.

> Ein Vertrag ist eine übereinstimmende Willenserklärung.

Abschluß eines Kaufvertrages

Kaufverträge können formlos abgeschlossen werden (Ausnahme: Grundstückskäufe).
Der Käufer richtet eine **Anfrage** an den Käufer.
Der Verkäufer unterbreitet ein **Angebot.**
Der Käufer nimmt das Angebot an und gibt eine **Bestellung** auf.
Der Verkäufer **bestätigt** die Bestellung und **liefert** die Ware.
Der Käufer **nimmt** die Ware **an** und **bezahlt** die Rechnung.

Rechte und Pflichten

Käufer und Verkäufer übernehmen mit dem Abschluß eines Kaufvertrages Rechte und Pflichten.
Der Verkäufer verpflichtet sich zur fristgerechten Lieferung einwandfreier Ware.
Der Käufer verpflichtet sich zur Abnahme der Ware und fristgerechten Bezahlung.

Wenn Käufer und Verkäufer sich streiten

Werden die Pflichten aus dem Kaufvertrag nicht eingehalten, so gibt es Störungen im Ablauf des Kaufvertrages. Im BGB (Bürgerliches Gesetzbuch) gibt es Regelungen, wenn Verträge nicht erfüllt werden: Lieferung schlechter Ware, verspätete Lieferung, Nichtabnahme der Ware, verspätete Zahlung.
Bei Nichteinigung entscheidet das Gericht.

Störung	**Abhilfe**
Lieferung mangelhafter Ware	Umtausch, Preisnachlaß, Rücktritt vom Kauf, Schadensersatz
Verspätete Lieferung	Gewährung einer Nachfrist, Mahnung, Rücktritt vom Vertrag, Schadensersatz
Verspätete Zahlung	Außergerichtliches Mahnverfahren: Mahnung mit Berechnung der Mahnkosten und Verzugszinsen Gerichtliches Mahnverfahren: Zahlungsbefehl, Zwangsvollstreckung, Übernahme aller Kosten und Verzugszinsen

Arten von Verträgen

Bei vielen Rechtsgeschäften handelt es sich um Verträge.

Kaufvertrag	Kauf einer Zeitung, eines Fahrrades, Werkzeuges, einer Fabrikanlage
Mietvertrag	Mieten einer Wohnung, eines PKW
Berufsausbildungsvertrag	Vertrag zwischen Auszubildenden und Ausbildungsbetrieb
Arbeitsvertrag	Vertrag zwischen Arbeitnehmer und Arbeitgeber
Werkvertrag	Reparatur eines Autos, einer Uhr

Wie man Rechnungen bezahlt

Geldbriefträger! Ist das nicht ein schöner Beruf? Überall gibt es nur fröhliche Gesichter, wo er auftaucht.

Doch Post, Sparkassen und Banken bieten heute eine Reihe anderer Möglichkeiten im Zahlungsverkehr, bei denen man mit dem Geld gar nicht mehr in Berührung kommt.

Überblick über den Zahlungsverkehr

Zahler (Schuldner)	**Formular**	**Zahlungsempfänger** (Gläubiger)
Zahlt bar beim Postamt ein	Postanweisung	→ Erhält vom Geldbriefträger Bargeld
Zahlt bar beim Postamt ein	Zahlkarte	→ Erhält Gutschrift auf sein Postscheckkonto
Zahlt bar bei der Sparkasse ein	Zahlschein	→ Erhält Gutschrift auf sein Konto
Beauftragt das Postscheckamt, den Betrag zu überweisen	Postüberweisung	→ Erhält Gutschrift auf sein Konto
Beauftragt die Sparkasse, den Betrag zu überweisen	Überweisungs-auftrag	→ Erhält Gutschrift auf sein Konto

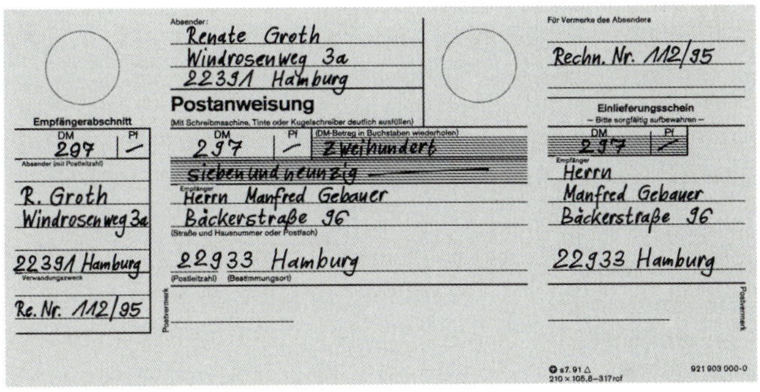

Empfängerabschnitt
DM 297 Pf –
Absender (mit Postleitzahl)
R. Groth
Windrosenweg 3a
22391 Hamburg
Verwendungszweck
Re. Nr. 112/95

Absender:
Renate Groth
Windrosenweg 3a
22391 Hamburg
Postanweisung
(Mit Schreibmaschine, Tinte oder Kugelschreiber deutlich ausfüllen)
DM 297 Pf – (DM-Betrag in Buchstaben wiederholen) Zweihundert siebenundneunzig
Empfänger
Herrn Manfred Gebauer
Bäckerstraße 96
(Straße und Hausnummer oder Postfach)
22933 Hamburg
(Postleitzahl) (Bestimmungsort)
Postvermerk

Für Vermerke des Absenders
Rechn. Nr. 112/95
Einlieferungsschein
– Bitte sorgfältig aufbewahren –
DM 297 Pf –
Empfänger
Herrn
Manfred Gebauer
Bäckerstraße 96
22933 Hamburg
Postvermerk
s7.91 △
210 × 105,8–317rcf
921 903 000-0

Postanweisung

Besitzen Zahler und Zahlungsempfänger keinerlei Konto, so wird der Betrag mittels Postanweisung beim Postamt einbezahlt. Der Zahlungsempfänger erhält den Betrag in bar ausbezahlt. Je einen Abschnitt der Postanweisung erhalten der Zahler als Beleg, der Zahlungsempfänger und die Post.

Schreiben Sie gut lesbar – möglichst Blockschrift.
Füllen Sie alle drei Teile vollständig aus.
Vergessen Sie auf dem linken Abschnitt (für den Zahlungsempfänger) weder Absender noch Verwendungszweck.

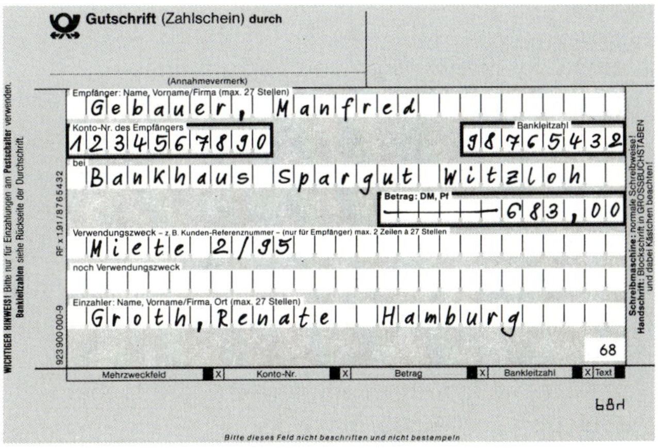

Gutschrift (Zahlschein) durch
(Annahmevermerk)
Empfänger: Name, Vorname/Firma (max. 27 Stellen)
Gebauer, Manfred
Konto-Nr. des Empfängers 1234567890
Bankleitzahl 98765432
bei
Bankhaus Spargut Witzloh
Betrag: DM, Pf 683,00
Verwendungszweck – z. B. Kunden-Referenznummer – (nur für Empfänger) max. 2 Zeilen à 27 Stellen
Miete 2/95
noch Verwendungszweck
Einzahler: Name, Vorname/Firma, Ort (max. 27 Stellen)
Groth, Renate Hamburg
68
Mehrzweckfeld X Konto-Nr. X Betrag X Bankleitzahl X Text
WICHTIGER HINWEIS! Bitte nur für Einzahlungen am Postschalter verwenden. Bankleitzahlen siehe Rückseite der Durchschrift.
RF x 1.91 / 8765432
923900000-9
Schreibmaschine: normale Schreibweise! Handschrift: Blockschrift in GROSSBUCHSTABEN und dabei Kästchen beachten!
Bitte dieses Feld nicht beschriften und nicht bestempeln

Zahlkarte, Zahlschein

Viele Firmen und Privatleute besitzen ein Postgiro- oder ein Bankkonto. Mit einer Zahlkarte (beim Postgirokonto) oder einem Zahlschein wird der Betrag beim Postamt oder einer Bank in bar einbezahlt. Der Zahlungsempfänger erhält den Betrag seinem Konto gutgeschrieben und erhält vom Postgiroamt oder Sparkasse eine Nachricht über die Gutschrift.

Zahlkarte und Zahlschein zählen zum halbbaren Zahlungsverkehr.

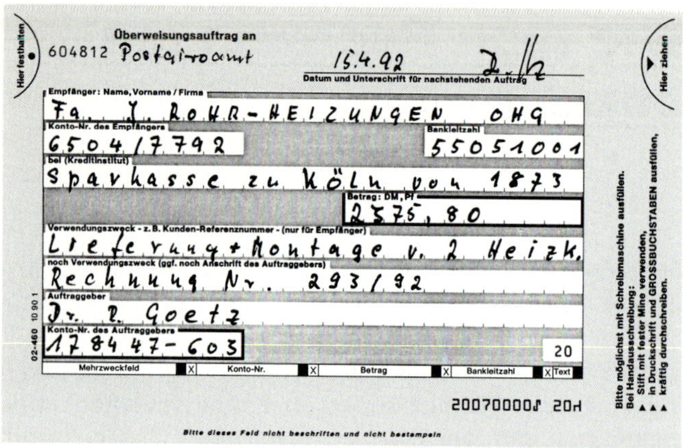
Hier festhalten

Überweisungsauftrag an
604812 Postgiroamt

15.4.92
Datum und Unterschrift für nachstehenden Auftrag

Hier ziehen

Empfänger: Name, Vorname / Firma
Fa. J. ROHR-HEIZUNGEN OHG
Konto-Nr. des Empfängers
6504/7792
Bankleitzahl
55051001
bei (Kreditinstitut)
Sparkasse zu Köln von 1873
Betrag: DM, Pf
2575,80
Verwendungszweck - z. B. Kunden-Referenznummer - (nur für Empfänger)
Lieferung + Montage v. 2 Heizk.
noch Verwendungszweck (ggf. noch Anschrift des Auftraggebers)
Rechnung Nr. 293/92
Auftraggeber
Dr. R. Goetz
Konto-Nr. des Auftraggebers
178447-603

20

02-460 10 90 1

Mehrzweckfeld	X	Konto-Nr.	X	Betrag	X	Bankleitzahl	X	Text

20070000⑂ 20⑂

Bitte möglichst mit Schreibmaschine ausfüllen.
Bei Handausschreibung:
▲ Stift mit fester Mine verwenden,
▲ in Druckschrift und GROSSBUCHSTABEN ausfüllen,
▲ kräftig durchschreiben.

Bitte dieses Feld nicht beschriften und nicht bestempeln

Postüberweisung, Überweisungsauftrag

Nur wenn Zahler und Zahlungsempfänger beim Postgiroamt oder einer Bank ein Konto besitzen, ist ein bargeldloser Zahlungsverkehr möglich. Meist werden im Durchschreibeverfahren die dreiteiligen Formulare ausgefüllt. Je einen Teil erhalten Zahler, Zahlungsempfänger und Postgiroamt oder Bank.

Der Betrag wird vom Konto des Zahlers auf das Konto des Zahlungsempfängers überwiesen, der wiederum eine Benachrichtigung über die Gutschrift erhält.

> Postüberweisung und Überweisungsauftrag müssen unterschrieben sein.
> Der zu überweisende Betrag muß auf dem Konto als Guthaben vorhanden sein.
> Vergessen Sie nicht den Verwendungszweck (z. B. Rechnungsnummer und -datum).

Regelmäßige Zahlungen

Bei regelmäßigen Zahlungen (Miete, Versicherungsbeiträgen, Zeitungsgeld) ist die Gefahr des Vergessens groß. Bei einem **Dauerauftrag** übernehmen das Postscheckamt oder die Bank den Auftrag, monatlich, vierteljährlich oder jährlich den angegebenen Betrag zu überweisen.
Bei unterschiedlich hohen Beträgen (z. B. Telefonkosten) kann man den **Zahlungsempfänger** ermächtigen, den Betrag einzuziehen. Beim **Einziehungsauftrag** darf also der Zahlungsempfänger den Betrag vom fremden Konto abbuchen lassen.

Wenn man die Rechnung nicht sofort bezahlen kann

Vor jedem Kauf muß man sich Gedanken über die Bezahlung machen. **Barzahlung ist am billigsten.** Es werden keine Gebühren und Zinsen berechnet, oft kann man auch einen Nachlaß (Skonto) von 2–3% des Kaufpreises erhalten. Jedoch nicht immer kann man mit einem Kauf warten, bis der Kaufpreis angespart ist. Nur wer kreditwürdig ist, kann einen Kredit aufnehmen oder einen Ratenkauf tätigen.

Ratenkauf

Hier gelten besondere gesetzliche Bestimmungen. Zum Abschluß eines Ratenvertrages (Abzahlungsvertrages) muß man volljährig sein. Ohne Angabe von Gründen kann ein Abzahlungsgeschäft innerhalb einer Woche widerrufen werden.

> Ratenkäufe sind teuer!
>
> Neben einer Bearbeitungsgebühr sind Zinsen von 15% und mehr pro Jahr zu zahlen.

Kredit

Meist billiger sind Kredite bei einem Geldinstitut. Aber auch dabei sind Bearbeitungsgebühren und Zinsen zu zahlen.
Ein Vergleich der Kreditangebote mehrerer Geldinstitute lohnt sich!

Der Arbeitnehmer in der Wirtschaft

Wie viele Personen waren wohl an der Herstellung des Mokicks beteiligt?
Eine Vielzahl von Firmen mit ihren Arbeitern und Angestellten haben daran mitgewirkt.
Am Anfang war die Idee. Der Konstrukteur brachte sie zu Papier. Das Stahlwerk erschmolz den Stahl. Ein Kunststoffwerk fertigte das Rücklicht. An einer Presse wurde das Schutzblech tiefgezogen.
Unzählige Tätigkeiten könnten aufgezählt werden, die zur Herstellung des Mokicks notwendig sind.

Arbeitsteilung

Früher fertigte der Wagner noch Wagen, der Uhrmacher noch Uhren. Unsere komplizierte Technik erfordert den Spezialisten für jedes einzelne Teil, oft für jeden Handgriff.

Die Aufteilung der Arbeit auf verschiedene Teilbereiche nennt man Arbeitsteilung.

Am Beispiel der Herstellung des Rahmens für das Mokick kann man die Arbeitsteilung auf verschiedene Bereiche erkennen.

Rohstofferzeugung oder	Urproduktion	Erzabbau ↓ Stahlgewinnung ↓ Rohrherstellung ↓
Weiterverarbeitung oder	Produktion	Biegen zum Fertigteil ↓ Hartlöten ↓ Lackieren

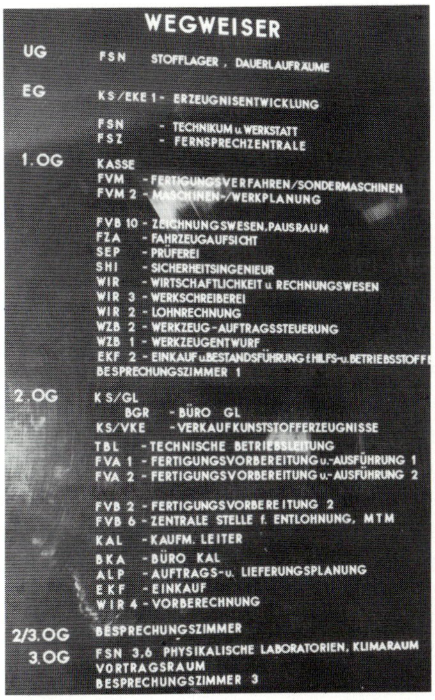

Auch innerhalb eines Betriebes wird die gesamte Arbeit in verschiedene Teilbereiche – Abteilungen – aufgeteilt.
Bevor die Rohre gebogen und zum Rahmen verbunden werden, sind viele Abteilungen damit beschäftigt:

Planung des Herstellungsprogramms, der Fertigung

Konstruktion der Vorrichtungen, der Einzelteile

Einkauf des notwendigen Materials, der Hilfs- und Betriebsstoffe

Lager der Werk-, Hilfs- und Betriebsstoffe, der Halbfertigteile und Fertigteile

Kontrolle der Fertigung

Fertigungsabteilungen für die Fertigung der Werkzeuge, der Einzelteile

Kalkulation der Kosten

Werbung für das Mokick

Buchhaltung für Rechnung, Löhne, Ein- und Ausgaben

Verkauf der Erzeugnisse

Direktion, Geschäftsführer, Prokurist

Was zur Produktion notwendig ist

Die wenigsten Güter zur Befriedigung der menschlichen Bedürfnisse liefert uns unmittelbar die Natur.

Sie müssen produziert werden.

Am Beispiel eines Schrankes sollen die zur Herstellung notwendigen Zweige der Wirtschaft aufgezeigt werden.

Holz und Energie liefert die	Transport und Verarbeitung erfordern	mit Maschinen, Fahrzeugen und Gebäuden geht die Arbeit leichter. Sie bilden das
Natur	Arbeit	Kapital

Auf die drei Produktionsfaktoren ● Natur ● Arbeit ● Kapital

kann alles zurückgeführt werden, was zur Produktion notwendig ist.

Die **Natur** oder der **Boden** liefern uns nicht nur die Bodenschätze und Rohstoffe. Immer bedeutender, weil nicht vermehrbar, ist Grund und Boden, auf dem die Betriebe gebaut werden.

Die **Arbeit** des Menschen wird immer wichtiger für unsere Wirtschaft. Dazu gehören alle Formen der Arbeit, die des Hilfsarbeiters genauso wie die des Generaldirektors.

Arbeitskräfte gibt es in vielen Ländern, z. B. in allen Entwicklungsländern, im Überfluß.

Die Arbeitsteilung und die Erleichterungen der Schwerarbeit und der gleichförmigen Arbeit erfordern immer mehr **Kapital.** Dazu gehören **Geldkapital** ebenso wie das **Sachkapital** in Form von Produktionsmitteln, wie Gebäude, Maschinen, Einrichtungen, Vorrat an Werk- und Betriebstoffen.

Gut ausgebildete Facharbeiter, Kaufleute, Ingenieure und Wissenschaftler sind die Garantie für unsere wirtschaftliche Zukunft.

Durch Sparen zu Vermögen

Wer träumt nicht vom eigenen Haus oder der eigenen Wohnung?

Bis man so weit ist, muß man auf manches verzichten. Doch der Staat unterstützt die Sparer.

Zuerst muß man verzichten

Die Werbung verlockt zum Kauf. Oft ist es schwierig, zu widerstehen und nicht alles Geld auszugeben.
Größere Anschaffungen, z. B. eine Videokamera oder eine Stereoanlage, kann man erst tätigen, wenn man Woche für Woche, Monat für Monat einen Teil seines Taschengeldes auf die Seite legt.

Sparen bedeutet Verzicht auf sofortigen Verbrauch. Das Geld wird angesammelt, um später Eigentum zu erwerben oder um Vermögen zu bilden.

Sparen mit dem Sparbuch

Die Banken und Sparkassen zahlen Zinsen für das Spargeld. Sie sind an möglichst langfristigen Sparern interessiert.

Wer sein Spargeld für mehrere Jahre auf einem Sparbuch festlegt, erhält deshalb auch höhere Zinsen.

Im Notfall erhält man das Geld trotzdem früher zurück, muß jedoch auf die höheren Zinsen verzichten.

Beispiel: Pfiff spart jeden Monat DM 50,– auf einem Sparbuch. In 6 Jahren spart er so DM 3600,–. Von der Sparkasse erhält er dazu fast DM 700,– an Zinsen und Zinseszinsen ausbezahlt.

Vermögenswirksames Sparen

Bildet man mit dem Spargeld **Vermögen**, z. B. durch Einzahlung auf einen

Bausparvertrag,

so fördert der Staat das Sparen durch Steuerermäßigung oder Wohnungsbauprämie.

Vermögenswirksames Sparen

Mit einem Kontensparvertrag oder Kauf von Aktien wird bis zu einem jährlichen Höchstbetrag von 936,– DM durch Sparzulagen von 10 oder 20 % vom Staat gefördert. So können aus jährlich 936,– DM in 10 Jahren über 12 000,– DM werden.

Holen Sie sich bei Banken oder Sparkassen Prospekte, und lassen Sie sich beraten.

Streitigkeiten aus dem Arbeitsverhältnis regelt das Arbeitsgericht. Beratungen dort sind kostenlos. Die erste Instanz ist kostenlos.

Keine Arbeit ohne Vertrag

Zur Ernte werden alle Hände gebraucht. Der Landwirt ist froh um jeden Helfer, der mit anpackt. Am Abend wird der Lohn ausbezahlt. Auch ohne schriftlichen Arbeitsvertrag steht jedem der Lohn zu.

Form des Arbeitsvertrages

Arbeitsverträge können mündlich oder schriftlich abgeschlossen werden.

Der Gesetzgeber hat darüber keine Vorschriften erlassen. Lediglich in Tarifverträgen oder Betriebsvereinbarungen wird eine schriftliche Form verlangt.
Bei kurzfristigen Arbeitsverhältnissen mag eine mündliche Abrede über Lohnhöhe und Arbeitszeit genügen. Um Streitigkeiten zu verhindern, ist es besser, einen schriftlichen Arbeitsvertrag abzuschließen.

Inhalt Im Arbeitsvertrag werden u. a. geregelt:

- Art der Arbeit, die verrichtet werden soll,
- Höhe des Lohnes,
- sonstige Zuwendungen (z. B. Weihnachtsgeld),
- Dauer des Urlaubs,
- Kündigungsfrist.

Die überbetrieblichen Regelungen des Tarifvertrages werden durch entsprechende Daten ergänzt (s. S. 197).

Kündigung

Die **fristgerechte Kündigung** des Arbeitsvertrages wurde durch Beschluß des Bundestages vom 7. 10. 1993 neu geregelt. Für Arbeiter und Angestellte gilt nun einheitlich eine Kündigungsfrist von 6 Wochen zum Ende des Kalendermonats, wenn im Arbeitsvertrag keine davon abweichenden Fristen vereinbart wurden.
Erhöhten Kündigungsschutz haben außerdem

- Mitglieder des Betriebsrates,
- Frauen während einer bestimmten Zeit vor und nach der Niederkunft,
- Schwerbeschädigte,
- Wehrpflichtige während des Wehrdienstes.

Fristlose Kündigung ist nur in besonderen Fällen möglich.
Der **Arbeitgeber** kann fristlos kündigen, wenn der Arbeitnehmer

- falsche Zeugnisse vorgelegt hat,
- Diebstahl, Unterschlagung oder Betrug begangen hat, die Arbeit verweigert,
- gegen den Arbeitgeber tätlich wird oder ihn grob beleidigt,
- vorsätzlich im Betrieb Schaden anrichtet.

Der **Arbeitnehmer** kann fristlos kündigen, wenn

- der Arbeitgeber den Lohn nicht in der vereinbarten Weise auszahlt,
- der Arbeitgeber tätlich wird oder den Arbeitnehmer grob beleidigt.

Arbeit ohne Arbeitsvertrag

Wird ohne Arbeitsvertrag gearbeitet, so nennt man dies „Schwarzarbeit". Dabei werden Steuern und Versicherungsbeiträge hinterzogen und die Allgemeinheit geschädigt. Geschieht bei der „Schwarzarbeit" ein Unfall, dann sieht es für den „Schwarzarbeiter" schwarz aus. Er erhält keine Leistungen von der Krankenkasse oder der Unfallversicherung.

Schwarzarbeit ist verboten und wird bestraft.

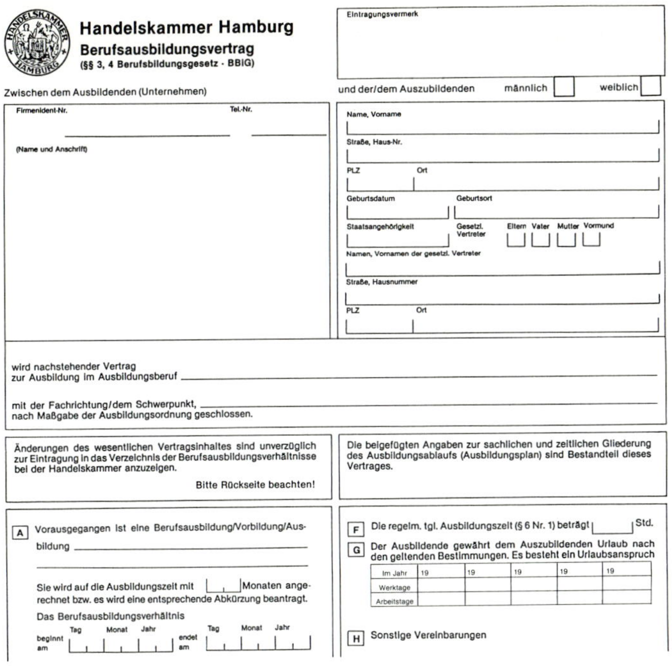

Handelskammer Hamburg
Berufsausbildungsvertrag
(§§ 3, 4 Berufsbildungsgesetz · BBiG)

Eintragungsvermerk

Zwischen dem Ausbildenden (Unternehmen)

und der/dem Auszubildenden männlich ☐ weiblich ☐

Firmenident-Nr. Tel.-Nr.

(Name und Anschrift)

Name, Vorname

Straße, Haus-Nr.

PLZ Ort

Geburtsdatum Geburtsort

Staatsangehörigkeit Gesetzl. Vertreter Eltern ☐ Vater ☐ Mutter ☐ Vormund ☐

Namen, Vornamen der gesetzl. Vertreter

Straße, Hausnummer

PLZ Ort

wird nachstehender Vertrag
zur Ausbildung im Ausbildungsberuf ______
mit der Fachrichtung/dem Schwerpunkt, ______
nach Maßgabe der Ausbildungsordnung geschlossen.

Änderungen des wesentlichen Vertragsinhaltes sind unverzüglich zur Eintragung in das Verzeichnis der Berufsausbildungsverhältnisse bei der Handelskammer anzuzeigen.

Bitte Rückseite beachten!

Die beigefügten Angaben zur sachlichen und zeitlichen Gliederung des Ausbildungsablaufs (Ausbildungsplan) sind Bestandteil dieses Vertrages.

A Vorausgegangen ist eine Berufsausbildung/Vorbildung/Ausbildung ______

Sie wird auf die Ausbildungszeit mit ☐ Monaten angerechnet bzw. es wird eine entsprechende Abkürzung beantragt.

Das Berufsausbildungsverhältnis

beginnt am Tag Monat Jahr endet am Tag Monat Jahr

F Die regelm. tgl. Ausbildungszeit (§ 6 Nr. 1) beträgt ☐ Std.

G Der Ausbildende gewährt dem Auszubildenden Urlaub nach den geltenden Bestimmungen. Es besteht ein Urlaubsanspruch

Im Jahr	19	19	19	19	19
Werktage					
Arbeitstage					

H Sonstige Vereinbarungen

Ausbildung mit Vertrag

Nur wer einen Ausbildungsvertrag abschließt, hat ein Recht auf eine geordnete Ausbildung und Zulassung zur Abschlußprüfung.

Wer schließt den Ausbildungsvertrag ab?

Zwei schließen einen Vertrag ab. Der eine möchte Ausbildung, der andere will Fachkräfte.

Auszubildender (Lehrling)	Ausbildender
Benötigt die Zustimmung des gesetzlichen Vertreters, wenn er noch nicht volljährig ist. Weitere Anforderungen siehe im Teil Berufskunde.	Muß persönlich und fachlich zur Ausbildung geeignet sein. Die Ausbildungsstätte muß die zur Vermittlung der Fertigkeiten und Kenntnisse notwendigen Einrichtungen aufweisen.

Wie lange dauert die Berufsausbildung?

Die Ausbildungsdauer ist durch Gesetz festgelegt. Sie beträgt meist 3 bis $3^1/_2$ Jahre. Vorzeitige Zulassung zur Abschlußprüfung ist möglich.
Die ersten Monate (mind. ein, höchstens drei Monate) gelten als **Probezeit.** Der Berufsausbildungsvertrag kann während der Probezeit von beiden Seiten fristlos gekündigt werden. Später kann der Vertrag nur gelöst werden, wenn beide vertragschließenden Parteien sich einig sind oder wichtige Gründe vorliegen. Solche wichtigen Gründe sind z. B. Diebstahl, Betrug, Tätlichkeiten und Arbeitsverweigerung.

Pflichten des Auszubildenden (Auszug)	**Pflichten des Ausbildenden** (Ausz.)
1. Muß sich bemühen, die Fertigkeiten und Kenntnisse zu erwerben, die für das Erreichen des Ausbildungszieles notwendig sind 2. Erfüllung der Verpflichtungen, die ihm im Rahmen der Berufsausbildung übertragen werden 3. Teilnahme am Berufsschulunterricht und anderen Ausbildungsmaßnahmen 4. Berichtsheft führen und zur Durchsicht vorlegen 5. Beachtung der Ordnung an der Ausbildungsstätte 6. Entschuldigen beim Fernbleiben von der Arbeit oder der Berufsschule 7. Pflegliche Behandlung der Werkzeuge, Maschinen und Einrichtungen	1. Planmäßige Vermittlung der Kenntnisse und Fertigkeiten, die zum Erreichen des Ausbildungszieles erforderlich sind 2. Kostenloses Überlassen der Ausbildungsmittel (Werkzeuge, Werkstoffe) 3. Freistellung zum Besuch der Berufsschule und anderer Ausbildungsmaßnahmen und dazu anhalten 4. Nur Verrichtungen übertragen, die dem Ausbildungszweck dienen und den Auszubildenden nicht überfordern 5. Ausstellung eines Zeugnisses am Ende der Ausbildung

Urlaub und Vergütung

Für die Mindestdauer des Urlaubes gelten Vorschriften: Jugendarbeitsschutzgesetz und Tarifvertrag.

> Der Urlaub dient der Erholung!
> Kein Urlaub während des Berufsschulunterrichtes.

Die Höhe der monatlichen Vergütung ist im Tarifvertrag festgelegt. Bei guten Leistungen zahlen manche Betriebe mehr.

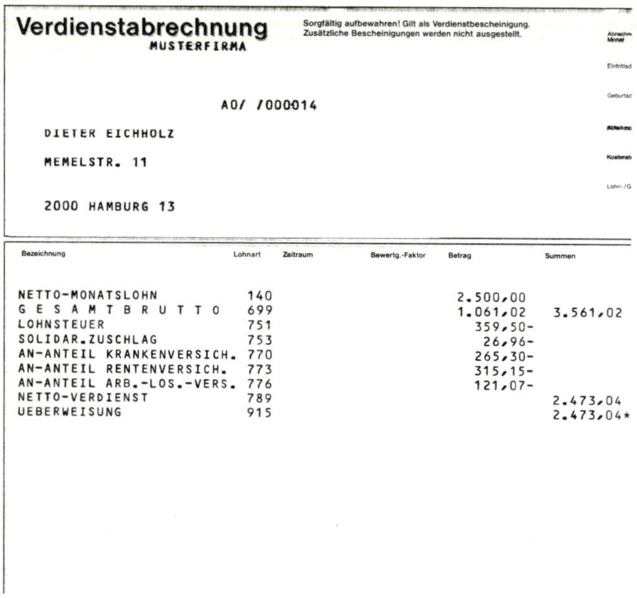

Verdienstabrechnung
MUSTERFIRMA

Sorgfältig aufbewahren! Gilt als Verdienstbescheinigung. Zusätzliche Bescheinigungen werden nicht ausgestellt.

Eintrittsd
Geburtsd
Lohn-/G

A0/ /000014

DIETER EICHHOLZ
MEMELSTR. 11
2000 HAMBURG 13

Bezeichnung	Lohnart	Zeitraum	Bewertg.-Faktor	Betrag	Summen
NETTO-MONATSLOHN	140			2.500,00	
G E S A M T B R U T T O	699			1.061,02	3.561,02
LOHNSTEUER	751			359,50-	
SOLIDAR.ZUSCHLAG	753			26,96-	
AN-ANTEIL KRANKENVERSICH.	770			265,30-	
AN-ANTEIL RENTENVERSICH.	773			315,15-	
AN-ANTEIL ARB.-LOS.-VERS.	776			121,07-	
NETTO-VERDIENST	789				2.473,04
UEBERWEISUNG	915				2.473,04*

Was Sie über den Lohn wissen müssen

Die Höhe des Verdienstes hängt von vielen Faktoren ab:
- Art der Tätigkeit
- Art der Ausbildung
- Art der Entlohnung

Für alle gilt jedoch, der Arbeitgeber muß einen Teil des Lohnes einbehalten und weiterleiten.

Bruttolohn – Nettolohn

Tatsächlicher Verdienst = Bruttolohn
ausbezahlter Lohn = Nettolohn

An einem Beispiel sollen Art und Höhe der Abzüge erläutert werden.

Beispiel:

Bruttolohn eines Ledigen ohne Kinder in einem Monat im Jahr 1991		2800,00 DM
Abzüge für Lohnsteuer	403,00 DM	
für Kirchensteuer	32,00 DM	
für Krankenversicherung, z. B. für Arzt und Krankenhauskosten	162,40 DM	
für Rentenversicherung für die spätere Altersrente	247,80 DM	
für Arbeitslosenversicherung für den Fall der Arbeitslosigkeit	95,20 DM	
Summe der Abzüge		940,40 DM
Nettolohn		1859,60 DM

Lohn als Auszubildender

Im Berufsausbildungsvertrag ist die Höhe der Ausbildungsvergütung festgelegt. Der jeweils geltende Tarifvertrag (siehe nächste Seite) gibt den Mindestbetrag an, der bezahlt werden muß. Im zweiten und dritten Ausbildungsjahr ist die Vergütung höher.

Lohnformen

Lohn ist Entgelt für geleistete Arbeit.

Arbeiter erhalten Lohn, der jede Woche bzw. jeden Monat neu berechnet wird.
Angestellte erhalten ein monatlich gleichbleibendes Gehalt.

Der **Zeitlohn** ist einfach zu berechnen.

Zeitlohn = Arbeitsstunden x Stundenlohnsatz

Der Stundenlohnsatz ist ebenfalls im Tarifvertrag festgelegt und richtet sich nach der Lohngruppe.

Hilfsarbeiter erhalten	75%
Facharbeiter erhalten	100%
Höchstwertige Facharbeiter erhalten	133%

des tariflich festgelegten Stundenlohnsatzes (gilt für Metallbetriebe).

Beim **Akkordlohn** kann jeder durch schnelleres Arbeiten mehr verdienen.

Nach dem Jugendarbeitsschutzgesetz gilt:

Akkordarbeit ist für Jugendliche verboten.

Vom Verhältnis der Arbeitnehmer zu den Arbeitgebern

Für einen einzelnen ist es schwer, Forderungen nach mehr Lohn und längerem Urlaub durchzusetzen. Gemeinsam ist man stärker. Einem Streik gehen jedoch lange Verhandlungen voraus.

Die Sozialpartner

Arbeitnehmer können in Gewerkschaften, Arbeitgeber in Arbeitgeberverbänden zusammengeschlossen sein.

Zwischen Gewerkschaften und Arbeitgeberverbänden (z. T. auch einzelnen Arbeitgebern) bestehen sachliche Gegensätze. Die Gewerkschaften fordern mehr Lohn, kürzere Arbeitszeit, bessere Arbeitsbedingungen. Die Arbeitgeber wollen bzw. können nicht alle Forderungen erfüllen, z. B. weil investiert werden muß.
Beide haben jedoch eine hohe Verantwortung für das Wohl der gesamten Wirtschaft, deshalb auch die Bezeichnung Sozialpartner.

Gewerkschaften + Arbeitgeberverbände (auch einzelne Arbeitgeber)
= Sozialpartner

Die Sozialpartner verhandeln miteinander und schließen Tarifverträge ab.

Tarifverträge

Tarifverträge sind für alle Arbeitnehmer und Arbeitgeber verbindlich.
Regelungen für längere Zeit werden im **Manteltarifvertrag** festgelegt:

- Arbeitsbedingungen, z. B. Arbeitszeit, Pausen
- Verdienstberechnung, z. B. bei Akkordlohn
- Kündigungsfristen und Kündigungstermine
- Zuschläge, z. B. für Schichtarbeit, Nacht-, Sonn- und Feiertagsarbeit
- Urlaubsdauer

Fast jährlich wird über die Lohnhöhe verhandelt, Ergebnisse werden im **Lohn- bzw. Gehaltstarifvertrag** festgelegt.

Arbeitskampf

Höheren Forderungen der Gewerkschaften stehen meist geringere Angebote der Arbeitgeber gegenüber.

Forderung der Gewerkschaft: 6 % mehr Lohn und Gehalt
Angebot des Arbeitgeberverbandes: 2 % mehr.

Kommt es nach langen Tarifverhandlungen zu keiner Einigung, organisiert die Gewerkschaft mit ihren Mitgliedern einen Streik.

Streik
Beim Streik wird die Arbeit verweigert, um so die Arbeitgeber zur Erfüllung der Forderungen zu zwingen. Es wird nichts produziert, es kann nichts verkauft werden, die Arbeitgeber haben trotzdem Kosten und sind zum Einlenken bereit oder greifen zu Gegenmaßnahmen.

Aussperrung
Kein Arbeiter darf mehr an seinen Arbeitsplatz, kein Arbeiter erhält Lohn. Die Kosten für die Gewerkschaft, die ihren Mitgliedern Streikgelder zur Unterstützung bezahlen, schnellen in die Höhe. Die Gewerkschaft wird damit zum Einlenken gezwungen.

Wie die Arbeitnehmer im Betrieb vertreten sind

Einmal im Kalendervierteljahr muß eine Betriebsversammlung stattfinden.

Arbeitnehmer und Arbeitgeber sind anwesend. Die Vertreter der Arbeitnehmer geben Auskunft über ihre Tätigkeit. Arbeitnehmer und Arbeitgeber können dazu das Wort ergreifen.

Betriebsrat

Der Betriebsrat ist die gewählte Vertretung der Arbeitnehmer, die so am betrieblichen Geschehen mitwirken und mitbestimmen.

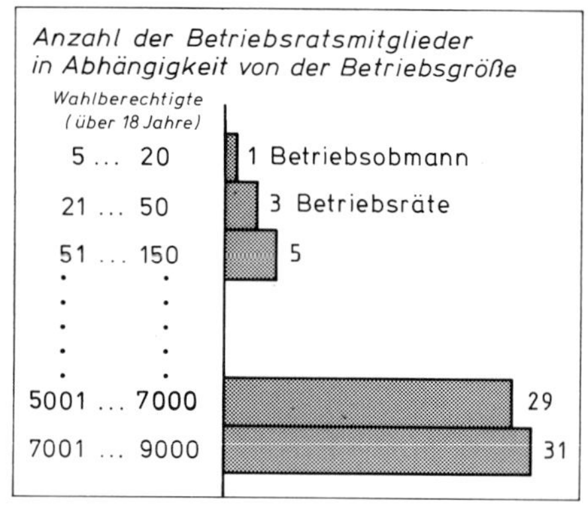

Der Betriebsrat
- hat ein Mitbestimmungsrecht in sozialen Fragen, wie Arbeitszeit und Pausenregelung, Einführung neuer Entlohnungsmethoden
- hat ein Mitwirkungs- oder Mitbestimmungsrecht in personellen Fragen, wie Einstellung, Entlassung, Beförderung
- muß in wichtigen wirtschaftlichen Angelegenheiten unterrichtet werden
- dient der Belegschaft und überwacht, daß die arbeitsrechtlichen Gesetze, Verordnungen, Tarifverträge und Betriebsvereinbarungen eingehalten werden.

In der Betriebsversammlung legt er Rechenschaft über seine Tätigkeit ab.

Jugendvertretung

Arbeitnehmer unter 18 Jahren wählen die Jugendvertretung, wenn mindestens 5 Jugendliche beschäftigt sind. Dadurch können Beschwerden und Anregungen an den Betriebsrat herangetragen werden. An den Sitzungen des Betriebsrates nimmt ein Jugendvertreter teil.

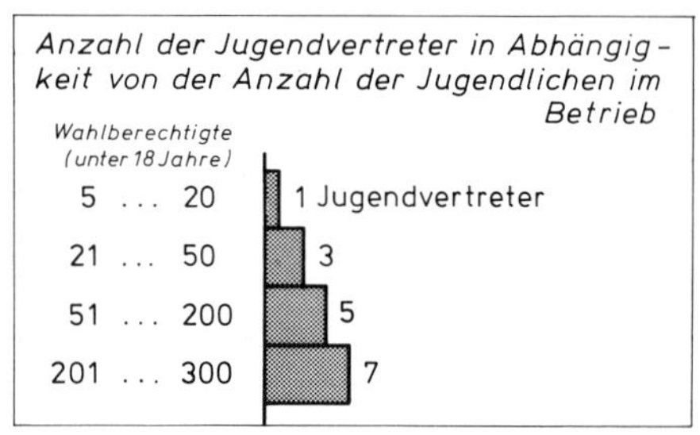

Betriebsvereinbarung

Betriebsrat und Arbeitgeber regeln schriftlich die Ordnung im Betrieb.
In der Betriebsordnung sind
- Beginn und Ende der Arbeitszeit,
- Zeit und Dauer der Pausen,
- Art der Lohnauszahlung,
- Urlaubsregelung,
- Formalitäten bei Beginn und Beendigung des Arbeitsverhältnisses

festgelegt.

Betriebsvereinbarungen dürfen nicht gegen Regelungen in Tarifverträgen verstoßen und sind Bestandteil jedes Arbeitsvertrages dieses Betriebes.

Sachwort

Karikaturen:
Frau Ruth Hoffmann

Bildquellen-verzeichnis

Arnold, Thomas, Kernen, S. 5, 9, 10, 12, 13, 14, 15, 16, 17, 19, 20, 21, 22, 23, 24, 25, 26, 30, 38, 49, 50, 52, 53, 55, 59, 81, 82, 85, 86, 99, 100, 101, 102, 104, 105, 106, 107, 108, 109, 110, 111, 112, 113, 114, 115, 116, 118, 120, 121, 122, 124, 126, 127, 128, 129, 130, 133, 135, 136, 139, 140, 141, 142, 143, 144, 160, 162, 165, 178, 179, 181, 182, 183, 185, 186, 187, 188, 189, 192, 193, 194, 195

Arbeitsgemeinschaft Deutsche Kunststoff-Industrie, Frankfurt/M., S. 18

Beratungsstelle für Stahlverwendung, Düsseldorf, S. 144, 145

Bosch, Robert, Stuttgart, S. 146

Bundeszentrale für gesundheitliche Aufklärung, Köln, S. 173

Cornelsen-Velhagen & Klasing, Berlin, S. 149

dpa, S. 18, 42, 60, 66, 74, 99, 124, 132, 133, 134, 137, 138, 142, 157, 177, 194, 196, 197, 198

Deutsche Verlagsanstalt, Stuttgart, S. 170

Deutsche Welthungerhilfe, Bonn, S. 154

Deutsches Ärzteblatt, Köln, S. 167

Globus-Kartendienst, Hamburg, S. 8, 180, 181, 182, 185

Groote, Günter, Bad Honnef, S. 148, 155

Gruner & Jahr, Hamburg, S. 154

Hoffmann-La Roche, Basel, S. 171, 172

IBM Deutschland, Stuttgart, S. 184

intervox, Agentur für Pressearbeit mbH, München, S. 155

Keltereigenossenschaft Erding eG, Erding, S. 149

Messer Griesheim, Frankfurt, S. 11

Olympia-Verlag, Nürnberg, S. 161

Plessl, Gerd, Agency, München, S. 156

Rose, Klaus, Iserlohn, S. 171

Schattauer Verlag, Stuttgart, S. 158

Siemens AG, München, S. 123

Stadtwerke, Bonn, S. 131

Stiftung Warentest, Berlin, S. 186

Urban & Schwarzenberg, München, S. 159

Vereinigung Getreidewirtschaftliche Marktforschung, Bonn, S. 151